SHANGCAI YEARBOOK 2019

上蔡年鉴

（2019）

上蔡年鉴编纂委员会 编

方志出版社
Publishing House of Local Records

图书在版编目（CIP）数据

上蔡年鉴．2019 / 上蔡年鉴编纂委员会编．-- 北京：方志出版社，2020.12

ISBN 978-7-5144-4469-8

Ⅰ．①上… Ⅱ．①上… Ⅲ．①上蔡县—2019—年鉴 Ⅳ．① Z526.14

中国版本图书馆 CIP 数据核字（2020）第 250276 号

上蔡年鉴（2019）

编　　者：上蔡年鉴编纂委员会
责任编辑：李　静

出 版 者：方志出版社
地址　北京市朝阳区潘家园东里 9 号（国家方志馆 4 层）
邮编　100021
网址　http://www.zgfzcb.cn
发　　行：方志出版社图书经销中心
电话　（010）67110500
经　　销：各地新华书店
排　　版：北京纺印图文设计制作有限公司
印　　刷：北京中科印刷有限公司

开　　本：889 × 1194　　1/16
印　　张：27
字　　数：925 千字
版　　次：2020 年 12 月第 1 版　　2020 年 12 月第 1 次印刷

ISBN 978-7-5144-4469-8　　**定价**：235.00 元

序

贫困问题一直是困扰人类社会发展的重大问题。中国作为世界上最大的发展中国家，为解决贫困问题进行了长期不懈的努力。改革开放以来，特别是党的十八大以来，以习近平同志为核心的党中央把脱贫攻坚作为全面建成小康社会的底线任务和标志性指标，纳入“五位一体”总体布局和“四个全面”战略布局，以前所未有的力度推进精准扶贫、精准脱贫，扶贫开发成就举世瞩目，显著改善了贫困地区和贫困群众生产生活条件，具有重大的现实意义和深远的历史意义。身处中华民族几千年发展历史上将首次整体消除绝对贫困现象的伟大时代，如何更好地发挥地方志的存史、育人、资政的作用，是新时代全国地方志系统必须深入研究和着力解决的重大课题。

党的十八大以来，在党中央国务院的正确领导下，全国地方志系统深入学习贯彻习近平新时代中国特色社会主义思想，紧紧围绕党和国家事业发展需要，深入推进地方志改革创新发展，凝心聚力，稳扎稳打，勇于担当，主动作为，全国地方志形势和地方志工作者的精神面貌发生了深刻变化，取得了优异成绩。其中，为贯彻落实《全国地方志事业发展规划纲要（2015—2020年）》，经中国地方志指导小组领导批准，中国地方志指导小组办公室于2015年、2017年先后启动民族地区与贫困地区志书、年鉴出版资助工程（以下简称“志鉴出版资助工程”），对国家级贫困县（区、旗、县级市），中西部地区、少数民族边疆地区面临出版经费困难的志书和综合年鉴给予出版资助。实施志鉴出版资助工程是紧扣时代脉搏、坚持创新发展、传承弘扬中华优秀传统文化的一项创举，不仅有力推动了“两全目标”的实现，而且数十部资助出版的志书、年鉴及时记述了民族地区与贫困地区在全面建成小康社会伟大征程中取得的新成绩和新经验、出现的新情况和新问题、涌现的优秀人物和典型事迹，留住地方文化的“根”和“魂”，为这些地区的经济社会发展、地域文化传播、爱国主义教育、精神文明建设等提供了历史借鉴和智力支持，对全面提升民族地区与贫困地区文化建设水平、确保民族地区与贫困地区和全国其他地区同步全面建成小康社会具有重要意义。

尤为可喜的是，志鉴出版资助工程促成了一批扶贫志书的编纂出版，在文化脱贫攻坚中发挥了独特的作用。例如，《贵州省减贫志》全面系统客观记述了从1978

年至2015年贵州省扶贫、减贫工作的历程及取得的经验，为贵州省实施大扶贫战略提供了有力的资政辅治参考，集中体现了地方志工作因时而动、顺势而为的新作为。前不久，由福建省地方志编委会和人民网共同编纂的《闽宁扶贫协作图志》，是全国首部扶贫协作图志，图文并茂、直观立体、全方位地展现闽宁扶贫协作波澜壮阔的历程，弘扬“闽宁一家亲”“携手奔小康”的深厚情谊和滴水穿石、久久为功的精神，是贯彻落实习近平总书记扶贫工作重要论述精神，服务国家精准扶贫、精准脱贫战略的有力举措。希望各地以此为鉴，编纂出版更多、更好的扶贫志书、年鉴，助力国家精准扶贫、精准脱贫战略的实施，充分展现地方志的独特价值和作用。

当前，我国脱贫攻坚已进入全面决战决胜的关键时期，尚未脱贫的贫困地区集中分布在中西部深山区、极端干旱山区、高寒阴湿地区等，文化建设还比较薄弱，文化产品还不够丰富，文化精品更是少之甚少。同时，这些地区往往是民族文化、历史文化、红色文化、生态文化富集区，具有发展文化旅游、推进文化扶贫的巨大潜在优势，也是繁荣发展地方志事业的巨大文化宝库。要发挥好文化扶贫凝聚人心的优势，善于利用方志文化优势为贫困地区“赋能”，在脱贫攻坚中做出方志人应有的贡献。要发挥好中国名镇志文化工程、中国名村志文化工程的引领作用，大力加强乡镇村志编纂，让百姓记得起乡情、记得住乡愁，凝聚贫困乡镇村庄的强大民心，补齐贫困乡镇村庄的文化短板，以“扶智”的方式“扶志”，践行习近平总书记强调的“扶贫先扶志，扶贫必扶智”的重要理念。

求木之长者，必固其根本；欲流之远者，必浚其泉源。扶贫扶起的是志气骨气，传承的是家国情怀，守护的是绿水青山。扶贫既要富口袋，也要富脑袋。必须坚持文化脱贫和物质脱贫两手抓，筑牢贫困地区文化之基，补足信仰精神之钙，引领脱贫发展之舵。全国地方志系统要围绕中心、服务大局，坚决投入脱贫攻坚这场必须打赢的硬仗，积极参与脱贫攻坚战，发挥优势和特长，深入挖掘文化资源，着力补齐文化短板，努力帮助民族地区与贫困地区的文化建设实现较大的发展提升，在全面建成小康社会、实现中华民族伟大复兴中国梦的征程中贡献方志人的力量。

是为序。

中国社会科学院院长
中国地方志指导小组组长　谢伏瞻

民族地区与贫困地区年鉴出版资助工程领导小组

组　　　长：高　翔

常务副组长：冀祥德

副　组　长：高京斋　邱新立

民族地区与贫困地区年鉴出版资助工程领导小组办公室

主　　　任：冀祥德

副　主　任：邱新立

成　　　员：于伟平　刘永强　冷晓玲　李　静

上蔡年鉴编纂委员会

《上蔡年鉴》编辑人员

编 辑 说 明

一、《上蔡年鉴（2019）》编纂工作坚持以马克思列宁主义、毛泽东思想、邓小平理论、“三个代表”重要思想、科学发展观、习近平新时代中国特色社会主义思想为指导，坚持辩证唯物主义和历史唯物主义的立场、观点和方法。旨在全面、客观、系统地记述上蔡县行政区域内 2018 年自然、政治、经济、文化、社会等各方面基本情况和发展变化，保存地方文献资料，为领导决策服务，为社会各界了解上蔡提供县情资料。

二、本卷采用分类编辑法，设类目、分目、条目三个层次，有特载、大事记、县情概览、中共上蔡县委、上蔡县人民代表大会、上蔡县人民政府、政协上蔡县委员会、中共上蔡县纪律检查委员会（监察委）、群众团体、法治、军事、经济管理与监督、农村　农业、工业、城乡建设　环境保护、交通运输、邮政　通信、财政　税务、金融、商贸、科学技术、教育　文化、卫生、社会生活、乡镇街道、人物　荣誉、附录 28 个类目。

三、本卷中所用稿件和照片，均由上蔡县各乡镇街道、各部门提供，并经过单位主要领导审定。重要资料经过相关部门审核，由于统计数据的来源、口径、方式、时间的不同可能有差异，请读者以统计局提供的统计资料为准。

四、本卷中机构名称、地名及重大活动、事件第一次出现时一般使用全称并括注简称，再次出现时一般使用简称。河南省简称为省，中国共产党河南省委员会简称为中共河南省委或省委，河南省人民政府简称为省政府；驻马店市简称为市，中国共产党驻马店市委员会简称为中共驻马店市委或市委，驻马店市人民政府简称为市政府；上蔡县简称为县，中国共产党上蔡县委员会简称为中共上蔡县委或县委，上蔡县人民政府简称为县政府。

上蔡县政区图

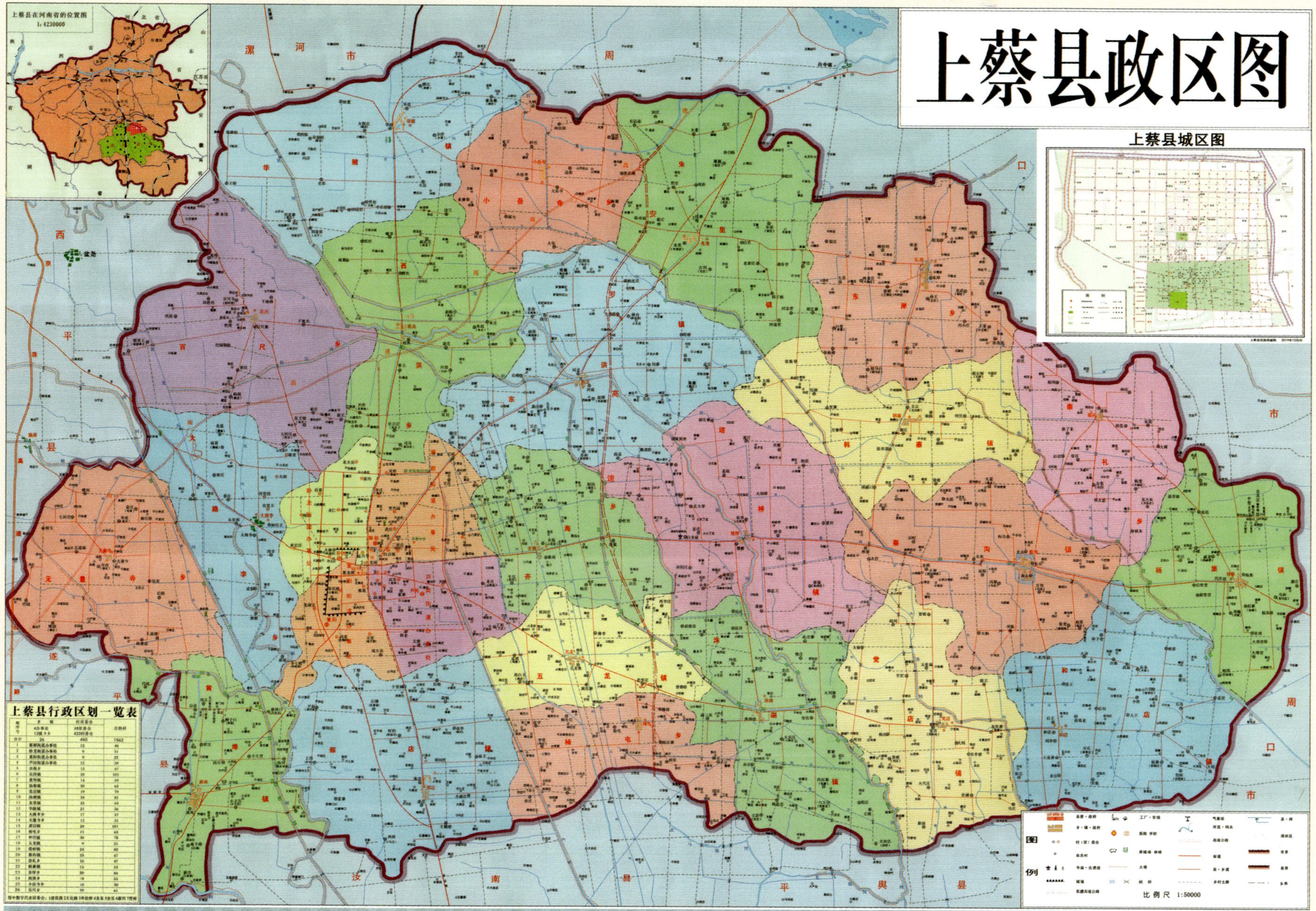

上蔡县行政区划一览表

顺序号	乡镇 4办事处 13镇 9乡	村居委会 38居委会 422村委会	自然村
合计	26	460	1562
1	蔡都街道办事处	12	40
2	卧龙街道办事处	9	33
3	重阳街道办事处	9	22
4	芦岗街道办事处	12	39
5	齐海乡	13	67
6	东洪镇	28	105
7	黄埠镇	14	69
8	杨集镇	20	63
9	党店镇	19	79
10	洙湖镇	24	83
11	朱里镇	25	68
12	华陂镇	21	56
13	大路李乡	17	37
14	无量寺乡	15	51
15	邵店镇	20	101
16	杨屯乡	11	43
17	和店镇	20	78
18	五龙镇	9	55
19	塔桥镇	24	82
20	蔡沟镇	23	67
21	崇礼乡	16	47
22	韩寨镇	15	53
23	东岸乡	20	66
24	西洪乡	19	55
25	小岳寺乡	16	30
26	百尺乡	19	61

图中数字代表居委会：1建设路 2文化路 3卧龙桥 4北关 5金星 6蔡河 7晋桥

审图号：上审〔2020〕001号

上蔡县民政局编审　2019年12月印　内部用图　印量1000份

领导调研

2018 年 11 月 7 日，河南省委书记王国生（正前右二）到上蔡县蔡沟镇参加青海至河南±800 千伏特高压直流工程开工动员大会（河南分会场） 宋永亮 摄

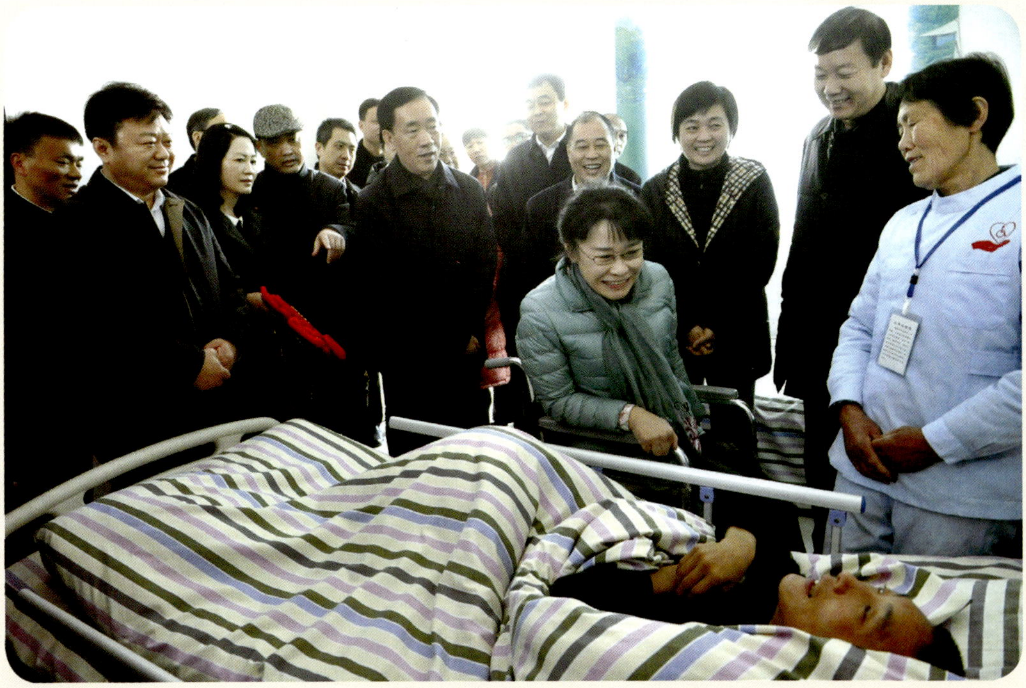

2018 年 2 月 7 日，中国残疾人联合会主席张海迪（右四）到上蔡县调研残疾人事业发展、脱贫康复等工作 宋永亮 摄

2018年6月6日，河南省委常委、省纪委书记、省监委主任任正晓（右一）到上蔡县实地查看产业扶贫工作　　宋永亮　摄

2018年5月14日，副省长武国定（左三）到上蔡县大路李乡栗庄村重度残疾人托养中心，调研指导脱贫攻坚工作　　宋永亮　摄

2018 年 10 月 27 日，市委书记陈星（左二）到上蔡县现场观摩考评产业集聚区重点项目
宋永亮　摄

2018 年 1 月 9 日，市委副书记、市长朱是西（右一）到上蔡县大路李乡湾李村调研指导脱贫攻坚工作
宋永亮　摄

2018 年 1 月 30 日，中共上蔡县委书记胡建辉（右二）到百尺乡检查指导“创建国家森林城市”工作
宋永亮　摄

2018 年 2 月 10 日，上蔡县委书记胡建辉（左三）看望慰问离退休老干部
宋永亮　摄

2018 年 9 月 10 日，上蔡县委书记胡建辉（中）在五龙镇薄李村调研扶贫车间工作　　宋永亮　摄

2018 年 8 月 30 日，县委副书记、县长李卫明（右三），县人大常委会主任肖开义（右二），县政协主席臧海声（右一）率党政考察团到新蔡考察　　宋永亮　摄

2018 年 9 月 6 日，县委副书记、县长李卫明（前右三），县政协主席臧海声（前左二）参观第二十一届中国农产品加工业投资贸易洽谈会上蔡产品展区　　宋永亮　摄

2018 年 4 月 9 日，河南省隆祺鞋业有限公司年产 800 万双高档制鞋项目奠基开工仪式　　宋永亮　摄

2018 年 11 月 2 日，中粮肉食投资有限公司、上蔡县人民政府、上蔡县城投公司年出栏 100 万头生猪养殖产业扶贫项目签约仪式　　宋永亮　摄

2018 年，上蔡县产业集聚区鸟瞰　　宋永亮　摄

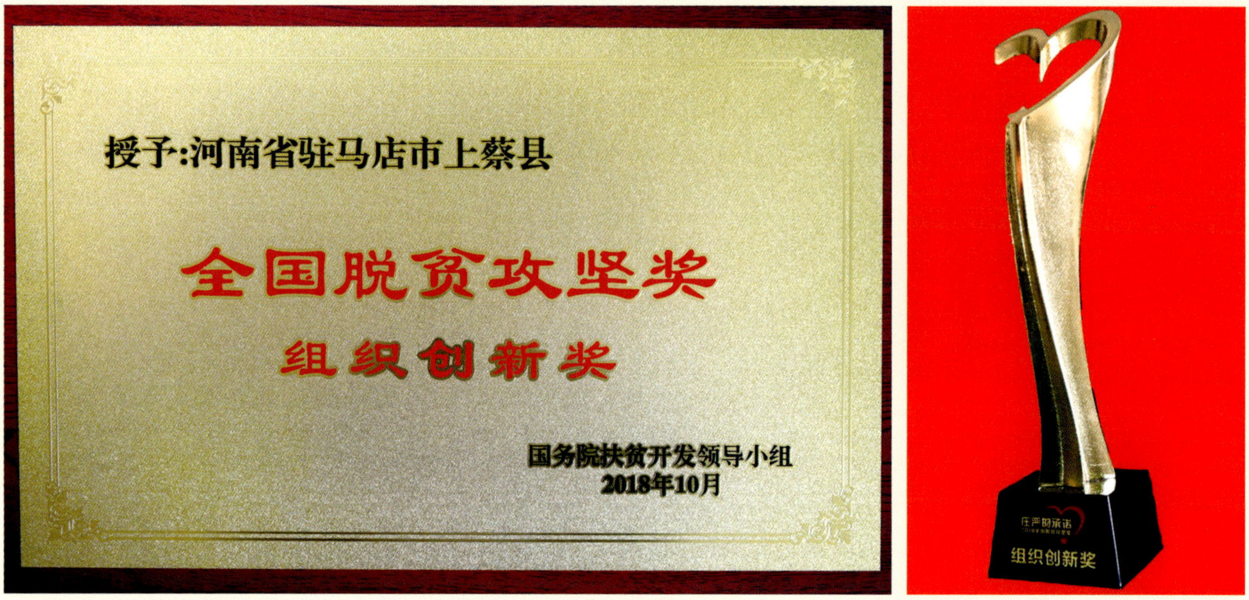

上蔡县获得 2018 年全国脱贫攻坚奖组织创新奖荣誉称号　宋永亮　摄

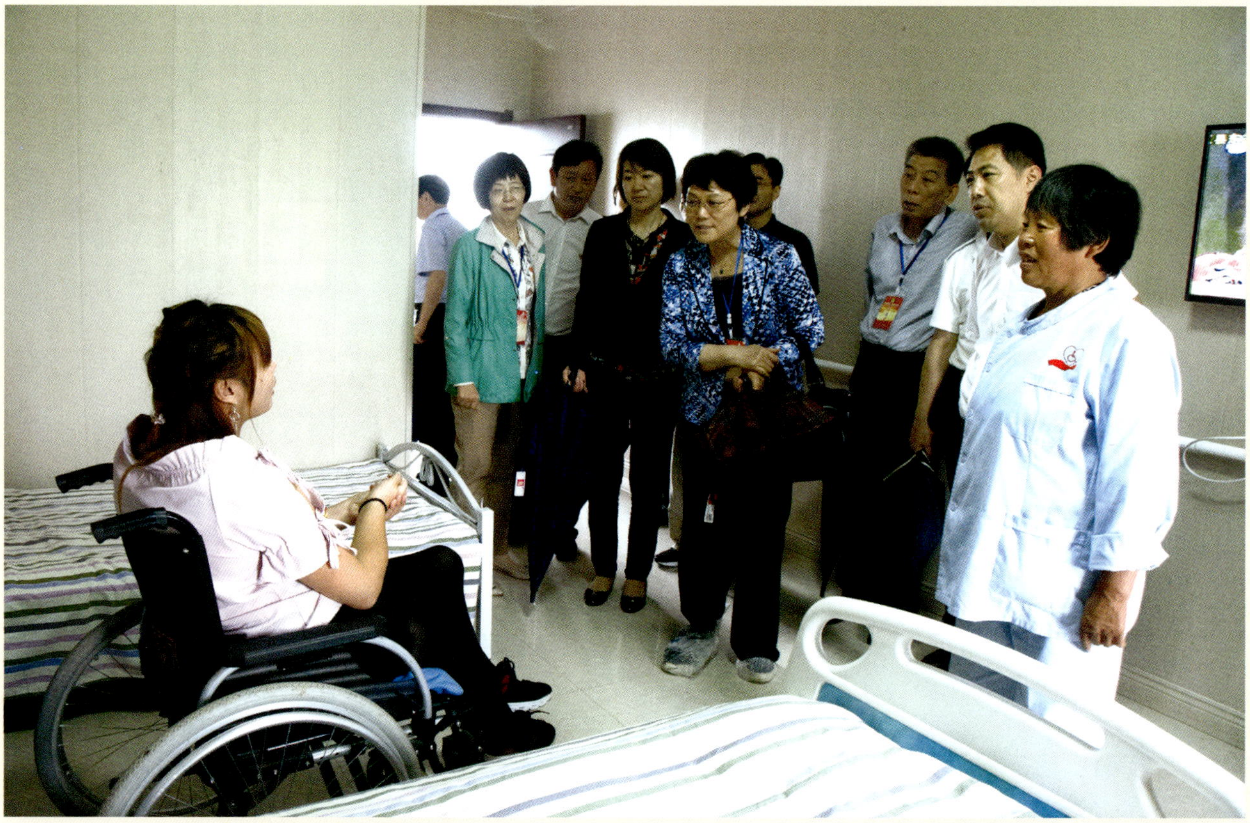

2018 年，参加全国推动因残致贫家庭脱贫攻坚暨失能贫困重度残疾人照护和托养工作现场会人员到上蔡县实地观摩重度残疾人托养模式　宋永亮　摄

2018 年，上蔡县光伏扶贫电站　　孙国钧　摄

2018 年，上蔡县制衣厂扶贫车间　　宋永亮　摄

社会生活

2018 年 10 月 16 日，中国 · 上蔡第十六届重阳文化节在上蔡举行

宋永亮　摄

2018 年 9 月 30 日，全县 2018 年烈士纪念日公祭活动在英雄广场举行

宋永亮　摄

2018 年，上蔡县农村新貌鸟瞰　　孙国钧　摄

目　录

历史人文

人口　民族　宗教

中共上蔡县委

综　述

重大决策

重要会议

重大活动

重要会议

重要调研

县政府办公室工作

行政服务工作

接待工作

脱贫攻坚

政协上蔡县委员会

政协工作综述

重要会议

重要活动

履行职能

食品药品监督管理

审 计

统 计

安全生产监督管理

农村 农业

农村工作

种植业

金 融

科学技术

科技研究

上蔡县科学技术协会

气　象

教　育

教育管理

上蔡县第一高级中学

其他学校选介

文化　旅游

文化综述

图书发行

档案工作

党史编研

地方志工作

旅　游

卫　生

卫生和计划生育

乡镇街道

大路李乡

无量寺乡

杨屯乡

崇礼乡

齐海乡

特 载

县委常委会 2018 年工作报告

——在县委十二届七次全会上

（2019 年 1 月 29 日）

中共上蔡县委书记　胡建辉

一、坚持以政治建设为统领，坚决维护以习近平同志为核心的党中央权威和集中统一领导

县委常委会认为，落实省委、市委提出的党的建设高质量要求，必须牢牢把握政治统领这一重大原则，深入学习贯彻习近平新时代中国特色社会主义思想和中共十九大精神，树牢“四个意识”，坚定“四个自信”，坚决做到“两个维护”，确保党中央和省委、市委决策部署落到实处。

强化思想武装，推动党员干部提高政治素养。我们深刻认识到，用习近平新时代中国特色社会主义思想武装头脑、指导实践、推动工作，是做好一切工作的重要前提，必须着力在学懂弄通做实上下功夫，推动学习贯彻往深里走、往实里走、往心里走。县委中心组集体学习 13 次、学习篇目 32 篇。常委同志通过加强平时学习、以会代训领学、到基层实践中深学、在经常交流中互学、在深入调研中促学，较好地发挥了带头作用。建立健全领导班子和领导干部理论学习量化考核体系，坚持以考促学、以巡促学、以述促学，推动理论学习成为“硬约束”。创新开展中心组学习示范点评选活动，命名表彰示范点 7 个。分级分类分专题组织学习培训，举办学习贯彻中共十九大精神学习班 1452 次，培训干部群众 3 万多人次，其中集中轮训乡科级以上干部 550 余人次。建成了县级新时代文明实践中心 1 个，乡级“新时代文明实践所”26 所，村级“新时代文明实践站”447 个，组织开展宣讲 1000 余场次。开展“百姓宣讲直通车”“党的创新理论万场宣讲进基层”等群众性文艺活动 180 余场，受众 20 万余人次，筑牢了广大党员干部对党忠诚的思想根基。通过持续加强理论武装，广大党员干部从中悟出了信仰的味道、信仰的感召、信仰的力量，干工作、想问题善于从政治上去考量，贯彻党中央、省委、市委决策部署的自觉性、坚定性进一步增强；广大群众深切感受到习近平新时代中国特色社会主义思想就在身边、就在基层，更加坚定地听党话、跟党走。

强化问题整改，推动中央、省委巡视和市委巡察反馈意见整改落实。把抓好中央、省委巡视和市委巡察反馈意见整改落实作为践行“四个意识”、落实“两个维护”的重要体现，作为推动全面从严治党向纵深发展的重要契机，作为把党的建设高质量落到实处的重要抓手，从对党忠诚、对全县153万人民负责的政治担当中找敬畏，把旗帜鲜明讲政治贯穿到整改全过程和各方面，县委常委会带头把自己摆进去、把工作摆进去、把职责摆进去，“刀刃向内”抓好整改，带动各级党组织以务实之策提高整改实效，以过硬作风推动整改落地，以重点整改带动全面整改。先后对标中央、省委巡视和市委巡察反馈问题和意见，共梳理整改任务104项，制定下发专项整改方案8个，现已完成集中整改，正在建立完善各项制度机制，彻底堵塞滋生问题的漏洞。省委、市委对我县巡视巡察整改工作给予了充分肯定，全县党员干部群众从巡视巡察整改中受到了教育。

强化政治引导，严格遵守党的政治纪律和政治规矩。召开县委常委会班子专题民主生活会，深入学习中办《中共中央办公厅关于陕西省委、西安市委在秦岭北麓西安境内违建别墅问题上严重违反政治纪律以及开展违建别墅专项整治情况的通报》精神，以秦岭北麓西安境内违建别墅问题为镜鉴，对照检查，举一反三。扎实开展贯彻落实习近平总书记重要指示批示精神“回头看”，对习近平总书记2018年批示的农村基督教、文物安全、征地等问题进行认真排查整改，取得阶段性成效。以治理党员干部五类“酒局圈”为切入点，着力整治“帮圈文化”，加大对违反政治纪律和政治规矩问题查处力度，进一步净化党内政治生态。

强化标杆引领，严肃和规范党内政治生活。坚持习近平总书记指导兰考县委常委班子民主生活会标准，县委常委会召开2017年度民主生活会和2次专题民主生活会，开出了严肃氛围，为全县各级党组织作出了示范。严格执行新形势下党内政治生活若干准则，带头落实“三会一课”、党员领导干部双重组织生活、谈心谈话、民主评议党员和“双记实、双述职、双评议、双考核”等制度，增强了党内政治生活的政治性、时代性、原则性、战斗性。完善落实干部任前廉政提醒谈话制度，增强干部的廉政意识。加强政治文化建设，教育党员干部传承红色基因，弘扬忠诚老实、公道正派、实事求是、清正廉洁等共产党人价值观，以良好政治文化涵养风清气正的政治生态。

二、坚决打好三大攻坚战，补齐全面建成小康社会的短板

县委常委会坚定把打好三大攻坚战作为重要政治任务和重大发展机遇，突出抓重点、补短板、强弱项，以钉钉子精神推动各项工作落实，向着攻坚目标扎实迈进。

着力打好防范化解重大风险攻坚战。狠抓社会稳定攻坚。强化底线思维，坚持想在前、做在前、抓在前，统筹抓好风险防控。深入开展中央巡视组交办案件办理、信访矛盾化解和全县集中解决信访问题百日会战三大重点工作联合攻坚，一批问题企业、问题项目、问题楼盘、问题工程得到有效处置，全县信访总量下降33%。狠抓安全生产攻坚。牢固树立安全发展理念，严格落实安全生产责任制，全面开展危险化学品、烟花爆竹、工业企业、交通运输、食品、校园等重点领域的安全生产大排查，深入开展非法加油站（点）专项治理，全年安全生产实现了零事故零死亡。狠抓金融风险化解攻坚。高度重视金融风险防控，制定防范化解政府隐性债务风险的实施意见，对政府隐性债务项目逐一分析、有序化解，政府债务风险总体可控。严厉打击非法集资，新立案件数、涉案金额、参与人数持续下降。坚决防范社会稳定风险，对突出不稳定问题及时预警和督办，确保风险隐患得到有效化解。

着力打好精准脱贫攻坚战。把脱贫攻坚作为重大政治任务、第一民生工程和头等大事来抓，全面落实精准扶贫、精准脱贫基本方略，深入开展“靶向攻坚”“夏季攻势”“冬季行动”等攻坚行动，着重加大对166个靶向攻坚村的倾斜支持力度，产业带动能力、基础保障能力、集体经济发展、农村人居环境、驻村帮扶成效、党建引领水平等工作成效大幅度提升，全年实现了6205户22184人贫困人口脱贫、52个贫困村脱贫出列，荣获了“全国脱贫攻坚奖组织创新奖”。光伏扶贫工作成效显著，先后在全国和全省现场会上作了典型发言。交通扶贫工作扎实推进，全省交通扶贫现场会在我县召开。产业带动能力不断增强，着力打造“一乡一业、一村一品”的主导产业格局，实施种植业结构调整的贫困户14264户，补贴种植面积4.29万亩1476.18万元；积极扶持和引导企业在有条件的村庄建设扶贫车间，已建成扶贫车间106个，可吸纳贫困劳动力1224人；建成光伏扶贫电站347座，实现了贫困户光伏收益全覆盖；提升金融带贫能力，发放贫困户扶贫贷款3255户1.5亿元；实施就业扶贫“八大员工程”，有效带动9300多名贫困群众稳定增收。基础保障能力不断提升，围绕“两不愁、四保障”，积极推进基础设施“清零”行动，投资3.8亿元完成526千米村组道路建设任务；投资3000万元完成166个村级标准化卫生室建设任务；投资7700万元完成182个村级综合性文化服务中心建设任务；投资7275万元完成66个行政村安全饮水巩固提升工程建设任务。实施四类重点对象危房户危房改造6751户，排查整治“空心房”7636户，实施村级保障房建设试点11个，完成贫困重度残疾人家庭无障碍改造590户，建成重度残疾人托养中心32个，集中托养重度残疾人600人。集体经济不断壮大，借力国土绿化提速行动，全县433个村（居）每村发展绿色产业扶贫项目，每村建设“围村林”100亩以上，全县新增集体经济林5万亩，贫困户人均不少于1亩，大力发展林药、林苗、林禽等林下经济，获得收入全部归分包贫困户所有。持续注入集体经济发展启动资金，集体经济发展后劲进一步充实，呈现光伏分红、注资入股、集体林果“三重覆盖”。人居环境不断改善，深入开展了“农村人居环境改善攻坚年”活动，以“六清”（清道路、清河沟、清坑塘、清庭院、清垃圾、清秸秆）活动为抓手，大力实施净化、硬化、绿化、美化、亮化工程，着力提升村容村貌和户容户貌，新创建“四美”乡村35个。驻村帮扶成效明显，继续推行贫困村帮扶工作队“五天四夜”、非贫困村每月至少一周的驻村帮扶模式，明确6项硬性任务，提升了帮扶实效。落实省委巡视反馈意见，持续开展乡镇党委书记遍访贫困户活动，群众满意度明显提升。党建引领作用彰显，组织开展了争创“六面红旗村（社区）”活动，首批评选表彰“六面红旗村”10个、“五面红旗村”21个、“四面红旗村”43个，有效激励了村级党组织创先争优动力。研究制定了《党员公约》，推动党员充分发挥在推进脱贫攻坚和农业农村工作中的先锋模范作用。

着力打好污染防治攻坚战。坚持习近平生态文明思想为指导，把大气污染防治作为重中之重，实行科学治污、依法治污、全民治污，实施蓝天、碧水、净土百日攻坚行动，开展十大专项治理行动，全县环境质量持续改善。推进蓝天保卫战。在治标上严格落实“三严”“六控”，在治本上注重做到“四个调整”，全年PM_{10}、$PM_{2.5}$平均浓度分别为95微克/立方米和59微克/立方米，全年环境空气质量优良天数为222天。推进碧水保卫战。严格落实“河长制”，全面拆除了黑河、洪河等主要河流两岸的小养殖场，确保了河流断面水质100%达标，环境质量明显改善。推进净土保卫战。在全市先行开展土壤污染防治试点工作，强化土壤污染管控和修复，从疑似污染地块名录中移出1个，其余4个已完成调查评估和专家评审。中央环保督查“回头看”、省委省政府环保督查反馈问题全部整改落实。

三、深入贯彻新发展理念，加快推进经济高质量跨越发展

面对外部环境复杂严峻、经济下行压力加大的形势，县委常委会切实加强对经济工作的领导，把推进经济高质量跨越发展作为落实新发展理念、深化供给侧结构性改革的关键举措和重要抓手，有效应对困难挑战，保持了经济持续健康较快发展的良好态势。

综合实力迈上新台阶。预计，2018 年全县生产总值完成 241 亿元，同比增长 8%；规模以上工业增加值增长 8%；全社会固定资产投资增长 11.5%，居全市第 1 位；社会消费品零售总额完成 92.37 亿元，同比增长 11.6%，居全市第 3 位；一般公共预算收入完成 8.03 亿元，同比增长 20.5%；各项存款余额 352.38 亿元，较年初增长 10.97%；各项贷款余额 110.94 亿元，较年初增长 6.92%；城乡居民人均收入 16356 元，同比增长 8.5%，彰显了良好的发展态势。

工业经济实现新飞跃。县产业集聚区建成区面积达到 11.8 平方千米，入驻项目 160 个，安排就业 3.68 万人，持续壮大制鞋服装服饰和农副产品加工两大主导产业，成功晋升全省“二星级产业集聚区”。2018 年全县工业增加值实现 79.38 亿元，增速 8.1%，集中开工亿元以上工业项目 4 批 20 个，总投资 177.79 亿元；45 个省市重点项目完成投资 214.31 亿元，占年度计划的 138%，为上蔡经济持续健康发展注入了新鲜血液、增添了发展活力。

城市建设展现新面貌。坚持贯彻“以水润城、以绿荫城、以文化城、以业兴城”的城市发展理念，全面加强城市规划建设管理，县城“五纵四横”的总体发展框架已经形成，县城建成区面积达到 39 平方千米，城镇化率 38.7%。全年实施城建交通重点项目 36 个，其中四环道路全部贯通，凤凰公园建成投用，杜诗公园、南水北调水源利用项目、杜一沟综合治理项目和生态水系建设项目、“一场三馆一中心”项目有序推进；投资 3.67 亿元，完成了 11 条市政道路建设和 65 条背街小巷改造任务。在 2018 年全市县城建设观摩综合评比中我县位居第 3 位，被授予“全市城市建设管理先进县”，成功创建“省级森林城市”，顺利通过“省级文明县城”复检。

“三农”工作开创新局面。农业综合生产能力进一步增强，全县粮食总产量超过 10 亿公斤；种植业结构不断优化，粮经比达到 5.2∶4.8；畜牧业发展势头迅猛，呈现出“猪牛羊”同步扩张、齐头并进的良好局面；农业现代化、组织化、规模化、产业化更加凸显，新增农民专业合作社 470 个，全县土地流转面积达到 55.6 万亩；农村人居环境持续改善，生活垃圾无害化处理率达到 95%。

现代服务业再添新佳绩。坚持把加快服务业发展作为推动转型升级、优化经济结构的重要举措，全县物流、金融、信息服务、教育医疗、文化旅游、健康养老等现代服务业全面发展。商务中心区加快建设，已建成面积 0.82 平方千米，入驻企业 92 家，中部礼品城、河南农商城等一批综合性、专业性商贸区相继建成运营，服务业比重进一步提高，内部结构进一步优化，服务业集聚程度明显提升。2018 年全县实现电子商务交易额 34.1 亿元，电子商务零售额达到 9 亿元。

四、全面深化改革开放，增强高质量跨越发展的动力活力

县委常委会认为，深化改革开放是推动上蔡高质量跨越发展的关键一招，必须高举改革开放旗帜，以更大力度深化改革激发活力、更高水平扩大开放借好外力，以实际行动庆祝改革开放 40 周年。

周密安排部署，推动整体机构改革。充分认识机构改革的重大意义，切实增强推动改革的政治责任感，召开县委十二届六次全会专题进行部署，把重点放在坚持和加强党的领导、转变和优化职责上，厘清政府与市场、社会的关系，理顺部门职责，推动政府职能加快转变、部门职责更加优化。以机构改革为契机，切实抓好“三超两乱”问题整改，强化机构编制管理刚性约束。统筹推进各级各类机构改革，深化事业单位改革，理顺政事关系、推进政事分开；积极推进综合行政执法改革；改革乡镇（街道）机构设置，着力构建简约高效的基层管理体制。目前，全县机构改革工作正在积极有序推进。

突出重点领域，带动全面深化改革。聚焦影响全县经济社会发展的突出障碍和群众关心的热点问题，出台了《县委全面深化改革领导小组2018年工作要点》《上蔡县处置“僵尸企业”工作推进方案》等7个文件，明确了改革任务、时间节点、改革措施，完善了跟踪问效和督导检查机制，确保了改革事项有序推进。深化国有企业改革，处置“僵尸企业”17家；深化投融资体制改革，组建兴农投资有限公司等融资平台；持续深化供给侧结构性改革，加快推动实体经济企业转型升级；继续深化“放管服”改革，梳理“一次办妥”审批服务事项200项，多措并举优化实体经济发展环境；稳步推进农村改革，农村集体产权制度改革全面展开；不断深化民生领域改革，逐项解决民生领域热点难点问题；深化财税体制改革，加快建立现代财政制度，健全地方税体系；积极推进价格、消费、电力、科技、民主政治、党的建设等领域改革。

扩大对外开放，影响辐射发展变革。紧抓新一轮产业转移机遇，先后在京津冀、珠三角、雄安新区等经济发达地区开展各类主导产业专项招商活动12次，全年新签约引进亿元以上项目33个，合同投资额216.33亿元；实际利用外资3772万美元，占年度计划的106.6%。

五、加强民主法治和精神文明建设，广泛凝聚各方智慧力量

县委常委会把发展社会主义民主法治和精神文明建设作为推动各项事业发展的重要保障，坚持党的领导、人民当家作主、依法治国有机统一，牢牢把握意识形态工作领导权，充分调动各方面积极因素，唱响主旋律、凝聚正能量，齐心协力推动高质量跨越发展。

民主政治建设不断增强。不断改进党的领导方式和执政方式，持续增强党委统揽全局、协调各方的领导核心作用，支持人大、政府、政协和法院、检察院依照宪法法律和章程独立负责、协调一致开展工作，支持工会、共青团等人民团体依照法律和各自章程开展工作，推动科学执政、民主执政和依法执政水平不断提高。支持人大对“一府两院”的监督，支持人大及其常委会依法行使决定、监督、任免等各项职权；支持政府依法行政、高效行政，建设公开透明、廉洁高效的法治政府；支持政协聚焦县委、县政府中心任务，完善委员联络制度，推动协商民主广泛、多层、制度化发展；支持法院和检察院依法、独立、公正行使审判权和检察权，帮助化解法院和检察院行使职权中的困难和阻力；积极推进群团组织改革，健全工会、共青团、妇联等人民团体的监督机制，增强其政治性、先进性、群众性；完善工商联、无党派人士直接向党委提出建议和意见反馈等机制，全面落实党的民族、宗教政策，做好民族、宗教、对台等工作，巩固和壮大最广泛的爱国统一战线。加强党对武装工作的领导，强化国防教育和国防后备力量建设，深入开展双拥共建。

依法治县深入推进。坚持党对依法治县工作的领导，健全完善依法治县领导体制，落实党政主要负责人履行推进法制建设第一责任人职责。不断推进公正司法，加强执法司法规范化建设，深化司法责任制改革，推进公安、国家安全机关和司法行政改革，完善律师执业保障机制，下大力气解决影响司法公正的突出问题。加快法治政府建设，深入推进服务型行政执法，落实行政执法责任制，执法更加严格规范、公正文明。加大“七五”普法工作力度，严格落实普法责任制，大力开展以案释法，认真组织宪法学习宣传教育活动，增强全社会法治观念。

牢牢把握意识形态工作领导权。严格落实意识形态工作责任制，制定《党委（党组）意识形态工作责任制考核办法》《党委（党组）网络意识形态工作责任制考核测评方案》，扎实做好中央意识形态巡视检查反馈意见整改，压实意识形态工作责任。组织召开2次常委会议、4次联席会议，分析研判形势，通报全县意识形态领域情况。把互联网建设管理运用作为做好意识形态工作的重中之重，持续实施网络内容建设工程，开展“清源”“净网”“护苗”等专项行动，确保意识形态领域安全稳定。

精神文明建设持续深化。把培育和践行社会主义核心价值观贯穿精神文明建设全过程，提高全民思想道德水平，推动文化事业和文化产业快速健康发展，创建市级示范点3个、县级示范点7个。深入开展“红色文艺轻骑兵”“党的创新理论万场宣讲进基层”“百姓宣讲直通车”“道德讲堂”等活动。扎实做好农村精神文明建设“好媳妇、好婆婆”评选、星级文明户、美丽庭院评选、道德讲堂进农村工作，在全县35个行政村开展“孝善基金”试点工作。组织开展了全县第一届文明家庭评选表彰活动，对评选出的30名“文明家庭”“孝道家庭”“孝心模范”进行了隆重表彰。成功举办了中国·上蔡第十六届重阳文化节系列群众文化活动。

六、切实保障和改善民生，不断增强人民群众获得感幸福感安全感

县委常委会认为，群众期盼就是我们工作的着力点和出发点，必须坚持以人民为中心，用心用情用力办好民生实事，不断满足人民日益增长的美好生活需要。

教育事业稳步发展。积极推进教育重点项目建设，“全面改薄”投入资金4787万元建成学校73所，教育教学条件进一步改善；落实“两免一补”政策，全县补贴学生35万余人次，补贴资金1.67亿元；落实义务教育阶段学生营养餐计划，全年投入营养餐资金8484万元；高中招成绩再创佳绩，11名考生被北大、清华录取，各类上线人数、进线比率、优秀生人数均居全市前列。

卫生计生扎实推进。稳步推进医疗体制改革工作，全面完成了新农合与城镇居民医保整合工作，进一步加大了健康扶贫工作力度，全县医疗保障体系更加健全、管理服务更加规范、医疗资源利用更加高效，基本上解决了群众看病难、看病贵、因病致贫返贫等问题，城乡居民基本医疗保险参保117万人，参保率99.8%。建成了县妇女儿童医院，完成了166所村级标准化卫生室建设，全县医疗卫生设施进一步完善。

社会保障全面落实。重点民生工程顺利推进，全县民生支出55.5亿元，同比增长15.5%，占一般公共财政预算支出的89.8%；社会救助体系不断完善，城乡低保补助标准进一步提升，全年为34707户68320人城乡低保群体发放低保金1.52亿元；完成农村劳动力转移就业45万多人，新增转移劳动力1.17万人，城镇新增就业8525人、失业人员再就业1952人。

社会大局和谐稳定。维护了社会稳定，深入开展信访稳定“百日会战”，围绕重点群体，建立“四包机制”，突出化解矛盾。强化社会治安治理，全年破获刑事案件1285起（新发命案6起，破获6起）；打掉冒充军人采购诈骗团伙33个，破获案件283起，直接抓获网上逃犯132人；抓获吸毒人员127名，破获涉毒刑事案件19起，刑事拘留22人，摘掉了禁毒工作重点地区的帽子。提升了治理能力，积极运用法治思维和法治方式解决社会矛盾，加强县、乡、村、组三级四层矛盾纠纷调处平台建设，全县共设立网格综治工作站1462个，选配网格员5981名，调处化解各类矛盾纠纷5669起，调处率99.1%。坚持县乡村三级干部公开接访，组织开展了集中解决信访问题“百日会战”等专项治理，严格落实特定利益群体重点人员“四定四包”责任制。治安防控“全覆盖、无死角”，人民群众安全感、满意度明显增强。打击了黑恶势力，深入开展扫黑除恶专项斗争，扛牢扫黑除恶专项斗争的重大政治责任，坚持精准打击，注重深挖彻查，深化综合整治，强化整建并举，突出舆论引导，不断推动扫黑除恶专项斗争向纵深发展。围绕群众反映强烈、问题比较突出的地区、行业和领域，坚持“六个结合”，既抓涉黑组织，也抓保护伞，强化打击措施，依法重点整治，全年共搜集黑恶线索1233条，破获涉黑案件2起，打掉涉恶集团2个、涉恶团伙48个，批准逮捕犯罪嫌疑人203人。

七、全面从严管党治党，巩固风清气正的政治生态

县委常委会认为，全面从严治党越往后越严，必须认真落实新时代党的建设总要求，坚定自觉扛起“两个责任”，以永远在路上的执着和韧劲，推动全面从严治党向纵深发展。

持续加强党的政治建设。坚持把党的政治建设作为党的根本性建设，把坚决维护习近平总书记的核心地位，坚决维护以习近平同志为核心的党中央权威和集中统一领导作为加强政治建设的首要任务。以学习习近平新时代中国特色社会主义思想和中共十九大精神为主要内容，持续推进“两学一做”学习教育常态化制度化，积极组织动员全县基层党组织和广大党员把“学、做、改、促、建”贯穿起来，引导党员干部加强党性锻炼、提高政治觉悟。切实加强各级党组织领导班子政治建设、思想建设，抓紧抓实理论武装、认真开好民主生活会，完善和落实民主集中制的各项制度，着力提高领导班子的政治能力，特别是把握方向、把握大势、把握全局的能力和保持政治定力、驾驭政治局面、防范政治风险的能力。

全面筑牢基层组织战斗堡垒。建强村级党组织队伍，以村（社区）“两委”换届为契机，坚持“三有三带”标准，扎实开展“领头雁”工程，选优配强全县460个村级党组织书记；深入开展农村基层党建问题“集中排查、集中建账、集中整改”活动，全县共排查出5大类2.8万条问题，排查认定软弱涣散村37个和后进村28个，已初步完成26个村的整顿任务；扎实推进村级活动场所达标升级，新建村级阵地86个，规范398个，有效改善了村级组织服务群众的办公环境；将农村、社区党建经费标准提高到2.1万元、5万元，村党支部书记工作报酬从每月1300元增加到1600元。全面推行党员推荐和群团组织推优确定入党积极分子，群众评议和党员评议确定发展对象，实行全程公示、全程纪实、全程责任追究的发展党员“双推双评三全程”制度，保证队伍源头质量；大力推广“一编三定”（党员编组、定岗位、定责任、定奖惩），组织党员开展履岗尽责、设岗定责，充分发挥党员先锋模范作用。

着力打造高素质干部队伍。落实好干部标准，树牢学的导向、干的导向、严的导向，大力选拔敢于负责、勇于担当、善于作为、实绩突出的干部，让想干事、能干事、干成事的干部有机会有舞台，让政治强、作风实、不张扬的干部挑重担。认真贯彻中央《关于进一步激励广大干部新时代新担当新作为的意见》，聚焦崇尚实干、带动担当、加油鼓劲，激发干部队伍履职尽责、干事创业的积极性。落实“三个区分开来”，健全容错纠错机制，为敢担当的干部担当，为敢负责的干部负责。坚持把组织监督和群众监督、舆论监督结合起来，贯穿于干部培养教育、考察考核、选拔任用、日常管理等各个环节。强化第一书记和驻村工作队员督导管理，全年通报未在岗在位第一书记47人次，因病召回1人。抓好中央和省委巡视反馈选人用人问题整治，开展“带病提拔”问题整改、干部档案再审核、“三超两乱”问题整改、干部违规兼职问题整改等专项行动，取得明显成效。

坚定不移正风肃纪反腐。抓牢做实全面从严治党“两个责任”，对履责不实不力的，严格责任倒查，层层追究问责，推动责任落细落实。全年共发出《督促履行全面从严治党主体责任通知书》、纪律检查和监察建议书496份，释放出失责必问、问责必严的强烈信号。锲而不舍落实中央八项规定及其实施细则精神和省、市、县《办法》，坚决查处顶风违纪行为，强化正风肃纪，对“四风”问题露头就打，全年立案查处51件。始终保持反腐高压态势，全年处置腐败问题线索1399件，印发纪检监察建议书275份，形成了强烈震慑。

不断完善基层监督体系。稳步推进监察体制改革，全部按期完成人员转隶、机构组建、监委挂牌等工作。积极推进监察职能向基层延伸工作，实现了26乡镇（街道）监察办公室全覆盖，构建了“上下联动、左右互动、整体推动”的党风政风监督检查机制。修订印发了十二届县委巡察工作规划，积极组织开展县级巡察，先后对11个县直单位、10个乡镇开展了巡察。扎实开展巡察村（居）工作，推进巡察工作向基层延伸，启动了对7个乡镇34个行政村（居）巡察工作，推动巡察工作实现制度化、常态化、长效化。

扎实推进以案促改制度化常态化。出台推进以案促改制度化常态化的实施意见，召开全县以案促改制度化常态化推进会议，把“不敢腐、不能腐、不想腐”一体推进。下发《以案促改通知书》84份，对所有案件进行以案促改，特别是对县粮食、教育、民政系统开展警示教育，筛选典型案例进行深入剖析，查找问题根源，堵塞制度漏洞。加强以案促改工作督导检查，压紧压实各级党组织以案促改主体责任，教育引导党员干部始终装着党性的尺子，知敬畏、守纪律、勇担当，把党的领导、政治原则、廉洁自律要求贯穿于业务工作之中，切实做到以案为鉴、警钟长鸣。

上蔡县人民代表大会常务委员会2018年工作报告

——在上蔡县第十四届人民代表大会第三次会议上

（2019年3月13日）

上蔡县人大常委会主任　肖开义

2018年工作回顾

2018年，在县委的正确领导和“一府一委两院”的大力支持下，在各位代表的努力下，县人大常委会全面贯彻中共十九大精神，以习近平新时代中国特色社会主义思想为指导，紧紧围绕全县工作大局，依法履职，主动作为，充分发挥地方国家权力机关作用，较好地完成了县十四届人大二次会议确定的各项工作任务，为推进全县经济社会发展、民主法治建设做出了应有贡献。

一、坚持党的领导，认真贯彻落实县委重大决策部署

县人大常委会认真贯彻落实中央、省委、市委和县委决策部署，坚持党的领导、人民当家作主、依法治国有机统一。从制度上、程序上保证党委意图的实现，推动人大工作与时俱进。

旗帜鲜明突出政治站位。一年来，县人大常委会把学习中共十九大精神和习近平新时代中国特色社会主义思想作为首要政治任务。除参加县委中心组学习之外，县人大常委会在党组会议、主任（扩大）会议、常委会，认真传达学习，及

时交流研讨，树牢“四个意识”、坚定“四个自信”、做到“两个维护”，在政治立场、政治方向、政治原则、政治道路上同以习近平同志为核心的党中央保持高度一致。把坚持党的领导贯彻于人大工作各个方面和全过程，无论是开展监督、重大事项决定、人事任免、代表和乡镇人大等工作，还是自身建设，都及时向县委请示报告。

全面完成深化改革任务。按照县委全面深化改革的统一部署，稳妥推进民主法治领域改革，通过多种形式听取代表意见建议，加强“一府一委两院”与代表的联系，着眼于代表作用的发挥，制定了县人大常委会进一步完善人大代表联系人民群众制度的实施意见，引导和督促代表察民情、听民意、解难事、做好事。为了进一步加大对预算审查的监督，制定了县人大常委会预算监督工作的实施意见，着眼于政府依法理财、科学理财，建立预算审查前听取人大代表和社会各界意见建议的机制，推动政府建立现代财政制度。

扎实做好脱贫攻坚工作。按照县委脱贫攻坚统一部署，认真抓好脱贫攻坚工作。一是重帮扶，倾心为民服务。驻村帮扶是决战决胜脱贫攻坚的重要力量，县人大常委会靠前站位，切实抓好分包乡镇、街道工作。常委会主任、副主任率先垂范，分包联系乡镇、街道和所帮扶的贫困村，围绕“两不愁四保障”、对标“六个一”“三个零差错”“三个显著提高”，加强调研指导，坚持每周至少入村一天，帮助制定脱贫规划，协调解决增收帮扶、政策落地、基础设施建设及环境卫生整治中的具体问题，确保精准扶贫落到实处。二是重选派，落实驻村责任。县人大常委会机关专门成立帮扶领导小组、组建驻村帮扶工作队，精心选派了3名优秀干部任驻村第一书记，帮扶蔡都街道武庄、二里社区，卧龙街道麦仁社区等3个社区的脱贫攻坚工作，强化帮扶责任，严格落实“五天四夜”驻村制度，推动了脱贫攻坚顺利开展。三是重结对，践行群众路线。坚持结对帮扶，确保一户不掉队。县人大机关19名干部职工结对帮扶卧龙街道麦仁社区、西洪乡司马村贫困户72户，利用每月扶贫日活动及县里的工作安排，坚持每户必入，每家必进，全面了解贫困户的生产生活情况，宣传脱贫政策，制定帮扶措施，开展“送温暖、献爱心”活动，帮助解决贫困户的实际困难。一年来，县人大先后向所包的4个村（社区）拨付13万元，完成环境卫生整治、村级活动场所标识规范化建设等工作，有效推进了民生问题的改善。四是重联动，展示代表风采。人大代表是来自各行各业的优秀人才，是推动脱贫攻坚的重要力量。县人大常委会印发了《关于在全县组织开展人大代表助力脱贫攻坚活动的通知》，启动了千名代表助力脱贫攻坚活动。各级人大代表牢固树立大局意识、中心意识、为民意识，立足本职岗位，发挥自身优势，积极投身脱贫攻坚一线，广泛开展专题调研、结对帮扶、献计献策、集中视察、政策宣传五大助力行动，发挥参与、建议、监督作用，在基础设施建设中出实招，在产业发展中显身手，在扶贫帮困中献真情，推动了危房改造、安全饮水、巷巷通、“扶贫车间”等一大批项目的有效落实。一年来市、县、乡三级人大代表累计投入帮扶资金600多万元。

二、强化履职意识，务求监督实效

县人大常委会紧紧围绕“十三五”规划实施和县委的重大决策部署，以经济建设和群众关心的热点难点问题为重点，综合运用多种监督形式，依法实施有效监督，督促和支持“一府一委两院”依法行政，公正司法。

加强专项工作监督。常委会把促进经济发展和民生问题作为监督重点，加大监督力度，推动工作落实。为确保我县全面完成“十三五”规划纲要提出的各项目标任务，听取审议了县政府关于“十三五”规划中期评估情况的报告，建议县政府科学、客观评价规划实施情况，及时查找问题，适时修正调整目标，确保“十三五”规划的有序实施；听取审议了县人民政府关于2017年度环境目标完成、城乡居民生活用水、林业生态建设、城市建设和管理等专项工作情况报告，推动一批人民群众关注的热点、难点问题的解决。

加强计划预算监督。听取审议了县政府2018年上半年国民经济和社会发展计划执行、2017年县本级财政决算和2018年上半年预算执行、2017年县本级预算执行和其他财政收支审计等工作情况报告，作出了关于批准2017年度县本级财政决算的决议。加大审计监督力度，联合财政、审计等部门，对审计查出问题所涉及的单位整改工作进行全面督查。听取审议了县政府关于审计查出问题整改情况报告，确保审计查出问题切实得到解决。为了摸清政府债务底子，去年县人大常委会主任会议专题听取了政府性债务情况的汇报，进一步加强了对政府性债务的监督，规范政府举债行为，切实防范化解财政金融风险。

加强法制工作监督。召开了对县政府贯彻实施《中华人民共和国预算法》情况的执法检查动员会，组织常委会组成人员对《中华人民共和国预算法》进行执法检查，通过部门自查、实地检查等方式，梳理出学习宣传不够深入、部门预算不够细化、预算公开不够透明、预算执行不够严格、债务管理不够规范等5个方面的问题，县政府及相关部门高度重视，落实责任，认真整改。听取和审议了县政府关于人民调解工作情况的专项报告，督促司法机关进一步完善多元化解机制，积极参与矛盾纠纷化解，切实发挥维护社会稳定的“第一道防线”的作用。听取和审议了县人民法院关于执行工作情况的报告，针对“执行难”问题，建议在加大执行力度、提高干警素质、加强部门协作和工作保障上下功夫，全面提高执行案件的质量、效率和效果，努力让人民群众在每一个司法案件中都感受到公平正义。加强了规范性文件备案审查工作，审查备案“一府一委两院”和乡镇人大报备的规范性文件13件，向市人大常委会报备规范性文件9件。强化信访工作机制，全年办理人民群众来信来访209人次，对16件重点信访案件进行了跟踪督办。对个别典型案件，督促司法机关启动内部监督机制，为维护群众合法权益、化解社会矛盾、保持社会和谐稳定发挥了积极作用。

加强部门履职监督。为增强部门为民意识，提高部门履职水平，组织对县政府办公室等24个政府组成部门进行工作评议，通过召开评议工作动员会、被评议单位自查和工作情况汇报、发布评议工作公告、评议小组深入调查、意见建议汇总等环节，征求归纳整理出247条意见建议。县政府及相关部门高度重视，被评议单位不打折扣，照单全收，均建立了问题台账，认真做好整改，各被评议单位整改情况的报告均已按照要求报县人大常委会评议工作办公室。按照评议工作方案要求，对评议排序前六名的财政局、政府办公室、发展和改革委员会、人力资源和社会保障局、科技和工业信息化委员会、审计局，县人大常委会印发表彰决定，给予通报表彰；对排在后三名的单位，县人大常委会将在2019年听取他们整改情况的报告。

三、坚持依法任免，在干部选任中体现民意

县人大常委会坚持党的领导、充分发扬民主、严格依法办事相统一，注重从政治上把握、在大局下谋划，确保县委选人用人意图通过法定程序得以实现，推动县委重大决策部署的贯彻落实。

贯彻县委意图。注重发挥常委会党组把方向、管大局、保落实的重要作用，对县委作出的重要部署，及时研究具体意见和实施举措，确保党的主张通过法定程序成为国家意志，确保党组织推荐的人选通过法定程序成为国家机关的负责人。

依法做好任免。始终坚持党管干部和人大依法任免国家机关工作人员有机统一，完善任前考试、会议审议、电子表决、颁发任命书、宪法宣誓等任免程序，依法做好人事任免工作，有效增强被任命人员的法律意识、人大意识和责任意识，保障地方国家机关有序运转。一年来，先后任免县人大常委会、“一府两院”工作人员 11 人次。按照中共十九大精神和市委、县委关于监察体制改革的部署，县人大常委会第六次会议审议通过了《上蔡县人民代表大会常务委员会关于县监察委员会副主任、委员任免办法的决定》，在县人大常委会第七次会议上依法任命了 6 名干部为县监察委员会副主任、委员，组建了县监察委员会，保证了市委、县委重大决策部署得到贯彻落实。

强化任后监督。县十四届人大常委会第九次会议审议通过了《县人大常委会关于任命的地方国家机关工作人员报告工作暂行办法》，按照报告工作暂行办法的规定，在第十一、十二次常委会上听取和审议了“一府两院”13 名县人大常委会任命人员的履职工作情况的报告，常委会组成人员在审议履职报告过程中对述职人既肯定了成绩，又指出了工作中存在的问题，通过开展被任命的地方国家机关工作人员向县人大常委会报告工作，既加强了对人大常委会任命人员的事后监督，又进一步增强人大常委会任命人员的宪法意识、责任意识和公仆意识。

四、发挥主体作用，激发履职热情

县人大常委会尊重代表主体地位，充分发挥代表主体作用，着力建设同人民群众保持密切联系的代表机关，更好发挥国家根本政治制度优势。

搭建活动平台。坚持邀请代表列席常委会会议，组织代表参与专题调研、视察重点项目建设、旁听法院庭审等活动，不断充实代表活动内容，调动代表履职积极性。坚持常委会组成人员联系代表制度，积极组织驻县的省、市人大代表开展视察调研活动；围绕全县重点工作，积极开展代表小组活动；及时向代表通报常委会和“一府一委两院”重要工作和重大活动情况，不断拓宽代表知情知政渠道，努力提高代表服务水平。一年来组织县人大代表列席常委会会议、参加工作评议、执法检查、专项调研等活动 420 余人次。

注重阵地建设。按照省、市人大加强“人大代表联络站”建设要求，已建成“人大代表联络站”27 个，做到乡镇（街道）全覆盖，为代表联系群众提供了良好的工作环境和服务平台。2018 年，全县“人大代表联络站”共接待选民 312 人次，收集意见建议 102 件，已解决或现场答复的 90 件，其余的正在办理之中，一批与人民群众息息相关的民生问题得到解决。我县“人大代表联络站”的建设和作用发挥情况受到市人大常委会的通报表彰，信阳市、三门峡市、襄阳市人大常委会等单位先后到我县参观学习。

强化建议督办。县十四届人大二次会议代表共提意见建议 121 件，为了提高问题的解决率，常委会选择 6 件重点意见建议由县人大常委会主任、副主任进行重点跟踪督办，通过重点督办、面对面答复等多种方式，着力提高建议办结率和代表满意率。至 2017 年 7 月底，已办结 121 件，办结率达到 100%、代表满意率达到 98%，保障了人大代表建议件件有着落，事事有回音。

五、强化指导联系，切实提高乡镇和街道人大工作水平

县人大常委会在坚持重点工作县乡人大“统一规划、上下联动”的同时，不断加强对乡镇、街道人大建设的检查与指导，乡镇、街道人大整体工作有了新的提高。

注重目标管理。年初印发了《2018 年乡镇人大主席团和街道人大工委目标管理意见》，年底对乡镇人大主席团和街道人大工委目标完成情况进行了集中考核，对先进乡镇人大主席团和街道人大工委进行表彰。我县人大常委会对乡镇和街道人大工作进行细化、量化，实行百分制的考核办法受到市人大常委会的充分肯定和大力推广。

坚持上下联动。坚持乡镇人大主席和街道人大工委主任列席县人大常委会会议制度、监督工作上下联动制度、工作信息和经验交流制度，对乡镇人大主席团和街道人大工委建设给予了及时的指导，组织驻乡镇和街道的县人大代表对脱贫攻坚种植、养殖、“扶贫车间”等扶贫产业进行异地视察，做到了经验信息共享、互相借鉴、不断创新，密切了与乡镇、街道人大工作的联系。

加强学习交流。一年来，县人大常委会十分注重对代表的履职培训，组织乡镇人大主席和街道人大工委主任参加全国人大履职培训、开展工作现场观摩、工作经验交流，有力地促进了乡镇人大工作的规范性、积极性、创造性，推动了基层人大工作的顺利开展。

六、加强自身建设，提升工作水平

县人大常委会把加强自身建设摆在突出位置，强化理论武装，完善工作制度，加强作风建设，着力提升依法履职能力和机关服务保障水平。

加强思想政治建设。常委会严守政治纪律，恪守政治规矩，保持政治定力，始终做到心中有党，心中有民。扎实推进“两学一做”学习教育和以案促改制度化常态化，严格按照要求召开巡视整改暨以案促改制度化常态化专题民主生活会，以党组中心组学习为引领，以机关党支部学习为平台，突出政治教育，强化党性锻炼，加强机关党建工作。人大常委会党组成员积极参加机关党支部组织生活，加强党性修养，自觉接受党员和群众监督，自觉遵守《准则》、《条例》，始终做到忠诚干净担当。

加强履职能力建设。认真学习习近平新时代中国特色社会主义思想、人大业务知识，分别举办了以预决算监督审查和提升人大常委会组成人员履职能力为主题的法制讲座，增强做好人大工作的责任感和使命感；组织常委会组成人员深入基层现场调研，增强聚焦中心、服务大局的意识，提高依法履职能力和水平；加强专门委员会建设，充分发挥专门委员会人才和专业优势，支持他们依法做好工作；加强对代表履职先进事迹的宣传，健全完善代表履职网络平台，进一步提高履职质量和效率。

加强纪律作风建设。落实党风廉政建设主体责任和“一岗双责”，严格执行中央八项规定及实施细则精神和省、市、县若干意见，认真抓好省委有关中央巡视和省委第十巡视组专项巡视扶贫领域所反馈问题整改，强化正风肃纪，以廉洁为民的形象感召人民群众；落实“三会一课”制度，定期开展集中学习，严肃认真开展批评与自我批评，提高政治站位，增强政治觉悟；加强党性党风党纪教育，筑牢拒腐防变的思想防线；开展机关作风纪律整顿，采取撰写自查报告、民主评议、检查监督、整改落实等措施，强化跟踪问效，机关工作人员纪律意识不断提升，作风状况明显好转，机关凝聚力、执行力不断增强；扎实抓好机关文明建设，巩固省级文明单位成果，树立常委会和机关良好形象。

加强人大宣传工作。突出人民代表大会制度以及常委会活动、代表履职宣传。2018 年在各级报刊、网络媒体发表人大方面的信息、工作经验交流、通讯或理论研讨文章 70 多篇，其中省级以上 30 多篇，连续两年被省、市人大常委会评为宣传工作先进单位。

2019 年工作任务

一、提高政治站位，主动担当履责

当前和今后一个时期，始终把习近平新时代中国特色社会主义思想作为人大工作的思想旗帜、理论指引、根本遵循，树牢“四个意识”，坚定“四个自信”，坚决做到“两个维护”。进一步强化政治责任，保持政治定力，把准政治方向，自觉把人大各项工作紧扣在贯彻落实中央和省委、市委、县委重大决策部署上来。强化常委会党组的组织力，发挥常委会党组的领导作用和政治功能，做到重大事项及时向县委请示报告，县委交办的任务高效完成。

按照中央和省、市、县委关于加强新时期人大工作的新要求，把坚持党的领导贯穿人大工作全过程，主动在大局中谋划和推进人大各项工作，依法行使好监督权、重大事项决定权和人事任免权，支持和监督“一府一委两院”依法开展工作，充分发挥人大及其常委会在服务改革发展中的职能作用。

二、强化监督职能，注重监督实效

紧紧围绕发展第一要务，依法开展监督工作，努力促进全县经济社会实现高质量跨越发展。突出专项工作监督，重点围绕全县经济社会发展大局，充分发挥人大职能作用，综合运用多种监督手段，听取和审议县人民政府关于2018年度环境目标完成情况、打击假冒军人电信诈骗犯罪情况、食品药品市场监管情况、县十四届人大三次会议意见建议办理情况的报告。着力经济工作监督，听取审议县政府关于2019年上半年国民经济和社会发展计划、2018年县本级财政决算（草案）和2019年上半年预算执行、2018年财政收支情况的审计及整改工作情况的报告。针对计划和财政预算执行中的突出问题提出审议意见，督促政府及其有关部门改进工作。围绕依法行政继续开展工作评议，拟对上级垂直管理部门开展工作评议，促进垂直管理部门依法行政，勤政为民。加强部门履职工作监督，听取县交通运输局、水利局、公安局2018年评议工作所列问题整改情况的报告，并对整改工作进行满意度测评。开展《驻马店市城市市容和环境卫生管理条例》执法检查。建立备案审查衔接联动机制，完善备案审查程序，进一步做好规范性文件备案审查工作。

三、坚持主体地位，发挥代表作用

坚持代表主体地位，不断丰富活动形式，积极拓宽民主渠道，切实保障人大代表的知情权、参与权、表达权和监督权。重视培训，结合人大工作监督重点，采取履职培训、学习考察、组织活动等多种形式，组织基层人大代表进行学习培训，不断提高代表新时代依法履职能力和水平。丰富载体，巩固和完善人大代表联络工作站建设工作成果，促进工作站运行更加规范化、常态化、制度化。深入开展“脱贫攻坚人大代表在行动”专项活动，充分发挥全县各级人大代表在脱贫攻坚中的重要作用，为全县脱贫攻坚摘帽再作新贡献。坚持代表列席县人大常委会会议，参与视察调查、执法检查、专题询问等工作，拓宽代表知情知政渠道。完善机制，认真落实代表建议督办机制、激励机制和通报机制，进一步提高代表建议落实率、问题解决率和代表满意率，真正使代表建议起到推进工作的作用。建立代表履职激励、考勤、约束和退出机制。

四、注重沟通协调，加大工作指导

及时指导乡镇依法召开好一年两次的人民代表大会和一年四次人大主席团会议，严格遵守法定程序和法律规定，确保各个阶段和环节都能做到依法办事。继续坚持乡镇人大主席和街道人大工委主任列席县人大常委会会议制度、监督工作上下联动制度、工作信息和经验交流制度，对乡镇人大主席团和街道人大工委建设给予及时指导。组织乡镇人大主席团和街道人大工委就人民群众关注的热点问题进行异地视察，不断增强代表参与各种活动的积极性。制订《2019年度乡镇人大主席团和街道人大工委目标管理意见》，切实推进乡镇和街道人大工作上水平、上台阶。

五、加强自身建设，提升履职能力

新时代、新任务对人大工作提出了新要求。要按照总结、继承、完善、提高的原则，着力加强常委会自身建设，不断推进人大工作发展。强化思想教育，树立良好形象，深入贯彻落实从严治党要求，继续深入开展“不忘初心，牢记使命”学习教育活动，严守政治纪律和政治规矩，严格执行中央“八项规定”精神，筑牢拒腐防变思想防线，树立人大干部清正廉洁的良好形象。

大兴学习之风，提高履职能力，切实加强宪法法律学习，加强人民代表大会制度理论和人大业务知识学习，提高人大干部专业素质，增强运用法治思维和法治方式推动工作的能力。健全管理制度，规范履职行为，以“规范、效能、服务”为重点，狠抓机关精神文明建设工作，建立健全各项规章制度，提高信息化水平，提高综合服务能力，改进人大宣传工作，推动理论与实践创新，打造一支忠诚干净担当的人大干部队伍，更好地服务人大代表和人大常委会工作。

政府工作报告

——在上蔡县第十四届人民代表大会第三次会议上

（2019 年 3 月 12 日）

上蔡县人民政府县长　李卫明

2018 年政府工作回顾

2018 年，在市委、市政府和县委的坚强领导下，全县上下坚持以习近平新时代中国特色社会主义思想为指导，坚持稳中求进总基调，千方百计稳增长，精准发力补短板，全县经济高质量跨越发展取得新成效。全年生产总值完成 241 亿元，增长 8%；规模以上工业增加值增长 8%；全社会固定资产投资增长 11.5%；社会消费品零售总额 92.37 亿元，增长 11.6%；一般公共预算收入 8.03 亿元，增长 20.5%；一般公共预算支出 61.7 亿元，增长 14.3%；金融机构各项存贷款余额 352.38 亿元、110.94 亿元，较年初分别增加 34.84 亿元、7.18 亿元。城乡居民人均可支配收入 16493 元，增长 9.4%。

一、推动产业提质增效，经济保持平稳增长

瞄准高质量发展主攻方向，深化供给侧结构性改革，统筹推进稳增长、促改革、调结构、惠民生、防风险，实现经济平稳运行。

努力壮大实体经济。一二三产业投资持续扩大，全社会固定资产投资增幅居全市第一位。积极推进百亿级产业集群培育工程，以荣光鞋业、华伦玩具为代表的鞋服产业集群发展到 46 家，产值达到 62 亿元；以久久农科、金利源农产品为代表的农副产品加工产业集群发展到 35 家，产值达到 68 亿元。45 个省、市重点项目完成投资 214.31 亿元，占年度投资计划的 138%；集中开工亿元以上工业项目 4 批 20 个，合同总投资 177.79 亿元，实际完成投资 67.15 亿元。雄安制鞋产业园、上继电器等 10 个重点项目建成投产；智强电子、中弘环保等 22 个重点项目稳步推进。产业集聚区建成区面积 11.8 平方千米，入驻项目 160 个，完成工业主营业务收入 206 亿元，成功晋升为全省“二星级产业集聚区”。大程集团、久久农科被认定为全国农业产业化龙头企业，并入围 2018 年度中国农业产业化龙头企业 500 强。

加快培育新动能。推进企业技改扩能、转型升级，新技术、新产业、新业态不断出现。创新驱动战略深入推进，培育认定三公利华、晨钟生物科技等 5 家高新技术企业，实施技术改造企业 16 家，高新技术产业增加值 1.6 亿元，增长 36.35%。“久久”“亿民”“大程”3 个品牌荣获中国驰名商标，恒通机械、圣美阳光等 13 个品牌荣获河南省著名商标。大程集团被认定为省级工程

技术中心，百润环保被认定为省级节能减排示范企业，久久农科与江南大学合作成立联合研究中心，正兴生态牧业与中国农科院合作成立优质农产品联合创新实验室。

大力发展现代服务业。建成县级电子商务培训中心、服务中心各1个，乡级电子商务服务站22个，村级服务点266个，全年累计完成电子商务交易额34.1亿元、增长2.1%，实现网络零售额9亿元、增长20%。建成金融综合服务站320个、惠农支付服务点248个，惠民村镇银行新增网点2个。房地产开发投资、销售商品房面积分别增长20%和27%。城乡消费品市场平稳较快增长，社会消费品零售总额增幅居全市第三位。

二、大力推进三大攻坚，努力补齐发展短板

坚持把打好三大攻坚战作为破解瓶颈制约、全面建成小康社会的硬任务，系统谋划，统筹安排，强力推动，取得积极成效。

扎实开展精准脱贫。把脱贫攻坚作为一场硬仗来打，努力提高脱贫质量。统筹整合财政各类资金8.76亿元，用于产业扶持、健康扶贫、基础设施建设等重点领域。狠抓产业扶贫，全年调整贫困户经济作物种植面积4.29万亩，建成种植基地440个，带动贫困户5256户；建成扶贫车间106个，吸纳1224名贫困人口就近就业；补贴低保户、特困户用电费用293万元；347个光伏扶贫电站首批发放补助资金2600万元，在全国光伏扶贫现场会上介绍经验；积极实施构树扶贫工程，在全省构树扶贫现场会上作典型发言。推动政策落实，累计投放金融扶贫小额贷款4.79亿元，带动1.05万名贫困人口转移就业；资助建档立卡贫困家庭学生3.58万人次，发放贫困家庭教育资助金2215.6万元；累计为贫困人口实施医疗救助45.23万人次，补贴贫困户医疗费用9288.9万元；将符合条件的3491户6479名建档立卡贫困户纳入低保范围，实现了应保尽保；发放残疾人两项补贴2130万元；投资1.4亿元完成了6751户危房改造任务，占年度计划的116.4%；在11个行政村开展统建村级保障住房试点，实现50户五保老人、双女户老人集中居住养老；安装扶贫调频广播9893个，覆盖了全县所有有贫困人口的行政村。建成贫困家庭重度残疾人托养中心32个，实现了26个乡镇（街道）全覆盖，在我市召开的全国推动因残致贫家庭脱贫攻坚暨失能贫困重度残疾人照护和托养工作现场会，到我县进行现场观摩推广上蔡经验，荣获全国脱贫攻坚奖“组织创新奖”。全年完成52个贫困村退出和6205户贫困户、22184名贫困人口稳定脱贫任务，贫困发生率下降到2.03%。

防范化解重大风险。积极稳妥化解存量债务，政府债务规模严格控制在限额之内。企业债务杠杆有效降低。完善社会治安防控体系，妥善化解一批历史遗留问题，信访总量逐步下降。深入推进扫黑除恶专项斗争，侦办涉黑恶案件120起，打掉恶势力团伙49个，群众安全感和满意度稳步提升。打击毒品犯罪取得突破性进展，摘掉了禁毒重点整治地区的帽子。打击冒充军人诈骗成效明显，网上逃犯降到个位数。食品药品安全监管全面加强。安全生产形势整体平稳，全年没有发生生产安全责任事故。非洲猪瘟等重大动物疫病防控取得阶段性成果。

强力推进污染防治。把大气污染防治作为重中之重，关闭非法砂石料露天堆场44个，依法关闭禁养区内养殖场8家，取缔非法加油站131家，县洁净煤生产配送中心和10个配送网点建成投入运营，东部6个乡镇天然气“村村通”工程顺利实施，全年PM_{10}平均浓度95微克/立方米，$PM_{2.5}$平均浓度59微克/立方米，空气质量优良天数222天。县第二污水处理厂建设项目稳步推进，省控黑河前相湾出境水质断面实现100%达标排放，集中式饮用水源地水质达标率100%，配备河道保洁员281名，三级河长巡河8000多次，在河长制检查评估中居全市第三位。

农药包装废弃物回收利用试点项目顺利实施。完成土壤污染治理试点工作，土壤环境质量总体保持稳定。

三、加快推进城乡建设，促进城乡共同发展

统筹实施乡村振兴战略和城市良性发展，加快构建城乡一体化新格局。

实施乡村振兴战略。围绕农业强，调结构、提质量、增效益，全县秋季粮经比例达到52∶48，全年粮食产量达到21亿斤；特色农业示范带建设初见成效，洙（湖）嵖（岈山）路沿线4个乡镇已流转土地4650亩，建设温室大棚1240亩、育苗基地1个。现代畜牧业加快发展，牧原集团年出栏100万头生猪、首农集团年出栏1万头肉牛、正兴生态牧业年出栏5万只肉羊等养殖场项目开工建设。农机装备水平进一步提升，成功创建全国、全省平安农机示范县，全市农机系统创新社会化服务功能现场会在我县召开。围绕农村美，抓整治、搞美化、促创建，深入开展“农村人居环境改善攻坚年”活动，集中力量开展“三清一改”，新建改造公厕302座，完成“空心房”整治7636户，累计创建“四美乡村”示范乡镇1个、“四美乡村”示范村35个。农村环卫市场化运营全面推开，生活垃圾无害化处理率达到95%，在农村人居环境年终考核总评中居全市第二位。围绕农民富，重建设、打基础，改善生产生活条件，新增农民专业合作社470家，土地流转面积达到55.6万亩，土地托管面积达到10万亩。全县农村居民人均可支配收入达到11542元，增长9.1%，高于城镇0.6个百分点。

扎实推进新型城镇化。坚持以人民为中心推进城镇规划、建设、管理和经营。县城建成区面积达到39平方千米，预计城镇化率达到38.7%。海绵城市、生态修复等七项专项规划和科教文卫宜居区、滨湖新城规划正在编制，韩寨、蔡沟顺利完成撤乡建镇。投资3.67亿元，实施市政道路11条14千米、改造背街小巷65条16千米；四环道路全部贯通，“三馆一中心”项目、20条市政道路、S223县城至华陂段道路建设工程有序推进。凤凰公园建成开放，杜诗公园正在加快建设，城区绿化覆盖率达到42.9%，人均公园绿地面积达到9.8平方米，成功创建“省级园林县城”；完成造林4.4万亩，森林覆盖率达到22.6%，圆满完成森林城市创建任务，在森林城市创建和国土绿化提速行动观摩评比中居全市第一名。数字化城市管理系统建成投用，城市“四乱”问题有效治理，违法建设管控力度进一步加强，共拆违168起25.3万平方米，城市管理水平整体提升，顺利通过省级卫生县城和省级文明县城复验。

强化基础支撑能力建设。青海—河南±800千伏特高压工程项目顺利开工建设；实施城区线路绝缘化改造工程，建成220千伏秦相变电站和110千伏城北谢堂变电站，城区供电可靠性不断提高。投资7700万元建成村级综合性文化服务中心182个，投资3000万元建成村级标准化卫生室166个；投资3.8亿元建成村村通道路526千米，全省交通扶贫现场会暨“四好农村路”观摩现场会在我县召开。南水北调引水工程前期工作顺利进行，宿鸭湖引水工程开工建设，县城供水改造提升工程扎实推进；农田水利建设扎实开展，时隔四年再次夺得全省“红旗渠精神杯”；投资7275万元完成66个行政村安全饮水巩固提升工程，农村集中供水率和自来水普及率达到100%，顺利通过省级县域节水型社会达标示范县验收。

四、深化改革开放创新，增强内生发展动力

着力破除体制机制障碍，充分激发市场活力，强化生产要素保障。

坚定不移推进改革。深化“放管服”改革，“一网通办”前提下“最多跑一次”改革取得实质性进展，大力精简行政审批事项，行政审批服务事项“网上可办率”“一网通办率”均达到

100%，“双随机、一公开”监管工作实现全覆盖。商事制度改革持续深化，全年累计完成各类主体注册登记7202户，同比增长4.6%；稳步推进国企改革，17家“僵尸企业”处置任务基本完成；加快城镇规划区内建设用地、农村耕地、乡村建设用地改革，认真落实第二轮土地承包到期后再延长三十年政策，完善承包地“三权”分置制度，农村集体资产清产核资工作有序推进。机构改革有序启动，国税地税顺利合并，县退役军人事务局挂牌成立，医药卫生、教育、消防等领域改革稳步推进。

不断提升开放水平。积极开展产业招商活动，全年签约亿元以上项目33个、总投资216.33亿元；对接洽谈项目21个、合同总投资153.75亿元，其中投资22亿元的隆丰皮革、投资20亿元的鹏宇杭萧钢构等一批产业链条长、支撑能力强的重大项目相继落地。利用资本市场迈出新步伐，与中原证券合作成立了中鼎产业发展投资基金，培育辅导21家优质中小企业在中原股权交易中心成功挂牌，中原证券上蔡营业部已获批建设，政府性投融资平台建设不断加强。全年完成进出口总额2.94亿元，增长11.6%；实际利用外资3772万美元，增长13.1%。

切实优化营商环境。全面推进“三十五证合一”、企业登记全程电子化，企业开办时间压缩至4.5个工作日，工程建设项目开工前手续审批压缩至20个工作日。出台关于促进非公有制经济健康发展的实施意见等系列扶持政策，激发市场主体活力，累计为中小企业担保贷款2.8亿元、为45家企业提供周转资金1.56亿元、为企业减免税收1.1亿元。深入实施优秀企业家培育工程，组织60家企业负责人参加培训，提升了企业管理者的能力和素质。持续加大投资服务环境治理力度，营商环境进一步优化。

五、切实保障改善民生，增强人民福祉

坚持发展为了人民，着力解决人民最关心的现实利益问题。全年完成民生支出55.5亿元，占一般预算支出的89.8%，省、市确定的民生实事基本完成，群众的获得感和幸福感进一步增强。

不断完善社会保障。发放城乡居民养老金2.55亿元；发放城乡低保、特困供养等各种救助资金1.97亿元；企业和机关事业单位退休人员基本养老金年人均分别提高1512元、1500元，城乡居民基础养老金最低标准年人均提高216元；开工建设棚户区改造项目5个、4615套，群众居住条件得到有效改善。

稳定扩大社会就业。县乡村三级就业服务平台建成投用，城镇新增就业9988人，失业人员再就业1952人，就业困难人员再就业714人；深入开展全民技能振兴工程，完成各类劳动力技能培训6370人次，新增农村劳动力转移就业9400人，新增外出务工返乡创业2622人，带动社会就业8367人。

积极发展社会事业。完成“薄弱学校改造计划”项目73个、校舍维修改造项目23个，上蔡七小、十五小项目已完工，十六小项目正在有序推进；11名考生被北大、清华录取，高招绝对进线人数、优秀生人数均居全市第一。全面开展家庭医生签约服务，签约率达到65%，基本公共卫生服务电子档案建档率达到98%。启动“互联网+健康上蔡”项目，与微医集团合作，为每个乡镇配备一辆价值100万元的云巡诊车，群众不出村就能享受到优质便捷的诊疗服务。加强文化遗产和文物保护，蔡国故城北城垣遗址中段修复工程顺利实施。

支持国防和军队建设，积极推进国防后备力量调整改革，国防动员、双拥优抚、人民防空、退役军人安置等工作进一步加强。妇女儿童、残疾人、红十字等事业健康发展。审计、统计、史志、档案、气象、机构编制、民族宗教、外事侨务等工作都取得新的成绩。

2019 年工作安排

2019 年是新中国成立 70 周年，是决胜全面建成小康社会、实现第一个百年奋斗目标的关键之年，也是我县实现脱贫摘帽决战决胜之年，做好今年的工作意义十分重大。

2018 年政府工作的总体要求是：以习近平新时代中国特色社会主义思想为指导，全面贯彻中共十九大和十九届二中、三中全会精神和上级关于今年经济工作的一系列决策部署，在县委的坚强领导下，坚持统筹推进“五位一体”总体布局，协调推进“四个全面”战略布局，坚持稳中求进工作总基调，坚持新发展理念，坚持以供给侧结构性改革为主线，坚持推进高质量跨越发展，贯彻巩固、增强、提升、畅通的方针，聚焦打赢三大攻坚战，统筹做好稳增长、促改革、调结构、惠民生、防风险工作，着力实现“两高两控两稳步”的发展目标，为全面建成小康社会收官打下决定性基础，以优异成绩庆祝中华人民共和国成立 70 周年。

全县经济社会发展的主要预期目标是：保持“三个同步、三个高于”，生产总值增长 8% 以上，规模以上工业增加值增长 8% 以上，全社会固定资产投资增长 10% 以上，社会消费品零售总额增长 10% 以上，一般公共预算收入增长 10% 以上，居民消费价格增长控制在 3% 以内。创新发展取得新成果，加大研究与实验发展经费投入，高新技术产业、战略性新兴产业增加值占规上工业增加值比重达到 8% 和 16% 以上。协调发展取得新成效，常住人口城镇化率提高 1.5 个百分点以上，人均预期寿命持续提高，九年义务教育巩固率达到 95.5%，医疗卫生、文化、体育等社会事业全面进步。绿色发展取得新提升，单位生产总值能耗下降 1% 以上，主要污染物排放量完成市定目标。开放发展取得新突破，利用省外资金、境外资金和进出口持续增长，营商环境在全省全市评价排序实现前移。共享发展取得新进步，城乡居民人均可支配收入增长 10%，完成 19000 名贫困人口脱贫任务，城镇新增就业 8500 人以上，城镇调查失业率和城镇登记失业率分别控制在 5.5% 和 4.5% 以内。提出上述目标，综合考虑了今年的宏观环境和我县发展基础条件，兼顾了需要和可能，经过努力是完全可以实现的。

围绕上述目标任务，重点抓好以下八个方面的工作：

一、持续做大经济总量，着力培育发展新动能

坚持把投资作为转型升级的“主抓手”，支持实体经济发展，努力扩大市场需求，保持经济稳中向好态势。

一是积极扩大有效投资。围绕产业转型升级、城市功能配套、生态环境建设、交通基础设施、农村水利工程等重点领域，全年安排重点项目 87 个、总投资 571 亿元，力争年内完成投资 236.5 亿元以上。推进鹏宇杭萧钢构、隆祺鞋业、安进生物科技、宁利鞋材等重点工业项目加快建设，投资 4.3 亿元的神华中车风力发电一期 5 万千瓦项目年内建成试车；推进投资 30 亿元的 100 万吨冷链物流基地、投资 12 亿元的豫皖商贸物流园等服务业项目落地建设，力争产业集聚区工业主营业务收入增长 15% 以上，工业增加值增长 15% 以上，固定资产投资增长 10% 以上。

二是促进工业经济增长。切实加强运行调度和监测预警，强化要素保障，搞好企业服务，确保工业平稳运行。按照“特色鲜明、布局优化、企业成群、产业成链”的原则，进一步完善产业发展规划，新上一批上下游关联项目，新引进一批龙头骨干企业，进一步拉长增粗产业链条，推动农副产品加工、制鞋服装两大主导产业做大做强，持续打造百亿级产业集群。大力发展战略性新兴产业，持续推动产业结构优化升级。支持恒通机械、都锐滤清器等企业做大做强，吸引配套和关联企业跟进。鼓励企业增加科技创新投入，加大技术研发和生产工艺改造力度，重点支持高新技术企业申报省、市重大科技创新项目，全年完成新认定高新技术企业 3 家以上。坚持一企一策，加大闲置土地厂房盘活力度，提高土地厂房利用效率。

三是提升服务业发展水平。抢抓国家促进形成强大国内市场的机遇，加快消费升级，推进中原空港物流园、黄淮商贸中心三期等重点项目建设，推动投资 40 亿元的红星美凯龙爱琴海商业综合体项目落地建设。积极推进城市更新，不断提升城市品位，加快推进投资 8.2 亿元的 3 个新建、续建棚户区改造项目。规范完善物业管理，进一步扩大物业管理服务覆盖面。加快发展现代金融业，力争中原证券上蔡营业部 6 月底前开业运营，积极争取域外银行金融机构、保险机构、证券机构等来上蔡设立分支机构，提高利用多层次资本市场能力。

二、决战决胜脱贫攻坚，确保全县脱贫摘帽

2019 年是我县脱贫摘帽的总攻之年、决胜之年。全县上下必须倾尽全力，尽锐出战，一鼓作气，奋力夺取脱贫攻坚战的全面胜利。巩固提升脱贫成果，完成全县最后一批 23 个贫困村出列、19000 名贫困人口脱贫的年度任务，贫困发生率降到 0.8% 以下，实现高质量稳定脱贫。

一是抓产业发展。坚持把稳定脱贫建立在产业持续发展的基础之上，坚持市场导向，完善落实产业扶贫推进机制。因地制宜发展特色林果、绿色养殖、高效种植、生态旅游等产业，打造综合性农业扶贫产业园；深入推进扶贫车间建设，积极开展电商扶贫，进一步拓宽就近就地务工的增收渠道，确保实现扶贫产业到村、产业扶贫到户“两个全覆盖”；推动村级集体经济与精准扶贫有机结合，完成 433 个有可耕地的行政村围村林建设任务。坚持扶贫与扶智、扶志相结合，充分发挥政策激励作用，激发内生动力，增强贫困户自主发展能力。

二是抓政策落实。对“三保障”政策进行全面梳理，做到对象精准、程序合规、资金到位及时。抓紧弥补危房改造这一最大短板，上半年基本完成 3800 户危房改造任务。教育扶贫着眼阻断贫困代际传递，严格落实控辍保学责任制和困难家庭学生资助政策，不让一个家庭因学致贫，不让一个孩子因贫辍学。健康扶贫突出加强政策宣传力度，实现大病救治率、慢病签约管理服务率、重病兜底保障率达到 100%，确保贫困人口基本医疗救助合理费用“零支付”，大病住院费用报销比例达到 90% 以上。

三是抓设施建设。对标脱贫摘帽指标，以“七个一”基础设施项目建设为重点，统筹兼顾非贫困村，加快完善基础设施和公共服务设施。新建改造标准化村卫生室 29 个，完成 144 个单村供水站巩固提升工程。

四是抓兜底保障。全面加强农村低保与脱贫攻坚相关政策的有效衔接，提高建档立卡贫困户的低保户保率，确保符合条件的贫困人口精准兜底。落实好残疾人“两项补贴”，完善贫困家庭重度残疾人集中托养工作机制，确保集中托养工作健康运行。新增 50 个农村保障房试点，切实为符合条件的人员提供安全住房保障。把防止返贫摆到更加重要的位置，尽快落实精准防贫保险工作。

五是抓责任夯实。进一步落实好县乡村主体责任、乡村包干责任、驻村帮扶责任、部门协调责任和督查巡查责任，提高站位，强化担当，锤炼一支强大的扶贫干部队伍。

三、加大力度深化改革，着力激发发展活力

加大重点领域体制机制改革，进一步优化发展环境，培育发展动能。

一是积极稳妥推进政府机构改革。按照上级要求，优化政府机构设置和职能配置，有序完成政府机构改革，构建优化协同高效的机构职能体系。新组建部门要体现新面貌、展现新作为，保持改革期间各项工作的连续性、稳定性，避免工作出现空档。

二是深化“放管服”改革。加快推进网上审批，实施“互联网＋政务服务”，把“一网通办”前提下的“最多跑一次”改革落实到位，构建线上线下一体化的政务服务体系。大力推行多评合一，联合勘验、联合审图，力争压缩企业投资项目审批时限在50天以内。深化商事制度改革，全面实施“证照分离”和“双随机、一公开”，加强事中事后监管，激发市场主体活力。

三是深化财税体制及投融资体制改革。加快县乡财政管理体制改革，合理划分县乡事权和支出责任，建立健全分类管理体制，提高乡镇发展经济、培植财源的积极性。进一步厘清政府与市场、行政与服务的关系，充分发挥财政资金的杠杆作用，积极鼓励社会力量参与基础设施、生态保护、民生事业等领域投资，充分激发民间投资活力。深化金融改革，增强金融服务实体经济能力。积极探索和发挥政府基金、债券的综合作用，做大做强城投、兴工等投融资平台，支持建立多层次的投融资体系。

四是深化农村综合改革。继续推进农村承包地“三权分置”改革，探索农村宅基地改革。加快农村集体产权制度改革，全面完成农村集体资产清产核资，发展新型集体经济。深化农村金融改革，强化农业保险保障作用。

同时，继续做好“僵尸企业”处置后续工作；深化文化体制改革，完成两台合并组建县广播电视台改革；抓好水利、供销、林权、行政执法、教育、医疗等改革。

四、坚持扩大对外开放，着力提升发展优势

放宽市场准入，汇集更多资源，推动全方位高水平开放。

一是提升开放水平。充分发挥比较优势，推动我县对外开放向更高层次、更宽领域拓展。积极参加省、市组织的重大招商贸易活动，依托农洽会这一国字号平台，结合我县发展实际，在农业、文化、制造业等领域谋划一批重大项目，吸引外商投资。进一步提高经济的外向度，培育一批出口主导型企业，支持做强发艺加工产业，保持出口稳定增长，确保实际利用外资增长3%以上，进出口增长10%以上。

二是坚持招大引强。围绕壮大传统主导产业和培育战略新兴产业，把招引主攻方向放在世界500强、国内500强和行业龙头企业上，培育一批附加值高、成长性强、关联度高、带动能力强的企业，推进招商引资取得新突破。同时，注重吸引产业链整体转移和关联产业协同转移，真正实现引进一个项目、带动一个产业、打造一个集群的倍增效应。进一步理顺招商引资工作体制机制，加强招商队伍建设，培养出一支招商主力军；完善修订招商引资考核奖惩办法，严格落实奖惩措施，激发乡镇、街道和部门参与招商引资工作的积极性和主动性。

三是优化开放环境。落实国家更大规模减税降费政策，对小微企业实行普惠性税收减免，确保降低企业成本各项政策落到实处。采取切实措施，解决企业融资难、融资贵问题。构建亲清新型政商关系，主动为企业排忧解难，畅通企业家投诉渠道，依法保护其合法权益。优化产业集聚区服务平台，以良好的硬件设施和优越的发展环境吸引项目转移、人才聚集。深入实施优秀企业家培育工程，持续开展产业集聚区企业负责人培训，逐步建设一支对党忠诚、诚信守法、善于创造的企业经营管理者队伍。以开展诚信建设年活动为抓手，加强社会诚信体系建设，努力打造诚信上蔡。

五、深入推进乡村振兴战略，着力促进协调发展

认真学习贯彻习近平总书记3月8日参加河南代表团审议时的重要讲话精神，坚持乡村振兴战略总要求，促进脱贫攻坚和乡村振兴战略有序衔接，加快推进产业、人才、文化、生态、组织

“五个振兴”。

一是大力发展农村产业。在稳定粮食生产、保障粮食安全的基础上，加快推进农业供给侧结构性改革，以“四优四化”为重点，推动农业结构调整；大力发展高效农业，以邵店、杨屯、洙湖等乡镇为重点，点线面相结合，持续打造洙嵖路沿线特色农业示范带；采取市场化运作模式，支持建设现代农业示范园。大力发展现代畜牧业，加快推进中粮集团生猪养殖项目建设，完成牧原集团年出栏100万头生猪、首农集团年出栏1万头肉牛、正兴生态牧业年出栏5万只肉羊等养殖场建设任务，引领全县畜牧业向基地化、规模化、规范化发展。同时抓好非洲猪瘟防控工作。

二是积极培育新型农业经营主体。开展新型农业经营主体规范提升行动，深入推进示范合作社建设，鼓励发展高科技农业、乡村旅游等新业态。引导土地有序流转，加快推进农机社会化托管服务，力争托管面积达到40万亩。积极争创全国主要农作物生产全程机械化示范县，发展特色优势产业，促进农村一二三产业融合发展。

三是扎实推进美丽乡村建设。持续抓好农村人居环境整治三年行动，加快推进“四美”乡村建设；深入推进国土绿化提速行动，以围村林为点、廊道为线、网格为面，点线面全方位推进，完成7万亩的绿化任务。深入开展“空心房”治理工作。启动农村环卫一体化指挥中心建设，整合保洁力量，继续扩大垃圾收集覆盖面。加强农业推广、供销、仓储、物流等服务体系建设，加快补齐农村基础设施和公共服务短板。

四是全面加强农村治理。加快培育农村发展新动能，实施新型职业农民素质提升工程，支持各类人才返乡创业，拓展农村就业空间和农民增收渠道。加强农村基层组织建设，深化拓展“四议两公开”工作法，创新乡村治理机制，提高乡村治理效能。充分发挥村民自治作用，大力培育文明乡风、良好家风、淳朴民风，涵养乡村传统美德，为经济社会持续健康发展提供有力支撑。

六、坚持新型城镇化引领，着力强化基础能力建设

紧抓纳入全省百城建设提质工程县机遇，以实施“两园”（森林公园、湿地公园）、“两河”（杜一沟、宿鸭湖引水项目）、“两路”（周驻南高速连接线、驻上快速通道）、“一中心”（滨湖新城）项目为重点，加快实施一批重大项目，支撑县域经济社会发展。

一是深入推进新型城镇化。科学编制规划。加快完成新一轮城市总体规划和县域乡村建设规划编制，完善交通、市政、景观风貌等专项规划，高起点、高标准、高水平推进滨湖新城城市设计。推进城市建设。贯彻落实“以产兴城、以水润城、以绿荫城、以文化城”的城市发展理念，以投资220亿元、实施9平方千米滨湖新城建设为龙头，打造现代滨水城市。投资4.35亿元，新建改造龙胜大道、开源路、腾飞路等19条城市道路。加快“三馆一中心”建设，建成杜诗公园、湿地公园和森林公园，宿鸭湖引水工程年内建成通水。配合做好南水北调引水工程。加快完善静脉产业园建设规划设计，完成前期准备工作，力争上半年开工建设。加强城市管理。持续深化城市管理执法体制改革，加快推进数字城市建设，扎实开展市容市貌治“脏”、交通秩序治“乱”、生态环境治“污”、公共服务治“差”，扩大城市环卫社会化管理范围，建立健全城市管理长效机制，全面提升城市规范化、市场化管理水平。强力推进征地拆迁工作。深入开展“双违”整治，坚决遏制增量、减少存量，规范城乡规划建设管理行为。提升创建水平。围绕创建全国健康城市，把百城建设提质与文明城市创建紧密结合，强化市容市貌管理和交通秩序综合整治，努力提升市民文明素质，打造规范有序、文明整洁的人居环境，确保国家卫生县城创建任务圆满完成。配合做好国家食品安全示范城市创建工作，不断提高人民群众对食品安全的满意度。

二是推动基础设施建设。牢牢抓住国家电网“强投资”机遇，加快投资127亿元的青海—河南 ±800千伏特高压项目建设；实施110千伏苗沟站二期扩建工程和110千伏邵店、五龙变电站建设。持续做好商南高速建设服务保障工作，确保年底前建成通车。积极做好安罗高速开工前各项准备工作，完成商南高速三条引线建设工程。加快国省道升级改造步伐，G345线一级公路塔桥镇段改建工程，上半年完成S223华陂段改造任务；年内实现S223上蔡至驻马店段改造工程（驻上快速通道）建成通车。实施50万亩高效节水灌溉建设项目，加快推进高标准农田、灌区配套设施等农田水利设施建设，全面完成年度农田水利建设任务，增强农业综合生产能力。继续实施2019年饮水安全查漏补缺项目，全面完成农村饮水安全工程建设任务，不断改善农村饮水条件。

七、打好污染防治攻坚战，着力提升人民生活质量

牢固树立“绿水青山就是金山银山”的发展理念，坚持绿色发展，加大治理力度，不断满足人民日益增长的生态环境需求。

一是持续推进大气污染防治。加强重污染天气应对联动，强化扬尘污染综合整治和餐饮油烟污染防治，抓好非法加油站和“散乱污”企业的整治取缔，继续推进农村天然气“村村通”工程，强化农村秸秆禁烧常态化管理，加强在建工地及渣土车日常管理，对主干道实行全天候保洁，努力完成PM_{10}平均浓度88微克/立方米以下、$PM_{2.5}$平均浓度40微克/立方米以下、空气质量优良天数270天以上的全年目标。建立环境目标责任制，明确任务分工，强化部门联动，出重拳治理污染，用重典严格执法，构建最严责任体系，建立最严监控机制，落实最严执法监管，做到最严追责问责。力戒环保“一刀切”。

二是持续推进水污染防治。全面落实“河长制”，继续强化养殖业污染管控力度，加大黑河、洪河、杜一沟沿线污染源综合整治力度，粪污处理中心和县第二污水处理厂投入使用，实施蔡河、茅河、北护城河、凤凰沟“三河一沟”黑臭水体治理。强化水源地保护，确保集中式饮用水源地水质达标率100%。同时，对城区内自备水源装表计税，加快推进城区自备井关闭和规范工作。

三是持续推进土壤污染防治。加强农用地污染核查，开展土壤污染治理与修复。加强畜禽养殖废弃物资源化利用，大力推广使用有机肥，严控农业面源污染。

八、持续保障和改善民生，着力提高公共服务水平

树立过紧日子的思想，继续压减政府一般性支出，腾出更多财力用于民生保障，解决一批老百姓“急难愁盼”的突出问题，让人民群众从发展中得到更多实惠。

一是办好民生实事。（1）安置困难人员就业700人以上，城镇新增就业8500人以上。（2）参加城乡居民基本医保的80岁以上高龄老人住院报销比例在现行政策基础上提高5个百分点，实施80岁以上老人高龄津贴制度。（3）继续免费开展妇女宫颈癌和乳腺癌筛查、预防出生缺陷产前筛查和新生儿疾病筛查。（4）实施残疾儿童康复救助200例。（5）实施“通村入组工程”，建设“村组通”道路600千米，努力改善群众出行条件。（6）大力推进“厕所革命”，完成10万户农村户用厕所改造，年内建成农村公厕178座，做到村村有公厕。（7）新建改造村级综合文化服务中心191个。（8）以创建义务教育发展基本均衡县为抓手，开工建设五中、七中、十七小等7所中小学校，新增学位7290个；尽快开工建设上蔡三高。（9）实施“一元民生”救助保险项目。（10）升级改造农村敬老院16所，新建城市社区老年人日间照料中心6所。

二是完善社会保障体系。深入实施全民参保计划，继续提高城乡居民基础养老金最低标准，继续调增企业和机关事业单位退休人员基本养老金。提高城乡低保、特困人员供养标准，加强医疗救助、临时救助，将符合条件的各类群体精准纳入社会保障制度覆盖范围。加大棚户区改造力度，新开工建设保障性安居工程913套，保障困难群体住房需求。大力发展养老产业，鼓励社会资本进入养老服务领域，让广大群众老有所养、困有所帮、灾有所助。

三是不断扩大社会就业。坚持就业优先方针，强化就业服务和政策扶持，突出抓好农民工等重点人群和城镇困难家庭就业援助，稳定农村劳动力转移就业，鼓励毕业生回乡就业和自主创业，开展各类职业技能培训5000人，新增农村劳动力转移就业1万人。

四是加快发展社会事业。以县人民医院搬迁建设为契机，力保河南省县域医疗中心落地；加快中医院中医大楼项目建设，确保年内妇女儿童医院投入使用。加快农村义务教育学校建设步伐，改善农村中小学办学条件；继续推进学前教育三年行动计划，积极发展公办幼儿园，引导扶持民办幼儿园提供普惠性服务。积极推动职业教育上规模、上水平，形成职业教育和普通教育两翼齐飞的发展格局。深化医疗卫生体制改革，提高医疗卫生服务能力，积极创建全国健康扶贫工程示范县和全省健康促进示范县。紧抓与微医集团合作的机遇，充分发挥“互联网+健康上蔡”项目积极作用，推动家庭医生签约服务全覆盖，让优质医疗资源惠及广大人民群众。坚持文化和旅游相结合，精心编制故城遗址公园规划，搞好蔡国故城保护，彰显文化底蕴；全面落实文物保护责任，提升文物保护利用水平。围绕新中国成立70周年，开展形式多样的群众性文化活动。

五是防范化解重大风险。全面规范PPP项目融资，支持城投融资平台市场化转型，确保政府隐性债务平稳化解。落实金融风险处置属地管理和审批主管行业责任，严厉打击非法集资、高利转贷等违法违规行为，及时消除非法集资可能引发的重大社会不稳定隐患。围绕新中国成立70周年等重大活动，切实做好安保和信访工作。完善和落实安全生产责任制，坚决防范和遏制较大生产安全事故。强力推进冒充军人诈骗犯罪整治工作，确保涉军诈骗挂牌整治“摘帽”。加快技防建设，提高防控能力，全力保稳定、护安全、促和谐。切实加强房地产市场监管，规范房地产市场秩序，妥善解决问题楼盘。

继续抓好第三次全国国土调查，扎实推进第四次全国经济普查工作。深化全民国防教育，加强国防动员和国防后备力量建设，深入开展双拥共建，加强退役军人服务保障体系建设。同时，支持工会、妇联、共青团、工商联、科协等人民团体发挥桥梁纽带作用，继续做好档案史志、残疾人、老龄、审计、人防、气象等工作。

切实加强政府自身建设

各位代表！初心如磐，重任在肩。人民群众的殷切期待、跨越发展的重大使命，对政府工作提出了新的更高要求。我们将牢记宗旨、恪守职责，不忘初心、继续前进，致力建设人民满意的服务型政府。

严守政治纪律。树牢“四个意识”，坚定“四个自信”，做到“两个维护”，自觉在思想上、政治上、行动上同以习近平同志为核心的党中央保持高度一致，做习近平新时代中国特色社会主义思想的坚定信仰者、有力传播者、忠诚践行者，始终保持对党绝对忠诚。根据上级部署，扎实开展政府系统“不忘初心、牢记使命”教育，用党的创新理论武装头脑、指导实践、推动工作。

强化法治建设。严格遵守宪法和法律，依照法定权限和法定程序行使权力、履行职责，坚决做到“法无授权不可为、法定职权必须为”；自觉接受县人大法律监督、工作监督和县政协民主监督，主动接受人大代表、政协委员、新闻媒体和社会各界监督；抓实抓好政务公开，畅通政民沟通渠道，推动行政权力规范透明高效运行。

增强善治本领。强化学习意识，牢固树立终身学习理念，不断提升能力素质，努力克服“本领恐慌”“能力不足”问题，增强辩证思维和系统思维能力，治路径依赖，破思想坚冰，除习惯壁垒；强化创新意识，不断掌握新知识、熟悉新领域、开拓新视野，把上级部署和上蔡实际结合起来，创造性地开展工作；提高专业素养，培育专业精神，运用专业方法解决发展中的问题；强化统筹意识，坚持稳中求进，注重稳扎稳打，牢牢把握经济工作主动权。

坚持实干为民。政府干的，都是人民盼的。要始终坚持以人民为中心的发展思想，始终保持奋发有为的精神状态，始终发扬敢于负责的担当精神，落实督查考核、正向激励机制，给干事者鼓劲，为担当者撑腰，坚决惩处懒政怠政、为官不为现象。坚持求真务实、跟踪问效，推动各项工作落地落实。聚焦群众关心的小事难事，全力办好办实，让人民群众感到温暖和舒心。

筑牢廉洁底线。严格落实“两个责任”，切实履行“一岗双责”，严守廉洁从政各项规定，落实中央八项规定精神，谨记公权力只能姓“公”、不能姓“私”，推动政府系统党风廉政建设和反腐败工作向纵深发展；严管办公用房、公务用车和公务接待，深化预决算制度改革，严控行政开支，将公共财政更多用到发展最需要、群众最受益的地方。深化巡视整改，强化执纪问责，严查群众身边不正之风和违纪违法案件，让干部知敬畏、守底线，营造干净清爽的政治生态和发展环境。

中国人民政治协商会议
上蔡县第十届委员会常务委员会工作报告

——在政协上蔡县第十届委员会第三次会议上

（2019年3月11日）

县政协主席　臧海声

2018年工作回顾

2018年是全面学习贯彻中共十九大精神的开局之年，也是改革开放40周年。一年来，县委县政府团结带领全县人民深入学习贯彻习近平新时代中国特色社会主义思想和中共十九大精神，坚定政治方向，统揽发展全局，积极应对挑战，狠抓工作落实，全县经济社会发展取得了新成就，上蔡高质量跨越发展迈出了新步伐。在中共上蔡县委的坚强领导下，县政协及其常委会坚持以习近平新时代中国特色社会主义思想为统领，深入学习贯彻习近平总书记关于加强和改进人民政协工作的重要思想，强化党建工作引领，持续推进协商民主，充分发挥委员主体作用，团结和带领政协各参加单位和广大政协委员认真履行政治协商、民主监督、参政议政职能，积极发挥协调关系、汇聚力量、建言献策、服务大局作用，政协各项建设取得明显进步，为决胜全面建成小康社会，推进上蔡高质量跨越发展作出了积极贡献。

一、强化党的领导，思想共识有了新提高

县政协常委会把加强思想政治建设摆在政协全局工作的首要位置，坚定理想信念，增强政治定力，把握工作方向。

坚持理论武装，不断提升政治站位。积极参加市委、县委党校中共十九大精神培训班和市政协组织的浙江大学培训班。根据全国和省市政协部署，深入开展习近平总书记关于加强和改进人民政协工作重要思想学习研讨活动，向全体委员印发学习专题摘编，召开理论研讨会，组织界别组学习活动20余次，形成研讨交流材料20余篇。通过学习，广大政协委员和政协机关干部思想理论素质不断提高，“四个意识”普遍增强，“四个自信”更加坚定，“两个维护”更加坚决。

加强党的建设，发挥党建引领作用。深入学习贯彻习近平总书记关于全面从严治党和加强人民政协党的建设的重要论述，贯彻落实中办《关于加强新时代人民政协党的建设工作的若干意见》和《省委实施意见》，贯彻落实全国政协和省、市政协系统党的建设工作座谈会精神和工作部署，强化主体责任，完善工作机制，认真落实政协党的建设各项要求。坚持把党的领导贯穿于政协工作的各方面和全过程。扎实推进“两学一做”学习教育和“以案促改”制度化常态化，组织委员和机关干部参观兰考红色教育基地和竹沟革命纪念馆，重温入党誓词，不忘初心，牢记使命。积极协助政协帮扶村开展“六面红旗村”创建和基层党建问题“三集中”（集中排查集中建账集中整改）活动，按照“六有”（有场所、有设施、有标志、有党旗、有书报、有制度）标准，推进帮扶村党组织活动场所规范化建设，结合村“两委”换届，协助选好配强“两委”干部，党建引领作用得到进一步发挥。

增强政治自觉，落实党委决策部署。坚定不移将中央和省市县委决策部署贯彻落实到政协工作全过程、各方面。认真配合省委巡视工作，积极向省委巡视组汇报政协党的建设和履职情况，召开政协党组巡视整改暨推进以案促改制度化常态化专题民主生活会，按照要求，较好完成了巡视整改任务。坚持重大事项、重要活动及时向县委请示报告，及时组织传达学习县委重要会议精神，不折不扣地落实县委交办的各项任务，努力做到县委决策部署到哪里，政协的智慧力量就汇聚到哪里。

二、助力脱贫攻坚，帮扶工作取得新成效

县政协常委会高度重视脱贫攻坚工作，专门研究印发了《县政协2018年“靶向攻坚”暨民主监督脱贫攻坚实施方案》，严格按照县委要求，积极参与全县脱贫攻坚“夏季攻势”“冬季行动”和“暖冬活动”，深入开展“脱贫攻坚政协委员在行动”活动，动员机关全体干部职工和广大政协委员立足本职，主动作为，自觉投身脱贫攻坚一线，为完成脱贫攻坚各项任务尽心出力。

党员干部率先垂范。根据县委安排，政协各位党组成员分别联乡包村并联系4—6户贫困户，经常入村调研指导精准扶贫、精准脱贫工作；各委室负责人联系2—4户贫困户，同时分别担任齐海乡李炳、朱庙、阳岗、马庵4个政协帮扶村的工作队长，帮助当地群众协调扶贫资金、落实帮扶政策；机关全体同志经常深入到结对帮扶困难群众家中，开展走访慰问、政策宣传和帮贫解困工作。为促进帮扶村产业发展，县政协组织4个帮扶村的支部书记、第一书记和工作队到平舆县学习考察户外休闲藤编项目，并组织4个帮扶村的贫困群众学习藤编技术。通过对接联系，先后与平舆县豪杰户外休闲公司和河南基业公司签订合作协议，分别在齐海乡阳岗村、马庵村、朱庙村建立了藤编点，为贫困群众在家门口就业增加收入、稳定脱贫打下了基础。

各界别组大力支持。根据“脱贫攻坚政协委员在行动”活动安排，各界别组联系实际，认真履职，取得了明显成效。工商联及新社会阶层和

经济组积极开展就业帮扶，为建档立卡贫困户提供就业岗位，以就业帮脱贫，并通过“基地＋农户”等形式带动贫困户发展生产，实现增收。科技组积极开展爱心捐赠活动，为贫困村和贫困群众、贫困学生捐赠棉鞋、体育器材、校园广播等物品，价值1万多元。医药卫生组积极推动“健康上蔡”建设步伐，经常深入贫困村开展义诊服务和医疗救助政策宣传活动，送医送药到贫困户家中，为群众进行健康体检、传播健康知识，提高群众的健康意识，防止疾病发生，受益群众3000多人。工青妇组积极开展金秋助学活动，协调资金46.8万元，资助156名贫困大学生顺利入学；并联合县电商学院、职业中专培训200多名贫困户青年掌握电子商务和种植养殖技能。教育体育组积极争取项目资金或动员在外乡友参与扶贫济困助学，并为贫困群众捐赠生活用品，解决了贫困户基本生活需求。中国共产党组、农林组、特邀组、文学艺术组、侨联组、台胞台属组、少数民族组、宗教组也分别根据职业特点和能力特长，把脱贫攻坚作为干事创业的重要实践，积极通过多种形式对贫困户进行帮扶。

政协委员广泛参与。全体政协委员积极发挥优势，开展结对帮扶，自觉为群众办实事、做好事，为打赢脱贫攻坚战献计出力。李发群委员投入资金500多万元，在重阳办事处李斯楼、南王营和西洪乡腰店、嘴李等村流转土地950亩，帮扶400户群众1000多人，优先流转建档立卡贫困户土地，进行中药材种植，使贫困群众获得土地租金和劳动工资双份收入；刘春喜委员在蔡沟乡庙杨村流转土地880亩，王德龙委员在百尺集村流转土地40亩用于发展花卉产业，优先安排贫困户在种植基地务工，有效提高了贫困群众的收入。邱国全、肖豪委员积极发展种植专业合作社，带动塔桥镇、蔡沟乡、和店镇169户贫困户增加收入90万元。张广明委员组织义工联合会会员资助70余名贫困学生47万余元；胡宏、周长江、侯凤青、张三毛、陈中信、吴中新、贾新华、杨广立、赵全义等委员或发展经济实体为贫困户家庭提供就业岗位，或捐款捐物解决贫困村、贫困户现实困难，受到社会各界的好评。

据统计，一年来，县政协机关共为4个帮扶村提供资金支持22万余元，用于帮扶村村室规范化建设、更新办公设备和改善基础设施；各界别组和广大政协委员共协调资金800多万元，帮助贫困村、贫困户发展种植、养殖产业，为全县脱贫攻坚工作做出了积极贡献。

三、聚焦中心工作，服务发展作出新贡献

常委会坚持把围绕中心、服务大局作为政协履职主线，深入贯彻落实县委决策部署，聚焦中心工作，认真履行职能，积极建言献策，扎实为全县经济社会发展贡献力量。

围绕乡村振兴献计献策。乡村振兴是中共十九大作出的重大发展战略，县政协将乡村振兴作为常委会年度重点协商议题，组织30多名政协委员，成立3个调研组，由主席和两位副主席分别带队，重点围绕“推动农村产业发展，加快实现乡村振兴”和“提高农村民生保障水平”两个课题，通过听取汇报、现场查看、座谈讨论等形式对部分乡镇的光伏发电项目、种植基地、养殖基地、农村新型经营主体、专业合作社等产业发展情况以及敬老院建设、农村危房改造、农村饮水安全工程、基本公共卫生服务、重症残疾人托养中心建设等民生工程进行了调研，在深入调研的基础上，召开了由县政府领导和13个部门参加的乡村产业振兴双月协商座谈会，从落实中央精神、梳理产业政策、突出地域特色、培育龙头企业、建设人才队伍等方面，向县委、县政府报送了《协商专报》，一些意见建议被有关部门采纳、转化为工作举措。

着眼重点工作调研视察。常委会着眼县委县政府重点工作和人民群众关心关注的热点问题，深入开展调研视察活动。一年来，先后围绕城区

地下管网建设与管理、城区背街小巷改造升级、农村留守儿童健康成长、特色农业发展、农产品质量安全检验检测体系建设等情况开展调研视察，针对调研视察中发现的问题，分别提出了理顺体制、设立专门管理机构，落实措施、完善城区管网规划，加强管护、启动智慧城市建设；加大宣传力度、强化文明意识，强化统筹整治、建立长效机制，科学合理布局、实现雨污分流；搭建关爱平台、净化社会环境，加强沟通交流、提升家教水平，实施关爱帮扶、帮助儿童健康成长等建议，县委、县政府高度重视，及时交相关部门研究落实。

突出民生热点履职尽责。常委会和广大委员始终践行以人民为中心的履职理念，不断强化履职使命意识，让广大群众切实感受到政协委员就在身边、人民政协离自己很近。

一是突出民生导向发挥提案作用。在拓宽征集渠道、遴选重点提案的基础上，加大提案办理协商力度，通过提高提案办理质量，放大委员声音，提升履职实效。县政协十届二次会议以来，共收到委员提案196件，经审查立案175件，这些提案紧扣县委县政府确立的目标任务，立足于人民群众对美好生活的向往，着眼于解决我县发展不平衡不充分问题，其中涉及群众关心的民生热点问题的提案68件，占提案总数的38.49%。截至2018年10月底，所有立案提案全部办理完结，办复率达到100%，委员满意率98.85%。

二是着眼社会热点问题加强民主监督。积极贯彻落实县委《关于加强和改进人民政协民主监督工作的实施意见》（上办〔2018〕8号）精神，围绕全县脱贫攻坚工作开展民主监督活动，针对危房改造、社会保障、教育扶贫、健康扶贫等方面存在的问题和不足，提出了进一步加大资金投入力度、完善社会保障体系、加强扶贫政策宣传、增强贫困户内生动力等建议。围绕“蓝天碧水净土”三项工程实施情况进行监督性视察调研，针对工作中存在的城市黑臭水体治理不完善、污水处理厂建设进展缓慢，以及乡镇污水、垃圾无害化处理能力较弱等问题，提出了建立管理制度、明确管理责任、落实改造措施、打击违法行为、强化废物利用等建议，推动了工作开展。

三是坚持服务群众关爱弱势群体。根据第十六届中国·上蔡重阳文化节系列活动安排，组织民政局、卫健委等部门和政协医药卫生组医疗专家，为全县22个乡镇和县中心敬老院的1159位五保老人进行了身体检查和医疗诊治，免费送药价值两万多元，进一步树立了县政协弘扬尊老敬老优良传统，关注民生、服务群众的良好形象。

四、加强联谊交流，团结合作增添新活力

坚持把促进团结、发扬民主作为政协工作的主题，不断营造同心同德、助力发展的良好氛围。

搭建联谊平台。以载体建设为抓手，积极探索发挥界别作用的方法和路径，实现了14个界别组“委员之家”建设全覆盖和委员活动常态化，26个乡镇（街道）政协工作联络组统一挂牌，落实了责任，使政协委员学习有平台、活动有场所、履职有载体。一年来，各界别组开展学习交流、调研视察、民主监督、书画交流文艺下乡等活动30多次，进一步密切了委员之间的沟通与交流，界别凝聚力明显增强。

扩大对外交流。坚持“政协搭台、部门参与、委员互动”，积极开展学习考察和联谊交流活动。组织驻上蔡县市政协委员对确山县美丽乡村建设情况进行了学习考察，先后接待了省政协农业委、市政协和漯河市政协、禹州市政协以及住遂平县市政协委员对我县基层组织建设、提高农村民生保障水平、重症残疾人托养中心建设、乡村产业振兴等情况对我县进行的考察调研，进一步树立了我县对外开放、加快发展的良好形象。

注重政协宣传。组织召开了全县政协文史工作座谈会，专题安排部署文史资料工作，总结经验，交流体会，进一步探索新时期文史资料工作的新特点、新变化和新要求。如期完成《上蔡文史知青卷》《上蔡县政协2017年年鉴》编纂工作，积极开展《河南改革开放40年》《天中记忆·交通卷》《天中记忆·知青卷》文史资料征集工作，挖掘文史资料20余篇，较好完成了省、市政协安排的征集任务。信息宣传工作不断加强，全年上报政协宣传信息30多篇，被省政协《协商论坛》《河南政协》刊物以及《驻马店日报》《天中晚报》《网易》等媒体采用26篇，为推进政协工作营造了良好的舆论环境，使社会各方面对政协工作更加重视、关心和支持。

五、提升队伍形象，自身建设体现新要求

积极适应新时代政协工作的新要求，以提升履职能力为重点，不断加强和改进自身建设，进一步夯实了政协工作基础。

着力提升委员履职能力。认真践行习近平总书记“懂政协、会协商、善议政，守纪律、讲规矩、重品行”要求，突出履职能力建设，采取全员培训、以会代训等方式，先后组织开展全体委员履职业务培训、政协常委十九大精神培训和文化知识讲座等学习活动，进一步提高了广大委员的履职水平和议政建言能力。

着力激发委员履职活力。建立县政协领导联系乡镇（街道）政协工作联络组制度，将联络组工作计划纳入政协年度工作要点，加强督促指导，做到年初有计划、年中有交流、年末有考核。落实县政协常委会组成人员联系委员制度，主席、各位副主席带头通过走访、约谈、座谈、电话沟通、网络交流等形式，与委员保持经常性联系，帮助委员解决实际困难和问题。广大政协委员主动深入基层，为困难群众做好事、办实事。认真落实常委会工作规则、政协委员履职工作规则、专门委员会通则和提案工作条例，强化履职考核，健全委员履职考核档案，通过创造争优表彰活动，进一步强化了委员责任意识，激发了委员履职热情。

着力提升服务保障水平。按照树立“三个一流”、建设“四个之家”（一流标准、一流作风、一流服务，政协委员之家、各界人士之家、基层政协之家、政协机关干部职工之家）的要求，狠抓机关自身建设，持续深化省级文明单位创建活动，增强服务意识，转变工作作风，进一步提高了政协干部队伍自身素质，提升了机关工作效率和服务水平。

2019年工作安排

2019年，是中华人民共和国和人民政协成立70周年，是决胜全面建成小康社会，推动上蔡高质量跨越发展的重要一年，也是我县实现脱贫摘帽之年。在新的一年里，县政协及其常委会要坚持以习近平新时代中国特色社会主义思想为统领，认真学习贯彻中共十九大大精神和中央、省委、市委、县委全会及经济工作会议精神，深入贯彻落实各级关于加强人民政协工作的部署要求，把握新方位，担当新使命，展现新作为，坚持把加强党的领导、推进协商民主、发挥委员主体作用作为政协工作的主线，着力强化思想政治引领、广泛凝聚各界共识，着力提高履行职能质量、增强服务发展实效，着力加强履职能力建设、夯实政协工作基础，全面推动我县政协事业发展，努力为决胜全面建成小康社会、推动上蔡高质量跨越发展、顺利实现脱贫摘帽作出新贡献。

一、持续深入学习贯彻习近平新时代中国特色社会主义思想

把学习贯彻习近平新时代中国特色社会主义思想作为一项长期的重大政治任务，深刻把握核心要义、精神实质、实践要求，切实做到学思用贯通，知信行统一，不断在学懂弄懂做实上下功夫，树立“四个意识”，坚定“四个自信”，做到“两个维护”，始终在思想上政治上行动上同以习近平同志为核心的党中央保持高度一致，确保党的路线方针政策和各项决策部署在政协得到不折不扣的贯彻落实。持续开展习近平总书记关于加强和改进人民政协工作的重要思想学习研讨活动，认真学习贯彻中央关于加强政协协商民主、民主监督、党的建设工作的部署要求和新修订的政协章程，正确认识新时代人民政协的新方位新使命，深刻把握推动政协工作高质量发展的新部署新要求，增强做好政协工作的政治责任感。

二、全面提高政协党的建设工作水平

认真学习贯彻落实中办《意见》和省委《实施意见》精神，贯彻落实全国和省、市政协党建工作座谈会精神，全面落实政协党的建设任务和要求。坚持把党的政治建设摆在首位，严守政治纪律和政治规矩，坚守政治立场、政治方向、政治原则、政治道路。坚持把党的建设贯穿于政协工作的各个方面，加强党对政协工作的全面领导，以党建工作高质量引领政协工作高质量发展。不断完善县政协党组织设置，实现党的组织对党员委员全覆盖、党的工作对政协委员全覆盖。建立党员委员参加双重组织生活制度，建立党组成员联系界别和党员委员联系党外委员制度，建立党员常委履职建言点评制度，建立党组成员和党员委员与党外委员谈心谈话制度，组织和引导党员委员自觉接受政协党组织教育管理和参加政协党组织活动、进行党性锻炼，以政协党的建设促进履职工作，努力谱写新时代政协工作新篇章。

三、积极为推动全县经济社会发展建言献策

坚持把决胜全面建成小康社会、推动高质量发展作为履行职能的主线，聚焦党和国家中心任务，聚焦人民群众对美好生活的向往，聚焦县委全会、经济工作会议明确的目标任务，开展履行职能活动。着眼我县经济社会发展，政协常委会议围绕大力发展实体经济、实施乡村振兴战略、推动民营经济发展开展咨政建言。主席会议就建设现代产业园区、加快文化产业发展等议题组织专题协商议政。各界别围绕招商引资项目建设、诚信建设年活动、发展生态经济等开展对口协商。通过科学安排协商活动，做到协商议题和协商形式相匹配、视察调研和协商议政相衔接，切实增强协商议政的实效。着眼党政决策部署，持续做好省市县政协三级联动监督活动，组织委员对打好三大攻坚战、国土绿化提升行动、城乡供水管网改造等开展监督性调研协商。围绕乡村产业发展和住房条件改善等开展专项视察。着眼社会关注问题，围绕教育均衡发展、破解城区停车难等课题开展双月协商，通过面对面的交流，共商有效对策。围绕国家卫生城市创建、县城农贸市场建设、农村人居环境改善等工作，加大调查研究力度，发挥人才智力优势，提出有见地、可操作的意见建议，当好党委政府的参谋助手。

四、紧紧围绕民生改善履职尽责

以更实工作举措顺应人民群众对美好生活的向往，聚焦发展上的不平衡不充分，把履职的出发点和落脚点体现在推动民生福祉提升上。聚焦脱贫攻坚，持续开展“脱贫攻坚政协委员在行动”活动，围绕精准扶贫、精准脱贫，深入开展调查研究、议政建言、视察监督，积极为扶贫工作献计出力。动员委员发挥优势，尽己所能，针对贫困群众所需，及时开展送科技、送文化、送医药、送技术到基层活动。聚力民生改善，围绕“兴办人民满意社会事业”，就全社会关注的就业、教育、医疗、养老、文化等问题进行深入调研，推动群众关心的热点难点问题得到有效解决。持续开展民生实事工程视察监督活动，助推县委、县政府民生决策落实见效。聚集社情民意，加大提案办理力度，在稳定提案数量的同时，更加注重提高提案工作质量，推动提案工作从答复满意向落实满意转变，从年度办理向跨年度持续跟踪办理转变，从承办部门单纯办理提案向改进工作作风转变。

五、广泛凝聚上蔡高质量跨越发展共识

充分发挥政协大团结大联合的政治优势，汇

聚推进我县改革发展强大力量。扬长界别特色优势，支持界别组根据界别特色在组织调查研究、视察考察的基础上，充分利用“委员之家”阵地，开展座谈学习、民生论坛、接待群众等活动，发挥好界别联系各界群众的桥梁和纽带作用，增强界别凝聚力和归属感，不断扩大界别活动影响力。凝聚社会各界力量，进一步增强与社会各界人士经常性联系，为党外知识分子、新经济组织和新社会组织代表人士发挥作用搭建平台、创造条件，帮助企业家开展学习培训、定向招工、法律服务等活动。发挥广大委员聪明才智和专业特长，在招商引资、项目建设等方面各尽所能、各展其长，做改革发展的实干家、践行者。密切同县外上蔡籍成功人士的沟通交流，引导他们关心、支持、参与上蔡经济社会建设。发挥文史宣传作用，进一步加强文史资料的征集编辑出版工作，挖掘和弘扬上蔡历史文化。组织文史资料进校园活动，发挥传承文化、存史育人作用。组织开展新中国和人民政协成立70周年纪念系列活动。持续加强政协信息宣传，积极运用微博、网站、微信公众号等新媒体，打通委员发声渠道，宣传委员履职典型和履职成果，加强与社会各界互动交流，营造有利于政协事业发展的良好环境。

六、不断加强政协履职能力建设

以提高建言资政质量为核心，推动履职实践创新。改进政协常委会议专题议政方式，探索专题协商、对口协商、界别协商的有效形式；加强和改进调研视察工作，完善民主监督工作机制，探寻反映社情民意信息的方法路径；创新提案办理方法，完善政协提案和办理结果向社会公开机制；建立完善部门情况通报机制、多方推进政协协商议政成果转化机制。以提高履职能力为重点，加强政协队伍建设。加强政协常委会自身建设，积极发挥常委会在政协工作中的组织领导作用、常委会议专题议政的履职作用、常委会组成人员的带头作用；加强联络工作，抓好学习培训，强化服务管理，落实委员走访制度，引导委员履职尽责、做好表率；结合机构改革，优化专门委员会设置，明确工作职责，充分发挥专门委员会在联系委员、开展履职工作、组织界别活动等方面的重要作用；按照树立“三个一流”、建设“四个之家”的要求，持续深化省级文明单位创建活动，不断提高机关服务保障水平。以加强协调联动为抓手，扩大政协工作交流。密切与上级政协的联系，搞好工作配合，争取支持指导；扩大与外地政协的交流，学习先进经验；加强对乡镇政协工作的联系指导，提高全县政协工作水平。充分发挥“学习强国”平台作用，加强党规党纪学习教育，深入推进以案促改，持续营造风清气正的政治生态，为政协事业发展创造良好的环境。

大事记

1月

5日 上蔡县委经济工作会议召开。会议总结回顾上蔡县2017年经济工作，并对2018年工作进行安排部署。

7—10日 政协上蔡县第十届委员会第二次会议召开。

8—11日 上蔡县第十四届人民代表大会第二次会议召开。

9日 市委副书记、市长朱是西到上蔡县大路李乡湾李村，实地调研指导脱贫攻坚工作。

10日 上蔡县政府与隆丰革乐美控股有限公司项目签约仪式举行。项目由焦作隆丰皮草企业有限公司投资兴建，项目总投资额22亿元，分制鞋加工和皮革鞣制两个项目，计划在上蔡分别建立制鞋加工厂和毛皮加工厂。

11日 上蔡县监察委员会举行挂牌仪式。县委书记胡建辉，县委副书记、县政府县长李卫明，县人大常委会主任肖开义，县政协主席臧海声，县委常委、县委办公室主任刘银业，县委常委、县纪委书记李超，县委常委、县政府副县长拜玉宝等出席挂牌仪式。

17日 国家级媒体聚焦助残“上蔡模式”。新华社、《人民日报（海外版）》、中国新闻社、中国网、大公网、中国残疾人杂志社等国家级媒体记者齐聚上蔡县，集中采访建档立卡贫困家庭重度残疾人集中托养“上蔡模式”。

18日 省水利厅党组书记刘正才一行到上蔡，深入芦岗街道程老社区调研扶贫工作并召开座谈会。

19日 “搜索中国正能量点赞2017”大型网络宣传活动揭晓典礼在北京新华社大礼堂举行。上蔡县阳光家园创办人李国华荣获“精彩中国·感动人物”奖。

19日 团省委副书记吴皓一行在上蔡县邵店镇丁楼村开展“八方援”河南共青团助力脱贫攻坚2017希望工程·温暖冬天活动。

21日 市委常委、市委组织部部长金冬江一行先后到上蔡县党店镇、洙湖镇督导检查“创森”工作。

31日 市政协副主席郑玉林带领市创建国家森林城市工作第二巡查组一行到上蔡无量寺等乡镇督导检查“创森”工作并召开汇报点评会。

是月 上蔡县发放首笔驻村第一书记保险理赔金20万元。

是月 市环保局授予88个建制村（社区）“市级生态村”称号。上蔡县五龙镇展庄寨村、洙湖镇前三里村、洙湖镇贺店村、和店镇杨寨村、崇礼乡格了朱村、东岸乡大苏村、韩寨乡新石桥村、塔桥镇北大李村、塔桥镇南张村、东洪镇桃台村、朱里镇老黄庄村、小岳寺乡杨炉村、华陂镇史彭村、大路李乡湾李村、无量寺乡吴宋村、黄埠镇黄埠村、党店镇闫刘村、党店镇李楼村榜上有名。

2月

5日　市委副书记李宝清、市政府副市长冯玉梅一行，先后到上蔡五龙镇和黄埠镇看望慰问敬老院老人、五保户和部分贫困户。

市委副书记李宝清（左）慰问困难人员

宋永亮　摄

7日　中国残疾人联合会主席张海迪一行到上蔡县调研残疾人事业发展、脱贫康复等工作，看望贫困残疾人和工作人员，向大家致以新春的慰问和祝福。

8日　省委常委、省纪委书记、省监察委主任任正晓到上蔡县看望慰问困难群众、阳光家园孤儿、上蔡县中心敬老院老人以及困难纪检监察干部，向他们送去党委、政府的关怀和温暖，致以新春的祝福和节日的问候。

10日　中共上蔡县第十二届纪律检查委员会第三次全体会议召开。

12日　市政府副市长、黑河市级河长贺振华一行到上蔡县开展黑河巡河工作。

3月

8日　市委书记陈星到上蔡县调研指导脱贫攻坚工作。

8日　农业部农产品加工局副局长潘利兵一行4人到河南省大程面粉实业有限公司和河南省大程泉谷坊食品有限公司的施工现场进行调研指导。

9日　市委考核组组长、市委组织部副部长胡新功一行到大路李乡栗庄村调研贫困家庭重度残疾人集中托养工作。

12日　上蔡县村（社区）“两委”换届选举工作会议召开。县委常委、县委组织部部长桂兆权宣读了《中共上蔡县委关于成立上蔡县村（社区）“两委”换届选举工作协调领导小组的通知》和《关于明确上蔡县村（社区）“两委”换届选举工作领导小组成员单位的通知》。

12日　上蔡县召开脱贫攻坚工作2017年度总结表彰暨2018年第二次推进会。副县长雷鸣回顾总结2017年全县脱贫攻坚工作；县人大常委会主任肖开义宣读《上蔡县2018年脱贫攻坚工作意见》；县委常委、县委办公室主任刘银业宣读《关于表彰2017年度全县脱贫攻坚工作先进单位和先进工作者的决定》。

13日　省发改委主任、党组书记何雄，市委书记陈星一行到上蔡县邵店镇省发改委扶贫联系点籽粒村，实地调研指导脱贫攻坚、乡村振兴工作进展情况，并召开干部群众座谈会，认真听取驻村帮扶、脱贫攻坚等工作汇报，现场办公研究谋划进一步帮扶措施。

26日　全县年鉴工作启动会议召开，会议安排部署《上蔡年鉴（2108）》和乡村志编纂工作，上蔡县历史上第一部综合年鉴开始编纂。

29日　来自全国20多个省和泰国、西班牙等国的1600多名蔡氏宗亲齐聚上蔡，谒祖寻根。

30日　上蔡县党政考察团赴新蔡县就脱贫攻坚和城市建设等工作考察学习。

是月　市政府公布第五批驻马店市非物质文化遗产代表性项目，上蔡县有张氏烙画、郝氏麦草画、朱氏面人、伞子舞、王氏木偶戏、上蔡道情、重阳菊花酒酿造技艺、张太和毛笔制作技艺、戚氏毛笔制作技艺、华艺乐器坊乐器制作技艺、刘氏“纯朴”老土布纺织技艺、老张家膏药、丁氏喉科疗法入选。

4月

2日　市委副书记李宝清，市委常委、组织部部长金东江，市人大常委会副主任王志华，市政协副主席郑玉林带领全市观摩团，先后到上蔡县大路李乡、齐海乡牛庄村观摩“创森”工作。

3日　由上蔡县委宣传部、县文明委办公室、县民政局、上蔡县第二高级中学共同举办的“清明祭英烈 建设新时代”主题教育活动在县英雄广场举行。

9日　驻马店市2018年第二批亿元重点项目集中开工暨河南隆祺鞋业有限公司年产800万双高档定制鞋项目奠基开工仪式举行。

9日　市委书记陈星一行先后到上蔡县卧龙街道北大吴村、邵店镇刘药村调研重度残疾人集中托养工作。

14日　省卫计委主任阚全程一行先后到重阳街道、芦岗街道调研卫生计生工作并召开座谈会。

16—17日　省委常委、省纪委书记、省监察委主任任正晓到上蔡县调研督导脱贫攻坚工作落实情况。17日，实地察看了扶贫项目并召开座谈会。座谈会上，县委书记胡建辉汇报了上蔡县2018年脱贫攻坚工作情况，分析了上蔡县脱贫攻坚工作中存在的短板和不足。

23日　省政协常委、省政协农业委员会主任李柳身带领省政协调研组到上蔡县大路李乡栗庄村、湾李村，就加强农村基层组织建设进行专题调研。

5月

5日　市委书记陈星，市委副书记、市长朱是西率领全市县城规划建设管理观摩团到上蔡，观摩2017年度城市规划建设管理工作。

11日　李斯文化展览馆开馆仪式举行。上蔡李斯文化展览馆占地近千平方米，以壁画的形式从李斯断案、东门逐狡兔、除水怪、兰陵求学、西行入秦、秦殿献策、推行郡县制、统一货币度量衡、定制颁法等事件，反映李斯在不同阶段的所作所为。展览馆内还展览了大量关于李斯的文物、字画和书籍。

12日　县委常委、常务副县长闫峰带队的上蔡县党政考察团赴兰考县学习脱贫攻坚先进经验。

14日　副省长武国定深入上蔡县大路李乡栗庄村重度残疾人托养中心，调研指导脱贫攻坚和农业产业发展情况，走访看望基层干部群众和驻村第一书记。

18日　市委常委、市纪委书记、市监察委主任李成宽一行先后到上蔡县邵店镇刘药村、卜庄村开展结对帮扶慰问和调研工作并召开座谈会。

25日　由中国残联、国务院扶贫办、民政部共同主办的全国推动因残致贫家庭脱贫攻坚暨失能贫困重度残疾人照护和托养工作现场会在驻马店市召开。会议期间，国务院扶贫办党组成员夏更生、市委副书记李宝清、市政府副市长付自成等与会领导带领观摩考察团到上蔡县，分两组先后到大路李乡贫困家庭重度残疾人集中托养中心、大路李乡栗庄村贫困家庭重度残疾人集中托养中心、邵店镇贫困家庭重度残疾人集中托养中心、邵店镇刘药村贫困家庭重度残疾人集中托养中心观摩考察贫困家庭重度残疾人集中托养工作。

29日　上蔡县人民政府与鹏宇投资集团共同举行杭萧钢构项目签约仪式，总投资20亿元的项目正式落户上蔡县，占地规模1000亩。

30日　市委常委、组织部部长金东江一行

观摩考察团在大路李乡观摩考察　　宋永亮　摄

到上蔡县黄埠镇蔡埠口北汝河段等地调研防汛工作。

6月

4日　省委常委、组织部部长孔昌生到上蔡县调研抓党建促脱贫工作。在上蔡县大路李乡栗庄村，孔昌生分别听取贫困户重度残疾人集中托养有关情况汇报，对上蔡县探索集中托养模式取得的成效给予充分肯定和高度评价。

6日　省委常委、省纪委书记、省监察委主任任正晓到上蔡县走访贫困群众，实地查看产业扶贫、教育扶贫等工作。市委常委、市纪委书记、市监察委主任李成宽参加调研活动。

8日　国家粮食和物资储备局副局长韩卫江带领国家粮食和物资储备局督导组先后到上蔡县大路李乡、百尺乡夏粮收购点进行实地走访，调研夏粮收购情况。

11日　上蔡县创建平安乡镇（街道）、平安村（社区）评选活动、平安守护“警灯闪烁”行动启动仪式和平安家园治安保险现场赔付、人保财险助力平安上蔡捐赠活动仪式在蔡明园广场隆重举行。

13日　省纪委副书记、省监察委副主任阮金泉，省卫计委主任阚全程，省畜牧局局长王承启，省纪委常委、省监察委委员张光明，省监察委委员刘建国等一行，到上蔡县黄埠镇小王营村、重阳街道王营社区、上蔡县欣燃养殖专业合作社实地查看产业扶贫、医疗扶贫等工作情况，走访贫困群众。

15日　上蔡县开展以“生命至上 安全发展”为主题的全国第十七个“安全生产月”宣传活动。

19日　省商务厅党组书记、厅长张延明一行到晨钟生物科技有限公司调研指导电商扶贫工作，随后在省商务厅帮扶村尹赵村召开座谈会。

20日　市委副书记、市长朱是西，市委常委、市纪委书记李成宽，市政府副市长付自成一行，到上蔡县邵店镇邵店村“巧媳妇”工程产业扶贫基地调研脱贫攻坚和结对帮扶工作。

朱是西调研脱贫攻坚工作　　宋永亮　摄

28日　驻马店市委脱贫攻坚领域专项巡察组进驻上蔡动员会召开。市委第一巡察组和异地交叉巡察组分别进驻上蔡县西洪乡、齐海乡、东洪镇、蔡沟乡、洙湖镇。县委书记胡建辉主持会议。

29日　上蔡县召开创建省级农产品质量安全县工作动员会。会上对《上蔡县创建省级农产品质量安全县工作方案》进行具体解读，并对创建工作作相关部署。

29日　上蔡县召开农村集体资产清产核资工作动员会，安排部署相关工作。

7月

2日 中原证券推荐上蔡优秀企业专场挂牌仪式在中原股权交易中心举行，上蔡县百润环保、澳祥皮业、天一食品、恒通机械等21家优秀企业集中挂牌“四板”。

5日下午 省纪委副书记、省监察委副主任吴宏亮到上蔡县调研指导脱贫攻坚工作。吴宏亮一行先后到上蔡县东洪镇万庄村、邵店镇上岗村、黄埠镇小王营村，实地走访贫困户，查看危房改造项目、产业扶贫，看望驻村第一书记，并召开座谈会。

11日 中国共产党上蔡县第十二届委员会第五次全体会议暨县委工作会议召开。全会深入贯彻落实习近平调研指导河南工作时的重要讲话和指示精神，深入学习贯彻落实省委十届六次全会暨省委工作会议和市委四届六次全会暨市委工作会议精神；会议表决通过《中国共产党上蔡县第十二届委员会第五次全体会议决议（草案）》。

12日 省公安厅常务副厅长朱海军、省公安厅刑侦总队副总队长刘彦东、省公安厅刑侦总队副调研员刘亮一行到上蔡县调研打击整治冒充军人诈骗犯罪工作。

12日 河南省学习贯彻习近平生态文明思想百场宣讲活动（上蔡县）报告会举行。

12日 市人大常委会副主任王志华带领市人大部分代表到上蔡县开展食品药品监督管理工作情况专题调研。

12—13日 市政协副主席郑玉林、张新领带领市政协调研组到上蔡县调研农村民生保障工作。

17日 省委第十巡视组专项巡视上蔡县扶贫领域工作动员会召开。

20日 国家税务总局上蔡县税务局举行挂牌仪式。

25日 省质量技术监督局局长唐远游一行到结对帮扶村邵店镇郭屯村调研脱贫攻坚工作。

30日 中央文明办在长春市举行全国道德模范与身边好人现场交流活动，现场发布了2018年7月“中国好人榜”。108位充满时代感、饱含正能量的身边好人上榜。“危急时刻三次救人”的上蔡县人刘续攀，荣登见义勇为类7月“中国好人榜”。

31日 省委政研室副主任刘俊勋一行先后到上蔡县大路李乡、大路李乡栗庄村、大路李乡湾李村、重阳街道王营村、邵店镇、邵店镇刘药村重度残疾人托养中心、邵店镇盛唐家庭农场等地调研脱贫攻坚工作。

是月 省人民政府下发《关于2017年度产业集聚区和服务业“两区”考核评价情况的通报》，上蔡县产业集聚区成为2017年度河南省首次晋升当前星级的产业集聚区，获省政府重奖300万元。

8月

1日 省人大常委会委员、农工委副主任邢利民一行先后到上蔡县盛唐家庭农场、牛硕牧业、县农产品质量安全检测中心检查调研农产品质量安全情况。

2日 上蔡县人民政府与河南省农业综合开发有限公司战略合作签约仪式举行。

4日 省委督导组副组长、省公安厅刑侦中队副中队长耿景智一行到崇礼乡督导检查扫黑除恶专项斗争工作开展情况。

9日 上蔡县召开省委第十巡视组反馈问题整改落实工作动员会暨全县脱贫攻坚第七次推进会。会议宣读《2018年上半年全县脱贫攻坚工作存在问题的整改方案》《省委第十巡视组反馈扶贫工作干部作风方面问题整改方案》《省委第十巡视组反馈乡镇（街道）党（工）委书记未遍访贫困户问题整改方案》。

9日 上蔡县召开贯彻落实中央巡视组反馈意

见整改工作动员会。会上就选人用人、意识形态、纪检监察、脱贫攻坚等整改落实工作进行部署。

16日　省委常委、省纪委书记、省监察委主任任正晓一行到上蔡黄埠镇小王营村调研指导脱贫攻坚工作。

任正晓（右二）在小王营村调研　　宋永亮　摄

16日　驻马店市2018年“最美医生”“最美乡村医生”“最美护士”颁奖典礼举行。此次评选活动由市文明办、市卫计委、驻马店日报社和驻马店广播电视台联合组织开展。上蔡县中医院脑病科医生郭长河获最美医生荣誉称号，上蔡县朱里镇乔李村卫生室医生徐付明获最美乡村医生荣誉称号，上蔡县人民医院重症医学科护士李群英获最美护士荣誉称号。

19日　由十三届全国政协委员，致公党湖南省副主委、长沙市主委，长沙市人大常委会副主任王国海率领的全国脱贫攻坚奖基层调研组深入上蔡县，调研贫困家庭重度残疾人集中托养工作。

20日　上蔡县干部作风整顿动员会召开。县委书记胡建辉出席会议并讲话，县委常委、县纪委书记、县监察委主任李超通报对省委第十巡视组反馈扶贫干部作风纪律方面问题的查处情况；县委常委、组织部部长桂兆权宣读《关于在乡镇实行“五天四夜”工作法的意见》和《关于在街道实行领导干部带班值班制度的意见》。

23日　全县2018年度精神文明建设工作会议召开。宣读《2017年度全省精神文明建设工作上蔡县获得表彰情况的通报》及县级文明单位等。

9月

1日　焦作市委书记王小平带领焦作市考察团一行到上蔡，先后在大路李乡和栗庄村观摩考察重度残疾人集中托养、产业扶贫等工作，并就两地深入开展项目对接合作、坚决打好打赢脱贫攻坚战有关事项进行交流。

3日　省委政研室副主任刘俊勋带领调研组一行到上蔡，先后在上继科技有限公司、隆祺鞋业有限公司、久久农科、凤凰公园、杜诗公园等地调研上蔡县产业结构、城市建设规划等情况。

3日　市委宣传部公示全市2017—2018年度重点文化企业和重点文化项目名单。上蔡澳祥皮业有限公司被定为2017—2018年度驻马店市重点文化企业，上蔡县重阳文化旅游产业园项目被定为2017—2018年度驻马店市重点文化项目。

5日　省供销合作总社党组书记、理事会主任刘延生一行到上蔡，先后在电子商务运营中心、供销海外购体验店、东洪镇供销e家农业服务中心、东洪镇土地托管为农服务中心等地调研指导供销及电子商务工作。

8日　上蔡县2018年庆祝教师节暨高中招工作总结表彰会议召开。会议全面总结回顾上学年全县教育工作，安排部署了新学年工作；宣读《上蔡县人民政府关于给予上蔡县教体局等记功嘉奖的决定》《上蔡县人民政府关于表彰2017—2018学年度高中招工作先进单位和优秀教师的决定》。

8日　由市委宣传部、市文明办、市教体局联合主办的驻马店市庆祝第34个教师节暨2018“天中最美教师”颁奖典礼举行。上蔡县第一高级中学教师聂凤获得2018“天中最美教师”称号。

11日 省水利厅厅长孙运锋一行到上蔡，先后在杜诗公园景观工程、芦岗街道程老村等地调研水利工程和脱贫攻坚工作。

18日 市委书记陈星到上蔡县黄埠镇小王营村调研指导脱贫攻坚工作。

陈星在小王营村调研　　宋永亮　摄

18日 “百企帮百村”鹏宇集团扶贫物资捐赠仪式在黄埠镇小王营村举行。

21日 市委脱贫攻坚领域专项巡察上蔡县情况反馈会议召开。会上就6月29日—8月8日市委第一巡察组和驻上蔡县两个交叉巡察组巡察上蔡县5个乡镇（街道）脱贫攻坚领域发现的问题进行反馈。

27日 上蔡县省级“四好农村路”示范县创建工作动员会召开。会上宣读《上蔡县创建省级“四好农村路”示范县实施方案》。

28日 “孔子陈蔡绝粮处”纪念碑在蔡沟一中揭幕。中国书法家协会副主席宋华平，河南省孔子文化研究会秘书长王群，县政协党组成员、副县级干部魏玉平等出席揭幕仪式。

10月

13日 上蔡县农村基层党建问题“三集中”活动动员会暨扫黑除恶专项斗争推进会召开。会议宣读《农村基层党建问题“三集中”（集中排查、集中建账、集中整改）活动实施方案》。

13日 省委第十巡视组向上蔡县委反馈巡视意见。省委第十巡视组组长王保华传达省委书记王国生关于巡视工作的重要讲话精神，省委第十巡视组副组长闫廷瑞反馈巡视情况。

13日 经省人民政府批准，河南省民政厅印发《河南省民政厅关于上蔡县蔡沟乡撤乡建镇的批复》，正式批复同意上蔡县撤销蔡沟乡建立蔡沟镇。

15日 省民委副主任郭瑞疆一行到上蔡，在邵店镇十里铺村调研脱贫攻坚工作推进情况并慰问贫困户。

16日 中国·上蔡第十六届重阳文化节在上蔡举行。本届重阳文化系列节庆活动除开展“重阳寿星”及全县孝心模范、孝道家庭评选、“三关爱一帮助”（关注、关爱、关心困难老人，帮助困难老人解决实际困难）、“点亮微心愿，温暖身边人”、为五保老人义诊康检等活动外，还组织开展了上蔡县第一届文明家庭评选、“鹏宇杯”全国首届孝老爱亲摄影大赛。

16日 省水利厅党组书记刘正才一行到上蔡，先后在黄埠镇小王营村和芦岗街道程老庄村实地察看水利项目建设和工程建设情况。

17日 2018年全国脱贫攻坚奖在北京揭晓。上蔡县获得2018年全国脱贫攻坚组织创新奖荣誉称号。

17日 第5个全国扶贫日，河南省脱贫攻坚奖表彰大会暨先进事迹报告会在郑州举行，57名脱贫攻坚战线上的先进个人受到表彰。上蔡县朱里镇拐子杨村党支部书记、村委会主任张全收获得奋进奖。

26日 由省人大常委会委员、选任联工委副主任李广胜带队的省人大常委会专题调研组到上蔡县重阳街道人大代表联络站、大路李乡人大代表活动室等地，就《河南省乡镇人民代表大会主席团工作条例》执法检查和代表履职工作平台建设情况开展专题调研。

28日　河南省“健康中原行·大医献爱心”健康扶贫志愿服务专项行动走进上蔡县。

11月

1日　省委组织部副部长、省人力资源和社会保障厅厅长刘世伟，省纪委常委张光明一行到上蔡，先后在重阳街道办事处就业和社会保障服务大厅、邵店镇西岗村祥盛万头肉牛养殖基地、李斯商业步行街等地调研就业扶贫、基层平台建设、职业技能培训基地建设、农民工返乡就业创业等工作。

2日　上蔡县人民政府与中粮集团肉食投资有限公司战略合作框架协议签约仪式举行，年出栏100万头生猪养殖产业扶贫项目正式落户上蔡县。

5日　省委省政府第三环保督察组副组长、省政协提案委员会主任钱伟一行到上蔡，先后在鹏宇国际城四期项目施工现场、齐海龙泰建材公司、凤凰公园、隆丰鞋业施工现场等地督导调研环境保护工作。

6日　全县贯彻落实省委第十巡视组专项巡视扶贫领域反馈意见整改工作动员会召开。会上宣读《上蔡县贯彻落实省委第十巡视组专项巡视扶贫领域反馈意见整改工作方案》，并对贯彻落实省委第十巡视组选人用人巡视检查反馈问题整改工作、省巡视办巡察工作专项检查反馈意见整改工作进行安排部署。

7日　青海—河南 ±800千伏特高压直流工程开工动员大会河南分会场在蔡沟镇举行。会议主会场设在青海海南，分会场设在河南省驻马店市上蔡县蔡沟镇大朱村。

20日　市二届政协主席、市文促会会长邓来法，市二届政协副主席徐群才、闫超，市二届政协党组成员董捍东等市文化建设促进会成员及各县（区）文化建设促进会负责人到上蔡，先后在蔡叔度陵园、蔡明园广场、李斯文化博物馆、杜一沟公园、市民公园等地实地调研文化建设促进工作并召开驻马店市文化建设促进工作座谈会。

24日　省脱贫攻坚第二督查巡查组在组长、省统计局党组成员、总统计师王贵斌的带领下，到上蔡县开展扶贫领域专项巡视整改回访督查工作，对上蔡县巡视意见整改落实情况进行回访督查并召开座谈会。

26日　上蔡县退役军人事务局挂牌仪式举行。

27日　省文物局党组书记、局长田凯一行到上蔡，先后在蔡国故城墙、蔡明园公园、李斯墓等地实地调研文物保护和利用工作。

27日　中国华录集团有限公司董事长、党委书记陈润生，华录集团副总经理、集团工会主席尹松鹤一行到上蔡，开展文化扶贫捐赠及扶贫调研活动。

28日　孟州市委书记卢和平带领孟州市党政考察团到上蔡县考察产业集聚区和城市建设发展情况。

12月

1日　西平县党政考察团在县委书记聂晓光的率领下到上蔡县考察人居环境整治工作。

6日　全县集中整治冒充军人采购诈骗犯罪专项治理推进会召开。会议宣读《上蔡县持续深入开展冒充军人采购诈骗犯罪专项治理工作方案》。

7日　上蔡县召开“国土绿化提速行动，建设森林上蔡”动员会。

13日　“互联网+智能健康”上蔡项目启动仪式举行。

18日　沁阳市委书记卢希望、市政府副市长刘明法带领沁阳市党政观摩团一行到上蔡县，先后在大路李乡、邵店镇考察学习贫困家庭重度残疾人集中托养工作。

20日　上蔡县科学技术协会召开第三次代表

大会。会议审议通过了上蔡县科学技术协会第二次代表大会工作报告，经投票选举出县科协第三届领导班子。

28日 河南省交通运输厅厅长刘兴彬一行到上蔡，对省道223线上蔡县至驻马店市快速通道项目施工进度和施工中存在问题进行实地调研，随后到邵店镇后杨村调研村容村貌整治情况并在后杨村小学举行爱心捐赠活动。

28日 中国共产主义青年团上蔡县第十二次代表大会召开。大会听取、讨论并审议《共青团上蔡县第十一届委员会工作报告》，并通过投票选举产生了共青团上蔡县第十二届委员会常务委员会委员、书记、副书记。

28日 上蔡县第四次归侨侨眷代表大会召开。会议听取审议通过了县侨联第三届委员会的工作报告，选举产生了县侨联第四届委员会。

28日 省商务厅厅长张延明、省商务厅副巡视员姜凌一行到帮扶联系点上蔡县邵店镇尹赵村，就脱贫攻坚工作进行调研。张延明一行先后到该村扶贫车间、幼儿园项目工地、脱贫攻坚办公室听取汇报，详细了解全村脱贫攻坚工作总体进展情况，看望慰问省商务厅驻村干部，指导帮扶工作。

29日 上蔡县妇女第十一次代表大会召开。大会听取并审议通过了《勇于担当展风采，奋发有为建新功，为实现上蔡高质量跨越式发展贡献巾帼力量》的报告，并通过投票选举产生了上蔡县妇联第十一届执行委员会委员。

县情概览

自然环境

【位置面积】 上蔡县位于北纬 33° 4′—33° 25′，东经 114° 6′—114° 42′。地处河南省东南部，驻马店市东北部。东与周口市项城市接壤，南与汝南县、平舆县交界，西与西平县、遂平县相连，北与漯河市郾城县、周口市商水县毗邻。辖区东西最大距离 57.5 千米，南北最大距离 37 千米，总面积 1514.2268 平方千米。其中陆地 1441.6037 平方千米，占 95.2%；水域面积 72.6231 平方千米，占 4.8%。

（王建华）

【地形地貌】 上蔡县地处淮北平原，地势平坦，起伏较小，海拔 41—99 米。仅县境西部芦岗纵亘，地势较高，制高点海拔 99 米。全县地势由芦岗向东、西两侧倾斜，地面平均坡降 1/4000—1/6000。地形可分为平原、洼地、岗地。

（王建华）

【气　候】 上蔡县属暖温带大陆性季风型半湿润气候，其特点是阳光充足、热量丰富、雨量充沛、四季分明、温湿适中、雨热同季。

2018 年，上蔡平均气温 16℃，较常年同期偏高 1.2℃，气温异常度为 2.5，比 2017 年同期偏高 0.3℃（图 1），较历年平均异常偏高。7 月平均气温 28.5℃，距平值为 1.3℃，气温异常度为 1，较历年同期偏高。最冷的 1 月平均气温 0℃，距平值为 –1℃，气温异常度为 –0.8，较历年同期正常。年极端最高气温为 37.3℃，出现在 7 月 25 日；极端最低气温 –13.1℃，出现在 1 月 26 日。全年低于 –10℃的日数 2 天，分别为 1 月 26 日、1 月

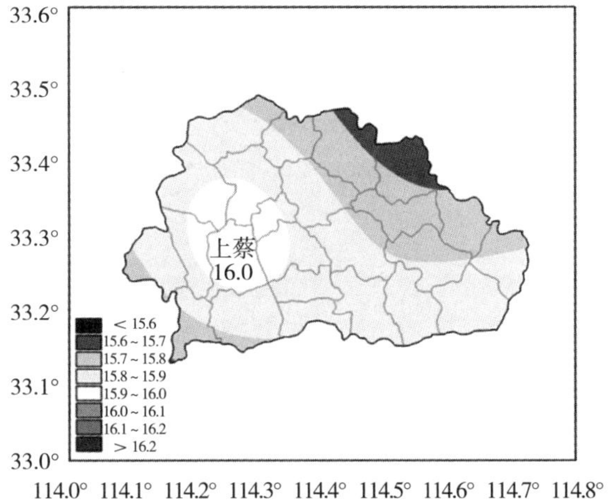

图 1　2018 年上蔡平均气温分布图（单位：摄氏度）

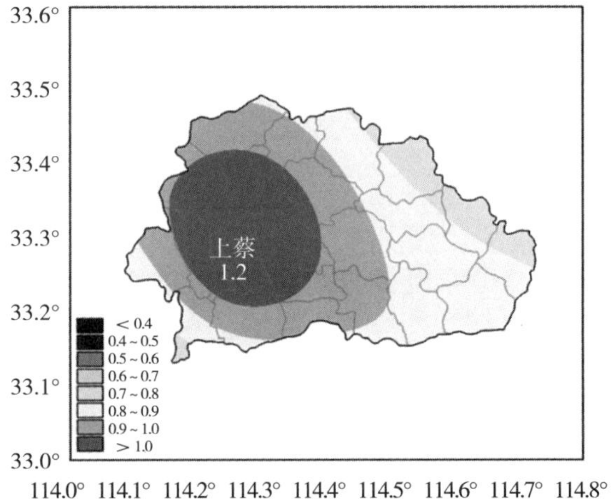

图 2　2018 年上蔡平均气温距平图（单位：摄氏度）

28日。冬季平均气温3℃，距平值为0.6℃，气温异常度为0.7，较历年同期正常；春季平均气温16.7℃，距平值为2.1℃，气温异常度为2.4，较常年同期偏高1.8℃，比2017年同期偏高0.7℃，较历年同期异常偏高；夏季平均气温27.9℃，距平值为16℃，气温异常度为2.4，较历年同期异常偏高；秋季平均气温17.0℃，距平值为1.6℃，气温异常度为2.1，较历年同期异常偏高。

上蔡县全年总降水量876.9毫米，距平百分率为2%，较历年同期正常。降水时空分布不均。1—2月总降水量为63.1毫米；春季总降水量为245.4毫米，距平百分率44%，较常年同期偏多48%，比去年同期偏多97%，较历年同期偏多；夏季总降水量为449.3毫米，距平百分率-4%，较历年同期正常。秋季总降水量为86.9毫米，距平百分率-52%，较历年同期显著偏少。12月降水量32.2毫米，距平百分率93%，较历年同期异常偏多。

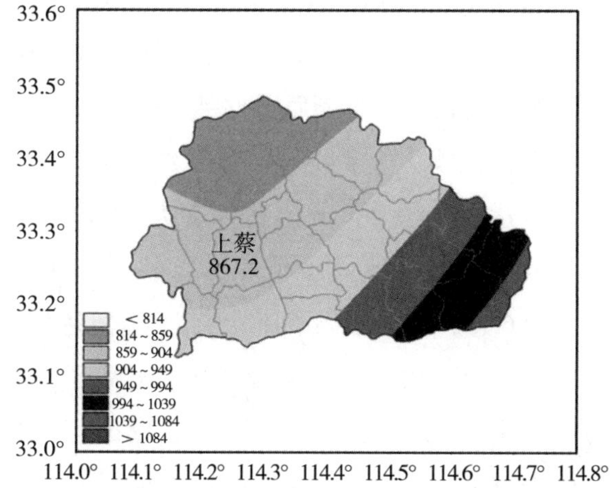

图3　2018年上蔡降水量实况分布图（单位：毫米）

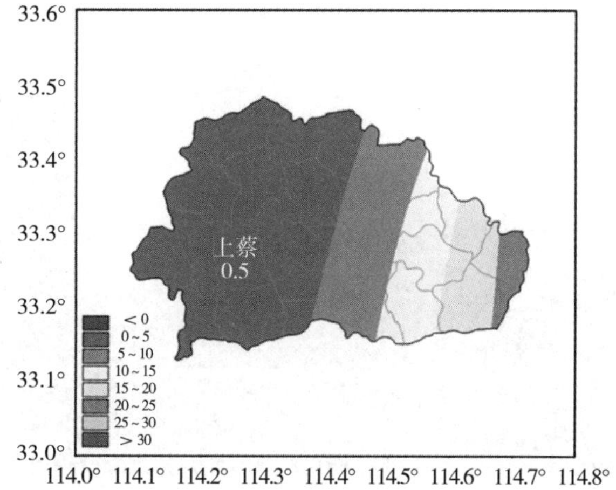

图4　2018年上蔡降水量距平百分率图（单位：%）

上蔡全年日照时数为2059.2小时，距平百分率为10%，日照异常度为1.3，较历年均值偏多。1—2月总日照时数为230.3小时；春季总日照时数为556小时，日照时数距平百分率为4%，日照异常度为0.4，较历年同期正常；夏季总日照时数为674.9小时，距平百分率为16%，日照异常度为1.3，较历年同期偏多；秋季总日照时数为510.9小时，距平百分率为8%，日照异常度为0.5，较历年同期正常。12月日照时数为87.1小时，距平百分率为-32%，日照异常度为-1，较历年均值正常。

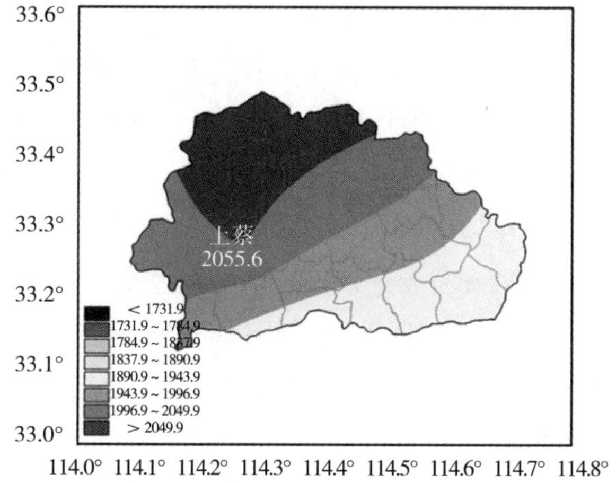

图5　2018年上蔡日照时数实况分布图（单位：小时）

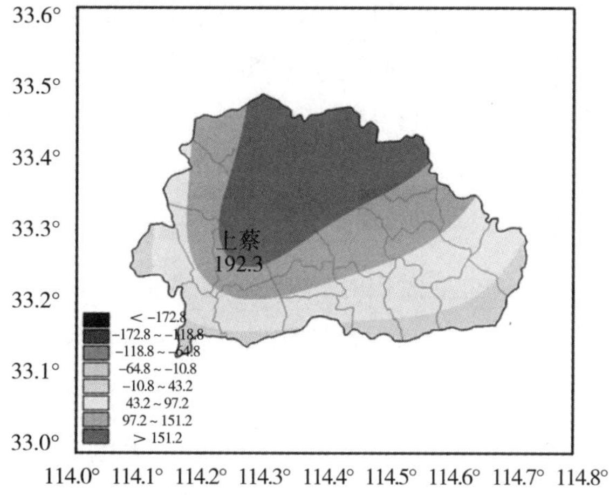

图6　2018年上蔡日照时数距平图（单位：小时）

（温淑敏）

【水　系】境内河道属淮河流域。流域面积在100平方千米以上的河道共9条。其中，三级河道2条，分别是小洪河、南汝河，境内总长度56.06千米；四级河道有7条，分别是北汝河、黑河、杨岗河、杨河、茅河、南柳堰河、北柳堰河，境内总长164.3千米。境内河流总长度220.36千米，河网密度0.146千米/平方千米，径流总量3.03万立方米。境内最大的河流为小洪河，长52.76千米，流域面积377平方千米。

（王建华）

小洪河　　石小生　摄

【土　壤】按照现行土壤分类系统，全县土壤可分为黄褐土、潮土、砂姜黑土3个土类。黄褐土是北亚热带向暖温带过渡地区的地带性土壤，上接黄棕壤，下接褐土。主要分布在丘陵、岗地及平原区地势稍高的地带。邵店、芦岗、无量寺、西洪、大路李、百尺、和店、崇礼等乡镇分布面积较大，杨集、蔡沟、蔡都、东岸、朱里、东洪等乡镇也有零星分布。黄褐土现多为耕地，面积占全县土壤面积的15.8%。根据土壤有无石灰反应状况，潮土可分为灰潮土和典型潮土2个亚类，占全县土壤面积的22.2%，主要分布在汝河、小洪河沿岸及枯河故道，华陂、朱里、黄埠、百尺、小岳寺、大路李、崇礼、杨集等乡镇所占面积较大，韩寨、塔桥、西洪、邵店、无量寺、芦岗、党店、洙湖、东洪、蔡沟等乡镇也有分布。砂姜黑土占全县土壤面积的62%，主要分布在黑河、杨河、北汝河、小洪河等背河洼地和岗前洼地上，以杨屯、齐海、东洪、洙湖、党店、和店、塔桥、蔡沟、韩寨等乡镇分布面积较大，其他乡镇也有分布。

（吴国恩）

【环境质量】空气质量。2018年，上蔡县环境空气中污染物二氧化硫、二氧化氮、可吸入颗粒物、细颗粒物、一氧化碳和臭氧年均值浓度分别为15微克/立方米、28微克/立方米、95微克/立方米、54微克/立方米、1毫克/立方米、110微克/立方米。按《环境空气质量标准》（GB3095—2012），空气质量级别为良，首要污染物为细颗粒物。全年空气质量Ⅱ级标准。环境空气优良达标天数269天，达标率为73.6%。全年无酸雨。降水pH最小值6.75，最大值7.17，平均值为6.96，硫酸根离子年均值为17毫克/升，硝酸根离子年均值为1.3毫克/升，氟离子年均值为0.56毫克/升，氯离子年均值为12毫克/升。

地表水环境质量。2018年，小洪河总体上为IV类水质，水质达标。黑河总体上为IV类水质，水质达标。杜一沟总体上为IV类水质，水质轻度污染。

地下水质量。对照《地下水质量标准》（GB/T14848—93）Ⅲ类标准，2018年，上蔡县地下水年均值各项监测因子均满足Ⅲ类标准，地下水质量综合评价级别为优。

声环境质量。2018年，居民文教区昼间和昼夜等效声级年均值达标，夜间等效声级年均值46分贝；混合区噪声等效声级昼间年值达标，夜间等效声级年均值48分贝，昼夜间年均值53分贝；工业区昼间和昼夜等效声级年均值达标，夜间年均值50分贝；交通干线两侧环境噪声等效声级昼间和昼夜等效声级年均值达标，夜间年均值53分贝。各功能区昼间等效声级达标率100%，夜间等效声级达标率100%，昼夜等效声级达标率为100%。对20条主要道路进行了监测，昼间平均等效声级为63分贝（A），声环境质量级别属三级。城市区域环境噪声等效声级昼间平均值为55分贝（A），总体水平评价为二级。

自然资源

【土地资源】 2018年年末，全县总面积为151422.68公顷。其中，耕地面积为111999.34公顷；园地面积40.01公顷；林地面积2760.95公顷；草地面积0.31公顷；城镇村及工矿用地面积22682.54公顷；交通用地面积6358.27公顷；水域及水利设施用地面积7249.74公顷；其他土地面积331.52公顷。

（吴　伟）

【水资源】 2018年，全县每年平均水资源总量为45212万立方米；人均用水量159立方米，平均占有量272.77立方米；每年水资源的利用量为27008万立方米；其中地表水的利用量为10379万立方米，全县地下水供水量为9720万立方米，地下水开发利用率为53.7%。

地表水。全县每年平均降雨量827毫米，6—9月降雨量占全年降雨量的60%左右；平均径流深为195毫米，平均地表径流量29793万立方米；6—9月径流量占全年的70%左右；地表水可利用量为10329万立方米，开发利用为0。

河流。外来水资源总过境量为51594万立方米。其中小洪河全年径流量为35564万立方米，全年平均径流深为229毫米，县境以上控制流域面积为1553平方千米；北柳堰河多年径流量为5354万立方米，全年平均径流深229毫米，县境以上控制流域面积283.8平方千米；南柳堰河全年径流量为9128万立方米，全年平均径流深180毫米，县境以上控制面积为86平方千米。

地下水。全县每年平均浅层地下水资源量21603万立方米，可开采量为18089万立方米，地下水供水量为11200万立方米，地下水开发利用率为61.9%；含水层厚度在30—350米之间，埋深层在0.4—8.4米之间；每年平均水面蒸发量为918毫米，5—8月，水面蒸发量占全年的50%左右；浅层地下水静水位6—15米，浅层地下水动水位15—23米，出水量为10—20吨/每小时；深层地下水静水位20—35米，深层地下水动水位为50—90米，出水量40—60吨/每小时。

（李景峰）

【生物资源】 饲养动物。家畜类主要有黄牛、水牛、奶牛、马、驴、骡、猪、羊、兔、猫、狗等。家禽主要有鸡、鸭、鹅、鸽等。鱼类主要有草鱼、鲤鱼、鲫鱼、金鱼等。其他还有蜜蜂、桑蚕、画眉、百灵、八哥、鹦鹉、鹌鹑等。

野生动物。兽类有野兔、鼠、刺猬、蛇、獾、壁虎、黄鼠狼、蝙蝠、松鼠等。鸟类有麻雀、喜鹊、斑鸠、紫燕、大雁、鹰、雕、黄鹂、啄木鸟、猫头鹰、鹭鸶、鸬鹚、野鸡、布谷、鹞、白鹳、知庚鸟、鹌鹑、楝八哥等。鱼类及其他生物主要有草鱼、鲤鱼、鲫鱼、鲢鱼、鲶鱼、鳙鱼、黄鳝、泥鳅、龟、甲鱼、河蚌、虾、蟹、螺、水蛭、蟾蜍等。昆虫类主要有瓢虫、赤眼蜂、草青蛉、金小蜂、食蚜蝇、胡蜂、蚜茧蜂、六索线虫、中华布甲、蚯蚓、蜘蛛、蜻蜓、螳螂、蜈蚣、土元、蝈蝈、蝴蝶、蝉、蜗牛、蟋蟀、红蜻蜓、蚜虫、黏虫、地老虎、蛴螬、蝼蛄、马蜂、蚊、蝇、跳蚤、臭虫等。

农作物。粮食作物主要有小麦、大麦、大豆、玉米、高粱、谷子、绿豆、豌豆、豇豆、扁豆、小豆、蚕豆、红薯等。经济作物主要有芝麻、花生、油菜、棉花、烟叶、红麻、黄麻、蓖麻、甘蔗、向日葵等。瓜菜作物有西瓜、南瓜、冬瓜、黄瓜、甜瓜、丝瓜、苘瓜、地瓜、佛手瓜、大白菜、黑白菜、菠菜、芹菜、苋菜、生菜、芥菜、茼蒿、木耳菜、花菜、包菜、萝卜、胡萝卜、葫芦、韭菜、姜、蒜、葱、茄子、洋葱、辣椒、番茄、豆角、眉豆、四季豆、荆芥、芫荽、大青菜、紫菜苔、土豆等。

林木。用材林木有榆、杨、椿、柳、楝、槐、桐、松、桑、柏、楸、梓、重阳木等。经济林木有苹果树、梨树、桃树、枣树、杏树、李树、石榴树、葡萄、樱桃、柿树、沙果树、白蜡条、紫穗、荆条、竹、花椒、无花果树、皂角树、银杏树等。

野生植物。有野菜30多种，主要是野苋菜（俗称野米谷菜）、灰灰菜、米瓦罐（俗名面条菜）、泽蒜、荠菜、毛妮菜、苜蓿、鸡冠菜、野木耳、树蛾、野蘑菇、地衣（俗名地曲连子皮）、马齿苋、羊奶豆等。野花主要有牵牛花、蝴蝶花、鸡冠花、菱角花、掐不齐花等。县内野草繁多，主要有：红茎马唐（俗名秧子草）、毛马唐（俗名叉子草）、稗子草、莎莎草、扫帚苗（可食用、）大画眉草（俗名星星草）、行义芝（俗名圪巴草）、两凄蓼（俗名兔儿酸）、鸡眼草（俗名掐不齐）、天地叶、龙葵、胖胖腿、狗儿秧、水冲子、水浮萍草、水杂草、水浮莲、灯笼棵、茅草、菌子、苔藓等。野生药材主要有紫花地丁（蔡地丁）、蓍草、紫花菜、野半夏、益母草、老鸹筋、艾、蛤蟆皮、败将草（俗名拨浪鼓）、猫儿眼睛、牵牛（又名黑白丑）、茅草根、节节草、白头翁、葸子（又名苍耳）、牛舌头棵（大车前）、猪耳朵棵（又名小车前、其子为车前子）、莎莎草根（香附子）、泽蒜、扫帚苗子（地肤子）、菟丝子、大菟丝子、板蓝根、蒲公英、蒺藜、泽金花（又名曼陀罗）、老驴拽、黄蒿、瓦松、田地茅、枸杞（果实名枸杞子，根、皮名地骨皮）、马齿苋、臭花菜、绞股蓝、野菊花等。

（聂　臣）

基础设施

【交通设施】 上蔡县已初步形成由国道、省道、县道、乡道组成的纵横交织、四通八达的公路网。2018年年末，上蔡县公路总里程2432.029千米。其中，国道2条，总长106.909千米；省道7条，总长247.844千米；县道15条，总长323.774千米；乡道67条，总长574.716千米；村道572条，总长1178.786千米。上蔡县有长途汽车站3个，县际运营车辆45辆，运营线路6条；市际运营车辆50辆，运营线路16条；省际运营车辆33辆，运营线路11条。

（王国敏）

【县城公共设施】 2018年，上蔡县已经形成“五纵四横”的总体发展框架。县城规划面积61.35平方千米，建成区面积39平方千米。街道总长度199.35千米。上蔡县有蔡明园、凤凰公园2个公园，总面积102平方千米。有街心公园、小游园30个，街道植树4万棵，绿地面积750平方千米。有路灯23562盏。有供水深井20眼，供水主管道长48千米，日供水能力2.3万吨。排水主管道总长206.54千米。有污水处理厂1个，日处理污水4吨。

【电力设施】 上蔡县域内220千伏变电站2座，输电线路3条，总长度83.33千米，容量540兆伏安。拥有110千伏变电站6座，主变9台，总容量421.5兆伏安。110千伏输电线路15条，长度244.09千米。35千伏变电站20座，主变33台，总容量264.8兆伏安。35千伏输电线路25条229.5千米，10千伏线路145条，共2758.84千米。配变台区5504台，总容量1292.825兆伏安。400伏线路4740条，长度4297.24千米。

【通信设施】 上蔡县境有中国移动、中国联通、中国电信3家电信运营商，共有营业网点577个。三大电信运营商共有机房55个、基站2071个、铁塔950座，各类通信光缆8318千米，管道线路总长度53千米，宽带装机总容量494200户。

经济概况

【农　业】 2018年，实现农林牧渔业总产值

上蔡麦收场景　　宋永亮　摄

773636万元，比上年增长4.2%；农林牧渔业增加值429288万元，比上年增长9.5%。2018年，全县肉类总产量80273吨，禽蛋总产量28663吨。有新型农业经营主体5552家，流转土地面积55.6万亩，土地托管面积达到10万亩。河南省大程粮油集团股份有限公司、河南久久农业科技股份有限公司被认定为国家农业产业化重点龙头企业，并入围2018年度中国农业产业化龙头企业500强。有河南华晟园林市政工程有限公司等6家河南省农业产业化重点龙头企业，上蔡县农村产业融合发展示范园入选第二批国家农村产业融合发展示范园创建名单。已认证无公害农产品基地16个、无公害产品31个，绿色食品5家7个。

（王建华）

【工　业】 2018年有规模以上工业企业103家，全县工业增加值79.4亿元。上蔡县初步形成制鞋服装和农副产品加工两大主导产业集群。上蔡县为“中国制鞋产业基地”，以荣光鞋业、华伦玩具为代表的鞋服产业集群发展到46家，产值达到62亿元；以久久农科、金利源农产品为代表的农副产品加工产业集群发展到35家，产值达到68亿元。上蔡县大力培育高新技术企业，已拥有国家高新技术企业6家、省级工程技术研发中心8家、市级工程技术研发中心16家，市级重点试验室3家，市级星创天地1家。培育国家知名品牌2个、中国驰名商标3个、河南省著名商标16个。上蔡县产业集聚区建成区面积达到11.8平方千米，入驻项目160个，安排就业3.68万人，成功晋升全省“二星级产业集聚区”。

（王建华）

【商贸服务业】 2018年，全县共有商业网点2332个，从业人员15177人，社会消费品零售总额923725万元。其中，批发业712家，从业人员6286人；零售业1620家，从业人员8891人。大型超市及连锁经营网点9家，各类精品、高档商品专卖店14家；住宿业21家，从业人员556人，四星级标准饭店1家（鹏宇嘉禾国际酒店），星级档次民宿酒店1家（状元红民宿酒店），四星级乡村旅游经营单位1家（上蔡县状元红温泉酒店）；餐饮业80家，从业人员742人；交通运输、仓储和邮政业141家，从业人员2123人；商务服务业189家，从业人员1633人。全县有各类市场32个，其中综合市场3个，专业市场3个，农村集贸市场26个。上蔡县电子商务蓬勃发展。有县级电子商务培训中心、服务中心各1个，乡级电子商务服务站22个，村级服务点266个，全年累计完成电子商务交易额34.1亿元，实现网络零售额9亿元。上蔡县服务业“两区”（商业中心区、特色商业区）成效显著。商务中心区建成区面积0.82平方千米，入驻企业92家，为“全省先进服务业‘两区’”。中部礼品城、河南农商城等一批综合性、专业性商贸区特色突出。全县有进出口权的企业40家，有进出口实绩的企业12家，全年进出口贸易总额29359万元。出口产品主要有鞋类、玩具类、发艺制品和化妆品类，出口产品输往地主要有欧美、日本、中东、非洲等地。

历史人文

【建置沿革】 周武王元年（前1046），周武王灭商，封其同母弟叔度于蔡地，建立蔡国，定都今上蔡县城。周景王十四年（前531），楚灭蔡国，设立蔡县。周显王二十三年（前346），魏、韩联合伐楚，战后，上蔡归韩，韩釐王时置上蔡县。秦王政十七年（前230），秦灭韩，置颍川郡，上蔡县属之。秦统一后，上蔡县仍属颍川郡。汉高祖四年（前203），西汉置汝南郡，上蔡县属之。东汉永初二年（108），析上蔡县、西平县之地置定颍县，历经魏、晋，至南朝刘宋废。三国属魏国豫州汝南郡。东晋及十六国时期，先后属后赵、前燕、前秦、后秦，后复为东晋所属。南北朝时期初属南朝刘宋，后则一直属北朝。南朝宋移上蔡县治于悬瓠城（今汝南县城），属汝南郡。北魏神龟二年（519），北魏于县境北部置临汝县，又曰武津县（治今朱里镇岗郭村），属汝阳郡，北齐省入上蔡县。隋开皇六年（586），于临汝县旧址设武津县。隋大业六年（607），移上蔡县治于旧址，武津县并入上蔡县。唐属河南道蔡州。唐元和十一年（816）省入遂平，唐长庆元年（821）复置上蔡县。宋属京西北路蔡州汝南郡淮康军节度。金属京南路蔡州镇南军节度。元属河南行省汝宁府。明洪武初，上蔡县废。洪武四年（1371）复置，属河南布政使司汝宁府辖。清朝沿袭明制，上蔡仍属汝宁府。中华民国时期，初属汝宁府。民国2年（1913）河南省废府设道，上蔡属豫南道。民国3年（1914），豫南道改称汝阳道，上蔡属之。民国16年（1927）道废，上蔡县直属河南省。民国21年（1932），设河南省第八行政督查区，上蔡县属之。1948年10月，豫皖苏解放区在上蔡县西部建立洪河县，属豫皖苏解放区第七专区。1949年3月，洪河县并入上蔡县，上蔡县改属确山专区。8月，确山专区改为信阳专区，上蔡县属之。1965年7月，从信阳专区析置驻马店专区，上蔡县属驻马店专区。1970年，上蔡县属驻马店地区。2000年6月，驻马店撤地建市，上蔡县属驻马店市。

（王建华）

【区划沿革】 2018年10月，蔡沟乡撤乡建镇。2018年年末，上蔡县共辖蔡都、芦岗、卧龙、重阳4个街道，杨集、黄埠、洙湖、朱里、党店、华陂、塔桥、东洪、邵店、和店、五龙、韩寨、蔡沟13个镇和大路李、无量寺、杨屯、崇礼、齐海、东岸、小岳寺、西洪、百尺9个乡，45个社区，415个建制村，1562个自然村。

（王建华　王阳阳）

【历史文化】 上蔡有伏羲画卦的遗存。伏羲在上蔡县的遗迹有蓍台、白龟庙、画卦亭等，上蔡县对之进行了较好地修复和保护。

上蔡县是儒学绵延之地。儒家文化在上蔡的遗迹主要有厄庙、漆雕开墓、子路问津处、晒书台、曹卹墓、谢夫子祠。

上蔡县是李斯故里。李斯（？—前208），战国末楚上蔡人。李斯在上蔡的遗迹有李斯故宅、李斯墓、李斯井等。李斯楼村是李斯出生地和少年时代生活的地方。

（王建华）

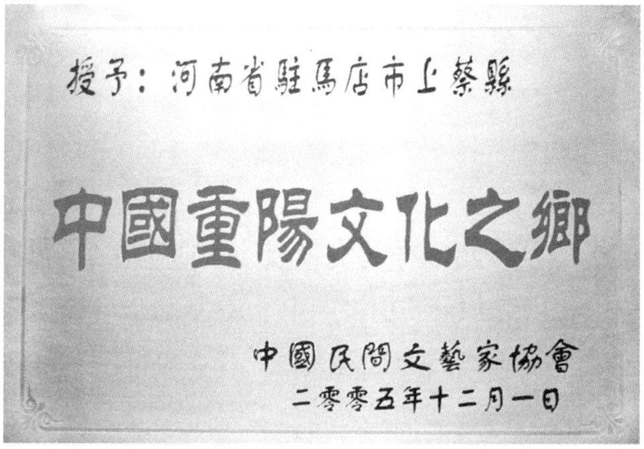

中国重阳文化之乡　　宋永亮　摄

【历史名人】 上蔡县名人荟萃，灿若群星。蔡国始封之君蔡叔度，继封之君蔡仲被蔡氏后人尊为始祖；孔门圣贤漆雕开所创漆雕氏之儒为八儒之一；秦丞相李斯，是中国古代伟大的政治家、军事家、文学家、文字学家、书法家；西汉著名学者桓宽所著《盐铁论》是研究西汉政治经济的重要史料；西汉丞相翟方进号称“通明相”，封高陵侯；东汉方士桓景九月九日登高避灾，这一习俗后来逐渐演变为中国六大传统节日的重阳节；南北朝高僧慧思悟得法华三昧，创立“十如”实相之说，被佛教天台宗尊为三祖；北宋著名理学家谢良佐，被尊为洛学之魁，为上蔡学派创始人，心学奠基人，湖湘学派鼻祖；南宋宰相朱胜非力劝康王登基亲政，对南宋政权的建立和巩固有着重大贡献；清代理学家张沐被时人称为“汉之江都、唐之昌黎”，著有《四书疏略》《五经疏略》等23部著作，纂修了《河南通志》《开封府志》《上蔡县志》3部志书。此外，上蔡县还有以西汉“治平天下第一”而著称的吴公，南宋有官至参知政事（副宰相）的谢克家，明代有勤学苦读官至都堂的刘国光，官至礼部尚书、内阁大学士（副宰相）的李逊学，以及清代官至总督、礼部吏部兵部侍郎的探花程元章等。

（王建华）

人口　民族　宗教

【人　口】 2018年年末，上蔡县总人口为154.06万人。人口密度为每平方千米1017人。婴儿出生率为11.25‰，人口死亡率为7.12‰，人口自然增长率为4.13‰。全县常住人口97.51万人。其中城镇人口37.79万人，城镇化率为38.76%，比2017年增长1.3个百分点。

（张贺祥）

【民　族】 上蔡县是一个以汉族为主体的多民族居住地区。全县有汉族、回族、壮族、佤族、苗族、彝族、蒙古族、傣族、哈尼族、土家族、满族、拉祜族、黎族、侗族、布依族、瑶族、藏族、白族、赫哲族、朝鲜族、布朗族、畲族、水族、维吾尔族、仡佬族、傈僳族、塔吉克族、羌族、土族、仫佬族共30个民族。汉族人口最多，占全县总人口的99.84%，少数民族人口占全县总人口的0.16%。人口超过50人的少数民族有回族、壮族、佤族、苗族、彝族、蒙古族、傣族等。少数民族中，回族人口最多，在全县23个乡镇街道均有分布，蔡都街道、芦岗街道、重阳街道、卧龙街道、黄埠镇、朱里镇、邵店镇、崇礼乡是全县回族居住较多的地区。除回族外的其他少数民族在全县呈散居状态，由婚嫁、务工经商等迁入。

（侯宏磊）

【宗　教】 2018年，上蔡县有佛教、伊斯兰教、基督教、天主教4种宗教，有固定活动场所58处，教职人员119人，信教群众2.05万人。其中，佛教有固定活动场所3处，教职人员6人，信教群众约为3463人；伊斯兰教有固定活动场所3处，教职人员3人，信教群众35人（经伊斯兰教阿訇认定，经常参加宗教活动者）；基督教有固定活动场所51处，教职人员110人，信教群众16912人；天主教有固定活动场所1处，教职人员1人，信教群众111人。

（侯宏磊）

中共上蔡县委

综　述

【概　况】 2018年，上蔡县委以习近平新时代中国特色社会主义思想和中共十九大精神为指导，牢固树立和贯彻落实新发展理念，围绕实现上蔡高质量跨越发展奋斗目标，统筹推进“五位一体”总体布局，协调推进“四个全面”战略布局，充分发挥县委统揽全局、协调各方的领导核心作用，把方向、谋全局、抓大事，团结带领全县各级党组织和广大党员干部群众，开拓创新，真抓实干，在经济、政治、文化、社会、生态文明和党的建设等方面均取得了新的成绩，全县呈现出经济持续健康较快发展、社会大局和谐稳定、人民群众安居乐业的良好局面。

【经济概况】 2018年，全年生产总值完成241亿元，增长7%；规模以上工业增加值增长8%；全社会固定资产投资增长11.5%；社会消费品零售总额92.37亿元，增长11.6%；一般公共预算收入8.03亿元，增长20.5%；一般公共预算支出61.9亿元，增长14.4%；金融机构各项存贷款余额352.38亿元、110.94亿元，较年初分别增加34.84亿元、7.18亿元。城乡居民人均可支配收入16493元，增长9.4%，彰显了良好的发展态势。

【工业生产】 县产业集聚区建成区面积达到11.8平方千米，入驻项目160个，安排就业3.68万人，持续壮大制鞋服装服饰和农副产品加工两大主导产业，成功晋升全省“二星级产业集聚区”。2018年，全县工业增加值实现79.38亿元，增速8.1%，集中开工亿元以上工业项目4批20个，总投资177.79亿元；45个省市重点项目完成投资214.31亿元，占年度计划的138%；先后在京津冀、珠三角、雄安新区等经济发达地区开展各类主导产业专项招商活动12次，全年新签约引进亿元以上项目33个，合同投资额216.33亿元；实际利用外资3772万美元，占年度计划的106.6%。

【城市建设】 坚持贯彻“以水润城、以绿荫城、以文化城、以业兴城”的城市发展理念，全面加强城市规划建设管理，县城“五纵四横”的总体发展框架已经形成，县城建成区面积达到39平方千米，城镇化率38.7%。全年实施城建交通重点项目36个，其中四环道路全部贯通，凤凰公园建成投用，杜诗公园、森林公园、“一场三馆一中心”项目有序推进；投资3.67亿元，完成了11条市政道路建设和65条背街小巷改造任务。在

县城新姿　　王晋才　摄

全市县城建设观摩综合评比中上蔡县位居第3位，被授予“全市城市建设管理先进县”称号，成功创建“省级森林城市”，顺利通过“省级文明县城”复检。

【农业农村工作】 农业综合生产能力进一步增强，全县粮食总产量超过10亿公斤；种植业结构不断优化，粮经比达到5.2∶4.8；畜牧业发展势头迅猛，呈现出“猪牛羊”同步扩张、齐头并进的良好局面；农业现代化、组织化、规模化、产业化更加凸显，新增农民专业合作社470个，全县土地流转面积达到55.6万亩，成功创建“全国平安农机示范县”；农村人居环境持续改善，生活垃圾无害化处理率达到95%，在全市观摩评比上蔡县中位居第2位，被表彰为“全市农村人居环境先进县”。

【现代服务业】 坚持把加快服务业发展作为推动转型升级、优化经济结构的重要举措，全县物流、金融、信息服务、教育医疗、文化旅游、健康养老等现代服务业全面发展。商务中心区已建成面积0.82平方千米，入驻企业92家，中部礼品城、河南农商城等一批综合性、专业性商贸区相继建成运营，服务业比重进一步提高，内部结构进一步优化，服务业集聚程度明显提升，被评为“省级电子商务进农村综合示范县”。2018年，全县实现电子商务交易额34.1亿元，电子商务零售额达到9亿元。

【脱贫攻坚】 把脱贫攻坚作为重大政治任务、第一民生工程和头等大事来抓，全面落实精准扶贫、精准脱贫基本方略，深入开展“靶向攻坚”“夏季攻势”“冬季行动”等攻坚行动，着重加大对166个靶向攻坚村的倾斜支持力度，产业带动能力、基础保障能力、集体经济发展、农村人居环境、驻村帮扶成效、党建引领水平等工作成效大幅度提升，全年实现了6205户22184人贫困人口脱贫、52个贫困村脱贫出列，荣获“全国脱贫攻坚奖组织创新奖”“全省脱贫攻坚先进县”。

备受瞩目的大路李乡栗庄村重度残疾人集中托养中心
宋永亮　摄

【社会民生】 积极推进教育重点项目建设，“全面改薄”投入资金4787万元改造学校73所，教育教学条件进一步改善；落实“两免一补”政策，全县补贴学生35万余人次，补贴资金1.67亿元；高中招成绩再创佳绩，11名考生被北大、清华录取，各类上线人数、进线比率、优秀生人数均居全市前列。稳步推进医疗体制改革工作，全面完成了新农合与城镇居民医保整合工作，进一步加大了健康扶贫工作力度，全县医疗保障体系更加健全、管理服务更加规范、医疗资源利用更加高效，基本上解决了群众看病难、看病贵、因病致贫返贫等问题，城乡居民基本医疗保险参保117万人，参保率99.8%。建成了县妇女儿童医院，完成了166所村级标准化卫生室建设，全县医疗卫生设施进一步完善。重点民生工程顺利推进，全县民生支出55.5亿元，同比增长15.5%；社会救助体系不断完善，城乡低保补助标准进一步提升；完成农村劳动力转移就业45万多人，新增转移劳动力1.17万人。全力做好大气、水和土壤污染防治攻坚战，扎实开展扬尘防治、工业废气、燃煤污染等6个专项整治，全年环境空气质量优良天数为222天；大力实施碧水工程，严格落实“河长制”，全面拆除了黑河、洪河等主要河流两岸的小养殖场，确保了河流断面水质100%达标，水污染防治工作位居全市第2位，顺利通过省节水型社会创建验收；扎实推进净土行动，强化土壤污染管控和修复，从疑似污染地块名录中移出1个，其余4个已完成调查评估和专家评审。中央环保督查“回头看”、省委省政府环保督查反馈问题全部整改落实。

【民主法治】 不断改进党的领导方式和执政方式，持续增强党委统揽全局、协调各方的领导核心作用。支持人大对“一府两院”的监督，支持人大及其常委会依法行使决定、监督、任免等各项职权；支持政府依法行政、高效行政，建设公开透明、廉洁高效的法治政府；支持政协聚焦县委、县政府中心任务，完善委员联络制度，推动协商民主广泛、多层、制度化发展；支持法院、检察院依法、独立、公正行使审判权和检察权，帮助化解法院和检察院行使职权中的困难和阻力；积极推进群团组织改革，健全工会、共青团、妇联等人民团体的监督机制，增强其政治性、先进性、群众性；完善工商联、无党派人士直接向党委提出建议和意见反馈等机制，全面落实党的民族、宗教政策，做好民族、宗教、对台等工作，巩固和壮大最广泛的爱国统一战线。加强党对武装工作的领导，强化国防教育和国防后备力量建设，深入开展双拥共建。深入推进依法治县，坚持党对依法治县工作的领导，健全完善依法治县领导体制，落实党政主要负责人履行推进法制建设第一责任人职责。加快法治政府建设，深入推进服务型行政执法，落实行政执法责任制，执法更加严格规范、公正文明。加大“七五”普法工作力度，严格落实普法责任制，大力开展以案释法，认真组织宪法学习宣传教育活动，增强全社会法治观念。

【意识形态】 严格落实意识形态工作责任制，制定《党委（党组）意识形态工作责任制考核办法》《党委（党组）网络意识形态工作责任制考核测评方案》，扎实做好中央意识形态巡视检查反馈意见整改，压实意识形态工作责任。组织召开2次常委会议、4次联席会议，分析研判形势，通报全县意识形态领域情况。把互联网建设管理运用作为做好意识形态工作的重中之重，持续实施网络内容建设工程，开展“清源”“净网”“护苗”等专项行动，确保意识形态领域安全稳定。

【精神文明建设】 把培育和践行社会主义核心价值观贯穿精神文明建设全过程，提高全民思想道德水平，推动文化事业和文化产业快速健康发展，创建市级示范点3个、县级示范点7个。深入开展“红色文艺轻骑兵”“党的创新理论万场宣讲进基层”“百姓宣讲直通车”“道德讲堂”等活动。扎实做好农村精神文明建设“好媳妇、好婆婆”评选、星级文明户、美丽庭院评选、道德讲堂进农村工作，在全县35个建制村开展“孝

上蔡县打好大气污染防治攻坚战誓师会议 宋永亮 摄

2018年10月16日，重阳节，儿童向百岁老人们鲜花致敬 宋永亮 摄

善基金”试点工作。组织开展了全县第一届文明家庭评选表彰活动，对评选出的30名“文明家庭”“孝道家庭”“孝心模范”进行了隆重表彰。成功举办了中国·上蔡第十六届重阳文化节系列群众文化活动。

【深化改革】 深化国有企业改革，处置“僵尸企业”17家；深化投融资体制改革，组建兴农投资有限公司等融资平台；持续深化供给侧结构性改革，加快推动实体经济企业转型升级；继续深化“放管服”改革，梳理“一次办妥”审批服务事项200项，多措并举优化实体经济发展环境；稳步推进农村改革，农村集体产权制度改革全面展开；不断深化民生领域改革，逐项解决民生领域热点难点问题；深化财税体制改革，加快建立现代财政制度，健全地方税体系；积极推进价格、消费、电力、科技、民主政治、党的建设等领域改革。

【社会治安综合治理】 深入开展信访问题“百日会战”，围绕重点群体，建立“四包机制”，突出化解矛盾。强化社会治安治理，全年破获刑事案件1285起（新发命案6起，破获6起）；打掉冒充军人采购诈骗团伙33个，破获案件283起，直接抓获网上逃犯132人，实现网上“清零”；抓获吸毒人员127名，破获涉毒刑事案件19起，刑事拘留22人，摘掉了禁毒工作重点地区的帽子。积极运用法治思维和法治方式解决社会矛盾，加强县、乡、村、组三级四层矛盾纠纷调处平台建设，全县共设立网格综治工作站1462个，选配网格员5981名，调处化解各类矛盾纠纷5669起，调处率99.1%。坚持县乡村三级干部公开接访，组织开展了集中解决信访问题“百日会战”等专项治理，严格落实特定利益群体重点人员“四定四包”责任制，全县信访总量下降33%。治安防控“全覆盖、无死角”，人民群众安全感、满意度明显增强。扎实推进宗教问题综合治理，把群众紧紧凝聚到党组织周围。

【扫黑除恶】 深入开展扫黑除恶专项斗争，扛牢扫黑除恶专项斗争的重大政治责任，坚持精准打击，注重深挖彻查，深化综合整治，强化整建并举，突出舆论引导，不断推动扫黑除恶专项斗争向纵深发展。围绕群众反映强烈、问题比较突出的地区、行业和领域，坚持“六个结合”，既抓涉黑组织，也抓保护伞，强化打击措施，依法重点整治，全年共搜集黑恶线索1233条，破获涉黑案件2起，打掉涉恶集团2个、涉恶团伙48个，批准逮捕犯罪嫌疑人203人。

上蔡县扫黑除恶专项斗争领导小组协调会
宋永亮　摄

【重大风险化解】 高度重视金融风险防控，制定防范化解政府隐性债务风险的实施意见，对政府隐性债务项目逐一分析、有序化解，政府债务风险总体可控。严厉打击非法集资，新立案件数、涉案金额、参与人数持续下降。坚决防范社会稳定风险，对突出不稳定问题及时预警和督办，确保风险隐患得到有效化解。严格落实安全生产责任制，全面开展危险化学品、烟花爆竹、工业企业、交通运输、食品、校园等重点领域的安全生产大排查，深入开展非法加油站（点）专项治理，全年安全生产实现了零事故零死亡。

【党建工作】 坚持把党的政治建设作为党的根本性建设，把坚决维护习近平总书记的核心地位，坚决维护以习近平同志为核心的党中央权威和集中统一领导作为加强政治建设的首要任务。切实加强各级党组织领导班子政治建设、思想建设，抓紧抓实理论武装，认真开好民主生活会，完善和落实民主集中制的各项制度，着力提高领导班子的政治能力，特别是把握方向、把握大势、把握全局的能力和保持政治定力、驾驭政治局面、防范政治风险的能力。建强村级党组织队伍，以村（社区）“两委”换届为契机，选优配强全县460个村级党组织书记；深入开展农村基层党建问题“集中排查、集中建账、集中整改”活动，全县共排查出5大类2.8万条问题，排查认定软弱涣散村37个和后进村28个，已初步完成26个村的整顿任务；扎实推进村级活动场所达标升级，新建村级阵地86个，规范398个，有效改善了村级组织服务群众的办公环境。将村、社区党建经费标准提高到2.1万元、5万元，村党支部书记工作报酬从每月1300元增加到1600元。全面推行党员推荐和群团组织推优确定入党积极分子，群众评议和党员评议确定发展对象，实行全程公示、全程纪实、全程责任追究的发展党员“双推双评三全程”制度，保证队伍源头质量；大力推广“一编三定”（党员编组、定岗位、定责任、定奖惩），组织党员开展履岗尽责、设岗定责，充分发挥党员先锋模范作用。共培训各级干部2750余人次，着力提升干部综合素质。认真贯彻中央《关于进一步激励广大干部新时代新担当新作为的意见》，强化第一书记和驻村工作队员督导管理，全年通报未在岗在位第一书记47人次，因病召回1人。抓好中央和省委巡视反馈选人用人问题整治，开展“带病提拔”问题整改、干部档案再审核、“三超两乱”问题整改、干部违规兼职问题整改等专项行动，取得明显成效。

【党风廉政建设】 全县共发出《督促履行全面从严治党主体责任通知书》、纪律检查和监察建议书496份，党纪政务处分36人，释放出失责必问、问责必严的强烈信号。强化正风肃纪，对“四风”问题露头就打，立案查处51件，处分42人，第一种形态处理39人，推动中央八项规定精神落实到位。处置腐败问题线索1399件，立案627件，处分554人，其中乡科级干部65人，重处分125人，采取留置措施8人，移送检察机关12人，利用第一种形态处理998人次，印发纪检监察建议书275份，形成了强烈震慑。做好巡视巡察后半篇文章，先后对照中央和省委、市委巡视巡察反馈问题和意见，共梳理整改任务104项，制定下发专项整改方案8个，现已完成集中整改，正在建立完善各项制度机制，彻底堵塞滋生问题的漏洞；深入开展县级巡察，先后对11个县直单位进行了常规巡察，对3个乡镇（街道）开展了扫黑除恶专项巡察，对2个乡镇开展了脱贫攻坚巡察，发现问题及线索65件，印发《立行立改通知书》53份，移交县纪委监察委处置16件，提出意见建议9条。深入推进以案促改制度化常态化，下发以案促改通知书84份，对所有案件进行以案促改，特别是对县粮食、教育、民政系统开展警示教育。

重大决策

【实施靶向攻坚】 2018年3月17日，中共上蔡县委、上蔡县人民政府制定出台《关于实施“靶向攻坚”提升脱贫成效的意见》。

【乡村振兴战略】 2018年5月17日，中共上蔡县委、上蔡县人民政府制定出台了《关于推进乡村振兴战略的实施意见》，《意见》明确到2020年，乡村振兴取得重要进展，农业综合生产能力稳步提升，农业发展质量明显提高，农村一、二、三产业融合发展水平进一步提升，农民增收渠道进一步拓宽。

【进一步贯彻落实中央八项规定精神】 2018年7月9日，中共上蔡县委、上蔡县人民政府总结5年来全县贯彻落实中央八项规定精神的有效做法，针对新情况新问题，制定出台县委、县政府《贯彻落实中央八项规定实施细则精神的办法》（简称《办法》），提出了更加规范、完善的具体措施，增强了贯彻落实中央实施细则精神和省委省政府《办法》、市委市政府《办法》的针对性、指导性和可操作性。

【引进高层次人才急需短缺人才及创新创业团队】 2018年9月12日，中共上蔡县委、上蔡县人民政府制定出台了《上蔡县引进高层次人才急需短缺人才及创新创业团队实施细则（试行）》。

【加快产业强县建设的政策扶持】 为实施市委、市政府“产业强市、创新驱动、绿色发展”战略，按照“市县联动、精准发力、瞄准重点、聚焦绩效”的原则，着力构建现代产业体系，加大对重点重大项目、龙头骨干企业、新引进优秀上市企业、高成长性企业、中小微企业的支持力度，鼓励项目加快落地建设，引导全县做大做强产业，做精做优产品，加速推进产业转型升级，加快实施产业强县，2018年11月28日，中共上蔡县委、上蔡县人民政府制定出台了《关于加快产业强县建设的政策扶持意见》，该《意见》共31条，实施期限为2018年至2023年。

重要会议

【县委全体会议】 2月5日，中国共产党上蔡县第十二届委员会第四次全体会议召开。会议深入学习贯彻中共十九大精神和省委十届五次、市委四届五次全会精神，听取和审议通过了县委书记胡建辉受县委常委会委托所作的2017年工作报告，审议通过了县委常委会2017年抓党建工作情况专题报告，表决通过了中国共产党上蔡县第十二届委员会第四次全体会议决议。

7月11日，中国共产党上蔡县第十二届委员会第五次全体会议暨县委工作会议召开。全会高举习近平新时代中国特色社会主义思想伟大旗帜，深入学习贯彻中共十九大精神和习近平总书记调研指导河南时的重要讲话精神，深入学习贯彻落实省委十届六次全会暨省委工作会议和市委四届六次全会暨市委工作会议精神；会议表决通过《中国共产党上蔡县第十二届委员会第五次全体会议决议（草案）》。

县委十二届四次会议会场　　宋永亮　摄

【县委常委会（扩大）会议】 1月4日，召开县委常委会会议（十二届六十五次）。会议传达了市委经济工作会议精神，研究讨论了当前脱贫攻坚工作、《中共上蔡县委2018年工作意见》和《上蔡县第十四届人大二次会议政府工作报告》，听取了县委经济工作会议及人大、政协“两会”筹备情况报告。

1月19日，召开县委常委会会议（十二届六十七次），研究部署各项重点工作考核工作。会议听取了《关于2017年度目标考核筹备工作汇报》，各重点工作专业组先后汇报了《上蔡县2017年度乡镇（街道）脱贫攻坚成效考核实施方案》《2017年度县直单位脱贫攻坚工作综合评价考核实施方案》《上蔡县招商引资项目建设考核奖励办法》《上蔡县街道办事处征地拆迁工作考核办法》《2017年度基层党建工作考评细则》《上蔡县改善人居环境工作考评细则》《关于开展平安建设信访稳定专业组考评工作的汇报》。

2月1日，召开县委常委会会议（十二届六十八次）。会议听取了县委全会、县委农村工作会议筹备情况，春节前重要会议、活动预安排，并就相关问题进行讨论研究。

2月7日，召开县委常委会扩大会议（十二

届六十九次）。会议传达学习了市第四届纪律检查委员会第三次全体会议精神，中央政法工作会议暨中央、省扫黑除恶专项斗争会议精神，听取了上蔡县贯彻落实会议精神及召开会议筹备情况的汇报，研究部署当前重点工作。

2 月 22 日，召开县委常委会会议（十二届七十一次）。会议先后听取了关于 2018 年脱贫攻坚的谋划、重点工作安排汇报；听取了关于全县节水供水工程项目建设规划汇报，听取了全县“创森”工作开展情况汇报。

2 月 28 日，召开县委常委会会议（十二届七十二次）。会议传达了全市村（社区）“两委”换届选举工作会议精神，市委政法工作会议暨扫黑除恶专项斗争推进会议精神；听取了脱贫攻坚专业组各项工作汇报。与会领导就上述工作进行了讨论并研究了上蔡县贯彻落实意见。

3 月 9 日，召开县委常委会会议（十二届七十三次）。会议传达学习了市委书记陈星在上蔡现场办公会议上的讲话精神，讨论研究了上蔡县 2017 年度综合目标工作总结表彰大会筹备情况、脱贫攻坚工作表彰大会筹备情况、村（社区）“两委”换届选举工作会议筹备情况、上蔡县 2017 年度环境污染防治攻坚战总结表彰暨 2018 年环境攻坚战工作动员会议筹备情况。

3 月 29 日，召开县委常委会会议（十二届七十五次）。会议传达学习了全市产业集聚区项目观摩暨工业发展会议、全市金融工作会议及 2018 年全市开放招商工作会议精神，听取了迎接全国推动解决因残致贫家庭脱贫攻坚现场会暨贫困重度残疾人照护和托养工作现场会筹备工作及其他有关工作的汇报。

4 月 4 日，召开县委常委会会议（十二届七十六次）。会议先后听取了关于职业教育发展工作、关于上蔡县“互联网 + 健康扶贫”项目建设等情况的汇报。

4 月 13 日，召开县委常委会会议（十二届七十七次）。会议传达了全市信访工作会议精神，听取了全县平安建设暨信访工作会议筹备情况、全县 2018 年下半年拟观摩项目建设情况汇报和全县重度残疾人集中托养中心建设入驻情况汇报、关于县纪委政府购岗有关情况汇报，研究讨论了《上蔡县工作台账化管理办法（试行）》《上蔡县重点项目周例会工作规则（试行）》《上蔡县重点项目督察办法（试行）》。

4 月 25 日，召开县委常委会会议（十二届七十八次）。会议审议并原则通过了《上蔡县脱贫攻坚第三次推进会议筹备情况》《上蔡县空心房环境治理、扶贫项目建设和反腐正风肃纪有关情况》《上蔡县开展技能培训助推企业用工及农村劳动力转移就业实施方案》《上蔡县乡村环境卫生集中整治月行动实施方案》《上蔡县境内五条主干道路及两侧集中整治活动方案》等，听取了县级领导干部近期深入乡村暗访调研情况的汇报。

4 月 27 日，召开县委常委会会议（十二届七十九次）。会议传达了省纪委常委会听取上蔡县委脱贫攻坚工作汇报情况，研究讨论了驻村帮扶督导检查、产业扶贫和集体经济资金安排等工作。

5 月 15 日，召开县委常委会会议（十二届八十次）。会议听取了全县脱贫攻坚第三次推进会筹备情况、赴兰考学习考察情况、脱贫攻坚各专业组工作进展情况和驻村帮扶工作开展等情况汇报，听取审议了《县委常委会议事决策规则》和《加强调查研究提高研究实效实施方案》，听取了全县安全生产工作情况汇报。

5 月 18 日，召开县委常委会会议（十二届八十一次）。会议传达了第二十一届中国农产品加工投资贸易洽谈会驻马店市筹备工作动员会、全市老干部工作会议、全市人才工作会议、全市村（社区）“两委”换届选举工作会议和全省抓党建促脱贫攻坚第三次推进电视电话会议等会议精神，研究了上蔡县贯彻落实意见，听取了 2018 年全县重点城建项目建设工作情况、

“三夏”工作暨全县秸秆禁烧及综合利用工作、全国贫困家庭重度残疾人集中托养现场会筹备情况、全县公益诉讼工作和申请政府购买服务岗位情况等工作汇报，听取审议了上蔡县土壤污染防治攻坚战奖惩考核工作办法。

5月28日，召开县委常委会会议（十二届八十二次）。会议传达了市委政法委“突破上蔡”综合治理专项行动领导小组会议精神，研究贯彻并讨论落实意见，审议通过了《“突破上蔡”综合治理专项行动方案》。

6月7日，召开县委常委会会议（十二届八十四次）。会议传达学习了省委常委、省纪委书记、省监察委主任任正晓在上蔡县调研时的重要讲话精神，集中学习了中共中央办公厅、国务院办公厅印发的《地方党政领导干部安全生产责任制规定》和《中华人民共和国安全生产法》精神，中央第一环保督查组对河南省开展“回头看”工作动员电视电话会议精神，审议了全县脱贫攻坚半年检查方案，研究上蔡县贯彻落实意见。

6月14日，召开县委常委会会议（十二届八十五次）。会议传达学习了市委书记陈星在全市安全稳定环保工作专题会议上的讲话精神，集中讨论了全县脱贫攻坚第四次推进会议筹备情况、关于开展争创“六面红旗村（社区）”活动的实施意见、关于申请拨付上蔡县马铃薯种植项目农业特色保险奖补资金的请示等工作。

7月5日，召开县委常委会会议（十二届八十八次）。会议传达了全省脱贫攻坚工作电视电话会议精神，听取了关于全县脱贫攻坚第六次推进会筹备情况、关于迎接中央扫黑除恶督导组到上蔡督导有关情况、关于成立上蔡县村级集体经济资金监督检查工作领导小组等工作情况的汇报。

7月10日，召开县委常委会会议（十二届八十九次）。会议集中讨论研究了《上蔡县脱贫攻坚2018—2020三年行动计划（征求意见稿）》，传达贯彻了《驻马店市配合省委巡视工作协调会议精神》并研究上蔡县筹备情况，集中讨论研究了《县委全面深化改革领导小组2018年工作重点（征求意见稿）》，学习贯彻了《中国共产党驻马店市第四届委员会第六次全体会议暨市委工作会议精神》，听取了全县重点项目推进情况汇报。

7月20日，召开县委常委会会议（十二届九十二次）。会议听取了全县2016年以来重大产业项目回头看和责任落实推进进展、省纪委监察委助推上蔡县脱贫攻坚8项重点项目落实、产业集聚区项目建设、村集体经济、脱贫攻坚产业发展、城建项目、基础设施建设等情况汇报。

8月3日，召开县委常委会会议（十二届九十三次）。会议先后听取了上蔡县关于落实省委第十巡视组反馈扶贫项目建设方面问题整改方案，第九十二次常委会会议研究的关于产业集聚区项目建设、省纪委监察委助推上蔡县2018年脱贫攻坚八项重点项目落实、村级集体经济、脱贫攻坚产业发展、基础设施建设、城建项目建设等进展情况的汇报，关于县委履行全面从严治党主体责任清单工作汇报，贯彻省市纪检监察工作座谈会议精神及第四届市委常委会七十九次会议精神和市深化国家监察体制改革试点工作小组第四次会议精神工作的汇报；传达学习了全市扫黑除恶专项斗争推进会暨信访工作“百日会战”会议精神，研究了上蔡县贯彻落实意见。

8月8日，召开县委常委会会议（十二届九十四次）。会议先后听取了省委第十巡视组2号整改通知书反馈问题整改方案、省委巡视组3号整改通知书反馈问题整改方案和省脱贫攻坚半年检查存在问题整改方案、省委第十巡视组反馈问题和省脱贫攻坚半年检查存在问题整改工作动员会筹备情况、扫黑除恶专项斗争督导迎检工作情况及关于研究制定《十二届上蔡县委巡察工作规划（2018—2021年）》等工作的汇报，传达学习了驻马店市贯彻落实中央巡视组反馈意见整改工作动员会议精神，就上蔡县贯彻落实意见提出明确要求。

8月15日，召开县委常委会会议（十二届九十五次）。会议听取了关于在乡镇（街道）实行五天四夜工作法的意见、上蔡县脱贫攻坚领导小组关于印发《上蔡县筹建“爱心超市”实施方案》的通知、上蔡县“爱心超市”实施细则（试行）、关于打击冒充军人诈骗有关工作机制情况、省信访工作联席会议约谈上蔡等三县市会议精神、全市改善农村人居环境工作会议精神，并研究上蔡县贯彻落实意见。

8月23日，召开县委常委会会议（十二届九十六次）。会议先后听取了《关于2018年马铃薯产业扶贫项目收益分配的情况》的汇报、《新时代文明实践中心（所、站）建设工作方案》的汇报、《关于拓宽城建交通项目融资渠道的情况》的汇报、《关于上蔡县农村环卫一体化项目有关情况》的汇报，审议了《软弱涣散村和后进村整顿工作有关情况》《上蔡县2018年中小学教师招聘工作方案》《关于促进服务业健康快速发展的意见》《县委办公室关于健全人大讨论决定重大事项制度各级政府重大决策出台前向本级人大报告的实施意见》。

8月31日，召开县委常委会会议（十二届九十七次）。会议听取了《市扫黑办8月29日紧急会议精神传达提纲》及《上蔡县扫黑除恶专项斗争成员单位任务分解》的汇报。

9月4日，召开县委常委会会议（十二届九十八次）。会上，县委中心组集中学习了《中国共产党纪律处分条例》、习近平在全国宣传思想工作会议上的讲话精神、《关于在办理涉黑涉恶案件过程中严格执行“三个规定”的通知》，听取了县党政考察团赴新蔡考察循环农业情况、上蔡县引水节水工程项目推进情况、第二十一届中国农产品加工业贸易洽谈会筹备情况，研究了县委办公室、县政府办公室关于印发《中国上蔡第十六届重阳文化节系列群众文化活动实施方案》的通知和《中共上蔡县委关于繁荣发展社会主义文艺的实施意见》。

9月14日，召开县委常委会会议（十二届一百〇一次）。会议听取了《关于召开2018年秋季秸秆禁烧和综合利用工作动员会的建议》《上蔡县关于中央第一巡视组反馈意见整改落实情况的报告》《关于成立中共国家税务局上蔡县税务局委员会的情况报告》。

9月29日，召开县委常委会会议（十二届一百〇四次）。会议传达学习了省委书记王国生在全省脱贫攻坚工作电视电话会议上的讲话精神、市委书记陈星在上蔡县脱贫攻坚工作问题反馈会上的讲话精神、全省扶贫对象动态调整会议精神，听取了全县产业扶贫和基础设施建设检查工作、全县脱贫攻坚第八次推进会议筹备情况、9月30日烈士纪念日活动筹备情况汇报，审议通过了《上蔡县贯彻落实脱贫攻坚领域专项巡察反馈意见整改工作方案》《上蔡县巡视巡查整改督查督办工作实施意见》《关于加快推进扶贫车间建设的补充意见》《关于加快产业强县建设扶持意见》《上蔡县1998级未分配中师生安置工作实施方案》《上蔡县成品油市场集中整治月活动方案》《关于成立成品油流通市场监管长效机制领导小组的通知》。

10月8日，召开县委常委会会议（十二届一百〇五次）。会议研究讨论了对东洪镇、塔桥镇脱贫攻坚工作调研情况和成立上蔡县产业扶贫硬仗指挥部的情况，研究部署了省委宗教工作督查通知要求、关于加快推进新型农村社区用地遗留问题整改工作，研究解决了改革期间环保局人员工作、养老保险缺口问题。

10月12日，召开县委常委会会议（十二届一百〇六次）。会议听取了关于中国·上蔡第十六届重阳文化节系列群众文化活动筹备情况的汇报、全市扫黑除恶专项斗争推进会议精神暨迎接中央全面依法治国委员会办公室宪法学习宣传实施专项督察工作的汇报、全市基层党建问题“三集中”活动会议精神的汇报、《县纪委监察委关于向乡镇（街道）派出监察机构工作方案》的汇报。

10月22日，召开县委常委会会议（十二届一百〇八次）。会议先后听取了县领导深入到部分乡镇调研脱贫攻坚工作情况和县村级综合文化服务中心建设、村级道路建设、危房改造、村级卫生室建设等基础设施建设工作情况的汇报，研究部署了全县脱贫攻坚第九次推进会暨扶贫产业观摩会筹备工作、上蔡县全面开展农村“空心房”整治工作推进会筹备工作，审议了《上蔡县创建国家食品安全示范城市实施方案》《上蔡县人民政府与河南微医关于“互联网+健康上蔡”合作项目实施方案》。

11月14日，召开县委常委会会议（十二届一百一十一次）。会议听取了省委第十巡视组专项巡视扶贫领域反馈问题整改工作进展情况，全市县区机构改革预备会议精神，2019年全县重点项目谋划情况，全市组织工作会议精神，全市宣传工作会议精神，上蔡县洙嵖路沿线特色农业示范带建设实施方案及上蔡县关于2018年度河南省文明城市创建工作方案。

11月19日，召开县委常委会会议（十二届一百一十二次）。会议先后传达学习了全市组织工作会议、宣传思想工作会议、促进非公有制经济健康发展大会、全省“雪亮工程”建设推进会精神，听取了全县组织工作、宣传思想工作、促进非公有制经济健康发展大会筹备情况及扶贫高效节水灌溉项目情况的汇报，研究审议了《关于促进非公有制经济健康发展的实施意见（征求意见稿）》《关于营造企业家健康成长环境弘扬优秀企业家精神发挥企业家作用的实施意见（征求意见稿）》《上蔡县农废处理、资源转换、循环产业综合体项目实施方案》《森林上蔡生态建设五年行动方案（2019—2023年）》。

12月4日，召开县委常委会会议（十二届一百一十七次）。会议先后传达学习了全市巡察村居工作动员部署会议精神及省市领导关于巡察村居重要讲话精神、全国全省全市打击治理电信网络新型违法犯罪工作电视电话会议精神、市委书记陈星在县区委书记座谈会上的讲话精神，听取了关于持续深入开展冒充军人采购诈骗犯罪专项治理工作情况和“六面红旗村（社区）”争创活动开展情况汇报，研究审议了《上蔡县巡察村（社区）党组织全覆盖的指导意见（征求意见稿）》《上蔡县持续开展冒充军人采购诈骗犯罪专项治理工作方案》《上蔡县2018年脱贫攻坚“冬季行动”实施方案》《上蔡县清洁家园集中行动实施方案》《上蔡县林业产业扶贫行动方案》《上蔡县关于省委巡视反馈农村低保问题整改方案》。

12月6日，召开县委常委会会议（十二届一百一十八次）。会议传达学习了全市打好大气污染防治攻坚战誓师大会会议精神，听取了《上蔡县党委（党组）意识形态工作责任制考核办法（试行）》、关于义务教育基本均衡县创建情况的汇报，研究审议了《县委县政府关于加快推进农机社会化服务托管工作助力脱贫攻坚工作实施意见》，国土绿化、森林上蔡提速行动实施方案。

12月11日，召开县委常委会会议（十二届一百一十九次）。会议先后听取了县委办关于年度综合目标考评方案及实施细则、《上蔡县乡科级领导班子和领导干部综合考评办法（试行）》《上蔡县乡科级领导班子和领导干部2018年度综合考核工作实施方案》《上蔡县推进领导干部能上能下实施细则（试行）》《上蔡县党政干部容错纠错实施办法（试行）》、2019年拟建城建交通重点项目情况、百尺乡2017年贫困户自主发展食用菌补贴资金发放问题的汇报。

12月13日，召开县委常委会会议（十二届一百二十次）。会议先后听取了全县群团改革工作进展情况、上蔡县贯彻落实市委脱贫攻坚领域专项巡察反馈意见整改情况、中共上蔡县委贯彻落实省委巡视办巡察工作专项检查反馈意见整改情况、省委巡视反馈意见整改落实情况、成立中共上蔡县退役军人事务局党组情况的汇报。

12月29日，召开县委常委会会议（十二届一百二十三次）。会议先后听取了《上蔡县精准防贫实施方案》、营养餐工作情况汇报，传达学习了《河南省人民政府办公厅关于开展全省安全生产事故隐患大暗访大排查大整治大执行攻坚行动的通知》、全省加强公共安全防控遏制恶性案事件发生电视电话会议精神，研究上蔡县贯彻落实意见。

【全县领导干部重要会议】 2月5日，县委农村工作会议召开。会议深入学习贯彻中央和省委、市委农村工作会议精神，分析当前上蔡县“三农”工作面临的形势，对全县实施乡村振兴战略和2018年的“三农”工作进行安排部署。

3月12日，全县2017年度工作目标总结表彰大会召开。县委常委、县委办公室主任刘银业宣读了县委、县政府《关于表彰2017年度工作目标考评先进单位的决定》《关于表彰和奖励2017年度开放招商工作先进单位和先进个人的决定》，县委常委、县政府常务副县长闫峰宣读了县政府《关于对发改委等4个单位和张永喜等11名同志记功及对徐建中等13名同志嘉奖的决定》，县委常委、县纪委书记、县监察委会主任李超宣读了县委、县政府《关于表彰2017年度城市建设管理和征地拆迁先进单位和先进个人的决定》。

上蔡县扫黑除恶专项斗争动员会会场

宋永亮　摄

3月12日，全县2017年环境污染防治攻坚战总结表彰暨2018年环境攻坚工作动员部署会议召开。传达贯彻了全市2017年环境污染防治攻坚战总结表彰暨2018年环境攻坚工作动员部署会议精神，安排部署了全县2018年环境污染防治攻坚工作，县委常委、县委办公室主任刘银业宣读了县委办公室、县政府办公室《关于表彰2017年度环境污染防治攻坚战先进集体和先进个人的决定》。

4月18日，全县平安建设暨信访工作会议召开。县委常委、县委政法委书记陈佳作2017年度全县平安建设和信访稳定工作报告；县政府副县长雷鸣通报了2017年及2018年第一季度信访情况；县委常委、县政府常务副县长闫峰宣读了县委、县政府《关于表彰2017年度政法暨平安建设先进单位和先进工作者的决定》；县委常委、县委办公室主任刘银业宣读了县委、县政府《关于表彰奖励2017年度信访工作先进集体和先进个人的决定》；各乡镇（街道）党（工）委书记及部分成员单位负责人向县委书记胡建辉递交平安建设和信访工作《目标责任书》。

4月18日，全县改进重点工作推进机制动员会议召开。县委常委、县政府常务副县长闫峰传达了《县委办公室、县政府办公室关于印发〈上蔡县2018年项目建设攻坚推进活动实施方案〉的通知》《上蔡县人民政府办公室关于印发上蔡县重点项目周例会工作规则（试行）的通知》，县委常委、县委办公室主任刘银业传达了《县委办公室、县政府办公室关于印发〈上蔡县工作台账化管理办法（试行）〉的通知》。

5月26日，召开第二十一届中国农产品加工业投资贸易洽谈会上蔡县筹备工作会议。会议总结了上蔡县2017年第二十届中国农洽会迎会参会工作，对第二十一届中国农洽会迎会参会筹备工作进行全面安排部署，宣读了《第二十一届中国农产品加工业投资贸易洽谈会上蔡县筹备工作方案》。

5月26日，召开全县2018年“三夏”生产暨秸秆禁烧和综合利用工作动员会。县委副书记、县政府县长李卫明宣读了《关于对2017年秋季秸秆禁烧和综合利用工作进行奖惩的决定》，县政府副县长陈剑对2017年秋季秸秆禁烧及综合利用工作进行回顾总结，对2018年“三夏”生产、秸秆禁烧和综合利用工作进行安排部署。

6月28日，上蔡县以案促改制度化常态化推进会召开。县委常委、县纪委书记、县监察委主任李超通报了全县以案促改工作开展情况。

8月9日，上蔡县召开贯彻落实中央巡视组反馈意见整改工作动员会。会上就选人用人、意识形态、纪检监察、脱贫攻坚等整改落实工作进行部署。

8月20日，上蔡县干部作风整顿动员会召开，县委常委、县纪委书记、县监察委主任李超通报了对省委第十巡视组反馈扶贫干部作风纪律方面问题的查处情况，县委常委、县委组织部部长桂兆权宣读了《关于在乡镇实行“五天四夜”工作法的意见》和《关于在街道实行领导干部带班值班制度的意见》。

8月31日，上蔡县扫黑除恶专项斗争推进会召开。会议主要任务是贯彻上级关于扫黑除恶专项斗争的有关要求，研究部署全县扫黑除恶专项斗争工作。

11月6日，全县贯彻落实省委第十巡视组专项巡视扶贫领域反馈意见整改工作动员会召开。会上，宣读了《上蔡县贯彻落实省委第十巡视组专项巡视扶贫领域反馈意见整改工作方案》，并对贯彻落实省委第十巡视组选人用人巡视检查反馈问题整改工作、省巡视办巡察工作专项检查反馈意见整改工作进行安排部署。

11月14日，全县平安建设集中宣传活动动员会召开，县委书记胡建辉出席会议并讲话。会议宣读了《上蔡县平安建设集中宣传活动实施方案》《关于开展平安建设访谈活动的通知》，并对“双提升”工作进行了安排部署。

11月21日，上蔡县促进非公有制经济健康发展大会召开。会议深入贯彻习近平新时代中国特色社会主义思想和中共十九大精神，贯彻落实习近平总书记在民营企业座谈会上的重要讲话精神和省市促进非公有制经济健康发展大会精神。

12月6日，全县集中整治冒充军人采购诈骗犯罪专项治理工作推进会召开。会议宣读了《上蔡县持续深入开展冒充军人采购诈骗犯罪专项治理工作方案》。

12月24日，上蔡县创建国家食品安全示范城市推进会召开。会议贯彻落实中央和省委、省政府和市委、市政府关于食品安全工作的部署要求，对上蔡县创建国家食品安全示范城市工作进行安排部署。

12月29日，上蔡县2018年度县直单位综合目标考评述职评议大会召开。评议大会围绕贯彻落实县委县政府重大决策部署、安排组织重点工作及共性目标完成情况等综合考评目标，对80个党群部门、法检两院、政府组成部门、垂直管理部门进行了集中评议。

【县委经济工作会议】 1月5日，上蔡县委经济

县委经济工作会议会场　　宋永亮　摄

工作会议召开。会议总结回顾了全县 2017 年经济工作，并对 2018 年工作进行了安排部署。

【脱贫攻坚推进会议】 3 月 12 日，上蔡县召开脱贫攻坚工作 2017 年度总结表彰暨 2018 年第二次推进会。会议总结了 2017 年全县脱贫攻坚工作，宣读了《上蔡县 2018 年脱贫攻坚工作意见》、《关于表彰 2017 年度全县脱贫攻坚工作先进单位和先进工作者的决定》。

5 月 15 日，全县脱贫攻坚第三次推进会召开，全面启动为期 10 天的脱贫攻坚集中下基层活动。会议领学了习近平在打好精准脱贫攻坚战座谈会上的重要讲话精神，通报了国家和省市暗访调研情况和全县脱贫攻坚第二次推进会以来工作情况，传达了任正晓在省纪委常委会听取上蔡县委脱贫攻坚工作汇报时的重要讲话精神和省市脱贫攻坚推进会议精神，通报了脱贫攻坚有关问题的处理情况，宣读了关于召回驻村第一书记的决定。

6 月 14 日，全县脱贫攻坚第四次推进会暨安全稳定环保推进会召开。会议总结了全县脱贫攻坚第三次推进会议以来工作开展情况；传达了《上蔡县 2018 年脱贫攻坚“夏季攻势”实施方案》《关于在全县开展争创“六面红旗村”活动的实施意见》和《关于对全县各级干部开展精准扶贫培训的实施方案》；通报了全县违反脱贫攻坚纪律案件的查处情况。

6 月 25 日，全县脱贫攻坚第五次推进会召开。会议传达了《河南省脱贫攻坚 2018 年重点工作核查方案》；县人大常委会主任肖开义对脱贫攻坚重点工作进行了安排部署；通报了对 7 起扶贫领域违纪问题查处情况。

7 月 6 日，全县脱贫攻坚第六次推进会召开。会议贯彻落实 7 月 2 日召开的全省脱贫攻坚工作电视电话会议精神，安排部署迎接国务院扶贫开发领导小组开展的脱贫攻坚督查巡查工作，推动重点工作推进和问题整改。会议传达了全省脱贫攻坚电视电话会议精神，通报了国家、省督查考核反馈问题整改工作进展情况，并对近期全县脱贫攻坚重点任务安排部署。

8 月 9 日，上蔡县召开省委第十巡视组反馈问题整改落实工作动员会暨全县脱贫攻坚第七次推进会。会议宣读了《2018 年上半年全县脱贫攻坚工作存在问题的整改方案》《省委第十巡视组反馈扶贫工作干部作风方面问题整改方案》《省委第十巡视组反馈乡镇（街道）党（工）委书记未遍访贫困户问题整改方案》。

2018 年 8 月 9 日，省委第十巡视组反馈问题整改落实工作动员会暨全县脱贫攻坚第七次推进会议会场

宋永亮　摄

9 月 10 日，全县脱贫攻坚产业扶贫推进会召开。会议通报了全县 166 个“靶向攻坚”村扶贫产业发展情况。

12 月 6 日，上蔡县脱贫攻坚第十一次推进会召开，决定从 12 月 6 日至 2019 年 1 月 31 日全面开展脱贫攻坚“冬季行动”。首先对扶贫对象动态调整、有关靶向攻坚村督查巡查情况及近段工作情况进行通报，并对下阶段脱贫攻坚工作进行安排部署；宣读了关于 2018 年度“六面红旗村（社区）”的表彰决定和有关脱贫攻坚工作方面的纪律处分决定；传达了上蔡县 2018 年脱贫攻坚“冬季行动”实施方案。

12 月 20 日，全县脱贫攻坚工作第十二次推进会召开。会议强调，实现 2019 年全县整体脱贫摘帽，是一场没有退路、必须打赢的硬仗，要拿出打硬仗的状态，强化迎考意识，紧盯脱贫目标，落实攻坚举措，举全县之力冲刺决胜。

重大活动

【上蔡县人民政府与隆丰革乐美控股有限公司举行项目签约仪式】 1月10日，上蔡县人民政府与隆丰革乐美控股有限公司举行项目签约仪式。

【上蔡县领导干部学习贯彻中共十九大精神集中轮训第一期培训班开班】 3月23日，全县领导干部学习贯彻中共十九大精神集中轮训第一期培训班举行开班仪式。县委书记胡建辉出席开班仪式并作《坚持以习近平新时代中国特色社会主义思想为指导，奋力谱写新时代上蔡跨越发展新篇章》专题辅导报告。

【河南隆祺鞋业有限公司年产800万双高档定制鞋项目奠基】 4月9日，驻马店市2018年第二批亿元重点项目集中开工暨河南隆祺鞋业有限公司年产800万双高档定制鞋项目奠基开工仪式举行。

【全国推动因残致贫家庭脱贫攻坚工作现场会观摩考察团到上蔡县】 5月25日，全国推动因残致贫家庭脱贫攻坚暨失能贫困重度残疾人照护和托养工作现场会在驻马店市召开。会议期间，国务院扶贫办党组成员夏更生、市委副书记李宝清、市政府副市长付自成等与会领导带领观摩考察团到上蔡县，分两组先后到大路李乡贫困家庭重度残疾人集中托养中心、大路李乡栗庄村贫困家庭重度残疾人集中托养中心、邵店镇贫困家庭重度残疾人集中托养中心、邵店镇刘药村贫困家庭重度残疾人集中托养中心观摩考察贫困家庭重度残疾人集中托养工作。

【上蔡县政府与鹏宇投资集团杭萧钢构项目签约】 5月29日，上蔡县人民政府与鹏宇投资集团杭萧钢构项目签约仪式举行。

【上蔡县21家企业在中原股权交易中心挂牌】 7月2日，上蔡县百润环保、澳祥皮业、天一食品、

县政府与鹏宇投资集团杭萧钢构项目签约仪式
宋永亮　摄

恒通机械等21家优秀企业在中原股权交易中心成功挂牌。

【上蔡县人民政府与河南省农业综合开发有限公司战略合作签约】 8月2日，上蔡县人民政府与河南省农业综合开发有限公司战略合作签约仪式举行。

【全国脱贫攻坚奖基层调研组到上蔡县调研脱贫攻坚工作】 8月19日，十三届全国政协委员、致公党湖南省副主委、长沙市主委、长沙市人大常委会副主任王国海率队到上蔡县调研脱贫攻坚工作。

【上蔡县各界举行2018年烈士纪念日公祭活动】 9月30日，上蔡县2018年烈士纪念日公祭活动在英雄广场举行。

【中国·上蔡第十六届重阳文化节开幕式暨“鹏宇杯”全国首届孝老爱亲摄影大赛颁奖典礼】 10月16日，中国·上蔡第十六届重阳文化节开幕式暨

上蔡县十六届重阳文化节开幕式　　宋永亮　摄

“鹏宇杯”全国首届孝老爱亲摄影大赛颁奖典礼在蔡明园广场举行。

【2018年下半年全市产业集聚区项目观摩团到上蔡县观摩考评】 10月27日，2018年下半年全市产业集聚区项目观摩团到上蔡县观摩考评。此次观摩点评主要内容是，产业集聚区的主导产业与2018年整体招商及新落地项目情况，产业和城市互动发展，项目与主导产业、产业集群发展关联，项目的投资强度、组织管理，新上项目的龙头带动作用，竣工投产项目生产和整体效益等情况。上蔡县接受观摩的企业分别是：河南上合惠实业有限公司由广东惠州多家制鞋企业投资兴建，项目规划占地80亩，总投资3.2亿元，项目建成后年产值可达8.9亿元，创利税8000万元，安排就业5200人，目前已建成标准化厂房10栋，已安装智能化生产线20条、针车1000台。河南隆祺鞋业有限公司年加工800万双高档鞋制造项目总投资10亿元，占地面积20万平方米。生产线包括传统冷粘生产和世界先进水平的DESMA自动注塑生产线，设计年产能800万双，自动化生产线最快8秒完成一只鞋的成型注塑加工。全部建成投产后可安排就业4000人，年销售收入预计25亿元，利税1.8亿元。河南上继电器科技有限公司由安徽阳继科技有限公司投资建设，是一家集研发、生产、销售为一体的高科技企业。项目入驻县产业集聚区标准化厂房，总投资5亿元，占地面积1.5万平方米。项目建成后年可生产2000吨漆包线（电磁线）、6000万个继电器，年产值8亿元。智强电子手机金属配件精密加工项目由安徽智强电子有限公司投资兴建，该公司是一家手机金属零件加工生产厂家，主要是为华为、苹果、小米、OPPO等国内外手机生产厂家提供手机金属配件。该项目总投资6亿元，占地100亩，规划建筑面积7万平方米，计划安装各类进口设备1000台（套），目前已经安装进口设备100台（套）。项目全部建成后，可实现年产手机金属配件5000万件（套），年产值10亿元，带动就业500人。。

【中粮集团肉食投资有限公司与上蔡县人民政府战略合作框架协议签约】 11月2日，上蔡县人民政府与中粮集团肉食投资有限公司战略合作框架协议签约仪式举行。胡建辉在致词中对中粮集团投资上蔡并成功签约表示欢迎和祝贺，在介绍上蔡县打造畜牧业大县的具体作为和阶段性成果之后，也表达了上蔡县愿意与中粮集团深度合作、助力脱贫攻坚，进而形成政府、企业、社会多方共赢局面的强烈愿望。荆怀宾在讲话中介绍了中粮集团、中粮肉食投资有限公司、中粮家佳康（河南）有限公司和年出栏100万头生猪养殖产业扶贫项目的概况。荆怀宾、陈剑和上蔡县城市建设投资开发有限公司总经理张应春共同上台签约。中粮集团有限公司是立足中国的国际一流粮食企业，是全球布局、全产业链、拥有巨大市场和发展潜力的农业及粮油食品企业，集贸易、加工、销售、研发于一体的投资控股公司。中粮肉食投资有限公司是中粮集团旗下的一家集饲料加工、畜禽养殖、屠宰、深加工、冷链配送、分销及肉类产品进出口于一体的现代化农业产业化企业。年出栏100万头生猪养殖产业扶贫项目，既包括100万头生猪养殖项目，又包括与养殖项目相配套的饲料加工项目。该项目将在两三年内建成达产，将对上蔡农民尤其是建档立卡贫困户有效解决卖粮、务工、提升养殖技术、培育知名农业品牌、有效链接国内国际广阔市场等难题起到重大作用。

【上蔡县四个班子带队对各乡镇街道全面开展“逐领域观摩、全领域进步”观摩评比活动】 12月22—23日，县委书记胡建辉带领四个班子对全县26个乡镇街道的基础设施建设、村内环境卫生整治、基层党建、脱贫攻坚等工作进行观摩评比。观摩团成员通过实地查看、听取汇报等方式详细了解各个乡镇（街道）工作的特色亮点、创新做法和典型经验。大家边听边看、边评边议，一路感受着一年来各乡镇（街道）呈现出的发展变化，达到了互相学习、增进了解、取长补短、共同提高的目的。胡建辉对观摩活动进行总结点评，充分肯定了各乡镇（街道）一年来工作取得的成绩和经验，详细指出了工作中存在的问题和不足。

重要调研

【脱贫攻坚工作调研】 3月2日，县委书记胡建辉，县委常委、县委办公室主任刘银业，县政府副县长雷鸣带领国土、水利、交通、林业等相关部门负责人，深入黄埠镇小王营村进行现场联合办公。

10月14日和19日，县委书记胡建辉带队先后深入蔡沟乡和西洪乡调研靶向攻坚村脱贫攻坚工作。闫峰、桂兆权、张金涛、刘楠、刘银业、陈佳、李超、马高峰等县领导分别带领调研小组走村入户，以“解剖麻雀”的方式查找困扰脱贫攻坚向纵深拓展的“瓶颈”性问题。

【经济发展调研】 1月31日，县委书记胡建辉先后深入到蔡都大道与卧龙大道交叉口、东环路杜一沟、东环路杜诗公园等全县重点城建项目建设现场，全面了解在建项目的进展情况。

2月1日，县委书记胡建辉先后到华陂镇、小岳寺乡、东洪镇检查指导“创森”工作。

2月12日，县委书记胡建辉，县委副书记、县政府县长李卫明，县人大常委会主任肖开义，县政协主席臧海声四个班子领导，到龙潭巷、田园一巷、田园二巷、田园三巷调研县城背街小巷改造整治工作。

6月8日上午，县委书记胡建辉一行先后到嘉和花园项目建设工地、农业局蓝天卫士监控中心、上蔡县协和医院二期工程项目工地、河南省玖运砼业有限公司及齐海乡、塔桥镇、洙湖镇进行实地调研。

8月24日，县委书记胡建辉到产业集聚区就部分在建项目进行调研。

8月24日，县委书记胡建辉先后到五龙源路拓宽改造工地、湿地公园、杜一沟水系综合治理工地、和谐大道东西段、市民广场等城建重点项目现场进行调研。

10月31日，县委书记胡建辉一行到蔡河、污水处理厂、上蔡县绿汇洁净型煤生产有限公司、垃圾处理厂等地，实地察看人居环境及环境综合整治情况。

11月12日，县委书记胡建辉一行到重点城建项目现场，实地了解县重点城建项目推进情况。

12月12日，县委书记胡建辉，县委副书记、县政府县长李卫明，县委副书记李超一行到邵店镇，检查指导植树造林工程。

【社会民生调研】 8月8日，县委书记胡建辉一行到县人民医院征兵体检站检察征兵体检工作。

9月7日，县委书记胡建辉深入崇礼乡调研督导扫黑除恶和电信诈骗工作开展情况。

2018年9月7日，县委书记胡建辉（右二）督导打击电信诈骗工作　　宋永亮　摄

11月27日，县委书记胡建辉，县委常委、县委政法委书记陈佳，县委常委、县政府副县长马高峰等到县检察院、法院、公安局调研指导公众安全感和执法满意度工作。

12月30日，县委书记胡建辉一行到县兴隆烟花爆竹有限公司、县西关汽车客运站等地，督查元旦期间安全生产工作。

县委办公室工作

【概　况】 2018年，县委办公室紧紧围绕全县大局和县委中心工作，重规矩、抓规范，将常规工作做深；重实效、抓实干，将重点工作做实；重创新、抓创优，将亮点工作做精，努力承担起县委坚强有力的“前哨”和“后院”的职责与重任，确保县委各项工作高效有序运转。

【信息服务工作】 充分发挥信息主渠道作用，围绕全县大局和工作重点反映情况、报送信息，把各方面新情况新问题、贯彻落实县委意见和建议、经济社会发展亮点、难点及群众关注的热点焦点问题等及时收集上来，归纳综合，分析研判，第一时间报送县委，为县委科学决策提供了重要依据。先后组织报送了全面深化改革、产业集聚区项目建设、农洽会大招商、脱贫攻坚、民生保障、农田水利基本建设、种植业结构调整、高效农业、生态环境保护等方面的亮点特色信息，相关主题的信息多次被上级采用，较好地宣传推广了上蔡县的经验做法，有效地发挥了信息的窗口作用。2018年，共向市委报送各类信息600余条、采用160余条，向省委信息处报送信息400余条、采用50余条。同时，积极做好信息下发工作，全年共编撰各类下发信息27期计280余条。

【政策研究工作】 深入开展“大调研”活动，掌握第一手资料，及时发现问题，为领导提供了大量的问题性、预测性、超前性信息。重点在脱贫攻坚、乡村振兴、产业发展、基层组织建设等方面抓好调研工作，及时总结和提炼好经验、好做法。一年来，结合调研实际情况共形成高质量的调研文章10余篇、调研报告20篇，充分发挥了参谋助手作用。

【主体责任工作】 落实全面从严治党责任，自觉把主体责任扛在肩上、抓在手上、落实在行动上，推动各级各部门进一步压实主体责任，全年共开展落实全面从严治党主体责任约谈5次53人，发出主体责任提醒96人次，以责任落实推动工作落实。

【督查工作】 2018年，共印发督办督查通知325期，围绕全县重大决策部署、重点工作、重大项目和重点工程开展实地督查80余次，共编发督查通报113期、专报40期，办理领导批示件140件、网民留言550件、人大建议政协提案296件。《以“督”促进 以“查”促改 上蔡县督查成为推动工作落实“利器”》《突出重点补短板 狠抓落实促攻坚 上蔡县以更大力度更实举措提升脱贫成效》等5篇督查调研文章被《驻马店日报》、市委《督查工作》采用。

【深化改革工作】 发挥县委办公室牵总、协调、督办的职能作用，按照“一跟进、两聚焦”要求，坚定不移狠抓各项改革任务落实，出台了《县委全面深化改革领导小组2018年工作要点》《上蔡县职教培训整合工作实施方案》《关于鼓励和支持全县初中毕业生完成中等教育的实施意见》《上蔡县处置“僵尸企业”工作推进方案》等7个改革文件，完成了职业教育、中等教育、处置“僵尸”企业改革工作，全县123项改革事项中，已完成79项，剩余44项正在推进。

【民意快线工作】 坚持“知民情、汇民智、重民生、解民忧”的服务理念，广泛收集民意，服务党委决策，解决民生问题。共收到群众发来短信和邮件94条，有效信息89条，其中，市下发件21条，县承办件68条，已全部办结回复，形成《民意报告》4期，问题建议办结率和反馈率均达到100%，群众满意率和基本满意率达到98%。

【扶贫工作】 扎实开展驻村帮扶工作，共结对帮扶朱里镇拐子杨、扶台、坡杨、高庄、东伍张5个村，选派第一书记、驻村工作队、帮扶人员积极参与帮扶工作。规划建设村室3座、文化服务中心4座、标准化卫生室1座，扶台村已完成建设，其余村计划2019年全部完成。共新修道路12.08千米、安装路灯690盏，投入3.5万元用于改善村内环境，各帮扶村内基础设施趋于完善，群众满意度明显提升。积极引导外出就业，不断激发内生动力，帮助贫困户外出就业30人，提供公益性岗位57个。深入推进产业扶贫，大力调整种植结构，秋季种植花生、芝麻、红薯共192.76亩。强化“两不愁四保障”政策落实，帮助38户贫困群众改造危房，教育、医疗、饮水安全等扶贫政策切实落实到位。2018年县委办公室驻点帮扶的5个村共脱贫36户118人。

【文明创建工作】 组织开展新县红色教育、“文明家庭”评选、硬笔书法及棋类比赛、普法知识竞赛等活动，创新道德讲堂模式，把脱贫攻坚工作与精神文明建设结合起来，由单位走向了帮扶村拐子杨。2018年成功举办2期“道德讲堂”和1期文化讲堂。

（王现成）

组织工作

【概　况】 2018年上蔡县委组织部全面深入贯彻中共十八大、十九大精神，坚持以习近平新时代中国特色社会主义思想为指导，全面落实新时代党的建设总要求，以党的政治建设为统领，坚持“稳中求进、进中求优”工作总基调，持续“走新路、有作为、创亮点、守底线”，谋划开展好“不忘初心、牢记使命”主题教育，在干部队伍建设、基层党组织和党员队伍建设、人才队伍建设上实现新突破，推进组织工作高质量发展。

【基层党建】 开展乡镇班子成员和部门负责人党建联系点制度，联系人定期深入联系党支部指导开展党建工作，提高基层支部党建工作水平。各乡镇（街道）党（工）委认真开展“逐村观摩、整乡推进”活动，每季度对所辖各村党的建设情况观摩1次，实现全覆盖、无遗漏，通过观摩评比，加压增责，促进全县基层党建水平全面进步、全面过硬、全面提升。加强村级班子建设。2018年以村（社区）“两委”换届为契机，坚持“三有三带”标准，把政治标准放在第一位，把全县460村级党组织书记选优配强。持续整顿软弱涣散村级党组织。对排查认定的37个软弱涣散村和28个后进村，坚持兰考“六步工作法”，对症施政，扎实开展整顿工作。实行整顿销号制度，坚持转化一个、验收一个、销号一个，补齐基层党建短板，保证村级班子坚强有力。2018年新建村室86个已全部完工。将村、社区党建经费标准提高到2.1万元、5万元，村党支部书记工作报酬从每月1300元增加到1600元，村民小组长每月工作报酬100元。

【组织状况】 截至2018年年底，全县有基层党组织1296个（其中党委35个，党总支28个，党支部1233个）。其中，机关事业单位基层党组织494个，村（社区）基层党组织460个，“两新”组织党组织156个。全县有党员31520人。其中，机关事业单位党员4949人，村（社区）党员17561人（村16325人，社区1236人），“两新”组织党员1219人。女性党员4310人，占党员总数的14%左右；少数民族党员134人，占党员总数的0.4%左右；35岁及以下党员8246人，占党员总数的26%左右。

【干部工作】 修订完善《上蔡县乡科级领导班子和领导干部综合考评办法（试行）》，做好干部档案再审核工作。对列入干部档案再审专项行动的2256卷档案，逐档排查，逐人填写了《干部人事档案自查情况登记表》，并对排查出的问题逐人逐档进行调查核实，逐单位逐人进行反馈。制定《中央第一巡视组及选人用人专项检查组反馈党的建设和选人用人意见整改方案》，2018年上蔡县依托智慧党建、红色家园、传统站点、学用基地、电视栏目五大平台，对全县460个远程教育站点进行升级改造，并把党员电化教育网络使用和维护费每年每个站点的配套费用290元列入县财政预算。截至2018年年底全县共有党员干部现代远程教育终端接收站点486个，“红色网络教育家园”26家，远程教育学用示范基地25家。

受到市委组织部党员电教科关注的上蔡县黄埠镇党员干部现代远程教育工作

【干部监督】 2018年，共对12名党政机关、企事业单位主要负责人进行了离任、任中经济责任审计。其中，5人进行了离任责任审计，7名主要负责人进行了任中经济责任审计。截至2018年年底，共收到干部信访举报件0起。

【干部教育】 先后举办2期中共十九大精神培训班，对全县820多名乡科级领导干部进行集中培训；联合县脱贫办举办了脱贫攻坚专题培训班，对1849名干部进行系统培训；对81名乡科级领导干部进行了为期一个月的脱产培训；举办6期农村入党积极分子培训班，对612名农村入党积极分子进行了中共十九大精神的教育培训；组织50名优秀农村党支部书记到愚公移山干部学院进行脱产培训。

上蔡县第一期领导干部学习贯彻中共十九大精神培训班

【人才工作】 制定《上蔡县引进高层次人才、急需短缺人才及创新创业团队实施细则（试行）》，紧扣全县重点产业、重点领域、重点项目发展需要，激励引进高层次创新创业人才。以中国·河南招才引智创新发展大会为契机，宣传人才政策、展示人才工作成果、集中招才引智、促进人才项目合作。2018年7月底，按照《上蔡县2018—2020年科技特派员服务工作实施方案》要求，以“产业组团、县级组队、服务到点、统筹调度”的组织形式，整合省、市、县三级科技特派员，组成上蔡县科技特派员服务队，服务时间为2018年至2021年。截至2018年12月底，全县26名河南省科技特派员已开展集中科技培训4期，计327人，实地技术指导135次，咨询人数达800余人次。以科技推广、人才服务、技术咨询、项目攻关为主要形式，发挥新型农业经营主体带动作用，采取“公司+合作社+农户”的扶贫模式，吸纳和带动贫困户脱贫致富，服务全县脱贫攻坚工作。2018年，各类专家人才共为群众提供种植、养殖技术上门服务3320人次，提供法律咨询、法律援助786人次，在脱贫攻坚工作中发挥了重要作用。

【驻村帮扶】 截至2018年年底，上蔡县共有各级下派村党支部第一书记448名（其中中直机关下派1名来自中央华录集团，省下派23名，市下派28名，县乡下派396名）。

（杜　鹏）

宣传工作

【概　况】 2018年，全县宣传思想文化战线高举习近平新时代中国特色社会主义思想伟大旗帜，牢牢把握正确方向，紧紧抓住“两个巩固”根本任务，牢树“四个意识”，坚定“四个自信”，铭记“五个使命”，恪守“九个坚持”，不断增强“四力”，全县上下主旋律更响亮、正能量更强劲，为推动上蔡高质量跨越发展提供了坚强思想保证和强大精神动力。

【新闻宣传工作】 坚持正确舆论导向，着力壮大主流舆论阵地，坚持网上网下、内宣外宣、县乡协调共同发力，开展全方位立体化宣传，2018年共计在国家级主流媒体上发稿23篇，省级主流媒体上发稿52篇，各类网站和客户端转发总量10000余条。邀请人民日报、中央人民广播电视台等20多家国内主流媒体，报道上蔡县贫困家庭重度残疾人集中托养模式，为助推脱贫攻坚贡献上蔡智慧，《新春走基层：让残疾人也活得出彩》等一系列报道。30多家媒体全方位报道了中国·上蔡第十六届重阳文化节暨全国首届孝老爱亲摄影大赛颁奖仪式开幕式盛况；并进行集中采风活动，《碗碗重阳糕 绵绵敬老情》等报道。以“上蔡发布”作为创新宣传载体传播主流声音的抓手，坚持长流水、不断线，共发布信息1000多条，粉丝11000余人，点击总量100000余次，居“河南政务（综合类）微信影响力平台”前20。

【文明实践工作】 以创建省级文明城市为抓手，推进各类文明创建活动深入开展，引导全县各单位认真学习、培育和践行核心价值观，深入宣传道德模范事迹，组织全县各级文明单位开展道德讲堂100多场；刘续攀、白文科等5人分别入选“中国好人榜”“驻马店好人”，张春花等3人分获“2018年天中最美母亲”“新时代好少年”“最美天中少年”荣誉称号；开展上蔡县首届文明家庭评选活动，评选出10个文明家庭，加强未成年人思想道德建设，争取中央和省彩票公益金支持乡村学校建成15所少年宫，投入使用9所。协调“上蔡县志愿者联盟”“义工联合会”等公益组织开展“关爱孤寡老人”“义务献血”“文明交通志愿引导”等志愿服务活动共计200余次，惠及50000余人次。印发专项方案，开展“城区环境整治、文明乡风提升”行动，发放倡议书10000余份，城市形象得到提升。评出县级文明乡镇15个、县级文明村138个，在全县35个村推进孝善基金试点工作。表彰了县级孝道家庭、孝心模范，开展了农村“十星级文明户”“好媳妇、好婆婆、好妯娌、好邻居”“脱贫标兵”等评选活动和“移风易俗”“好家风好家训”等主题活动，倡导树立文明新风，推进扶贫扶志工作。

道德讲堂进农村

受到表彰的上蔡县第一届文明家庭

【网络空间治理工作】 坚持依法管网治网，认真落实属地管理责任和“两个所有”要求，统筹开展各类专项整治行动，网络空间安全清朗。严格落实网络意识形态工作责任制，举办网络宣传周，展出网络宣传板100多块，发放宣传册

10000多份；指导《上蔡加油》《高考加油》抖音正能量短视频制作，着力提升网络安全意识。迅速妥善处置涉蔡谣言，得到了上级网信部门通报表扬；持续开展“清朗”“剑网”“网上扫黄打非”等专项行动，全面排查582个属地网站平台，移交公安机关违规网站54个；加强对本地政务网站的监督和管理，全县46个政务网站、微博账号、微信公众号均有专人管理，无境外接入、渗透事件发生。持续做好扫黑除恶、环保督查网络线索举报工作，发现上报线索12条；从有关单位选拔30名骨干人员，成立了全市县级第一支网评员队伍，通过邀请省市专家进行面对面授课、定期业务培训等形式，推动了互联网“最大变量”成为网信事业发展的“最大增量”。

2018年度上蔡县精神文明创建先进个人一览表

表1

姓名	工作单位及身份	授奖单位	授奖时间	荣誉称号
韩 巧	县人民医院退休医生	上蔡县委宣传部	2018.10	文明家庭
马 广	县一中教师	上蔡县委宣传部	2018.10	文明家庭
刘新伟	县公共资源交易中心工作人员	上蔡县委宣传部	2018.10	文明家庭
王志伟	县人社局工作人员	上蔡县委宣传部	2018.10	文明家庭
刘玉凤	县教体局工作人员	上蔡县委宣传部	2018.10	文明家庭
孙书锋	蔡沟乡孟庄村居民	上蔡县委宣传部	2018.10	文明家庭
李付平	朱里镇乔李村居民	上蔡县委宣传部	2018.10	文明家庭
曹 磊	洙湖镇贺店村居民	上蔡县委宣传部	2018.10	文明家庭
贾战民	县公安局干警	上蔡县委宣传部	2018.10	文明家庭
李合成	县保安公司职工	上蔡县委宣传部	2018.10	文明家庭
白文科	河南维诺生物科技有限公司职工	驻马店市文明办	2018.4	2018年第一季度“驻马店好人”
张春花	华陂镇退休教师	驻马店市文明办	2018.10	2018年第三季度“驻马店好人”
		河南省文明办	2018.12	2018年度“河南好人”
		驻马店市文明办	2019.5	2018年“天中最美母亲”
王语嫣	东洪镇别楼小学学生	驻马店市文明办	2018.4	2018年第一季度驻马店市“新时代好少年”
鲁少蒙	上蔡县电商园23栋120室	驻马店市文明办	2019.1	2018年第四季度“驻马店好人”
李圣垚	塔桥镇第二初级中学九年级四班学生	驻马店市文明办	2019.1	2018年第四季度驻马店市“新时代好少年”
刘续攀	五龙镇孟楼村居民	中央文明办	2018.7	2018年7月见义勇为类“中国好人”

【文化惠民工作】 大力发展文化事业和文化产业，文化服务水平、文艺创作质量不断提升。举办“2018年春节团拜会”“元宵节”民间文艺调演活动，开展“义写春联”活动，义写春联1000余幅。开展“情满中原”送戏、送电影下乡活动100余场，惠及20000余人次。举办中国·上蔡第十六届重阳文化节系列群众文化活动暨全国首届敬老孝亲摄影大赛、“改革开放四十年”大型群众文艺活动。举办民俗、广场、节庆文化等大型主题文艺系列活动12场。“文明生活·教你一招”培训52场，红色文艺轻骑下基层演出48场，公益电影进社区、进农村、进企业放映290余场次。完成182个村级综合文化服务中心建设任务，开展“戏曲进校园”“舞台艺术送农民”活动200余场次，直

第十六届重阳文化节

接受益群众达22000余人；排演优秀传统剧目《三娘教子》、新编现代剧《欢聚一堂》《扶贫天使》，到乡村巡演，受到群众的一致好评。

【脱贫攻坚】 坚持唯脱贫攻坚为重为大为先，完成部机关派驻无量寺乡郝庄等6个村的第一书记交接工作，协调修路14.61千米，完成危房改造52户，帮助脱贫83户327人。保障6支帮扶工作队的资金和人员配置，提供“六清”专项资金近20万元，购买绿色铁丝网20000米，协调三公利华等企业捐助物品资金近10万元。做好“五天四夜”“集中下基层”等驻村活动，大力推进农村人居环境治理“六清”活动，村容村貌焕然一新，帮扶工作成效显著。

【党的建设】 以党建工作为统领，机关党支部按照年初的计划、目标，加强组织领导、思想建设、组织建设、党员管理等工作，健全党建工作机制，建立“三个清单”，召开4次支部党建工作研究会；发展入党积极分子2名，按照“双推双评三全程”程序接收2名预备党员；实施“爱心·服务”工程，开展庆祝建党97周年主题党日等活动；推进“两学一做”学习教育常态化制度化，严格落实“三会一课”制度，召开2018年度巡视整改暨以案促改专题民主生活会，扎实做好问题整改。

【招商引资】 立足黄淮商贸中心，派专人进驻，做好续建服务，总建筑面积26.54万平方米、总造价53521.3万元的三期工程正在建设；督促解决北京华联投资项目用地问题；与两家文投企业初步达成了合作意向。

（孙玉杰）

统战工作

【概　况】 2018年，中国共产党上蔡县委员会统一战线工作部（以下简称“县委统战部”）认真学习中共十九大精神及习近平新时代中国特色社会主义思想，深入贯彻落实中央、省、市统战工作会议精神，切实提高政治站位，敢于担当，攻坚克难，发挥统战部牵头协调作用，团结带领全县统一战线成员，服务大局谋发展，凝心聚力促和谐，扎实推进全县统战工作，为决胜全面建成小康社会、加快建设“富强、文明、活力、平安、美丽”新上蔡贡献了统一战线力量。

【统一战线思想政治引领】 2018年，上蔡县爱国统一战线以学习宣传贯彻习近平新时代中国特色社会主义思想和中共十九大精神为主线，突出其对统一战线的新理念新观点新方略，落实习近平对河南工作的重要指示精神和省、市、县党代会精神，开展统一战线的学习宣传贯彻工作。举办县统战系统机关干部专题学习会、党外代表人士专题学习会、民营企业家专题学习会及统战宗教政策专题辅导讲座，深入开展统一战线理论政策学习宣讲工作。全县共举办统一战线宣讲学习培训会10场，2000多人次参加学习，努力增强统一战线的思想政治共识，把全县爱国统一战线的思想和行动统一到中共十九大精神上来，统一到党中央和省委、市委、县委的决策部署上来。

统战及宗教政策专题辅导讲座　　李硕楷　摄

【党对统战工作的领导】 2018年，上蔡县贯彻落实《中国共产党统一战线工作条例（试行）》，完善大统战工作机制。推动县委统一战线工作领导小组发挥职能作用，推动“把统一战线工作纳入重要议事日程、纳入党政领导班子和领导干部考核内容、纳入宣传工作计划和把统一战线理论、政策纳入党校教学内容等‘四个纳入’，确保中央关于统一战线决策部署不折不扣贯彻落实”。县委主要领导多次对统战工作作出重要指示，带头参加统一战线调研指导活动；先后召开全县统战工作会议、全县宗教工作会议和新的社会阶层人士工作联席会议，谋划部署全县统战工作，推动形成统战工作整体合力，构建大统战工作格局，保障党的各项统战方针政策的贯彻落实。

【非公有制经济领域统战工作】 2018年，上蔡县研究成立服务企业活动领导小组，出台《关于建立企业服务日加强服务企业工作的意见》，确立每月25日为企业服务日，开展问卷调查、走访调研、政策宣讲等活动，深入企业28家，发放宣传小册子460余份，展出活动板16块，出动宣传车5辆，收集问题50余条，并及时召开反馈交办会，帮助民营企业解决困难和问题，受到企业的一致好评。推动县工商联开展以“守法诚信、坚定信心”为重点的中国特色社会主义理想信念教育实践活动，先后组织30多家工商联会员企业参加5次市邀请知名专家所作专题辅导报告会，举办企业家培训班，培训民营企业家60余人。11月21日，召开上蔡县促进非公有制经济健康发展大会，学习贯彻习近平总书记在民营企业家座谈会上的讲话精神，并对河南荣光鞋业有限公司等12家优秀非公经济企业和吴家聪等7名优秀非公经济人士进行表彰，促进非公经济代表人士健康成长和非公经济企业健康发展。围绕县委、县政府工作重点，组织开展社会扶贫工作，积极动员社会力量踊跃参与。25家工商联会员企业共投入资金1085.83万元，全县民营企业和社会爱心人士合计捐赠款物409万余元，帮助贫困村发展生产及改善贫困户生产生活条件等。10月17日在上蔡县人民政府机关院内举行“扶贫日”募捐活动，全县党政机关、企事业单位、人民团体等单位的党员干部职工积极慷慨解囊，共募集善款30万余元，用于全县贫困户的基本生活保障和医疗救助、资助贫困大学生等。稳步推进爱心超市建设运营管理。截至年底，全县26个乡镇（街道）已建成运营的12个，已建成即将投入使用的9个，正在建设的5个。

【港澳台及海外统战工作】 2018年，县委统战部为发展壮大港澳台及海外爱国力量，持续开展涉台、涉侨教育进单位、进社区、进农村、进学校“四进”活动，宣传党的台、侨方针政策。依托蔡氏文化这个纽带，加强联络联谊。2月9日，县侨联书画联谊会举办第三届“不忘初心，电力先行”书画作品展，庆祝改革开放40周年；3月29日举办1600余人参加的世界蔡氏宗亲恳亲祭祖考察活动，宣传推介上蔡；县台办组织十余名大陆新娘及家属参加市台办、台联举办的“大陆新娘回娘家”活动；世界柯蔡宗亲总会为上蔡举办重阳文化节活动捐赠5万元费用。在全县开展港澳台同胞、海外侨胞、侨眷、留学生等新一轮普查工作，及时更新代表人士信息库，为更好地开展港澳台及海外代表人士工作打好基础。县侨联、台办利用春节、中秋节等传统节日，持续开展“零距离聚侨心”活动，走访慰问台胞台属、归侨侨眷等8次30余人，并通过电话、微信视频等方式，同台胞、侨胞们现场交流，动员他们回乡投资、返乡创业，为家乡的发展献策出力。按照县委安排部署，12月28日召开上蔡县第四次归侨侨眷代表大会，选举产生新一届侨联领导班子，顺利完成县侨联改革换届工作。

【民族宗教工作】 2018年，上蔡县民族宗教局编印《党和国家民族政策宣传教育提纲》和新修订的《宗教事务条例》宣传读本各6000册，把4月定为“宗教政策法规集中宣传月”，开展党的民族宗教政策和相关法规进机关、进乡村、进社区、进学校、进企业、进寺观教堂（简称“六进”）活动，通过制作宣传板、悬挂横幅等形式，宣传民族宗教工作基本方针和法规政策。6月13日至20日，在县委、县政府门前举办“食品安全宣传周活动”，普及清真食品基本常识和少数民族风俗习惯，提高广大群众清真食品安全意识。中秋、国庆节期间，集中开展清真食品安全整治活动，对全县生产、经营清真食品的门店、流动摊点等进行拉网式排查，完善电子工作台账，对违反《河南省清真食品管理办法》的2家清真食品餐饮点下达整改通知书，增强清真食品经营者的责任意识和诚信意识，维护全县民族团结、社会稳定。建立健全县乡村宗教三级网络两级责任制，举办宗教政策培训班，对全县宗教工作领导干部、村级协理员和宗教活动场所负责人进行学习宣传与培训。在县委宣传部微信公众号《上蔡发布》及县电视台公布非法宗教活动举报电话和邮箱，组织公安、工商、文化等部门，对全县市场进行细致排查，依法加强宗教事务管理，提升宗教工作法治化水平。指导县基督教“两会”修订完善各项管理制度，依法规范宗教活动场所、人员管理，支持宗教界开展公益慈善活动，引导宗教与社会主义社会相适应。

【党外代表人士队伍建设】 2018年，上蔡县进一步推进党外代表人士的培养选拔使用，组织党外干部积极参与“万名干部帮万户”“脱贫攻坚集中下基层”活动。通过发放新的社会阶层人士统计表、调查问卷等方式，摸清全县新的社会阶层人士基本情况，建立新的社会阶层人士人才数据库，建立健全新的社会阶层人士统战工作联席会议制度，进一步做好新时代新的社会阶层人士统战工作。

【脱贫攻坚】 2018年，县委统战部深化“百企帮百村”活动，引导25家工商联会员企业投入资金1085.83万元帮扶贫困人口2625人，帮扶项目42项。驻村工作队严格按照县委关于驻村帮扶工作要求，长期驻村开展脱贫攻坚、便民服务等工作。帮扶责任人切实履行帮扶责任，定期走访帮扶贫困户，帮助制定脱贫或帮扶计划，宣讲扶贫政策，解决生产生活中遇到的困难。驻朱里桥村工作队积极协调建成投产食用菌养殖项目，为贫困户提供新的增收渠道。县民族宗教局协调争取少数民族发展资金64万元，用于十里铺村、朱里桥村硬化村内道路。部机关出资10万余元，用于帮扶村及帮扶贫困户改善人居环境、节日慰问、发展生产、解决生活困难等。

【统战部自身建设】 2018年，县委统战部以习近平新时代中国特色社会主义思想为引领，加强党建工作研究，切实把党建工作与统战工作同部署、同安排、同落实、同检查。制定学习计划，严格落实“三会一课”“党员活动日”等制度，深入推进“两学一做”学习教育常态化制度化，扎实开展“双述双评”工作，组织党员干部深入基层一线，广泛联系群众。落实意识形态工作责任制，每季度组织召开一次统战领域意识形态工作会议，分析研判统战领域意识形态形势。认真组织学习新修订的廉洁自律准则、纪律处分条例、党内监督条例和问责条例等，组织全体党员干部到“廉政一条街”开展廉政警示教育，增强反腐倡廉教育的针对性和实效性，推进以案促改制度化常态化。成立巡察反馈意见整改落实领导小组，针对中央和省委专项巡察反馈的具体问题和建议，全面开展自查，健全和完善各项工作制度，切实做好巡视巡察整改落实工作。

（冯登科）

信访工作

【概　况】 2018年，全县信访稳定工作紧紧围绕抓重点、补短板、防风险的总要求，以打赢安全稳定攻坚战为目标，以全国开展的信访矛盾化解“四大战役”以及市开展的集中解决信访问题百日会战为抓手，着力加强源头预防治理，着力化解信访积案，严格按照“三到位一处理”要求解决信访突出问题，切实维护群众合法权益。国家和省、市、县重要活动期间，没有发生影响较大的信访问题，在全国两会期间实现零非访、零集访，确保全县社会大局和谐稳定。

县委副书记、县长李卫明（右一）在群工部接访

【规范信访基础业务】 针对信访案件的受理、告知、答复、送达、录入、终结等环节不规范问题，进一步规范信访基础业务，两次组织工作组到各乡镇（街道）督导检查，对信访业务受理办理程序存在的问题，要求乡镇（街道）落实专人负责，逐一整改，限期解决。

【畅通信访渠道】 畅通完善传统办信接访渠道，继续实行绿色邮政，做好人民建议征集工作，探索调整优化适应基层群众工作生活实际的接访方式，推行接访窗口错时上下班制度，保证群众随时来访随时有人接待。落实党政领导阅信接访制度，在重要活动和敏感时期，县、乡两级党政主要领导带头接访，最大限度把信访群众吸附在当地。进一步完善网络信访、领导电子信箱、手机信访，推行视频接访，探索实行网络约访，及时快捷高效办理群众诉求。2018年上蔡县赴京非访大幅度下降，同比下降66%，没有发生赴京集体非访。赴京越级访共发生162批，同比下降32%，信访总量1043批，同比下降32%。

【开展信访矛盾化解“四大战役”攻坚活动】 制定《上蔡县重点领域重点群体重点问题重点人员信访矛盾化解攻坚战工作方案》，在全县范围内集中开展信访矛盾化解“四大战役”攻坚活动。成立了由县委常委、政法委书记陈佳为政委，县政府副县长雷鸣为指挥长的信访矛盾化解“四大战役”（重点领域、重点群体、重点问题、重点人员）指挥部。成立了上蔡县委群工部信访矛盾化解攻坚战领导小组，明确细化了信访矛盾化解攻坚战工作任务职责流程，全力推进矛盾化解。“四大战役”共交办信访案件242件，其中国家信访局督办5件，办结5件，满意4件，满意率80%；省信访局督办8件，办结8件，满意8件，满意率100%；市委群工部督办74件，办结74件，满意74件，满意率100%；本级自查交办155件，办结155件，满意142件，满意率91.6%。

【开展集中解决信访问题“百日会战”】 成立由县委书记胡建辉任组长，县委副书记、县长李卫明任第一副组长，其他县级领导任副组长的“百日会战”领导小组。制定《上蔡县集中解决信访问题百日会战实施方案》，集中开展大排查、大走访、大解决、大宣传活动，建立日统计、周通报、月排名制度，实行零报告、日报告制度，着力解决了一大批信访问题。“百日会战”期间（7月20日至10月31日），市集中交办上蔡县772件信访案件，办结满意716件，满意率92.75%。

全县集中解决信访问题百日会战案件推进会
宋永亮　摄

【做好中央、省委巡视组移交信访案件工作】 成立中央、省委巡视组移交案件办理工作领导小组，制定《关于办理中央第一巡视组移交案件工

作方案》，对移交的案件做到件件有着落、事事有回音，对诉求合理的坚决解决到位，对工作不负责任、敷衍应付的给予通报批评，同时加大督查力度。中央第一巡视组共交办上蔡县80件信访件，办结满意69件，满意率86%；省委巡视组交办上蔡县利益诉求类信访事项206件，办结满意134件，满意率65.05%。

【信访信息系统联通应用】 推进信访信息系统联通应用，实现群众信访事项网上流转，让数据多流转、群众少跑路，努力把网上信访打造成信访主渠道。2018年，县委群工部参与上级业务培训3次216人次，不断强化信访干部责任意识，提高网上信访事项办理水平。2018年共办理网上投诉200件，满意107件，满意率53.5%。

【脱贫攻坚帮扶工作】 成立了以群工部部长为组长的脱贫攻坚领导小组，设立专门脱贫攻坚办公室，共派驻4名干部分别到韩寨乡新石桥村、百尺乡何庄村和单庄村驻村。精准落实政策，组织帮扶责任人员，深入到贫困户中“摸清、摸透、摸实”贫困户的家庭现状，制定切实可行的帮扶计划，确保脱贫攻坚工作责任到人、帮扶到人、救助到户。加大投入力度，2018年累计投入帮扶资金13多万元，其中为驻村工作队配备空调、门窗、热水器等设备，共计10160元；为贫困户发放棉被、桌椅、案板折款31440元；为3个村进行坑塘卫生整治投入资金28800元；为3个村进行环境卫生整治共计投入6000元；为3个村村室建设投入资金6万元。

（戚东虹）

机关党建

【概　况】 2018年，上蔡县委县直工委认真学习贯彻中共十九大、十九届三中全会精神，推进全面从严治党向纵深发展，切实加强思想政治建设、基层组织建设、党内制度建设；坚持“两学

2018年12月26日，举办县直机关党务干部培训班

一做”学习教育常态化，创新工作思路，改进工作方法，不断开创机关党建工作的新局面，努力提升县直机关党建工作水平，在推动中心工作中发挥了作用，为建设“五个新上蔡”提供了坚强的思想和组织保障。

【思想政治建设】 抓好党员干部理论学习和思想教育。把党的理论学习摆上首要位置，牢固树立“四个意识”，坚定“四个自信”，做到“两个维护”，把学习宣传贯彻中共十九大精神作为首要政治任务，不断丰富学习内容，创新学习载体，延伸学习平台，健全学习制度，不断提高党员干部的理论素养和水平。同时，对县直单位党员的理论学习进行统筹安排，紧紧抓住本单位工作和党员干部的思想实际，制订学习计划，抓好学习。推进“两学一做”学习教育常态化制度化。县直工委在推进“两学一做”学习教育常态化制度化中，突出“四查四改”，对标细照笃行。全体党员干部积极参与，深刻学习研讨，领会“两学一做”的丰富内涵，做到“学”带着问题学，“做”针对问题改。同时加强对县直单位“两学一做”学习教育的督导检查，推动思想政治工作落到支部、从严教育管理党员落到支部、抓好业务工作落到支部，在推动“两学一做”学习教育常态化制度化中不断夯实党的组织基础。积极开展机关党建理论调研工作。

按照市机关党建研究会课题要求，结合县直机关工作实际，拟定调研课题，督促基层党组织进行落实，撰写调研报告3篇。

【基层组织建设】 2018年年初下发了《关于进一步做好县直机关基层组织建设工作的通知》，加强基层党组织建设，认真做好对党员及党员干部的教育、管理和服务，指导和督促基层党组织按时换届，选好配强基层班子，不断增强基层党组织的生机和活力。2018年县直共有98个基层党组织进行了换届，审批成立机关党委2个，成立党总支1个，调整党支部3个。完成了税务局党组织的合并工作。督促指导基层党组织扎实开展好对所属党员的管理和教育培训，抓好新党员的培训。

【实践载体建设】 注重党内表彰工作，发挥先进典型的示范引领作用。为激励先进、树立榜样，推动县直机关党的建设再上新台阶，对县直单位20个先进基层党组织、22名优秀党务工作者、155名优秀共产党员给予表彰。开展庆“七一”系列活动，弘扬党的优良传统。“七一”前夕走访慰问特困、特贫党员，解决其实际问题，体现党组织的温暖。县直各单位结合实际开展庆“七一”活动，纪念中国共产党建党97周年。6月30日组织县直单位新党员缅怀先烈，举行入党宣誓仪式。组织开展“不忘初心、牢记使命”主题党日活动。紧扣“不忘初心、牢记使命”这一主题，联系本单位本部门实际，联系党员干部思想、工作、生活和作风建设实际，扎实开展支部主题党日活动，教育引导党员干部不忘初心和使命，进一步激发党员干部不懈奋斗、努力向上的积极性。

【党内制度建设】 县直工委强化制度建设，进一步强化了“三会一课”、党务公开、民主生活会、党员公开承诺以及民主评议党员、党员活动日等基本制度，以督查问责为手段，加大各项制度的执行和落实力度，不断推进了机关党建工作制度化、规范化建设。党建责任目标考核纳入县直单位领导班子、领导干部年度考核，与县委组织部联合对县直机关、事业单位2017年度党建责任目标完成情况进行了全面考核。为落实县直机关党建责任制，对县直单位党建责任目标考核标准进行了细化量化，县直工委印发《上蔡县2018年度县直单位党建责任目标考核标准》。11月下旬，县委组织部和县直工委组织人员分3个检查组对县直单位机关党建工作进行了全面检查，进行打分排序。

【脱贫攻坚工作】 按照县脱贫攻坚工作安排，县直工委积极动员本单位干部职工参与脱贫攻坚工作，帮扶东洪镇苏桥村贫困户。2018年，县直工委积极开展脱贫攻坚“夏季攻势”专项行动，参与“脱贫攻坚集中下基层”活动，深入帮扶户，逐户走访。同时加强协调联系，充分利用各方面资源和力量，千方百计抓好帮扶项目和帮扶计划的落实，着力解决贫困户的具体问题，改变困难现状。共投放帮扶资金13000元、资助贫困户危房改造资金4000元。

【县直武装工作】 深入贯彻习近平关于军队建设的总体要求，县直武装部年初召开了专题会议，对县直武装工作进行安排部署。完成了民兵整组任务，实现了民兵工作管理网络化。圆满完成了省军区对县民兵点验工作。召开了2018年征兵工作专题工作会，严格执行征兵纪律，把好关口确保质量。通过体检政审，为部队输送合格新兵，圆满地完成了征兵任务。发挥民兵带头作用，组织参加各类演练活动6次。

（赵新士）

老干部工作

【概　况】 2018年，上蔡县老干部局紧紧围绕全县中心，服务大局，重实干、求创新、抓落实。着力加强离退休干部政治建设、思想建设和党组织建设，精准做好服务保障工作，积极开展文体活动，有效地促进了老干部工作健康发展，较好地完成了各项目标任务。

【老干部工作】 完善了离休干部服务管理的“三个机制”，按政策及时为离休干部调整生活津贴、护理费，使离休费按时足额发放；深化协调服务，保障好离退休干部阅文、听报告、情况通报、参加重要会议等政治待遇的落实；加强了县直老年学校的建设，促进“教、乐、为”相结合；为老干部办好事、解难事，建立了离退休干部困难帮扶机制，常态开展特困帮扶；积极创造学习条件为每位离退休干部征订一份《老人春秋》杂志；5月，组织县处级老干部和老干部党支部书记参观城市建设和工农业生产。9月，为全县离休干部和县处级老干部免费体检身体。

【老干部文体活动】 以深化正能量主题活动为载体，采取座谈、访谈、网评热议、文艺创作、文体展演、节庆活动、典型示范等形式，组织引导老同志，喜看新变化，为上蔡发声点赞。一年来共举办舞蹈、体育、书画、诗词、讲座等文体活动30多场，组织开展“我见证、我参与、我分享”纪念改革开放40周年座谈会，庆祝改革开放40周年暨全县老年书画展和重阳节社区文化展演活动受到市局和社会的一致好评。参加市局举办的各种赛事活动并取得了优异成绩。

【服务老干部】 认真践行精准理念，满腔热情为老干部提供高品质、高质量的服务。重点在离休干部高龄养老服务保障的“精准”上下功夫，完善了特困老干部帮扶机制，落实帮扶资金，加大了对高龄、独居、鳏寡孤独、重病老干部的关心关爱。做好春节、重阳节等重大节日走访慰问。做到了掌握信息、制定政策、特困帮扶、落实生活待遇、推进平台建设五个精准。实现了日常管理精细化，创新服务亲情化、特殊服务个性化，受到了上级部门的充分肯定。

【发挥老干部作用】 开展了“增添正能量，共筑中国梦”“放歌新时代，聚力新征程”系列主题活动。总结运用“畅谈”“建言”活动的经验做法，坚持问政于老干部、问计于老干部，有效推动了决策的科学化。创新活动载体，发挥老干部的独特优势，引导他们讲好上蔡故事、弘扬新时代上蔡精神，传播上蔡好声音，组织召开了正能量活动现场会。在凝聚共识、加油鼓劲，稳定人心、化解矛盾等方面做了大量工作。搭建平台，有效促进作用发挥。以“展示阳光心态、体验发展成就、畅谈发展变化”为主题，以发挥老干部“四个作用”（模范作用、参谋助手作用、桥梁纽带作用、监督作用）为着力点，在自愿量力的基础上，把本人志趣和社会需求相结合，推动老干部当好“五大员”（宣传员、参谋员、监督员、教导员、联络员），在精准扶贫、社会治安综合治理、精神文明建设、关心下一代、推动全民健身、服务经济社会发展等多方面发挥积极作用。

【招商引资】 老干部局高度重视招商引资工作，广泛动员、积极招商，与组织部共同引进的协和医院项目正在建设，首期投资3.5亿元，主体工程已经完成，投资5.5亿元的颐养结合二期项目正在推进。

【脱贫攻坚工作】 老干部局倾注全局之力，高规格配齐帮扶工作队，干部职工全员帮扶，扎实为帮扶村办实事。以“集中下基层”活动和“夏季攻势”“三集中活动”为载体，着力开展调查摸底、档卡清理、政策宣传、走访慰问、产业指导、资金支持、环境整治等工作，为杨沈庄村等村投入资金2.5万元，协调捐赠衣服300多件。

【党建工作】 认真落实党建主体责任，学习贯彻市局《关于加强离退休干部党组织建设意见（草案）》，认真执行“三会一课”、组织生活会、主题党日等制度。把离退休干部党建工作纳入目标考核体系，抓住党支部建设这个关键，围绕“六有一提升”目标，严格落实“三会一课”、组织生活会、主题党日等制度，运用“两学一做”学习教育，以“三亮、三比、三争”为抓手，以“三醒”教育为载体，全面提升党员素质。加强离退休干部党支部书记队伍建设，选优配强支部班子，建立在职干部担任离退休干部党支部联络员制度。举办一期离退休干部党支部书记培训班。建立健全党组织工作经费保障机制。开展示范性离退休干部党支部创建活动，打造了公安、教育、蔡都街道、大路李等一批离退休干部党支部党建品牌。

【关工委工作】 广泛开展“传承红色基因，争做时代新人”主题教育活动，深化党史国史教育成果，引导青少年听党话、跟党走，争做担当民族复兴大任的时代新人。以庆祝改革开放40周年为契机，组织开展征文书画和“中华魂”（腾飞的祖国——改革开放40周年）主题教育活动。注重家庭、注重家教、注重家风，推进青少年家庭教育深入开展。组织参加全省第二届“血脉传承——我的家风家教故事”征文活动。开展第七届“上蔡好少年”评选表彰活动，36名学生荣获第七届“上蔡好少年”荣誉称号。积极参加全市中小学生“争做新时代好少年”书画征文比赛活动，4名学生的作品获奖。开展宪法宣传教育活动。巩固扩大“关爱明天、普法先行”青少年普法教育成果，配合开展“送法进校园”活动，推进“五老”担任法治副校长。

【老干部学校工作】 强化老年大学的组织领导，规范教学管理，优化专业学科设置，加强师资队伍建设和校园文化建设，促进“教、学、乐、为”有机结合，着力推进规范化示范性老年大学建设工程。

（牛彩云）

党校工作

【概　况】 2018年，中共上蔡县委党校深入学习贯彻习近平新时代中国特色社会主义思想和中共十九大精神，牢固树立“四个意识”，做到“两个维护”，坚定“四个自信”，围绕中心服务大局，积极发挥理论宣传主阵地、干部培训主渠道、党性锻炼大熔炉作用，为提高全县党员干部素质和能力作出积极贡献，为县域经济社会发展提供智力支持，被省爱委会评为“省级卫生先进单位”。

【聚焦主业主课】 全年举办县直、乡镇入党积极分子培训班8期，培训学员900人；举办中青年后备干部和新录用公务员培训班1期，培训学员112人；举办新提拔科级干部培训班1期，培训学员79人；举办村支部书记示范培训班1期，培训学员49人。实行学科带头人制度，组建党建、哲学、党史、法律4个学科教研团队，围绕县委、县政府中心工作，开展针对性的调研活动。全年完成市社科调研课题2个、调研文章6篇。

【脱贫攻坚】 党校派驻百尺前王、党店闫刘两位第一书记和两个驻村工作队坚持吃住在村，与村“两委”商议村级发展规划，做好矛盾排查、安全稳定、人居环境整治和政策宣传落实等工作。为两个村筹措资金12万元用于村室建设、人居环境整治。

【新校区建设项目进展顺利】 2018年8月完成PPP项目招标，由中标单位中航建设集团承建，运营期15年（含建设期1年）。2018年10月完成设计招标并于当年完成设计。设计总建筑面积为3.5万平方米，建设有大礼堂、教学楼、宿舍楼、综合楼、就餐楼、地下停车场及相关配套设施。其中，大礼堂面积6500平方米，能开展1200人的集中培训活动，并附有16个研讨室；教学楼、综合楼设置有容纳300人和500人的学

党校新校区效果图

术报告厅各1个、标准教室15个、合班教室2个、大讨论室8个、小讨论室14个及图书馆、阅览室、电教馆、书库、信息化管理室、心理咨询室、室内活动中心等功能用房；宿舍楼、就餐楼能同时满足386人住宿和1000人就餐。

（朱晓军　索少杰）

机构编制工作

【概　况】 2018年，上蔡县机构编制委员会办公室（简称编办）认真履行职责，落实机构编制管理相关政策规定，稳步推进机构编制科学化、规范化、法制化建设，为加快建设“繁荣、活力、文明、和谐、安康”新上蔡、早日建成全面小康社会作出新的更大的贡献。

【机构编制管理工作】 按照“机构、编制和财政供养人员只减不增”的要求，通过机构编制、组织人事和财政部门协调制约的机制，严格控制新设机构、新增编制和违规进人，确保上蔡县机构编制控制在省、市下达的限额之内。按照市编办关于进一步加强党政群机关和事业单位网上名称管理工作的相关要求和部署，上蔡县编办由专人负责，以中文域名全覆盖为目标，紧抓续费工作不放松，采取各种切实有效措施，积极推动中文域名注册相关工作。按照上级业务部门和县委县政府的工作要求，认真完成日常机构编制的管理、维护工作。

【党政机构改革】 根据省、市安排和部署，为加强对机构改革工作的领导，确保按时保质完成上蔡县机构改革各项任务。上蔡县成立了机构改革领导小组，制定《上蔡县机构改革方案》，指导全县党政机构改革工作。

【事业单位登记】 严格按照《事业单位登记管理暂行条例实施细则》有关规定进行，严把工作质量关，严格按照《事业单位登记管理暂行条例》办事，条件完备、上报材料齐全的受理，上报材料不全的，及时通知事业单位，补充材料上报。在规定的工作日内给予发证。上蔡县事业单位761个，已登记682个，登记率达到89.6%。在年报期间，对所有参与年报的事业单位进行网上受理，对上报材料齐全、网上报送合格的，再要求上报纸质材料，2018年度共办理年报的事业单位513个，年报率达100%，部分事业单位因对年报工作不重视，多次通知不参加年检，根据《事业单位登记管理暂行条例》的相关规定，废止了155个事业单位的法人证书。为使事业单位登记管理工作规范化，中心明确专人负责的同时，落实专用档案柜、档案盒，配备专用微机和证书打印机等相关硬件配套设施。并对登记的事业单位档案进行整理归档，按部门、单位编排了目录以及明晰易于查阅的索引，做到了摆放整齐、有序、规范。根据《建立和完善事业单位法人治理结构的意见》要求，按照中央、省、市部署，上蔡县及时调整了法人治理结构领导小组，制定了实施意见，结合上蔡县实际，选定上蔡县医院、上蔡县文化馆、上蔡县职业中专3个单位开展了事业单位法人治理结构试点工作。

（李永飞）

上蔡县人民代表大会

综　述

【概　况】 2018年，县人大常委会全面贯彻中共十九大精神，以习近平新时代中国特色社会主义思想为指导，紧紧围绕上蔡县工作大局，依法履职，主动作为，充分发挥地方国家权力机关作用，较好地完成了县十四届人大二次会议确定的各项工作任务，为推进上蔡县经济社会发展、民主法治建设作出了应有贡献。全年召开县人大常务委员会会议8次，任免国家机关工作人员11人次。共收到报备和审查的规范性文件13件，共接待处理人民群众来信来访209件次，督办重要信访案件16件。上蔡县第十四届人大二次会议代表共提意见建议121件，全部在法定的时限内办理完毕，办结率100%。常委会先后邀请县人大代表列席常委会会议36人次，组织代表参加执法检查和专题调研活动144人次。先后开展主任接待代表日活动12次，接待代表56人次，代表提出的48件建议全部转交有关部门研究办理。已建成人大代表联络站27个。2018年，上蔡县“人大代表联络站”共接待选民312人次，收集意见建议102件，已解决或现场答复的90件。县“人大代表联络站”的建设和作用发挥情况受到市人大常委会的通报表彰。先后在《人大建设》《天中人大》《驻马店日报》《人民代表报》以及网络平台发表信息、调研材料、交流材料30余篇，为宣传上蔡县人大工作和人民代表大会制度作出了应有贡献，分别被省、市人民代表大会常务委员会评为2018年度人大宣传工作先进单位。

【代表变动】 根据《中华人民共和国地方各级人民代表大会和地方各级人民政府组织法》《中华人民共和国全国人民代表大会和地方各级人民代表大会代表法》的有关规定，上蔡县第十四届人民代表大会常务委员会代表资格审查委员会通过表决就上蔡县第十四届人民代表大会代表变动情况作出决定：东洪镇选区选举产生的县十四届人大代表王胜利，芦岗街道选区选举产生的县十四届人大代表董大勇，县直单位选区选举产生的县十四届人大代表张模成、魏钢，皆因工作变动，已调离上蔡县行政区域，王胜利、董大勇、张模成、魏钢的县十四届人大代表资格终止。东洪镇选区选举产生的县十四届人大代表张某某因涉嫌贪污罪，已经县十四届人大常务委员会第二次会议决定，暂时停止其执行代表职务。百尺乡选区选举产生的县十四届人大代表朱某某因涉嫌故意伤害罪，已经县十四届人大常务委员会第四次会议决定，暂时停止其执行代表职务。芦岗街道选区选举产生的县十四届人大代表董某某因涉嫌危险驾驶罪，已经县十四届人大常务委员会第二次会议决定，暂时停止其执行代表职务，采取强制措施期满后，已恢复其执行代表职务。原有县十四届人大代表 402 名。至 2018 年年底，县十四届人大代表资格终止 4 名，暂时停止执行代表职务 3 名，其中已恢复执行代表职务 1 名。

重要会议

【上蔡县第十四届人民代表大会第二次会议】 2018 年 1 月 7—11 日，上蔡县第十四届人民代表大会第二次全体会议在上蔡影剧院召开。会议听取和审议了县长李卫明所作的《政府工作报告》，审查和批准了县发改委主任程小汉所作的《关于上蔡县 2017 年国民经济和社会发展计划执行情况与 2018 年国民经济和社会发展计划的报告》、县财政局局长张应春所作的《关于上蔡县 2017 年财政预算执行情况与 2018 年预算的报告》。听取和审议县人大常委会主任肖开义所作的《上蔡县人大常委会工作报告》，县人民法院党组书记、院长王曙光所作的《上蔡县人民法院工作报告》，县人民检察院党组书记、检察长闫宝所作的《上蔡县人民检察院工作报告》。全会审议通过了上述七个报告的决议。会议选举李超为上蔡县监察委员会主任。会议共收到代表议案和建议、批评、意见 121 件。

上蔡县第十四届人民代表大会第二次会议

【上蔡县第十四届人民代表大会常务委员会会议】 2018 年 1 月 7 日，上蔡县第十四届人大常委会第七次会议召开。会议审议通过上蔡县人大常务委员会关于县监察委员会副主任、委员任免办法的决定（草案）。

2018 年 1 月 11 日，上蔡县第十四届人大常委会举行第八次会议。会议进行了人事任免事项，并通过了上蔡县监察委员会主任李超所作的人事任职议案，任命班泽宇、张磊为县监察委员会副主任，范永举、宋和平、马月华、王新成为县监察委员会委员。

2018 年 4 月 19 日，上蔡县第十四届人大常委会举行第九次会议。会议听取和审议了县政府关于 2017 年度环境目标完成情况的报告，县人大常委会关于 2017 年乡镇人大主席团和街道人大工委目标管理意见，县人大常委会关于任命的地方国家机关工作人员报告工作暂行办法；审议通过了县人大常委会主任会议关于提请确认许可对县十四届人民代表大会代表杨某某采取强制措施的议案、张二全辞去市四届人民代表大会代表职务、王新年辞去县十四届人大代表职务的辞呈进行表决；对 2017 年先进街道人大工委和乡镇人大主席团进行表彰。

2018 年 6 月 21 日，上蔡县第十四届人大常委会举行第十次会议。会议听取和审议了县政府关于城市建设和管理工作情况的报告；听取和审议了县政府关于人民调解工作情况的报告；听取和审议了县政府关于上蔡县居民生活用水情况的报告；听取和审议了县人大常务委员会 2018 年工作评议实施方案（草案）；听取和审议了县人大常委会主任会议关于确认许可对县十四届人大代表吕某某采取拘留措施的议案；确定了县人大常务委员会任命的地方国家机关工作人员报告工作的人员名单。

2018 年 8 月 23 日，上蔡县十四届人大常委会举行第十一次会议。会议听取和审议了县政府关于县十四届人大二次会议代表所提批评、意见和建议办理情况的报告；听取和审议了县政府关于“十三五规划”中期评估情况的报告；听取和审议了县政府关于2018年上半年国民经济和社会发展计划执行情况的报告；听取和审议了县政府关于2017年县本级财政决算和2018年上半年预算执行情况的报告；听取和审议了县政府关于2017年县本级财政决算和其他财政收支审计情况的报告；听取和审议了县政府关于林业生态建设情况的报告；听取和审议了县政府关于贯彻实施《中华人民共和国预算法》执法检查情况的报告；听取和审议了县人大常务委员会任命的地方国家机关工作人员履职情况的报告。

2018年10月24日，上蔡县第十四届人大常委会举行第十二次会议。会议听取和审议了县人民法院关于执行工作情况的报告；听取和审议了县人大常委会评议工作组关于对县政府24个组成部门工作评议情况的报告；听取和审议了县人大常委会调研组对上蔡县中小学校在校师生状况调研情况的报告；听取和审议了县人大常委会任命的地方国家机关工作人员履职情况的报告。

2018年11月29日，上蔡县第十四届人民代表大会常务委员会举行第十三次会议。会议进行了人事任免事项，接受闫峰辞去县人民政府副县长职务的辞呈；通过了县人民政府县长李卫明所作的人事任职议案，任命刘银业为县人民政府副县长、戚四海为县退役军人事务局局长。

2018年12月14日，上蔡县第十四届人民代表大会常务委员会举行第十四次会议。会议听取和审议了上蔡县人民政府关于2018年审计报告所列问题整改情况的报告；听取和审议了四个街道人大工委工作开展情况的报告；接受李罡辞去驻马店市第四届人大代表职务的辞呈；进行人事免职事项。

履行职能

【提高政治站位】 2018年，上蔡县人大常委会把学习中共十九大精神和习近平新时代中国特色社会主义思想作为首要政治任务。除参加县委中心组学习之外，上蔡县人大常委会在党组会议、主任（扩大）会议、常委会上，认真传达学习，及时交流研讨，树牢“四个意识”、坚定“四个自信”、做到“两个维护”，在政治立场、政治方向、政治原则、政治道路上同以习近平同志为核心的党中央保持高度一致。把坚持党的领导贯彻于人大工作各个方面和全过程。

【深化改革】 按照上蔡县委的统一部署，稳妥推进民主法治领域改革，通过多种形式听取代表意见建议，加强“一府一委两院”与代表的联系，着眼于代表作用的发挥，制定了县人大常委会进一步完善人大代表联系人民群众制度的实施意见，引导和督促代表察民情、听民意、解难事、做好事。为了进一步加大对预算审查的监督，制定了上蔡县人大常委会预算监督工作的实施意见，着眼于政府依法理财、科学理财，建立预算审查前听取人大代表和社会各界意见建议的机制，推动政府建立现代财政制度。

【脱贫攻坚工作】 按照上蔡县委脱贫攻坚统一部署，认真抓好脱贫攻坚工作。驻村帮扶是决战决胜脱贫攻坚的重要力量，上蔡县人大常委会靠前站位，切实抓好分包乡镇、街道工作。常委会主任、副主任分包联系乡镇、街道和所帮扶的贫困村，围绕“两不愁四保障”、对标“六个一”“三个零差错”“三个显著提高”，加强调研指导，坚持每周至少入村一天，帮助制定脱贫规划，协调解决增收帮扶政策落地、基础设施建设及环境卫生整治中的具体问题，确保精准扶贫落到实处。上蔡县人大常委会机关专门成立帮扶领导小组、组建驻村帮扶工作队，精心选派了3名优秀干部任驻村第一书记，帮扶蔡都街道武庄、二里社区，卧龙街道麦仁社区等3个社区的脱贫攻坚工作，强化帮扶责任，严格落实“五天四夜”驻村制度，推动了脱贫攻坚顺利开展。坚持结对帮扶，确保一户不掉队。上蔡县人大机关19名干部职工结对帮扶卧龙街道麦仁社区、西洪乡司马村贫困户 72 户，利用每月扶贫日活动及县里的工作安排，坚持每户必入，每家必进，全面了解贫困户的生产生活情况，宣传脱贫政策，制定帮扶措施，开展“送温暖、献爱心”活动，帮助解决贫困户的实际困难。一年来，上蔡县人大机关先后向所包的 4 个村（社区）拨付 13 万元，完成环境卫生整治、村级活动场所标识规范化建设等工作，有效推进了民生问题的改善。上蔡县人大常委会印发了《关于在上蔡县组织开展人大代表助力脱贫攻坚活动的通知》，启动了千名代表助力脱贫攻坚活动。各级人大代表在扶贫帮困中推动了危房改造、安全饮水、巷巷通、“扶贫车间”等一大批项目的有效落实。2018 年市、县、乡三级人大代表累计投入帮扶资金 600 多万元。

【人事任免】 始终坚持党管干部和人大依法任免国家机关工作人员有机统一，完善任前考试、会议审议、电子表决、颁发任命书、宪法宣誓等任免程序，依法做好人事任免工作，有效增强被任命人员的法律意识、人大意识和责任意识，保障地方国家机关有序运转。2018，先后任免县人大常委会、“一府两院”工作人员 11 人次。按照中共十九大精神和市委、县委关于监察体制改革的部署，上蔡县人大常委会第六次会议审议通过了《上蔡县人民代表大会常务委员会关于县监察委员会副主任、委员任免办法的决定》，上蔡县人大常委会第七次会议上依法任命县监察委员会副主任、委员 6 名，组建了县监察委员会，保证了市委、县委重大决策部署得到贯彻落实。

【代表意见建议督办工作】 上蔡县人大常委会高度重视代表意见建议的办理工作，加强与“一府一委两院”的沟通协调，及时交办，认真督导，要求承办单位努力在提高意见建议的采纳率、问题的解决率和代表的满意率上下功夫。上蔡县十四届人大二次会议代表共提意见建议 121 件，为了提高问题的解决率，常委会选择 6 件重点意见建议由县人大常委会主任、副主任进行重点跟踪督办，通过重点督办、面对面答复等多种方式，着力提高建议办结率和代表满意率。至 2018 年 7 月底，已办结 121 件，办结率达到 100%，代表满意率达到 98%，保障了人大代表建议件件有着落，事事有回音，有效解决了一批人民群众关心的热点难点问题。

【执法检查和视察】 开展环境保护法贯彻实施情况的执法检查，对农村环境整治情况和“美丽乡村”建设进行集中视察，要求监管部门加大对环境污染问题的打击和处罚力度，监督有关部门对建筑工地施工噪声、扬尘污染、燃煤锅炉、露天烧烤等进行集中整治，取得了很好效果，全年蓝天天数稳步提高，空气质量得到一定改善。开展居民生活安全用水问题贯彻实施情况的执法检查，对超市、学校、小区居民生活用水问题开展专题调研。听取和审议了县政府林业生态建设实施情况和审议县人大调研组关于上蔡县农村中小学在校师生状况情况的报告。对县政府办公室等 24 个政府组成部门进行工作评议。通过召开评议工作动员会、被评议单位自查和工作情况汇报、发布评议工作公告、评议小组深入调查、意见建议汇总等环节，征求归纳整理出 247 条意见建议。

人大代表视察林业生态建设

【指导乡镇街道人大工作】 上蔡县人大常委会

在坚持重点工作县乡人大“统一规划、上下联动”的同时，不断加强对乡镇、街道人大建设的检查与指导，乡镇、街道人大整体工作有了新的提高。年初印发了《2018年乡镇人大主席团和街道人大工委目标管理意见》，年底对乡镇人大主席团和街道人大工委目标完成情况进行集中考核，对先进乡镇人大主席团和街道人大工委进行表彰。坚持乡镇人大主席和街道人大工委主任列席县人大常委会会议制度、监督工作上下联动制度、工作信息和经验交流制度，对乡镇人大主席团和街道人大工委建设给予及时的指导，组织驻乡镇和街道的人大代表对脱贫攻坚种植、养殖、扶贫车间等扶贫产业进行异地视察。

【监督工作】 上蔡县人大常委会紧紧围绕“十三五”规划实施和县委的重大决策部署，以经济建设和群众关心的热点难点问题为重点，综合运用多种监督形式，依法实施有效监督。常委会听取审议了县政府关于“十三五”规划中期评估情况的报告，县人民政府关于2017年度环境目标完成、城乡居民生活用水、林业生态建设、城市建设和管理等专项工作情况报告，县政府2018年上半年国民经济和社会发展计划执行、2017年县本级财政决算和2018年上半年预算执行、2017年县本级预算执行和其他财政收支审计等工作情况报告，县政府关于审计查出问题整改情况报告。2018年县人大常委会主任会议专题听取了政府性债务情况的汇报。召开了对县政府贯彻实施《中华人民共和国预算法》情况的执法检查动员会，组织常委会组成人员对《中华人民共和国预算法》进行执法检查，通过部门自查、实地检查等方式，梳理出学习宣传不够深入、部门预算不够细化、预算公开不够透明、预算执行不够严格、债务管理不够规范5个方面的问题。听取和审议了县政府关于人民调解工作情况的专项报告，督促司法机关进一步完善多元化解机制。听取和审议了县人民法院关于执行工作情况的报告。强化信访工作机制，全年办理人民群众来信来访209人次，对16件重点信访案件进行了跟踪督办。对个别典型案件，督促司法机关启动内部监督机制，为维护群众合法权益、化解社会矛盾、保持社会和谐稳定发挥了积极作用。上蔡县十四届人大常委会第九次会议审议通过了《上蔡县人大常委会关于任命的地方国家机关工作人员报告工作暂行办法》，按照报告工作暂行办法的规定，在第十一、十二次常委会会议上听取和审议了“一府两院”13名县人大常委会任命人员的履职工作情况的报告。坚持用法治思维和法治方式处理信访问题，2018年共接待处理人民群众来信来访209件次，督办重要信访案件16件，对批转案件督促有关部门在规定的时间内依法办理，通过督办转办使一批信访问题得到解决，有效化解了社会矛盾。

上蔡县人大常委会评议政府组成部门工作动员会
张应兵　摄

【发挥代表主体作用】 坚持邀请代表列席常委会会议，组织代表参与专题调研、视察重点项目建设、旁听法院庭审等活动，不断充实代表活动内容，调动代表履职积极性。坚持常委会组成人员联系代表制度，积极组织驻县的省、市人大代表开展视察调研活动；围绕上蔡县重点工作，积极开展代表小组活动；及时向代表通报常委会和“一府一委两院”重要工作和重大活动情况，不断拓宽代表知情知政渠道，努力提高代表服务水平。2018年，组织县人大代表列席常委会会议、参加工作评议、执法检查、专项调研等活动420余人次。2018年，上蔡县人大代表联络站共接待选民312人次，收集意见建议102件，已解决或现场答复的90件，其余的正在办理之中，一批与人民群众息息相关的民生问题得到解决。上蔡县人大代表联络站的建设和作用发挥情况受到市人大常委会的通报表彰，信阳市、三门峡市、襄阳市人大常委会等单位先后到上蔡县参观学习。

（张应兵）

上蔡县人民政府

综　述

【概　况】 2018年，上蔡县人民政府带领全县人民，以习近平新时代中国特色社会主义思想为指导，坚持稳中求进的工作总基调，坚持以供给侧结构性改革为主线，推动产业提质增效，着力打好精准脱贫、防范和化解重大风险、污染防治三大攻坚战，加快推进城乡建设，深化改革开放创新，保障和改善民生，全县经济高质量跨越发展取得新成效，自然环境和社会环境进一步改善，城镇化水平进一步提升，社会事业进一步发展，群众的获得感和幸福感进一步增强。获全国脱贫攻坚奖组织创新奖、河南省红旗渠精神杯竞赛先进集体、省级园林县城等荣誉称号。

【综合实力】 全年生产总值完成241亿元，增长8%，增速居全市第八名；规模以上工业增加值增长8%，增速居全市第九名；全社会固定资产投资增长11.5%，增速居全市第一名；社会消费品零售总额92.37亿元，增长11.6%，增速居全市第三名；一般公共预算收入8.03亿元，增长20.5%，增速居全市第七名；一般公共预算支出61.85亿元，增长14.4%，增速居全市第七名。金融机构各项存贷款余额352.38亿元、110.94亿元，较年初分别增加34.84亿元、7.18亿元。城乡居民人均可支配收入分别为26752元、11542元，增速分别为8.5%、9.1%。

【工业经济】 积极推进百亿级产业集群培育工程，以荣光鞋业、华伦玩具为代表的鞋服产业集群发展到46家，产值达到62亿元；以久久农科、金利源为代表的农副产品加工产业集群发展到35家，产值达到68亿元。创新驱动战略深入推进，培育认定三公利华、晨钟生物科技等5家高新技术企业，实施技术改造企业16家，高新技术产业增加值1.6亿元，增长36.35%。产业集聚区建成区面积11.8平方千米，入驻项目160个，完成工业主营业务收入206亿元，成功晋升

上蔡县产业集聚区　　宋永亮　摄

为全省“二星级产业集聚区”。大程集团、久久农科被认定为全国农业产业化龙头企业，并入围2018年度中国农业产业化龙头企业500强。“久久”“亿民”“大程”3个品牌荣获中国驰名商标，恒通机械、圣美阳光等13个品牌荣获河南省著名商标。

【脱贫攻坚】 始终坚持把脱贫攻坚当成头等大事和第一民生工程，统筹整合财政各类涉农资金8.8亿元，用于基础设施、产业扶持、健康扶贫等重点工作。全县全年实现6205户22184人脱贫，出列52个贫困村，贫困发生率下降为2.03%。全年资助建档立卡贫困家庭学生3.58万人次，发放资助金2215.6万元；累计实施医疗救助45.23万人次，补贴医疗费用9288.93万元；完成危房改造6751户，完成率116.4%。强化民政救助与脱贫攻坚的有效衔接，将符合条件的5436户7416名建档立卡贫困户纳入低保范围，实现了应保尽保、应退尽退。发放残疾人救助金2130万元，惠民惠残政策得到了落实。实施贫困户土地结构调整14264户4.29万亩，土地流转7132户2.6万亩，建成种植基地440个，带动贫困户5256户。建成扶贫车间106个，吸纳贫困群众就近就业1224名。347个光伏扶贫电站运行良好，首批光伏扶贫资金分红2600万元。累计投放扶贫贷款4.79亿元，带动贫困户10407户，获贷率41.1%。优先安排9300名贫困家庭劳动力从事政府购岗“八大员”工作，有效带动贫困户实现稳定脱贫。投资3.8亿元完成526千米村道建设任务。积极推进扶贫广播工程，共安装扶贫调频广播9893个，实现全县460个建制村（社区）全覆盖；建成贫困家庭重度残疾人托养中心32个，实现了26个乡镇（街道）全覆盖。在全国光伏扶贫现场会上介绍经验，在全省构树扶贫现场会上作典型发言，并荣获“全国脱贫攻坚奖组织创新奖”。

【项目建设】 深入开展项目建设攻坚战，全年签约亿元以上项目33个、总投资216.33亿元；对接洽谈项目21个、合同总投资153.75亿元，其中投资22亿元的隆丰皮革、投资20亿元的鹏宇杭萧钢构等一批产业链条长、支撑能力强的重大项目相继落地。集中开工亿元以上工业项目4批20个，合同总投资177.79亿元，实际完成投资67.15亿元。雄安制鞋产业园、上继电器等10个重点项目已经建成投产；智强电子、中弘环保等22个重点项目正在稳步推进。实施腾笼换鸟，盘活闲置土地700亩、厂房20万平方米，节约用地600亩。加大重点项目征地拆迁工作力度，征收土地7336亩，拆迁717户、16.2万平方米，为全县重点项目建设提供了用地保障。青海—河南±800千伏特高压工程项目顺利开工建设。实施城区线路绝缘化改造工程，建成220千伏秦相变电站和110千伏城北谢堂变电站，城区供电可靠性不断提高。南水北调引水工程前期工作顺利进行，宿鸭湖引水工程开工建设，县城供水改造提升工程扎实推进。

【城乡建设】 县城建成区面积达到39平方千米，城镇化率达到38.7%。海绵城市（即城市能够像海绵一样，在适应环境变化和应对自然灾害等方面具有良好的“弹性”，下雨时吸水、蓄水、渗水、净水，需要时将蓄存的水“释放”并加以利用）、生态修复等7项专项规划和科教文卫宜居区、滨湖新城规划正在编制，韩寨、蔡沟顺利完成撤乡建镇。投资3.67亿元，改造市政道路11条14千米、背街小巷65条16千米。四环道路全部贯通，“三馆一中心”项目、20条市政道路、省道223线县城至华陂段道路建设工程有序推进。凤凰公园建成开放，杜诗公园正在加快建设，城区绿化覆盖率达到42.9%，人均公园绿地面积达到9.8平方米，成功创建“省级园林县城”；完成造林4.4万亩，森林覆盖率达到22.6%，圆满完成森林城市创建任务，在森林城市创建和国土绿化提速行动观摩评比中居全市第一名。数字化城市管理系统建成投用，城市“四乱”问题有效治理，违法建设管控力度进一步加强，共拆违168处25.3万平方米。城市管理水平整体提升，顺利通过省级卫生县城和省级文明县城复验。

【农业经济】 积极实施乡村振兴战略，出台了《关于推进乡村振兴战略的实施意见》，加快推进乡村振兴战略规划编制。深入推进农业供给侧结构改革，秋季粮食面积压缩1.5万亩，全县秋季粮经比例达到52∶48，全年粮食产量达到10.5亿公斤。特色农业示范带建设初见成效，洙（湖）嵖（岈山）路沿线4个乡镇流转土地4650亩，建设温室大棚面积1240亩、育苗基地1个。积极开展“三品一标”认证工作，已认证无公害农产品17家31个、绿色食品5家7个。加快发展现代畜牧业，牧原集团年出栏100万头生猪、首农集团年出栏1万头肉牛、正兴生态牧业年出栏5万只肉羊等养殖场项目开工建设。农机装备水平进一步提升，成功创建全国、全省平安农机示范县，全市农机系统创新社会化服务功能现场会在上蔡县召开。新增农民专业合作社470家，土地托管面积达到10万亩。全县农村居民人均可支配收入达到11542元，增长9.1%，高于城镇0.6个百分点。

建设中的县城　　宋永亮　摄

【各项改革】 深化“放管服”改革，“一网通办”前提下“最多跑一次改革”取得实质性进展，大力精简行政审批事项，行政审批服务事项“网上可办率”“一网通办率”均达到100%，“双随机、一公开”监管工作实现全覆盖。全面推进“三十五证合一”、企业登记全程电子化，企业开办时间压缩至4.5个工作日，工程建设项目开工前审批压缩至20个工作日。累计完成各类主体注册登记6032户。稳步推进国企改革，17家“僵尸企业”处置任务基本完成。加快城镇规划区内建设用地、农村耕地、乡村建设用地改革，完善土地资源配置机制，认真落实第二轮土地承包到期后再延长30年政策，完善承包地“三权”分置制度，扎实开展农村集体资产清产核资工作。

【民生事业】 全年完成民生支出55.5亿元，占一般预算支出的89.8%，省惠民工程、市民生实事基本完成。城乡居民人均可支配收入16356元，同比增长8.5%。积极贯彻就业优先战略，县乡村三级就业服务体系已建成投用，城镇新增就业8525人，失业人员再就业1952人，就业困难人员再就业714人。深入开展全民技能振兴工程，完成各类劳动力技能培训5500人次，新增农村劳动力转移就业1.2万人，新增外出务工返乡创业2622人，带动社会就业8367人。发放城乡居民养老金2.3亿元，发放城乡低保、特困供养等各种救助资金1.97亿元；企业和机关事业单位退休人员基本养老金年人均分别提高1512元、1500元，城乡居民基础养老金最低标准年人均提高215元；补贴低保户、特困户用电费用293万元。开工建设棚户区改造项目5个、4615套，困难群体住房得到有效保障。城乡安全饮水工作成效明显，投资5757万元的县城供水改造提升工程扎实推进，县城居民吃水难问题得到缓解；投资8417万元实施农村饮水安全项目，农村饮水安全工程全覆盖，农村集中供水率和自来水普及率达到100%，顺利通过省级县域节水型社会达标建设工作验收。坚持教育优先发展，投资1.42亿元，完成“薄弱学校改造计划”项目73个，完成校舍维修改造项目23个，上蔡七小、十五小项目已完工，十六小项目正在有序推进；全年发放义务教育“两免一补”资金1.67亿元、农村义务教育阶段学生的营养餐资金8484万元。11名考生被北大、清华录取，高招绝对进线人数、优秀生人数均居全市第一。扎实推进健康上蔡建设，全面开展家庭签约服务，全县签约率达到65%，基本公共卫生服务电子档案建档率达到98%；启动“互联网+智能健康”项目，与微医集团合作，为每个乡镇配备一辆价值100万元的云巡诊车，群众不出村就能享受到优质便捷的诊疗服务。深入推进污染防治攻坚行动，全年可吸入颗粒物平均浓度95微克/立方米、细颗粒物平均浓度59微克/立方米，空气质量优良天数222天；全面推行河长制，省控黑河前相湾出境水质断面实现100%达标排放，集中式饮用水源地取水水质达标率100%，土壤污染防治体系初步建立，顺利完成了市政府下达的土壤整治试点任务。推动社会治理创新，摘掉了禁毒重点整治地区的帽子，打击毒品犯罪和冒充军人诈骗成效明显；截至2018年年底，网上逃犯还余13人未到案。全年没有发生重大以上安全事故；食品药品安全监管全面加强，依法查处各类违法案件397起；信访工作扎实有效，社会治安持续好转，群众安全感和满意度持续提升。

【廉洁政府建设】 县政府领导班子高度重视全面从严治党和党风廉政建设工作，自觉纳入政府工作全过程。认真落实党建工作和党风廉政建设主体责任，将经济工作与党建和党风廉政建设工作统一安排部署，及时召开专题会议和政府系统廉政工作会议，扎实推进政府廉政建设。完善领导干部廉洁自律公开承诺制度、述职述廉制度和个人重大事项请示报告制度。督促班子成员认真履行党风廉政建设“一岗双责”，形成了一级抓一级、层层抓落实的齐抓共管工作格局。切实加强对政府系统意识形态的领导，夯实政府党组书记履行第一责任人、分管副职履行“一岗双责”的责任，及时向县委报告工作重要内容，确保保持政治定力，把好政治方向。坚持党的宗教工作基本方针政策，健全政府负责、各部门齐抓共管、全社会广泛参与的长效工作机制。严格落实中央八项规定精神，认真执行中央和省市县委关于厉行节约、公车配备、公务接待、职务消费等规定标准要求，严格按照规定程序要求办事。严查违反“八项规定”精神行为、顶风违纪行为，自觉推进作风建设常态化、长效化。结合“两学一做”学习教育常态化制度化、领导干部大讲堂和民主生活会活动，认真查找领导班子和班子成员在党风廉政建设方面存在的问题和不足，筑牢班子成员拒腐防变的思想防线。在政府系统定期开展廉政学习，认真学习贯彻《中国共产党廉洁自律准则》《中国共产党纪律处分条例》，政府班子成员都能够遵守廉洁自律各项规定，真正做到不越雷池、不踏红线、不破底线。加强机关廉政文化建设，政府系统党员干部特别是党员领导干部以身作则、率先垂范。

重大决策

【征地拆迁】 6月7日，县政府印发《关于上蔡县中心城区集体土地上房屋征收与补偿安置办法的通知》，从征收程序、征收补偿和安置、被征收人利益保障、奖惩和法律责任等方面进一步完善和规范，为下一步的城市规划和建设提供保障。9月25日，县政府印发《关于省道223（原省道206）上蔡段地拆迁补偿安置实施方案的通知》，修订了省道223线（原省道206）上蔡段地拆迁补偿安置实施方案，规范了征收程序和征地拆迁行为，维护了被征收人的合法权益，有力推动了省道223线上蔡段建设工作。

【农机和农产品安全】 3月19日，县政府印发《关于印发上蔡县创建全省平安农机示范县活动工作实施方案的通知》，明确了各部门关于平安农机的责任任务，完善农机安全监管网络，强化农机安全生产措施，构建农机安全生产长效机制，有力地促进农业机械化事业又好又快发展。4月18日，县政府印发《关于印发上蔡县农产品质量安全县创建实施方案的通知》，构建了农产品质量全程监管的长效机制，全面提升农产品质量安全监管能力和水平，切实维护了人民群众“舌尖上的安全”。

【行政改革】 7月6日，县政府印发《关于加快政务服务体系创新确保一次办妥的意见》，详细阐述了打造“一次告知、一窗受理、一次办妥”的上蔡县政务服务体系准则和原则，通过拓宽服务渠道、优化办理流程、整合政务资源、共享部门数据、融合线上线下、借助新兴手段等多种方式，优化政务服务标准化流程，贯彻落实省市政府关于“放管服”改革的决策部署，为上蔡县高质量跨越式发展夯实基础。

【脱贫攻坚】 6月14日，县政府印发《关于进一步加强扶贫资金监管的意见》，明确规定了扶贫资金的监管范围、拨付程序和部门责任，保障合理使用扶贫资金。9月10日，县政府印发《关于上蔡县金融扶贫贷款工作办法（暂行）的通知》和《关于鼓励上蔡县银行业金融机构参与金融扶贫的奖励办法（暂行）》，简化了金融扶贫贷款流程，压实了银行业金融机构主体责任，有利于充分发挥银行信贷扶贫助推脱贫攻坚的作用，更好地助力全县产业经济发展，促进贫困户增加收入。

【民生社会事业】 1月30日，县政府印发《关于上蔡县农民工欠薪应急周转金使用管理暂行办法》，规定了农民工欠薪应急周转金的使用范围和使用规范，切实保障农民工合法权益，促进社会和谐稳定。2月7日，县政府印发《关于进一步加强疾病预防控制工作的意见》，对各项防疫措施和责任部门进行了安排和部署，落实部门督查责任，有力地推动全县疾病预防控制工作健康发展。4月19日，县政府印发《关于上蔡县严格落实河长制湖长制加强河道湖泊管理工作的意见的通知》，阐述了河长制、湖长制管理体制，明确惩罚措施，有利于提升全县河道、湖泊管理的法制化、规范化和专业化水平。6月21日，县政府印发《关于做好贫困重度残疾人家庭无障碍改造工作的通知》，明确贫困重度残疾人家庭无障碍改造任务内容和各部门工作职责，确保完成贫困重度残疾人家庭无障碍改造，实现贫困重度残疾人脱贫、奔小康。

重要会议

【县政府全体会议】 5月15日，县政府召开全体会议。会上学习贯彻国务院和省市安全生产工作会议精神，副县长陈剑全面回顾总结了2017年全县安全生产工作，对2018年工作进行了安排部署；副县长吕先坡通报了2017年度全县安全生产年度目标完成及考核情况。

【县政府常务会议】 3月8日，召开县政府第十三次常务会议。会议对县政府领导成员工作分工、在全县光伏扶贫电站建设作出突出贡献的单位和个人记功嘉奖、运管局执法职能移交、征地管理、河南三金门业有限公司用地性质、安全生产等工作进行认真研究，并达成一致意见。

3月12日，召开县政府第十四次常务会议。会议对县清查税源、创新发展职业中专、创建全国“平安农机”示范县、肖清顺花木场索赔、蔡都街道明月港湾棚户区改造项目安置工作进行认真研究，并达成一致意见。

3月27日，召开县政府第十五次常务会议。会议对全县处置“僵尸企业”、成立县兴农扶贫开发投资有限公司、建设互联网+健康扶贫项目、杜一沟招投标合同、创建农产品质量安全县、修正县道345线（原S331）线及省道206线上蔡县城区段改建拓宽项目工程造价工作进行认真研究，并达成一致意见。

4月23日，召开县政府第十六次常务会议。

会议对全县“十三五”期间民兵调整改革、设立产业发展投资基金、防治大气污染和水污染、建设县乡村三级公共法律服务平台、建设社区矫正信息化系统、蔡明园西门征地补偿款遗留工作进行认真研究，并达成一致意见。

5月2日，召开县政府第十七次常务会议。会议对全县2018年金融工作目标责任、上蔡二高搬迁项目及宿舍（周转房）追加预算、土壤污染防治、解决SXC–2015–91宗地地上附属物及滞纳金、贯彻落实市长朱是西信访工作批示精神工作进行了认真研究，并达成一致意见。

6月5日，召开县政府第十八次常务会议。会议对调整政府采购服务类项目有关规定、处置“僵尸企业”、贯彻落实《地方党政领导干部安全生产责任制规定》、2018—2019年村道建设项目招商投资合同、企业自建公共租赁住房、县中心城区集体土地上房屋征收与补偿安置工作进行认真研究，并达成一致意见。

6月8日，召开县政府第十九次常务会议。会议对全县加强扶贫资金监管、推进县乡村三级就业和社会保障服务体系建设、县政府工作规则、驻马店市南水北调中线工程上蔡县投资额及PPP模式下水价计算、扫黑除恶专项斗争工作进行认真研究，并达成一致意见。

6月27日，召开县政府第二十次常务会议。会议对全县促进服务业健康快速发展、推进“一次办妥”加快政务服务体系创新、农村集体资产清产核资、杜一沟合同谈判遗留问题、幸福港湾边角土地协议出让、农村建设用地增减挂钩项目实施工作进行认真研究，并达成一致意见。

7月11日，召开县政府第二十一次常务会议。会议对解决军转干部代胜利企业养老保险金单位欠缴部分、“双替代”实施方案、邵店镇籽粒村乡村整治、文物安全、杜一沟综合治理项目合同要义、市政道路、停车场和龙胜大道建设项目融资招商工作进行认真研究，并达成一致意见。

7月20日，召开县政府第二十二次常务会议。会议对拨付2018年第三、四季度贫困人口医疗补贴款事项、棚改项目融资、信访、县集体土地征收规范及房屋拆迁安置规程进行认真研究，并达成一致意见。

8月1日，召开县政府第二十三次常务会议。会议对全县征兵、第四次全国经济普查、中小学教师招聘、农村“厕所革命”及污水处理试点项目、县城西污水处理工程配套管网工作进行了认真研究，并达成一致意见。

8月15日，召开县政府第二十四次常务会议。会议对调整县政府领导班子成员分工、“一次办妥”行政审批服务改革、城建交通重点项目融资、蔡都街道武庄社区12个居民组留地安置、网络预约出租车管理和私人小客车合乘管理、农村环卫一体化项目控制价等工作进行认真研究，并达成一致意见。

8月21日，召开县政府第二十五次常务会议。会议对马铃薯产业扶贫项目收益分配、毒品违法犯罪重点整治摘牌工作作出突出贡献者的报功和奖励、1998级中师毕业生王威明要求安排工作及同届毕业生就业、宿鸭湖引水工程合同签订、提高收回政府融资置换不良贷款奖励比例、扫黑除恶专项斗争工作进行认真研究，并达成一致意见。

8月31日，召开县政府第二十六次常务会议。会议对花生联合收割机等六种农机具进行县级累加补贴、学习贯彻中共中央、国务院《关于防范化解地方政府隐性债务风险的意见》和上蔡县委《关于健全人大讨论决定重大事项制度、各级政府重大决策出台前向本级人大报告的实施意见》、扫黑除恶专项斗争工作进行认真研究，并达成一致意见。

9月4日，召开县政府第二十七次常务会议。会议对五龙镇易地搬迁项目、建立现代医院管理制度、承担南水北调中线工程投资及运营费用分摊比例、调整统筹整合财政涉农资金方案、“僵尸企业”（是指那些无望恢复生气，但由于获得放贷者或政府的支持而免于倒闭的负债企业）处置及职工安置补偿工作进行认真研究，并达成一致意见。

9月6日，召开县政府第二十八次常务会议。会议对县委党校新校区建设PPP项目合同、召开全县2018年庆祝教师节暨高中招工作总结表彰大会、加快建设产业强县、实施县创新引导计划项目、秦相路拆迁安置费、金融扶贫工作进行认真研究，并达成一致意见。

9月17日，召开县政府第二十九次常务会议。会议主要对全县公务用车管理使用、安全生产、公立医疗机构2017年住院预付总额超支弥补、农村中小学校舍维修改造专项资金等项目规划、中粮家佳康招商引资项目合同、宿鸭湖引水工程推进、森林公园项目招商、公开招标政策性农业保险服务公司、省道223线（原S206）上蔡县城至驻马店市区段道路改建工程及征地拆迁补偿安置、瑞天龙胜公租房小区房源等工作进行认真研究，并达成一致意见。

9月29日，召开县政府第三十次常务会议。会议主要对产业集聚区管委会等3个单位记功和奖励、还贷应急周转资金管理、改革期间县环保局人员工资和养老保险、执行新的人民警察执勤岗位津贴及加班补贴和增拨禁毒专项经费、蔡国故城保护、新型农村社区用地、城建交通重点项目融资等工作进行认真研究，并达成一致意见。

10月18日，召开县政府第三十一次常务会议。会议对全县“互联网+健康上蔡”项目、县财政支持农业供给侧结构性改革种植业补贴核查、全县水资源综合规划、生猪调出大县奖励资金使用、“互联网+政务”服务平台建设工作进行认真研究，并达成一致意见。

11月5日，召开县政府第三十二次常务会议。会议对全县农村集体资产清产核资工作中相关资产权属、建设洙嵖路沿线特色农业示范带、县森林公安局申请执行新的人民警察执勤岗位津贴及法定工作日之外加班补贴、青海—河南±800千伏特高压直流工程项目、杜一沟PPP项目推进及存在问题、邵店镇等六个乡镇土地整治项目部分工程变更及南大吴村增加工程、白云观社区一里庄二组及一组棚户区改造项目、火灾防控工作进行认真研究，并达成一致意见。

11月14日，召开县政府第三十三次常务会议。会议对全县农废处理、资源转换、循环产业综合体项目、森林上蔡生态建设五年行动、2018年造林绿化完成情况和资金补偿、2019年造林初步规划和造林投资概算、扶贫高效节水灌溉、财政评审控制价做出后工程建设项目招标控制价不再下浮工作进行认真研究，并达成一致意见。

11月22日，召开县政府第三十四次常务会议。会议对贯彻落实中央第一巡视组反馈意见整改、2018年扶贫资金使用和拨付、安全生产、2017年百尺乡贫困户自主发展食用菌补贴资金发放、河南泓福实业火灾事故、修建市政主干道辐射乡村支路、农村户用厕所改造及生活污水治理试点、重阳街道征地拆迁及信访工作进行认真研究，并达成一致意见。

11月26日，召开县政府第三十五次常务会议。会议对全县贯彻落实省委第十巡视组专项巡视扶贫领域反馈问题整改、创建义务教育发展基本均衡县、农机社会化扶贫土地托管服务、调整产业扶贫扶持政策、文物保护工作进行了认真研究，并达成一致意见。

12月11日，召开县政府第三十六次常务会议。会议对县政府领导班子成员分工、2018年主要工作完成情况和2019年重点工作谋划、全县事业单位和国有企业公务用车制度改革、全县乡村振兴战略规划编制、全县扶贫广播三期工程、建设蚂蚁金服县域普惠金融项目、使用“四好农村路”项目省补助资金、调整“政银企户保”风险补偿资金工作进行认真研究，并达成一致意见。

12月20日，召开县政府第三十七次常务会议。会议对创建国家卫生县城和健康县城、促进非公有制经济健康发展和营造企业家健康成长环境弘扬优秀企业家精神更好发挥企业家作用、财政资金补贴洁净型煤替代、调查及改造提升农村饮水工程、非洲猪瘟疫情防控、充实城市建设投资开发有限公司注册资本金和产业基金注资、扶贫医疗救助保险项目、县城规划区内个人建房停止办理建设用地规划许可证及建设工程规划许可证工作进行认真研究，并达成一致意见。

12月27日，召开县政府第三十八次常务会议。会议对全县安全生产、精准扶贫工作进行认真研究，并达成一致意见。

【县长办公会议】 2018年，县政府共召开县长办公会20次，主要对融资租赁贷款相关事项、重点城建交通项目、教育卫生事业重大民生工程、处置全县国有“僵尸企业”、脱贫攻坚工作中存在的10类问题、配合市政府做好加快发展中心经济指导意见起草工作、村集体经济资金及产业扶贫到户增收项目资金使用风险处置情况、盘活云昊华庭项目建设、村集体经济资金使用、退伍军人信访稳定工作、茅河治理项目区拆迁、全县农村生活垃圾治理及静脉产业园项目推进工作、金融扶贫小额信贷工作、县第七小学、北大公学、上蔡县第十六小学等在建学校推进工作、县人民医院搬迁项目、党店镇代庄小学营养餐事故调查处理、“八大员”劳务报酬、全县成品油市场集中整治、省审计组对全县农村环境连片综合整治项目审计中存在问题整改、今冬明春校车安全专项整治等问题进行讨论研究，并提出具体解决办法。

重要调研

【经济发展调研】 3月15日，县委副书记、县政府县长李卫明带领县政府副县长陈剑和政府办、林业局、水利局、住建局、综合执法局、交通局、相关乡镇（街道）负责人，深入到县城西环路就“森林公园”和“南水北调上蔡水厂”项目建设规划情况进行深入调研，并现场办公。

3月29日，县委副书记、县政府县长李卫明带领县委常委、纪委书记李超、县政府副县长陈剑和住建局、环保局、城建局、交通局、公路局负责人，深入到县城南环城路东段沿线、湿地公园、东环城路沿线、新北环路、惠康管业等工程现场，就项目建设和环保情况进行实地调研。

4月10日，县委副书记、县政府县长李卫明带领县政府副县长陈剑，水利局、林业局负责人实地调研南水北调工程。

4月12日，县委副书记、县政府县长李卫明到产业聚集区调研，并现场办公解决发展难题。

10月2日，县委副书记、县政府县长李卫明参加华录集团文化扶贫捐赠仪式，并到黄埠镇常庄村调研。

10月29日，县委副书记、县政府县长李卫明一行赴新乡市好想你集团考察对接产业扶贫项目。

12月29日，县委副书记、县政府县长李卫明带领县安监局、交通局、消防大队等部门负责人，对重点生产经营单位元旦期间各项安全生产责任落实情况进行督察。

【脱贫攻坚调研】 1月7日，县委副书记、县政府县长李卫明到邵店镇尹赵村贫困家庭调研脱贫攻坚工作。

1月10日，县委副书记、县政府县长李卫明到东岸乡光武村贫困家庭调研脱贫攻坚工作。

2月5日，县委副书记、县政府县长李卫明到邵店镇郭屯村调研脱贫攻坚工作。

2月13日，县委副书记、县政府县长李卫明到重阳街道南大吴村慰问贫困户，并发放慰问金。

4月10日，县委副书记、县政府县长李卫明到杨集镇中街村调研脱贫攻坚工作，并召开脱贫攻坚迎检碰头会。

4月20日，县委副书记、县政府县长李卫明先后到和店镇芦村、孟营村调研指导脱贫攻坚工作，县政府办、县脱贫办、县公路局等相关部门负责人陪同。

5月12日，县委常委、县政府常务副县长闫峰带队赴兰考县学习脱贫攻坚先进经验。

5月20日，县委副书记、县政府县长李卫明带领副县长陈剑，到黄埠镇调研脱贫攻坚、环境整治工作。

5月24日，县委副书记、县政府县长李卫明深入到东洪镇张榆村调研贫困户的脱贫攻坚成果。

6月4日，县委副书记、县政府县长李卫明走访上和路杨屯乡李宣村、杨屯乡魏楼村、党店镇东张寨村、和店镇和店村，调研秸秆禁烧及脱贫攻坚工作。

6月6日，县委副书记、县政府县长李卫明深入到洙湖镇洙湖村调研脱贫攻坚工作，县政府办、脱贫办、公路局、洙湖镇等相关乡镇和部门负责人陪同。

6月22日，县委副书记、县政府县长李卫明一行到邵店镇籽粒村调研脱贫攻坚工作。

6月27日，县委副书记、县政府县长李卫明先后到和店镇芦村、孟营村督导脱贫攻坚工作。

7月12日，县委副书记、县政府县长李卫明暗访百尺乡下地关村脱贫攻坚工作。

7月16日，县委副书记、县政府县长李卫明先后深入到黄埠镇老王营村和常庄村、无量寺乡王连湖村和后陈村、大路李乡马堂村调研农村扶贫道路、危房改造工作和基本保障房建设情况。

7月23日，县委副书记、县政府县长李卫明到朱里镇周桥村、东洪镇暗访脱贫攻坚工作。

7月25日，县委副书记、县政府县长李卫明一行赴邵店镇郭屯村调研脱贫攻坚工作，并访问贫困户。

7月26日，县委副书记、县政府县长李卫明到蔡沟乡火神村暗访脱贫攻坚成果。

8月16日，县委副书记、县政府县长李卫明到崇礼乡岳徐村和杨堂村暗访脱贫攻坚和扫黑除恶工作。

8月23日，县委副书记、县政府县长李卫明一行到泌阳县参加全市扶贫观摩及抓党建促脱贫攻坚推进会。

8月30日，县委副书记、县政府县长李卫明带领考察团赴新蔡县学习考察产业扶贫工作。

9月17日，县委副书记、县政府县长李卫明到黄埠镇小王营村调研脱贫攻坚工作。

9月24日，县委副书记、县政府县长李卫明深入乡村暗访脱贫攻坚工作和秸秆禁烧情况。

10月17日，县委副书记、县政府县长李卫明到齐海乡调研产业扶贫情况。

11月23日，县委副书记、县政府县长李卫明到洙湖镇前三里村、东洪镇赵庄和毛庄调研脱贫攻坚工作。

11月23日，县委副书记、县政府县长李卫明到黄埠镇常庄村调研脱贫攻坚工作。

12月29日，县委副书记、县政府县长李卫明，先后深入到韩寨镇庄湖村正兴牧业和大骆村纳美扶贫车间调研植树造林、脱贫攻坚工作。

【社会民生调研】 2月10日，县委副书记、县政府县长李卫明一行到西大街老党校后家属院，慰问看望老干部。

4月8日，县委副书记、县政府县长李卫明带领国土资源局、住建局、城管局、公路局负责人深入到上蔡县城至驻马店市区快速通道实地调研项目进展情况。

6月11日，县委副书记、县政府县长李卫明带领水利局负责人沿小洪河进行巡河调研，并召开上蔡县总河长巡河座谈会，进一步加压增责，推动河长制全面落实落细。

6月21日，县委副书记、县政府县长李卫明到芦岗街道朱庄、五龙镇展庄寨、杨屯乡太平庄、邵店镇尹赵村、黄埠镇常庄村、无量寺乡王连湖村调研土豆收储情况。

8月7日，县委副书记、县政府县长李卫明一行实地调研贾竹园棚改项目、肖庄棚改项目进展情况，并进行现场办公。

9月1日，县委副书记、县政府县长李卫明到大路李乡栗庄调研重度残疾人托养工作。

9月26日，县委副书记、县政府县长李卫明到蔡都街道茅河治理项目拆迁现场调研并进行现场办公。

12月14日，县委副书记、县政府县长李卫明深入到无量寺乡查看植树造林、环境整治、产业扶贫情况。

（端木潇潇）

县政府办公室工作

【概　况】 2018年，县政府办公室紧紧围绕全县中心工作和县委、县政府的决策部署，强化参谋职能，搞好综合协调，团结奋进，勤勉务实，有效保障了县政府机关工作的高效运转。

【以文辅政】 文稿起草始终秉承为上分忧、为下纳谏原则，在吃透上级精神、领会领导意图、掌握基层工作动态的基础上，努力做到文稿紧密切合领导的思考层次、具体指向和详细要求，用新思维、新理论、新观点来阐明领导意图，提高以文辅政能力，发挥参谋助手作用。严格按照“贴近领导搞调研、服务决策谋大事”的思路，通过实地走访，深入分析，加强调研，起草领导讲话、汇报材料610余篇。紧紧围绕经济发展、产业转型、项目建设、民生保障等工作开展调研，接合“两学一做”学习教育，着重围绕群众心声，基层问题开展专项调研，相继开展了产业项目建设、农业农村等方面的调研活动，撰写可供领导决策的有价值的调研文章26篇，采编上报政务信息380余条，上级采纳100余条，其中采用有价值调研文章6篇。

【综合协调】 2018年，县政府办公室招商引进中弘环保、智强电子和鹏宇杭萧钢构3个项目，年内分别完成投资3.2亿元、10亿元、2.8亿元，成功调处怡苑府邸小区居民群体信访事件，积极参与云昊华庭、花千树中央公园等疑难问题的处置，为产业扶贫重点引进企业中粮集团、省农开公司等提供了跟踪服务。

【政务服务】 紧抓工作督导落实，强化应急管理责任意识和突发性事件协调处理机制。严格执行24小时值班、节假日领导带班和应急信息报送制度，健全突发性事件快速反应机制和报告制度，做到有登记、有报告、有落实、有反馈。全年共办理人大议案建议121件，政协提案175件，办结率、满意率均达到100%。县长热线受理群众来电1195件，办结1188件，办结率99.4%。

【后勤保障】 加强预算内经费管理，合理计划各项经费支出，均衡使用。严格落实“三公”经费厉行节约有关规定，提高后勤服务水平，保证办公室工作正常运转。严格落实安全保卫、值班、卫生等工作，确保各项责任真正落到实处。积极参与文明城市创建工作，为全县“创文”工作添砖加瓦，大力营造干净舒适的办公环境，对办公楼环境卫生进行清理整治，对机关大院的环境进行了美化、绿化，为政府机关办公提供了良好的环境。

【精准扶贫】 深入贯彻落实县委、县政府工作安排部署，扎实开展驻村帮扶工作，选派第一书记和帮扶工作队，帮助帮扶村制定发展规划、落实帮扶措施，帮扶工作取得了阶段性成效。积极落实农业综合补贴、马铃薯收益分配、光伏扶贫收益分配、集体经济分红、花生种植补贴等各项帮扶措施；聚焦村级扶贫产业发展，协助大路李乡大胡村建设了香菇种植产业扶贫基地，协助卧龙街道北大吴村建设了杨建峰花生加工厂和热风玩具加工厂；协调帮扶资金，用于北大吴村村内道路改善、危房改造、空心房整治等民生问题；驻村帮扶工作队致力于扶志扶智，激发贫困户脱贫的内生动力，积极帮扶贫困户摒弃等靠要思想，增强自我发展能力。

（丁郝胜）

行政服务工作

【概　况】 2018年，上蔡县行政服务中心认真贯彻中共十九大精神，以习近平新时代中国特色社会主义思想为指导，以服务对象满意为立足点和出发点，从解决群众反映强烈的切身利益问题入手，着力解决联系服务群众“最后一公里”问题，助推县域经济平稳健康发展。被河南省爱国卫生运动委员会评为“省级卫生先进单位”，被县委县政府授予“服务招商工作先进单位”，被中共上蔡县委县直机关工作委员会授予“先进基层党组织”，被上蔡县文明委授予“优秀志愿服务组织”。

【行政服务】 下发了《上蔡县人民政府关于加快政务服务体系创新确保一次办妥的意见》，明确职责任务，确保按时完成改革任务。设置了4个“一窗受理”综合服务窗口，并提供免费的咨询辅导。推广邮递送达服务。为提高审批效率，从7月开始，实行“送达到付”服务。推行“365服务”模式。对不动产登记、住房公积金、医保社保、婚姻登记、公安户籍和出入境管理等与人民群众生活息息相关的便民类事项推行节假日轮班服务模式。开辟了24小时自助服务区。在行政服务中心大厅安装2台自助服务终端机，并在4个街道办事处便民中心分别安装1台自助服务终端机，打造社区便民15分钟服务圈。大力推行“互联网+政务服务”，与市网上审批系统实现对接共享，实现“一网通办”。全县所有审批服务事项实行网上审批办理，将原来需要人“跑腿”的事儿变成让材料“跑腿”，使企业和群众达到省时、省力、省钱、省事，实现网上办事大厅与实体大厅的高度融合。2018年全县共有956项审批服务事项，已进驻大厅事项797项，进驻率达83.37%，圆满完成省市下达目标任务。实行承办事项“六公开”服务、“六件”管理、“六制”办理、首问负责、一次性告知、定期通报、限时办结等服务制度，提高了服务效率。2018年24个进驻窗口单位共受理行政审批服务事项339022件，办结338666件，办结率为99.89%。

【脱贫攻坚】 2018年先后召开16次帮扶工作会议，分析解决帮扶工作中存在的问题，扎实推进精准扶贫工作，确保脱贫工作各项任务不折不扣落地见效。县行政服务中心驻村工作队严格遵守帮扶工作纪律，吃住在村，把自己当成所帮扶村的一员，积极投身到村日常工作中去。协助村“两委”班子做好基础设施建设，2018年共修道路4.8千米，新建了卫生室和文化活动中心。同时，加大资金投入改善村内环境，先后投入2万多元，用于环境整治工作，有力地改善了群众的生活环境。驻村工作队在做好贫困户和低收入户的走访工作的同时，做到精准识别贫困户，精准施策，加快产业结构调整，切实增加群众收入。2018年秋季，全村花生种植面积达到95%以上，为群众增收增效打下良好基础。

（于海洋）

接待工作

【概　况】 2018年，中共上蔡县委、上蔡县人民政府接待办公室（简称“县接待办”）按照《党政机关国内公务接待管理规定》精神，严格执行接待范围和接待标准，坚持既热情周到又勤俭节约的原则，充分发挥接待工作的“窗口”作用，展现全县文明热情的良好形象，为上蔡的改革开放和经济建设服务。全年来客接待和会议接待计300余次，做到了领导满意、客人满意，完成了各项工作任务。

【接待工作】 全年有国务院、河南省、驻马店市及外省市派团、组到上蔡的有100余次，大的团队有数百人之多。面对接待任务县接待办做到精心安排，忙而不乱。

（姬艳军）

脱贫攻坚

【概　况】 上蔡县共有贫困村129个、贫困人口29461户90182人，贫困发生率6.93%。2018年，上蔡县把脱贫攻坚作为重大政治任务、第一民生工程和头等大事来抓，全面落实精准扶贫、精准脱贫基本方略，深入开展“靶向攻坚”“夏季攻势”“冬季行动”等攻坚行动，着重加大对166个靶向攻坚村的倾斜支持力度，产业带动能力、基础保障能力、集体经济发展、农村人居环境、驻村帮扶成效、党建引领水平等工作成效大幅度提升，全年实现了6205户22184人贫困人口脱贫、52个贫困村脱贫出列，全县还有贫困村23个、未脱贫人口12182户29754人，贫困发生率2.03%。荣获“全国脱贫攻坚奖组织创新奖”。

【强化组织领导】 建立“县委政府统筹、乡村两级落实、县直部门帮扶、社会协同发力”的工作机制和“横向到边、纵向到底”的责任体系，形成“三级书记抓扶贫，全党动员促攻坚”的工作格局。全县成立448个村级脱贫责任组，具体负责统筹448个建制村的脱贫攻坚工作。2018年，共走访贫困户3852户，访谈干部316人，解决问题1196个，取得了良好效果。2018年，先后研究出台了《上蔡县2018年脱贫攻坚工作意见》等62个配套文件，为推动脱贫攻坚向纵深开展提供了政策支撑；统筹整合财政涉农资金8.76亿元，集中用于脱贫攻坚“四保障”财政兜底、产业扶持和基础设施建设等。

【政策保障】 全年资助建档立卡贫困家庭学生3.58万人次，发放资助金2215.6万元；为建档立卡贫困家庭大学生办理生源地助学贷款889人次，发放贷款569.93万元。大力实施“互联网+分级诊疗”健康扶贫项目，加快完善分级医疗体系，全面实行贫困家庭医疗签约服务，全年累计对贫困人口实施医疗救助45.23万人次，补贴医疗费用9288.93万元。2018年全县计划实施危房改造5796户，实际投资近1.4亿元完成了6751户危房改造任务，完成率116.4%。强化民政救助与脱贫攻坚的有效衔接，将符合条件的5436户7416名建档立卡贫困户纳入低保范围，实现了应保尽保、应退尽退。统筹就业、农业、教育、妇联等7部门培训资源，举办40期致富技能培训班，共培训人员2130人次。实施就业扶贫“八大员工程”，由政府购买岗位，安排9300名贫困家庭劳动力任卫生保洁员、道路养护员、林网护林员、交通劝导员、光伏电站管护员、托养中心护理员、优抚对象联络员、巡河员，每人每月工资500—2000元不等。

【产业扶贫】 围绕“县有龙头企业、乡有主导产业、村有扶贫基地、户有脱贫项目、人有增收技能”的目标，强化规划引领、组织带动、市场服务和技能培训，建立完善带贫机制，为贫困户稳定脱贫提供持久动力，为乡村振兴夯实基础保障。按照“四优四化”工作思路，大力实施“一乡一业、一村一品”战略，协调推进特色农业快速发展，推动实现农业产品多样化、产区规模化、产业系列化。2018年全县贫困户实施结构调整14264户4.29万亩，土地流转7132户2.6万亩，已建成种植基地440个，带动贫困户5256户，形成了邵店镇、五龙镇、杨屯乡、无量寺乡、芦岗街道、西洪乡等乡镇（街道）马铃薯种植，大路李乡、杨集镇等乡镇食用菌种植，华陂镇、小岳寺乡、东洪镇等乡镇芦笋种植，无量寺乡等乡镇艾草种植，朱里镇、齐海乡等乡镇中药材种植的特色产业格局。结合本地资源优势，优化养殖业空间布局，大力发展绿色生态养殖。依托中粮、首农、正兴等龙头企业，全县已建成大中型养羊场19个，建成羊舍200余栋，存栏基础母羊2万多只；首农集团万头肉牛标准化养殖场项目厂房等基础设施已建成；中粮集团年出栏100万头生猪养殖产业扶贫项目，第一批11个养殖小区正在拉围墙、开工建设，第二批10个养殖小区正在积极组织土地流转。结合乡村实际，积极扶持和引导企业在有条件的村庄建设扶贫车间，大力发展小型加工业、“巧媳妇”工程等，培育了一批家庭工场、手工作坊、乡村车间。全县已建成扶贫车间106个，吸纳1224人贫困群众实现就近就业，月均收入可达2000元左右。全县347座村级光伏扶贫电站全部并网发电，整体发电规模86.39兆瓦，实现全县所有建档立卡贫困户光伏扶贫全覆盖。2018年9月，首批光伏扶贫分红已发放到位，共发放分红资金2600万元，户均1000元左右。建成县、乡、村三级金融服务阵地285个，评级授信贫困户17947户，全年共发放扶贫贷款16968.15万元，带动贫困户4216户，贫困户获贷率达到41.1%。结合国土绿化提速行动，要求每个建制村建设100亩以上的“围村林”，作为村级集体经济项目，贫困户人均不少于1亩，大力发展林药、林苗、林禽等林下经济，获得收入全部归分包贫困户所有，达到带动贫困群众增收和壮大村集体经济的双重效应。

【完善基础设施】 深入开展基础设施“清零”行动，着力加大对贫困村、脱贫任务较重非贫困村的基础设施建设力度，推动农村基础设施提档升级，补齐发展短板，夯实发展基础。投资3.8亿元完成526千米村组道路建设任务，投资7700万元完成182个村级综合性文化服务中心建设任务，投资3000万元完成166个村级标准化卫生室建设任务，投资7275万元完成了66个建制村安全饮水巩固提升工程建设任务。全县已提前实现贫困村通硬化路率100%，通邮政率达到100%，通客车率达到100%，实现通宽带率达到100%，生产生活用电能够满足基本需求。针对无赡养责任人的五保老人、双女户（多女户）老人，探索实施“统建保障住房、集中居住养老”做法，按照“政府主导、乡村实施，试点先行、逐步推开”的思路，在11个建制村开展统建村级保障住房试点工作，逐步实现五保老人、双女户（多女户）老人集中居住养老。持续深入推进农村人居环境改善，以集镇环境、村容、户貌为重点，以农村垃圾、污水治理和村容村貌提升为主攻方向，大力实施“五化”（硬化、净化、绿化、美化、亮化）工程，深入开展“六清”（清道路、清河沟、清坑塘、清庭院、清垃圾、清秸秆）活动，初步建立了“村收集、乡转运、县处理”的垃圾收储体系，有效解决“脏乱差”问题。围绕县域内11条干线公路，强力开展综合整治，实施绿化美化工程，路容路貌得到有效改善。排查整治“空心房”7636处，全部进行绿化美化。新创建“四美乡村”示范村35个、示范乡镇1个。

黄埠镇小王营村村容村貌　　宋永亮　摄

【凝聚攻坚合力】 2018年，从全县非贫困村中筛选出106个薄弱村，加上60个贫困村，作为2018年脱贫攻坚的主战场，驻村开展“靶向攻坚”行动。由包村县领导或县直单位一把手、乡镇（街道）党（工）委书记挂帅，担任攻坚突击队队长，作为第一责任人，组成攻坚突击队。又筛选了26个贫困发生率在3%以上、矛盾问题多、帮扶力量弱、工作差距大的薄弱村，由县处级领导干部及部分县直单位一把手分包，组成攻坚突击队，进行靶向攻坚突破，确保年底前全面完成各项脱贫攻坚工作任务。2018 年，县督查局开展实地督查 40 余次，印发督办督查通知 39 期，编发督查通报 35 期、专报 10 期；县巡察办对朱里镇、韩寨镇开展了脱贫攻坚专项巡察，发现问题线索 10 件；县纪委监察委处置扶贫领域问题线索 536 件，立案 130 件，处分 148 人，其中处分乡科级干部 13 人，给予撤职以上重处分 40 人，移送检察机关处理 4 人，利用第一种形态处理 243 人。深入开展了“党建带团建、团建促攻坚”“百企帮百村”“爱心手拉手”等活动，充分发挥省、市联系帮扶上蔡的部门优势资源，凝聚各类爱心企业、爱心人士、公益组织等扶贫力量，着力构建政府、市场和社会协同推进的大扶贫格局。特别是学习借鉴外地经验做法，由县委统战部牵头，整合社会扶贫资源，建立了一批“爱心超市”，引导贫困群众通过劳动等方式挣得爱心积分，再到“爱心超市”兑换生产生活用品，助推贫困群众自力更生增收脱贫。22 个乡镇（街道）“爱心超市”已投入运行，剩余 4 个乡镇（街道）正在紧张建设中。落实中共中央办公厅、国务院办公厅《关于加强贫困村驻村工作队选派管理工作的指导意见》要求，全县共下派驻村第一书记 448 名、帮扶工作队 448 个、帮扶工作队员 1344 名，实现了有贫困人口的 448 个建制村全覆盖。

【上蔡县荣获“全国脱贫攻坚奖组织创新奖”】 2016 年后，全县分三批建成托养中心 32 个，入住 619 人，解放劳动力 800 多人，提供就业岗位 370 多个。2017 年后，全国和省市先后在上蔡县召开现场会推广上蔡做法。王勇、陈晓光、张海迪等领导先后批示、调研该项工作。《人民日报》等多家媒体先后报道上蔡模式。2018 年 10 月，上蔡县被国务院扶贫开发领导小组授予“全国脱贫攻坚奖组织创新奖”。

政协上蔡县委员会

政协工作综述

【概　况】 2018年，中国人民政治协商会议河南省上蔡县第十届委员会在中共上蔡县委的领导下，坚持以习近平新时代中国特色社会主义思想为统领，深入学习贯彻习近平总书记关于加强和改进人民政协工作的重要思想，强化党建工作引领，持续推进协商民主，充分发挥委员主体作用，团结和带领政协各参加单位和广大政协委员认真履行政治协商、民主监督、参政议政职能，积极发挥协调关系、汇聚力量、建言献策、服务大局作用，政协各项建设取得明显进步，为决胜全面建成小康社会，推进上蔡高质量跨越发展作出了积极贡献。全年共组织议政协商活动20余次，形成各类调研视察报告10多篇，向县委、县政府报送协商专报3期，办理委员提案196件，为上蔡县经济发展、社会和谐、民生改善和生态文明建设积极建言献策。2018年度，上蔡县政协被河南省政协评为“信息宣传工作先进单位”，被驻马店市政协评为“全市政协宣传信息工作先进单位”，被县委县政府评为全县“平安建设工作”优秀单位，保持了“省级卫生先进单位”和“省级文明单位”荣誉称号。

重要会议

【政协上蔡县第十届委员会第二次会议】 1月7—10日，上蔡县政协召开十届二次会议。会议听取并审议了政协上蔡县第十届委员会常务委员会工作报告和政协上蔡县第十届委员会常务委员会关于县政协十届一次会议以来提案工作情况的报告；列席了上蔡县第十四届人民代表大会第二次会议，听取并讨论了县政府工作报告及其他报告；审议通过了政协上蔡县第十届委员会第二次会议有关决议。

政协上蔡县第十届委员会第二次会议

宋永亮　摄

【政协上蔡县第十届委员会常务委员会第五次会议】 1月9日，上蔡县政协召开十届五次常委会议。会议听取并审议通过了政协上蔡县第十届委员会第二次会议政治决议（草案）、政协上蔡县第十届委员会第二次会议关于县政协常委会工作报告的决议（草案）、政协上蔡县第十届委员会第二次会议关于县政协十届一次会议以来提案工作情况报告的决议（草案）。

【政协上蔡县第十届委员会常务委员会第六次会议】 4月17日，上蔡县政协召开十届六次常委会议。会议安排部署了2018年履职活动，对“脱贫攻坚政协委员在行动”活动再动员，号召广大政协委员立足本职，发挥优势，为实现上蔡经济社会跨越发展，全面打赢脱贫攻坚战贡献智慧和力量。

【政协上蔡县第十届委员会常务委员会第七次会议】 8月24日，上蔡县政协召开十届七次常委会议。会议传达学习了全国政协系统党的建设工作座谈会精神、市政协四届七次常委会议精神和县委十二届五次全会暨县委工作会议精神，听取并讨论了县政府2018年上半年经济社会发展情况通报，并结合县政协学习习近平总书记关于加强和改进人民政协工作的重要思想情况开展专题研讨。

【政协上蔡县第十届委员会常务委员会第八次会议】 11月30日，上蔡县政协召开十届八次常委会议暨脱贫攻坚专题协商会。会议听取了县政协关于脱贫攻坚督导调研情况通报。

重要活动

【省政协农业委调研上蔡县基层组织建设情况】 4月23日，省政协农业委主任李柳身一行就上蔡县基层组织建设情况进行调研。李柳身一行先后到大路李乡湾李村、栗庄村，与乡村两级干部座谈交流，详细了解基层组织建设现状、存在的困难和问题，听取基层党建工作意见和建议。

省政协农业委一行听取基层党建工作汇报

张云飞　摄

【举办道德讲堂】 6月1日，上蔡县政协机关举办2018年首期道德讲堂。以“传承好家规，涵养好家风”为主题，分为唱歌曲、看短片、讲故事、诵经典、谈感想、送吉祥六个环节进行。通过举办道德讲堂，全体人员深切体会和领悟了习近平总书记“不论时代发生多大变化，不论生活格局发生多大变化，都要重视家庭建设，注重家庭、注重家教、注重家风”的深刻内涵，一致表示，要从自己做起、从自己家庭做起，继承和发扬中华民族传统家庭美德，传承培育好家风，为政协机关精神文明建设，促进政协事业不断发展进步作出积极贡献。

【开展学习习近平总书记关于加强和改进人民政协工作的重要思想专题研讨会】 8月24日，上蔡县政协开展学习习近平总书记关于加强和改进人民政协工作的重要思想专题研讨会。会上，赵健、朱洪刚等七位委员紧密联系各自工作实际，谈认识、讲体会、找差距、明思路，从不同角度就学习贯彻习近平总书记关于加强和改进人民政协工作重要思想进行了交流发言，进一步推动了县政协认真加强理论学习和研究，以理论大学习、思想大武装促进政协工作提质增效。

【背街小巷升级改造视察活动】 8月22日，上蔡县政协就县城区背街小巷升级改造情况进行视察。视察组一行首先实地考察了新闻巷、新生路、大寺巷以及已打造完成的田园一巷精品街区项目。随后召开座谈会，听取相关单位工作汇报。

【农产品质量安全检测体系建设调研活动】 10月25日，上蔡县政协针对农产品质量安全检测体系建设开展调研活动。调研组一行先后实地察看了百尺乡银恒种植专业合作社、黄埠镇发户蔬菜种植专业合作社在农产品种植环节、生产加工环节以及流通环节的质量安全情况，详细了解了百尺乡、黄埠镇农产品安全监测服务站以及县农业局农产品安全检测中心运行情况。

【“庆重阳　送健康”微心愿义诊活动】 10月11日，上蔡县政协组织医疗卫生组医疗专家为全县23所乡镇敬老院五保老人开展“庆重阳 送健康”微心愿义诊活动。本次义诊康检服务活动参加医疗专家、政协委员、有关工作人员及媒体工作者62人，出动车辆30余台次，安排B超机23台，共为全县23所乡镇敬老院的1159位五保老人进行了身体检查和医疗诊治，为老人送药价值2万余元。

上蔡县政协开展“庆重阳　送健康”微心愿义诊活动
张云飞　摄

【助推乡村产业振兴双月协商座谈会】 10月19日，上蔡县政协召开助推乡村产业振兴双月协商座谈会。会议围绕乡村产业发展、推动乡村振兴战略实施建言献策。

【视察确山县美丽乡村建设】 11月8日，根据市政协统一安排部署，由县政协主席臧海声率领的驻上蔡县市政协委员视察团到确山县视察美丽乡村建设工作开展情况。

【脱贫攻坚民主监督活动】 11月13日，上蔡县政协组织政协委员分赴党店、洙湖、黄埠、无量寺等乡镇，通过听取汇报、实地查看、访谈交流、核查信息等形式，对全县脱贫攻坚工作进行监督性调研视察。

【驻遂平县市政协委员视察上蔡县产业振兴情况】 12月4日，遂平县政协主席郭金枝带领驻遂平县市政协委员一行到上蔡县视察产业振兴情况。视察团先后到黄埠镇南王楼村悦利皮具厂、小王营村巧媳妇扶贫车间及食用菌种植基地，大路李乡湾李村平菇种植基地，产业集聚区百润环保科技有限公司等地，就上蔡县当前产业发展基本情况、发展过程、主要做法和成效以及未来发展方向等方面进行详细了解和交流。

履行职能

【脱贫攻坚】 县政协高度重视脱贫攻坚工作，专门研究制定并印发了《县政协2018年“靶向攻坚”暨民主监督脱贫攻坚实施方案》，严格按照县委要求，积极参与全县脱贫攻坚“夏季攻势”“冬季行动”和“暖冬活动”，深入开展“脱贫攻坚政协委员在行动”活动。根据县委安排，政协各位党组成员分别联乡包村并联系4—6户贫困户，经常入村调研指导精准扶贫、精准脱贫工作；各委室负责人联系2—4户贫困户，同时分别担任齐海乡李丙、朱庙、阳岗、马庵4个政协帮扶村的工作队长，帮助当地群众协调扶贫资金、落实帮扶政策；机关全体人员经常开展走访慰问、政策宣传和帮贫解困工作。为促进帮扶村产业发展，县政协组织4个帮扶村的支部书记、第一书记和工作队队员到平舆县通过对接联系，先后与平舆县豪杰户外家具公司和河南基业休闲用品公司签订合作协议，分别在齐海乡阳岗村、马庵村、朱庙村建立了藤编点，为贫困群众在家门口就业增加收入、稳定脱贫打下了基础。根据“脱贫攻坚政协委员在行动”活动安排，各界别组联系实际，认真履职，取得了明显成效。工商联及新社会阶层和经济组积为建档立卡贫困户提供就业岗位，以就业帮脱贫，并通过“基地＋农户”等形式带动贫困户发展生产，实现增收。科技组积极开展爱心捐赠活动，为贫困村和贫困群众、贫困学生捐赠棉鞋、体育器材、校园广播等物品，价值1万多元。医药卫生组积极推动“健康上蔡”建设步伐，经常深入贫困村开展义诊服务和医疗救助政策宣传活动，受益群众3000多人。工青妇组积极开展金秋助学活动，协调资金46.8万元，资助156名贫困大学生顺利入学；并联合县电商学院、职业中专培训200多名贫困户青年掌握电子商务和种植养殖技能。教育体育组积极争取项目资金或动员在外乡友参与扶贫济困助学，并为贫困群众捐赠生活用品，解决了贫困户基本生活需求。中国共产党组、农林组、特邀组、文学艺术组、侨联组、台胞台属组、少数民族组、宗教组也分别根据职业特点和能力特长，把脱贫攻坚作为干事创业的重要实践，积极通过多种形式对贫困户进行帮扶。全体政协委员积极发挥优势，开展结对帮扶，自觉为群众办实事、做好事，为打赢脱贫攻坚战献计出力。李发群委员投入资金500多万元，在重阳街道李斯楼、南王营和西洪乡腰店、嘴李等村流转土地950亩，帮扶400户群众1000多人，优先流转建档立卡贫困户土地，进行中药材种植，使贫困群众获得土地租金和劳动工资双份收入；刘春喜委员在蔡沟乡庙杨村流转土地880亩，王德龙委员在百尺集村流转土地40亩用于发展花卉产业，优先安排贫困户在种植基地务工，有效提高了贫困群众的收入。邱国全、肖豪委员积极发展种植专业合作社，带动塔桥镇、蔡沟乡、和店镇169户贫困户增加收入90万元。张广明委员组织义工联合会会员资助70余名贫困学生47万余元。2018年，县政协机关共为4个帮扶村提供资金支持22万余元，用于帮扶村村室规范化建设、更新办公设备和改善基础设施；各界别组和广大政协委员共协调资金800多万元，帮助贫困村、贫困户发展种植、养殖产业，为全县脱贫攻坚工作作出了积极贡献。

【服务发展】 县政协坚持把围绕中心、服务大局作为政协履职主线，深入贯彻落实县委决策部署，聚焦中心工作，认真履行职能，积极建言献策，扎实为全县经济社会发展贡献力量。围绕乡村振兴献计献策。乡村振兴是中共十九大作出的重大发展战略，县政协将乡村振兴作为常委会年度重点协商议题，组织30多名政协委员，成立3个调研组，由主席和两位副主席分别带队，重点围绕“推动农村产业发展，加快实现乡村振兴”和“提高农村民生保障水平”两个课题，通过听取汇报、现场查看、座谈讨论等形式对部分乡镇的光伏发电项目、种植基地、养殖基地、农村新型经营主体、专业合作社等产业发展情况以及敬老院建设、农村危房改造、农村饮水安全工程、基本公共卫生服务、重症残疾人托养中心建设等民生工程进行调研，在深入调研的基础上，召开了由县政府领导和13个部门参加的乡村产业振兴双月协商座谈会，从落实中央精神、梳理产业政策、突出地域特色、培育龙头企业、建设人才队伍等方面，向县委、县政府报送了《协商专报》，一些意见建议被有关部门采纳、转化为工作举措。

【调研视察】 常委会着眼县委、县政府重点工作和人民群众关心关注的热点问题，深入开展调研视察活动。2018年，先后围绕城区地下管网建设与管理、城区背街小巷改造升级、农村留守儿童健康成长、特色农业发展、农产品质量安全检验检测体系建设等情况开展调研视察，针对调研视察中发现的问题，分别提出了理顺体制、设立专门管理机构，落实措施、完善城区管网规划，加强管护、启动智慧城市建设；加大宣传力度、强化文明意识，强化统筹整治、建立长效机制，科学合理布局、实现雨污分流；搭建关爱平台、净化社会环境，加强沟通交流、提升家教水平，实施关爱帮扶、帮助儿童健康成长等建议，县委、县政府高度重视，及时交相关部门研究落实。

【提案办理】 常委会和广大委员始终践行以人民为中心的履职理念，不断强化履职使命意识，让广大群众切实感受到政协委员就在身边、人民政协离自己很近。突出民生导向发挥提案作用。在拓宽征集渠道、遴选重点提案的基础上，加大提案办理协商力度，通过提高提案办理质量，放大委员声音，提升履职实效。县政协十届二次会议，共收到委员提案196件，经审查立案175件，这些提案紧扣县委、县政府确立的目标任务，立足于人民群众对美好生活的向往，着眼于解决全县发展不平衡不充分问题，其中涉及群众关心的民生热点问题的提案68件，占提案总数的38.49%。截至2018年10月底，所有立案提案全部办理完结，办复率达到100%，委员满意率98.85%。

【民主监督】 积极贯彻落实县委《关于加强和改进人民政协民主监督工作的实施意见》(上办〔2018〕8号)精神，围绕全县脱贫攻坚工作开展民主监督活动，针对危房改造、社会保障、教育扶贫、健康扶贫等方面存在的问题和不足，提出了进一步加大资金投入力度、完善社会保障体系、加强扶贫政策宣传、增强贫困户内生动力等建议。围绕“蓝天碧水净土”三项工程实施情况进行监督性视察调研，针对工作中存在的城市黑臭水体治理不完善、污水处理厂建设进展缓慢，以及乡镇污水、垃圾无害化处理能力较弱等问题，提出了建立管理制度、明确管理责任、落实改造措施、打击违法行为、强化废物利用等建议。

【服务群众】 根据第十六届中国·上蔡重阳文化节系列活动安排，组织民政局、卫健委等部门和政协医药卫生组医疗专家，为全县22个乡镇和县中心敬老院的1159位五保老人进行了身体检查和医疗诊治，免费送药价值两万多元，进一步树立了县政协弘扬尊老敬老优良传统，关注民生、服务群众的良好形象。

【文史宣传工作】 组织召开了全县政协文史工作座谈会，专题安排部署文史资料工作，总结经验，交流体会，进一步探索新时期文史资料工作的新特点、新变化和新要求。如期完成《上蔡文史·知青卷》《上蔡县政协2017年年鉴》编辑工作，积极开展《河南改革开放40年》《天中记忆·交通卷》《天中记忆·知青卷》文史资料征集工作，挖掘文史资料20余篇，较好完成了省、市政协安排的征集任务。信息宣传工作不断加强，全年上报政协宣传信息30多篇，被省政协《协商论坛》《河南政协》刊物以及《驻马店日报》《天中晚报》《网易》等媒体采用26篇，为推进政协工作营造了良好的舆论环境，促进社会各方面对政协工作更加重视、关心和支持。

自身建设

【强化党的领导】 县政协积极参加市委、县委党校中共十九大精神培训班和市政协组织的浙江大学培训班。深入学习贯彻习近平总书记关于全面从严治党和加强人民政协党的建设的重要论述，贯彻落实中办《关于加强新时代人民政协党的建设工作的若干意见》和省委实施意见，贯彻落实全国政协和省、市政协系统党的建设工作座谈会精神和工作部署，强化主体责任，完善工作机制，认真落实政协党的建设各项要求。坚持把党的领导贯穿于政协工作的各方面和全过程。扎实推进“两学一做”学习教育和“以案促改”制度化常态化，组织委员和机关干部参观兰考红色教育基地和竹沟革命纪念馆，重温入党誓词，不忘初心，牢记使命。积极协助政协帮扶村开展“六面红旗村”创建和基层党建问题“三集中”(集中排查、集中建账、集中整改)活动，按照“六有”(有场所、有设施、有标志、有党旗、有书报、有制度)标准，推进帮扶村党组织活动场所规范化建设，结合村“两委”换届，协助选好配强“两委”干部，党建引领作用得到进一步发挥。认真配合省委巡视工作，积极向省委巡视组汇报政协党的建设和履职情况，召开政协党组巡视整改暨推进以案促改制度化常态化专题民主生活会，按照要求，完成巡视整改任务。

【加强联谊交流】 以载体建设为抓手，积极探索发挥界别作用的方法和路径，实现了14个界别组“委员之家”建设全覆盖和委员活动常态化，26个乡镇（街道）政协工作联络组统一挂牌，落实了责任，使政协委员学习有平台、活动有场所、履职有载体。全年，各界别组开展学习交流、调研视察、民主监督、书画交流文艺下乡等活动30多次，进一步密切了委员之间的沟通与交流，界别凝聚力明显增强。坚持“政协搭台、部门参与、委员互动”，积极开展学习考察和联谊交流活动。组织驻上蔡县市政协委员对确山县美丽乡村建设情况进行了学习考察。先后接待了省政协农业委、市政协和漯河市政协、禹州市政协以及住遂平县市政协委员对上蔡县基层组织建设、提高农村民生保障水平、重症残疾人托养中心建设、乡村产业振兴等情况进行考察调研。

【提升履职能力】 采取全员培训、以会代训等方式，先后组织开展全体委员履职业务培训、政协常委十九大精神培训和文化知识讲座等学习活动，进一步提高了广大委员的履职水平和议政建言能力。建立县政协领导联系乡镇（街道）政协工作联络组制度，将联络组工作计划纳入政协年度工作要点，加强督促指导，做到年初有计划、年中有交流、年末有考核。落实县政协常委会组成人员联系委员制度，主席、各位副主席带头通过走访、约谈、座谈、电话沟通、网络交流等形式，与委员保持经常性联系，帮助委员解决实际困难和问题。广大政协委员主动深入基层，为困难群众做好事、办实事。认真落实常委会工作规则、政协委员履职工作规则、专门委员会通则和提案工作条例，强化履职考核，健全委员履职考核档案。

（李　洋）

中共上蔡县纪律检查委员会（监察委）

纪检监察

【概　况】 2018年，县纪委、监委紧紧围绕推动新时代纪检监察工作高质量发展这个目标，坚持纪检监察强党建、为人民、促发展，不松劲、不停步、再出发，推动全县党风廉政建设和反腐败工作取得新的进展和成效。

1月11日，上蔡县监察委员会举行揭牌仪式

【严格惩治腐败】 2018年，处置问题线索1339件，初核1312件，立案626件，较上年分别上升124%、198%、96.20%；结案450件、处分553人、给予撤职以上重处分125人，同比分别上升41%、20%、48%，采取留置措施8人，移送检察机关审查起诉12人，利用第一种形态处理997人。

【持续正风肃纪】 全县各级纪检监察机关聚焦监督执纪问责，持之以恒落实中央八项规定及实施细则精神和省委市委县委有关规定，防止“四风”问题反弹回潮。完善“预防提醒、监督检查、督办催办、执纪查处、问责追究、通报曝光”六位一体监督机制，坚持抓重要时间节点，严查一批典型案件，曝光一批典型问题，约谈一批领导干部，问责一批领导干部，开展一批专项治理，完善一批制度机制，以“点”带“面”推动中央八项规定精神落地生根，坚决维护风清气正良好政治生态。密切关注享乐主义、奢靡之风新动向新表现，坚决查处巧立名目套取资金用于吃喝送礼、接受管理服务对象安排宴请旅游、违规吃喝转入“一桌餐”场所、变“公车私用”为“私车公养”等“四风”问题，不断巩固拓展落实中央八项规定精神成果。规范问题线索管理处置，充分发挥大数据作用，对收到的问题线索，及时交办督办、快查快结，回应社会和群众关切。加大约谈力度，梳理、分析研判全县落实中央八项规定精神、纠正“四风”工作情况，要求各级党委和纪委主要负责人要综合信访反映、巡视巡察监督、专项检查等方面发现的问题，对相关地方和单位负责人启动“双重约谈”，对一般问题开展日常约谈，对存在问题较为严重但不够纪律处分的开展诫勉约谈，切实加强动态监管和常态监督。严肃问责追责，压实党组织的主体责任，对贯彻落实中央八项规定精神不力、作风建设流于形式的党委（党组）严肃问责，并将问责情况在全县通报曝光；对监督责任落实不到位，

“探头”作用没有发挥，该发现的问题没有发现，发现问题不报告不处置，该问责而不问责的纪委监委（派驻纪检监察组），也严肃问责，以强力问责倒逼责任落实。2018 年全年共查处违反中央八项规定精神突出问题 51 件，处分 42 人，第一种形态处理 39 人。

【提升信访质效】 县纪委监委及时将“六大类”监察对象中新增对象的信访举报纳入受理范围。把从严规范贯穿信访举报工作全过程，完善内控制度，明晰流程要求，制定《信访件处理工作流程图》。定期梳理工作任务清单，及时交办、转办，跟踪督办，推动信访件及时、高效办理。紧盯重点领域、突出问题，分类汇总收集问题线索。定期汇总线索处置情况，及时跟踪信访件去向、办理方式和办理结果，通过发函督办、电话督办、实地督办等方式强化督查督办，确保事事有回音、件件有结果。2018 年全县纪检监察机关共受理群众信访举报 880 件（次），较上年上升 37.7%。强力推进侵害群众利益问题整治暨信访问题线索办理专项活动深入开展，其中、省访举报件办结率达到 100%，乡镇（街道）纪（工）委信访件办结率达到 90.7%，取得历史最好成绩；重复信访举报突出问题集中治理工作扎实开展，下大力气集中解决了一批群众反映强烈的疑难复杂信访问题，治理工作受到省、市纪委的通报表彰。

【保障脱贫攻坚】 县纪委监委把专项治理作为保障打赢全县脱贫攻坚战的有力抓手和重要平台。在制定 2018—2020 年专项治理方案的基础上，研判年度专项治理形势和重点，又分别出台 2018 年度及其重点工作两个实施方案。先后召开 4 次领导班子会，对专项治理进行安排，研判工作态势，强化推进措施，集中交办案件，破解治理难题。4 月中旬，县纪委监委选取 52 个“扶贫任务重、项目资金多、党建基础不够牢”贫困村作为专项治理工作村级联系点，下移治理重心，前置监督探头，以点带面推动专项治理在农村一线落实见效。在每个村各聘请若干名“党风廉政建设监督员”，作为县纪委监委加强联系点工作的“情报员”和开展专项治理的“监督员”，确保工作扎实有效推进。6 月 14 日，县纪委监委召开全县系统内打赢专项治理攻坚战誓师大会，将全县 26 个乡镇（街道）划为 7 个“战区”，每个战区指定 1 名委领导班子成员牵头负责，由县委机关 7 个执纪监督室具体实施，统一协调 3—4 个乡镇（街道）纪（工）委资源力量，集中力量攻城拔寨，专项治理“战况”实行每周通报。坚持将脱贫攻坚工作中干部作风问题专项督查、扶贫领域侵害群众利益突出问题集中整治，同推进扶贫领域腐败和作风问题专项治理捆在一起抓，重点围绕脱贫攻坚政策落实、扶贫帮扶资金管理发放、扶贫项目审批验收等重点环节，着力查处整治失职失责、优亲厚友、以权谋私等违纪违法问题。2018 年，共处置扶贫领域问题线索 536 件，立案 130 件，处分 148 人，其中处分科级干部 13 人，给予撤职以上重处分 40 人，移送检察机关审查起诉 4 人，利用第一种形态处理 243 人。

【助推县委中心工作】 围绕严肃村社区“两委”换届选举纪律，逐一对 776 名候选对象进行廉洁审查，杜绝“带病参选”。强化监督执纪问责，全程强化对换届风气的监督检查，对严重违反换届纪律的行为严查重处，立案 18 件，处分 30 人，第一种形态处理 26 人，特别是严肃查处了东岸乡关庄村原党支部书记兼村委主任涂改伪造选票案件，涉案的 3 名村党员干部被开除党籍，包括乡党委书记在内的 6 名党员领导干部被追究纪律责任，有力整肃了换届选举风气。开展帮扶工作。县纪委监委、县委巡察机构共帮扶 7 个村，涉及百尺乡贾湾村、杨阁村，和店镇柳庄村、范王村。2018 年年底，专项攻坚分包“脱贫攻坚重点村”三个，分别为和店镇李集村（靶向攻坚村）、蔡沟乡张青村、大张村（靶向攻坚村）。79 名工作人员共包 183 户贫困户，2016 年以来共脱贫 74

户，纪委监委巡查机构原工作人员54人分包124户，其中脱贫43户；检察机关转隶19人分包38户，其中脱贫22户；派驻机构转隶7人分包21户，其中脱贫9户。

6月14日，县纪委监察委打赢扶贫领域腐败和作风治理攻坚战誓师大会召开　　尚朋辉　摄

【开展以案促改】 2018年，县纪委监委明确“以点带面、突出重点、点面结合、全面推进”的工作思路，持续开展以案促改“十个一活动”，通过剖析典型案件，研究案发规律，深挖问题根源，推动坚持标本兼治推进以案促改工作制度化常态化，推动全面从严治党向纵深发展。县委全面担当以案促改工作主体责任。精挑细选中共十八大以来，上蔡县查处的能够体现全面从严治党综合效果的438起典型案例，并向发案单位下发了以案促改通知书，其中，县处级干部2例，乡科级干部102例，具有较大社会影响、群众反映强烈的一般党员干部334例，并要求凡是党纪政务重处分或移交司法机关的案例必须开展以案促改，对全县通报的典型案例必须开展以案促改。2018年，县纪委监委还从县教育系统选取7名领导干部典型案件，集中推动教育领域以案促改工作。全县各级党组织召开专题民主生活会305场次，召开集中警示教育会317场次，全面查摆整改存在问题。县纪委在县法院开设“廉政教育课堂”，已开设3期。2018年，全县共剖析典型案件493例，其中县处级以上领导干部57例，乡科级领导干部102例，具有较大社会影响、群众反映强烈的一般党员干部334例；坚持与风险排查和制度预防相结合，重新排查廉政风险点1338个、重新修订风险防控措施1310余条；与突出学习教育相结合，全县各级党组织共开展生活会研讨305余场次，开展警示教育活动317余场次，举办“反对贿赂·公平竞争”构建“亲”“清”政商关系报告会，全县受教育人数达1.87万余人次。

【制度建设】 2018年，县纪委主要制定以下规章制度:《关于进一步加强乡镇（街道）纪检监察协作区组织领导工作的通知》《关于加强乡镇（街道）纪（工）委“走读式”标准化谈话室建设的通知》《上蔡县纪委监察委关于进一步规范加强党纪政务处分决定送达宣布工作的暂行办法》《上蔡县纪委监察委关于推行“乡案县审”工作的暂行办法》《县纪委监察委领导分工意见》《上蔡县纪委监察委机关综合部门工作绩效考评暂行办法》《上蔡县纪委监察委机关审查调查工作考核办法》《上蔡县纪委监察委派驻纪检监察组工作绩效考评暂行办法》《上蔡县乡镇（街道）纪（工）委纪检监察业务工作考核暂行办法》《上蔡县纪委监察委谈话点安全管理及工作制度（试行）等6项制度的通知》《县纪委机关办公用房管理办法》《机关食堂管理办法》《上蔡县纪委监察委案件移送审理暂行办法（试行）》《关于加强全县党风廉政建设网络舆情工作的若干规定》《关于规范全县领导干部违纪违法案件信息发布和新闻报道的意见》《上蔡县纪委监察委在扫黑除恶专项斗争中强化监督执纪问责的工作方案》《县纪委监察委脱贫攻坚专项督查工作实施方案》《全县纪检监察系统学习宣传贯彻宪法监察法工作方案及责任分工的通知》《上蔡县纪委监察委机关关于深入贯彻落实中央八项规定及实施细则精神的实施办法》《关于推进以案促改制度化常态化的实施办法》《全县严明政治纪律和政治规矩开展整治“帮圈文化”专项排查工作方案》《关于乡镇（街道）派出监察机构的实施意见》《关于严明政治纪律强化意识形态领域责任追究工作的通知》《上蔡县纪委监察机关档案管理暂行办法》。

【保障扫黑除恶】 县纪委印发了《上蔡县纪委监察委在扫黑除恶专项斗争中强化监督问责的工作方案》《上蔡县扫黑除恶专项斗争宣传单》，在微信工作群发布党政领导干部扫黑除恶应知应会内容、黑恶势力“保护伞”十五大类型。广泛宣传扫黑除恶相关政策和知识。发挥县纪委监委监督职能，由各执纪监督部门和派驻纪检监察组牵头，采取听取汇报、查阅资料、现场走访等方式，对联系乡镇（街道）、县直单位组织开展扫黑除恶斗争情况进行日常监督检查，建立检查台账。在监督检查中，对推动工作不力的，向党委、纪委下发督促落实主体责任、监督责任通知书；对存在轻微问题的，运用执纪监督第一种形态，责令作出检查，限期进行整改，做到了早警示、早纠正、早处理。建立机制制度。制定了上蔡县纪委监委、上蔡县公安局扫黑除恶问题线索移交机制，上蔡县纪委监委建立了深挖彻查黑恶势力“保护伞”问题线索联席会议制度，黑恶势力“保护伞”问题线索接收核查反馈工作机制，建立了“一表两证三单”“一案三查制度”。建立了党员、干部涉黑涉恶典型案件通报制度，结合查处的党员干部涉黑涉恶腐败案件，筛选一批典型案例，开展警示教育，发挥警示教育震慑作用。2018年，查处涉黑涉恶类案件17件，其中涉黑涉恶腐败案件4件，工作推动不力问题立案10件，深挖彻查背后“保护伞”案件3件。共处分15人，移交司法机关依法处理2人，第一种形态处理5人。

【监察职能向基层延伸】 2018年，通过压实目标责任、狠抓职能融合、从严监督管理等措施落实，纪检监察两项职能得到充分融合，办案办公场所和设备设施建设进一步完善配套，乡镇（街道）纪（工）委、监察办公室遂行任务的能力特别是执纪办案水平大幅提升，共处置问题线索433件，立案298件，已结案192件，处分312人，第一种形态处理331人。在全县选取52个“扶贫任务重、项目资金多、党建基础不够牢”贫困村，作为县纪委保障打赢脱贫攻坚战村级联系点。把监督发现问题及苗头隐患作为联系点工作的首要任务，聚焦扶贫领域腐败和作风问题，紧紧围绕脱贫攻坚决策部署落地落实，从纪检监察工作层面实施全方位、多角度扫描监控，对其中存在的问题和苗头隐患及时发现、系统查摆，集中治理、全面整改。

（尚朋辉）

巡察巡视

【概　况】 2018年，县委巡察机构对标上级巡视巡察要求，坚决贯彻落实中央和省、市、县委的决策部署，坚持问题导向，不断深化政治巡察，推动整改落实，取得了显著成效，为全县经济社会各项事业发展提供了坚强政治保障。

【巡察工作】 2018年，县委巡察机构组织开展了三轮巡察，对16个单位开展了巡察监督，共受理信访举报、发现问题线索65件（纪检监察类37件，利益诉求类28件），党政纪处分4人，诫勉谈话13人，组织调整2人。在做好巡察监督的同时，积极配合省委第十巡视组对全县扶贫领域专项巡视、四届市委第六轮对全县5个乡镇脱贫攻坚领域专项巡察，扎实做好巡视巡察整改工作。

【制度建设】 按照中央和省、市、县委最新要求，结合实际，扎实推进制度建设全覆盖，实现从粗放式、套用式向精细化、差异化转变。按照“废、改、立”的原则，2018年，建立完善各项制度17项，为政治巡察、履行主体责任、做好巡察整改等工作提供了制度保障。

十二届县委第四轮巡察工作动员部署会议

【自身建设】 深入学习习近平新时代中国特色社会主义思想和中共十九大精神，认真履行全面从严治党主体责任，以“不忘初心、牢记使命”主题教育、“两学一做”学习教育常态化制度化、“以案促改”常态化制度化、整治“帮圈文化”活动为抓手，按照中央和省、市、县委部署要求，紧抓全体人员思想建设，强化理想信念、党性教育，筑牢理想信念之基，切实增强全体人员“四个意识”，建设一支“忠诚坚定、担当尽责、遵纪守法、清正廉洁”的巡察干部队伍。

（望　杰）

群众团体

上蔡县总工会

【概　况】 2018年，县总工会以中共十九大精神为指导，围绕全县改革发展稳定的大局，紧紧抓住职工关心的难点、热点问题，积极和富有创造性地开展工作，工会工作取得了新的进展和突破，在推进全县改革发展和社会进步中发挥了重要作用，获得市级文明单位荣誉称号。

【组织建设】 2018年发展工会会员9685人，农民工会员9000人，新建基层工会组织55家。截至2018年12月底，全县共有基层工会组织1316家，工会会员138147人，每个基层工会组织都有专（兼）职工会主席。积极适应“互联网+”的新趋势，办好工会网站，建立工会微博、开通了工会微信公众号。设立了“互联网+工会工作”办公室，配备专职工作人员，有力地推动了基层工会工作的开展。

【工资集体协商】 全县现有非公企业460家，已签订集体合同的企业433家。其中有150家单独签订了工资集体协商合同，覆盖职工5477人；行业性集体合同10份，覆盖企业190家，职工2560人；区域性集体合同10份，覆盖企业90家，覆盖职工643人。合同签订率达到90.5%。

【维权工作】 2018年，利用“六五”普法宣传日、“安全生产月”“职业病防治法宣传周”等节点，在县城主要街道及大型工地进行宣传并发放《中华人民共和国职业病防治法》《中华人民共和国工会法》《中华人民共和国劳动合同法》《女职工劳动保护特别规定》等法律法规2000余份，为农民工提供现场咨询500余人次。

【劳动竞赛】 为发挥工人阶级主人翁精神，县总工会组织开展“安康杯”劳动竞赛活动，县总工会成立了以总工会主席为组长，副主席为常务副组长的2018年“安康杯”竞赛活动领导小组。活动期间，县总工会统一制作了宣传横幅36条，宣传挂图17套，宣传栏9个，与此同时，还为每个生产单位新购了一批安全生产法规读本1000余套分发到生产一线的职手中。

【劳模评选】 “五一”期间，县总工会开展了五一劳动奖章、劳动奖状、工人先锋号评比活动。通过公开、公平、公正的评选，共有80人荣获“上蔡县五一劳动奖章”荣誉称号；10个单位荣获“上蔡县五一劳动奖状”殊荣；10个车间（班组）荣获“工人先锋号”称号。

【文体活动】 3月，驻马店市总工会举办第五届“书香三八”读书活动，上蔡县女职工积极参与，取得了优异成绩，被市总工会授予优秀组织奖。4月，县总工会与上蔡县教育体育局、上蔡县老年体育协会联合举办“上蔡县惠民村镇银行杯”全民健身操舞大赛，全县有33个民间健身操舞组织参加了比赛，全县有2000余人参加了本次活动，有10余个民间体操舞组织得到了优秀奖。为增强干部职工体质，县总工会在全县范围内倡议并开展了“工间操”活动，使广大职工在紧张工作的同时得到锻炼，深受职工的欢迎。5月，在全县各基层工会举办了以“中国梦·劳动美”为主题的演讲比赛。10月，认真执行市总工会在全市职工中开展网上“技能大练兵，闯关赢话费”知识竞赛活动的通知。经过动员部署，全县职工积极参与此次竞赛活动。截至11月14日，参赛人数达到3105人，收到良好效果。12月，为全县3家基层工会申报市级职工书屋并获得批准组建，满足了广大职工多读书、读好书的愿望。

【送温暖活动】 2018年春节期间，为让困难职工能过一个欢乐祥和的春节，县总工会多方筹集资金150多万元，共慰问救助困难职工1168人。其中慰问困难职工40人，生活救助908人，医疗救助38人，慰问困难劳模26人。2—3月下旬，举办春风送温暖大型招聘会，推荐2000多农民工到深圳全顺人力资源公司工作，安排200余困难职工实现再就业。开展劳动模范、五一劳动奖章获得者助力脱贫攻坚行动。张全收、侯亿民等为代表的10多名劳动模范、优秀企业家主动为社会捐款捐物600多万元，全县1500名农民工实现就业，200余户贫困户走上了脱贫道路。开展“冬送温暖、夏送清凉”活动。1月，县总工会在深圳全顺劳动人力资源上蔡公司总部举办欢迎农民工返乡回家过年活动，为返乡农民工赠送电热毯120余套。在“三夏”期间，县总工会领导带领职工多次到建筑工地、交警执勤点及环卫工人集聚点送去价值5000余元的防暑降温食品、药品及防护设备，使他们真正感受到工会就是职工的“娘家”。“金秋助学”活动是县工会系统切实帮助职工解决现实困难的有效举措，并且已经发展成为具有一定社会影响力的帮扶工作品牌。县总工会及各基层工会历来高度重视金秋助学工作，成立了专项领导小组。2018年为全县155名困难职工家庭子女申请解决了每人3000元的助学金，有效解决了他们上学难的问题。

【脱贫攻坚】 县总工会根据县委、县政府的安排部署，帮扶西洪乡石堂村、洙湖镇樊庄实施脱贫工作。投入资金103400元为西洪乡石堂村进行村室整修，购置办公设备；购买了垃圾箱、垃圾车、皮筏艇等用于村里环境治理；为贫困户发放御寒棉被、大衣等物品。投入资金9540元为洙湖镇樊庄村委会购置了20套办公桌椅及档案柜，有效改善了村委的办公条件。自全国“6·28”城镇困难职工解困脱困工作电视电话会议后，县总工会成立了专项领导小组，认真贯彻实施县政府下发的《关于进一步做好城镇困难职工解困脱困工作的实施意见》。县总工会召开3场专题会议，举办培训班2场180人次，开展督查工作4次，走访摸排困难职工家庭588户次。

【扫黑除恶】 根据县委县政府关于开展扫黑除恶专项斗争会议精神，县总工会组织党员干部深入企业开展扫黑除恶专项斗争宣传活动。向企业职工、群众宣传党中央、国务院在全国开展扫黑除恶专项斗争的重大意义，使职工群众自觉参与到扫黑除恶专项斗争工作中来。

共青团上蔡县委员会

【概　况】 2018年，共青团上蔡县委以习近平新时代中国特色社会主义思想为指导，认真学习宣传贯彻中共十九大、团的十八大精神，继续以强“三性”（政治性、先进性、群众性）、去“四化”（机关化、行政化、贵族化、娱乐化）为主攻方向，着力深化改革攻坚，大力推进从严治团，积极服务全县经济社会发展大局，团结带领全县广大团员青年，为建设“富强、文明、活力、平安、美丽”新上蔡作出了积极贡献。

【新时代青少年思想引领】 全县各级团组织以习近平新时代中国特色社会主义思想、中共十九大、团的十八大精神及中国梦、社会主义核心价值观宣传教育为重点，结合“青年大学习”“党的创新理论进基层”活动，把线下深入宣讲与线上生动阐释结合起来，使新思想在青年中入耳入脑入心。广泛开展“红领巾相约中国梦”“青少年中华经典诵读大赛”及“上蔡县十大杰出青年”“十佳少先队员”“十佳少先队辅导员”等典型选树宣传，引导广大青少年树立正确的世界观、人生观、价值观。

【助力脱贫攻坚】 扎实开展“希望工程圆梦行动”。2018年团县委积极争取上级项目资金39万元，资助54名品学兼优的贫困生顺利步入大学校门；争取团省委“晨曦计划”公益资金243000元，资助上蔡第一高级中学一年级品学兼优建档立卡贫困生30人（高一至高三每人每年2700元）。认真开展“八方援 共青团助力脱贫攻坚行动”。2月10日，共青团上蔡县委书记胡焕焕带领上蔡籍驻马店市青联委员深入到市青联委员结对帮扶村五龙镇高白玉村，对建档立卡的58户贫困户进行新春慰问，发放了价值万元的面粉和食用油。7月，携手上蔡碧桂园共同走进黄埠镇小王营小学，向学校捐赠了价值3万元的打印机、书包、文具、体育用品。11月底至12月初，依托省团校对上蔡县31名农民进行了为期15天的新型职业农民设施蔬菜生产技术培训。2018年，青年先锋队继续深入乡村蹲点调研，采取解剖“麻雀”的方式，以问题发现为导向，问题整改为抓手，努力在落实脱贫攻坚各项重点任务上真正发挥作用。2018青年先锋队足迹遍布全县322个建制村，入户走访摸排农户8000多户，发现问题1800余条，督促整改问题1750余条，有效提升群众对脱贫攻坚工作的满意度，为全县脱贫攻坚工作进一步提升打下坚实的基础。团县委联合县委组织部、县扶贫开发办公室下发了《关于选派优秀团干部和青年骨干兼任第一团支部书记助力脱贫攻坚战的实施意见》。2018年年底，首批51名第一团支部书记已全部派驻到位，并充分发挥了第一党支部书记的“推车人”的作用。认真落实帮扶责任人责任。团县委3名干部，共结对帮扶东洪镇河南村5户贫困户，结合实际，因户、因人施策，通过政策救助、项目扶持、环境整治，有效增加了群众收入，改善了生活居住环境。

脱贫攻坚先锋队授旗仪式　　宋永亮　摄

【共青团上蔡县委员会第十二次代表大会】 2018年12月28日，召开共青团上蔡县委员会第十二次代表大会。会议审议通过了共青团上蔡县委书记翟剑明代表中国共产主义青年团上蔡县第十一届委员会作的题为《不忘初心跟党走、牢记使命勇担当，在建设富强文明活力平安美丽新上蔡的伟大实践中谱写青春华章》的报告，选举产生了中国共产主义青年团上蔡县第十二届委员会委员25名、候补委员11名和出席共青团驻马店市第三次代表大会代表30名。随后，又召开了中国共产主义青年团上蔡县第十二届委员会第一次会议，会议选举产生了中国共产主义青年团上蔡县第十二届委员会常务委员会委员9名，翟剑明当选为中国共产主义青年团上蔡县第十二届委员会书记，井东升、杨志红当选为专职副书记，陈金美、刘念当选为挂职副书记，张欢当选为兼职副书记。

【推动改革向基层延伸】 充分用村“两委”换届选举的有利时机，选举产生了村级团支部书记，进一步完善了村级团组织。统筹推进中学共青团、少先队改革向纵深推进，大力加强中学共青团改革，推动中学理顺“一心双环”的团学组织格局。“六一”前夕，在上蔡中学举行了少先队观摩活动，并以此为契机，督促指导少先队改革任务落细落小落实。

【推进共青团工作网络化】 大力实施“网上共青团”工程，全面推动“智慧团建”。在“智慧团建”系统创建了从团县委到基层团支部的完整的组织、个人信息。

【拓展团建新阵地】 依托乡镇（街道）党群服务中心、村（社区）党员活动场所或文化活动广场等建立“青年之家”，进一步破解了团组织“缺场所”问题，畅通服务青年的“最后一公里”。至12月底，全县共有“青年之家”30个，其中省级示范基地2个。

上蔡县志愿者联盟在栗庄村开展活动

宋永亮　摄

【规范团干部、团员队伍建设】 继续推行“4+1”（即个人自学、集中研学、党课助学、“网络送学+党规党纪考试”）工作法，团干部直接联系青年“1+100”（是密切专职、挂职、兼职团干部与基层一线普通团员青年的联系）工作机制，切实解决脱离青年群众的问题。同时，注重团员先进性建设。规范程序、强化培养、严格纪律，继续实施总量调控和发展团员编号制度，不断提高发展团员质量。2018年全县共发展团员4900名，初中毕业班团学比例控制在30%以内、高中毕业班团学比例控制在60%以内。并以“践行新思想、建功新时代”为主题，持续开展共青团员先锋岗（队）创建活动，增强团员身份意识和荣誉感。同时，团县委从工作经费中拿出5万元，为全县学校团组织统一印制了会议记录本、团章、团员档案袋，进一步规范了学校基层团务。

【维护青少年合法权益】 切实履行预防青少年违法犯罪工作领导小组办公室的职责，集中开展“两法一条例”宣传活动；联合检察院、法院、教体局等部门开展了法治宣讲、送法进校园活动；联合县综治办、教体局等部门，认真开展了全县预防未成年人溺亡专项治理工作，加强了青少年尤其是留守儿童防溺水知识宣讲；广泛开展了青少年网络文明行动、青少年远离网吧、远离毒品、争做安全小卫士等活动，切实增强青少年的安全意识和自我保护能力，促进青少年健康成长。

（翟剑明）

上蔡县妇女联合会

【概　况】 2018年，县妇联紧紧围绕中心，服务大局，积极履行组织妇女、引导妇女、服务妇女和维护妇女儿童合法权益的职责，努力把妇联建设成为党开展妇女工作的“坚强阵地”和“温暖之家”，在推进全县经济社会发展中充分发挥桥梁纽带作用，较好地完成了各项工作任务。

【引领妇女创业就业】 积极开展“巧媳妇工程示范基地”创建活动，有45个巧媳妇工程示范基地和加工站点挂牌，在20个巧媳妇工程示范基地成立了“妇女之家”。引领更多贫困妇女脱贫致富，共计帮助贫困妇女786人。县妇联在县“巧媳妇”工程示范基地齐海乡创鑫玩具厂举办“巧手忙脱贫 巾帼建新功”技能比赛，现场给获奖选手颁发奖品，设一等奖3名，二等奖4名，三等奖5名，奖品有夏凉被、床单、被罩、水杯等，活动充分活跃了示范基地的企业文化。2018年，县妇联联合雪绒花母婴健康护理中心共举办“关爱贫困妇女 助推精准扶贫”培训班9期，培训贫困妇女500余人；联合市妇联举办实用技能培训班一期，培训妇女400余人。

【实施巾帼维权行动】 举办“送法到家”法律专题系列讲座。县妇联先后到韩寨乡、蔡沟乡和朱里镇举办3期“送法到家”系列活动，向广大妇女普及宪法知识和反家庭暴力法有关知识，发放宣传彩页、宣传抽纸和县妇联印制的《妇女儿童法律法规实用手册》等，受教育妇女达400多人。5月8日上午，举办“珍爱生命 拒绝毒品——百名妇女禁毒签名仪式”。全县各级妇女群众代表400余人参加了活动。现场发放《远离毒品危害 创建平安家庭》倡议书400余份。认真做好来信、来访、来电工作。一年来，共接待来信来访21起，信访案件办结率达到100%。协助公安局刑警队陪审未成年人罪犯8起。

【助推精准扶贫工程】 争取上级妇联及社会各方面力量助力精准扶贫。县妇联联合爱心企业到所帮扶大路李乡肖里侯社区，为该社区32户贫困户送去过冬棉衣32件；为小岳寺乡敬老院和朱里镇敬老院的孤寡老人送去过年的棉衣；为大路李乡敬老院送去米、面、油、鸡蛋、过冬的棉被等慰问品。为93名身患“两癌”的农村贫困妇女申请“两癌救助金”93万元（每人1万元）；为10名当年考入本科院校的贫困女大学生申请“春华行动”救助金5万元（每人5000元）。开展扶贫日“心系贫困户 重阳送温暖”活动。10月17日，县妇联驻村工作队深入大路李乡肖里侯社区，走访慰问4户建档立卡贫困老人及特困户，给他们送去了米面油等慰问品。

【服务儿童】“六一”前夕，县妇联主要领导陪同县四大班子领导分别到县直幼儿园、县第三小学看望慰问幼儿和建档立卡贫困家庭儿童。给县直幼儿园的孩子们送去2000元慰问金，给县第三小学的建档立卡贫困家庭儿童送去了书包、本子、笔等学习用品。县妇联联合县第三小学举行了庆祝“六一”儿童节“家风家训伴成长”演讲比赛，当场为获奖小选手们颁发20个荣誉证书和40件奖品。县妇联组织乡镇妇联和巾帼志愿者进村入户、进培训中心、进校园等，宣传暑期防溺水安全知识。还与县消防大队联合，在无量寺乡五道庙村举行暑期安全教育宣传活动。五道庙村的60多名学生和家长参加了活动，同时发放暑期安全教育倡议书60多份，展示安全教育宣传板4块。

【党建带妇建】 全面落实从严治党要求，严格落实“两个责任”，建立健全组织生活、“三会一课”、民主评议、党员学习等规章制度，全体党员干部职工的思想、工作、作风、纪律建设水平明显提高。在非公企业建立妇女之家，扩大妇联组织覆盖面。

【实施“家庭美德促进行动”】 大力倡导家庭文明行为，在全县范围内开展了“平安和睦”家庭创建和寻找“最美家庭”活动，评选出了一大批好媳妇、好婆婆、好丈夫、好儿子等家庭“十好”标兵26户和上蔡县第四届十佳“最美家庭”10户，弘扬了家庭正能量。

（王永颜）

上蔡县归侨侨眷联合会

【概 况】 2018年，上蔡县归国华侨侨眷联合会（以下简称县侨联）紧紧围绕县委、县政府中心工作大局，积极发挥党和政府联系归侨、侨眷和海外侨胞的桥梁纽带作用，以开拓思路求创新，搞好联谊谋发展的工作要求，充分发挥自身优势，认真履行职能，为助推上蔡经济社会发展发挥了独特作用，取得了显著成绩。

【联谊活动】 2018年，县侨联以根亲文化为桥梁，多次接待蔡氏宗亲及其他宗亲莅蔡谒祖寻根、恳亲考察、联络联谊等活动。3 月 28—29 日，在传统节日清明节即将到来之际，来自泰国、西班牙等国家和中国台湾地区以及江苏、福建、上海等 20 多个省、市的 1600 多名蔡氏宗亲齐聚上蔡谒祖寻根、恳亲考察。4 月 1 日，湖北、安徽、江苏、陕西等近 10 个省的 60 多名漆雕氏宗亲齐聚上蔡县华陂镇，举行祭祖仪式。仪式结束后，在上蔡县鹏宇国际酒店召开了漆雕开文化研讨会，众多漆雕氏宗亲畅所欲言、献策献力，就筹建漆雕氏文化研究会事宜进行协商。4 月 13 日，广东省陆丰市 120 多名蔡氏宗亲在陆丰蔡氏文化交流中心会长蔡宾果、总顾问蔡礼溪的带领下，到上蔡寻根祭祖。为弘扬古蔡文化，5 月 11 日，李斯文化展览馆揭红开馆仪式在上蔡县李斯步行街举行。6 月 20 日，河南省委统战部海联处处长周小川一行 5 人到上蔡县调研根亲文化建设。调研组一行先后到蔡叔度公陵园、蔡仲陵园、蔡明园广场等地查看了根亲文化建设情况，详细了解蔡氏文化、重阳文化、李斯文化等的历史发展与变革。重阳节来临之际，世界柯蔡宗亲总会为上蔡县举办第十六届重阳文化节活动捐赠了 5 万元活动经费。

【书画联谊】 2 月 9 日，由县委统战部主办，县侨联书画联谊会、县书画院承办，国家电网上蔡县供电公司协办的上蔡县学习贯彻中共十九大精神书画作品展暨义写春联活动在英雄广场隆重开幕。展出的 85 幅书画作品以歌颂中共十九大精神、祖国大好河山和上蔡县经济社会发展的新面貌、新风尚为主要内容，突出主旋律。5 月 22 日，县侨联书画联谊会、县书画院召开第十二次年度工作会议。会议总结回顾了县侨联书画联谊会和县书画院 2017 年度工作，并就 2018 年度工作进行安排部署。著名书画家陈子贞和冯明威在现场分别对书画作品进行了点评，与会会员受益匪浅。12 月 29 日，由国家电网上蔡县供电公司主办，县侨联书画联谊会、县书画院承办的上蔡县第三届“不忘初心，电力先行”书画作品展在国家电网上蔡县供电公司举行。

【服务海外侨胞、归侨侨眷工作】 1 月 11 日上午，驻马店市委统战部副部长、市侨联党组书记、主席蒋毓勤，市侨联副主席夏卫刚到上蔡县看望慰问老归侨陈爱芳。2 月 11 日，召开 2018 年老干部暨各界人士迎新春座谈会，共谋上蔡发展，喜迎新春佳节。归侨侨眷代表方全喜受邀参加了此次座谈会。8 月 16 日，县侨联召开座谈会，热情欢迎回乡省亲的留美博士方超。8 月 23 日，意大利米兰市龙甲中文学校校长、米兰中国文化中心及意大利手拉手意中文化交流协会会长李群来带领协会代表团来华进行文化交流，并抽空返乡省亲。10 月 24 日，驻马店市委统战部副部长、市侨联党组书记、主席蒋毓勤带领市侨联干部到上蔡开展“零距离聚侨心”活动，走访慰问归侨侨眷，并送去了慰问品，转达了侨联组织对归侨和海外亲人的问候。

广东省揭阳市蔡氏宗亲会在上蔡谒祖寻根
李硕楷　摄

上蔡县第四次归侨侨眷代表大会　　李硕楷　摄

【上蔡县第四次归侨侨眷代表大会】 12月28日，召开第四次归侨侨眷代表大会。会上，回顾总结县三次侨代会以来的主要工作，提出今后五年的工作建议。大会依法选举产生了上蔡县侨联第四届委员会委员、常委、主席、副主席、秘书长，高培俊当选为上蔡县侨联第四届委员会主席。会议期间，县侨联印发了《中华人民共和国宪法修正案（读本）》，组织与会全体归侨侨眷代表认真学习宪法，畅谈学习心得。

（姜翔慧）

上蔡县工商业联合会

【概　况】 2018年，上蔡县工商业联合会（简称上蔡县工商联）以服务大局为己任，以促进“两个健康”（非公有制经济健康发展和非公有制经济人士健康成长）为根本任务，凝心聚力、锐意进取、担当作为，各项工作都取得了较好的成绩，开创了上蔡县工商联工作的新局面，展现了全国“五好”（领导班子好、会员发展好、商会建设好、作用发挥好、工作保障好）县级工商联的风采。

【制度建设】 2018年，上蔡县委、县政府将工商联工作纳入党委、政府重要议事日程，主要领导亲自抓，明确了一名副县长分管工商联工作，设立了工商联党组，党组书记由县委统战部副部长兼任。县工商联建立了民主规范的议事决策规则和发挥非公有制经济代表人士作用的工作机制，定期召开会议，并建立了县工商联（总商会）领导班子成员轮流值班制度，提高了办事效率和工作效能，使之成为广大非公有制经济人士信赖的“会员之家”。

【组织发展】 制定了上蔡县工商联（总商会）2016—2020年会员发展规划，建立了完善的会员准入、退出办法及联系服务管理会员制度。会员结构逐年优化，企业会员比例不断提升，会员数量年增长率达7.3%。按时填写了会员组织报表及撰写上报组织发展报告。执常委数据库及时更新、准确录入，商会数据库入库率达到100%。截至2018年年底，县工商联（总商会）有领导班子成员18人，其中主席（会长）1人、兼职副主席（副会长）16人、秘书长1人，全县共组建乡镇（街道）商会26个（上蔡县各乡镇（街道）实现了商会全覆盖），异地商会6个，园区商会1个，行业商会2个，其他商会1个。有会员5592人，全县工商联（总商会）会员涵盖了非公有制经济的各个领域。

【政治建设】 开展理想信念教育实践活动。全国非公有制经济人士理想信念教育实践活动开展以后，上蔡县工商联结合县域特点因地制宜、因企制宜、因人施教开展特色鲜明的实践活动，在思想政治工作、经济服务、社会服务、法律服务、议政建言等方面搭建起行之有效的工作平台。配合县委组织部做好民营企业和各类商会党组组建工作。采取单独组建、区域联建、行业统建、挂靠组建、园区统建等方式，不断提高党组织覆盖率。对新组建的党组织经常联系指导，确保党组织活动正常开展。做好非公有制经济代表人士政治安排工作。31名非公有制经济代表人士担任市、县人大代表，2人任县人大常委，41名非公有制经济代表人士担任省、市、县政协委员，1人任市政协常委，4人任县政协常委。组织会员企业和非公经济人士积极建言献策。广泛听取非公经济人士在经济建设、社会发展、民生改善等方面的意见建议，为县委、县政府科学决策服务。

【脱贫攻坚】 深入开展“百企帮百村”精准扶贫活动。引导全县20家非公有制经济会员企业以“产业带动、资金帮扶、吸纳就业、技能培训和捐资助学”等形式开展精准扶贫行动，在42个贫困村实施帮扶项目52个，帮扶资金1295.57万元，帮扶贫困人数6172人，精准帮扶取得明显成效。扎实推进社会扶贫捐赠。组织社会扶贫硬仗

上蔡县第四次归侨侨眷代表大会　　李硕楷　摄

和店镇爱心超市　　宋永亮　摄

指挥部成员单位和县财政投入项目业主单位参加社会扶贫工作推进会，发出了《上蔡县社会扶贫倡议书》，发动县内外的爱心企业和爱心人士捐款捐物。规范建设运营“爱心超市”。按照“政府主导、社会参与，试点先行、全面推广”的原则，整合政府、企业和社会力量，募集专项资金，在上蔡县26个乡镇（街道）建立能够覆盖本辖区全体建档立卡贫困户的“爱心超市”。为确保“爱心超市”的正常运营，成立了上蔡县“爱心超市”监督管理委员会，协助出台了《上蔡县“爱心超市”建设实施细则（试行）》和《爱心积分评定细则》，逐步规范“爱心超市”的运营和管理，确保“爱心超市”建设标准高、运营管理严、精准服务实。通过对贫困户实行考核积分、发放奖品的管理方式，激发了贫困群众脱贫致富奔小康的积极性，创新了精准扶贫新模式，助推了上蔡县脱贫攻坚实现新突破。

（赵德广　李少峰）

上蔡县残疾人联合会

【概　况】 2018年，上蔡县残疾人联合会（以下简称县残联）以中共十九大精神为指导，紧紧围绕县委、县政府的中心工作和目标任务，以加快推进残疾人小康进程，不断改进残疾人生活状况为目的，认真开展了残疾人基层组织建设、助残扶残、精准康复服务和就业培训等工作，取得了显著成效。被驻马店市残工委评为2018年全市残联脱贫攻坚先进单位、2018年残疾人工作目标管理先进单位、2018年残疾人工作先进单位。

【基层组织建设】 2018年，县残联加大了基层组织规范化建设力度。年初，在县委、县政府支持下，将基层组织规范化建设纳入了各乡镇年度工作综合目标考核内容，引起了各乡镇党委、政府的高度重视，加强了对该项工作的领导，确保该项工作落到了实处。全县26个乡镇（街道）残疾人组织建设全部达到规范化建设标准，配齐了残联理事长和专职委员，做到了有机构、有人员、有牌子、制度完善、表册齐全、工作到位。结合村委换届，全县460个建制村（社区）成立了残疾人协会，配齐了残疾人专职委员，基本上实现了基层组织健全到位、办公地点到位、人员配备到位、基层工作到位。

【机关自身建设】 2018年，县残联以开展“两学一做”“以案促改”“党风廉政建设”“宪法学习宣传”等主题教育活动为契机，加强党风、政风、行风建设，建立健全各项规章制度，进一步增强大局意识、服务意识，全面提升了残联对外形象。一年来，残联系统安全事故“零发生”，违纪违法“零发生”，信访“零上访”。

【残疾人信息数据动态更新】 根据《全国残疾人基本服务状况和需求信息数据动态更新工作方

案》的要求，县残联组织力量认真开展了信息调查和数据录入工作，共调查持证残疾人43555人，其中入户调查43517人，电话调查38人，入户调查率为99.91%。查清了全县残疾人个人基本情况、家庭经济状况、住房、就业、社会保障等各方面的信息，为国家制定残疾人的发展规划提供了依据。

【开展助残帮扶】 结合残疾人基本服务状况和需求调查数据信息，积极与县扶贫办沟通对接，将符合建档立卡贫困户条件的残疾人全部纳入县建档立卡贫困户。2018年，全县12684名各类残疾人被纳入“精准扶贫建档立卡贫困户。继续开展“驻村帮扶”和“万名干部帮万户”活动。针对各户实际情况制定帮扶计划，主要通过政策救助、就业培训、项目扶持等方式实施帮扶，2018年共帮助13户建档立卡贫困户实现了稳定脱贫。开展未入学残疾儿童调查摸底，建立残疾儿童个人档案，依照残疾儿童监护人意愿，向定点教育机构推荐聋哑、脑瘫、自闭症等残疾儿童接受教育，2018年共向定点教育机构推荐残疾儿童92名；将考入大中专、本科院校的贫困残疾人考生纳入救助范围，给予2000—5000元的救助，确保他们顺利完成学业。2018年度共救助贫困残疾人考生12名。开展“三夏”“三秋”帮扶。“三夏”“三秋”期间组织干部职工帮助贫困残疾人家庭抢收抢种庄稼900多亩、发放帮扶金4800元。开展“冬季送温暖”活动。2018年共慰问贫困残疾人260户，为贫困残疾人送去大衣130件、棉被130床、面粉260袋、大米260袋、食用油260壶。

2月7日，中国残联主席张海迪（中）到上蔡县调研残疾人工作

【残疾人精准康复服务】 积极和卫生部门协调，利用卫生系统网络实施残疾人家庭医生签约服务，完成残疾人家庭医生签约10000余人。组织600多名听力残疾人参加斯达克“世界从此欢声笑语”助听器筛查验配活动，经专业医师检查，有299名听力残疾人符合捐赠验配助听器条件，定制安装了高质量的助听器。认真贯彻落实《国务院关于建立残疾儿童康复救助制度的意见》，结合全县实际，出台了配套文件。开展了0—6周岁残疾儿童筛查活动，对残疾儿童的康复需求登记造册，对符合康复救助条件的残疾儿童转介到定点康复医院免费救治。2018年，共向康复医院转介残疾儿童135名。为贫困残疾人发放辅具，提供康复服务。2018年免费为贫困残疾人发放轮椅、助听器、助行架、坐便椅、拐杖等辅助器具2788件，服务各类贫困残疾人13671人。

【就业培训和扶贫基地建设】 2018年共培训残疾人900人，有850余人通过培训实现了就业。新创建了位于邵店镇王楼村的云婺牧业养殖基地和位于重阳街道王营村的欣燃养牛残疾人就业基地，为残疾人提供就业岗位62个。

【“残疾人证”办理】 县残联组织各乡镇、街道对全县持证残疾人、疑似残疾人进行全面核查，澄清贫困残疾人、疑似残疾人底数。联系县人民医院鉴定医师，利用节假日下乡为贫困残疾人和重度残疾人办理“残疾人证”，解决了重度残疾人出门不便的难题。2018年共办理“残疾人证”7578本，其中下乡办理“残疾人证”1485本。

【残疾人“两项补贴”政策落实】 为做好残疾人“两项补贴”（生活补贴、护理补贴）申报工作，县残联组织各乡镇、街道开展了持证残疾人享受残疾人“两项补贴”情况排查活动，帮助符合享受补贴条件而因故没有享受到补贴的残疾人申报残疾人“两项补贴”。2018 年，全县有 30541 名残疾人享受到了残疾人“两项补贴”救助。其中，各乡镇、街道通过开展排查活动为残疾人申报补贴 2674 人。

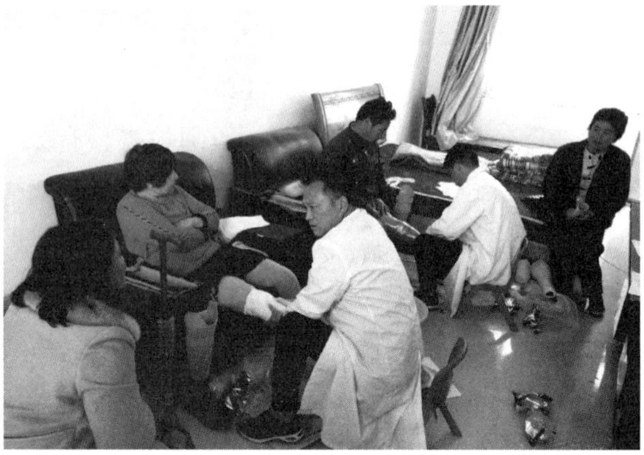

县残联假肢取型现场　　宋永亮　摄

【重度残疾人集中托养和日间照料中心建设】 全县 32 个重度残疾人托养中心全部建成并入住，共托养重度智力、肢体残疾人 619 名，基本上实现了重度残疾人集中托养全覆盖。按照市残联关于建设残疾人日间照料中心的要求，县残联依托民政部门，在芦岗街道的董寨、文楼、朱庄建立了三个残疾人日间照料中心，县残联为中心配备了轮椅、坐便椅、手杖等辅助器具，2018 年 10 月已建成投入使用。

【维权求助】 2018 年共接待残疾人来访 27 人次、县民意热线转办案件 1 件、市长热线转办案件 2 件，全部答复并处理到位。2018 年共发放残疾人机动轮椅车燃油补贴 120380 元，每人（辆）260 元，惠及残疾人 463 人。2018 年完成贫困残疾人家庭无障碍改造 650 户，每户按 2000 元的标准进行改造。其中市残联每户拨付 1000 元，县级财政每户匹配 1000 元。

【宣传及文体活动】 在“全国助残日”“国际残疾人日”“爱耳日”等残疾人节日，通过各种形式开展残疾人文化体育活动，动员全社会关心关爱残疾人，关注支持残疾人事业。特别是在第二十八个全国助残日期间，开展了“全面建成小康社会，残疾人一个也不能少”的助残日主题活动，进行了“残疾预防”和“健康扶贫”宣传教育，受到了残疾人的欢迎。精心组织，选送残疾人运动员参加在周口市举行的河南省第七届残疾人运动会，并获得了 2 金 1 银的优异成绩。新建残疾人体育活动健身示范点 1 个，培训残疾人体育健身指导员 8 名，实施康复体育关爱家庭计划，17 户受益。2018 年为定点康复机构（上蔡县金色小太阳幼儿园）捐赠衣物 140 件。

（梁松海）

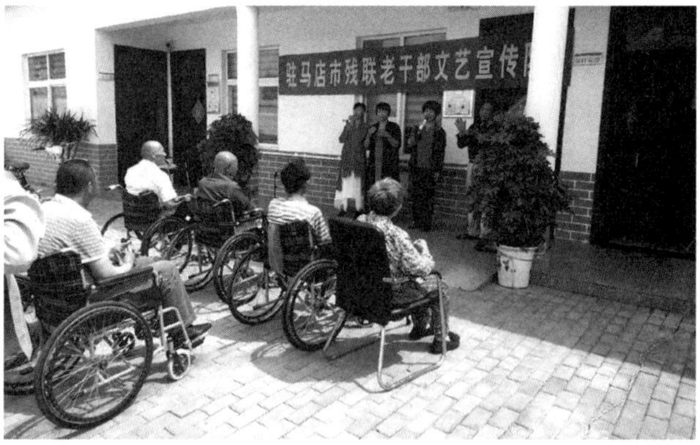

5 月 14 日，市残联老干部文艺宣传队到卧龙街道残疾人托养中心慰问演出　　宋永亮　摄

法 治

政法委及综治

【概　况】2018年，上蔡县委政法委严格按照省委、市委政法工作会议安排部署，紧紧围绕全县中心工作，以适应人民群众对平安的新需要为主线，以提升公众安全感和政法机关执法满意度为目标，以“突破上蔡”综合治理专项行动为抓手，进一步健全矛盾纠纷排查化解工作机制，切实加强综治中心和网格综治工作站规范化建设，着力完善社会治安防控体系，深入开展扫黑除恶专项斗争、打击冒充军人采购诈骗犯罪专项治理和禁毒专项斗争，开展形式多样的系列平安创建活动，确保了全县社会大局的持续稳定。

【政法工作会议】4月18日，上蔡县召开全县平安建设暨信访稳定工作会，传达贯彻中央和省市政法工作会议精神，落实全县平安建设工作新举措，县委书记胡建辉对政法及平安建设工作进行全面安排部署，出台一系列文件，为深入推进平安上蔡建设提供坚实政策支持。会上，对2017年度的先进单位和个人进行表彰奖励，签订《2018年度平安建设目标责任书》，对政法综治工作任务进行细化量化，明确各级各部门的职责任务，有力推动全县平安建设工作的深入开展。

【维护稳定工作】积极组织反邪教宣传教育活动、“打击处置‘全能神’邪教组织专项行动”，全面落实宣传、防范、打击、转化、涉外斗争等各项工作措施，年内无重大案事件发生。强化国家安全普法教育工作，提高全民国家安全意识。

【专项整治活动】2018年，共立各类刑事案件3170起，破获1387起，刑事发案率同比下降12.9%，连续两年发案率下降；共发生现行命案6起，成功破获6起，现行命案破案率达到100%；刑事拘留1334人，逮捕939人，起诉1249人，抓获各类网上逃犯329人；受理治安案件4182起，查处3615起，治安处罚1870人。强力推进冒充军人诈骗犯罪整治工作。全年共打掉冒充军人采购诈骗团伙26个，破获案件283起，抓获嫌疑人153名。按照县委县政府的决策部署，12月在全县范围内集中开展冒充军人采购诈骗犯罪网上逃犯动态清零行动，相关部门合力攻坚，遏制了冒充军人采购诈骗犯罪案件的发生。全县共搜集各类线索1175条，由县扫黑办分类交办1157条，其中转公安机关办理915条、纪委监察委136条、国土资源局52条、其他部门54条，线索已核查上报933条，核查率81%。共立涉黑涉恶类刑事案件141起，刑事拘留272人，移送起诉198人，经法院判决生效188人；打掉涉黑涉恶类团伙48个，其中按照涉黑犯罪组织侦办的2个、恶势力犯罪集团2个。共立案查处涉黑涉恶腐败问题18件，党纪政务处分23人，诫勉谈话3人，组织处理2人，移交司法机关4人，查处涉黑涉恶保护伞案件3件。全县侦办的尼全城开设赌场案被省公安厅挂牌督办，被评为省扫黑除恶经典案例。共抓获147名吸毒人员，强戒31人，社区戒毒28人；破获21起涉毒刑事案件，刑事拘留25人，收缴毒品海洛因132.78克；共办理非法种植毒品原植物案件87起，刑事处罚3人，行政处罚83人，铲除罂粟11183株，有效遏制非法种植活动的发展蔓延，一举摘掉禁毒工作重点地区的帽子。在全县开展打击“盗抢骗”犯罪专项行动，坚决严厉打击影响人民群众安全感的农村小偷小摸和城区盗窃电动车、电瓶等多发型侵财案件。为减少广大居民家庭财产被盗损失，县财政出资150万元为全县居民家庭签订治安家庭财产保险。6月11日举行平安家园治安保险现场赔付活动、人保财险驻马店公司助力平安上蔡捐赠活动仪式。9月举行打击“盗抢骗”犯罪专项行动赃款赃物发放大会，向广大群众展示打击“盗抢骗”犯罪专项行动成果。

【平安建设工作】 加强视频监控建设，推动视频监控建设集约化、联网规范化、应用智能化。新招聘辅警117名，为每个乡镇（街道）配置4辆巡防电动车。持续深化“一村（格）一警”长效机制，积极开展“夏季守护”“冬季守护”“警灯闪烁”等行动，共出动警车1900余台次、警力8000余人次，全面提升街面见警率。加装人脸识别系统60套，城区增加摄像头120个。2018年，利用人脸识别系统抓获各类逃犯30人，抓获嫌疑人72人。在村民组（自然村）设立1462个网格综治工作站，选配网格员5981名，全部配备综治APP手机卡，切实解决基层网格无人办事的问题。2018年，全县共评比“十星级平安和睦家庭”36.86万户；评选“五星级平安村（社区）”416个，创建率为90.86%；“十星级平安学校”311所、平安单位120个、平安医院26个、平安市场59个、平安车站3个。

【矛盾纠纷多元化解】 全年共排查出各类矛盾纠纷5669起，调处率99.1%。积极探索民事调解、行政调解、司法调解三调联动工作机制，加强专业性第三方调解，实行县、乡、村、组定期排查制度，开展源头预防和源头治理。继续开展矛盾纠纷大排查大化解，切实预防“民转刑”命案专项行动，共排查出可能引发民转刑案件的矛盾纠纷85起，已全部化解，全县没有发生民转刑命案。

【重点专项工作】 认真开展安全生产大排查、信访百日会战和消防安全、交通安全、食品药品安全、校园安全等专项治理活动，切实维护群众合法权益。认真开展预防未成年人溺亡专项治理。县综治、教育、水利、公安、民政、城建、共青团、妇联8个部门联合印发《专项治理活动方案》，成立领导组织，先后3次召开专题会议进行安排部署，建立健全学校、家庭、社会三位一体的预防未成年人溺亡工作体系。全县9条主要河流、1400多个坑塘全部明确责任单位、责任人和安全巡查员，设置警示牌7200个、宣传板1210块，全县没有发生恶性溺亡事件。切实抓好严重精神障碍患者救治管理及以奖代补政策落实工作。全县经卫生部门排查的精神障碍患者共4725人，对鉴定筛选出的三级以上重症患者318人，全部签订有奖监护协议，并落实每人200元的责任保险，有效预防严重精神障碍患者肇事肇祸案件的发生。全面推进社会心理服务体系建设。成立上蔡县社会心理服务体系建设领导小组，制定《关于强力推进社会心理服务体系建设工作的实施方案》，采取试点先行的办法，选取蔡都、芦岗等9个乡镇（街道）和部分县直单位开展试点建设，至2018年年底，9个试点乡镇已全部高标准完成建设任务。

【舆论宣传工作】 利用舆论工具宣传平安建设工作，在《驻马店日报》刊发专版介绍上蔡平安建设工作的做法和成效。利用广播电台和扶贫无线小喇叭，开设“政法之声”专栏，重点播出扫黑除恶打击战果、平安建设取得成效、治安防范知识等内容。利用“上蔡发布”“长安上蔡”、政法部门微信公众号，定期播出平安建设微视频、快板书等宣传内容，扩大网络平安建设影响力。12月，依托网络组织开展新媒体平安建设系列评选活动，访问量达近500万余人次，掀起平安建设宣传热潮。协调移动、联通、电信等单位发送数批平安建设宣传短信，协调各行业、各部门依托门户网站、微信群、公众号和电子显示屏动态宣传平安建设工作。在城区广场、公园、繁华路段等人员密集场所开展集中宣传活动，有效提升平安建设宣传活动覆盖面。

（刘思杰　孙胜光）

法治政府建设

【概　况】 法制办的工作职责是协助政府统筹推进全县依法行政和法治政府建设工作，具体承办政府复议和应诉工作，负责政府规范性文件的法律审查和具体行政行为的法律审核，对全县行政执法人员进行培训、考试、考核、监督等。

【实施依法行政】 上蔡县紧紧围绕依法行政、法治政府建设，积极推行行政执法责任制、服务型执法建设全覆盖。认真贯彻落实党政主要负责人履行推进法治政府建设第一责任人职责规定，抓住组织领导这个关键，完善决策机制，推进依法科学决策，实行权力清单动态管理，“放管服”改革成效明显，“一次办妥”积极推进，“双随机一公开”监督机制初步形成，政务公开全面推进，信息公开规范有序，法治宣传教育顺利实施，行政效能持续提升。法制办加强对政府规范性文件和具体行政行为的审核力度，全年审核把关600余件次，积极履行行政复议、行政应诉职责，依法有效化解行政争议和矛盾纠纷，同时积极参与信访问题“百日会战”，指导全县各级各部门解决信访积案478件。

【推进依法决策】 进一步完善重大行政决策公众参与、专家论证、风险评估、合法性审查、集体讨论等程序。凡涉及群众切身利益的重点民生工程等，都广泛征求社会各界的意见，聘请有关专家参与讨论，并积极做好重大事项的风险评估，坚持把合法性审查作为政府决策的重要程序。上半年县政府研究制定了《上蔡县人民政府工作规则》和《县政府法律顾问工作规则》，全程让法律顾问参与“杜一沟综合治理”和“党校搬迁PPP项目”等政府重大决策事项的研究与实施。全年县政府制定出台各类规范性文件20余份，严格按照《河南省规范性文件管理办法》规定的程序予以审查。例如县安监局起草的《上蔡县突发事件预警信息发布运行管理办法（试行）》经退回广泛征求意见，其内容符合上蔡县经济社会发展条件。 法制办对其进行合法性审查后，提交县政府常务会议讨论通过，公布实施，并向市政府和县人大常委会备案。

【推进服务型执法建设】 根据省市工作部署，重点开展了推进服务型行政执法建设工作以及服务型行政执法示范点的创建工作。以上蔡县法治政府建设领导小组办公室名义印发文件，请已创建成功的县工商局、县民政局介绍创建示范点的经验。抽调有关执法单位的卷宗开展评查、自查交流学习，县政府分管领导带领法治政府建设领导小组办公室的人员多次到县人社局、县盐业局等创建单位进行现场指导，调研示范点创建工作开展情况，组织观摩交流活动，有效推动工作开展。在2017年度县工商局、县民政局分别被定为省市服务型执法示范点的基础上，2018年又新确定了县人社局、县盐务局为市级服务型行政执法示范点，以点带面提升全县执法水平。认真举办全县服务型行政执法骨干培训班，深入开展服务型行政执法标兵评选活动，在全县营造了服务型行政执法建设的浓厚氛围。

【强化监督】 为强化政府内部流程控制和权力制约，出台了《上蔡县人民政府工作规则》《关于健全人大讨论重大事项制度、各级政府重大决策出台前向本级人大报告的实施意见》，对全面正确履行政府职能，提高政府决策议事的科学化、规范性水平，推进科学行政、民主行政、依法行政具有重要意义。在加强政府内部层级监督的同时，发挥审计等部门的专门监督作用，加大问责力度。在县政府网站和各部门设立咨询投诉专栏，申请信息公开专栏30多个，完善投诉举报制度，强化行政过错责任追究。2018年对国土资源系统滥用职权的3名执法人员给予行政处分。

【行政复议与应诉】 认真贯彻落实省政府《关于进一步加强行政复议工作的意见》，积极履行行政复议工作法定职责，扎实推进行政复议规范化建设。2018年，共接待群众来信来访咨询100余人次，对符合条件的17件立案受理，办结行政复议案件17件。强化行政应诉工作，积极配合人民法院的行政审判。全年共办理县政府本级行政应诉案件20件，全部胜诉。同时坚持把行政调解、人民调解作为创新社会管理、化解社会矛盾的重点工作，强化调解网络建设，积极推进调解组织规范化建设，扎实开展调解工作。

【法治建设】 坚持把依法行政放在全局工作的突出位置，严格落实行政首长推进依法行政工作第一责任人制度，建立法治政府建设工作领导小组，切实加强对依法行政工作的领导。建立政府系统定期学法和培训制度，提高班子成员运用法治思维和法治方式深化改革、推动发展、化解矛盾、维护稳定的能力，切实做到法无授权不可为，法定职责必须为。县政府常务会议先后对《中华人民共和国宪法》《中华人民共和国环境保护法》《中华人民共和国安全生产法》《地方党政领导干部安全生产责任制规定》等法律法规进行了4次集中学习。举办3期法治专题讲座，对全县行政执法人员进行集中授课，全年共培训干部1000多人次。制定印发《上蔡县政府党组成员廉洁从政若干规定》《上蔡县人民政府工作规则》《上蔡县人民政府党组履行全面从严治党主体责任清单》《县政府重大决策出台前向县人大及其常委会报告工作制度》，确保重大行政决策的科学性、导向的正确性、程序的完备性、内容的合法性、操作的可行性。制定规范性文件必须遵循公开征求意见、政府法制机构合法性审查、制度廉洁性评估、政府常务会议讨论决定等程序。自觉接受县人大依法监督、县政协民主监督和社会舆论监督，严格执行人大及其常委会通过的决定和决议，全年共办理人大议案建议121件，政协提案175件，办结率和满意率均达到100%。以公开促监督，全面推进决策、执行、管理、服务、结果公开，对涉及公民、法人或其他组织权利和义务的规范性文件，按照政府信息公开要求和程序予以公开，自觉接受社会监督。重点推进政府及部门职能、财政预算、公共资源配置、重大建设项目批准和实施、社会公益事业建设等领域的政府信息公开。认真做好县长热线、县长信箱等工作，畅通信访渠道，及时妥善解决群众反映的合理诉求，县长热线全年共受理群众来电1195件，办结1188件，办结率99.4%。

（李志飞）

公　安

【概　况】 2018年，县公安局坚持以习近平新时代中国特色社会主义思想为指导，紧紧围绕增强人民群众获得感、幸福感、安全感的总目标，牢牢把握对党忠诚、服务人民、执法公正、纪律严明的总要求，以维护国家政治安全、确保社会大局稳定、促进社会公平正义、保障人民安居乐业为主要任务，以市局明确的95项重点工作为主线，着力推进扫黑除恶、打击整治冒充军人电信诈骗犯罪、毒品违法犯罪整治等工作，全面提升维护国家安全和社会稳定的能力水平，为全县经济社会发展营造了安全的政治环境、稳定的社会环境、公正的法治环境、优质的服务环境。全局有 2 名民警荣立个人二等功，23 名民警荣立个人三等功，31 名民警受到市局嘉奖。

【政治建警】 局党委书记与各支部书记分别签订党建工作责任书，传递从严治党工作责任，理顺了各支部党员的组织关系。通过严格落实“三会一课”制度，把中共十九大精神和习近平“5·19”重要讲话精神贯彻到日常学习中，全年集中学习 24 次，组织全县公安民警政治轮训 606 人次，通过“党员示范岗”评选、戴党徽、向先进典型学习等活动，强化党员意识，带动全警政治素养和执法能力不断提升。2018 年 9 月 7 日组成派驻市局打诈工作组，并成立了派驻工作组临时党支部，充分发挥其在工作中的战斗堡垒作用。利用清明节祭奠英烈和“七一”建党节重温红色历史，让民警接受理想信念教育，提升担当意识。

庆“七一”重温入党誓词　　张巍巍　摄

【平安守护专项行动】 按照省厅市局统一部署，2017 年 12 月至 2018 年 3 月，全县公安机关以“五个不发生”“六个确保”为工作目标，开展了为期 4 个月的“平安守护”专项行动。行动期间，全县刑事案件以及交通、消防等公共安全事故指数同比下降，一批矛盾纠纷得到化解，确保 2018 年元旦、春节、元宵节等重大节日平稳度过，圆满完成党的十九届二中、三中全会和全国“两会”安保任务。县公安局“平安守护”专项行动考评成绩在全市排名第二，国保维稳、信访、经侦工作等单项成绩位居全市前列，被市局授予“全市公安机关平安守护专项行动先进单位”。

【反恐防恐】 2018 年，重新制定《上蔡县反恐应急处置力量最小单元作战规范》和《上蔡县反恐应急处置力量调用制度》，推动属地为主、条块结合的反恐应急管理体制。优化完善反恐应急基本预案及其子预案，依托预案调动全县各方面力量做好反恐应急准备工作。稳步推进“1、3、5 分钟快速响应机制”，加强联勤联动，全县反恐处置专业队伍和县公安局各基层所队经常性开展反恐应急演练，全面提升处置应对恐怖袭击的水平。固化“1+3+N”（全域旅游综合执法管理体制，设立 3 个旅游警察、旅游工商、旅游巡回法庭以及 N 个旅游服务机构）反恐侦查打击合成作战工作机制，结合实际严打严防暴恐犯罪，确保了既不发生、也不输出暴恐活动。

反恐拉动演练　　宋永亮　摄

【公安信访】 2018 年共排查化解各类矛盾纠纷 221 起，有效控制了信访案件的增量，全年到县信访案件 119 起，同比下降 9.85%；到市以上信访 76 起，同比下降 12.64%。局领导全年接访 107 次，接待群众 215 人次，当场解决 154 起，使绝大多数信访案件解决在初信初访阶段。对重点信访案件“一案一台账、一案一领导、一案一策略、一案一专班、一案一督导”，中央巡视组交办的

31起信访案件，办结31起，息诉31起；省委巡视组交办的59起信访案件，办结58起，办结率达98.3%；市信访问题“百日会战”期间交办的58起信访案件，办结58起，办结率达100%，息诉56起，息诉率达96.6%，有效地减少了信访案件的存量。

【网络安全管理】 强化24小时网上巡查，健全网络舆情引导处置工作机制。营造清朗和谐的网上舆论氛围。2018年共上报各类舆情信息1660余条，处置上级下发舆情任务100条。

安全宣传进校园　　张巍巍　摄

【打击刑事犯罪】 2018年，全县共发生各类刑事案件3170起，破获1387起，刑事发案同比下降12.9%，连续两年实现发案下降。县公安局全年共刑事拘留犯罪嫌疑人1334人，逮捕939人，起诉1249人，刑拘、逮捕、起诉同比分别上升29.4%、46.9%和37.2%，抓获各类网上逃犯329人；受理治安案件4182起，查处3615起，治安处罚1870人。全县共发现行命案6起、破获6起，实现了命案全破、发案下降的目标，现行命案连续第十一年保持全破。针对高发多发的盗抢骗犯罪，组织开展打击盗窃骗犯罪专项行动。全年共破获盗窃、抢劫、抢夺、诈骗犯罪案件710起，遏制了盗抢骗案件的多发势头，发案同比下降18%。聚焦防范化解重点风险，建立全县经济运行中突出问题和金融犯罪会商研判机制，开展互联网金融、非法集资、非法传销、房地产市场风险、银行业金融机构风险排查，开展了2018云端和打击非法集资专项行动，立案侦查经济犯罪案件38起，破案30起，刑拘31人，移送起诉21人，维护了全县经济秩序稳定。

【扫黑除恶专项斗争】 2018年1月，党中央、国务院部署开展为期三年的扫黑除恶专项斗争。县委、县政府和全县公安机关高度重视、迅速行动。利用电视流动字幕、农村有线广播等形式，播报黑恶线索的举报奖励方式方法。县内张贴省公、检、法、司《关于扫黑除恶专项斗争的通告》，公安局每个派出所制作悬挂横幅、标语，统一制作了762个举报箱，在全县范围公布扫黑除恶举报电话、邮箱、微信公众号，对举报者给予重奖，营造了浓厚的舆论氛围。按照“纵向到底、横向到边、不留死角、不漏线索”的工作要求，对辖区内场所、行业、重点区域、重点人口排查工作全覆盖、无遗漏。全年共收集涉黑涉恶线索1151条，核查上报856条，核查率74%。共立案侦查黑恶类案件136起，刑事拘留268人，批准逮捕209人，移送起诉185人，判决188人。

扫黑除恶宣传万人签名　　张巍巍　摄

【打击整治冒充军人诈骗犯罪】 2018年，打掉26个冒充军人电信诈骗团伙，抓获嫌疑人153名，破获案件283起、涉案金额1213万，收缴手机201部，手机卡407张，银行卡559张。逮捕120人，公诉93人，判决73人。县公安局直接抓获冒充军人诈骗网上逃犯147人。从2018年

12月开始开展上蔡籍冒充军人采购诈骗逃犯清零行动，截至年底此类逃犯还余13人未到案（2019年3月，此类逃犯实现了动态清零）。2018年4月公安部深圳现场会上提出，对重点整治地区实行“1+8+32”打击研判新机制，上蔡县冒充军人诈骗犯罪由浙江金华市反诈中心对接研判推送。2018年5月，县公安局抽调13名民警在驻马店市区租房办公，全面对接市局刑侦支队、网技支队、金华工作组，核查线索、经营案件。县公安局实行追逃分包责任制，将追逃任务分包到党委成员、股所队室负责人身上，层层传导压力。全县各级各部门、各乡镇和重点村委党政干部、公安民警、治安积极分子全部动员，对逃犯及其家属开展“敲门行动”“声讨行动”，落实“十个一律”惩戒措施。

【禁毒执法】 积极推进“禁毒2018两打两控”专项行动。全年共抓获147名吸毒人员，强戒31人，社区戒毒28人，新发现吸毒人员88人；破获21起涉毒刑事案件，刑事拘留25人，收缴毒品海洛因132.78克，抓获1名涉毒逃犯。办理非法种植毒品原植物案件87起，刑事处罚3人，行政处罚83人，铲除罂粟11183株。经过持续打击整治，全县外流贩毒人数持续下降，毒品整治工作成效明显。省禁毒委经过评审，2018年3月决定取消对上蔡县的挂牌整治。

【社会治安管理】 2018年先后出动警力执行巡逻任务2.2万人次，抓获违法犯罪人员106人、逃犯4人，现场处置各类群体事件17起，救助群众650多人次。共检查宾（旅）馆、娱乐服务场所1386家次，对103家娱乐场所和148家宾（旅）馆进行清理整顿，治安处罚132家次；整改违规设施66处，警告责令改正138家次，停业整顿9家；破获藏匿在宾馆、娱乐场所的涉黄涉赌刑事案件3起，抓获违法犯罪嫌疑人18名。督促全县55家寄递企业安装X光机7台，清理整顿末端网点47家，责令停业整顿4家，行政处罚12起，其中开出万元大额罚单3家。破获涉黄涉赌刑事案件15起，刑事拘留45人，移送起诉19人，行政拘留561人，成功侦办了省公安厅督办的尼某某等人涉嫌开设赌场案。办理食药环烟等刑事案件9起，刑事拘留15人，起诉12人，受理治安案件9起，行政拘留10人。

【公共安全管理】 加强重点单位治安保卫工作。对水电油气暖以及金融、校园、医院、公交客运等重点单位加强检查指导，发现和整改安全隐患820处。加强人员密集场所管理，排查商场超市762家次、广场游园33处次，累计发现并整改隐患172处，全县没有发生重大治安灾害事故。开展治爆缉枪专项行动，收缴非法生产、储存、销售的烟花爆竹1300余箱、各类制式子弹102发、仿真枪23支、管制刀具205把，查破涉枪刑事案件1起。2018年2月9日，治安大队和朱里派出所联合侦破了乔某某等人非法经营烟花爆竹案件，依法刑事拘留5人，治安拘留1人，查获半成品爆竹340箱，彻底根除了上蔡县与周口市交界处的涉爆安全隐患，多次受省厅、市局通报表扬。共拆除取缔黑加油站点10家，拆除加油机91个，销毁、拆除加油棚99个，查扣非法流动售油车辆12台，查扣油品80.36吨。立刑事案件2起，刑事拘留4人、逮捕4人、移送起诉4人、行政拘留8人，罚款36.13万元，净化了成品油市场秩序，助推了大气污染防治工作。全年共受

向群众发还被盗财物　　张巍巍　摄

理交通事故 3327 起，死亡 106 人，受伤 1771 人，直接经济损失 575 万元。全县共查纠各类交通违法行为 6 万余起，其中，查处危险驾驶案件 314 起，查处酒后驾驶案件 153 起，查处无证驾驶交通违法 408 起，侦破交通肇事逃逸案件 68 起。排查上报县政府道路交通安全隐患 5 次、92 处，县政府督促相关部门整改 47 处，交警部门整改 32 处，确保了全县道路交通安全畅通。全年检查单位 15005 家，发现火灾隐患 23356 处，督促整改 23325 处，下发责令整改通知书 12213 份，临时查封单位 127 家，当场处罚 247 家、1139 人，责令“三停”74 家，确保了消防安全形势稳定，全县没有发生人员伤亡和重大财产损失的火灾事故。

收缴销毁非法枪支弹药　　张巍巍　摄

【“放管服”改革】 全年更换居民户口簿 10550 本，办理身份证 11 万余张。开展户口清理整顿工作，累计注销重复户口 3442 人，清理死亡未注销户口 12011 人，清理 16 周岁以上未办理居民身份证人员 4740 人。2018 年年底，全县户籍常住人口总数为 1603629 人，城镇常住人口总数为 344559 人，2018 年农业转移人口落户城镇 50971 人，常住人口城镇化率达到 21.49%，城镇化率较 2017 年底提高 3.13 个百分点。办理延时服务 3320 起，异地办理身份证 375 张，受理群众户籍代办事项 720 次，为老弱病残、行动不便群众上门服务 109 次、送证上门 3010 张次，通过“互联网 +”回复群众咨询 112 余条，办理“互联网 +”业务 206 件，逐步实现“让信息数据网上多跑路，让群众少跑路”。全年共受理居民出国境证件申请 38966 人次，办理港澳定居业务 17 起，办证量连续 3 年位居全市第一。全年共办理涉外案件 23 起，依法遣返非法居留外籍人员 21 人。查处“非洲男子冒充美国人诈骗案”被评为 2018 年度全省公安出入境管理部门精品案件。全年共办理机动车注册登记 4860 辆，转移登记 426 辆，变更登记 335 辆，抵押登记 497 辆，免检车辆核发检验合格标志 8013 辆。共受理车辆驾驶证申领、补换等业务 16177 笔，驾驶员满分、扣分学习培训 14141 人次。

【科技强警】 对大情报及视频监控建设工作进行长远规划、顶层设计。投资近 1000 万元建成了占地 1200 平方米“全国先进、全省一流”的上蔡县公安局联合指挥中心。指挥中心功能完善，包括一厅（一个综合指挥大厅）、一屏（一个高端指挥控制大屏）、一房（一个高标准机房）、两中心（情报中心、指挥中心）、两平台（视频联网应用平台、情报平台）、三室（合成作战室、视频侦查室、视频指挥调度室）、三网（公安内网、视频专网、互联网）、四区（情指合署办公区、情指行政办公区、视频协助调阅区、备勤休息区）、五系统（三台合一接处警系统、视频指挥调度系统、视频监控系统、交通治安卡口系统、网络信息安全系统）。探索创建了“情指行一体化运行模式”“动静结合的合成研判模式”“可视化、扁平化的指挥调度模式”等新的警务工作模式，实现了战斗力倍增，开创了上蔡县公安信息化建设史上的新局面。联合指挥中心总结提炼的“十荡十决全链条管控处置技战法”被市公安局评为 2018 年度优秀技战法。通过组织应用该战法，8 个月内抓获犯罪嫌疑人 236 人（其中网上逃犯 76 人），一天最多抓获 6 人，日均抓获 1 人，利用该技战法抓获了浙江绍兴潜逃 10 年的抢劫杀人逃犯王银良。组织开展了“六大合成研判”工作，组织综合研判371人次，有效地服务实战工作。利用情报预警和研判，管控各类重点人员12900余人次，打掉各类犯罪团伙20余个，抓获盗抢犯罪分子110余人，破案380余起。对此，原公安部副部长李伟、现任公安部副部长杜航伟和省公安厅常务副厅长朱海军在上蔡调研时均给予了高度评价。

【人民警察职务序列改革】 2018年12月，县公安局积极稳妥推进县级公安机关人民警察执法勤务和警务技术两个职务序列改革，顺利完成了套改任务。全县公安机关此次参加职务序列套改人员共487人，其中执法勤务序列463人，警务技术序列24人。全局套改为执法勤务序列四级高级警长23人，一级警长11人，二级警长92人，三级警长103人，四级警长203人，一级警员31人；套改为警务技术序列二级警务技术主管2人，三级警务技术主管7人，四级警务技术主管15人。

2018年全县公安工作会议受到表彰人员合影
张巍巍 摄

【从严治警】 全县公安机关把学习好贯彻好中共十九大精神作为首要政治任务，积极谋划推动。以支部为基本单位，以“三会一课”为基本形式，组织局党委中心组和各支部学习，准确把握中共十九大精神实质，同时推进“两学一做”学习教育常态化。全局党员民警强化使命担当，围绕中心、服务大局、忠诚奉献的意识进一步增强。开展“以案促改”“整治帮圈文化”“纪律作风建设年”等专项整治活动，深化运用监督执纪“四种形态”，推动从严治党走向“严紧硬”。2018年实施党政纪责任追究20人，通报批评32人次。扎实开展“纪律作风建设年”活动，打牢民警“党纪国法不可逾越”的底线思维，充分运用督察手段，加强队伍正规化管理。对8名犯错误的民警采取了禁闭、停止执行职务等警纪措施，维护了党纪、警纪的严肃性。积极落实从优待警措施，按时发放民警加班执勤津贴，按规定解决民警职级晋升问题，进一步增强了队伍的荣誉感、向心力，为推动全县公安工作良性发展奠定了坚实的思想基础。

（张巍巍）

检 察

【概 况】 2018年，上蔡县人民检察院认真贯彻中共十八大和十九大精神，深入学习习近平新时代中国特色社会主义思想，紧紧围绕全县改革发展稳定大局，忠实履行宪法法律赋予的职责，各项检察工作取得新进展。2018年继续保持了全国先进基层检察院、全国检察机关宣传工作先进单位、全省人民满意的政法单位、全省先进基层检察院，省级文明单位、省级卫生先进单位等荣誉称号。

【服务经济发展】 坚持服务县域经济发展，不断优化经济发展环境，与有关部门密切配合，严厉打击破坏社会主义市场经济秩序犯罪，依法批准逮捕此类犯罪嫌疑人53人，提起公诉39人。依法平等保护民营企业发展，研究出台保护和促进民营经济健康发展18条意见。严格执行涉企案件11条执法司法标准，坚持“三个慎重”，最大限度减少办案对企业正常生产经营的影响。

【扫黑除恶】 成立涉黑犯罪、职务犯罪专业化一体化检察组，精准发力，确保办案成果。加强与公安、法院等司法机关的协作配合，建立常态化联动机制，每月定期召开公检法联席会议。实行涉黑涉恶犯罪逐案甄别、分类登记，分别建立涉黑、涉恶和“保护伞”线索三个专门办案台账，精准掌握案件情况，实现黑恶案件全覆盖、诉讼环节全覆盖。自专项斗争开展以来，共依法批准逮捕涉黑恶性质犯罪9件39人，依法提起公诉1件10人，追捕1人，配合公安机关抓获漏犯2人。

【法治建设】 聚焦未成年人司法保护，15名检察官受聘担任中小学学校法治副校长，先后开展法治进校园巡讲20余次，覆盖学生2万余人，护航未成年人健康成长。坚持“谁执法、谁普法”，积极参与宪法宣传周、平安建设宣传月等集中宣传活动，深入开展送法“进企业、进农村、进校园、进社区、进机关”等法治宣传教育活动，促进营造崇尚法治氛围。加大检察官以案释法力度，组织干警深入全县26个乡镇（街道）进行覆盖式宣传，通过发放宣传手册、悬挂横幅、召开座谈会、一对一咨询等形式，为广大群众提供法律宣传、法律咨询等优质法律服务，增强群众法制观念。构建“网络＋宣传”模式，运用电信、微博、微信等新兴媒介的宣传功能，通过上蔡检察微信，用短消息、微视频、微电影等新媒体形式远程普及法律知识。

【打击犯罪】 2018年共依法批准逮捕各类刑事犯罪嫌疑人819人，提起公诉1128人。突出打击影响群众安全感的犯罪，依法起诉故意杀人、强奸等严重暴力犯罪嫌疑人25人，“两抢一盗”等多发性侵财犯罪嫌疑人140人。严厉打击电信网络犯罪，依法批准逮捕冒充军人电信诈骗犯罪嫌疑人113人，提起公诉62人。配合有关部门积极开展专项活动，依法批准逮捕“黄赌毒”犯罪嫌疑人52人，提起公诉64人。加强未成年人司法保护，对侵害未成年人的犯罪嫌疑人依法批准逮捕38人，提起公诉51人。坚持宽容不纵容，积极开展“防治校园欺凌”专项工作，依法提起公诉7人。

【法律监督】 认真履行法律监督主责主业，加强立案监督，对有案不立、有罪不究的监督立案6件，对不应当立案而立案的监督撤案1件，依法追捕14人，追诉18人，收到法院判决12人，提出抗诉2件，法院改判1件。做好民事行政检察工作，审查办理民事行政检察监督案件10件，提请抗诉2件，提出再审检察建议2件。积极开展民事执行活动监督，提出检察建议4件，法院采纳4件。强化对虚假诉讼的监督，依法对2起案件提出监督意见。全面推行捕后羁押必要性审查，对不需要继续羁押的24名犯罪嫌疑人，依法建议变更强制措施。扎实开展财产刑执行专项检察活动，依法监督执行财产刑35件。积极开展社区矫正检察监督，通过审查起诉5件17人缓刑期间又犯罪案件，促进社区服刑人员教育转化。加强监督场所安全防范，依法监督纠正刑罚执行和监督活动违法问题13件次。

【公益诉讼】 主动向县委常委会、县人大常委会专题汇报公益诉讼工作，争取支持。上蔡县委、上蔡县人大常委会分别出台了《关于支持检察机关提起公益诉讼工作的意见》《关于加强检察机关提起公益诉讼工作的决定》，强化与县纪委监察委协作配合，联合会签了《关于在公益诉讼领域建立协作配合机制的意见》。积极开展“公益诉讼宣传月”活动，采取开展专题讲座、开通“公益诉讼随手拍”、推送公益短信、在县电视台开辟检察之窗等十项措施，掀起了人人参与的热烈社会氛围。摸排公益诉讼线索13件，立案审查行政公益诉讼12件，发出诉前检察建议12件，有关行政机关已采纳5件。

【脱贫攻坚】 紧紧围绕打好精准脱贫攻坚战，研究出台进一步服务保障脱贫攻坚10条意见。积极开展“法治扶贫”，对因案致贫、因案返贫的贫困群众及时发放司法救助金11万元。坚持强党建、重治理、促发展、解民忧，选派8名优秀党员干警担任驻村第一书记、工作队长，带动群众脱贫致富。积极组织开展“送温暖献爱心”等活动，先后筹措资金 20 余万元，帮助协调专项资金、产业扶贫资金 300 余万元，为对口帮扶的 4 个村修建村内、农田道路 7 千米、灌溉机井 62 眼，购置健身器材 20 件，有效改善群众的出行和生产、生活条件。

【司法改革】 坚持“谁办案谁负责、谁决定谁负责”的原则，健全新型检察权运行机制。强化专业化一体化办案组织建设，组建职务犯罪、涉黑犯罪、行政检察、公益诉讼 4 个专业化检察组。落实领导干部直接办案制度，带头办理案件 137 件。加快推进单独职务序列管理，3 名检察官助理遴选进入员额检察官，26 名聘任制书记员招录有序推进。坚持讲政治、顾大局，圆满完成职务犯罪侦防部门转隶工作。加强与县监察委的沟通协调配合，建立健全办案衔接、有关线索双向移送和反馈等机制，确保工作衔接顺畅、办案优质高效。共受理监察委移送审查起诉职务犯罪案件 9 件 12 人，提起公诉 8 件 11 人，切实担负好检察环节反腐败斗争重大政治责任。

【从严治检】 深入开展“规范司法行为、全面从严治检、推动转型发展”大讨论和打赢“三场硬仗”活动，先后开展主题征文、演讲比赛、专题调研等活动，统一了全院干警思想，凝聚了共识，推动了工作。强化底线思维，持续从严治检，开展为期三个月纪律作风集中整顿活动，重新修订完善《机关考勤制度》等 13 项制度；安装人脸识别系统和手机信号屏蔽仪，进一步严肃工作作风和会风会纪；加大检务督查，开展每周不少于三次的不定期、不定向、不定时检查，直面问题，不遮不掩。坚持以案促改工作，认真开展中央巡视反馈意见整改落实工作，部署深入“反四风”转作风活动，始终保持对自身腐败问题的“零容忍”。

【检务公开】 深化检务公开，共公开网发布案件程序性信息 1361 件，重要案件信息 150 件，终结性法律文书 811 件。探索检务公开新途径，加强检察官方微博、微信、客户端建设，实时动态发布检察信息 367 条。组织开展“检察开放日”等活动，200 余名社会各界代表走进检察机关，零距离监督检察工作。

（彭若迪　陈婉如）

法 院

【概　况】 2018 年，上蔡县人民法院以习近平新时代中国特色社会主义思想为指导，全面贯彻中共十九大和十九届二中、三中全会精神，紧紧围绕“努力让人民群众在每一个司法案件中感受到公平正义”工作目标，坚持司法为民、公正司法，忠实履行宪法法律赋予的职责，各项工作都取得了新进展。全年共受理各类案件 10044 件，审执结 9544 件，结案率为 95.02%，在全省 164 个县区法院中排名第 33 位。继续保持“省级文明单位”和“省级卫生先进单位”荣誉称号，被省高级法院命名为诉讼服务中心示范岗，被市委宣传部评为全市党委（党组）理论学习中心组学习示范点，行政审判庭被评为全省行政审判工作先进单位，未成年人案件综合审判庭被评为省“巾帼文明岗”。

【刑事审判】 2018 年，办理刑事案件 1030 件（含旧存），审结 991 件，判处被告人 1200 人。严厉打击冒充军人诈骗犯罪，审结该类案件 37 件，判处 69 人，共处罚金 203.2 万元。9 月 14 日上午在崇礼乡公开开庭审理袁某某、党某某等 5 人冒充军人诈骗犯罪一案，当庭对五名被告人分别判处十二年、八年等有期徒刑。认真开展扫黑除恶专项斗争，从审判领域摸排发现涉黑涉恶类案件线索 37 条，依法从严、从重、从快审结聚众斗殴、寻衅滋事、敲诈勒索等 9 种涉恶类案件 113 件，判处 156 人。支持配合监察体制改革，坚定不移惩治贪腐，全年共审结贪污贿赂、渎职侵权等职务犯罪案件 7 件 9 人。积极参与平安上蔡建设，依法严厉打击暴力犯罪和多发性侵财犯罪，审结故意伤害、非法拘禁、非法侵宅等侵犯公民人身权利犯罪案件121件，判处149人。审结抢劫、抢夺、盗窃等侵犯财产犯罪案件171件，判处236人，增强了人民群众获得感、幸福感、安全感。

上蔡县人民法院刑事审判庭审现场

李海涛　摄

【民事审判】 2018年，办理各类民商事案件6158件，审结5986件，涉案标的9.48亿元。其中，调解、撤诉3174件，调撤率为54.48%。深化涉民生案件审判工作机制改革，对拖欠农民工工资、婚姻、赡养、抚养、邻里纠纷、土地流转等涉及民生案件，优先适用简易程序和小额诉讼程序，更加快捷地保护了当事人的合法权益，审结上述案件1898件。积极适应经济发展新常态，针对供给侧改革、经济结构调整、转型升级过程中的问题楼盘、民间借贷纠纷、金融借款合同纠纷等案件多发态势，主动转变工作理念，创新工作方法，有力地保障了县域经济发展，妥善审结上述案件1648件，涉案金额3.57亿元。健全和完善多元化解决矛盾纠纷机制，采用诉前调解、委托调解等新举措，将矛盾纠纷化解在萌芽状态。建立诉调对接机制，成立诉前调解中心。全年审结交通事故纠纷案件525件，其中诉前调处141件，司法确认21件。

【行政审判】 2018年，受理行政案件236件，审结235件，依法审查行政非诉执行案件100件。深化涉民生行政案件审理工作，审结涉及土地、城建拆迁、治安管理、劳动和社会保障等与民生密切相关的案件107件，占全部行政诉讼案件的45.33%。加大行政诉讼协调工作力度，确保行政争议得到实质性解决，协调撤诉71件，占比30.21%。院庭长带头开展庭审观摩活动，落实行政机关负责人出庭应诉法律规定，57名行政机关负责人亲自参与庭审，出庭率31.4%。强化司法与行政良性互动，开展送法进机关系列活动，向行政机关提出司法建议6条，助推法治政府建设。

【执行工作】 2018年，受理执行案件2292件，执结2124件，执结标的额达2.867亿元。按照最高法院两到三年基本解决执行难工作要求，配强执行干警，向执行难全面宣战。县委胡建辉书记到县法院听取解决执行难工作情况汇报，县委政法委牵头，多部门联合下发了《关于建立和完善执行联动机制若干问题的意见》，形成“县委领导、政法委协调、人大监督、政府支持、法院主办、部门配合、社会参与”的解决执行难大格局。强化执行公开，邀请人大代表、政协委员见证参与执行37人次。强化执行联动威慑机制，对恶意逃债的“老赖”实行网上曝光，发布“老赖”信息257人次，纳入失信被执行人“黑名单”726人次，限制高消费等3834人次。开展“春雷行动”“夏日风暴”“秋季行动”及系列案件“百日攻坚”等集中打击“拒执”专项行动，拘传被执行人758人、司法拘留106人、移交判处拒执犯罪6人，促使426起案件被执行人自觉履行义务。

【服务平台建设】 开通网上立案及预约立案的“12368”服务热线，实现网上立案1632件，网上缴费764笔，在全省排名中分别居第11位、第8位，受到省高院通报表扬。推进司法网拍工作，全年共通过淘宝网组织司法网拍203次，成交额2626.66万元，为当事人减少佣金及相关费用118.02万元。加快信息化建设，推行网上办案，完善审判流程公开、庭审活动公开、执行信息公开、裁判文书上网、庭审网络直播等平台建设，全年裁判文书在网上公布8763份，庭审网络直播689件。其中，王某某贪污、挪用公款、非法经营同类营业罪一案庭审直播观看量位居全省第一。

【法治宣传教育】 持续开展"送法六进"活动，通过制作宣传展板、印发宣传手册、巡回审判、法律咨询、以案说法等形式，大力开展送法进乡村、进企业、进社区、进校园、进机关、进军营等活动，举办法制宣传21次，发放诉讼指南、法律常识手册等18000余份，宣传普及法律，让群众知法、懂法、守法、用法。2018年5月，与县电视台联合制作了法制讲座《法官说法》栏目，已举办七期。在县电视台播出的同时，也在县知名网络媒体"上蔡发布"上予以转发。推行法院微博、微信公众号建设，发布各类稿件657条，让人民群众切实感受到公平正义就在身边。

【维护农民工利益】 持续开展拖欠农民工工资案件集中办理活动。对拖欠农民工工资案件，开辟绿色通道，优先立案、优先审理、优先执行，当好为城市建设和经济发展流血流汗的农民工兄弟的坚强后盾。全年共办结此类案件348件，为556名农民工追回劳动报酬449.35万元。积极开展"关爱'三留守'人员、共筑美好家园"系列活动。把保护"留守老人、留守妇女、留守儿童"合法权益与打击坑农害农行为一并部署，为外出务工人员提供全面的司法服务，开通维权热线电话，发放维权手册、便民联系卡，提供法律咨询1200余人次，为农民工讨薪支招引路，解决外出务工人员的后顾之忧。

【未成年人保护】 严惩性侵未成年人犯罪。坚决斩断伸向孩子们的黑手，对奸淫、猥亵儿童的王某某等8名被告人给予从重处罚。认真落实未成年人案件庭前调查、判后回访、心理干预、前科封存等制度，尽力挽救失足未成年人。积极探索

上蔡县人民法院"送法进校园"活动现场

涉及未成年人家事案件审理新举措，完善保护未成年人权益机制，审结涉未成年人刑事案件88件、家事案件772件。坚持每学期开学"第一堂法制课"活动，青年法官走进10多所中小学校，累计举办法制讲座、模拟法庭16场，受教育学生3万余人。

【稳步推进司法改革】 实行司法人员分类管理，法官、审判辅助人员、司法行政人员各归其位、各尽其责。加强审判团队建设，优化资源配置，组建新型审判执行团队19个。全面实行电脑随机分案，将新收案件优先自动分配给办案较快、存案较少的法官，多办案、快办案、办精品案的氛围更加浓厚。改革司法文书签发制度，落实让审理者裁判、让裁判者负责的错案责任终身追究制度。同时认真做好案件繁简分流、完善职业保障、建立专业职务序列等工作。通过落实司法改革，简易程序和小额诉讼程序适用率达91.23%，位居全省第十三名，案件平均审理周期缩短为52.5天。

（李海涛）

司法行政

【概　况】 2018年，县司法局认真学习贯彻落实省、市、县政法工作会议及省、市司法行政工作会议精神，围绕中心，服务大局，主动作为，开

拓进取，司法行政各项工作有效开展。2018年，继续保持省级卫生先进单位和市级文明单位的称号，东洪镇人民调解委员会被司法部表彰为全国人民调解工作先进集体。

【扫黑除恶专项斗争】 年初，司法局成立了以主要领导为组长的工作领导小组，制定了《上蔡县司法局“扫黑除恶”专项斗争工作实施方案》，利用宣传展板、悬挂标语、室外大型LED显示屏和微信、“上蔡县司法局普法在线”公众号等媒体开展宣传，增强群众的法治意识。司法局出资印制公检法司关于扫黑除恶通告5万份，印制扫黑除恶宣传册4万份，发放到各乡镇、街道张贴。多次召开律师行业专项整顿会议，加强对律师办理黑恶势力犯罪案件辩护代理工作的指导监督，完善律师办理涉及扫黑除恶案件情况的请求报告制度、集体讨论制度、责任追究制度。排查出有价值线索2条。

【普法与法治宣传教育】 司法局重视普法活动，让律师直接与群众见面。2018年，组织法治讲师团和法治志愿者队伍5个，举办“法律进乡村”408场次，参与活动的群众累计在10万人次以上，展出宣传展板500余块，发放法律法规宣传资料30万张（册），为群众提供法律、政策咨询10万人次，在全社会营造浓厚的法律氛围。开展法治进校园431场次，为中小学校聘请法制副校长554人，开展模拟法庭56次，组建普法小分队124个，印发宣传资料12万份，开办律师进校园讲座64场次，组织观看法治宣传微电影3部。

司法局开展法律进农村宣传活动助推精准扶贫

【人民调解工作】 学习和贯彻新时代“枫桥经验”，提高基层人民调解员的工作能力和水平，将矛盾纠纷化解在萌芽状态。2018年，开展了基层人民调解员的业务培训两期，培训骨干共149名，提升人民调解工作人员在矛盾纠纷多元化解工作中的能力。全年各级人民调解委员会共排查各类矛盾纠纷5974件，调解民间纠纷4859件，调成率达98%以上。其中，县医疗事故纠纷和学生伤害纠纷调解委员会共接收调解9起，全部调解成功。

【安置帮教】 做好刑满释放人员安置帮教工作，设置帮教基地2个。司法行政系统对帮教对象做到“一人一档一卷”，落实帮教措施，做到底子清、情况明、帮教到位。2018年，全年全县共接收刑满释放人员627名，衔接率达到100%，帮教率达98%。

【社区矫正】 建立了审前评估制度，凡涉及冒充军人采购诈骗犯罪主犯和诈骗数额较高的一律不予评估。全年接收判前评估223人，不予评估17人。严格请销假管理，建立请销假备案制度，社区服刑人员请假审批权统一收县审批。开展对社区矫正服刑人员“交揭查”集中摸排活动，落实日报告制度，做到底数清、情况明。严格落实社区矫正各项制度，对涉黑涉恶类和诈骗类罪犯从严管控，预防刑释人员被黑恶势力引诱、拉拢，防止脱管、漏管并重新违法犯罪。加强社区矫正中心建设。对严管人员开通了GPS定位，同时对重点乡镇实行远程督查点名，提升了信息化监管水平。2018年，共接收社区服刑人员263人，解除220人，社区服刑人员死亡矫正终止2人，给予警告40人，提出收监申请13人。2018年，共有服刑人员509人。其中有寻衅滋事类13人，诈骗类119人（其中缓刑106人，假释12人，暂予监外1人），缓刑434人，假释39人，管制14人，暂予监外执行22人。崇礼乡112人，其中诈骗65人（其中缓刑58人，假释7人）；纠正脱管3人，未出现漏管，最大限度地减少了重新违法犯罪。

【法律援助】 2018年，司法局对困难群众实施法律援助做到“应援尽援”，最大限度维护弱势群体的合法权益。印制发放宣传资料5万册，在全县各个村（居）委悬挂宣传板500多块，扩大法律援助的知晓度。全年共办理法律援助案件936件（其中为农民工法律援助145件，追要工资36.5万元；为建档立卡贫困户提供法律援助12件），办理法律援助咨询等其他事项4752人次。

【法律服务】 2018年，建成了200平方米的上蔡县公共法律服务中心并投入使用。全县律师和法律服务工作者担任企事业单位法律顾问121家，代理各类案件1681件。其中刑事诉讼代理289件，代理涉黑涉恶案件1件，民事诉讼1392件，解答咨询6500多人次。另外选聘律师、法律服务工作者104名，担任一村一法律顾问。县公证处全年共办理公证1255件（其中涉台公证25件），为老弱病残对象上门服务14件次，为建档立卡贫困户免费办理公证5件。

【公证体制改革】 按照省市关于公证体制改革工作部署，依据积极稳妥原则，2017年10月，县编委发文，将公证处行政编制改为公益二类事业编制。2018年3月，县公证整体改革已全部完成。

【脱贫攻坚】 认真落实县委县政府有关脱贫攻坚重大部署，选派5名高素质党员干部到所包扶贫村担任第一书记，并全力做好第一书记后勤保障支持。先后7次组织全局干部职工进行扶贫业务知识培训，帮扶责任人每月入户帮扶不低于8天，驻村工作队严格落实“五天四夜”工作制度。为所驻5个帮扶村投入款物计18.1万元、拨付帮扶资金12万元，总投入30.1万元。

（李志飞）

军 事

人民武装

【概　况】 2018 年，上蔡县人武部坚持以习近平新时代中国特色社会主义思想为指导，紧紧围绕思想政治建设、练兵备战、民兵调整改革、全面从严治党、全面从严治军等重点工作，认真贯彻落实上级各项决策部署，坚持举旗铸魂，聚焦主责主业，强化党建引领，持续整风肃纪，致力固强补弱，在干部缺编、力量相对薄弱、工作任务十分繁重的情况下，加压奋进，倾力前行，担当尽责，国防后备力量建设保持了全面发展、稳步推进的良好势头。2018 年，人武部被驻马店军分区表彰为“安全管理工作先进单位”，重阳街道武装部被市委、市政府、军分区表彰为“基层建设先进单位”，和店镇武装部部长田义高被市委、市政府、军分区表彰为“民兵预备役工作先进个人”，教育局刘涛被市政府表彰为“征兵工作先进个人”。

【干部队伍调整】 2018 年 3 月，驿城区政工科科长张萌到上蔡县人武部任军事科科长；11 月，平顶山军分区参谋黄建军到上蔡县人武部任副部长。4 月到 11 月只有 2 名党委成员，从 11 月到年底只有 3 名党委成员。

【思想政治建设】 2018 年，利用党委中心组理论学习、参加上级专题教育和党课教育等时机，组织全体人员深入学习《习近平谈治国理政》（第二卷）、《习近平论强军兴军》等理论书籍，深切领悟蕴含其中的真理力量、观点方法和实践要求，不断增进大家对习近平新时代中国特色社会主义思想和强军思想的政治认同、理论认同、思想认同和情感认同。认真组织开展“不忘初心、牢记使命”和“传承红色基因、担当强军重任”主题教育，5 月围绕第一专题“坚定维护核心、坚决听从指挥”集中教育，以《军委主席负责制学习读本》为基本教材，组织全体人员认真通读原文、精读重点，在参加省军区、军分区集中动员辅导的基础上，县人武部认真抓好动员部署、集中授课、对照检查、讨论交流等环节，确保了教育落实的质量和实效。6 月，开展了“传承红色基因、担当强军重任”主题教育第二专题“和平积弊大起底大扫除”集中教育，认真组织学习了《习近平新时代中国特色社会主义思想三十讲》《习主

军分区政委宋万学（右三）检查上蔡县大路李乡基层武装工作　　吴金河　摄

省军区副司令员任友祥（左三）到上蔡县人民武装部检查工作　　宋永亮　摄

席关于备战打仗重要论述摘编》，并对照军分区下发的《“和平积弊”50条标靶》，列出问题清单，重点查摆当兵打仗意识不强，“后备后用”思想严重，守摊子、混日子、图清闲、怕吃苦等问题，既查个人问题又查单位积弊，做到把问题查实找准，分析原因透彻，制定整改措施到位。8月，党委中心组带机关认真学习了习近平在中央军委党的建设会议上的讲话、军委国防动员部贯彻会议及省军区党委全会精神，紧紧围绕习主席指出的“四个不纯”“七个弱化”，党委召开扩大会议，区分本级、下级和上级三个层次建立问题“台账”，并针对问题台账制定整改措施，进一步强化了“四个意识”和坚定“三个维护”的政治信念。11月，积极抓好军事政策制度改革中的政治思想教育，正确引导干部职工开展比觉悟看表现、比奉献看行动、比纪律看作风活动，确保干部职工拥护改革支持改革，在政治上思想上行动上和党中央和中央军委保持高度一致。

【国防动员能力建设】 认真贯彻军委国防动员部、省军区和军分区关于“完善国防动员体系”的指示要求，大力推进国防动员能力建设。

结合落实“十三五”民兵组织调整改革任务，加强与地方统计部门和行业系统之间的联系，切实摸清退伍军人各类专业人员、地方与军事专业对口技术人员、预编预备役人员、经过军事训练民兵和军民通用装备等“五个底数”，精准掌握县辖区国有企业、非公有制经济组织、行业系统、学校和高新技术产业的数量质量情况，为实施精确动员提供详实的信息数据。

2018年是“十三五”期间民兵调整改革的第一年，根据《驻马店市“十三五”时期民兵组织规模和年度训练任务调整方案》，为高标准完成民兵调整改革任务，全市民兵调整改革任务部署会后，人武部及时将有关精神向县委、县政府主要领导作了专题汇报，得到了县委、县政府的大力支持。军地先后召开任务部署会、专题议训会、工作推进会，帮助各级吃透新精神、把握新要求、落实新标准，及时研究解决民兵调整改革中的重点难点问题。

5月14日，军分区宋政委宋万学点验上蔡县民兵队伍　　吴金河　摄

6月20日，军分区司令员郭东升点验上蔡县民兵应急分队　　吴金河　摄

军委国防动员部“三个一线”管理集训会议召开后，县人武部认真传达学习集训精神和省军

区、军分区重点工作推进会精神，强化“三个一线”建设的思想共识。5月，根据省军区统一部署，协调县委组织部门先后召开2次会议，对个别专武干部分管工作过多现象进行了清理调整。经过调整，全县专武干部无一人兼职，分管工作不超过两项，较好地解决了专武干部不专的问题。

针对上级提出的2018年大学生征集要实现“两增长、一提高、一优化”（大学生报名人数和征集人数“双增长”，征集大学生人数占总量比例较2017年进一步提高，征集院校类别和学历层次结构更加优化）的目标，人武部结合春节高学历青年返乡过年之机，广泛开展了征兵宣传工作。按照“时间提前、工作提速、标准提高”的思路，5月召开征兵宣传联席会议，制定下发《征兵宣传工作实施方案》，6月，在全县5所高中持续开展了征兵政策进校园活动，充分运用驻地新闻媒体发布征兵信息及移动和联通公司发短信解读政策，适龄青年参军入伍的热情明显增强。

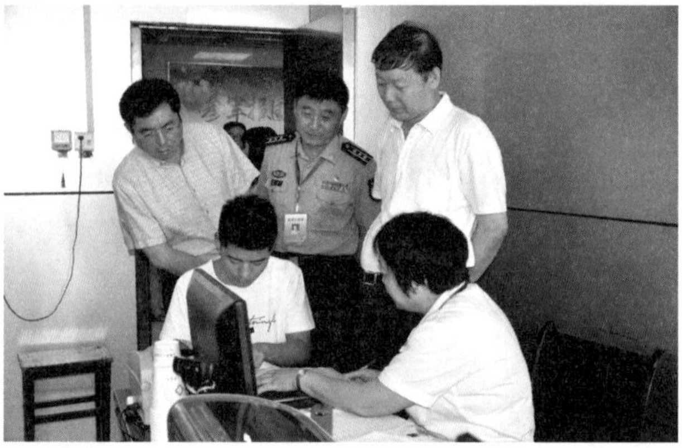

县委书记、县人武部党委第一书记胡建辉（右二）深入体检站检查指导工作　　宋永亮　摄

军分区政委宋万学（右二）检查指导役前训练工作　　宋永亮　摄

【正风肃纪工作】 坚决贯彻落实习近平和军委正风反腐重要决策指示，持续保持正风肃纪的高压态势，不断推动作风建设在县人武部走深走实。年初，县人武部重点学习了习近平、赵乐际在第十九届中央纪律检查委员会第二次全体会议上的讲话和报告、《关于深入贯彻中共十九大精神以严格的执纪执法推动全面从严治党和依法治军落实的通知》、军委国防动员部纪委《关于进一步加压加力纠治基层“微腐败”的通知》、省军区纪委《关于深入贯彻落实上级精神进一步纠治基层“微腐败”的措施》的通知。在学习中，县人武部对照各级纪检监察工作会议精神以及军委国防动员部“微腐败”70个问题清单和军分区进一步细化的30个具体问题，认真开展对照检查，拉单列条，限期加以整改，持续释放步步紧压、寸步不让的强烈信号。始终坚持用党章党规规范党组织和党员行为，用习近平系列讲话精神武装头脑，指导实践、推动工作。依托党委中心组理论学习、党支部“三会一课”，把“两学一做”学习教育融入日常、抓在经常、长期坚持、形成常态。通过学习党章党规，使干部职工坚持学思践悟，知行合一，经常自省修身、打扫思想灰尘，确保政治合格、执行纪律合格、品德合格、发挥作用合格。通过召开支部党员大会、党小组会等时机，组织党员干部对照中央八项规定、军委十项规定和上级指出的党风廉政建设方面存在的问题进行自查自纠，根据查出的问题制定整改措施，围绕花钱、用车、喝酒等重点敏感问题，立规矩、写保证，作承诺。

【省军区对县人武部全面建设检查验收】 12月7日，省军区考核组一行5人对县人武部全面建设情况进行检查验收，充分肯定了县武装工作全面建设的成果水平。

省军区考核组在上蔡县重阳街道检查基层武装部建设情况　　吴金河　摄

【安全管理工作】 县人武部先后组织学习了军委训练管理局印发的《2018年全军部队管理工作安排》和《关于做好冬季事故自然灾害安全防范的通知》、军委国防动员部《关于进一步抓好春节"两会"期间战备安全管理和正风肃纪工作的通知》、夏季预防季节性事故常识和军委国防动员部《关于加强省军区系统军事训练安全管理工作的通知》以及新条令条例的学习。积极开展了"百日安全活动"，通过加强机关正规化管理，严格节假日、特殊敏感时期和重大活动期间的安全管控。

（吴金河）

人民防空

【概　况】 2018年，县政府办公室紧紧围绕全县中心工作和县委、县政府的决策部署，积极发挥参谋助手、协调综合、督促检查和后勤保障四大职能作用，自觉服从服务于全县改革发展大局，强化管理、开拓创新，转变作风、锐意进取，各项工作稳步开展，有效保障了县政府机关工作的高效运转。

【人防工程审批】 上蔡县人防办始终坚持依法行政，规范审批程序，严格按照"窗口受理—股长审核—分管领导复核—主任审批"的审批流程。人防工程建设严格执行"以建为主、以收促建"的原则。易地建设费的征收严格执行"以收促建、能建不收、应收不漏"的原则。

【人防机动指挥系统建设】 2018年10月，按照驻马店市人民防空办公室统一要求，筹备实施县级人防机动指挥系统项目建设，该系统分为机动指挥通信系统和人防地面指挥中心信息系统两大部分。

【宣传教育】 上蔡县人防办始终把宣传工作放在重要的位置上，坚持多形式、全方位加大宣传力度，以宣传国家、省、市人民防空工作会议精神为主线，通过网站、电视、宣传栏、横额标语、彩车、宣传册等，进机关、进社区、进学校、进家庭、进企业进行人防宣传。

【行政执法】 2018年，人防办加强人民防空行政执法，推动了上蔡县人防事业跨越式发展。一是根据《河南省人民防空工程管理办法》和市县政府出台的规范性文件，加强法律法规学习，执法人员的素质及水平有了明显的提高，二是加强联合执法机制，明确工程竣工验收程序，执法工作实现了制度化、常态化。人防执法检查工作，有效地遏制了人防建设中各种违法事件的发生。

【人防训练演练】 加强人防组织指挥体系建设，人防应急指挥能力明显提升。完成了7支人防专业队伍的整组工作，并按计划开展了各专业队的业务技术训练，大大提高了各专业队员的抢险救灾能力；开展机动指挥车野外实地操作演习，指挥通信业务水平明显提高；加强通信警报建设，2018年，上蔡县共安装警报器7台，应急报知能力不断得到提升；投入5万多元对原有警报器进行了维护管理，上蔡县防空警报器的报知性能得到了很好的保障；县城区和蔡都街道、芦岗街道、卧龙街道、重阳街道隆重举行了"9·18"防空警报试鸣与防空防灾疏散演练活动，增强了广大干部群众及学生的国防观念和人防意识；人防基本指挥所建设用地已取得政府行政划拨，全面开展了设计、立项、筹建工作，为上蔡县平时应急救援和战时应战防空提供现代化的指挥平台奠定了基础。

【脱贫攻坚】 上蔡县人防办按照县委县政府的统一部署，选派了一名优秀的股级干部任第一书记，严格按照“五天四夜”工作制度积极深入到杨屯乡李宣村扶贫第一线，扎实工作，加大对新农村建设的支持力度，支持资金近10万元，为村里所有街道安装路灯。

（关清霖）

经济管理与监督

发展和改革工作

【年度计划编制与执行】 2018 年，县发改委深入县直各单位调查研究，编制出《关于上蔡县 2017 年国民经济和社会发展计划执行情况与 2018 年国民经济和社会发展计划（草案）的报告》（以下简称《计划》），经县第十四届人民代表大会第二次会议通过并组织实施。《计划》实施过程中，每季度做好一次经济运行态势分析与预测。根据《中华人民共和国各级人民代表大会常务委员会监督法》要求，8 月下旬将上半年计划执行情况向县人大常委会报告；适时关注产业发展态势，加强经济发展的热点难点分析，找出《计划》执行过程中存在的困难和问题，提出切实可行的建议和对策，为县委、县政府科学决策提供可靠的依据。2018 年是“十三五”规划实施的第三年，全年计划目标为：全县生产总值增长 8.5% 以上，规模以上工业增加值增长 9%，一般公共预算收入增长 12%，全社会固定资产投资增长 12%，社会消费品零售总额增长 12%，城乡居民可支配收入增长 8.5%，常住人口城镇化率提高 1.7 个百分点，居民消费价格涨幅控制在 3% 以内，节能减排、生态环保等约束性指标完成市定目标。

2018 年，经过全县上下共同努力，全面完成年初下达的各项计划指标任务，全县生产总值完成 241 亿元，同比增长 8%。其中一产、二产和三产分别实现增加值 42 亿元、95 亿元和 104 亿元，同比增长 3.9%、8.6%、9.1%，产业结构由上年同期的 19.1∶39.9∶41.0 变化为 17.3∶39.4∶43.3，第三产业比重明显提升。规模以上工业增加值增长 8%；全社会固定资产投资增长 11.5%，高于全市 0.3 个百分点；房地产开发投资完成 24.09 亿元，同比增长 20.0%，高于全市 5.8 个百分点；社会消费品零售总额完成 92.37 亿元，增长 11.6%，高于全市 0.3 个百分点；财政一般公共预算收入完成 8.03 亿元，增长 20.5%；财政一般公共预算支出 61.7 亿元，增长 14.4%；各项存款余额 352.38 亿元，较年初增长 34.84 亿元；各项贷款余额 110.94 亿元，较年初增长 7.18 亿元；城乡居民人均收入 16493 元，同比增长 9.4%。

【重点项目建设】 2018 年，全县列入省市重点项目 45 个，总投资 310.8 亿元，年度计划投资 156.1 亿元，全年累计完成投资 214.31 亿元，占年度计划投资的 138%。集中开工四批亿元以上重点项目 20 个、总投资 177.79 亿元，年度计划投资完成 67.15 亿元，开工率 100%。

2018 年省、市重点建设项目投资完成情况表

表 2　　单位：万元

项目名称	项目概况	起止年限（年月至年月）	总投资	截至 2017 年累计完成投资	2018 年计划投资	2018 年累计完成投资
合 计			1336300	149500	629000	903000
河南中弘环保装备有限公司年产 200 台套纯氧气化炉制造项目	该项目占地 116 亩，项目全部建成后，可年产 200 台套纯氧气化炉，年产值 20 亿元，利税 2.8 亿元	2018.2—2020.1	70000	0	32000	35000
河南惠康年产 6 万吨农业输出工程用塑料管道建设项目	主要建设生产厂房 7 栋，办公楼 1 栋、实验楼 1 栋和科技楼 1 栋，总建筑面积为 76331.49 平方米建设规模：该项目用地 188.38 亩	2018.1—2019.12	80000	0	50000	63000
河南上升光电科技有限公司年产 5000 万片手机显示屏项目	设有无尘净化车间、普通车间，办公区；安装全自动智能化设备 500 余台套。主要租赁上蔡县产业集聚区标准化厂房（4、5、6、12 号楼）四栋，建筑面积 10000 平方米	2017.8—2018.8	70000	18000	52000	78000
河南上继电器科技有限公司电磁继电器生产流水线和漆包线生产项目	电磁继电器流水线八条，漆包线流水线十五条 . 项目建成后可年产 500-600 吨漆包线、2000 万个继电器	2017.07 —2018.07	50000	20000	30000	46000
上蔡智强电子科技有限公司电脑金属配件精密加工项目	厂房占地 10000 平方米，电子产品、电子元器件、塑料制品、金属制品、机械设备研发生产销售。安装日本进口设备 500 台套	2018.3.1—2018.6.1	100000	0	100000	135000
河南优科房屋制造项目	本项目占地 78.014 亩，总建筑面积 4 万平方米，主要建设生产厂房三栋，产品展示楼两栋，办公楼一栋，公租房一栋，安装保温材料生产线四条	2017.10—2019.12	90000	20000	57000	63000
河南隆祺鞋业有限公司年加工 800 万双高档制鞋项目	该项目占地 400 亩，建筑面积 20 万平方米，车间 20 栋，成型生产线 15 条，办公楼 1 栋，展厅及附属建筑 3 栋	2018.4—2020.6	100000	0	30000	69000
上蔡县雄安制鞋产业园转移项目	该项目入住上蔡县产业集聚区标准化厂房，总建筑面积 10 万平方米，入驻制鞋及鞋材企业 50 家。安装制鞋生产线 180 条，鞋材生产线 120 条及配套设备	2017.11—2019.11	220000	0	100000	136000
河南中原空港物流园项目	项目占地 300 亩，总建筑面积 20 万平方米，整个物流园区规划为四大区域。包括：1. 仓库区。2. 办公商务区。3. 作业区。4. 停车区。项目全部建成后，可引进 100—300 家物流、快递企业入驻	2017.2—2018.12	80000	18000	42000	51000
上蔡牧原养殖场建设工程项目	标准化 20 万头猪舍，综合办公楼 4 栋，宿舍楼 4 栋，配套公用工程、环保干清粪工艺设备 100 套，水气声固粪污染防治工程设备 200 套，年出栏 100 万头生猪	2017.10—2020.12	125000	5000	30000	49000
上蔡县城区基础设施提升改造项目	市民公园建设，城区道路绿化，修建城区道路 22 条及配套管网建设（雨水、污水、给水、燃气、照明、电力管道等），总长约 33.5 千米，改扩建供水管网长约 130 千米，水源机井 4 眼，一户一表改造约 12500 户	2018.1—2019.4	100000	0	70000	72000
河南省大程泉谷坊食品有限公司年产 45 万吨全谷物食品项目	生产车间、质检中心、办公楼、宿舍楼及配套设施等，总建筑面积 21.6 万平方米	2016.3—2018.12	110000	40000	70000	110000

续表 2

项目名称	项目概况	起止年限（年月至年月）	总投资	截至 2017 年累计完成投资	2018 年计划投资	2018 年累计完成投资
上蔡县共享智能电器产业园项目	入驻标准化厂房 8 栋，安装家电组装生产线 100 多条及注塑设备 18 台等，在乡镇布置 60 个卫星工厂及 100 个实体店	2017.7—2018.12	90000	10000	80000	107000
河南博诚服装有限公司年产 700 万件（套）服装项目	占地 171 亩，厂房面积 3 万平方米，在邵店、杨屯、芦岗、大路李、和店、百尺、崇礼设 7 个加工的，300 余条生产线，可年产休闲服装 700 万件（套）	2017.11—2020.11	50000	2000	15000	39000
河南天一食品有限公司高架立体冷藏库建设项目	项目占地 30 亩，新建高架立体冷藏库 16 栋，冷藏库面积 38400 平方米，年贮藏果蔬达 30000 吨。配套机房、配电室、分级、包装等辅助设施	2017.10—2018.2	18000	600	17400	31000
牛硕牧业一二三融合发展产业园项目	奶牛养殖 2000 头、青储玉米 3000 亩、巴氏奶加工 150 吨 / 天、饮料生产线一条，日产 50 吨，常温牛奶 50 吨 / 天	2018.1—2018.12	30000	0	30000	59000
河南发扬药业有限公司年产 5000 吨中药饮片项目	总建筑面积 4.1 万平方米	2018.1—2018.12	26000	0	26000	36000
河南君利包装制品有限公司年产 1500 万套鞋盒手提袋项目	入驻标准化厂房、办公楼和职工宿舍各 1 栋	2018.1—2018.06	10000	0	10000	17000
澳海鞋业公司童鞋及旅游鞋生产项目	入驻标准化厂房 2 栋，安装生产线 3 条，针车 100 余台，年产 260 万双	2018.1—2018.6	10000	0	10000	13500
河南双元实业有限公司年纺织项目	计划建设厂房 3 栋，办公楼 1 栋	2018.1—2018.6	21000	0	21000	35000
波隆有限公司年加工 500 万张羊皮鞣制和成品加工项目	该项目占地 600 亩左右，新建生产车间 26 万平方米。项目建成后，可年鞣制各类皮子 500 万张，年产值 35 亿元，利税 6 亿元，安排就业 3000 人	2018.12—2021.6	120000	0	7000	0
河南骏化新能源装备有限公司煤气化炉装备制造项目	建一栋厂房 2 万平方米，办公楼 1 栋，设备购置安装	2018.02—2020.01	33000	0	20000	65000
神华中车上蔡风力发电项目（一期 5 万千瓦）	项目总体规划容量 40 万千瓦，拟建设 2 兆瓦风电机组 200 台套、升压站 4 座；项目一期规划 5 万千瓦项目，拟建设 2 兆瓦风电机组 25 台套、升压站 1 座	2018.12—2019.12	41570	0	2000	5000
上蔡县国汉鞋业有限公司年产 400 万双军警鞋、皮鞋建设项目	计划投资 1.5 亿元，占地 7000 平方米，年产量可达 400 多万双	2018.4—2018.12	15000	0	15000	31000
上蔡县发艺产业园项目	建筑面积 2.6 万平方米	2018.6—2018.9	20000	0	20000	29000
驻马店市旭升农业有限公司艾草产业园项目	该项目占地 60 亩，总投资 1.5 亿元，建设 6000 平方米综合楼 1 栋，建设 5000 平方米职工宿舍楼 1 栋，建设 8000 平方米生产加工车间 1 栋，建设 5250 平方米原料仓库 1 栋，4500 平方米成品仓储 1 栋	2018.9—2019.4	15000	0	10000	12000
驻马店市福莱德电子科技有限公司电源变压器生产项目	厂房 8 栋，办公楼 1 栋，宿舍楼 1 栋，8 条生产线	2018.8—2018.12	12000	0	12000	16000
宁利鞋材复合材料生产项目	项目占地面积 40 亩，生产车间、办公楼、宿舍楼等建筑面积 30000 平方米	2018.9—2019.12	36000	0	12000	15000

续表 2

项目名称	项目概况	起止年限（年月至年月）	总投资	截至 2017 年累计完成投资	2018 年计划投资	2018 年累计完成投资
驻马店市豫商源灯具有限公司 LED 灯具生产项目	项目建设面积 10000 平方米，厂房使用面积 5000 平方米，生活区面积 2000 平方米，员工休闲娱乐绿化 1500 平方米	2018.9—2019.9	12000	0	3000	7000
鹏宇杭萧钢构建设项目	项目占地 1100 亩，总投资 200000 万元，建筑面积 400000 平方米，年产钢管束组合架构钢构件 20 万吨，装配式钢筋架楼承板 200 万平方米，CCA 板 600 万平方米。年产值 20 亿元，可解决就业 1500 人	2018.8—2021.7	200000	0	28000	30000
黄淮商贸中心三期项目	建筑面积 270000 平方米，占地 250 亩。包含娱乐休闲、农贸批发、餐饮等	2018.1—2020.12	120000	0	50000	105000
河南正兴养殖项目	标准化羊舍 100 栋、青贮池、综合办公楼、兽医室、粪污处理系统	2017.10—2018.12	30000	10000	20000	39000
河南京开农业发展有限公司新建万头肉牛标准化养殖场项目	标准化牛舍、青贮窖、综合办公楼、兽医室、粪污处理系统	2018.1—2018.10	63000	0	63000	75000
上蔡县城四环道路建设及绿化项目	南环城路、东南环城路、东北环城路，路宽 40 米；全长 15.5 千米	2018.1—2018.12	100628	0	100628	100628
上蔡县杜一沟综合治理项目	杜一沟治理工程 16.9 千米，主要包括河道治理工程、建筑物工程、景观工程及其他	2018.1—2018.12	85000	0	85000	85000
上蔡协和医院建设项目	综合楼主体完工，5 号楼、6 号楼开建	2017.5—2019.5	52000	12000	20000	30000
上蔡县农村公路建设项目	村村通道路 300 千米	2018.6—2018.12	48000	0	48000	48000
上蔡县村村亮工程项目	上蔡县所有自然村安装路灯	2018.5—2018.9	20000	0	20000	20000
上蔡县森林公园项目	项目占地 2800 亩，投资 4.6 亿元，与汝河引水工程的人工湖有效衔接，做到湖林一体	2018.9—2019.2	46000	0	36000	36000
上蔡县凤凰公园、广场、三馆一中心项目	该项目占地 450 亩，建设内容主要有凤凰公园、广场、科技馆、图书馆、城市规划展览馆、文化艺术中心	2018.1—2020.12	100000	0	10000	32000
上蔡县水系连通项目	该项目计划投资 17 亿元，主要由引水工程、城区生态水系连通工程、两河治理工程三部分组成	2018.9—2020.10	170000	0	20000	20000
上蔡县六个乡镇村村通管道天然气项目	上蔡县东岸乡、崇礼乡、杨集镇、蔡沟乡、和店乡、朱里镇共计 6 乡镇村村通管道天然气，项目涉及 135 个行政村，共计人口 44.5 万人，户数，88580 户。项目建设中压天然气管网 316 千米，燃气调压约 1600 座，88580 户居民户内外燃气设施	2018.3—2020.12	23000	0	8000	25000
上蔡县第三高级中学建设项目	教学楼、行政办公楼、综合实验楼、图书馆、体育馆、学生公寓、教师周转房、综合服务楼、餐厅、地下车库、400 米标准运动场、篮排球场及其他附属用房等。建设规模：项目总占地面积 200100 平方米（约 300 亩），总建筑面积 175000 平方米	2018.8—2020.8	45000.37	0	6000	6000

续表2

项目名称	项目概况	起止年限（年月至年月）	总投资	截至2017年累计完成投资	2018年计划投资	2018年累计完成投资
上蔡县中小学建设项目	上蔡县第五初级中学、上蔡县第七初级中学、上蔡县第十七小学、上蔡县第十八小学、上蔡县第二十小学、上蔡县第二十一小学、上蔡县第十二小学、上蔡县体育中心	2018.8—2020.8	69645.13	0	5000	7000
上蔡县蔡棚户区改造项目	上蔡县蔡都街道武庄棚户区改造项目，上蔡县卧龙街道福兴寺、苗沟社区光国楼、郭庄棚户区改造项目，芦岗街道薄庄、董寨棚户区改造项目，重阳街道常庄、张红叶庄棚户区改造项目，上蔡县蔡都街道白云观居委会一里庄棚户区改造项目	2018.6—2020.12	181000	0	60000	60000

【“村村亮”工程建设】 根据县委、县政府安排，在全县所有自然村安装太阳能照明路灯，使农村真正“亮起来”。此项工程由县发改委牵头，在全县所有自然村安装太阳能照明路灯6万余盏，总投资约2亿元。该工程于2018年5月底招标结束，2018年7月全面开工建设，共分为七个标段实施，截至9月30日，6万余盏路灯已全部安装完成，实现在县域内所有未安装照明设备的自然村路灯全覆盖。

【价格管理】 2018年开展了涉企收费、教育收费以及医疗卫生收费等专项检查，进一步规范了收费秩序；县发改委共受理价格咨询、举报案件50余起，涉及医院诊查、出租、客运、加气站、物业、事故车停车等行业收费，所受理的价格举报案件均在规定期限内予以答复、解释或协调处理，有效维护了价格秩序。充分发挥价格认证职能，不断提高价格认定工作水平，2018年全年共受理各类案件200余件（其中涉纪检监察案件2件），涉案物品价格认定涉及金额680余万元，结案率100%，无一起复议案件。

【行政审批】 2018年，进一步规范行政审批行为，优化审批流程，减少审批环节，提高行政审批效率。县行政服务中心发改委窗口共受理企业投资项目备案135件，已办结135件，限时办结率100%。

【脱贫攻坚】 选派4名素质好、能力强、作风实的优秀中层干部担任东洪镇侯庄村、后楼村、南徐村、万庄村第一书记，帮助贫困村摸清底子，找准根源，制定规划。发改委在职党员干部全部联系贫困户，定期开展走访帮扶，做到因户施策，精准帮扶。发改委党组切实发挥后盾作用，定期听取脱贫攻坚汇报，研究解决实际问题。2018年，积极开展“百家单位驻百村”行动，分别在东洪镇侯庄村、后楼村、南徐村、万庄村开展驻村帮扶工作，严格执行驻村人员5天4夜吃住在村的要求，为每个村配置垃圾桶25个，帮助其整治坑塘环境，获得了群众的一致好评。

（徐邓江）

国土资源管理

【概　况】 2018年，上蔡县国土资源局深入学习贯彻中共十九大精神和习近平新时代中国特色社会主义思想，围绕做好用地保障目标，紧盯耕地保护中存在的薄弱环节，不断强化守土尽责的责任担当，攻坚克难、务实重干，聚焦问题、补齐短板，全县国土资源管理秩序逐步规范，国土资源保障能力持续提升，圆满完成上蔡县委县政府交办的各项工作任务。

【耕地保护】 在省道、县道、乡道两侧设置耕地保护宣传牌70余座，沿街悬挂宣传条幅300余条，发放宣传彩页10000余张，在县域内营造了浓厚的耕地保护氛围。以“12336”国土资源违法举报平台为依托，鼓励群众对违法违规用地行为进行积极举报，对违法占地行为做到早发现、早制止、早处置。落实“关口前移、覆盖全面、密度加大、频率提升、质量强化”的执法巡查举措，运用新配发的基本农田管护车辆等新装备，加强动态巡查。2018年，共开展动态巡查7500余次，当场制止违法破坏耕地案件92起，暂扣挖掘机18台，配合乡镇（街道）拆除违法建筑168宗。东洪镇程某非法占用基本农田建幼儿园，根据《最高人民法院关于审理破坏土地资源刑事案件应用法律若干问题的解释》，程某涉嫌非法占用耕地罪，被移送公安机关依法处理。

【土地利用管理】 开展了土地利用突出问题专项治理，对县城规划区内低效闲置建设用地进行整治，盘活存量土地4宗，收储土地8.87公顷。2018年共报批土地383.44公顷，保障了各项事业的发展。全年出让土地收益12.0574亿元，超额完成县政府下达的全年土地收益10亿元目标任务。通过土地收储，申请了土地储备债券3.58亿元，用于征地拆迁工作，有效缓解了县财政压力。开展了土地变更调查，根据变更调查，发现全县园地、林用地出现净减少，耕地相对减少较多，建设用地和水域设施用地相对增大，其中减幅较大的为耕地，增幅较大的为城镇村及工矿用地。上蔡县邵店镇等6个乡（镇）土地整治（一期扶贫）项目开工实施。该项目总投资6763万元，项目覆盖邵店镇、芦岗街道、重阳街道、蔡沟乡、塔桥镇、韩寨镇等六个乡镇（街道）15个贫困村。截至2018年12月31日，完成工程量的50%，项目实施后，将建成高标准农田3297.58公顷，改善和新增灌溉面积2301.56公顷，新增粮食产能6731.93吨，耕地质量提高1个等别。

【土地利用综合改革】 为保障扶贫项目用地，解决土地报批时的补充耕地指标不足问题，进一步推进土地利用综合改革，坚持用改革的成效解决用地保障中遇到的难题。为破解因占补平衡指标不足影响全县土地报批的难题，筹备并实施了上蔡县2018年第1—7批补充耕地储备项目，新增耕地指标733.33公顷。深度挖掘后备资源，大力开展农村建设用地复垦，组织专人对全县低效空闲的农村建设用地进行核查，立项实施3个批次的农村建设用地复垦项目，新增耕地指标367.8公顷，使用其中165.8公顷解决全县新型农村社区占用耕地指标未归还的遗留问题。

【不动产登记】 积极推进“放管服”改革。将不动产一般登记业务时限压缩至7个工作日办结，抵押登记3个工作日办结，注销登记、查封登记、异议、更正登记即时办结。启动不动产登记窗口“365服务模式”，节假日正常受理不动产登记业务。2018年度共办理不动产登记10063件，按时办结率达到100%，赢得了广大群众的普遍好评。

【精准扶贫】 向对口帮扶的蔡都街道王庄社区，和店镇刘李村、王连寨村、方庄村、芦村村、卓庄村、大王村等7个建制村及“脱贫攻坚重点村”蔡沟镇开陈村共计投入资金110万元，用于环境卫生整治和基础设施建设。为“靶向攻坚村”和店镇大王村投入10万元，建产业扶贫基地——食用菌大棚8座。对全县448个建制村扶贫用地和“七个一”工程等项目进行了测量和权属调查，共计590个地块，面积151.4公顷，对脱贫攻坚项目用地，做到应保尽保。2018年，上蔡县国土资源局共帮助84户贫困群众297人实现稳定脱贫。

【扫黑除恶】 加大扫黑除恶宣传力度，统一制作宣传展板80余块，在全县范围内悬挂宣传标语400余条，发放宣传彩页6000余份，与崇礼乡合作制作了五块大型过街宣传展板。畅通举报渠道，在全县设置举报箱共计529个。2018年，全县国土资源领域共排查出涉黑涉恶线索62条，其中小岳寺乡张某非法占用土地线索被移交县“扫黑办”。

【党风廉政建设】 参加驻马店市国土资源局组织的微型党课比赛和《中国共产党纪律处分条例》知识竞赛，分别荣获二等奖和三等奖。以推进以案促改制度化常态化为抓手，深入开展廉政教育，河南省委第十巡视组对上蔡县扶贫领域专项巡视期间，曾到上蔡县国土资源局检查以案促改工作，并给予充分肯定。加强作风建设，强化纪律刚性约束，对一名违反工作纪律的职工，按照规定进行了辞退处理。

（吴 伟）

公共资源交易管理

【概 况】 2018年，县公共资源交易中心深入贯彻中共十九大精神，全面落实省市县对公共资源交易平台建设的要求，始终坚持公平、公正、廉政、高效、优质服务的宗旨，不断完善监管体系，规范交易程序，强化现场管理，不断提高服务水平，圆满地完成了各项目标任务，取得了显著成绩。

【公共资源交易】 2018年，中心积极与省市公共资源交易中心对接协调，完成省市县公共资源交易平台建设一体化工作。全年累计受理各类交易事项163项，总交易金额25.55亿元。其中：政府采购中心受理采购项目共91项，交易金额4.22亿元，节约率为7.9%，节省财政资金3300余万元；建设工程中心受理项目52项，交易金额11.85亿元，节约率为8.6%，节省财政资金1.02亿元；地产交易20项，交易额9.48亿元，溢价率9%，增加财政收入8500万元。通过规范有序的交易活动，取得了较好的经济效益和社会效益。

【脱贫攻坚工作】 支持杨屯乡魏楼村、百尺乡张王楼村、无量寺乡寺西村环境整治经费7万元，村室党建费用7.5万元；冬季慰问品费用3.5万元；同时加大对驻村工作队的后勤保障工作，投入经费1.4万元购买工作队日常生活必需品，确保工作队真驻村、真帮扶，解决工作的后顾之忧。中心多次印制宣传彩页和宣传标语，积极向所包村贫困户和一般农户宣传党和国家的扶贫优惠政策。对中心帮扶人员加强脱贫攻坚政策知识培训。使全体帮扶人员对脱贫攻坚知识做到应知应会，把老百姓看得见、摸得着的政策兑现到村、到户，让贫困户真正有获得感，提高帮扶的满意度。

（李艳宇）

工商行政管理质量技术监督

【概 况】 2018年，上蔡县工商管理和质量技术监督局立足工商质监职能，以服务全县经济发展为目标，以深化商事登记改革和后续监管、涉企信息归集共享、加强行政执法、抓好消费维权、队伍建设等重点工作为抓手，激发市场主体活力，增强经济增长内在动力，各项工作取得了显著成效。2018年获得上蔡县“平安建设工作优秀单位”“消防工作先进单位”“安全生产工作先进单位”“综合治理工作先进单位”“政协提案办理工作优秀单位”“优秀服务窗口”等荣誉，质量工作在市政府考核中居全市第一名。

【市场监管】 深入开展2018网监专项行动，实施全网警示、惩戒，加快建立健全网络市场信用监管体系。2018年共办理侵犯知识产权和制售假冒伪劣商品案件36起，罚没收入23.6万元。共查处违法广告案件17件，罚没收入9.85万元。加强网络传销监测，完善直销监管措施，深入开展无传销社区和无传销网络平台创建。共办理农资案件60件，罚没收入19.68万元。开展液化气专项整治行动，发现并消除安全隐患8起。对全县26个乡镇、街道的所有粮食收购点进行地毯式排查，共检查计量器具180余台/件，立案查处60起。对全县电梯使用单位和维保单位进行排查，对2家电梯维保单位和2家使用单位下达了责令整改通知，发现并消除安全隐患20余处。立案查处利用格式合同式条款侵害消费者合法权益46

起，罚没收入19.3万元。按照省局2018年流通领域成品油质量检验实施方案，对全县31家成品油经营单位进行检查，投入抽检经费10.4万元，抽取乙醇汽油36个样、普通柴油14个样，其中15个乙醇汽油不合格，4个车用柴油不合格。对不合格产品按照《中华人民共和国产品质量法》《流通领域商品质量监督管理办法》等法律法规进行依法处理。立案19起，罚没收入32.5万元。全系统全年共立案查处经济违法案件616件，万元以上案件47件，罚没收入249万元。按照规定的全覆盖抽查检查比例抽查企业309家，未发现问题的221家，通过登记的住所（经营场所）无法联系的59家，不配合检查情节严重的29家，列入经营异常名录59家；抽查农民专业合作社277家，未发现问题的194家，通过登记的住所（经营场所）无法联系的62家，不配合检查情节严重的21家，列入经营异常名录62家；抽查个体工商户818户，未发现问题的769户，通过登记的住所（经营场所）无法联系的40户，不配合检查情节严重的9户，列入经营异常名录40户。积极开展“文明诚信经营市场”“文明诚信经营企业”“文明诚信经营商户”创建活动，8家企业获得省文明诚信经营企业荣誉称号，4家商户获得省级文明诚信经营商户荣誉称号，8家企业获得市级文明诚信经营企业荣誉称号，10家商户获得市级文明诚信经营商户荣誉称号，文明诚信示范街（李斯商业步行街）1个。开展消费投诉公示，推进“诉转案”工作。截至10月31日，全县6家经营性企业网站已全部备案。共检查企业网站2家，平台企业网店2家，对全县2家微信公众号实施动态监管，处理网络消费者投诉1起。2018年1月1日至6月30日，全县各类企业年报率97.29%，148家企业未在规定时间内作年报公示被列入经营异常名录；个体工商户和农民专业合作社公示率均为100%。2018年，全县通过国家企业信用信息公示系统公示的各类信息17437条，信息归集量位居全市第一。

【质量强县工作】 2018年2家企业申报了市长质量奖（河南省圣美阳光装饰材料有限公司，上蔡县状元红酒厂）。2018年全县共有“中国驰名商标”3件，“河南省著名商标”13件，3家企业获得河南省质量诚信A等企业称号，1家企业荣获市QC成果三等奖，27家企业导入卓越绩效管理。久久面业有限公司的“久久”品牌商标2018年获得“中国驰名商标”。对获取生产许可证的企业认真开展证后监督检查，巡查企业18户次，均正常生产运行，未发现问题。着重从“强化主体责任意识、提升质量管理水平、开展技术创新”等方面助推企业质量提升，先后对20余家企业质量管理人员进行专题培训，取得较好效果。

【营业执照监管改革】 全县截至10月31日完成各类主体注册登记6032户。个体工商户4310户，农民专业合作社655户，企业1067户，帮助个体户完成个体户转型升级为企业86户。从2018年8月1日起，完成企业、农民专业合作社、个体工商户全程电子化登记1485户，占应登记户数的比例为75%。

【计量、标准化工作】 在1个国家级、6个省级农业标准化示范基地的带动下，帮助河南大地园林工程有限公司建设的上蔡县高档花木种植标准化示范基地成功创建省级农业标准化示范区。按照省质监局豫质监量函〔2018〕3号文要求，对

5月15日，上蔡县县长质量奖评审委员会

陈万东　摄

全县在用加油机站的加油机台数和油枪的把数与型号逐一登记备案。为佳肴食品等6家企业办理了条码注册登记，为状元红、杨家将等14家企业办理了条码续展。对全县范围内在用的计量器具进行拉网式检查，共检定计量器具12780余台件，检定率达到了96.1%。开展计量惠民活动。免费维修血压计、人体秤、台秤、电子秤等，免费修理台秤、压力表、血压计等共计430余台件。

【特种设备管理】 年初召开全县特种设备安全监管工作会，与特种设备使用单位签订了《特种设备安全生产目标责任书》，落实企业主体责任。先后组织4期特种设备安全培训班，培训特种设备使用单位安全管理员及操作人员共计110余人次。对46家特种设备使用单位在用的650台电梯、11台锅炉、14台压力容器进行不间断巡查，开展特种设备应急演练2次。截至2018年10月31日，共发现并排除安全隐患20多个，下达特种设备安全指令书15份，立案查处2起。配合市特检院和特检所对全县在用的特种设备进行定期检验，注册在用特种设备检验率100%，确保了特种设备的安全运行。

【扫黑除恶】 按照县扫黑除恶专项工作的部署，投入资金2万元印制宣传单、宣传册4000份，制作宣传条幅300条，在各集贸市场设立举报箱30个。向县扫黑除恶办公室提供涉黑涉恶线索3条。通过工商质监局登记注册信息，协助公安部门查出1名电信诈骗在逃犯。

【检验检测】 2018年承担省质监局下达的4次鞋类产品监督抽查任务，并按期圆满完成，受到了省质监局的肯定和赞赏。省级鞋类质检中心2018年开展委托检验80批次，到企业进行技术指导60余次，接受咨询30余次。

【大气污染防治】 累计在城区、乡村等场所悬挂宣传条幅560幅，宣传板200个，张贴宣传彩页2000张，发放宣传单15000张，做到宣传全覆盖。截至10月31日，拆改各类燃煤小锅炉（均为10蒸吨以下）68台共计87.7蒸吨，淘汰率为100%。已完成清洁能源改造的有39台。上蔡县燃煤散烧管控办公室组织辖区城管、公安、交通、工信、环保、工商质监等部门组成联合执法队伍，开展高频次、高密度执法检查整治。共出动执法人员68人次，执法车辆37辆次，确保非法加油站拆除到位，进一步巩固了大气污染攻坚战防治成果。

（陈万东）

食品药品监督管理

【食品安全综合协调】 年初，食安办牵头与各乡镇（街道）和县政府食安委成员单位分别签订了食品安全工作目标责任书，将工作任务细化到各乡镇（街道）和各成员单位，建立健全了“地方政府负总责，监管部门各负其责”的食品安全责任体系。深入开展各类专项整治，组织协调县畜牧、工商和质监、公安、农业、教育、综合执法等部门相继开展“打击食品虚假宣传、非法添加专项行动”“护幼行动”“学校食堂专项治理行动”“打击食品及保健食品欺诈和虚假宣传”“双节期间食品安全专项治理”“加强校园及周边食品安全专项治理”等专项治理行动。

【食品生产环节安全监管】 年初与每个食品生产企业签订食品安全社会承诺书及食品生产企业内部食品安全承诺书，促进企业自觉落实主体责任，管控安全风险，确保食品安全。对辖区内45家生产企业进行风险分级管理，确定A级13家，B级25家，C级1家，D级1家，5家新办证企业暂未分级。按照风险分级等级确定监督检查频次，A级每年检查1次，B级每年检查2次，C级每年检查3次，D级每年检查4次，全年食品生产企业共检查75家次，及时登录入河南省食品生产企业动态监管系统。重点开展调味面制品整治、桶装水专项整治、节日食品生产整治、食品标签专项整治、白酒生产企业隐患排查、食品保健食品生产企业欺诈和虚假宣传等生产环节专项整治行动，有效排查消除了各类风险隐患，确保全县生产加工环节的食品安全。重点推进建设“透明车间”食品生产企业13家，努力实现企业生产透明化、过程记录信息化、终端查询便捷化、社会监督多样化，切实保障食品生产质量安全，促进全县食品产业健康快速发展。引导企业安装食品安全电子追溯系统。全县已有18家生产单位安装了电子追溯系统。

【食品流通环节监管】 鼓励引导商户积极创建食品安全示范店。对非食品安全示范店，采取加大监督检查、提升抽检频次、不启用处罚免责条款等措施，促使其加快改善经营条件，按照标准积极开展创建活动，全县有42家县级以上示范店。加大对冷冻仓库、肉食品经营企业、加工企业的监管力度，严查存储、购买、使用、销售不可溯源或无合法来源证明的冻品，督促冷库经营者建立进出货台账。加大农贸市场监管、快检设备落实、农贸市场无证经营熟肉取缔工作力度。组织开展了以卧龙岗农贸市场为中心、以副食批发为抓手、辐射集镇、带动乡村的食品安全专项整治行动，卧龙岗农贸市场蔬菜每天进行送检，经营熟食商户条件不达标的依法停止经营活动，及时消除了食品安全隐患。突出抓好粮、油、肉、酱油、食醋及其制品、饮料、糕点、酒、水产品、豆制品、奶制品及儿童食品、保健食品等品种的检查，严把市场准入关，切实保障食品质量安全。加强对送货车的监督检查，按照要求及时对批发企业送货车进行备案。加强动物疫病防控，特别是非洲猪瘟防控工作，加大对集中交易市场、商场超市、餐饮服务单位、肉制品生产企业的监督检查力度，严格查验动物检疫合格证明和肉品品质检验合格证明，严禁采购、加工、经营病死动物产品以及来源不明、未经检验检疫和检验检疫不合格的动物产品，严把市场准入关、进货渠道关和肉品质量关，实行动物检疫合格证动态监管。加强低温奶专项整治工作，约谈伊利、蒙牛、花花牛、君乐宝等各品牌低温奶在当地的代理商和厂家销售代表，向其宣讲低温奶运输、贮存方面的法律法规以及违反法律规定的处罚措施、品牌危害，督促其共同规范低温奶经营行为。

【餐饮环节监管】 按照量化分级情况确定的检查频次进行日常监督检查，重点检查餐饮店。对全县学校食堂进行治理整顿。检查学校食堂600家次，针对检查存在的问题，及时下达责令整改意见书215份，取缔无证学校食堂10余家，立案17起。严格落实农村集体聚餐申报登记备案和管理工作。加强对聚餐食品及加工原料的监督检查，把好质量关口，落实加工场所和用具清洁消毒工作，按照规定落实食品留样制度。积极开展“互联网＋明厨亮灶”建设工作。根据河南省食品药品监督管理局办公室关于印发《河南省创建餐饮服务明厨亮灶示范店工作方案》的通知，全县已有55家餐饮单位加入“互联网＋明厨亮灶”，其中学校食堂有49家。加强学生营养餐的隐患排查工作。全面开展学生营养餐食品安全隐患大排查，督促学校、供餐单位切实落实主体责任，防范食品安全事故发生。对营养餐供餐单位进行集中整治，从供餐单位资质、供餐能力、食品安全管理制度、从业人员健康体检与培训、食品贮存配送设施等方面进行全面检查，防止不合格食品流入餐桌。

【食品抽检和案件查处】 全年食品抽样送检999批次，不合格12批次。办理各类食品违法案件213起，执行罚没款近102.4万元。

【行政许可及备案】 全年共受理食品经营许可事项1322件（新办许可1004件、变更许可23件、补发许可10件、注销100件、不予许可185件）。有序开展食品小作坊、小经营店和小摊点的登记备案工作，全年共办理河南省食品小经营店登记证572张、小作坊登记证7张、小摊点备案卡174张。

【药品安全监管】 开展药品日常监督检查工作，确保药品安全有效。规范药品流通监管工作，配合市局完成了药品经营企业换证、产品供应规范认证工作，对新开办的12家药店进行了验收，按照要求对药店的筹建、变更内容进行现场核查。做好上级安排的8批次不合格药品及中药饮片的专项检查，经查全县没有不合格上述药品。开展了疫苗等药品安全大排查工作，对全县疾控机构1个、疫苗接种点34个全部进行了检查，对药品批发企业1家、连锁总部1家、生产企业2家、零售药店199家、医疗机构489家全部进行排查，排查生产企业一般隐患1个，疫苗接种点一般隐患1个，药店存在的一般隐患16个，医疗机构一般隐患21个，均进行了整改，确保药品安全。对药品生产企业进行专项检查，包括物料购入来源真实性和合法性、物料平衡、生产工艺过程控制、原辅料和中间产品及成品检验等。做好药品不良反应监测工作，上报药品不良反应报告902例。抽检药品84批，全部符合规定。办理药品违法案件300起，执行罚没款29万余元。对媒体广告进行监测，监测到12批涉药违法广告，及时通报到县工商部门。

【医疗器械安全监管】 做好医疗器械不良事件监测工作，提高医疗器械不良事件报告质量，监测到医疗器械不良事件260例。重点对非法经营、严重夸大宣传、使用无证产品等违法行为进行了排查。共检查经营企业108家次、使用单位89家次，对发现的风险隐患责令整改并进行了跟踪检查，保证医疗器械经营使用安全。开展了避孕套专项检查、无菌和植入性医疗器械检查、医疗器械经营使用单位冷链管理、严厉打击违法违规经营使用医疗器械等各项专项检查工作，确保了医疗器械使用安全有效。抽样送检医疗器械抽样2批次，全部合格。办理医疗器械案件2起，执行罚没款4.2万元。

【化妆品安全监管】 开展化妆品日常监管工作，对化妆品经营店检查全覆盖。开展化妆品经营及网络销售等专项检查。开展化妆品宣传周活动，在李斯步行街开展创建化妆品示范一条街活动。监测出化妆品不良事件130起。化妆品抽样送检10批，全部合格。办理化妆品案件20起，执行罚没款近2.2万元。

【宣传培训】 开展了“3·15”消费者权益保障日、全国食品药品投诉举报“3·31”主题宣传日、食品安全宣传周、全国药品安全宣传月、全国安全用药月等各类宣传活动，进一步提高了消费者打假维权意识，净化了食品药品市场环境，营造了食药安全社会共治氛围。全年开展系统人员大型业务培训3次，对食品药品监管相对人的各类培训近60次，配合市局完成了2018年上蔡县执业（从业）药师（共260人）继续教育培训工作，进一步提高监管人员业务能力，增强食品药品从业人员主体责任意识和守法经营意识。

【脱贫攻坚】 食药监局驻村工作队和帮扶责任人经常深入帮扶户家中，从物资和资金方面进行帮扶。全年累计协调资金50余万元，用于帮扶村的环境治理、村室规范化建设、办公条件改善、困难捐助等（其中为华陂镇大程庄村新建垃圾填埋场1个，为东洪镇东孟村新修道路300多米，为华陂镇大程庄、东洪镇东孟、蔡窑、庄头四个帮扶村购买垃圾桶260个，坑塘拉围4000多米，为贫困户送棉被77双，资助困难学生10人）。重阳节前夕，驻村工作队开展了“情暖金秋 爱在重阳”慰问活动，向帮扶村130多位80岁以上贫困老人赠送米、面、油等慰问物资，为扶贫工作献出一份爱心。

（刘卫明　刘爱荣）

审　计

【概　况】 2018年，上蔡县审计局坚持以习近平新时代中国特色社会主义思想为指导，认真贯彻落实中共十九大和十九届二中、三中全会精神以及习近平总书记在中央审计委员会第一次会议上的重要讲话精神，紧紧围绕县委经济工作会议部署，打好“三大攻坚战”，服务和保障了全县经济社会的持续健康发展。在工作过程中，重点关注了县本级财政管理、重大政策落实、保障性住房和改善民生及政府重大投资项目资金的审计。县审计局共对128个项目进行了审计，查出主要问题金额365753万元，其中违规金额102471万元，管理不规范金额263281万元，促进财政增收7903万元，上缴财政资金333万元。提交审计报告128篇，提出审计建议416条，被采纳392条。政府投资项目完成审计总额18436.13万元，核减政府投资金额919.62万元。向纪检监察委等部门移交案件线索7起。2018年先后被驻马店市政府表彰为全市审计工作先进县区、全市审计信息化工作先进单位，又被上蔡县委、县政府表彰为2018年度工作目标考评先进单位，实施的《对上蔡县2016年税收征管及财政财务收支情况审计项目》荣获“河南省审计厅优秀审计项目”荣誉称号，实现了建局以来获得省厅优秀审计项目“零”的突破。

【财政审计】 2018年，审计县财政2017年度土地归集账户收集的土地出让金年底结余15621.7万元，应缴预算款科目2017年年底结余56.81万元；国库支付中心2017年底利息收入结余87.79万元；县非税收入账户2017年应缴预算款年底结余691.22万元。以上三项金额合计16457.52万元，当年未及时缴入国库。县财政收各乡镇（街道）退回闲置粮补资金51.4万元，未及时上缴国库。县财政预算内2017年度超预算拨付县国税局税收征管补助经费880万元，县地税局税收征管补助经费300万元，合计1180万元。2017年度县财政非税收入预算外代管资金账户，将11420万元转入预算内账户。县财政总预算账户2017年度借出款项2046万元，县财政财政专户2017年底暂存款科目结余4021.92万元，县财政专户2017年底暂付款结余5589.78万元，长期挂入往来款项不及时清理。县财政国库专户2017年12月底项目资金结余82357.67万元，其中2012年至2014年以及其他结存的专项资金4342.84万元，没有作为存量资金入国库。经审计县财政2017年度政府性基金收支情况发现：政府性基金账面实际收入34242.94万元，实际支出97572.02万元，收支相抵后–63329.08万元，挂入账中。经延伸审计河南中部置业有限公司税收缴纳情况发现2015年1月1日至2016年4月30日应缴纳营业税、所得税、印花税合计518.32万元，截至审计之日此税款仍然拖欠。经延伸审计，从数据库提取的信息比对中显示，全县10个房地产开发企业2017年度应缴未缴土地使用税205.91万元。2017年度全县9个单位和个人应缴未缴耕地占用税590.8万元。经延伸审计6个房地产开发企业发现，2017年度欠缴土地增值税242.62万元。

【经济责任审计】 2018年，县审计局共受委托审计党政领导干部项目12人，其中任中审计7人，离任5人。审计资金总额101215万元，查出违纪违规金额4136.1万元。其中管理不规范资金41.9.29万元，损失浪费17.4万元。工作成果得到了县委县政府的肯定。

【政府投资审计】 2018年，县审计局根据年初审计计划，对县武装部、县第二高级中学土地整治等建设项目实施竣工结算审计，审计总金额24390万元，核减政府投资额651.3万元，对促进财政节支、推动全县经济社会发展发挥了积极的作用。

【民生资金审计】 2018年，县审计局把民生项目作为审计工作的重中之重，切实当好人民利益“守护神”。按照上级审计机关的统一安排，2018年县审计局对全县保障性安居工程、社会保险基金、扶贫资金和扶贫政策执行情况等项目进行了审计。通过审计，发现存在违规套取农村危房改造资金、账户重复列支筹资款、重复征收参保养老保险基金、统筹整合扶贫资金使用不精准、扶贫项目进展缓慢、项目决算不及时、违规提取管理费等问题，并深入分析存在问题的原因，提出改进和完善相关政策措施的意见和建议12条，写出审计要情16份。

【专项审计】 根据上级审计机关安排布置，2018年对全县政府性债务进行了专项审计调查。专项审计涉及的单位有政府性债务的政府部门和机构、经费补助事业单位、公用事业单位、融资平台公司等单位。从专项审计情况看，系统内债务中政府负有偿还责任的债务101000万元，债务率未超出国际公认的100%的警戒线。从总体上讲，县政府为了完善城市基础设施建设，改善人居环境，改变交通现状，促进地方经济发展，多方筹措资金，在省财政统一安排下达的地方政府债务之外，通过一些新的融资方式形成的债务，债务风险总体可控，但应控制债务规模。

【计算机审计】 2018年，县审计局发挥计算机在审计工作中的作用，协助审计工作精准推进。2018年，审计局在对扶贫领域的审计中先后15次进行大数据比对，为县扶贫办的工作提供依据。利用计算机对上蔡县朱里卫生院、塔桥卫生院HIS系统2016—2017年度业务数据进行审计，发现违规收费11.37万元，经查证核实已没收其违规收入上缴县财政。同时责令上蔡县朱里卫生院、塔桥卫生院立即按政策规定实施收费，停止侵害患者及医保基金行为。

【在线联网审计】 2018年4月，审计局召开了全县联网审计工作数据采集会议。截至2018年年底，已经完成对县本级、县委、县政府所属部门和其他依法应当接受审计监督单位的在线实时联网摸底调查工作，共涉及单位133家，调查出业务信息系统39个，财务信息系统118个，为今后大数据比对审计和实时在线联网审计有效开展打下坚实的基础。

【审计整改】 全面加大审计查出问题整改力度，进一步明确整改责任，完善整改机制，促进审计整改落到实处，提升审计整改的公信力，将审计中发现的风险隐患、重大问题及具有普遍性、苗头性的问题及时向县委、县政府报告并提出合理化建议，确保审计发现问题整改工作落到实处。针对审计发现的问题，按照“谁审计，谁负责”的原则，抓好审计整改落实关键环节。列出整改清单，对账销号，实行集中动态管理，确保审计整改效果。注重从制度建设入手，建立审计整改报告制、审计整改跟踪制、联合督查考核制，协助部门合力整改。

【脱贫攻坚】 2018年，县审计局认真贯彻落实县脱贫攻坚会议精神，扎实开展“脱贫攻坚集中下基层”活动。为彻底整治村容村貌、户容户貌、坑塘污染等环境问题，对和店镇6个村投资12万元，开展贫困户家庭环境卫生整治，并购置5万元的电风扇作为奖品，取得了良好的效果。帮助和店镇孟营村协调资金修建水泥路5.05千米，为6个村委购买了办公桌椅，为孟营村、侉子营村投入产业扶贫资金20万元，为侉子营村建设平菇种植大棚8座，为孟营村建造红薯粉深加工厂一座。

（侯振威）

统　计

【国情国力调查】 2018年，全县共选配普查指导员132人，普查员442人，辅助调查员407人，同时落实了普查经费。通过墙体广告、过街条幅、宣传板、手机彩铃、流动字幕等多种形式，广泛宣传经济普查的目的和意义。此次普查共清查出法人单位8895个、产业活动单位551个、个体户22267个。开展2018年全国1%人口抽样调查。县统计局组织调查力量120余人，调查样本小区62个，入户登记1.2万余人。开展13

个小区141户农户，58个规模户和生产经营单位的畜禽监测工作。

【统计法制建设】 2018年，统计局利用“法宣在线”网络学习平台，督促干部职工加强法律法规知识学习。利用统计开放日、统计法颁布日等时机，开展统计普法宣传。发放了《中华人民共和国统计法》《统计法律和法规及违法案例》等资料500余本。全年共开展经常性核查和针对性核查12次。对排查出的问题进行分类、归纳梳理，深入剖析问题实质，研究制定整治措施，从严从实进行问题整改。全年共查出统计违法行为5件，发出统计执法检查书10份。对涉及轻微违法行为的单位责令修改，对1家企业的统计人员进行约谈，加大了依法治统力度，逐步规范了统计行为。

【统计分析调研】 2018年，县统计局坚持县委政府决策到哪里，统计服务就延伸到哪里的工作理念，全面把握全县经济发展趋势，分析经济发展进程，为领导决策提供经济信息和服务。坚持“用数据说话，为决策服务”的理念，密切监测经济运行态势，及时收集上报各项反映全县经济社会发展动态和趋势的统计数据资料，为领导掌握全县经济运行状况提供了及时、准确的信息资料。编印《上蔡县统计公报》《上蔡县统计年鉴》等重大资料性刊物，并撰写动态信息40多篇、统计分析12篇、调研课题5篇。准确、完整的统计经济数据和分析，得到县委政府主要领导充分肯定。

【统计信息化建设】 2018年，县统计局努力推进统计信息化建设。继续加强县统计信息化网络基础设施建设，确保全县统计网络安全运行；认真做好企业“一套表”数据处理平台维护和技术支持，结合“五证合一”登记制度改革，开展单位名录库规范与净化活动，做好“四上企业”入库，加强部门信息互通，及时更新名录库信息；全力做好第四次全国经济普查数据处理各项准备工作；加强统计网络安全管理工作。

（张贺祥）

安全生产监督管理

【概　况】 2018年，全县未发生较大安全生产事故，低于省政府下达2起的指标；年度亿元国内生产总值零死亡率，低于省政府下达0.054的指标；工矿商贸十万从业人员零死亡率，低于省政府下达0.3的指标；特种设备万台零死亡率、低于省政府下达0.45的指标，圆满完成年度安全生产目标任务，被县委、县政府授予2018年度综合工作先进单位。

【安全生产大检查“回头看”】 2018年，组织开展安全生产大检查“回头看”。截至年底，全县共排查一般事故隐患2784条，整改2504条，整改率90%。

【安全生产专项整治】 2018年，组织开展安全生产“打非治违”专项整治行动，专项行动期间，共排查生产经营单位176家次，排查安全隐患378处，已整改378处，整改率达100%。县安监局对3个烟花爆竹仓库及99个长期烟花爆竹零售经营店、62家危险化学品经营企业进行安全检查，共发现隐患308条，督促整改295条，罚款6.8万元，吊销烟花爆竹零售经营许可证3家。对县境内非法经营的加油站进行彻底整治，共捣毁油罐100余个，依法没收成品油35多吨，已上缴国库14.692万元。查处非法经营危险化学品企业1家，罚款5万元。

【安全生产教育培训】 2018年，组织召开全县生产经营企业负责人和管理人员安全生产与职业健康培训会，120家企业288名安全生产管理人员参加培训并拿到培训合格证。举办特种作业人员培训班，共计233人参加培训并通过考试拿到特种作业操作证。8月至12月，开展打击假冒特种作业操作证专项治理行动，对38家生产经营单位开展检查，发现存在问题企业3家，责令整改3家，发现非法使用假冒证件60人，通过培训学习已经合格30人。

【安全生产月宣传活动】 6月中旬，组织开展全国第十七个“安全生产月”宣传活动，共计350余人参加活动，现场共展出300余张宣传板，发放安全知识宣传资料15种、宣传读本1.5万余册、宣传页5万余份，接受群众咨询5000余人次，悬挂安全生产宣传标语150余条，悬挂电灯杆道旗（安全生产标语）150面，大型喷绘4个，宣传架6个；6月16日18时，举办了“安全生产月”活动文艺晚会。本次活动发送手机短信20万余条，达到了预期宣传效果。

安全生产月期间举行游行宣传　　汪印贞　摄

【职业健康监管】 2018年，开展重点行业领域职业病危害专项治理，全县具有职业病危害项目的企业共27家。截至年底，已开展定期检测企业7家，已建健康监护档案企业共25家，累计共168人参加职业健康体检。已参加培训的企业负责人数共116人，已参加培训企业管理人员数共计118人，企业培训的劳动者人数共计0.5万人。纳入职业病危害专项治理企业24家。参加职业健康基础建设活动企业共计17家，职业健康基础建设活动达标企业累计共7家。职业健康监管执法检查企业19家，发现问题28项，责令限期改正28项，立案1起，下达行政处罚决定书1份，罚款0.5万元。监督检查建设单位共2家。

【双重预防机制建设】 2018年，全县3家烟花爆竹经营批发企业、56家社会加油站均已按要求建立安全风险分级管控和事故隐患排查双重预防体系。一般工贸行业已完成双重预防机制示范企业2家。

【脱贫攻坚】 2018年，全局为帮扶的五龙镇薄李村及塔桥镇南张村、葛楼村投入环境整治及清理路面积雪费用3.3万元，坑塘卫生整治费用1.55万元，给贫困户送棉被、发爱心土豆资金12280元，投入夏秋季秸秆清运资金3.35万元，改善村容村貌资金2.36万元，投入五龙镇薄李村基层党建费用22348元，拨付“靶向攻坚”村小岳寺乡西伍张村脱贫攻坚经费5万元，环境卫生整治费用1.2万元，发放扶贫差旅费、第一书记补助及靶向攻坚村工作队员费用共计14.74万元，合计投入349628元。

（汪印贞）

农村　农业

农村工作

【概　况】2018年，中共上蔡县委农村工作办公室（简称县委农办）紧紧围绕全县年初制定的目标任务，强化组织领导，狠抓工作落实，克坚攻难，开拓创新；强力推进乡村振兴战略实施，强化农口综合协调，大力培育新型农业经营主体，着力改善农村人居环境，扎实开展脱贫攻坚工作，切实提升农业农村工作水平，圆满完成了各项工作任务。在2018年全市改善农村人居环境工作考核总评中，上蔡县取得了第二名的优异成绩，并获得了300万元的奖补资金。

【乡村振兴战略】抓组织，深入贯彻落实省市乡村振兴战略规划，研究制定了上蔡县《关于推进乡村振兴战略的实施意见》，成立领导组织，形成了党委领导、政府主导、农办牵头、有关部门协调配合的工作机制。抓规划，围绕乡村振兴战略“1+1+6+1”规划（即1个实施意见、1个总体规划，产业发展规划、环境治理规划、乡村治理规划、农村精神文明建设规划、脱贫攻坚三年行动计划、科技支撑乡村振兴6个专项规划，1个考核办法）编制方案要求，明确了总体规划和各专项规划编制的部门责任，规划编制工作进展顺利，《实施意见》《人居环境整治三年行动计划》《脱贫攻坚三年行动计划》均已编制完成，总体战略规划和其他专项规划正在编制中。抓试点，选取黄埠镇和35个建制村作为上蔡县“乡村振兴示范乡镇、示范村”开展试点工作，其中黄埠镇在全市观摩评比总成绩获得了第二名的好成绩，其他35个建制村顺利完成创建任务。抓重点，积极推进乡村产业发展、农村人居环境整治、文明乡风培育、乡村治理提质、脱贫攻坚五大工程，农业农村工作取得了显著成绩，推动了乡村振兴战略的深入实施。

【农业综合开发】2018年县委农办立足部门职责，切实强化农口综合协调职能，加强各相关部

2018年上蔡县35个“四美乡村”示范村

表3

村名	村名	村名	村名	村名
王庄村	朱庄村	苗沟村	王营村	小戚村
中吕村	苏庄村	前三里村	拐子杨村	闫刘村
君陈村	北大李村	桃台村	穆庄村	刘药村
籽粒村	老李村	范王村	湾李村	郝庄村
吴宋村	魏楼村	张宇村	后店村	大朱村
张市店村	耿陈村	牛庄村	大苏村	中兴村
大岳寺村	双河村	小和村	关帝村	下地关村

门协调沟通，共同推进深化农业农村改革等相关工作。认真承办县委、县政府交办的综合性会议，实现节约时间、节俭经费、保证效果。坚持农口互通有无、有效对接，实现资源共享、信息同用，有力推动了农业农村工作。

【改善农村人居环境】 2018 年，认真落实《农村人居环境整治三年行动计划》，以治脏、治乱、治差和建立长效保洁机制为目标，先后组织开展了“环境卫生集中整治月行动”“乡村环境卫生‘六清’行动”“五条主干道路及两侧集中整治行动”“清洁家园集中行动”等整治活动，清理了道路沿途和村庄内外的陈年垃圾，规范了集镇市场交通秩序。在此基础上，全县各乡镇（街道）围绕 166 个靶向攻坚村，积极实施农村人居环境整治项目，开展净化、绿化、美化、亮化工程，新涌现出了小王营、毛庄、后店、绳李等一大批改善人居环境先进村。引进上海康恒环保科技有限公司在上蔡成立康盈环保公司开展城乡环卫一体化，初步实现了 22 个乡镇农村生活垃圾收集转运全覆盖。针对农村“八大员”专门下发通知，全县 6157 名农村保洁员统一由乡镇（街道）管理，进一步理顺了体制、规范了管理，有效建立起卫生保洁长效机制。在 2018 年全市农村人居环境第三季度观摩督导和年终观摩总评中，上蔡县分别获得了第一名、第二名的优异成绩，受到了上级部门的充分肯定和广大群众一致赞誉。

【新型农业经营主体培育】 2018 年上蔡县委农办坚持以提高农民收入为中心，以提升现代农业发展水平为目标，以加快推进土地流转为抓手，深入贯彻落实《关于大力培育新型农业经营主体的实施意见》，加大政策扶持，大力培育农民合作社和家庭农场，积极组建现代农业产业联合体，促进了各类新型农业经营主体的快速发展。止 2018 年 11 月底，全县各类新型农业经营主体达到 7881 家，其中专业大户 1396 家，家庭农场 365 家，农民专业合作社 5835 家，联合社 12 家，现代农业产业联合体 8 家，农业企业 265 家（其中县级以上龙头企业 75 家），涉及种植、养殖、农机、水利、农产品加工、农资流通等多个领域，部分经营主体跨乡镇、跨行业，增长势头强劲，带动土地流转面积 55.8 万亩，占全县耕地总面积的 33%。有力推动了全县农业供给侧结构性改革，优化了生产要素和资源配置，提高了农业生产效率，促进了“三农”工作的快速发展。

【新型农村社区建设】 2018 年，上蔡县委农办高度重视新型农村社区整改工作，严格按照省市部署和工作要求，完善措施，强力推进社区整改，取得了明显成效。2018 年年底，上蔡县 11 个新型农村社区，已全部完成整改任务，完成比例达到 100%。

上蔡县 11 个新型农村社区一览表

表 4

社区名称	社区名称
蔡都街道和谐社区	五龙镇久久社区
芦岗街道龙兴社区	东洪镇洪福社区
重阳街道重阳社区	朱里镇武津社区
卧龙街道龙腾社区	邵店镇龙岗社区
卧龙街道龙翔社区	齐海乡龙海社区
韩寨镇福苑社区（退出转化）	

【脱贫攻坚】 上蔡县委农办帮扶两个建制村，分别是西洪乡小和村、曹王村。县委农办把驻村帮扶工作作为政治任务，成立专业组织，明确帮扶责任，下派第一书记 2 名，配备 2 名队长、2 名队员组建驻村工作队，全力开展脱贫攻坚工作。按照“六个精准”“五个一批”的要求，农办下派第一支部书记和驻村工作队，在对贫困户进行再次走访，重新识别，对数据进行再次核对，重新完善手续、完善档卡。在此基础上，帮助村里理清思路，制定脱贫计划，完善脱贫措施，改善基础条件，确定产业方向，有效开展帮扶工作。帮助调整种植结构，流转土地；帮助引进扶贫加工车间，为小和村引进新雅柔纸业工业项目，为曹王村推动落实光伏发电、谋划集体经济发展项

目和扶贫小型加工点建设；对贫困户帮思想、帮生活、帮生产、帮就业，推动各项扶贫政策落地生根，圆满完成了年度新脱贫46户的目标。帮助小和村争取资金100万元，实施了农村人居环境整治项目，村容村貌得到极大改善；积极开展贫困户家庭卫生评比活动，有效调动了农户改善家庭环境卫生积极性。积极帮助改善村室条件，小和村新建了村室、文化服务中心。又先后投入资金2万多元为小和村和曹王村购置了办公桌椅、电脑、打印机、冷暖空调等，安装了宣传板，改善村委办公条件；年底又筹集资金1.5万元，用于两村人居环境改善和村室标示规范化建设。

（李永齐）

种植业

【农业综述】 2018年，全年粮食总产达到108.8万吨，秋季粮经比例达到52∶48，洙（湖）嵖（岈山）路沿线4个乡镇流转土地310公顷，建设温室大棚面积82.67公顷、育苗基地1个；现代畜牧业加快发展，牧原集团年出栏100万头生猪、首农集团年出栏1万头肉牛、正兴生态牧业年出栏5万只肉羊等养殖场项目开工建设；农村人居环境明显提升，新建改造公厕302座，完成“空心房”整治7636处，累计创建“四美乡村”示范乡镇1个、“四美乡村”示范村35个，农村环卫市场化运营全面推开，生活垃圾无害化处理率达到95%，在农村人居环境年终考核总评中居全市第二位；农民生产生活条件持续改善，新增农民专业合作社470家，土地流转面积达到37066.67公顷，土地托管面积达到6666.67公顷，全县农村居民人均可支配收入达到11542元，增长9.1%，高于城镇0.6个百分点；农机装备水平进一步提升，成功创建全国、全省平安农机示范县，全市农机系统创新社会化服务功能现场会在上蔡县召开。

【种植业概况】 2018年，全年粮食作物种植面积169286公顷，总产108.8万吨，较2017年119.49万吨减少13.8万吨，同比减少11.55%；农副产品加工产业集群发展迅猛，以久久农科、金利源农产品为代表的农副产品加工产业集群发展到35家，产值达到68亿元，大程集团、久久农科被认定为全国农业产业化龙头企业，并入围2018年度中国农业产业化龙头企业500强；种植业结构调整成绩显著，全年种植优质强筋小麦面积21307公顷，优质花生面积30867公顷，优质大豆面积12133公顷，芝麻面积10733公顷，瓜菜面积9193公顷，秋季作物粮经比达到52∶48；秸秆禁烧及综合利用监管力度加大，实现全年禁烧“零火点”，秸秆综合利用率达到92.4%；农村集体资产清产核资工作基本完成；省级农产品质量安全县创建工作正式启动。

【粮油生产】 全年收获粮油作物面积194547公顷，总产119.45万吨，较2017年134.96万吨减少15.51万吨，同比减少11.49%，其中粮食作物种植面积169268公顷，总产108.8万吨，较2017年119.49万吨减少10.69万吨，同比减少11.55%，经济作物面积42573公顷，总产13.76万吨，较2017年15.47万吨减少1.71万吨，同比减少8.95%；夏季粮油总产66.83万吨，夏粮总产66.55万吨，夏油总产0.28万吨，秋季粮油总产52.62万吨。

2018年春季麦田管理统防统治现场会

周华迪　摄

【农业种植结构调整】通过加大技术、资金投入，加强示范引领等措施进行农业结构调整，2018年种植优质强筋小麦面积21307公顷，比上年12360公顷增加8947公顷，平均单产415.21千克，比上年平均单产555.85千克，减少140.64千克，减幅25.3%。总产13.27万吨，比上年10.31万吨增加2.96万吨，增幅28.71%。2018年推广优质大豆面积1.21万公顷、花生面积30867公顷、芝麻面积1.073万公顷、瓜菜面积9193公顷，玉米面积压缩到4万公顷。与河南省农科院合作建立黑芝麻HL05示范基地面积20公顷，与驻马店市农科院合作，建立驻芝22芝麻示范基地面积267公顷，推广白芝麻上芝429面积2333公顷，示范种植高油酸花生面积1000公顷。

【测土配方施肥】完成各类型土壤取土样120个，完成室内化验2160项次，同时对10%的土壤样品进行铜、锌、铁、锰4项微量元素检测，发放施肥建议卡2万份。完成小麦测土配方施肥技术推广面积93333公顷，玉米测土配方施肥技术推广面积40000公顷，花生测土配方施肥技术推广面积26667公顷。举办测土配方施肥技术培训班36期次，培训乡级技术骨干300人次，培训肥料经营人员300人次，召开现场会20次，培训农民6000人次。

农业局人员视察农业结构调整情况

周华迪 摄

【农经工作】2018年全县共26个乡镇（街道），460个建制村（社区），5376个村民小组，共有农户数320265户。其中经营耕地50亩—100亩的农户数为1092，比上年增长6.74%；经营耕地100—200亩的农户数为571户，比上年增长16.53%；经营耕地200亩以上的农户数为347户，比上年增长13.77%。集体所有的农用地总面积110349.5公顷，其中耕地101634.5公顷、园地382.2公顷、林地1994.9公顷、草地1966.9公顷、养殖水面913.6公顷。

【农民专业合作社】农民合作社发展迅速。至2018年年底，全县农民专业合作社发展到5552家，比上年度增长了3%。其中，种植业5191家，林业29家，畜牧业254家，渔业3家，服务业69家，其他6家。

【农村集体资产清产核资工作】至2018年年底，农村集体资产清产核资工作已基本完成。完成清产核资单位5851个，其中经营性资产的单位13个（村级12个、组级1个），乡镇级26个，村级460个，组级5340个。完成清产核资总额131402.42万元，其中乡镇级5.2万元，村级84597.68万元，组级46799.54万元；核实村级经营性资产总额5556万元；集体土地总面积133053公顷，其中乡镇级553公顷，村级6533公顷，组级125967公顷；

上蔡县农村集体资产清产核资工作推进会议

周华迪 摄

农用地总面积115694公顷，其中：乡镇级540公顷，村级3387公顷，组级111767公顷。

【第二十一届中国农洽会】 2018年5月26日召开上蔡县第二十一届中国农产品加工业投资贸易洽谈会工作会议，并印发了《第二十一届中国农产品加工业投资贸易洽谈会上蔡县筹备工作方案》。此次大会全县共邀请客商210人，精选新项目56个，签约投资亿元以上重点项目9个，投资总额105亿元，其中投资5亿—10亿元的项目1个，投资超10亿元的项目5个，有1个项目在市重点项目签约仪式上签约；组织企业65家，签约5000万元以上农产品采购贸易项目8个，贸易额16.88亿元；落实参展企业10家，落实展位12个，在特色优质农产品展示区和“乡村振兴、科技引领”展示区各高标准布置特装展位2个；签约科研成果转化项目10项；赢得了7个奖项，其中2个金质产品奖，分别为河南久久农业科技股份有限公司的“久久”牌5千克家庭用原味粉和上蔡县白云翁毛笔制品厂“白云翁”牌文房四宝，5个优质产品奖，分别为河南盛世粮油有限责任公司的“盛世”牌黑芝麻核桃粉、河南百年磨食品有限公司的“百年磨”牌拉丝爽、驻马店市亿民农产品科技有限公司的“福贝旺”牌川湘牛肉火鸡面、河南天一食品有限公司的“天一食品”牌手工饸饹面和驻马店市晨钟生物科技有限公司的“巨型一号”牌丝瓜水辰露。

【农产品加工】 2018年，上蔡县农产品加工业迅速发展，实现总产值2215328万元，营业收入2196973万元，增加值516455万元，利润总额336546万元，带动36933人就业。其中规模以上企业有118家，实现总产值2012744万元，营业收入1998437万元，增加值471885万元，利润总额298223万元，带动29254人就业。营业收入在5000万元以上的有85家，实现总产值1915078万元，营业收入1902670万元，增加值450345万元，利润总额282937万元，带动26671人就业，亿元以上的有76家，实现总产值1605296万元，营业收入1598162万元，增加值381218万元，利润总额236475万元，带动18301人就业。

【农业行政执法】 2018年，根据农资经营的特点，1—2月，组织开展了高毒农药的排查和小麦田除草剂的检查工作；3月对全县农资市场上销售的玉米种进行了备案，备案玉米品种80多个；4月结合“放心农资下乡进村宣传周”活动，针对市场上销售的玉米种、花生种、大豆种以及农药进行重点检查；5—6月对市场上销售的玉米田专用肥料进行普遍抽检，对秋季作物大田用除草剂及各种杀虫剂进行了专项检查，并按照省、市要求深入到农资市场、城乡结合部等重点区域场所，通过悬挂条幅、张贴公告、发放宣传单等多种形式扎实开展《农药管理条例》宣传周活动，活动期间，共悬挂宣传条幅16条，张贴公告1000份，发放宣传单15000份；秋季，对市场上销售的小麦种子、小麦专用肥、小麦拌种剂进行了重点检查，并对可疑的肥料和农药进行了抽样检验。全年累计出动执法车辆221辆次，出动执法人员946人次，整顿农资市场107个次，拉网式排查农资经营门店近983个次，抽取农药样品6个，抽取肥料样品116个，立案36起，结案20起。

【特色农业】 2018年共种植蔬菜12386公顷，比上年增长3.86%。平均亩产3442.98千克，较2017年3446.88千克略有减少；总产48821.4万千克，较2017年48876.8万千克减少55.4万千克；年产值45637.94万元，较2017年45928.12万元，减少290.18万元。其中：设施蔬菜1080.6公顷，年总产9553.6万千克，年产值14213.7万元。露地蔬菜8373公顷，总产量39267.8万千克，年产值31424.24万元。2018年全县共有日光温室2442座，面积510.6公顷；塑料大棚6826座，面积501公顷；小拱棚2570座，面积69公顷。食用菌年产量3.2万吨，年产值11359万元。主要品种是：香菇、平菇、金针菇、黑木耳和银耳。2016 年，驻马店旭升牧业有限公司开始在上蔡推广种植艾草，主要品种为驻马店市旭升牧业有限公司总经理姜银霞和河南省艾草深加工工程中心主任王线中共同研究培育的新品种“上艾 1 号”“上艾 2 号”“上艾 3 号”。制作艾草茶、艾草精油、艾草膏等。至 2018 年年底，全县艾草种植面积 3 万多亩，遍及大路李乡、东岸乡等 20 余个乡镇，带动脱贫就业创业 2 万多人，给全县农民带来经济收入 750 万元，增加农民收入 350 万元。

艾草种植基地　　姜　霞　摄

【渔业与渔政管理】 一是做好农业部鱼病监测数据统计上报工作。完成鱼病测报 3 期。二是做好渔政管理工作。2018 年 3—6 月，对洪河、汝河、杨岗河、黑河等河流及干、支沟天然水域实施了为期 4 个月的春季禁渔，渔业资源得到有效保护。三是搞好水产品质量安全监管工作。全年共检查 90 多个渔业养殖场和养殖户，重点对使用非法添加剂进行检查和治理整顿。四是制定《上蔡县 2018—2030 年水产养殖规划》。严格控制了养殖容量和喂养方式，打击新增网箱下水，遏制水污染势头。通过一系列工作措施，全县渔业发展态势良好，2018 年全县渔业养殖面积 1467 公顷，低产塘改造 128 公顷，养殖产量 3710 吨，捕捞产量 126 吨，鱼苗孵化 1900 万尾，生产苗种 1600 万尾。建设黄鳝、泥鳅工厂化养殖基地 300 平方米，推广渔业新品种 2 个，推广渔业养殖新技术 2 项，办理水域滩涂使用证 10 个，办理水生野生动物养殖许可证 5 个。

【农产品产地环境质量监测】 2018 年，在往年取样的基础上，市能源站根据化验情况，对全县部分异常点位进行了加密布点，并对这些点位上生长的农产品可食部分进行采集，共采集农产品样 155 个。2018 年主要农产品产地土壤—农作物重金属污染例行监测任务数 39 个，其中土壤样品 15 个、农产品样品 24 个。

【第二次全国污染源普查种植业源普查】 2018 年 3 月县政府办公室印发了《上蔡县第二次全国污染源普查实施方案》（上政办〔2018〕22 号），普查方案的出台，标志着全县污染源普查工作全面启动。2018 年 3 月印发《关于上蔡县第二次全国污染源普查部门分工的通知》，上蔡县农业局负责种植业源普查，经过近 3 个月的数据采集及质量审核，全县种植业共完成县级调查表及减排模式表 4 份，入户调查表 138 户（其中小麦玉米轮作 40 户、其他大田作物 38 户、露地蔬菜 29 户、

第二次全国污染源普查种植业源普查

李占坤　摄

保护地 17 户、园地 14 户）及入户调查填表审核工作和信息采集工作，并按要求将普查信息导入国家普查系统。

【秸秆禁烧】 秸秆禁烧监管力度加大，2018 年共悬挂条幅 8000 余条、张贴标语 2.3 万余份、发放明白纸 13 万张、开展小手拉大手 12 万余次，出动宣传车 2 万余台次。签订《秸秆禁烧和综合利用承诺书》13 万余份，张贴《秸秆禁烧和综合利用公告》1.6 万份，秸秆综合利用率 92.4%，实现全县全年禁烧零火点。

【益农信息社】 2018 年，全县 460 个建制村，已建好益农信息社 380 个，还有 80 个建制村待建。已建好的 380 个村级益农信息社，已经验收组验收。

【"三品一标"认证】 2018 年共通过"三品一标"认证无公害基地 16 个，无公害产品 31 个，种养植面积 422.6 公顷。其中无公害农产品基地 15 个，无公害农产品 28 个，种植面积 409.1 公顷；无公害水产品基地 1 个，无公害水产品 3 个，养殖面积 13.5 公顷。全年共有 3 家 5 个产品通过无公害农产品复查换证。2018 年对已认证的"三品一标"认证基地按照《上蔡县"三品一标"农产品认证奖励办法》，共奖励 13 个基地、20 个品种，金额 123.5 万元。

【农产品质量安全监测】 省级例行监测抽取了全县农产品生产基地产品蔬菜、水果、食用菌 31 个。市级在全县开展了草莓和葡萄两个专项检测，草莓专项抽取样品 12 个，葡萄专项抽取样品 10 个。省、市监测样品全部合格。县级全年对区域内农贸市场、超市、种植基地的农产品进行质量安全监测，抽取 74 个批次 8351 个样品，其中蔬菜 5539 个、水果 2114 个、食用菌 501 个、芽苗菜 197 个，经农药残留化验检测，合格率 100%。

县农业局对超市的农产品进行现场抽查

李占坤　摄

【编写无公害标准化生产技术规程】 2018 年，按照无公害等农业标准化生产要求，参考国家标准、农业行业标准及地方标准规程，结合上蔡县农业生产环境状况，制定、修订了适合上蔡县区域的主要农产品生产技术规程等标准 31 个，基本涵盖了粮食、油料、蔬菜、食用菌等农产品。

《无公害农产品标准化生产技术规程》出版

李占坤　摄

【种子推广与管理】 2018 年 5 月 16 日，组织 2018—2019 年度小麦品种观摩会。省内 10 多家企业和全县 200 余人参加芦岗街道文楼村百亩新优小麦品种展示观摩会。市品种考察专家组和上蔡县有关技术人员一起，分别于 5 月 28—30 日、9 月 26—28 日对全县小麦、玉米生产形势、品种利用情况、新品种试验、示范和展示情况进行了考察。引进伟隆 169、新科麦 169、郑麦 369、轮选 66、郑麦 136 等共 10 个新品种，玉米引进了迪卡 638、秋乐 368、金诚 12、德单 123、豫禾 588、鼎优 919 等共 10 个品种。复检农作物 143 种 322

个样，其中，小麦 67 个品种 134 个样，玉米 33 个品种 87 个样，瓜菜种子 15 个品种 30 个样，芝麻 5 个品种 15 个样，大豆 13 个品种 36 个样，花生 10 品种 20 个样，主要农作物品种的复检率达 96% 以上。10 月在文楼村建立了百亩优质小麦展示田，赛德麦 5 号、蔡麦 116、西农 668、轮选 66、丰德存麦 1 号、郑麦 103 等 50 余个小麦品种参加展示。

【植保植检】 2018 年，适时、准确发布病虫信息 13 期，中短期预报准确率在 90% 以上，按时上报病虫信息，周报表合格率达 95% 以上。2018 年全县发生病虫草害 556800 公顷次，病虫害防治 1317300 公顷次（其中化学除草 216000 公顷次），占发生面积的 236.58%，挽回损失 132232.35 吨。2018 年有 4 家企业申报产地检疫，提交产地检疫申请 12 份（1 个作物，12 个品种均为芝麻种），种植面积为 244 公顷。根据田间调查的结果，签发产地检疫合格证书 12 份，合格种子 307000 千克。根据田间调查及预测结果，结合实际情况，分别在 3 月 26 日、4 月 18 日在统防统治示范区组织召开小麦春季麦田管理、小麦赤霉病统防统治等两次现场会，防治面积为 133 公顷，通过大力推进统防统治工作，农作物统防统治覆盖率达到 100%，农药使用量由 2017 年 1736 吨下降到 1693 吨，完成了农药零增长的工作任务。

【脱贫攻坚】 上蔡县农业局共帮扶 3 个整村推进贫困村，结对帮扶贫困户 334 户。派驻 5 个扶贫工作队，分别驻东岸乡的西袁村、拐湾村、张茂英村、中兴村和陆马白村。先后选派技术人员 180 人，分包全县 26 个乡镇（街道）460 个建制村（社区），采取专题培训、召开现场会、技术指导等形式，共培训 80 余场次，培训 3 万余人次，发放技术资料 25 万余份。6 月，又组织县乡农技人员 134 人，分包全县有技术需求的贫困户 25303 户，集中开展了科技扶贫专项行动。在小麦“一喷三防”统防统治项目中，县农业局将东岸乡拐湾、西袁村纳入统防统治范围，共防治 1104 公顷，用药 1.5 吨，共投入资金 24.84 万元。26 个乡镇（街道）上报 2018 年贫困户自主发展种植生产补贴资金申请材料，共涉及 450 个建制村 14264 户贫困户，补贴种植面积 2859 公顷，总补贴金额 1476.1 万元，均补贴到位。种植业扶贫奖补项目申报的基地 6 个，已核查 2 个基地，核查的基地分别是东岸乡张茂英村刘永草莓基地和艳鸽草莓基地。为改善帮扶村的生活和办公条件，筹资 12.5 万元，为其购买了空调、电脑、办公桌椅、打印机等设备和垃圾车、垃圾桶、铁锨、扫帚等环境整治用具。此外，还开展了献爱心送温暖活动。捐棉被 334 条、食用油 55 提、大米 80 袋。

【省级农产品质量安全县创建工作启动】 2018 年 3 月 27 日，召开县政府第十五次常务会议，会议同意《上蔡县农产品质量安全县创建实施方案（草案）》。4 月 18 日，上蔡县人民政府印发了《上蔡县农产品质量安全县创建实施方案》（上政〔2018〕3 号）。6 月 29 日，召开了上蔡县创建省级农产品质量安全县工作推进会，省级农产品质量安全县创建工作正式启动。

【成立乡镇农产品监管机构】 2018 年 3 月 27 日，召开了县政府第十五次常务会议，会议同意《上蔡县乡镇农产品质量安全监管公共服务体系建设的意见（草案）》。4 月 18 日，上蔡县人民政府印发了《上蔡县乡镇农产品质量安全公共服务体系建设意见》（上政〔2018〕25 号），按照通知要求，相继在全县 26 个乡镇（街道）挂牌成立了乡镇农产品质量安全监管站。

【省人大对全县开展农产品质量安全执法检查】 2018 年 8 月 1 日，省人大常委会农工委副主任邢利民带领执法检查组深入上蔡县，就贯彻实施《中华人民共和国农产品质量安全法》《河南省实施〈中华人民共和国农产品质量安全法〉办法》情况开展执法检查。执法检查组一行先后到邵店镇盛唐家庭农场葡萄种植基地、朱里镇牛硕牧业奶牛养殖基地和上蔡县农业局农产品检验室，实地检查“一法一办法”贯彻实施情况，重点检查地方政府关于农产品质量安全市场准入、质量安全监督检查、安全事故报告及责任追究等制度建设情况，重点检查企业贯彻实施农产品质量安全“一法一办法”重要经验做法、生产过程管理和可追溯制度建设情况、农产品安全监测制度执行情况、监督性抽查制度执行情况等。

（周华迪　李占坤　徐飞翔）

畜牧业

【概　况】 2018年年底，全县牛存、出栏量分别达到2.96万头、2.2万头，完成目标任务92.2%、103.1%；生猪存、出栏量分别达到67.04万头、89.2万头，完成目标任务96.1%、93%；羊存、出栏量分别达到12.5万只、12.9万只，完成目标任务84.3%、100.1%；家禽存、出栏量分别达到464.5万只、655.8万只，完成目标任务86.7%、68.2%；肉类总产量达到80273吨，占全年目标任务84.8%；禽蛋产量28663吨，占全年目标任务87.7%。上蔡县是全国生猪调出大县、生猪良种补贴县、畜产品质量安全县、肉牛基础母牛扩群增量项目县。2018年被驻马店市评为全市畜禽养殖污染整治工作先进县，被驻马店市畜牧局评为畜牧产业扶贫先进单位、畜牧业发展工作优秀单位。

【畜产品质量安全监管】 对全县6个兽药经营门店的兽药18个品种进行了提样抽检，圆满完成抽检任务；严格“瘦肉精”产地检疫、屠宰检疫、出境检疫同步制度，对全县2个饲料生产企业、20个饲料经营门店、300多家养殖场，进行了全面监督检查，共出动监督、宣传车辆50多余次，执法人员200余人次，发放宣传板、条幅、宣传页及学习资料2000余份。强化日常巡查监管，落实好屠宰环节各项质量安全制度和控制措施。继续组织开展生猪屠宰整治，持续保持高压态势，严厉打击私屠滥宰、注水或注入其他物资等各类违法犯罪行为。做好行政执法与刑事司法衔接，加强与公安、食药监等部门的协调配合，形成跨部门监督执法合力。扎实推进生猪保险和无害化处理工作，全年无发生畜产品质量安全事件。

【非洲猪瘟疫情防控工作】 县畜牧局多次召开动员会，通报防控形势，安排部署非洲猪瘟防控工作。全县发放非洲猪瘟科普宣传册2500本、明白纸3000份、挂图3000套，两次发放告知书、承诺书各4000份。排查养猪场1757个，发放消毒药5吨，并对生猪禁止饲喂泔水做了宣传和培训，累计检查餐饮企业和食堂1725家，养殖场1775个。出动5565人次，签订承诺书2700份，发放餐厨废弃物登记台账2700本，培训52场次，培训人员780人，制作条幅78幅。组织各乡镇（街道）农业服务中心（包括乡村两级防疫员）、动物疫病预防控制中心、动物卫生监督所、食药监局等对辖区范围内所有生猪养殖场、无害化处理场、屠宰场、生猪交易市场、餐饮企业和食堂进行循环排查。餐饮企业和食堂产生的泔水随垃圾进行了填埋。同时做好流行病学调查，重点了解近期有无生猪异常死亡情况。严格坚持日报告制度，按时间节点上报。经过排查，截至2018年年底，没有发现生猪异常死亡及不明原因死亡等现

上蔡县动物卫生监督临时检查站　　任 伟 摄

象。畜牧、公安机关、交通管理、食药监等部门继续深化联防联控，积极做好应急处置准备，坚决防止疫情传入。重点抓好“五控一隔离”。在各乡镇主要路口设立非洲猪瘟防控洗消点，尤其是把市县交界处的朱里镇、华陂镇、百尺乡、大路李乡、黄埠镇、邵店镇、党店镇、杨集镇、崇礼乡作为重点洗消点，在距离规模场500米内设立洗消点，对过往车辆冲洗消毒。所需物资设备由畜牧局统一供应。

【招商引资项目建设】 上蔡县牧原农牧有限公司100万头生猪养殖项目，计划投资12.5亿元，在大路李、东洪等乡镇建设7个年出栏100万头生猪标准化规模养殖场项目。项目分两期实施，一期在大路李、东洪、华陂三个乡镇建设4个标准化生猪养殖场，项目备案、土地、环评等相关手续已办妥。牧原3场（大路李乡朱里桥）、牧原5场（东洪镇火陈）年底已投产。牧原1场（华陂镇王桥村）、牧原2场（大路李乡陈桥）场区围墙、宿舍楼正在建设，猪舍单元已开始建设。上蔡正兴生态牧业有限公司年出栏5万只肉羊项目，项目备案、土地等相关手续已办理。韩寨养殖基地羊舍一期工程120栋已完工。二期两个大型草料库，两个大型青贮池，已投入生产，存栏种母羊10000只。邵店养殖场基地于6月举行开工奠基仪式。首农集团万头肉牛标准化养殖场项目，年底前已投产。中粮集团年出栏百万头生猪项目，县政府已和中粮集团签订框架协议。

【脱贫攻坚】 积极参与全市百家畜牧企业帮扶千名贫困人员活动，12家畜牧企业结对帮扶贫困户120户；积极参与河南省千名专家包千村帮扶活动，45名专业技术人员，继续分包118个贫困村，协助制定畜牧产业规划，引导贫困户发展畜禽养殖，加强技术指导与服务。共开展现场指导91场次、技术服务83场次，发放秸秆青贮资料3000册、肉羊养殖技术资料3200册、蛋鸡养殖技术手册2100册、生猪养殖技术手册3400册，播放养殖技术、疫病防治等相关影片资料110余次。严格按照“单位到村、干部到户、责任到人、措施到位”的要求，全系统137人积极参与，结对帮扶贫困户。2018年，全县贫困户养牛户59户、养牛346头，养羊户303户、养羊5791只，财政补贴金额57.21万元。在所帮扶的韩寨镇义公村、庄湖村、耿陈村、大骆村、康湖村5个贫困村贫困户477户、1676人，共脱贫263户、1084人。县畜牧局为所帮扶的5个村提供资金、物资支持，为贫困户发放棉被衣物等慰问物品。

上蔡县正兴生态牧业有限公司标准种羊舍

任 伟 摄

【畜禽粪污资源化利用】 依托《2018年上蔡县畜禽污染资源化利用项目》对全县养殖场进行配套设施升级完善，该项目建设地点分布在全县11个镇、11个乡、4个街道内。项目建设内容为两个区域性集中处理中心和对587个养殖场进行填平补齐、“一场一策”的形式进行改造。全县166家规模养殖场，有150家完成配套设施建设，16家关闭清养，规模化养殖场粪污处理设施配套率达到100%，高于省市82%的目标。加快推进畜禽养殖废弃物资源化利用，全县畜禽粪便综合利用率达到80%，高于省市70%的目标。对规模以下小散养殖户，采取“劝退清理一批、改造升级一批、合作发展一批”的办法，推动小散养户“三进三退”。

（任 伟）

林 业

【概　况】2018年，全县林业系统坚持以习近平新时代中国特色社会主义思想为指导，全面贯彻落实中共十九大精神，认真践行绿水青山就是金山银山理论，以维护生态安全，推进生态文明建设，实施乡村振兴战略为目标，以增加森林面积，增强森林功能、提升森林质量和效益为核心，以建设森林城市、森林特色小镇、美丽乡村为抓手，着力实施各项重点工程，强力推进城乡绿化，大力开展国土绿化提速行动，全面完成森林生态建设任务，为建设美丽上蔡作出积极贡献。全县共完成造林4.0910万亩、森林覆盖率达到22.52%，实施林业有害生物地面防治面积22.2万亩，林业产业总产值达到7.84亿元。

【造林营林】2018年全县共完成造林40910亩，其中新建完善农田林网73.2万亩，植树164.3万株，折合造林面积19800亩，农田林网控制率达90%以上。建设防护用材兼用林3200亩，经济林1600亩；完善提升省级以上通道绿化6368亩，县乡通道绿化3032亩，水系绿化4760亩；建设美丽乡村26个，村庄林木绿化率达到40%以上，新增围村林面积2150亩。森林覆盖率达到22.52%。2018年上蔡县以县城绿化为中心，建设总长32.4千米环城景观防护林带，重点规划建设三个公园，一是面积2200亩的杜一沟湿地公园；二是占地1200亩的杜诗湿地公园；三是占地2850亩的上蔡森林公园正在施工，截至2018年年底，森林公园一期绿化已基本结束。全年共组织林业专业技术人员下乡技术指导及技术咨询20多场次，引进林业新品种10个，推广新技术6项，为广大林农提供了强大技术支持。每个乡镇、街道都建立至少一处义务植树基地，义务植树参加人数165万人次，完成义务植树220万株，全县义务植树尽责率95%以上。对境内219线邵店至华陂、省道331线县城至杨集、206线县城至黄埠、206线县城至朱里、331线县城至大路李、吴潢路上蔡县境内、上和路上蔡县境内，道路两侧适宜绿化的地方进行绿色廊道建设。在植树造林中，由于合作社的加盟及承包大户经营林业生产的积极性提高，加大了社会投资林业的力度，全县80%的乡镇林业建设由大户承包，乡镇政府负责无偿提供土地，大户投资并拥有所有权。完成省级林业重点工程建设1.65万亩，占任务1.5万亩的110%，圆满完成了省政府下达的2018年度的各项造林任务。

农田林网

【资源林政管理】2018年严格按照市“创森”办限伐的有关要求，共发放林木采伐许可证29份，采伐蓄积5165.28立方米，占全年采伐限额的16.8%。全年共办理木材运输数量18397立方米。2018年共组织《中华人民共和国森林法》宣传活动3次，出动宣传车5辆，发放宣传册2万余份。县森林公安局把打击各类涉林违法犯罪作为主业，认真开展全省、全市森林公安机关开展的专项行动。2018年共办理各类涉林案件57起，其中刑事案件14起，结案10起，判决10起。提请批准逮捕4人，移送起诉7人，刑事拘留3人，取保候审8人，监视居住1人。林业行政案件34起，结案34起，治安案件受理9起，结案9起。做好木材经营加工管理工作。建立核查制度，主要是对木材加工企业的原料进行核查，指导企业设立木材原料来源登记台账，督促企业详细记载木材原料的来源和数量，防止企业非法收购木竹行为。对未经批准擅自经营加工木材的加工企业，依照有关法律法规严格处罚。

【野生动植物管理】“爱鸟周”期间，利用电视台、广播电台等媒体大力宣传保护野生动物的重要性和野生动物保护的有关知识。“三夏”期间联合森林公安局连续3天出动宣传车5辆，集中宣传《中华人民共和国森林法》《中华人民共和国野生动植物保护法》《中华人民共和国野生动植物保护管理条例》等法律法规，使野生动物保护家喻户晓，人人皆知，让全社会都积极参与野生动植物保护活动，进一步提高全民自觉保护野生动植物的积极性。

【森林防火管理】 县护林防火指挥部与各乡镇、街道签订了护林防火目标责任书，扎实开展森林防火宣传、预防工作，加强巡查护林队伍建设，下发《关于各乡镇、街道及时消除和清运林木下堆放秸秆的通知》，有效地消除了火灾隐患，林木火灾受害率控制在1‰以下。

【林木检疫　林木病虫害防治】 全年共发布《林业有害生物情报》12期，印发了2800份。落实“谁经营、谁防治”的责任制，对防治不及时或行动迟缓的林木经营单位和个人下发了《限期除治通知书》等措施，有效地控制了草履蚧的危害，降低了林木的损失。全年苗木花卉调运检疫214万株，木材调运检疫1.8万立方米。对全县生态廊道和重要林区美国白蛾发生情况进行普查防治，防治面积22.2万亩，有效地预防了全县杨树食叶害虫和美国白蛾等林业病虫害的发生。

【林业育苗及科技推广】 认真做好林业育苗，落实优质林木种苗补贴扶持。加强林木种苗生产、经营许可证的审核、发放工作。开展林业科技建设。两项林业成果获市科技奖。

【公园建设】 上蔡县森林公园位于上蔡县城城西，规划建设总规模2850亩，预计总投资5.6亿元，其中水体面积618亩，铺装面积113500平方米，建筑小品面积6800平方米。公园建成后，可以成为县城西部森林生态核心，改善城市生态环境，提升上蔡城市品位，提高城乡居民的幸福指数。

【生态护林员选聘】 依照国家关于建档立卡贫困人口就地转为生态护林员的要求，2018年全县共选聘512名生态护林员（年薪6000元），指导乡镇签订劳务购买合同并对生态护林员进行专业培训。2018年度生态护林员薪酬已于年底前发放完毕。

【脱贫攻坚驻村帮扶】 根据县委统一部署，选派5名第一书记，组建5个驻村工作队，进驻大路李乡孟窑村，蔡都街道申赵社区，东洪镇堡上村、白庄村、刘寨村。组织帮扶责任人与大路李乡孟窑村、蔡都街道申赵社区进行结对帮扶，共帮扶贫困户115户。驻村工作队协助所包贫困村搞好档卡整改，帮助贫困户制定脱贫路径。筹措资金为帮扶村配备了办公设施、保洁车等，绿化了村内道路，做好了秸秆禁烧等工作。根据《上蔡县产业奖补办法（试行）》（上办〔2018〕19号）的规定，对当年新发展经济林、花卉苗木的贫困户（包括联户），每亩一次性补贴600元。8月9—11日，组织专业技术人员分3个验收组，对2017年冬季至2018年春季建档立卡贫困户自主发展的1亩以上经济林花卉苗木进行核查验收，全县共验收农户60户，种植面积152.27亩，共发放补贴金91362元。根据上蔡县脱贫攻坚领导小组办公室《关于调整〈上蔡县2018年产业扶贫杂交构树项目实施方案〉的通知》文件精神，在全县光伏电站、农业企业及大户流转的土地、河滩地以及公路两侧的地块，规划建设10000亩杂交构树标准化种植示范基地，带动其他农户种植构树进行养殖，促成养殖业规模化发展。2018年争取中央财政资金140万元，申报黄埠镇小王营村饲料构树技术推广项目500亩，2018年11月构树长至1.5米高以上，已开始收割。

（刘静民）

水 利

【概　况】 2018年，上蔡县水利局紧紧围绕建设“富强、文明、活力、平安、美丽”新上蔡这一目标，按照“抓机遇、促发展，抓建设、促管理”的工作思路，以提升水利保障能力为核心，以解决民生水利问题为重点，以河长制建设为抓手，全面推进水利现代化建设，各项工作取得了明显的成效。全年共解决了66个建制村21.5万人吃水问题，完成河道堤防绿化230公顷，开展执法活动20余起。上蔡县被省水利厅命名为2018年河南省节水型社会建设达标县。

【饮水安全】 上蔡县水利局2018年实施了“上蔡县2016年第二批农村饮水安全巩固提升工程”“上蔡县2017年脱贫攻坚深度村饮水工程”“上蔡县2018年农村饮水安全巩固提升工程”“上蔡县2018年饮水安全查漏补缺项目”的建设任务。4个项目涉及全县26个乡镇（街道）66个建制村，其中新建43个建制村饮水工程，包括5个贫困村；改造23个建制村饮水工程，包括9个贫困村，受益总人口20.6040万人，其中受益贫困户3697户1.1369万人；新增受益人口12.9552万人，其中新增受益贫困户2473户0.7607万人。实际完成总投资7215万元。2018年9月底实现了全县农村饮水安全工程全覆盖，农村集中供水率和自来水普及率达到100%。

【供水节水与水系治理】 上蔡县供水节水与水系治理工程总投资为29.2亿元。结合上蔡县的实际情况及投资计划，按照“统筹规划、分步实施”的指导思想，认真开展供水节水与水系治理一期工程前期工作。一期实施的工程为引水工程、城区水系工程及河道治理工程，解决上蔡县城区工业、岗岭地区农业灌溉和城区生态缺水问题，合理地调整水资源利用结构，为城区的发展提供有力的支撑，总投资17.9亿元。二期实施的工程为县域河湖连通工程，总投资5.1亿元。三期实施的工程为龙山湖和凤栖湖湿地工程，总投资6.2亿元。截至2018年12月，可行性研究报告已编制完成，并通过了省专家评审；县住建局完成了规划选址意见函；县国土局完成了项目用地审查意见；县发改委已立项；设计单位完成了引水工程、河道治理工程实施方案的编制；县财政局完成了“两评一案”编制和评审工作；县水利局会同县拆迁办完成了现场划边定界工作。

【河长制工作】 县河长办按照河长巡河制度，认真督导各级河长开展巡河行动。一年中，县、乡、村三级河长共计巡河约8230次。在巡河过程中，各级河长对排查出的各类问题，及时建立清单，划分责任，下发整改通知，明确整改标准，限定整改时限，采取责任分解到人、到河段、到具体地点的分级负责制，确保问题得到彻底解决。按照“河长主导、部门联动、分级负责、社会参与”的工作机制，重拳治理水污染、改善水环境、修复水生态，重点解决河流存在的“乱倒乱排、乱采乱挖、乱围乱堵、乱占乱建”的“四乱”问题，努力打造河畅、水清、岸绿、景美的河流环境。同时建立河道保洁长效机制。将河长制与精准扶贫有机结合，选择有能力的贫困群众担任河道保洁员，全县共配备281名河道保洁员，既解决了河道保洁问题，又增加了贫困群众收入。县河长办联合县政府办、县委县政府督查局定期对各乡镇、街道河长办河长制工作开展情况进行督导检查，对督导检查中发现的问题，要求立即整改，并跟踪监督，直至全部整改到位，确保河长制工作落到实处。顺利通过2018年市河长制评估考核验收。

【杜一沟水生态公园】 杜一沟综合治理工程是上蔡县2018年十大民生工程之一，同时被列入驻马店市2018年水污染防治攻坚战必考项目之一。主要建设内容包括拓宽清淤、开挖30公顷人工湖，建设40公顷人工湿地，将污水处理厂的中水进行再处理后进入杜一沟，同时进行绿化美化，形成湿地公园。此项工程是上蔡县实施水资源综合利用，落实以人为本、节水优先、系统治理、统筹协调，统筹解决好全县水短缺、水灾害、水生态、水环境问题的重要举措。上蔡县水利局按照县委、县政府要求，积极协调设计部门，认真研究、不断完善设计方案，扎实做好各项前期工作，并强力推进工程实施。工程总投资约8.5亿元，采用PPP模式融资。

【节水型社会建设】 全县各部门联合推进，县级公共机构节水型机关建成率达54%，重点用水行业节水型企业建成率达100%，节水型居民小区建设率达28%；县城规划区内纳入用水计划管理的公共供水单位有18户，管理率达100%，办理取水许可自建供水设施单位有179户，管理率达100%，上蔡县城区节水器具普及率达100%。结合高效节水灌溉项目，因地制宜，分类推进，促进各项节水工作全面开展。县水利、国土、农办组织实施高效节水灌溉50.2万亩，累计敷设地埋管道301万米，高效节水灌溉面积占有效灌溉面积的38.03%。公共管网漏损率已由2017年的26%降低到10%以下。强化中水利用，全县先后投资1.92亿元对污水管网进行了铺设、完善，2018年年底污水管网总长约180千米，管网覆盖率达到90%，县城区已全部实现雨污水分流，日处理污水3.92万吨，处理率达到98%，污水再生利用率达到36%。2018年年底，已成功创建1个省级节水型企业、1个市级节水型企业，40个县级节水型单位,4个县级节水型小区。2019年3月，上蔡县被省水利厅命名为2018年河南省节水型社会建设达标县。

【河道管理】 做好河道工程安全防范工作，保持河道堤防上各类警示标志完好无损，提高河道堤防“五化”标准，经常保持堤顶平坦、“三埂”齐全、堤坡饱满、无雨淋沟、无洞穴、涵闸完好无损，对河道堤防逐处逐段落实管理人员，明确管理职责，保证度汛安全。积极开展水系绿化工作，配合国家森林城市创建活动，完成了全县河道水系绿化230公顷，树木完好率达到90%以上。进一步加强河道日常管理，加大执法力度，依法保护河道资源，杜绝违章种植和违章建筑，有针对性地对河道违章建房涉案人员进行了严厉打击，有效遏制了河道违章种植和违章建房现象蔓延势头。全年共开展河道执法活动20余起。

【防汛抗旱】 上蔡县水利局认真开展汛前检查工作，消除各类安全隐患，研究制定了2018年防汛工作方案，修订了河道防洪预案。补足备好防汛抢险物资，进一步加强防汛抢险队伍建设，严格落实各项防汛责任制，确保全县河道安全度汛。

【脱贫攻坚】 2018年，上蔡县水利局按照县委县政府关于打赢脱贫攻坚战的部署要求，结合水利部门职能，全力配合，全员参与，大力开展扶贫攻坚工作。根据人员变动情况，县水利局党组及时调整了驻村第一书记和帮扶人员，明确了各级帮扶人员职责和任务。县水利局严格按照县委、县政府要求，组织帮扶人员进村入户，对所包的建档立卡贫困户精准识别情况进行逐户核查，针对贫困村、贫困户情况，因地制宜，因村施策，制定了“一户一策、一户多策”的帮扶措施，做到“一户一档”底子清、“一人一策”“一户多策”措施清。县水利局按照县委、县政府关于打赢脱贫攻坚战的部署要求，结合水利部门职能，积极筹措资金，认真实施农村饮水安全巩固提升工程。第一批“上蔡县2016年第二批农村饮水安全巩固提升工程”，第二批“上蔡县2017年脱贫攻坚深度村饮水工程”，第三批“上蔡县2018年农村饮水安全巩固提升工程”，第四批“上蔡县2018年饮水安全查漏补缺项目”，四个项目包括9个贫困村，受益总人口20.604万人，其中受益贫困人口1.1369万人3697户；新增受益人口12.9552万人，其中新增受益贫困人口0.7607

2018年4月26日，河南省水利厅副厅长刘玉柏（中）到上蔡县听取了驻村第一书记有关扶贫工作完成情况和年度工作计划汇报，实地察看了上蔡县引调提引水工程

李景峰　摄

万人2473户。2018年9月底实现了全县农村饮水安全工程全覆盖，切实保障了贫困群众用水需求。筹措资金35.15万元，用于县水利系统所帮扶村的坑塘整治和向帮扶贫困户的“送温暖、献爱心”活动，有效地改善了所帮扶村及贫困户的生产生活条件。

（李景峰）

农业机械化

【概　况】 2018年，上蔡县农机局认真学习贯彻落实中共十九大、习近平总书记系列讲话和中央、省、市农村工作会议精神，紧跟县委县政府工作部署，坚持“上蔡农机，服务‘三农’”服务宗旨，努力工作，开拓创新，不断推进农机化事业的快速发展，圆满完成了“三夏”“三秋”生产、农机购置补贴、农机专业合作社建设、农机深松整地、农机监理、农机培训、农机推广等工作任务，有力地服务了全县农业生产和秸秆禁烧工作，取得了显著的成绩。全县农机总动力达142.22万千瓦，拖拉机保有量6.05万台，配套农具12.96万台/件。联合收割机3608台，农业生产耕、种、收综合机械化水平达86.92%。2018年获得了全国平安农机示范县、市级文明单位、全市农机化综合目标考评先进单位等荣誉。

【服务“三夏”“三秋”生产】 “三夏”（夏收、夏种、夏管）主要抓好机收会战。通过设立接待站、热线电话、给机手的一封信、组织监理及技术人员下乡等多种有效措施，开展好服务，努力为机手排忧解难。同时积极制定工作方案和应急预案，加强外出引机，合理调度车辆，及时发布机收信息，克服困难，积极应对突发天气带来的挑战。经过精心组织，收割高峰期全县收割机保有量达6000多台，日最高进度超3.3万公顷，满足了群众的用机需求，全县小麦收割3天大头落地，确保了夏粮丰产丰收，颗粒归仓。“三秋”（秋收、秋耕、秋种）重点抓好玉米机收、花生生产全程机械化和秸秆综合利用工作。通过宣传、示范、引导等措施，提高了群众对玉米机收、花生生产全程机械化和秸秆综合利用的认识，全县玉米机收、花生生产全程机械化和秸秆还田面积逐年扩大，夏秋两季秸秆综合利用率分别达到92%和76%以上，逐步破解了秸秆禁烧这一难题，有力地服务了全县秸秆禁烧工作。

【落实农机购置补贴政策】 2018年共争取国家农机补贴资金2300万元、省补资金345万元。在实施过程中，切实抓好汇报、制定方案、搞好宣传、接受申请等环节的工作，严格按照方案要求，坚持“公开、规范、廉洁、高效”的原则，规范操作，严格要求，从申请与购机资格确认、机具核实、补贴资金结算、跟踪核查等程序，做到责任到人，见机、见人、见发票，确保补贴机具真实、准确，确保党的农机购置补贴政策落到实处。同时，为服务全县土壤改良、秸秆禁烧，支持绿色发展，对深松机、免耕播种机、秸秆粉碎还田机、秸秆捡拾压捆机、薯类收获机、花生收获机、花生脱壳机、粮食烘干机和高效植保等农机具实行重点补贴、优先补贴，2018年，县政府对打捆机、花生捡拾收获机、烘干机实行累加补贴，共累加补贴246台，补贴资金345万元。

【发展农机专业合作社】 2018年年底，全县农机专业合作社保有量128个，其中部级示范社1个，省级示范社3个，市级示范社30个，其中2018年命名省级示范社1个、市级示范社6个。同时，县农机局积极贯彻落实《中华人民共和国农民专业合作社法》，加强对合作社的教育管理，规范合作社的组织和行为，维护合作社的合法权益，促进合作社快速发展。

【推进农机深松整地工作】 2018年农机深松整地工作有6个农机专业合作社承担，要求合作社必须具备有1204马力以上拖拉机并配备深松机、安装深松监测仪，耕深26厘米以上，经验收后每亩补助25元。全年共完成深松整地1.04万公顷，补贴资金390万元。

【农机安全生产】 重点抓好农机法律、法规宣传教育，提高机手知法、守法意识，同时开展农机安全检查，及时纠正违章，消除安全隐患。抓好技术培训，采取集中培训和送教下乡等形式开展技术培训，提高机手安全生产意识和实际操作能力，全年共培训、复训农机手4200余人。全县无重大农机安全事故发生，农机事故率控制在1‰以下。

【创建全国平安农机示范县】 创建全国平安农机示范县工作，通过突出“三个推进”（组织推进、制度推进、资金推进），着力“四个宣传”（依托购置补贴项目、新技术演示会宣传，深入乡村宣传，注重“六个一”宣传，设置标牌、标语及媒体宣传），落实“五项整顿”（安全生产月“集中整顿”、机警联合“常年整顿”、关键农时“重点整顿”、监管市场“配合整顿”、重点突破“专项整顿”），抓好“六项服务”（承诺服务、设点服务、流动服务、跟踪服务、形象服务、志愿服务）等工作，全面落实创建全国平安农机示范县各项工作，落实农机安全生产责任制，完善农机安全监管网络，强化农机安全生产措施，夯实农机安全生产基础，构建农机安全生产长效机制，推动了农机安全管理法制化、规范化、制度化、科学化，完成了创建各项工作任务，获得了全国平安农机示范县称号。

（葛天佑）

工 业

工业和科技

【概　况】 截至2018年年底，全县非公有制经济单位1967个，同比增加11个；完成增加值76.7亿元，同比增长5.2%；完成固定资产投资178.4亿元，同比增长10.6%；上缴税金32657万元，同比增长5.3%；从业人员10.8万人，同比增加5.9万人。全县中小微企业1985个，同比增加23个。其中，工业企业1191个，完成增加值109.5亿元，同比增长10.3%；限额以上工业企业完成增加值80.5亿元，同比增长8.0%；规模以上工业企业税收总额11349万元，同比增速-16.3%；新增规模以上工业固定资产投资总额128.9亿元，同比增速37.9%。上蔡县科技和工业信息化委员会被驻马店市委、市政府表彰为“全市服务企业工作先进单位”；2018年4月，上蔡县科技和工业信息化委员会荣获驻马店市地震局“驻马店市防震减灾工作震害防御单项奖”。

【服务企业】 上蔡县制定出台了《中共上蔡县委办公室 上蔡县人民政府办公室关于调整县服务企业活动领导小组和县级领导分包重点工业企业的通知》（上办文〔2018〕24号）、《中共上蔡县委办公室 上蔡县人民政府办公室关于建立企业服务日加强服务企业工作的意见》（上办〔2018〕21号）、《关于建立上蔡县百名干部帮百企常态服务机制实施方案》（上服企办〔2018〕2号），建立了服务企业首席服务员制度，明确了具体服务企业的22条措施。截至2018年年底，上蔡县服务企业成员单位及领导共到企业走访调研160余次，发放各类惠企政策宣传手册1200余册及惠企政策明白纸4350余份。收到企业反映个性问题39个，按期办结39个。上蔡县科技和工业信息化委员会组织企业参加驻马店市产业转移升级专题研讨班、驻马店市产业强市大讲堂、上蔡县产业集聚区企业家培训班等活动10次，共培训企业主要负责人216人次。开展产销对接2次，签订意向协议6份；开展“金企对接”，8家金融机构与16家企业签订贷款意向书，签约资金17380万元。上蔡县财政局为河南省新万士利有限公司、河南之浩实业有限公司等41家企业提供财政担保贷款15880万元；开展用工对接，为企业招聘员工3800余人；开展产学研对接，签约技术合作项目8个，协议金额750万元。

【产业谋划】 截至2018年年底，上蔡县产业聚集区入驻农副产品加工企业25家，总产值70亿元；入驻鞋业服饰加工企业21家，总产值65亿元。生物医药、电子产品、环保装备、新兴建材、体育器材等新兴产业，产品科技含量高、附加值高，产销两旺。截至2018年年底，完成增加值9.65亿元，占规模以上工业企业增加值比重22.5%。2018年，承接产业转移项目5个（雄安制鞋产业园项目、年产10万吨钢构项目、年产2000吨漆包线电磁线及6000万个继电器项目、年产手机显示屏5000万片项目、年产10万台套足球训练用品项目），引进省外资金49.5亿元。

【智慧上蔡】 在全县范围内进行网络优化，完成122个基站的调整，全县4G基站总数达到458个。光纤宽带全县覆盖率达到98%，全市第一。智慧上蔡工程主要包括：上蔡县新建视频监控系统、职能交通系统、数字化城市管理、网络接入建设（由网络运营商完成）、供电系统建设（由供电局完成）、政府应急指挥平台、云计算政府指挥中心建设、公安分局指挥中心建设、三维综合管理系统建设等方面建设内容。

【招商引资】 2018年9月，上蔡县科技和工业信息化委员会与河北斯奈可贸易有限公司签订招商引资合同书。该项目位于上蔡县产业聚集区内，引资额1.2亿元，租赁厂房2栋、面积3600平方米；租赁职工宿舍楼1栋、面积1600平方米。主要生产各类男女运动休闲鞋，用工100人，年产能100万双，年产值5000万元，净利润400万—500万元。截至2018年年底，该项目已投产。

2018年7月22日，江南大学生命科学学院院长许正宏（右三）、市科技局局长胡晓黎（右四）、上蔡县县长李卫明（右二）出席“久久农科—江南大学联合研究中心”揭牌仪式　　宋永亮　摄

【脱贫攻坚】 继续落实工作队和第一书记“五天四夜”工作制度。8名工作队员和4名第一书记坚持在岗在位，认真做好各项帮扶工作。继续落实帮扶人员责任。36名帮扶责任人坚持入户走访，宣传政策，帮助贫困户打扫卫生，完善档卡，规范资料。继续做好物力财力扶持。2018年，筹措29.95万元对4个帮扶村在村容村貌治理、规范村级阵地、对贫困户献爱心送温暖等工作上给予资金扶持。

【知识产权】 2018年，完成知识产权清零企业5家（河南旷华食品有限公司、河南华荣食品有限公司、河南圣美阳光装饰材料有限公司、驻马店市亿民农产品科技有限公司、上蔡县宏伟种猪有限公司）。培育并被认定为省级知识产权优势企业2家（上蔡县恒通机械有限公司、上蔡县宏伟种猪有限公司）；培育并被认定为市级知识产权优势企业1家（河南圣美阳光装饰材料有限公司）。申请专利414项，获得专利授权172项。

【三大改造】 技术改造。2018年，共有河南上继电器科技有限公司、河南华荣食品有限公司等16家企业进行了技术升级改造，年度计划投资24.7亿元，实际完成22.1亿元。智能化改造。完成两化融合管理体系对标年度任务，居全市前列。绿色化改造。河南圣美阳光装饰材料有限公司获得省级节能减排科技创新示范企业。

（赵云祥　李保平）

产业集聚区

【概　况】 2018年，上蔡县产业集聚区管委会认真贯彻落实县委、县政府决策部署，以新发展理念为引领、以高质量跨越发展为目标，抓招商、推项目、优服务、强保障，凝心聚力、攻坚克难，有力推动了产业集聚区提质增效、转型升级、加快发展。产业集聚区建成区面积达到11.8平方千米，入驻项目160个，完成固定资产投资106亿元、工业总产值210亿元、工业增加值48亿元，安排就业人员36000人，成功晋升河南省“二星级产业集聚区”。

2018年10月27日，市委书记陈星（前排左二）带队观摩上蔡县产业集聚区项目 宋永亮 摄

【产业发展】 强力推动主导产业技术改造，着力壮大两个主导产业集群，以荣光鞋业、华伦玩具、汉帛服装、雄安制鞋等为代表的制鞋服装服饰产业集群已扩展到46家；以闽商食品工业园、久久农科、大程面粉、金利源农产品等为代表的农副产品加工产业集群已扩展到35家。在壮大主导产业的同时，加大培育新兴产业力度，引进了上继电器、智强电子等一批先进制造业，促进了产业转型升级。产业集聚区拥有国家高新技术企业4家、省市级工程技术研发中心10个，培育国家知名品牌2个、中国驰名商标3个、河南省著名商标16个、国家授权专利302项，产业集聚区辐射引领功能进一步彰显。

【项目建设】 45个省、市重点项目完成投资214.31亿元，占年度投资计划的138%；集中开工亿元以上工业项目4批20个，合同总投资177.79亿元，实际完成投资67.15亿元。其中投资12亿元雄安制鞋产业园、投资12亿元的上合惠鞋业产业园、投资7亿元的上升光电、投资5亿元的上继电器等项目已经建成投产；投资22亿元的隆祺鞋业、投资20亿元的鹏宇杭萧钢构、投资6亿元的智强电子、投资3.6亿元的宁利鞋材等项目正在加快建设。

2018年4月17日，省委常委、省纪委书记、省监委主任任正晓（前左一）调研河南隆祺鞋业项目建设情况 宋永亮 摄

【招商引资】 聚焦制鞋服装服饰和农副产品加工两大传统产业集群，紧盯新兴产业和高新技术产业，瞄准重点区域，采取多种有效形式开展大招商，先后引进了投资12亿元的隆祺鞋业项目、投资20亿元的鹏宇杭萧钢构项目、投资12亿元的雄安制鞋产业园项目等一大批龙头型、基地型大项目。2018年，共签约引进亿元以上项目33个，总投资216.33亿元；对接洽谈项目21个，合同总投资153.75亿元。

【做优环境】 出台关于促进非公有制经济健康发展的实施意见等系列扶持政策，为企业减免税收1.1亿元。开展政银企对接活动，促成久久农科、百润环保、旷华食品、上继电器等21家优质企业在中原证券股权交易中心挂牌展示，县投融资公司累计为园区企业融资22.6亿元、担保7.2亿元；深入实施优秀企业家培育工程，组织60家企业负责人参加培训班，邀请社科院、郑州大学等单位专业研究人员和教授为产业集聚区企业提供人才、资金、管理培训；深入开展“放管服”改革，大力精简行政审批事项，行政审批服务事项“网上可办率”“一网通办率”均达到100%，“双随机、一公开”监管工作实现全覆盖。

【产城融合】 持续加大基础配套设施和公共服务设施投入力度，着力实现产业集聚区、商务中心区和中心城区互动融合发展。县城东环大道、西环大道、南环大道、北环大道等一批主干道路相继建成，实现了城区四环合围，进一步完善了城区路网，拉大了城市框架；中部礼品城、黄淮商贸中心、李斯商业步行街等一批商贸市场投入使用，鹏宇中小学、县中医院等一批公共服务设施的建成，方便了居民生活休闲；凤凰公园、杜诗公园、蔡国故城遗址公园等一批公园绿地建成开放，提升了城市形象。

（胥晓东　孙天星）

电　力

【概　况】 2018年，国网上蔡县供电公司以习近平新时代中国特色社会主义思想和中共十九大精神为指导，认真贯彻省市公司和县委县政府各项决策部署，凝心聚力，再接再厉，锐意精益管理，助推本质提升，公司和电网发展取得了新成效。完成售电量8.86亿千瓦时，综合线损率8.52%，供电可靠率99.84%，综合电压合格率99.92%。截至2018年年底，全公司实现连续安全生产7334天，被上蔡县人民政府记集体三等功，有6人被嘉奖。公司代表驻马店市参加河南省第十三届全运会气排球比赛荣获三等奖，并成功举办“学习贯彻中共十九大精神书画展”。

【安全管理】 构筑坚强安全防控体系。落实国家电网公司电气火灾综合治理、安全生产“六查六防”专项行动和公司各项安全工作部署，完善安全监督机构人员配置，设置安全总监岗位。认真学习吸取天山换流站“4·7”事故和江西赣州“5·20”人身触电死亡事故教训，举一反三，围绕“八个不发生”工作目标，集中开展安全大讨论，筑牢安全生产防线。全方位确保电网安全运行。积极开展“一清二楚三排查”工作，全年共计消除隐患120条，排查出树障45499棵（含新栽植小树），建立配电线路通道树障问题台账，形成长效管控机制。严格到岗进行现场安全监督，建立“互联网+安全监督”工作模式，进行安全监察共计727人次，监督现场132个，共计处罚18人次，罚款1.32万元。强化应急响应机制建设。开展迎峰度夏、度冬大面积停电事件综合应急无脚本演练，推进公司应急体系建设制度化、规范化、标准化，提升应对处置各类突发事件能力。发布七级及以上风险预警4份，成功应对“温比亚”台风以及夏季负荷七创历史新高严峻考验。完成了青海—河南±800千伏特高压直流换流站奠基开工以及“国家贫困地区残疾人集中托养”观摩等46项重大保电任务。

【电网建设】 2018年110千伏及以下工程累计完成投资1.73亿元。主网方面建成投运了220千伏秦相变电站和110千伏城北谢堂变电站，被列为2018年河南省民生实事的35千伏崇礼输变电工程一次送电成功。配网方面：建设完成了包括“煤改电”专项工程、电网助推扶贫工程以及民生实事等配网工程共计227项，有效改善了配网供电能力不足的问题。优化电网结构，提高线路分段水平。购置10千伏线路智能断路器105台、隔离开关90台，用于10千伏配电线路分段专项治理，该项工程实现了42条10千伏配电线路及7座35千伏站的不停电切倒负荷。投资14万元对10千伏频繁停电线路城供1.朱供5等线路加装线路智能故障指示器20套，使故障停电的处理受天气环境、空间距离、时间等因素的影响进一步缩小。全力配合做好电力线路迁改。致力于县域经济建设发展，全力以赴推进周驻南高速公路电力线路迁

国网上蔡县供电公司举办2018年冬季消防灭火演练
贾师伟　摄

改和环路施工电力线路迁改。根据周驻南高速公路建设和环路拆迁建设进展，共计完成10—220千伏电力线路84项，为县域经济发展提供了有力电力支撑。

【助推扶贫攻坚】完成了贫困村电网改造目标，涉及建制村17个，建设完成了68个单项工程。做好光伏扶贫服务，积极落实上级关于光伏扶贫相关政策，购买光伏发电8175万千瓦时，累计支付购电款和补贴资金3674万元。实施“低保”、五保电费补贴，全年累计为五保、“低保”贫困户补助电费307万元。落实企业责任，主动为扶贫项目安装变压器、架线，及时排查贫困户用电设施，并组织200余名帮扶责任人进村入户，帮助建强基层组织、宣传扶贫政策、清扫美化庭院、排查化解矛盾。

国网上蔡县供电公司老干部观看电力发展40年展
贾师伟　摄

【党建和精神文明建设】学习贯彻中共十九大精神及习近平新时代中国特色社会主义思想，召开了《中国共产党廉洁自律准则》《中国共产党纪律处分条例》专题学习会，组织党员干部签订了不参与“圈子文化”承诺书。开展“不忘初心跟党走”主题道德讲堂等活动4期，组织开展了国家电网河南电力共产党员服务队竞赛、“一团一品”特色团建工程建设、“电力雷锋”自愿服务活动，把企业文化、安全用电常识、节约用电知识、为民服务送到学校、基层，进入社区、乡村、企业。认真落实党风廉政建设“两个责任”，深入开展加强思想道德作风纪律建设正风肃纪专项行动，严格落实“一案双查”，开展明察暗访12次，组织正风肃纪检查6次，查处违纪问题7起，主要涉及工作纪律、窗口服务态度等方面，通报处理19人，形成了有效震慑，为公司营造风清气正、干事干净的浓厚氛围打下了坚实基础。打造和谐企业文化。深化主题传播，在市级以上媒体共发表有关电网助推脱贫攻坚、业扩“放管服”等一批重点工作新闻稿件260篇，连续12次排名全市县公司第一名。落实“四个关爱”，组织开展“双节”慰问及“冬送温暖、夏送清凉”活动。为在岗特困及困难工会会员发放救助金3.65万元，通过工会为困难职工家庭进行募捐活动，充分展现公司和谐氛围。

国网上蔡县供电公司向小岳寺乡业王村捐赠献爱心情系贫困村儿童　贾师伟　摄

国网上蔡县供电公司举办宪法知识学习讲座
贾师伟　摄

【优质服务】将“人民电业为人民”服务理念融

入供电服务全过程，完善了供电服务中心建设，建立联合办公模式，变“串联”为“并联”，缩短管理链条，提高服务质效。同时在对口帮扶单位的帮助下，成功开展带电作业，并率先在全市实现带负荷更换柱上断路器，有效减少频繁停电投诉。实施供电业扩报装“瘦身”。深化“放管服”改革，持续提升客户“获得电力”优质服务水平，将“一证受理”执行范围拓展至业务变更、分布式电源并网和充换电设施服务，取消了与分布式电源并网验收无直接关联的6项验收存档资料，业扩报装各项业务删减环节126个，受理环节减少资料27项，报装全流程时限缩减

智能化营业厅一角　　贾师伟　摄

52.37%。配合政府做好扫黑除恶。按照上级要求积极履行企业责任，对政府通报的各类违法生产和涉黑性质的企业进行了断电，确保了政府扫黑除恶的治理成效。

【青海—河南特高压输电工程】 青海—河南±800千伏直流特高压输电项目工程驻马店区域换流站动态总投资74.59亿元，驻马店—南阳1000千伏交流特高压工程驻马店区域动态总投资42.23亿元。直流工程和交流工程合计在驻马店区域投资116.82亿元。直流工程一期占地317亩，交流站占地222.14亩，工程已于2018年11月7日奠基开工，整个交、直流工程项目计划2020年5月建成，2020年12月正式投入运行，项目建成后预计每年可以为河南省提供400亿千万时清洁能源。

【35千伏朱里变电站改造工程】 度夏期间，面对35千伏层面过负荷问题，在市供电公司帮助下，从洛阳供电公司协调1台1万千伏安变压器，对35千伏朱里变电站进行改造，并在7天内安装投运，创造了上蔡电网主变改造历史记录，解决了朱里、韩寨、东岸、崇礼等东部乡镇过负荷问题。

（贾师伟）

城乡建设　环境保护

住房和城乡建设

【概　况】2018年，县住建局坚持把城市规划建设管理工作摆在重要位置，坚持突出重点、弥补短板、综合提升的方针，大力实施县城建设扩容提质工程，着力加快城市基础设施建设和完善城市功能，进一步提升城市管理水平，努力建设秩序优良、特色鲜明、环境优美、和谐宜居的美丽上蔡。

【城乡建设规划】城市总体规划修编工作初步完成。城市重要节点设计稳步展开，全力做好滨湖新区城市设计，以杜诗公园建设为契机，编制上蔡县滨湖新区城市设计。县域城乡统筹规划进展顺利，编制《上蔡县域乡村建设规划》，明确各乡镇风貌特色和城镇化发展目标和战略任务。实用性村庄规划全面启动，全县210个村庄已全部落实规划编制单位，并开展规划编制工作。

【城乡建设】对城区市政道路和停车场等14个项目进行了两次招商融资，融资金额为3亿元，已开工正在建设的项目有东明路、景贤路、五龙源路、武津路、芦岗街道停车场、重阳大道改造、故城南路、开源路、蔡河路、和谐大道、腾飞路西段、奥翔路、背街小巷、蔡明路南段、洪河路、明月路、重阳大道加宽、蔡州大道雨污、北环城路。2018年申报棚户区改造项目5个已全部开工，计划安置规模4615套，其中实物安置2621套，货币安置1994套。申请中央财政补助资金1.65亿元。按期完成政府投资公租房方面工作任务；督导各项在建工程完工，使公租房小区达到入住条件；加大对租后转租、转卖、空置公租房等违规违法现象的查处。投资2455万元，城西污水处理配套管网工程；投资3000万元，上蔡县城污泥处理工程；投资3718.17万元，已开始试运营阶段。

【建筑质量安全管理】与扶贫攻坚相关的文化大院、村室建设、公厕、卫生室建设、教育改薄等项目全部纳入监管。对全县城区内在建工程进行4次质量安全大检查，下发整改通知82份，停工通知6份。

【房地产管理】房屋销量3557套，共37.81万平方米，同比增长18%，全县商品住宅待售面积53.5万平方米，同比增长27%。出台农民进城买房补助政策，做实子女入学优惠政策等，降低农民入住成本，确保农民进城政策的落实。加大宣传，制作农民进城宣传片、宣传单等，在主媒、乡镇等目标区域适时投放，提高农民进城购房积极性。引导项目结合“衣食住行游学”要素合理配置，注重城市绿化、净化、亮化、美化等功能建设。加强对物业公司的管理，合理使用已入住小区的物业维修资金管理，提升使用效率，真正确保物业管理提质改观。用活棚户区改造政策，推行住房保障实物供给与货币并举，组织竞购商品房作为安置房源，建立存量房与公租房、安置房的转换渠道，释放刚性需求消化存量。禁止乡镇开发，加大对新型城镇化建设的规划引导，让人流和资金流全力集聚县城，让有限的资金和资源能高度集中，搞好县城新型城镇化建设。引导骨干房地产开发企业试点先行，并给予相应的优惠政策支持，加快发展成品住宅，推动绿色发展，引导逐步告别“毛坯房”建设方式，提升住宅产业化水平。进一步规范房地产市场秩序，依法对房地产开发、销售、中介、广告、合同、物业管理等方面的违法违规行为进行查处。加强联合执法，从土地报批、规划、建设、施工、竣工验收、安全、质量管理及房地产手续办理等环节入手，把好关口，全程监管。加强库存预警、预售监管、信用监管和动态监管，打好楼市监管“组合拳”，促进市场平稳健康发展。

【招商引资项目建设】 招商引资项目鑫地凤凰城二期，占地39.44亩，规划总建筑面积5.7万平方米，2018年开工建设的八栋楼已全部封顶。凤凰沟改造工程，地下管网部分已改造完毕，合计完成总投资1.1亿元。

【乡村建设工作】 在黄埠镇小王营村、华陂镇君陈村等6个村，开展集体公租房建设试点，2018年年底，黄埠镇小王营村4栋公租房全部竣工，其余基本完成。共排查“空心房”7336处。2018年年底，整治竣工率99.1%。共实施290座乡村公厕建设项目，2018年年底，公厕建设工程量综合完成率已经达到66%。争取省财政乡镇公厕建设奖补资金64万元，拨付项目建设预付资金955.9万元；积极推进农村户用厕所改造，把黄埠镇小王营村等6个村，作为农村户用厕所改造试点村，同步开展农村生活污水处理，年底，试点村农户改厕完成1056户，小王营村建成污水处理设施并投入运行。全县鉴定危房8411户，开工6597户，开工率78.4%；竣工6360户，竣工率75.6%。完善拨款手续的5384户，已拨付危房改造对象财政补助资金合计1.44亿元，全年申请中央财政补助资金1.2亿元。

（钟　亮）

万象廉租房小区　　钟　亮　摄

中部礼品城　　钟　亮　摄

城市管理

【概　况】 2018年，上蔡县城市管理局认真贯彻落实中共十九大和十九届二中、三中全会精神，按照县委、县政府的统一部署和工作要求，紧紧围绕年度工作目标任务，坚持以巩固省级卫生县城、省级文明县城和省级园林县城创建成果为己任，围绕打造县城环境“净、绿、亮、美、畅”的工作主题，求真务实、真抓实干、廉洁自律、勇于进取，主动适应新时代新任务新要求，使城市管理和综合执法工作取得了新的成绩，城市管理水平进一步提高，城市品位进一步提升。切实发挥了城市管理和综合执法工作在上蔡城市建设中的基础性作用，推进城市管理工作迈向了新台阶，为构建富强、文明、活力、平安、美丽上蔡“增砖添瓦”。

【执法队伍】 上蔡县城市管理局进一步加强队伍和执法规范化建设工作。扎实开展法制培训专项活动，就提高城管队伍综合素质、完善执法机制体制、推进公正文明执法、全面提升管理绩效、重塑良好执法形象方面，进行了有效的培训；加大依法办案力度，对城区内违法建设案件加强依法办案、规范办案程序履行检查，严格落实领导审批制度和重大案件会审制度，督促管理对象自觉服从城市管理；狠抓依法行政和素质提升，严格实行执法人员持证上岗和资格管理制度，建立健全内部管理制度，组织开展“比作风、比形象、比业绩、比水平”活动；深入开展城市清洁“百日攻坚”行动，推进城市精细化管理水平不断提高。以落实好习近平总书记“城市管理要像绣花一样精细”这一指示精神为使命，适应城市管理法治化、智慧化、标准化、精细化需要，加快法治城管、文明城管、智慧城管、精细化城管建设，推动城市管理由传统人治向现代法治、突击粗放向常态精细、主观随意向标准规范转变，谱写上蔡县城市管理和综合执法工作新篇章。

【市容市貌】“数字化城管”平台平稳运营，全年度受理县中心城区14946宗案件，信息采集有效率达到96%，派遣准确率达到99%，结案率达到84.39%。餐饮服务业油烟治理不断加强，查处露天烧烤油烟摊点84处，取缔未安装油烟净化装置摊点115个，督促305家餐饮服务门店改用清洁能源和安装油烟净化设施并纳入常态监管。查处各类店外经营和违法占道经营行为1530起，教育、整治各种流动摊点2100余个。对小广告实行了常态化治理，执法人员对所管路段内的小广告进行不间断的巡查和清除，加大对张贴、书写小广告人员的查处力度，共查处、清除非法张贴、书写的小广告6000余处，查处并拆除存在安全隐患广告牌匾13个。着力规范整治城区乱停乱放的机动车辆与非机动车辆，完成8000余辆违法停放机动车的处理工作，纠正、摆放和教育违法停放非机动车辆1.8万余辆次，改善了县城机动车与非机动车无序停放现象。在环境保护降尘控噪工作方面，查处违法装饰、修理、焊接经营户200余户，查处音响噪音扰民100余起。市容市貌科学管理水平进一步提升。

【农村垃圾治理】 截至年底，共招收清运车辆司机68人、管理员及设备操作人员80人，巡查车4辆。配备大型垃圾清运车32辆、新型移动式水平垃圾压缩站22个、小型钩挂三轮车1165辆，各村镇布置240升垃圾桶达27800个。在垃圾的清运模式上，由各村保洁人员对垃圾清扫收集，运输到乡镇临时转运站，再由大型清运车辆转运到县城市生活垃圾填埋场按照国家标准进行无害化处理。全年无害化处置4个街道生活垃圾49073吨，处置黄埠、大路李、无量寺、五龙、齐海、邵店、塔桥、洙湖、和店、东洪等22个乡镇生活垃圾15800余吨，无害化处理率达95%。

道路冲洗　　余海跃　摄

【城区厕所革命】 总投资1200余万元新建垃圾中转站7座，新建改建公厕10座。其中连体式公厕垃圾中转站6座，分别位于通明路建安小区南侧、通明路职业中专门口北侧、秦相路与洪河路交叉口西北侧、秦相路北段麦仁村东侧、蔡侯路鹏宇游园西北角、龙胜大道北段西侧；独立式垃圾中转站1座，位于洪河路东段北侧；独立式公厕2座，分别位于洪河路洪河游园和新兴二路中段西侧；改造公厕2座，分别位于蔡明园公园东南角和蔡明园公园中部。截至12月31日，推进新建公厕面积合计960平方米，改建公厕面积160平方米，新建垃圾中转站面积630平方米。

【违法建筑治理】 针对新建、抢建违法建筑多次反复出现的特点，将新建、抢建违法建设的行为列为重点打击对象，共组织拆违行动16起，拆除违法建筑面积1600多平方米，制止新增违建行为27起，查处违规建设小区、单位共10起，个人住宅违规建筑6起，追缴罚款200余万元 。违法建设管控力度进一步加强。

【环境卫生】 城区新增垃圾桶1800个，新增高档果皮箱4600个；对城区96条主次道路实现了双清扫全日制保洁，累计清扫保洁面积达到490多万平方米；城区主要道路全面实行机械化清扫保洁作业。6台大型道路清扫车和12台电动道路清扫车，每天坚持对秦相路、蔡侯路、五龙源路、蔡都大道、卧龙大道、南环城路、北环城路等城区所有主次干道实行机械化清扫，确保城区道路干净整洁；环卫洒水降尘作业延长时间，增加城区主次道路和重点道路的冲洗降尘作业次数，将洒水作业车次由先前的每日10次增加至每日30次，每次洒水逾300吨，并扩大洒水覆盖面，实行全天候洒水作业，以保持路面洁净、湿润。生活垃圾填埋场铺设砖渣道路100米，无害化处置各类生活垃圾64873吨，处理垃圾渗滤液9500立方米，黄土覆盖12974立方米，无害化处理率达95%。

【扬尘治理】 进一步强化了扬尘污染的监督管理，建立了应急处理机制。对突发违章事件特别是乱倒渣土和运输撒漏导致污染道路的行为，做到及时检查、及时发现、及时取证、及时整治，查处施工工地扬尘治理不达标10余起、违法运输渣土车辆10余起，对违规违建工地、扬尘治理不达标的施工工地采取全天候监控，确保发现问题处理及时、整改及时。施工工地及渣土运输管控力度进一步加强。

【园林绿化】 城区园林绿化水平稳步提升。分别完成了西环城路、南环城路中西段、南环城路东段、东环城路和蔡州大道东段、蔡侯路西段、蔡都大道西段等多条道路绿化的建设工作，绿化面积达66.9万平方米。完成了市民公园（凤凰公园）绿化面积4.7万平方米、铺装面积1.7万平方米的建设工作。对城区主要街道两侧的行道树进行了修剪、养护和补载，补栽行道树1700多棵，各类绿化苗木40多万株，成活率达95%以上。对路边绿化带进行了修剪、浇水等常规养护，养护达成率达到100%。截至2018年年底，上蔡县建成区公园绿地面积共计190.08万平方米，绿化覆盖率35.32%，绿地率31.67%，人均公共绿地面积9.05平方米，正在推进的绿化项目分别为杜诗公园、湿地公园，2019年拟推进项目为森林公园，上述3个项目建成后，可新增公园绿地面积109公顷。

【市政设施】 对城区道路损坏的道沿石、水沟盖板、窨井盖、水篦子进行了更换，共维修更换道沿石1360米、水沟盖板930余米、窨井盖720个、水篦子600余个。对城区损坏的地板砖进行了全面维修，共维修更换地板砖4900平方米。更换维修城区路灯1100盏次，广场灯120盏次。全面完成了秦相大道、蔡都大道两条道路的升级改造。督促县直各单位完成城区6大排水体系清淤1.3万米，清运淤泥3.2万立方米。城市公用基础设施进一步改善。

小游园　　　　余海跃　摄

【燃气行业监管】 对辖区内燃气代充点进行了全面排查，对有燃气经营许可证的5家加气站、2家固定汽车加气站、1家燃气管道经营企业进行了全方位安全检查，并对这8家固定换气站加强了监管。同时，严厉打击燃气无证经营、无证运输和私自倒罐等违法行为。2018 年 9 月 15 日，依法查处朱里镇柏庄村村民赵某非法买卖、运输液化气案件，并依法将该嫌疑人移送公安机关。

【行风政风】 优质高效办理人大建议和政协提案。共承办人大建议和政协提案 36 件，高效、务实、求真办理建议、提案的工作态度和作风赢得了代表、委员和社会各界的一致好评。全年共办理各类信访件 98 件，其中市长热线、县长热线 51 件，网办督查 32 件，民意快线 15 件，办结率及群众满意率达 100%。16 项行政审批事项全部实现网上办理和一次办妥，全年 500 余件审批事项，没有出现一次错批、乱批情况。

（余海跃　胡海晨）

环境保护

【概　况】 2018 年，上蔡县环境保护局紧紧围绕省、市环境污染防治攻坚战的总体部署和要求，以改善环境质量为目标，创新工作，强化措施，狠抓落实，全力推进大气、水和土壤污染防治攻坚战。全年县城环境空气质量优良天数为 212 天，细颗粒物平均浓度为 57 微克 / 立方米，可吸入颗粒物平均浓度为 101 微克 / 立方米，全市综合排序第六名。省控黑河前相湾出境水质断面实现 100% 达标排放。2018 年，上蔡县环境保护局被上蔡县委、县政府评为脱贫攻坚工作先进单位和综合治理工作先进单位；上蔡县水污染防治攻坚工作被驻马店市环境污染防治攻坚战领导小组办公室评为县区第二名。

【环境监测】 2018 年，顺利完成 22 个乡镇空气监测站点的设置，保障县城 3 个空气自动监测站站点的正常运行。完成上蔡县境内河流 8 个断面和省控前相湾出境断面水质监测、6 个县直企业监测、12 个城镇集中式饮用水源地和 27 个乡镇饮用水源地的监测。排查全县污染源企业 376 家。

【环境执法】 2018 年，县环保局狠抓企业治污设施建设，提升对重点污染源监管水平，确保治污设施正常运行，实现 166 家规模养殖场污染物零排放，其他各类企业污染物能够达标排放。规范“双随机”和“移动执法”检查行为。强化新建项目环境管理，对移交 34 家新建项目进行日常检查，确保“三同时”制度执行到位。严格污染源在线监控管理制度，对 7 家在线监控企业发现异常数据及时查处，确保实现达标排放。加强“12369”热线举报和微信平台举报管理工作，实行了 24 小时值班制度，严格登记，快速转批，共接到热线和微信举报 142 起，全部查处结案。

上蔡县环境保护局现场执法检查　　彭茹冰　摄

【环境宣传教育】 2018 年，县环保局结合“三大环境污染攻坚战”，充分调动社会各界积极参与到环境保护中，利用媒体平台、微信、手机信息向社会大力宣传环保工作举措和进展，结合纪念“6 · 5”世界环境日和“全国低碳日”宣传活动，让环保法律、法规“进机关、进乡村、进社区、进学校、进企业、进单位”，有力提升了全县人民的环境意识。组织开展以“牵手同行，绿动未来”为主题的环保知识进校园专题活动。组织学生开展环保知识演讲，实施小手拉大手活动，让环保知识进入千家万户。在蔡明园广场开展世界环境日主题宣传活动。企业、学校和部分群众参加了宣传活动，发放宣传手册 10000 余份。组织各界代表到上蔡县洁美污水处理厂和杜一沟水利重点工程实地调研，了解污水处理设施的运转运行情况和工地扬尘管控情况。

"6·5"世界环境日宣传　　彭茹冰　摄

【建设项目环境管理】 积极服务全县重点项目建设，协调招商引资建设项目环评文件批复及部分项目的环保竣工验收等重大项目的环评工作。建设项目严格环境准入，对引进的新、改、扩建项目严把环保审批关，认真落实环保设施与主体工程同时设计、同时施工、同时投产使用的“三同时”制度。对符合国家产业政策的项目，给予大力支持，并主动帮助企业办理手续。对不符合国家规定的建设项目，积极做好解释工作，并严格按规定办事，把好环保审批关，决不放过一个污染项目。2018年，共审批建设项目环评文件71个。

【空气污染防治】 强化扬尘污染治理。突出抓好施工工地、道路扬尘、露天堆场的治理。根据督查中发现的问题，建立台账，立行立改。强化工业大气污染治理。重点加大对涉气工业企业的日常监管，对重点涉气的砖瓦、生物电厂等实施24小时在线监控，确保各类污染物实现达标排放。强化燃煤污染治理。全面禁止散煤销售行为，实施燃煤散烧“双替代”工程，普及清洁能源。全部淘汰城乡10吨以下的燃煤茶浴锅炉，实现了全县燃煤污染排放总量和燃煤消费总量“双下降”。强化“散乱污”企业治理。组织乡镇（街道）积极开展“小散乱污”企业排查摸底，全面实施综合整治，并对排查出的73个“小散乱污”企业开展“回头看”活动，防止死灰复燃。同时，对新出现的“散乱污”企业，一经发现，立即整治取缔。强化“黑加油站”的治理。县政府组织有关部门多次开展联合执法，全力推进加油站的油气回收治理和“黑加油站”的整治工作。对死灰复燃的8家黑加油站进行取缔。强化餐饮业油烟污染治理。截至11月底，县城区内90%以上的餐饮饭店安装油烟净化装置，油烟污染问题得到有效控制。强化秋冬季大气污染治理。制定了《上蔡县2018—2019年秋冬季大气污染防治强化方案》，并狠抓落实。八是强化基层网格和“三员”管理。根据省环境攻坚办的要求，完善了乡镇（街道）及村委（居委）网格管理人员，并对基层网格管理人员进行培训，充分发挥基层人员在环境攻坚战中的作用。

【水污染防治】 县畜牧、环保部门及各乡镇、街道组织人员，深入开展了养殖业污染排查整治工作，对6家位于禁养区内的养殖场予以关闭，对治理设施不完善的养殖场责令立即整改，全县养殖污染问题治理效果明显。按照“河长负责、河外截污、河内清除、外域协调、生态修复”总体思路，开展了黑河、洪河等主要河流的污染专项整治，依法关闭拆除了沿河两岸的小养殖场，封堵了直排入河的养殖场排污口，确保河流断面水质达标。以农村生活污水和生活垃圾治理为重点，全面开展农村环境综合整治和生态村、生态乡镇创建工作，2018年完成30个村农村环境综合整治村任务。

【土壤污染防治】 2018年，上蔡县先后制定了土壤污染防治攻坚战工作方案和各项工作制度，编制印发了《上蔡县2018年土壤污染综合防治先行区建设实施方案》，签订了土壤污染防治目标责任书。华豫恒通化工有限公司上蔡分公司原厂址已完成疑似污染地块调查评估工作，已从疑似污染地块名录中移出，其余4个疑似污染地块已完成调查评估和专家评审工作。全县完成了重点行业企业用地信息采集和土壤污染状况农产品采样，并实施了农药包装废弃物回收利用试点项目。

【**环保督察“回头看”**】 2018 年度，中央环保督察“回头看”和省委省政府环保督察工作中，分别交给上蔡县环境问题 13 件和 17 件（均不含重复举报件）。县委、县政府高度重视，迅速安排整改落实。上述 30 个问题交办件均按时完成了整改落实工作。

【**脱贫攻坚**】 2018 年，县环保局认真贯彻落实全县脱贫攻坚推进会议精神，切实履行帮扶责任，积极深入所帮扶的小岳寺乡 10 个村，坚持吃住在村，做好脱贫攻坚的各项工作。共投入 35 万元帮助帮扶村修路、添置办公桌椅、购置保洁车、垃圾箱等。同时认真开展大走访活动，慰问困难群众，及时解决群众生产生活中的实际困难，不断提升帮扶成效。

（彭茹冰　梁彩云）

交通运输

交通运输管理

【概　况】 2018年，全县公路通车里程2535.23千米。其中省道169.7千米（含一级公路12千米），县道323.77千米，乡道574.76千米，村道1467千米，公路完好率达90%以上，全县26个乡镇和街道实现了全天候通车。全县共有客运站点27座，班线64条，营运客车439辆。其中农村客运线路22条，客车182辆；公交线路8条，公交车107辆；县际以远客运班线34条，客车150辆；乡镇、建制村通客车率达到100%。2018年，在全省6个普通干线公路建设养护管理一体化改革试点县（市）年终考核评比中名列第一位，被交通运输部确定为城乡交通运输一体化示范县首批52个创建县区之一，被河南省交通运输厅、河南省农业农村厅、河南省扶贫开发办公室命名为河南省“四好农村路”示范县。

【公路建设】 高速公路建设。周驻南高速公路起点在周口市商水县宁洛高速和商周高速相交处，往西南方向途经上蔡、遂平、西平、舞钢、方城、社旗，终点为南阳市北绕城高速北约4千米处与兰南高速相连接。路线全长196千米，采用双向四车道，设计时速每小时120千米，路基宽27米，预计施工工期36个月。该高速公路在驻马店市境路线长88千米，其中上蔡县境内长42.7千米，线路从商水县沿西南方向进入上蔡县，途经小岳寺、朱里、西洪、百尺、大路李、无量寺6个乡镇，在上蔡县境内设置互通式立交3处，枢纽立交1处，服务区1个，占地约4800亩（其中包括上蔡县城区高速连接线通明路延伸段约260亩）。2016年11月30日前完成施工图审批、施工招标，并开工建设；2019年12月31日前竣工通车。安罗高速上蔡至罗山段。起点在上蔡县朱里镇与周驻南高速交叉，向南跨过省道237线，设置东洪互通与省道206线（规划G230）相连接，经东洪镇往东，向南依次跨越黑河、杨岗河，在上蔡县城东与省道331线（规划G345）交叉互通，沿杨岗河西岸向南在五龙镇与县道005线（规划S225）交叉互通，经杨屯乡东，上跨规划的省道328线之后进入汝南境内。该公路驻马店境内路线长127.9千米，其中上蔡境全长29.2千米。采用双向四车道，设计时速每小时120千米，路基宽27米，预计施工工期36个月。途经上蔡县小岳寺乡、朱里镇、东洪镇、齐海乡、五龙镇、杨屯乡6个乡镇，在县境内设置互通式立交3处，枢纽立交1处。该项目在上蔡境占地约3472亩。2018年完成勘测设计，2019年6月30日前开工建设，2022年6月30日前项目完工。农村公路建设。完成村道建设里程560千米，总投资39200万元。

【全省普通干线公路建设养护管理一体化改革试点县工作】 2016—2018年，共争取省建养管切块资金 3.1 亿元，共完成道路建设 76.1 千米。县公路局紧紧围绕一体化改革建设目标任务，坚持“大交通带动大建设，大建设助推大发展”的发展战略，共完成建养管投资 74343 万元（其中，新改建项目 66522 万元、养护大修项目 3131 万元，小修保养及管理 4690 万元），按照已完成立项项目建设规划将完成 128343 万元。完成二级公路新改建 35.097 千米，市政道路 3.4 千米，县乡公路 37.7 千米。实现二级公路占比提高 18.2%，大修改造 38.93 千米，优良路率达到 91.4%。正在建设省道 223 线（原 S206）上蔡县城至驻马店市段（上蔡境）改建工程 13.372 千米，谋划建设省道 327 线、省道 225 线上蔡境“三升二”道路改建工程 46.563 千米，工程建设实现了“三个翻倍”，即项目数量翻倍、工程投资额翻倍、工程建设速度翻倍。在全省普通干线公路建养管一体化改革试点工作年终考核评比中，位列全省第一名。

【农村公路养护】 2018 年，路面养护里程 795.744 千米，其中县道 297.768 千米，乡道 497.976 千米。安装防护栏 58500 米，沥青撒铺罩面 41700 平方米、石渣保通 3260 平方米、挖补坑槽 17649 平方米、沥青灌缝 73180 延米，埋设标志标牌 1120 个，完成总投资 1085 万元。全县共聘用保洁人员 356 人，对村内道路进行养护保洁，完成路面保洁 452.7 千米、整修路肩 4.17 万平方米、整修边坡 47500 米、疏通边沟 310.9 千米、清理杂草 32040 平方米，路

繁忙整洁的乡村公路（一）　王国敏　摄

繁忙整洁的乡村公路（二）　王国敏　摄

宅分家 56.2 千米，新建村道种植绿化树 8 万余棵，完成总投资 720 万元。

【创建省级“四好农村路”示范县】 上蔡县坚持以建好、管好、护好、运营好农村公路为目标，按照“立足建、着力管、注重养、突破运、合力推”的工作思路驱动发展，加快掀起“四好农村路”示范县创建高潮，实现了农村公路建设、养护、管理、运营协调发展。

环境优美的通村公路　王国敏　摄

【建设农村公路】 完成农村公路建设 560 千米，投资 39200 万元，工程合格率达到 100%，公路通畅水平显著提高。

【管理农村公路】 通过加大宣传力度，在村规民约中融入爱路护路内容，明确村民在公路养护与管理中的义务，并把贫困户“七大员”组织起来，统一管理，统筹使用，落实乡村两级农村公路管养机构和管养人员，建立县有路政员、乡有

监管员、村有护路员的路产路权保护队伍，保护路产路权。年内共向沿线群众发放宣传单35000份，悬挂宣传横幅160条，拆除违章建筑53处，清除路障256处，清理非交通标志牌208块，安装6个治超限高架、460个交通文化宣传牌，查处超限车辆225辆，卸载货物14306吨，扣记驾驶员1245分，为群众安全出行提供了良好的交通环境。

【养护农村公路】 出台了《上蔡县农村公路管理养护实施办法》，制定了分级养护标准，优化了日常养护布局，落实农村公路县、乡、村三级管养责任制，形成县有农村公路管理所、乡有养护中心站、村有养护室三级养护管理体系，实现了“有路必养、养必常态”的目标。

【运营农村公路】 以开展“村村通客车试点工作”为契机，确立农村客运的公益属性，依托现有宏达农村客运公司，将所有村村通线路客车纳入规范化管理，开通乡村公交，规定运营里程和班次，统一服务标准，进行独立核算，合理给予财政补贴。按照层次清晰、规模适度、功能完善的要求，加快农村物流站点和乡村快递网络建设，合理规划布局，提高网点均衡，拓展服务功能，努力构建覆盖县乡村三级农村物流网络。按照“多点合一、资源共享”模式，将芦村、杨集、无量寺、黄埠、邵店、东岸、百尺等7个乡镇客运站改建成为集客运、货运、邮政于一体的乡镇综合客运服务站点，实现资源的衔接整合，促进物流信息的集约共享和高效联动。同时拓展原有4条公交线路连接县城周边9个乡镇，实现96个建制村公交全覆盖，有44个贫困村的近万名群众受益。全县现有农村客运线路23条，客车243辆。乡镇、建制村通班车率达到100%，其中客运班线直接通达的建制村（社区）302个，预约车通达的158个（贫困村50个）。设置农村招呼站牌264个，张贴乘车提示牌319张，实现了老百姓“出家门、上车门、进城门”的便利交通愿景。2019年4月，上蔡县被驻马店市人民政府授予驻马店市“四好农村路”示范县，黄埠镇被命名为市级“四好农村路”示范乡镇。2019年5月，上蔡县被河南省交通厅、河南省农业农村厅、河南省扶贫开发办公室命名为“河南省‘四好’农村公路示范县”。

【路政治超管理】 在路政案件查处方面，加大公路巡查密度，发现问题，及时整改，配合乡镇重点解决公路用地管控范围内违章建筑、私搭乱建、摆摊设点、打场晒粮等现象，事案查处率和索赔率均达100%。在路域环境治理工作中，完成路政清障总里程2330千米，清理障碍物865处、非法摊点476处，拆除龙门架7架，清理广告牌368处，拆除非法地磅9台，下达违法行为通知书26份，悬挂宣传横幅300余条，向沿线群众发放宣传单6万余份，发表新闻宣传报道100余篇，为人民群众提供了畅通便捷的交通运输环境。全年共查处超限超载车辆514辆，卸载货物25044吨，扣记驾驶员分2751分，抄告超限车辆信息514辆。在保障公路安全畅通的同时，实现过境货运车辆超限超载率控制在4%以下。

【交通运输生产】 2018年，上蔡县共完成道路客运量1265万人次，比2017年下降4%；客运周转量98870万人千米，同比下降4.3%。完成货运量1518万吨，同比增长10.3%；货运周转量296862万吨千米，同比增长8%。客货运综合增幅7.3%。

【旅客运输】 2018年，上蔡县共有旅客运输企业9家，其中班线运输企业4家（县内2家，县际以远2家）、公交企业3家、出租企业2家。拥有省际、市际、县际及县内客运班线64条，营运客车439辆；公交线路8条，公交车107辆；出租车216辆。乡镇、建制村通班车率达到100%。另有公共自行车公司1家，公共自行车800辆。基本形成了以县城为中心、乡镇为支撑、建制村为节点、放射和循环互补的县域农村客运网络。春运40天，共完成客运量136万人次，客运周转

换乘便利的城乡公交　　　　　　王国敏　摄

量 11078 万人千米。公路旅客运输日均投放运力 507 辆 11649 座，日均开行客运班次 664 个。

【货物运输】 全县共有货运企业 12 家，货运车辆 3058 辆，总吨位 18303 吨。牵引车 343 辆。

【客运站】 全县共建成规范化客运站 27 个，其中二级站 2 个，三级站 2 个，四级站 15 个，五级站 8 个；城区建成港湾式候车亭 26 个，非港湾式候车亭 135 个；设置农村客运停靠站牌 264 处；打造乡镇综合服务平台 7 个。正在建设一坐占地 2.67 公顷，可实现部分长途客车、城乡客车以及城市公交车、出租车等多种客运方式无缝衔接的二级综合客运站。

新建标准化乡镇客运站　　　　　　王国敏　摄

【城乡交通运输一体化建设工程】 根据上级文件精神和安排部署，在县政府大力支持及各有关部门的密切配合下，积极申请开展城乡交通运输一体化建设工程，成立了以县长为组长的城乡交通运输一体化建设工程领导小组，与交通运输部科学研究院合作，制定《上蔡县创建城乡交通运输一体化建设工程实施方案》。

【运输市场监管】 客运方面，对宏达农村客运公司的 31 辆客车进行了更新；完成了 4 路公交车的车辆更新及线路延伸；按照“四好农村路”建设的要求，调查全县建制村通客车情况，设置停靠站牌，在公交通达及客流量较大的城乡线路上统一规划客运停靠点，并开展村村通客车试点申报工作；完成了对 28 辆 800 千米以上客车的风险评估；认真落实省际、市际客运班线实名售票和实名查验制度；及时处理市运管局转来的客运驾驶人交通违法信息。货运方面，加强对货运企业的安全监管，定期督导检查运输企业贯彻落实安全生产工作的情况、安全生产重点工作任务落实情况。维修方面，按照要求，做好上蔡县汽车维修电子健康档案系统建设，促进汽车维修行业转型升级，切实保障消费者合法权益。驾培方面，根据上级文件要求，做好全县各驾校在河南省驾驶培训监督服务平台系统的信息录入，积极与公安全省计时培训联网对接；严厉打击非法练车点，进一步加强机动车驾培市场监管，规范驾培机构经营资质和经营行为；全面落实新国家标准《机动车驾驶员培训机构资格条件》和《机动车驾驶员培训教练场技术要求》。2018 年，全县共有驾驶员培训学校 7 家，教练车 202 辆，教练员 245 人，培训场地 122506 平方米。

【行政执法及信访工作】 在客、货运市场执法方面，全年查处不按规定批准的线路行驶的 16 辆，客运旅游包车经营其线路一端不在车籍所在地的 3 辆，不按批准客运站点停靠的 7 辆，巡游出租车无证营运的 10 辆，网约车在经营期间不按规定携带从业资格证的 2 辆，网约车起讫点均不在许可的经营区域从事网约车经营活动的 1 辆，货运非法改装车辆 82 辆。建立城区三轮车整治长效机制，查处非法营运三轮车 1029 辆次，拆除三轮车帆布顶篷 242 个。受理信访投诉 128 件，解决率 100%。

【年审及质量信誉考核】 全县参加质量信誉考核的运输企业中有 14 家被评为 AA 级，11 家被评为 A 级，1 家被评为 B 级，审验货运企业 5 家，维修企业 11 家，审验客车 87 辆，出租车 50 辆。

【安全生产管理】 认真落实企业主体责任、部门监管责任和从业人员岗位责任，树立安全生产红线意识和底线思维。深刻吸取“6·29”事故教训，贯彻落实上级有关安全生产工作要求，结合安全生产隐患排查整治、平安建设集中宣传、道路运输安全专项整治、安全生产大检查“回头看”、安全生产月等活动，围绕重点领域和重点时段，开展道路运输安全大排查、大整治活动，做到边查边改，隐患发现一起，登记一起，督促整改一起，有力地确保了全县道路运输安全生产形势稳定。

（王国敏　李高伴　张晓东　吴贺军）

公路建设与管护

【概　况】 2018 年，上蔡县公路管理局紧盯“三大攻坚战”和一体化改革目标任务，坚持脱贫攻坚常抓不懈，大气污染防治和安全生产信访稳定并重，科学谋划，克难攻坚，主动作为，建养管一体化改革试点与其他工作齐头并进，完成二级公路新改建 35.097 千米、大修改造 38.93 千米、市政道路 3.4 千米、县乡公路 37.7 千米，投资 74343 万元。正在建设省道 223 线（原 S206）上蔡县城至驻马店市段（上蔡境）改建工程 13.372 千米、五龙源路 2.6 千米、省道 327 线小岳寺至朱里段 15.3 千米；谋划建设国道 345 线塔桥绕镇段 6 千米、省道 327 线剩余段和省道 225 线上蔡境“三升二”道路改建工程 31.3 千米。实现了公路工程建设“三个翻倍”，即工程项目数量翻倍、工程投资额翻倍、工程建设速度翻倍，二级公路占比提高 18.2%、优良路率达到 91.4%、工程质量优良率 98%，新增危桥加固处置率 100%，群众公路出行服务满意度达到 95%，在全省 6 个县（市）普通干线公路建设养护管理一体化改革试点工作年终考核评比中名列第一位。

【管养公路】 共管养普通干线公路共 4 条，分别是国道 345 启那线（G345，原 S331,60.151 千米）、国道通武线（G230，原 S206 线，47.637 千米）、省道 223 滑确线（原 S219 永定线，42.929 千米）和省道 218 兰罗线（原 S213 吴黄线,19.031 千米），合计里程 169.748 千米。

【上蔡县“十三五”规划拟升级公路】 G230 通武线（通化—武汉）47.673 千米；G345 启那线（启东—那曲)59.236 千米；省道 213 民信线（民权—信阳）37.61 千米；S218 兰罗线（兰考—罗山）19.126 千米；S223 滑确线（滑县—确山）41.364 千米；S224 内罗线（内黄—罗山）24.9 千米（该线现规划更改为国道 107 东移线路）；S225 安平线（安阳—平舆）34.072 千米；S327 沈舞线（沈丘—舞钢）34.183 千米；S328 沈卢线（沈丘—卢氏）54.455 千米。共计国道 2 条、省道 7 条，合计里程将达 352.619 千米。

【公路建设】 完成国道 230 线（原 S206 线）、国道 345 线（原 S331 线）改建工程的人行道、雨污水管网收尾工程。完成蔡侯路西段延伸工程 600 米，建设投资 1200 万元；完成黄埠镇小王营村脱贫攻坚道路工程 8.8 千米，改造保障安置房路面、文化广场硬化及附属设施，以及景观桥、人行步道、栅栏建设，完成投资 1000 万元。实施五龙源路改建工程 2.608 千米，建设投资 10000 万元，其中南段 1 千米已建成通车。完成县政府安排的农村公路建设 27.465 千米，建设投资 1600 万元。完成县政府安排的蔡都大道及和谐大道西段道路维修罩面建设 3.326 千米。协助市公路局做好省道 223 线（原 S219 线）周驻交界至上蔡段 22.07 千米改造工程外部环境协调工作。

【公路养护】 2018年，共完成冬季道路撒盐除雪148千米；整修路肩边坡125.46万平方米，巡路保洁10930万平方米，小修保养、路面坑槽修补56400平方米，灌缝31.2万米，路面刷油5300平方米，路树刷白52600棵次、修剪乔木3800棵次。完成县境4条省道路肩加宽3米整修和路域环境整治120千米，投资300万元。9月完成县城至崇礼道路标线、路面挖补及崇礼大街沥青罩面铺设工程，投资97.5万元。11月完成县城至邵店、县城至王桥26千米道路标线、路面坑槽挖补、路树刷白、桥梁刷漆和路域环境整治工作，投资96.6万元。完成城区道路病害处治，灌缝62810米，刷油4708平方米，沥青混凝土面层坑槽挖补15469平方米。投资100万元完成李斯楼、黄埠、塔桥三个标准化道班建设，依托原西洪道班完成西洪标准化道班及停车服务区建设，投资500万元。投资285万元安装危险路段防撞护栏1171米，划设道路标线47602平方米，设置标志标牌339套，减速带125米，更换防眩板726根，维修更换波形防撞护栏68块294米。投资170万元购买2台自动清扫车，投资6万元购置5台雾炮机，租用11台洒水车等养护机械设备，进一步提升对普通干线公路的机械化养护程度，完成干线公路机械化保洁、扬尘治理累计39620千米。

2018年普通干线公路养护情况表

表5

路线名称	原路名	公路等级	起点桩号	起点	止点桩号	止点	里程（千米）
G345启那线	S331高兰线	二级	30.382	项城与杨集交界处	77.64	高速引线接口	47.258
G345启那线	S331高速引线	一级	77.64	高速引线起点	89.618	新庄与西平交界处	11.978
G230通武线	S206商桐线	二级	412.011	朱里与商水交界处	442.507	西工业园区	30.496
G230通武线	S219永定线	二级	442.507	西工业园区	457.914	邵店与金铺交界处	15.407
S218兰罗线	S213吴黄线	二级	228.975	上蔡崇礼乡	248.101	和店与平玉交界处	19.126
S223滑确线	S219永定线	二级	289.989	华陂与商水交界处	321.536	尚堂超限站	31.547
S223滑确线	S206商桐线	二级	321.536	尚堂超限站	335.698	黄埠与汝南王桥交界处	14.162

G230（原S219）路肩整治及绿化　李高伴　摄

【桥梁建设】 修复加固省道223线蒋林庄桥、国道230线向阳二桥2座，计60.7米，完成投资150万元。新建省道223线西环城路西沟大桥，长116米，宽40米，建设投资2300万元。

【路政管理】 在强化执法人员学习教育、规范执法行为的基础上，开展高频率路政巡查，重点治理公路两侧违法建筑，集贸市场占道经营，损害公路和路产、路权行为。开展公路路域环境综合整治活动，重点整治公路用地管控范围内违章建筑、沙石料场、私搭乱建、摆摊设点、打场晒粮等现象。开展集镇过境路段违章建筑、乱搭乱建以及非公路标志牌的专项整治。共完成路政清障总里程159千米，清理障碍物（砖头、砂石料、土方、垃圾等）100余处，拆除木板厂2个，清理广告牌200余块，制止打场晒粮行为80余起；悬挂宣传横幅140条，向沿线群众发放宣传单3000份；处理污染损害公路20起，索赔30000余元，保障了公路的安全畅通，为人民群众提供

工程施工中　　李高伴　摄

建设完成的城西沟大桥等桥梁　　李高伴　摄

了便捷的公路通行环境。

【脱贫攻坚】 县公路局对口帮扶芦岗、邵店、杨集、和店、东岸5个乡镇（街道）18个村727户贫困户，选派6位驻村第一书记和9名工作队队员，组成6个工作队驻村开展脱贫攻坚工作。通过努力，所帮扶村全年共计新识别贫困户2户2人，清退44户143人，标注稳定脱贫35户131人，拟脱贫128户457人。组织走访贫困户1159户，一般农户2719户，解决87户103项问题，并重新按照一户一策要求制定帮扶计划书，没有出现雷同现象。加大对“靶向攻坚”村环境、坑塘整治力度。分别实施了邵店镇卜庄村、杨集镇后常营村、中吕村村道坑塘整治，投入资金24.5万元；为各村配备垃圾车42辆、垃圾箱140个，投入资金6.58万元。为杨集镇后常营村文化广场建设和村室建设投入资金7万元，为东岸乡牌坊刘村新村室建设投入资金3万元。为帮扶的4个贫困村、“靶向攻坚”村陆续投入50万元产业扶持基金，发展适合当地生产实际的蔬菜大棚、香菇种植、超市等产业，助力贫困户实现长期稳定增收。在春节前冬季送温暖行动中，共向贫困户发放棉被727床，投入资金14.54万元；同时，积极为所帮扶贫困户打扫住房、庭院、厨房、厕所卫生，努力改善生活环境，关心他们的生产生活。6月，积极响应县委县政府号召，到无量寺乡后陈村帮助抢收土豆220亩、180余吨，投入资金61058元，同时积极发动干部职工购买土豆3000千克。

【大气污染防治】 为贯彻落实县委、县政府关于打赢大气污染防治攻坚战的工作部署，切实加强普通干线公路道路和施工工地扬尘的污染防治工作，县公路局积极行动，采取加强组织领导、明确职能职责、制定实施方案、层层签订目标责任书、严格督促落实等措施，全年投入资金415万元（公路养护183万元、公路工程232万元），组织足量人员，配备2台大型综合洒水清扫车、11台洒水车、6辆三轮雾炮车、5台雾炮机、防尘网、围挡等环保机械设备，分别对绕城区干线公路进行常态化清扫保洁和洒水作业，在车流量大的路口进行喷雾降尘，对施工工地在落实“六个100%”的基础上，进行湿法作业，保持路面、工地干净常湿，有效避免了扬尘污染。

（李高伴）

邮政　通信

邮　政

【概　况】 全年邮政业务总量累计完成20629.21万元，居全市第1位，同比增幅11.15%。获得省邮政分公司2018年度邮政金融旺季发展优秀县（市）分公司、市邮政分公司2017—2018年全市邮政金融跨年度竞赛先进单位、县级综合工作先进单位等荣誉。

【服务地方经济发展】 积极推进农村和大型社区邮政便民服务站建设，开办小额取款，包裹、报刊代投，代收电费、通信费，网上代购等邮政业务，使广大民众足不出村（社区）就能享受方便、快捷、周到的邮政服务。积极创新“工业品下乡，农产品进城”服务农村电商新模式，依托“邮乐网”等自有平台和“拼多多”等合作平台，把全县的特色农副产品向全国各地推广。充分发挥邮政金融网络和资金结算优势，践行“普惠金融”，布放助农取款点422个，认真做好普惠金融服务，更好满足人民群众日益丰富的金融需求。为更好地支撑农村电商发展，服务农产品进城和工业品下乡，县邮政分公司物流配送中心投入使用，提升了邮政服务经济社会发展的能力。

【综合服务平台建设】 上蔡县邮政分公司立足上蔡农业大县实际，积极做好服务“三农”工作，让农户能以更优惠的价格买到优质化肥，2018年春季农肥销售1155吨，覆盖全县5万多亩耕地，服务数万户农村居民。上蔡县邮政分公司以农村邮政支局所、村邮站、“三农”服务站为依托，努力打造“管理集约化、网络规模化、服务社会化”的综合服务平台，累计建成便民服务站点290个，洽谈合作项目7个、商品70余种，“三农”服务网点278个，全县邮掌柜累计开通406个。同时，加大对邮政优惠商品的配送力度，并将邮政服务点建设成邮政服务、便民服务、电商服务、“三农”服务、普惠金融服务的综合性服务平台。

2018年8月24日，上蔡县邮政分公司西大街中心营业所“微厅堂”　　王娟娟　摄

【基础建设】 积极协调县政府有关部门推进投递、分拣中心征用土地事宜，相关手续正在办理中，投递、分拣中心征地面积为6666.53平方米（折合10亩），预计投资550万元，建成后上蔡邮政整体对外服务能力和水平将有大的提升。打造朱里、和店、黄埠、西大街中心所微观智能厅堂，营造以方便人民群众结算为重点的环境；持续加大自助机具布放力度，全县布放ATM/CRS

机达56台，点均达到2.66台；新增高速存取一体机1台。更新投递PDA手持终端56把，更新网运PDA手持终端4把，新增揽投汽车一辆，全县现已建成自提点共320个。信息化建设不断加强。积极推进新一代寄递平台、在线业务平台等集团公司信息化工程的落地实施，强化“邮件分拨识别作业系统”“客户积分管理系统”“外拓客户关系管理系统”等省分公司信息系统的推广应用，更新优化了代理金融网点绩效考核系统，提高了信息技术对重点业务的支撑服务水平。

【管理工作】 严格落实监管要求，严格普遍服务营业场所及业务审批，坚决不触碰“两条红线”。全力巩固并持续保障普遍服务达标，建制村持续通邮率、乡镇邮政局所覆盖率、四项普遍服务业务开办率均达到100%。强化普通邮件质量管控，扎实开展平常邮件质量大提升、邮政“三大歼灭战”、平常信函丢损率压降等活动，普邮全程时限实现达标，平信丢损率大幅下降。城区党政机关《人民日报》全部实现当日见报。机要通信保持质量全红。扎实开展客户投诉专项整治活动，强化寄递业务时限质量管控，客户体验得到提升。在防范化解重大风险方面，开展案件防控亮剑行动、风险大排查等专项活动，举办“合规一堂课”主题教育、上蔡看守所警示教育等特色活动，增强了金融业务从业人员的案防意识，实现全年零案件目标。深入开展“平安邮政”创建，强化资金、消防、交通、邮件等安全管理，保障中国国际进口博览会等重要活动期间寄递渠道安全畅通。

【精准脱贫】 县分公司统筹推进定点扶贫、电商扶贫和金融扶贫工作，派驻驻村干部3人、帮扶责任人20人，到华陂镇寺后赵、华陂镇坡董、华陂镇刘连张、东洪镇陈庄、东洪镇龚庄结对帮扶，先后为寺后赵、陈庄、龚庄购置会议桌椅，安装空调电脑等，为帮扶村进行环境整治、麦茬防火，并给贫困户送去棉被等生活必需品，切实为帮扶村办实事。并结合精准扶贫组织党员干部到帮扶村开展结对帮扶，先后多次深入帮扶村现场工作，组织帮扶党员干部深入贫困家庭进行帮扶，认真开展脱贫攻坚“春季清零”活动，并对扶贫工作进行了安排部署。

【上蔡县“邮政网点代办交警服务站”正式启动】 2018年10月，全县邮政有5个网点开通交管业务，现场均可受理机动车业务、驾驶证业务、互联网平台及交通违法处理四大类业务，用户可通过邮政网点申请办理包括补换机动车号牌、行驶证、驾驶证、检验合格标志、6年内免检机动车申领检验标志、机动车或驾驶人联系方式变更等15项业务，经后台处理将单据、证件等寄至车主家中，新增的微型“车管所”为车主朋友们提供更加方便快捷、优质高效的车驾管服务，节约了车主办理业务时间，减少了异地办理的麻烦，方便了车主，提高了社会资源效率。全年共办理交管业务98笔，金额4395元。

2018年6月29日，上蔡县邮政分公司党总支到确山县竹沟革命纪念馆开展“不忘初心、牢记使命”主题党日活动　　王娟娟　摄

【积极推进寄递翼改革】 按照省、市分公司的统一部署，遵循“一个主体、整合资源、分层运作、清晰核算”的思路，组建县寄递事业部，机构人员及处理场地的整合全面完成，揽投站点整合稳妥推进。“双11”、“双12”、春节旺季期间，邮件处理量持续增大，县邮件处理中心日均处理邮件量达到9581件，同比增长20%，单日峰值

达到 1.43 万件，无出现邮件积压延误现象。

（王娟娟）

移动通信

【概　况】中国移动通信集团河南有限公司驻马店市上蔡分公司以省公司工作要求为指导，紧紧围绕“大连接”战略落地为这一中心工作，坚持新发展理念，坚持问题导向，强化“四个意识”，深化“四轮驱动”融合发展，奋力开创新时代行业发展和网络、客户服务领先新局面，实现了运营收入与客户份额新突破，以信息化助推县域经济建设，奋力开创新时代行业领先发展的新局面。

【市场发展】2018 年，分公司客户规模达到 52 万户，4G 客户规模达到 35 万户，市场三方（移动、联通、电信）移动期末份额占 71% 以上，市场份额与收入持续领先，企业运行情况良好。

【网络建设】公司持续推进 4G 网络建设工作，积极部署 5G 网络筹备、试验等工作，围绕业务发展和客户感知，加快工程建设，持续提升网络能力和客户感知。持续加快工程建设，成立项目攻坚小组，强化过程管理，建设进度进一步加快，网络核心能力进一步增强，截至 2018 年年底，基站规模达到 800 个，在逐步提升大型社区、新建小区等人口密集区深度网络覆盖的同时，有效解决了农村偏远地区的网络弱覆盖现象。持续优化网络质量，深入开展 4G 网络质量提升竞赛活动，网络投诉持续下降，客户感知不断提升。持续强化业务支撑，扎实开展家客品质提升行动，全面提升家客市场支撑能力。积极响应“宽带中原”战略，成立了专项工作领导小组，先后下发《宽带建设“大会战”》等一系列文件，推进家庭客户宽带建设工作。不断加强传输网络与核心网络的带宽扩容，城市光宽带接入带宽已达到 500 兆，乡镇农村接入带宽已达到 200 兆，基本满足用户的高速宽带接入需求。

【集团拓展】依托自身网络及技术优势，持续推进“互联网 +”和智慧城市发展，与社会各界共同努力，面向政务、民生、教育、企业 4 个社会主体，加快智慧型政务、教育、医疗、交通、环保、公共服务、居家生活、城市管理等领域建设，实现信息资源整合共享与云计算产业发展有机结合。在“政务云”方面，推出了智慧会议、平安城市、应急指挥等 10 余项应用。

【客户服务】上蔡分公司紧扣公司发展重点，推进投诉服务质量管控，以“全心全意 为您服务”的服务理念，建立客户服务闭环管理机制，完善服务快速响应；定期搜集客户体验和需求信息，围绕业务、服务关键环节优化服务内容，持续改进服务质量；不断完善以 4G 和宽带为核心的客户满意度管理体系，聚焦热点，快速响应，监控投诉处理质量，提升投诉处理能力，增强客户感知。在三方公司组织的满意度调查中，分公司客户满意度达到 80%，领先同行业 6 个百分点。

上蔡分公司党员重温入党誓词　　王微微　摄

【脱贫攻坚】加大资源倾斜力度，优先扶助贫困村基础设施建设，深入推进 4G 网络建设和优化，确保实现贫困村 4G 网络全覆盖，为村民们建立起畅通的网络环境，拓宽村民脱贫致富的新渠道。按照县脱贫攻坚工作部署要求，持续加大贫困村宽带投入力度，着力加快网络建设和发展，持续完善信息基础设施，确保移动宽带覆盖达到“村村通”的要求，贫困村宽带覆盖已达 98% 以上，并实现0元免费装宽带。每月定期组织结对帮扶人员深入帮扶村开展大走访活动，通过班子成员带领帮扶责任人深入帮扶村，不断持续走访宣传、落实国家各项扶贫政策，摸清帮扶底子，制定帮扶措施帮助贫困户找准脱贫致富路子。2018年共投入各项扶贫资金10万余元，加强改善农村人居环境、坑塘整治、下基层送温暖、党建引领等方面工作，实现大幅度提升，坚持把扶贫工作当成常规性、重要性工作来执行，充分发挥基层党组织对打赢脱贫攻坚战的堡垒作用。

【安全生产】 牢固树立安全发展理念，落实安全生产主体责任，做好隐患排查治理，有效防范各类生产安全事故发生。落实上级保密工作意见，狠抓保密制度管理、涉密人员教育、网络安全保密和各项监督检查工作，推动保密管理机制完善、防控安全有力。2018年共开展安全生产专项检查12次，检查营业厅、基站、机房共350余处，针对存在的问题下达安全生产整改通知，立行立改，整改完成率100%，自分公司成立以来未发生安全事故及责任交通事故等。

（王微微）

联合通信

【概　况】 2018年上蔡联通公司认真学习贯彻习近平新时代中国特色社会主义思想和中共十九大精神，深入实施聚焦创新合作战略，以效益为中心，以推进互联网化运营为主线，转型助力新发展，创新增强新动能，坚持党建统领，坚守量质并重，呈现良好发展态势。上蔡县联通2018年累计收入完成计划106%，同比增幅12.97%，全县移网用户占比达到33.56%。

【落实国务院“提速降费”战略】 上蔡联通公司积极响应国务院、工信部、国资委“网络提速降费”工作要求，不折不扣地执行集团公司“各项提速降费”政策，将集团公司部署的取消流量“漫游”费作为“提速降费”工作的重中之重，上蔡联通公司于2018年7月1日起取消流量“漫游”费（不含港澳台地区），套餐的省内通用流量全部升级为国内流量，用户无需申请，自动生效，共惠及全县约20万用户。在取消流量“漫游”费的同时，针对中小企业制定了不同的行业信息化产品，在助力中小企业提质增效的基础上，实现中小企业光纤专线资费再降低15%以上的目标。与2017年同期相比，中国联通手机流量平均单价和固网宽带平均单价降幅均超过90%，惠及全县手机和宽带用户超过25万户。

【网络建设】 在市公司的统筹安排下，整合各方力量，上蔡县联通又新建4G基站86个，深度优化基站223个，其中针对“靶向”村覆盖的有62个，优化基站覆盖全部贫困村。新铺设光纤宽带916千米，实现全县贫困村光纤宽带全覆盖。

【市场营销】 上蔡联通公司本着维系就是发展的理念，通过邀约老用户进厅续费送礼品、送话费、送流量、积分兑换等不同形式活动维系老用户，有效提升了用户的在网率。通过首季开门红年初旺季营销、2I2C线上销售线下承接、线下引流、暑期市场、学生返校季节等时间节点开展不同的营销活动，利用公司的大王卡、冰激凌套餐、预存话费送ONU、送IPTV等资费优惠政策和沃行销新发展模式，坚持走出去、引进来营销发展作业动作，有效拉动了固移网发展。

【集团客户拓展】 集团线积极开展“互联网+创新型业务”，深入各集团单位，坚定以集团特色应用拉动4G发展的信心，以“冰+钉+智慧酒店”为突破，突显固网电路有利优势，大力发展4G、创新性业务及电路业务，新发展了公安局视频电路、司法局视频会议电路、视联网电路、智慧人社电路、环保局电路、政府电子政务平台及电路、财政局非税专线、纪律检查委员会整家拓展、国地税整家拓展。

【综合管理】 按照省市公司的要求，上蔡县联通公司每月不少于3次召开党员大会，认真学习习近平新时代中国特色社会主义思想，“两学一做”学习教育，加强廉洁从业教育，落实好党风廉政建设责任制。深入学习中共十九大历次全会精神，开展党员干部理想信念、廉政教育，不断提高党员干部的综合素质，进一步加强作风建设，增强服务意识，提升工作效能。积极组织宣传贯彻企业理念活动，加强企业团队凝聚力，提升企业文化形象。加强安全生产工作，公司制定了《安全生产管理办法》，及时对全县乡镇营业厅隐患干线路进行了巡检和统计，排查出干路隐患，及时整改，有效地预防了公司通信线路安全和其他安全生产事件的发生，为公司增收增效提供强有力的后台保障。

（高　辉）

电信通信

【概　况】 中国电信集团有限公司上蔡分公司（以下简称“中国电信上蔡分公司”）在中共十九大精神指引下，按照县委、县政府及市公司工作部署，聚焦集团公司“建设网络强国、打造一流企业、共筑美好生活”三大目标，不断加快内部改革，深化企业转型升级，创建发展优势，加快推动公司通信稳步发展，实现高质量发展、规模突破，确保了年度工作目标顺利实现。2018年度中国电信上蔡分公司被省公司党委评为先进基层党组织，被省公司评为龙虎榜先进县公司。

【网络建设】 中国电信上蔡分公司2018年在上蔡县完成投资预算1010万元，新建光纤宽带端口2.7万线，全网端口合计21万线；城区楼屿覆盖率达到92%，乡镇覆盖率达到100%，建制村覆盖率达到82%；新建4G基站专用传输线路195皮长千米，完成5G承载网规划，累计建设38个宏基站、18个室分站点、301个全网基站。中国电信上蔡分公司牢记树立网络是企业的生命线理念，狠抓网络质量，增强网络基础能力，在2018年较好地开展了网络建设工作和后续增补工作。

【市场发展】 2018年，中国电信上蔡分公司全年累计完成收入计划的102%，同比增幅13%。在市场拓展方面，全面贯彻落实河南电信公司“聚焦发展、价值经营”的市场导向，加快推进向家庭客户的营销转型，进一步提升基于家庭客户的综合营销能力，助力高价值用户的规模发展，用户规模和收入市场占有率稳步提升，企业经营状况良好。

【渠道运营】 中国电信上蔡分公司实行渠道分类、专业化运营，截至2018年年底，全县社会合作渠道120家，遍布县、乡、村，能够较好地为全县用户提供便利的通信服务。

【集团拓展】 针对党政机关、企事业单位、大中小型酒店等市场，以各种集团客户需求为出发点，深入与集团客户沟通，着重对接集团专线与4G业务项目，成功拓展国家电网、公路局、城市管理执法局、文广新局、水厂、县人民医院、鹏宇国际酒店等大批有影响的客户群体。

【助力反诈骗工作】 中国电信上蔡分公司秉承“源于社会，回报社会”的企业社会责任理念，以维护广大人民群众根本利益为出发点，保护人民群众切身利益为基础，认真落实县政法委、公安局等部门打击防范“新型通信网络诈骗”专项治理活动会议精神，全面配合落实公安机关要求的各项打击治理要求，竭力推进整治工作的开展，中国电信上蔡分公司明确专职人员派驻反诈骗中心开展相关工作，及时提供各类支撑。

（宋爱平）

财政　税务

财　政

【概　况】2018年是巩固和发展“十三五”规划承上启下的关键之年。全县财政部门深入贯彻习近平新时代中国特色社会主义思想和中共十九大、十九届二中、三中全会精神，坚持稳中求进，积极发挥财政职能作用，主动适应经济发展新常态，着力推进各项财政改革，强化财政收支管理，努力支持全县经济和社会事业加快发展。全县财政一般公共预算收入完成8.02亿元，为预算的107.6%，增长20.5%。全县财政一般公共预算支出完成61.70亿元，为预算的98.3%，增长14.4%。全县一般公共预算收入8.02亿元，上级补助收入55.80亿元，上解支出1.40亿元，当年财力62.42亿元。先后被驻马店市财政局评为“财政总决算编审工作先进单位”“部门决算编审工作先进单位”，被市档案局评为“档案工作先进单位”。

【支持县域经济发展】严格落实“营改增”和支持小微企业发展政策，降低企业经营成本，减轻企业负担。积极筹措资金1302万元，落实企业优惠政策，支持企业发展。新设立和新增小微企业信贷风险补偿资金2000万元，上级奖励417万元，新增担保贷款1.0亿元，为建档立卡贫困户贷款8344万元，为39家企业提供贷款周转金1.4亿元，解决了全县中小企业融资难问题。完成全县17户“僵尸”企业处置任务，兼并重组1户、清算注销12户、依法破产2户、盘活脱困2户。开展政府和社会资本合作，鼓励社会资本投资城镇供水、供热、污水垃圾处理等市政基础设施项目。入库项目7个，正在实施项目2个。安排中央基建项目资金2.4亿元，用于安全饮水巩固提升工程、棚户区基础设施配套建设、污水处理厂等11个基本建设项目。积极争取上级部门资金支持，累计争取上级各项补助收入55.8亿元，其中新增地方政府债券8.4亿元，有力地促进了县域经济发展。

【财政收支管理】坚持依法组织收入，根据全年财政收入目标，每月分解落实收入任务。对收入结构和规模作预测分析，开展综合治税，协调各征收部门摸清税源情况，分析和解决存在问题，时时准确掌握财政收入状况。完善规范非税收入收缴和核算管理，杜绝跑冒滴漏，实现了财政收入稳定增长。贯彻《中华人民共和国预算法》，严格执行预算，坚持有保有压，控制各类会议，压缩专项经费，暂停购置、装修经费审批，加强资金调度，工资和医疗卫生、社保、文化等民生支出得到有力保障。

2018 年上蔡县财政收支情况表

表 6

单位：万元

项目		全县财政收支情况				乡镇级财政收支情况									
						乡镇名称	收入						支出		
										其中：税收					
		年度预算数	年度完成数	占年度预算 %	同比增长率		年度预算数	年度完成数	占年度预算 %	合计	国税	地税	年度预算数	年度完成数	占年度预算 %
收入情况	一般公共预算收入	74619	80260	107.56	20.46	蔡都办事处	3348	4012	119.83	3855.9	2439.2	1416.7	936.8	1198.8	127.97
	一、税收收入	48750	49774	102.10	19.14	卧龙办事处	2868	4346	151.55	4222.1	2035.1	2187.0	960.2	1206.8	125.68
	增值税（地方 50% 部分）	22563	17772	78.77	-0.93	芦岗办事处	3379	4063	120.23	3965.2	2751.5	1213.7	866.1	1196.5	138.15
	企业所得税	6746	5083	75.35	-16.09	重阳办事处	2790	3360	120.43	3295.4	2034.1	1261.3	760.3	6335.3	833.26
	个人所得税	872	1292	148.17	51.82	百尺乡	314	383	121.94	365.5	356.9	8.6	900.4	2470.7	274.40
	资源税	29	246	848.28	811.11	大路李乡	426	797	187.02	759.4	329.7	429.7	916.4	2033.7	221.92
	二、非税收入	25869	30486	117.85	22.69	无量寺乡	197	226	114.62	126.3	116.6	9.7	852.9	2631.2	308.50
	专项收入	1809	1747	96.57	12.42	党店镇	329	348	105.78	322.4	269.4	53.0	803.9	1619.9	201.51
	行政性收费收入	14000	21108	150.77	51.82	东岸乡	336	359	106.96	355.8	331.6	24.2	859.2	1467.9	170.84
	罚没收入	6201	7036	113.50	19.45	东洪镇	363	366	100.77	346.6	332.6	14.0	1047.1	1673.9	159.86
	国有资源有偿使用收入	800	479	59.88	-34.02	韩寨镇	243	244	100.21	134.6	95.8	38.8	761.4	1466.9	192.66
	其他收入	228	114	50.00	-44.93	和店镇	380	471	123.89	468.7	382.1	86.6	900.3	2579.6	286.53
支出情况	一般公共预算支出	627595	616963	98.31	14.37	华陂镇	439	442	100.75	391.5	349.3	42.2	1040.4	2400.1	230.69
	一般公共服务支出	36570	36530	99.89	9.69	黄埠镇	451	452	100.22	416.8	349.5	67.3	948.6	9766	1029.52
	公共安全支出	20098	20005	99.54	-3.23	齐海乡	336	478	142.29	359.6	335.9	23.7	799.6	1666.8	208.45
	教育支出	121088	119590	98.76	4.39	邵店镇	520	659	126.63	617.8	523.1	94.7	1005.8	3636.3	361.53
	科学技术支出	1508	1389	92.11	-2.32	塔桥镇	285	348	122.07	337.9	170.8	167.1	963.7	2557.7	265.40
	社会保障和就业支出	99464	99364	99.90	20.20	五龙镇	365	518	141.84	502.6	495.3	7.3	761.5	942.5	123.77
	医疗卫生与计划生育支出	105202	103152	98.05	4.34	西洪乡	270	627	232.37	187.7	168.7	19.0	837.3	2255.9	269.43
	文化体育与传媒支出	2586	2485	96.09	-31.47	小岳寺乡	263	337	128.25	299.9	297.2	2.7	735.6	1953.7	265.59
	节能环保支出	4934	4861	98.52	43.82	杨屯乡	192	226	117.50	212.2	202.6	9.6	625.6	1278.1	204.30
	城乡社区事务支出	10627	10555	99.32	-27.95	朱里镇	575	659	114.66	606.9	558.6	48.3	929.4	2373.9	255.42
	农林水事务支出	142271	141859	99.71	26.79	洙湖镇	371	388	104.66	367.7	304.0	63.7	1021.8	2652.1	259.55
	交通运输支出	39539	39461	99.80	144.76	杨集镇	378	394	104.23	332.7	283.3	49.4	1010.7	2011.7	199.04

【脱贫攻坚】 按照精准扶贫、精准脱贫要求，加大本级扶贫资金投入，建立与脱贫攻坚任务相适应的资金投入保障机制。规范统筹整合资金使用管理，进一步加强涉农资金统筹整合，切实做到应整尽整。统筹整合资金8.8亿元，完成支出8.4亿元，支出进度96%。完善扶贫资金投入支出统计制度，提高监管精准度和及时性，实现扶贫资金与扶贫项目匹配，项目实施进度与资金支付进度匹配。认真落实扶贫项目实施和资金支付旬报制度，建立扶贫资金监管平台，对扶贫资金实施动态监控。

【落实强农惠农政策】 兑付财政资金1.9亿元，认真落实耕地地力保护补贴、农机购置补贴等惠农强农补贴政策，充分调动农民种粮积极性，提升农业技术装备水平。拨付生猪调出大县奖励资金581万元、产油大县奖励资金567万元，主要用于育肥猪和母猪保险补贴、规模养殖场污染治理补贴、油料种植类项目。落实畜牧良种补贴政策，提高畜禽良种覆盖面。积极争取上级农业综合开发、农业高效节水灌溉、农村河塘清淤整治等项目资金，改善农业生产条件。

【保障和改善民生】 2018年全县民生项目支出经费共计54.8795亿元。主要民生项目支出是：落实“两免一补”和幼儿园、高中学生公用经费1.6亿元，农村义务教育阶段学生的营养餐资金8183万元，贫困学生资助金4781万元，义务教育薄弱学校改造等各类建设资金1.6亿元，促进教育事业发展。支出送戏下乡、舞台艺术送农民等资金130万元，文化场所免费开放资金130万元，全县村广播大喇叭资金611万元，完善公共文化服务体系。支付机关事业单位和城乡居民养老金9.1亿元，城镇职工和城乡居民基本医疗保险基金9.0亿元，困难群众大病补充医疗保险资金413万元，就业技能培训补贴33万元，基本公共卫生服务类资金1.3亿元、城乡低保资金1.7亿元，各项优抚补助资金5804万元，社会保障体系进一步健全。拨付蔡都街道武庄棚户区改造项目资金9468万元，改善居民住房条件。

【财税管理制度改革】 完善预算管理制度，不断扩大预算定额运用范围，细化预算编制，提高预算完整性。加强“三公经费”预算编制，深入推行公务卡改革，国库集中支付改革覆盖到乡镇。加强政府采购预算管理，扩大政府采购范围。加强财政投资评审工作，完善评审机制，拓宽评审领域。加强内部控制建设，自觉接受人大及其常委会监督，增强财政资金管理的预警和防范功能。

（周　松）

税　务

【概　述】 2018年，上蔡县税务局抓班子、带队伍、争创一流业绩、努力打造一支过硬的勤廉税收队伍，为决胜全面建成小康社会、实现上蔡高质量跨越发展做出了新的贡献。县局先后荣获省级文明单位标兵、全省先进基层党校、省级卫生先进单位、省级档案管理工作先进单位、全市道德讲堂建设先进单位、全市依法行政示范单位、全县垂直管理单位工作目标考评优秀单位、平安建设优秀单位、服务招商工作优秀单位等荣誉称号。

2018年7月20日，上蔡县税务局举行揭牌仪式
宋永亮　摄

【税收收入】 2018年累计组织各项税收收入85121万元，较2017年增收8499万元，增长11.09%；

其中：县级收入累计完成49774万元，较同期增收7993万元，增长19.13%，占上级下达计划的102.1%，圆满完成了全年税收任务。商业（批发零售）增值税累计完成7839万元，较同期6098万元增长28.55%，增幅排名全市第一；住宿餐饮业增值税完成505万元，较同期增长156.35%，增幅排名全市第一，契税收入增幅排名全市第一。全年组织社会保险费收入92602万元，较同期73137万元增长26.61%。

【征管体制改革】 按照总局统一部署，系统上下齐心协力、奋勇拼搏，先后打赢了新机构挂牌、落实“三定”规定、非税收入征管职责划转三场主攻战。按照总局统一部署的时间节点，圆满完成了新税务机构挂牌工作，7月20日，国家税务局总局上蔡县税务局顺利挂牌。10月25日，召开落实“三定”暂行规定大会，明确了全局内设机构、派出机构和事业单位的职责和管辖范围。

【多项税改落地见效】 用心用情用力落实好惠民改革措施，紧密衔接、紧盯节点、紧步推进，确保改革措施落地。成立个税改革领导小组，积极利用各类媒体和载体宣传所得税改革内容，全面开展个人所得税扣缴义务人培训和辅导，培训面100%；对辖区内重点税源单位，上门组织个税专项扣除专场培训，为改革顺利实施做足准备。紧紧抓住“宣传好”“辅导好”“协调好”“跟踪好”四个关键环节，健全工作机制、细化工作措施，深化政策效应分析。制定开征工作方案，扎实做好从开征前实地入户调查、涉税信息核实、档案资料移交、政策宣传、系统测试，到开征后的征期保障、纳税辅导、信息共享等环节工作，共组织入库水资源税335万元、环保税28万元，水利和环保部门传递的应征信息全部征收入库。

税收改革宣传　　张四民　摄

【法治建设】 坚持依法行政，不断提升依法治税、依法办事和依规办事水平，确保税收各项工作在法治轨道上运行。及时成立了依法行政工作领导小组并制定了依法行政工作领导小组会议制度及议事规则；落实领导干部集中学法机制，建立税收政策解读机制，强化税收法治教育培训，组织新入职人员参加2018年度执法资格考试，实现了执法资格考试通过率100%的目标；多举措开展普法宣传教育活动，精心组织开展宪法学习宣传教育活动。成立领导组织，制定工作方案，完善工作机制。8月，在县扫黑领导小组的指导下，对“小岳寺乡某房地产开发负责人张某某涉黑涉恶长期不申报不纳税”一案开展了专案调查。经过一个多月的努力，调查工作取得实质性成果。全年累计协助参与办理案件8起，移送案件4起。扫黑除恶工作获得县政法委书记陈佳的肯定批示。

【便民服务】 将优化营商环境作为“一把手”工程来抓，加强组织领导，抓好责任落实。以便民春风行动为契机，开展“问需求 优服务”走访座谈，累计走访市级重点税源企业98户，召开16场座谈会。认真落实上级关于支持民营企业发展的意见，积极帮助民营企业熟悉、掌握和运用好各项税收政策，及时解决发展中遇到的新情况、新问题。以纳税人需求为导向，推进办税便利化改革，提高了企业的满意度和获得感。新机构挂牌后，办税服务厅实现“进一个厅、在一个窗、面对一个税务人员就能办理所有业务”，有效解决了纳税人“两头跑”的问题。积极与国土、城建、房管等部门沟通协调，设立专项服务窗口，实现了不动产过户一窗办结。着力加强业务咨询和导税服务力量，完善办税服务厅的功能分区和有关设施，全面落实一次性告知、首问负责制、限时办结、延时服务和预约办税等服务举措，大力推广网上税务局，提升了窗口办税效率和质量。配合有关部门构建社会信用信息平台，有效落实褒奖诚信、惩戒失信措施，营造诚信纳税的良好氛围。加大对诚信企业的支持力度，有力推动“银税互动”工作。

（张四民）

金　融

中国人民银行上蔡县支行

【概　况】 2018年辖区金融机构各项存款余额352.38亿元，较年初增加34.84亿元；各项贷款余额110.94亿元，较年初增加7.18亿元。存、贷款存量分别居全市第一位和第三位，增量分别居全市第一和第六位，支持了县域经济发展。2018年荣获驻马店辖区人民银行系统目标先进单位、先进基层党组织、先进基层工会、济南分行级文明单位等荣誉称号。

中国人民银行办公区

【货币信贷工作】 贯彻落实中性稳健的货币政策，通过召开金融工作会议、季度金融形势分析会、政金企对接会等，把上级行的工作部署和要求落到实处。对于县村镇银行多次进行约谈和书面警示，提醒其信贷投放过快行为，消除金融风险隐患。邀请驻马店中支调统科人员对上蔡县地方法人金融机构统计人员开展了业务培训，提高了统计业务水平。按季召开银行业金融机构风险监测分析会，密切关注银行业资产质量、交叉性金融业务、同业业务等重点领域风险，并适时发出了风险提示。

【金融稳定】 建立健全对金融机构风险提示制度、重大事项报告制度、约见金融机构负责人谈话等制度。针对有关问题向上蔡县惠民村镇银行和上蔡县农商行发出《风险提示》2次，开展约见谈话4次。严厉打击非法集资，配合地方政府及有关部门开展打击非法集资宣传活动，通过宣传使社会公众了解了非法集资的危害，增强了防范非法集资的意识。扎实做好存款保险制度实施各项工作。对两家法人银行业金融机构存款保险开展风险评级和风险差别费率实施、保费收缴工作。加强投保机构信息收集和风险监督、识别、预警和推动处置工作。做好反洗钱工作。对辖区法人银行业金融机构和保险机构及非法人金融机构反洗钱工作开展了现场评级。辖内金融机构、保险机构和非法人金融机构都积极参与反洗钱活动。

【金融基础业务】 对支行征信查询和开户程序进行规范，并在支行门口、支行大院、办理地点依法公开。加强国库会计核算。全年共办理预算收入165624笔，金额330789万元，一般预算收入资金80259万元，转移支付收入446881万元；办理预算支出24169笔，资金805785万元。加强人民币管理。组织辖区9家金融机构一线从业人员182人开展了银行机构人民币暨反假知识培训，全年收缴假币3088605元。加强银行账户管理工作，共办理开户业务1817笔。对上蔡县农商行、上蔡县惠民村镇银行开展了个人银行结算账户专项检查。加快推进移动便民服务工作。开展了形式多样的支付结算知识和“云闪付”移动便民宣传。召开了上蔡县“云闪付”场景建设宣传培训推进会。联合银联商驻马店分公司在上蔡县中行对上蔡县红太阳连锁超市和上蔡县发扬大药房医药超市等企业39人进行“云闪付”知识宣传培训。

【普惠金融工作】 2018年，上蔡县共建成惠农支付服务点248个，金融综合服务站320个，并对符合条件的服务站要求尽快升级成普惠金融服务站。依托金融服务站，开展普惠金融宣传活动，还组织辖区金融机构深入乡镇开展支付结算知识宣传，增强了人民群众对现代支付工具和普惠金融的认知度，促进现代支付结算知识在农村地区的普及。

【实行“一站式服务”】 深化公共金融服务大厅建设，进一步规范综合柜员制工作流程。制定了《公共金融服务大厅管理办法》等7项制度，以国库业务为主线，整合部门其他履职业务，统一纳入综合柜员业务范围。综合柜员可以处理国库、支付结算、人民币管理、征信查询等对外服务业务。为提高综合柜员业务素质，坚持“每周一堂课”集中学习，实行了“班前会”制度，认真总结工作不足，及时制定改正措施。全年共办理开户业务2320笔，个人征信查询业务25474笔，企业征信查询业务279笔，总体业务量较之前增长了1.6倍。

【金融扶贫】 加大金融助推脱贫攻坚工作力度。推动完善了风险补偿、贷款贴息、融资担保等配套措施。人行上蔡县支行推动政府部门已经建立扶贫贷款担保补偿基金8000万元。依托农村信用体系精准选择贫困户，为企业办理贷款3.97亿元，带动7945户贫困户脱贫。为1782户贫困户发放贷款0.64亿元，支持他们创业增收，主动脱贫。

【社会征信体系建设】 3月15日，利用“3·15国际消费者权益日”的宣传契机，开展了“征信宣传周”集中宣传活动。并组织上蔡县辖区金融机构深入到农村、社区、学校、广场开展征信知识宣传，通过宣传让社会公众加深了对征信的认识，增强了信用意识。2018年持续推进农村信用体系建设工作。9月组织全县乡（镇）金融服务站和各建制村金融服务部对全县28万农户开展了信用信息的更新工作，进一步完善信息指标。对所有农户开展了信用评价，实现了信用评级全覆盖。

（刘倩倩）

中国工商银行上蔡支行

【概　况】 2018年，工行上蔡支行建设“五个文化”（执行、先进、学习、合规、家园），弘扬“八种精神”（创新、勇毅、奋进、务实、团结、担当、争先、工匠），各项业务稳中有进，均衡发展，业务涵盖公司金融、个人金融、机构金融、银行卡、电子银行、国际业务、资产管理、贵金属等若干产品的业务体系；构建了物理渠道、电子渠道、自助渠道、手机银行渠道以及互联网金融等线上线下互为一体的多维服务格局。2018年，工行上蔡支行存款余额15.04亿元，贷款余额3.36亿元。

【存贷业务】 2018年年末，工行上蔡支行各项存款余额15.04亿元。其中储蓄存款余额11.57亿元、公司存款余额1.05亿元、机构存款余额1.35亿元。各项贷款余额3.36亿元。公司贷款余额2.56亿元，重点支持新城镇化、先进制造业、现代农业等；个人贷款余额0.80亿元，主要投向个人住房贷款、个人经营贷款。

【风险防控】 2018年，工行上蔡支行以保障全行稳健经营和健康发展为根本目标，开展内控合规

“固本强化年”主题活动，运用多元传播渠道，抓好合规文化核心理念专题教育、员工职业生涯安全教育，持续提升员工合规意识和案防意识，做好新时期“十大禁令”落地；加强合规养成教育，健全员工合规教育管理体系，建立员工合规档案，加强重点领域风险治理，提升案件防范和操作风险管理工作水平，有效消除案件隐患，确保了全行运行安全。

【扶贫工作】 工行上蔡支行积极参与朱里镇大董村、蔡沟乡庙杨村和蔡沟乡任寨村定点扶贫帮扶工作。以“打好精准脱贫攻坚战”为引领，落实“五天四夜”工作法，围绕加强基层组织建设、改善居住环境、完善基础设施开展工作，为贫困户送油、送面，让贫困户感受到温暖和关怀，帮助村委安装空调和加强村室建设，还开展乡村道路、饮水安全、沟塘清理、环境治理，村容村貌得到明显改善。

（邝永学）

中国农业银行上蔡县支行

【概　况】 2018年，中国农业银行股份有限公司上蔡县支行（以下简称“上蔡农行”）按照《中共上蔡县委2018年工作意见》整体要求，围绕脱贫攻坚工作做文章，积极融入金融扶贫，参与扶持美丽乡村建设、贫困户帮扶等工作。2018年被中国农业银行驻马店分行授予“经营管理先进单位”；获得县委、县政府2018年度存款增幅先进单位，2018年度贷存比增幅先进单位，2018年度金额扶贫工作先进单位。

（贵玉泽）

【存贷款业务】 2018年，上蔡农行各项存款余额55.026亿元，较年初净增3.92亿元；各项贷款余额5.27亿元，较年初增加2.59亿元；中间业务收入实现1363万元。实现拨备前利润5898万元，实现拨备后利润1258万元。贷存比为9.57%。贷存比较上年（5.25%）提升4.32百分点。支行按照“产业+就业、银企互动、责任担当、注重实效”的模式，以企业贷款为突破口，向“河南荣光鞋业有限公司”投放流动资金贷款1000万元，新增带动东岸乡200户建档立卡贫困户每年每户2000元直接收益。以“户贷户用”扶贫小额贷款为主攻方向，提升贫困户生产经营能力。按照省、市分行2018年8月9日全力开展金融扶贫工作的指示精神，上蔡农行调整信贷思路，着力开展了“户贷户用”扶贫贷款发放工作，抽调人员，成立4个扶贫贷款推进调查组，连续组织3次整村推进入户工作，“大干100天，放弃节假日”。8月9日至12月9日，发放户贷户用小额经营贷款391户，金额290.3万元，缓解了贫困户的贷款需求。2018年，支行新增扶贫小额贷款放款户数和金额在全市农行排名靠前，在县域7家金融机构新增放款排名第一，得到农行市分行和上蔡县委、县政府认可。

（贵玉泽）

【风险防控】 上蔡农行以“党建为首、严字当头，发展为本、服务为魂，控险为要、合规先行，争先进位、誓创一流”为工作总基调，以“三线一网格”管理系统为依托，建立案件风险综合治理机构，制订案件风险排查方案，对全辖所有营业机构进行风险排查，堵塞隐患漏洞，实现了案件风险的早发现、早报告、早化解。每季度召开安全保卫、综合治理、平安建设、纪检监察会议，不定时召开专题会。上蔡农行还为基层网点全部安装高清监控设备，向县公安局反诈中心派驻2名专职人员，积极主动协助公安、检察、司法等部门查询核实网络诈骗、冒充军人诈骗、洗钱等违法行为，充分运用科技手段，不断深化科技保卫建设。全年安全运营，未发生重大经济、刑事案件和重大责任事故，未发生群体性信访事件。

（王新华）

【信访工作】 围绕“信访总量稳中下降，信访秩序明显好转，群众满意度持续提升”三大目标，上蔡农行努力做到阳光信访、责任信访和法治信访。上蔡农行信访工作，不仅注重平时，更注重重大节日和重要会议期间的问题排查，确保问题解决在苗头状态。结合自身开展的“双基管理深化年”活动，细化属地责任，使“责任信访”在基层落实，保证群众投诉事项有人接、有人办、有回复、不空转。上蔡农行党委至少每半年听取一次信访工作汇报，分析信访形势，研究解决信访问题。班子成员包片巡检，做好接访下访工作。综合管理部、客户部人员办理好每一封来信，接待好每一次来访，处理好每一件投诉，用扎实细致的工作，把讲政治体现在工作细节之中。2018 年 9 月，信访人李某因个人贷款问题被起诉，不服县人民法院做出的民事判决书，形成信访问题。农行工作人员通过登门拜访、讲解政策，做思想工作等，消除信访人疑虑，签署息访协议，成功化解涉诉信访问题。

（梁凤仙）

【扫黑除恶】 2018 年，为配合上蔡县开展的扫黑除恶专项斗争和打击冒充军人采购诈骗犯罪活动，共同创建美丽和谐家园。上蔡农行通过设立咨询台，向群众发放宣传单、宣传册，进社区、进家属楼、进乡村等方式开展宣传活动，为共同维护上蔡平安作贡献。2018 年 6 月 8 日、9 月 12 日、12 月 1 日的《驻马店日报》（电子版）分别以《农行上蔡支行开展平安建设宣传活动》《上蔡农行为“扫黑除恶”开辟绿色通道》《农行上蔡支行列清单堵冒充军人诈骗》为题报道上蔡农行助力上蔡县平安建设、打击犯罪的先进事迹。

（王新华）

【合规文化建设】 组织开展合规文化建设和“双基”管理大讨论活动，加大合规理念传导，推动构建“不能违”“不敢违”“不想违”的合规约束机制，确保案件和风险“两个可控”。大力开展“内控缺陷有奖征文”活动，引导全员牢固树立内控优先理念。大力倡导精细管理，鼓励职工建言献策，树立精细管理标杆。突出抓好制度建设，实施全流程管理、“四张图”管理和全预算管理，筑牢“三道防线”，有效堵塞支行在内控流程、规章制度、岗位设置、日常履职等方面存在的漏洞。构建“风险点流程图 + 岗位职责 + 合规管理”的“三位一体”管理机制，作为内控、案防、改善服务体验的重要抓手，传导到各部门、各网点并抓好执行力考核。着力推动合规案防工作方案、财经行为禁止性规定等政策制度的落地实施，充分发挥财会“守门人”作用。

（王中仁）

【脱贫攻坚】 2018 年，上蔡农行持续开展驻村和贫困户结对帮扶工作。认真落实县委、县政府号召，开展“万名干部帮扶万户”活动，农行派出的三名驻村第一书记、驻村干部实行“五天四夜”工作制，支行党委成员轮流带队下乡开展帮扶工作。为东岸乡白堂村、东岸乡东岸村、洙湖镇前三里村 3 个帮扶村村委配备了电脑、空调、会议桌椅、厨卫、热水器等办公生活用品。并为 3 个村购买保洁车 21 辆 。为分包的建档立卡贫困户修缮门窗，安装玻璃，改善贫困户居住条件。上蔡农行多次组织员工到户慰问，先后为 76 户贫困户送米、面、油等 228 份，捐赠棉衣棉被 76 套。上蔡农行投资 1.2 万元，在贫困村洙湖镇前三里村、邵店镇邵店村设立了 2 个金融惠农通服务站。2018 年，乡镇设立金融服务站 105 个，打通了金融服务“最后一公里”。有关上蔡农行帮扶的新闻报道《风雪无情，农行有爱》《农行上蔡支行“三夏”期间防火与帮扶两不误》《农行上蔡支行加快扶贫贷款投放》，在百度头条新闻、驻马店日报网、驻马店农行简报等媒体多次刊载。

（贵玉泽）

中国建设银行上蔡支行

【概　况】中国建设银行股份有限公司上蔡支行前身为中国人民建设银行上蔡支行。截至2018年年底，建行上蔡支行一般性存款共计12.34亿元，较年初下降170万元；其中对公存款2.92亿元，较年初下降9200万元；个人存款9.42亿元，较年初新增9030万元。截至2018年年底，各项贷款1.39亿元，较年初下降200万元。其中公司贷款2644万元，较年初下降6000万元；个人贷款1.13亿元，较年初上升5800万元。全年实现中间业务净收入275万元，较去年同期新增9.7万元；手续费及佣金收入296万元，较去年同期新增6.8万元。

【风险管控】加强合规知识学习，强化员工合规意识，严防案件发生；规范业务操作流程，强化日常检查制度，及时发现隐患，杜绝结算事故；树立合规标兵，倡导合规文化；加强廉政建设，严格落实排查制度，规范员工的社会行为，防止案件发生。2018年被建行河南省分行授予“无案件先进行”的称号。

【客户服务】上蔡支行的网点智能化工作得到较大提升，在自助设备满足居民需求、手机银行方便客户的基础上，又在营业部安装了6台智慧柜员机，客户通过柜员机可办理建行90%以上的业务，提高了服务客户的能力和效率，减少了客户等候时间。建行上蔡支行外树形象，内强素质，心想客户，提升服务，取得了较好的效果，2018年在全市建行系统服务评比中荣获第一名。建设银行在全行网点启动“劳动者港湾”建设工作，重点为环卫工人、出租车司机、交警、城管、快递员、志愿者等户外工作者及社会公众提供便民惠民服务。网点“劳动者港湾”配备有卫生间、饮水机、休息桌椅、图书、Wi-Fi、手机充电器、点验钞机、老花镜等服务设施以及雨具、急救箱等。建行与县农业局益农信息社合作，在每个建制村设立建行裕农通普惠金融服务点，为广大农村居民提供金融服务。2018年，东岸乡、蔡沟镇、塔桥镇各建制村已经完成裕农通服务点的建设工作，其他乡镇的拓展工作正在进行中。

【脱贫攻坚】根据县委县政府的部署，建行上蔡支行到塔桥三李村驻村帮扶，派第一书记一名、驻村工作队员2名。驻村工作队紧紧围绕“建强基层组织、推动精准扶贫、办好惠民实事、改善居住环境、完善基础建设”等任务开展工作。根据扶贫工作要求，支行先后为三李村配备了保洁车辆，办公用品等；制作了宣传板、墙体瓷砖，安装了蓝天卫士摄像头，配备了蓝天卫士手机；逢年过节走访贫困户发放米、面、油、被等慰问品；对村容村貌和环境卫生进行了专项整治。

（王　斌　张俊波）

中国银行上蔡支行

【概　况】2018年，上蔡中行认真贯彻落实省市行党委和县委、县政府各项决策部署，全面贯彻落实中共十九大精神，坚持以习近平新时代中国特色社会主义思想为指导，践行“担当、诚信、专业、创新、稳健、绩效”的核心价值观，紧紧围绕加强内部管理、完善金融服务，更好地满足客户对金融业务的需求开展工作。

【存贷款情况】2018年，上蔡中行各项存款余额20.94亿元，各项贷款余额5.34亿元，实现净收入5321.16万元，净利润2923.37万元。2018年，上蔡中行为河南荣光鞋业有限公司、上蔡三金集团、河南圣美阳光门业有限公司、河南发扬大药房连锁有限公司、上蔡县恒通机械设备有限公司、河南省正源水利工程有限责任公司、上蔡县宏安运输服务有限公司等10余家大、中、小型企业发放贷款7069万元；为县域个人住房及商铺按揭客户发放贷款1.06亿元，为上蔡县县域经济发展作出了应有的贡献。年底，上蔡中行授信资产五级分类正常类贷款余额5.34亿元，关注类贷款余额0万元，不良贷款余额为899万元，贷款者为上蔡县华强商贸有限责任公司，上蔡中行对此进行了起诉，已进入抵押物执行阶段。

【平安建设】 上蔡中行依照“围绕中心、强化管理、忠诚履职、守卫平安”的安全保卫工作方针，开展平安建设工作，有效防范各类案件和安全事故的发生。向县公安局反诈中心派驻1名专职人员，协助公安、检察、司法等部门核实网络诈骗、冒充军人诈骗、洗钱等违法行为，充分运用科技手段，构建起集“人防、物防、技防”为一体的安全防范体系。

【风险防控】 上蔡中行始终将合规经营放在日常经营活动的首位，加强合规知识学习，强化员工合规意识，严防案件发生；规范业务操作流程，强化日常检查制度，及时发现隐患，杜绝结算事故；树立合规标兵，倡导合规文化；注重廉政建设，严格落实排查制度，规范员工的社会行为，防止案件发生。自成立以来，上蔡中行无发生一例重大刑事案件及安全责任事故。

【脱贫攻坚】 上蔡中行认真落实县委县政府号召的“万名干部帮扶万户活动”及“百家单位驻百村百日活动”，成立了以支行行长为组长的脱贫攻坚工作领导小组，派出两名业务骨干分别到蔡沟镇孔庄村、干坑村担任驻村第一书记，并派出两个驻村帮扶工作队，坚持“五天四夜”工作制度。2018年度，上蔡中行出资5000元对蔡沟镇孔庄村坑塘进行人居环境治理，为贫困户发放价值20000元的土豆；走访慰问建档立卡贫困户23户，每户发放被子一条，合计价值2760元。

（漆猛阁）

中国农业发展银行上蔡县支行

【概　况】 2018年，中国农业发展银行上蔡县支行认真贯彻落实中共十九大精神，适时分析形势，认真执行政策，承担中国农业发展银行所肩负的社会责任，旨在打造“中国农业发展银行，服务乡村振兴战略的银行”品牌形象，争当服务乡村振兴的战略排头兵和主力军。在保证国家粮食安全、解决农民卖粮困难、脱贫攻坚、地方经济建设、基础设施建设等方面发挥着中坚力量，为上蔡县经济社会的发展贡献力量。

【存贷款业务】 2018年年底，农发行上蔡县支行各项存款余额33052万元，各项存款日均余额36472.57万元，较上年上升862.34万元，较年初上升1013.51万元。存款总额与存款日均余额省内排名在近半年内一直保持前20名。各项贷款余额178231万元，其中棚户区改造贷款42300万元，粮食局挂账25933.14万元，地储粮贷款2146.3万元，其他涉农企业107851.56万元。贷款余额较年初下降4371万元，下降2.4%，较上年同期下降1361万元，主要原因是清降行内不良贷款的成果。2018年，农发行上蔡县支行共计发放贷款20010万元，发放贷款全部为产业化龙头企业粮食购销流动资金扶贫贷款，促进了上蔡县产业化龙头企业的发展，

【风险防控】 农发行上蔡县支行坚持把防控风险放在突出位置，多措并举，坚持过程维护原则，积极完善工作措施，将客户维护工作贯穿于整个信贷流程之中。牢固树立法治观念，将尊崇法律、重视风险、合规经营等元素融入农发行核心价值体系，严格落实国家政策和监管要求，不违规不越界，确保依法合规经营。从严治行关键在“严”，在于狠抓制度执行，让制度落地生根。强化责任担当，强化制度执行的意识，严格执行制度，维护制度权威。加强制度解读和学习，使员工明要求、懂规矩、知敬畏，真正学深悟透，确保准确执行。同时，加强制度执行情况检查，定期评价制度执行情况，以督办强执行，以检查促落实，打造人人讲合规、人人守制度的文化。完善内控措施，着力形成纵向到底、横向到边的内

控体系。把抓好各类检查发现问题的整改，作为加强合规管理和防控风险的关键环节，落实依法从严治行要求，切实提高整改实效。建立权责明确、运作有序的案防机制。有针对性地开展案件风险排查，将其嵌入到业务检查中去，盯紧重点业务环节和关键岗位员工，及时发现和纠正违规行为，将风险苗头隐患消灭在萌芽状态。认真总结违规案例的教训，堵塞制度和管理漏洞。对违法违规行为严格问责，真正使铁规铁纪得到铁的执行。

【脱贫攻坚】 2018年，农发行上蔡县支行致力于打赢脱贫攻坚战，扶贫工作取得了新成效。累计发放产业扶贫贷款4.6亿元，并对各贫困户进行精准识别，在了解贫困状况，分析致贫原因的基础上，建立扶贫档案，对每户家庭基本情况、致贫原因、帮扶责任人、帮扶计划、帮扶措施和帮扶成效等情况进行详细登记，实行动态管理。通过发展集体经济，聘请专业技术人员对建档立卡人员进行培训，提高贫困人员劳动技能，建档立卡贫困户通过入股分红的方式，增加贫困人员收入。向上蔡县三个乡镇的三个建制村派驻了三名第一书记、三名帮扶队长，并将扶贫任务落实到人，确定了若干帮扶责任人，对贫困户进行全天候的关怀。并对贫困村坑塘进行整治，向村民发放垃圾桶、垃圾车，对垃圾进行集中回收，极大地改善了村民的居住环境。

（朱高昂　李新玲）

上蔡农村商业银行

【概　况】 2018年，上蔡农商银行坚持以“争创一流业绩，建设一流银行”工作总要求，以客户为中心，以市场为导向，以深化改革为动力，立足县域经济发展，大力推进战略转型，着力强化基础支撑，助力小微企业发展，履行社会责任，积极响应全面建成小康社会的总要求，各项工作稳步推进。全年实现新增存款89130万元，余额达1108533万元，新增贷款70466万元，余额达616081万元，缴纳各项税费6901.63万元，整体业务实现了平稳发展。2018年被中共驻马店市委市政府命名为市级文明单位。

【存贷款业务】 2018年，各项存款余额1108533万元，较上年上升89130万元，增长率8.74%。各项贷款余额616081万元，较上年上升70466万元，增长率11.44%，不良贷款率为12.01%。累计发行金燕卡37.8万张，累计布放POS机1379台，设立金融综合服务站227户，ATM机存量为71台，网银、手机银行共开通4.5万户，年累计交易24.6万笔，发展云闪付2.7万户，电子业务替代率79.9%。资本充足率为12.87%，拨备覆盖率为86.43%，资产利润率0.08 %，成本收入比32.46 %。实现经营利润23900万元，缴纳各项税费6901.63万元。

【普惠金融工作】 充分发挥流动银行车的作用，深入村镇、广场、社区等人群聚集区进行金融知识宣传，开展“平安上蔡”“打击非法集资”“2018金融科技宣传周”“2018年网络知识安全周”“信用记录关爱日”“反假知识小超人”“普及金融知识万里行”等宣传活动，达到让广大群众远离非法集资等目的。扩大IC卡使用范围，拓展校园一卡通项目，联合上蔡县人民医院赴社旗农商银行就“银医通”项目进行交流学习。设立金融自助服务网点227个，对服务网点人员开展集中培训，提升服务质量；积极加强离行式ATM机的选址和布放；全辖共布放惠民取款POS机90台，方便客户跨行取款，真正打通了农村金融服务“最后一公里”。利用“云闪付、金燕E商和手机银行”服务系统，为辖区内商户和客户提供涵盖金融、生活、投资、创业等各领域的便捷服务。

【金融精准扶贫】 2018年，分别向朱里镇霍庄村、小岳寺乡赵集村、韩寨镇张市店村选派三名第一书记，对农商银行定点帮扶村韩寨镇张市店村70名贫困户实行“一对一”精准帮扶，利用假期为贫困户送去米、面、油等生活用品，为该村修建活动场地，设置宣传栏，向贫困户宣传国家各项扶贫政策。继续推广“兰考经验”和“卢氏模式”，根据《上蔡农商银行金融精准扶贫工作方案》，实现贫困农户建档评级全覆盖，提供差异化产品和服务，确保精准对接、精准发力，并积极推出精准扶贫信贷新产品。以“政府 + 银行 + 企业 + 贫困户 + 保险”五位一体的“政银企户保”产业金融扶贫贷款模式，积极鼓励涉农企业和小微企业带动贫困户共同发展。截至 2018 年年底，县农商银行累计投放扶贫贷款共 29665.2 万元，累计带动贫困户 6075 户，累计带动贫困人口 20812 人。其中，累计发放产业扶贫贷款 37 户 42 笔总计 23475 万元，累计发放建档立卡贫困户贷款 1463 笔总计 6190.2 万元。

上蔡农商银行开展“2018 年扶贫日”系列活动
高 龙 摄

【安保与信访工作】 落实安全保卫责任制，层层签订安全目标责任书，将责任落实到人。2018 年开展 4 次常规性安防设备巡检，查出并排除安全隐患 50 处，日常累计处理各类安防设备故障 115 个。上蔡农商银行坚持依法合规处理信访问题，有案必办、违纪必究，惩处与保护并重，严肃查处违法违纪案件。建立信访稳定工作领导小组，制定信访工作应急预案和信访投诉处理管理办法，加强重要时间节点的值班和报告制度，确保信访稳定大局。

【不良贷款清收】 2018 年，上蔡农商银行持续开展不良贷款清收活动，9 月 20 日，召开清收农商银行不良贷款工作推进会，与专业清收公司签订合同加快清收进度，加强信贷管理研究，制定行之有效的措施，推动信贷管理水平有效提升，压降不良占比。

（张新开）

2018 年 9 月 20 日，召开上蔡县清收农商银行不良贷款工作推进会
高 龙 摄

中国邮政储蓄银行上蔡县支行

【概 况】 2018 年，中国邮政储蓄银行上蔡县支行个人存款新增 5282 万元，余额达 17.33 亿元；新增个人贷款 4452 万元，余额达 4.94 亿元。2018 年，中国邮政储蓄银行上蔡县支行被河南省、驻马店市分行分别授予“先进单位”和“先进党组织”荣誉称号；被驻马店市公安局、驻马店银保监分局授予“全市金融安全保卫工作先进单位”称号。

【精准扶贫】 按照县扶贫工作的整体部署，2018 年，中国邮政储蓄银行上蔡县支行认真做好扶贫工作。扶贫对象东洪镇桃台村贫困发生率控制在 1% 以下，贫困户的危房改造也已全部完成，教育、医疗、饮水安全等项都得到保障。为贫困户送去食品价值 5000 元，为帮扶的桃台村、格大张村、玉皇庙村三个贫困村坑塘环境整治，捐献资金 6500 元，并捐送围网和立杆。10 月 17 日扶贫日，为贫困户送去米面油折款 6000 元，捐赠衣物235件。脱贫攻坚冬季行动，为桃台村委捐献扶贫资金5000元，为贫困户捐赠棉衣棉被400余件价值8000余元。对建档立卡的贫困户实施金融精准扶贫。创新“扶贫小额信贷”“惠农贷”“脱贫贷”等区域特色贷款产品，累计发放扶贫贷款1004万元，累计向352户提供了贷款扶持。

【平安建设】 2018年，中国邮政储蓄银行上蔡县支行高度重视平安建设及信访稳定工作。大力开展扫黑除恶活动，成立扫黑除恶工作小组，制作宣传板摆放营业网点，印制发放扫黑除恶宣传手册；同时抽调优秀员工进驻上蔡县公安局反诈中心，配合国家安全机关，打击冒充军人诈骗和网络电信诈骗。各个网点办理业务严格执行实名制，建立健全银行黑名单制度，并对ATM机监控系统升级，挤压犯罪空间。严格落实信访工作责任，促进社会和谐稳定。党支部召开专题会议，把信访工作纳入重要议程，年初制定了全年工作计划和实施方案，与各二级支行、各部门签订了信访稳定工作责任书，进一步规范信访工作“四包一”责任制。由于狠抓平安建设和信访工作，2018年保证了各项工作顺利完成。

（张占清）

中原银行上蔡支行

【概　况】 中原银行上蔡支行聚焦河南省委、省政府提出的“将中原银行办成一流商业银行”的发展目标，基于“贴近市民、服务小微、支持‘三农’，推进区域经济发展”的市场定位，积极践行传统业务做特色、创新业务找突破、未来业务求领先以及上网下乡发展战略，坚持改革创新发展，全力支持地方经济建设，服务社会民生，取得了贷款12.04亿元，存款22.9亿元双增的成果。2018年被中原银行总行评为“2018年度卓越奋进县支行”，被中原银行驻马店分行评为“2018年度降旧控新先进单位”“先进集体”“2018年度优秀支行”；行长王超被评为“2018年度上蔡县金融工作先进个人”。

【存贷款情况】 存贷比为63.71%，实现利润856.69万元,2018年缴纳税款315.1万元。2018年发放2.55亿元棚改项目贷款，大力支持全县棚户区改造项目，另支持企业贷款合计发放9.62亿元，个人贷款合计发放2.43亿元。

【风险防控】 中原银行上蔡支行全面贯彻银行监管部门要求和2018年度工作会议精神，紧紧围绕总行重大战略和董事长提出的“稳健、创新、进取、高效”经营理念，持续健全体制机制，加强队伍建设，强化合规、反洗钱和案防管理，建立了内外部检查整改统筹管理机制。2018年年初，中原银行上蔡支行通过召开全行案防工作大会的形式，安排部署全年案防工作，提出抓好“四个落实”的案防工作要求。

【普惠金融】 截至2018年年底，中原银行上蔡支行累计在全县各个乡镇内成立了73家普惠金融服务站，让农村居民享受到足不出户就可以便捷办理银行各项金融服务，打通了服务农村居民金融的“最后一公里路”；相继推出了原薪贷、随心贷、旺农贷、惠农宝等适合农村居民的资产负债产品，极大地丰富了农村居民的金融服务需求，得到了广大农村居民的认同。

【精准扶贫】 2018年，中原银行上蔡支行成立了以支行负责人为组长的脱贫攻坚领导小组，严格执行“五天四夜”驻村工作制度，在扶贫帮扶村朱里镇河北贾村和后关村，派驻第一书记（其中，驻村负责人2名、驻村书记2名、驻村队员2名）落实帮扶责任，配合镇政府、村委工作，制定扶贫方案。截至2018年年底，支行向扶贫村拨付近75000元用来改善村委的工作环境，其中包括置办垃圾三轮车12辆、空调2台、电脑2台、档案柜4个、电脑桌2台，另有近3万元用于两个扶贫村的公厕改造。截至2018年年底，中原银行上蔡支行共发放扶贫贷款 4450 万元，实现企业带贫 890 户。同时，支行还大力帮扶县政府支持的重点项目及重点企业，做好金融延伸服务，努力实现金融机构精准扶贫，助力县域经济发展。为支持县委县政府脱贫攻坚工作，经过多次协调沟通小额扶贫贷款项目，最终获批 2000 万元贷款额度，成为中原银行驻马店分行九县首家并且是唯一一家发放小额扶贫贷款的县域银行。

（李盈盈）

中国人民财产保险公司上蔡县支公司

【概 况】 中国人民财产保险公司上蔡县支公司（以下简称“人保财险上蔡支公司”）始终坚持党的领导，贯彻落实党和国家各项方针政策，牢记“人民保险，服务人民”的历史使命，以市场为导向、以客户为中心，积极履行政治、经济和社会责任，为上蔡经济快速发展、社会稳定提供强大的保险保障。在服务经济社会发展大局、服务民生和广大客户的实践中，人保财险上蔡支公司经办的车辆保险、“三农”保险、大病保险、责任保险、普惠金融和扶贫支农等主营业务方面取得较好成绩。2018 年度，人保财险上蔡支公司被县委县政府授予“2018 年度全县金融扶贫工作先进单位”、被人保财险河南省分公司授予“2018 年标杆县区支公司”“2018 年度综合经营管理一等奖”“2018 年度核心团队建设先进单位”等荣誉称号。

【保险业务】 2018 年，人保财险上蔡支公司完成保费收入 4738 万元，比 2017 年增长 2018 万元，增长 74%。综合赔付率 57.15%，比 2017 年综合赔付率下降 6.22%。其中，机动车辆险 1572.22 万元，财产险 154.82 万元，农业险 2023.66 万元，意外、健康险 623.04 万元，责任信用险 364.96 万元。

【精准扶贫】 人保财险上蔡支公司紧紧围绕县域发展大局，进一步深化扶贫开发和惠民行动，注重办实事、讲实效，按照扶贫攻坚各项决策部署组成帮扶队，深入东岸乡路口村、东洪镇党湖张村开展扶贫工作。2018 年，人保财险上蔡支公司确定了 30 户帮扶对象，并与之签订了《扶贫工作目标书》，为贫困户脱贫致富想办法出主意，结合实际情况，向扶贫村拨付 10 万元帮助贫困村修路、建村室、改善环境等。并为贫困户送米、送面、送棉被、送衣物等，鼓励贫困户坚定信心，帮扶贫困户逐渐摆脱贫困。

（彭琳琳）

中国人寿保险公司上蔡支公司

【概 况】 中国人寿保险股份有限公司上蔡支公司认真学习中共十九大精神，以“从严治司、争创一流”为目标，各项工作取得了显著成绩。荣获省、市公司工作先进单位、省公司中国人寿管理干部实习基地、市级文明单位、全国成长百强县、省公司基层党组织建设先进单位、河南金融五一劳动奖章等称号。

【业务发展】 2018 年，中国人寿保险股份有限公司上蔡支公司充分调动员工积极性，打造国寿品牌，狠抓基础管理、队伍建设和保费收入，业务工作取得显著成绩。全年保费总收入 7718.57 万元，其中个险首年期交保费 4622.47 万元，10 年期交保费 2834.96 万元；银行代理保费收入首年期交 1996.1 万元，标保 98 万元，10 年期交 90.98 万元。银保队伍较上年同期增加 130 人，月均举绩率 46%，月均增员率 10.26%；团险完成短险规模保费 1100 万元。学平险处理案件近 3961 起，赔付支出 267.8 万元。个险、团险、银行代理三大渠道在全市均排名前列，全年上缴地方税收近 200 万元。

【风险防控】 落实“两个加强”（加强内部管控、加强外部监管）、“两个遏制”（遏制违规经营、遏制违法犯罪）规定，从公司重点领域、重点机构、重大风险等方面入手，防范洗钱风险及其他纰漏，保证了金融安全，实现了案件的零发生。

【精准扶贫】 发挥国有企业职能作用，自觉为扶贫攻坚助力。按照扶贫攻坚各项决策部署，与市公司一道组成帮扶队，深入东洪镇河北村、杨集镇高岳村、蔡沟乡大张村开展帮扶工作。在经费有限的情况下，为贫困户送油、送面、送棉被，让贫困户得实惠。从帮思想、帮生产、帮生活、帮就业、帮信息入手，扎实有效地开展扶贫工作，取得了阶段性成果。另外发挥保险公司职能作用，为全县建档立卡贫困家庭义务教育阶段在校学生每人购买一份人身意外伤害保险，总金额近160万元，为全县驻村“第一书记”、扶贫工作队队长、扶贫工作队队员制定了涵盖意外身故、残疾、烧伤及重大疾病身故总保障为170万元的人身保险，公司补贴保费8.16万元，有效解决了扶贫干部的后顾之忧。

（尼耀宗）

商　贸

商贸服务

【概　况】 2018年，上蔡县商务局深入贯彻中共十九大和十九届三中全会精神以及省、市、县各项工作部署，坚持立足商务职能，紧盯目标任务，扎实开展内外贸易、招商引资、电子商务、加油站整治、扫黑除恶、国有企业改制，各项工作取得显著成效。全年，进出口总额完成29359万元，占目标任务28938万元的101.45%，同比增长11.60%；引进省外资金28.15亿元，占全年目标任务27.8亿元的101.26%，居全市一位，同比增长6.81%；实际利用外资3772万美元，占目标任务3539万美元的106.6%，同比增长13.1%；社会消费品零售总额92.37亿元，同比增长11.6%。被驻马店市委、市政府评为“2018年度全市招商引资工作先进单位”“2018年度全市对外开放工作先进单位”，被驻马店市商务局评为“2018年度全市商务工作先进单位”，被中国国际贸易促进会驻马店市委委员会授予“驻马店市国际贸易促进工作先进单位”。

【招商引资】 全县围绕主导产业和产业链开展招商。认真落实“二分之一工作法”，主动出击考察对接。2018年，先后在京津冀、雄安新区、江浙闽、珠三角等经济发达地区开展各类主导产业专项招商活动共12次。共签约项目60个，合同总金额245.51亿元，超额完成了市政府下达的目标任务。

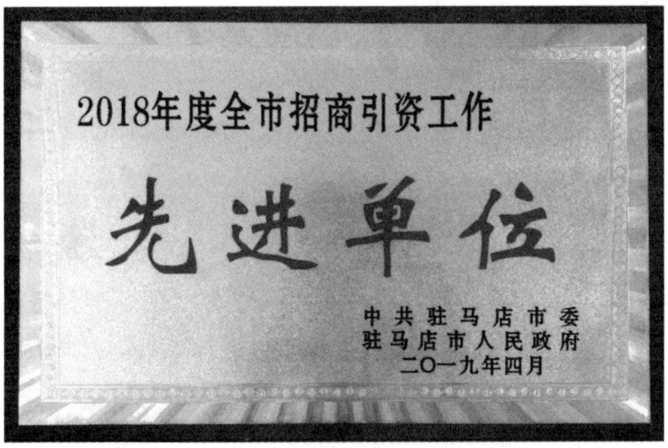

商务局获得全市招商引资工作先进单位

【整治成品油市场】 2018年，县商务局与各乡镇对接，开展新建加油站选点核查工作，及时上报材料，全力为新建加油站搞好服务。至2018年年底，38座农村及偏远地区加油站建设已获省厅审批的有23座。“十三五”规划的5座加油站已建成2座。2018年，根据省政府办公厅《关于加强联合执法建立成品油市场监管长效机制的通知》精神，县商务局认真落实大气污染防治攻坚部署，研究制定了《上蔡县成品油市场集中整治活动方案》和《上蔡县蓝天保卫战百日攻坚行动方案》，在公安、安监、工商质监等部门和各乡镇的配合下，规范了成品油市场经营秩序，对非法加油站进行了集中整治。全年共开展4次成品油市场集中整治活动，共出动执法人员3000多人次、执法车辆1000多辆次、挖掘机100多辆次、抽油车200多辆次。共检查加油站（点）500多家次，抽检油品150多批次。通过抽油、注浆、注沙、注水、拆棚、挖罐、毁罐、查封、扣押加油机等措施，对非法加油站进行严厉打击，取缔非法加油站131家，关停违规加油站17家，拆除加油棚72个，暂扣加油机68台，挖罐98家224个，自行拆除33家，扣押非法油品172.5吨，行政拘留17人，刑事拘留2人。有效根治了无证无照的黑加油站（点）。

【外资外贸】 2018年年底，全县外资企业存量已有6家，已备案的外贸进出口企业40余家。定期开展调研，掌握企业的经营、发展状况，针对突出问题认真分析、重点研究，帮助企业解决各类问题。全程代办或协办进出口企业的设立、通关等相关手续。实行外资企业申报全程无偿代办“一条龙”服务制。为全县年出口额300万美元以下的企业免费进行投保，实现了出口信保全覆盖，四是做好登记备案。经过深入摸底，主动为符合条件的企业申请办理外贸进出口备案登记。全年先后为14家企业办理了外贸进出口备案登记，使更多企业获得了外贸自营进出口权，进一步壮大了全县外贸出口队伍。

商务局获得全市对外开放工作先进单位

【电子商务建设】 以电子商务进农村为契机，与脱贫攻坚相结合，制定《上蔡县电商扶贫奖补实施办法》，进一步加大电商培训力度，加快了全县电商布点步伐，年底基本实现了全覆盖。与县城总体规划、城乡商业网点规划、工业园区布局规划、综合交通规划相结合，加快推进了中原空港物流园冷链仓储及服务等4个物流项目建设，进一步完善了电商物流配送体系，切实促进全县电子商务蓬勃发展。至2018年12月底，全县完成电子商务交易额34.1亿元，实现网络零售额9亿元，县级电子商务服务中心、电子商务培训中心、农产品质量检测中心均有序运营。累计建成乡级电子商务服务站22个、村级服务点366个，农村电商服务站点覆盖65个建档立卡贫困村，占全县建档立卡贫困村的86.7%。

【脱贫攻坚】 2018年投入资金30多万元，用于县商务局分包塔桥镇的北大李村、申寨村、黄泥桥村和关楼村，杨集镇的中街村、前李村和邵店镇的尹赵村的产业发展、村室建设、环境整治及贫困户慰问。县商务局携手雪绒花家政公司对从事家政服务的建档立卡贫困人员进行岗前技能培训，全年共在4个乡镇培训学员318人，其中建档立卡贫困户253人。整合打造“古蔡一品”名优产品品牌，把具有上蔡特色的塔桥猪蹄、小岳寺香油、五龙野鸡蛋、华陂东洪芦笋、邵店蒲公英茶及玫瑰膏系列产品、盛世粮油豆腐干、星火创客养生膏、巨型一号丝瓜水等一系列农特产品通过电商平台销往全国各地。全年组织电子商务进农村知识宣传活动百余场，发放电商扶贫宣传单万余张。电商进农村服务站点覆盖建档立卡贫困户人数累计23805人。培训电商人员7316人，其中建档立卡贫困户5781人，通过电商帮助建档立卡贫困户实现增收249人。

【平安建设和安全生产】 为做好“平安商场”创建工作，召开了由各商场负责人参加的“平安商场”创建工作动员会，各商场积极响应，认真开展安全生产和消防隐患大排查活动，整改存在的不安全因素和火灾隐患，做到防患于未然。全系统各企业共投资7万余元购置、更换了消防器材，疏通消防通道，对线路进行了整修，消除了存在的安全隐患。认真落实习近平总书记关于开展扫黑除恶的重大决策部署，在全县商务系统及时召开了动员大会，开展对黑恶势力排查，对发现的线索及时上报。

（任红玮）

供销合作

【概　况】 2018年，上蔡县供销社认真贯彻落实国务院〔2015〕11号文件，省委、省政府豫发〔2015〕20号文件，市委、市政府驻发〔2016〕7号和上发〔2016〕13号文件精神，进一步落实供销合作社综合改革的重大部署，紧紧围绕县委、县政府和上级社的中心工作，高举为“三农”服务的旗帜，抓龙头、上项目、建网络，发展农合组织，推进基层组织创新，服务新农村建设，深化改革，开拓进取，实现了供销事业又好又快发展。2018年完成商品购销总额46.9亿元。实现利税2122万元，实现利润949万元，连锁经营销售额21457万元，电子商务销售2202万元，专业合作社新发展1个，土地托管面积23000亩，被驻马店市供销合作社评为全市供销系统综合业绩考核优胜单位一等奖。2018年度完成安全统筹任务30多万元。被河南省供销合作社评为全省供销系统2018年度安全统筹工作特等奖。

【供销合作社综合改革】 2018年上蔡县供销合作社继续深化供销合作社综合改革，紧紧围绕“改造自我，服务农民”总要求，积极开展电商扶贫、土地托管服务、农民专业合作社发展、为农服务中心建设等措施开展为农服务。加快基层社恢复改造工作，盘活社有资产，推进供销社综合改革向纵深发展。2018年，杨屯供销社投资40多万元建成办公区、为农服务中心等，基层社改造工作已顺利完成。

【供销电商发展】 2018年上蔡供销电商依托“供销e家”全国平台、“百汇通”区域平台，以公司运营中心为依托、22个乡镇供销社为中转、460个村级综合服务社为终端，对农民供需及时配送，打造“县配送、乡中转、村服务”的线上线下融合发展格局，搭建辐射城乡的完善物流体系。公司紧紧围绕“科学治贫、精准扶贫、有效脱贫”的方针，在扶贫整体推进村建设更完善的电商服务站点，与村镇银行联合布局金融网点，解决农民小额贷款、金融理财、转账支付等问题。帮助农民通过网络平台把质优价廉的农资用品引进来，把当地特色农产品、农副产品、工艺品送出去。积极帮助农户开展大田种植保险、大棚种植保险，提升农业种植效益。积极帮助贫困农民免费打药、防治病虫害，聘请农业专家到村委会、田间地头进行花生种植高产技术现场讲座，助农增产增收。贫困户还可以到电商基层网点、为农服务中心务工，取得用工报酬，为农民增产增收1000多万元，使当地农民群众足不出户享受互联网带来的红利。

供销e家东洪镇电商综合服务站　　张新亭　摄

【农民专业合作社建设】 采取供销社创办，与农民联办、引导农民自办、支持能人创办等形式，围绕全县主导产业、特色产业，以市场为导向，积极发展农资销售、农副产品购销、养殖等多种类型的农民专业合作社、农产品协会。2018年市财政拨付扶持专业合作社资金30万元。其中，上蔡县荣繁养殖专业合作社20万元，上蔡县心相连种植专业合作社10万元。2018年，上蔡县荣繁养殖专业合作社养羊1600多只，托管土地260亩，带动周边农户366户，帮扶带动贫困户10

户，为周边农户增收创造条件。

【土地托管服务】 依托基层供销社，整合所在乡镇农机专业合作社，开展土地托管服务，向农民提供全方位服务。2018 年使全县土地托管面积达到 2.3 万亩。

【农业服务中心建设】 2018 年在全县 22 个乡镇建成 22 个为农服务中心，建设基层供销社物流配送中转站 22 个、完善庄稼医院 22 个，信息化升级改造基层网点 460 个，在提供便民超市、农资销售等传统服务的基础上，增加网上代买代售、代缴话费水电费，代找工作，提供收发快递、就诊预约、车票预订、保险代理、农村金融、再生资源回收、测土配方、病虫害防治、粮食烘干、代储代销农产品等新型便民服务，增强农村产品上行服务能力，健全县域电商物流配送网络，努力打造功能齐全、服务全面的村级综合服务中心。

【基层社恢复改造】 2018 年，上蔡县供销合作社按照上级有关文件精神对杨屯供销社进行恢复改造，市财政拨付资金 15 万元，县财政拨付资金 15 万元，基层社自筹资金 15 万元，已完成改造工作。2019 年将对邵店供销社、无量寺供销社进行恢复改造。

【安全统筹】 2018 年，县供销社系统在中共十九大精神鼓舞下，以习近平新时代中国特色社会主义思想为指导，全面深化供销社改革，坚持“安全第一、预防为主”的方针和“以安促统、以统保安”的原则，高度重视安全生产，强力推进安全统筹工作，取得可喜成绩，全年完成安全统筹收入 30 多万元，被省供销社授予全省安全统筹一等奖，被市供销社评为 2018 年度安全统筹工作特等奖。一诺棉业有限公司、东洪供销社、塔桥供销社被市供销社评为 2018 年度安全统筹工作先进单位。为此，驻马店市人民政府对上蔡县人民政府进行了通报表扬。

【脱贫攻坚】 2018 年，上蔡县供销合作社积极开展脱贫攻坚，认真做好驻村第一书记的后勤保障工作，为他们解决实际困难。对所包的朱里镇周赵村、周桥村，韩寨镇张集、徐楼、郭庄村积极开展帮扶工作，县社机关驻村工作队员、帮扶责任人按照工作安排对贫困户进行走访，了解他们致贫的原因，为贫困户制订脱贫计划，帮助他们开展产业结构调整，调整种植结构，积极争取政策扶持，解决他们的实际困难。上蔡县供销社还通过电商开展扶贫工作，在朱里镇周赵、周桥村建立电商为农服务社，帮助贫困户解决实际困难。2018 年，上蔡县供销社对 5 个帮扶村投入资金 5 万多元。5 个帮扶村驻村第一书记每人每月补助 1200 元，全年补助 7.2 万元。县社机关工作人员下乡扶贫补助开支近 6 万元，共计投入资金近 20 万元。

（张新亭）

粮食购销

【概　况】 2018 年全县国有粮食收储企业共完成最低价小麦收购 58700 吨。

【粮食收储】 2018 年，上蔡县粮食局和有关部门严格按照小麦最低收购价执行预案，按照“有利于保护农民利益、有利于粮食安全储存、有利于监管、有利于销售”的原则，合理确定委托收储库点。收购中，各委托收储库点，认真执行国家规定的粮食品种、收购价格、质量标准、水杂增扣量方式和执行时间等政策，让农民交“放心粮”，不给农民“打白条”。从 2018 年 6 月中旬开始至 9 月底结束，全县国有粮食收储企业共计收购最低收购价小麦 58700 吨，较上年 51439 吨增加 7261 吨，增幅 14%。2018 年，各委托收储库点，通过国家粮食交易中心共计拍卖出库销售最低收购价小麦 28949 吨；“一符四无”［一符：指在库存粮油管理中做到三账（即保管帐、统计账、会计账）与实物数量相符，没有擅自动用库存粮油的现象。四无：无害虫、无变质、无鼠雀、无事故］粮油率达到98%以上。目前，县级储备粮食10000吨，现有总库存粮食32万吨。

【**粮食安全储存**】坚持贯彻落实安全储粮责任制，一把手负总责，一级抓一级，层层抓落实。抓好科学储粮，建立健全各项规章制度，做到措施到位，责任到人。在新粮入库前，对检验员、保管员、开票员、过磅员等进行业务培训，提前备足、备好输送机、容重器、清理筛等各种器材。严格执行储粮安全"一规定、两守则"的要求，始终坚持每周"一、三、七"粮油检查制度，对储粮安全进行周巡查、月检查、季普查，不断提升粮食安全储存管理水平。五是将库区储粮安全、消防安全、电力线路、仓库维修、智能化升级改造等项严格纳入安全管理内容，确保了储粮安全的稳定。

【**规范粮食收购许可**】为保证开放的粮食市场规范经营，按照《粮食流通管理条例》和《行政许可法》的要求，对申请从事粮食收购的经营主体，认真做好收购资格的审核和办证工作。全县107个粮食经营者经过认真核查全部合格。2018年，全县共颁发粮食收购许可证6户，许可证变更10户。这样做，既支持多元化粮食收购主体入市收购，又方便农民出售粮食，活跃了市场。

（刘新友）

烟草专卖

【**概　况**】2018年，上蔡县烟草专卖局（分公司）累计完成卷烟销量33001箱，同比增长1.01%；实现销售收入8.66亿元（含税），同比增长4.59%；实现税利20113万元，同比增加520万元，增长2.65%，在全县垂直系统业绩综合考评中位居第四。

【**市场管控和依法治烟**】强化基础，夯实监督管理。2018年以许可证的后续监管为切入点，加强对人证不符、证址不符，买卖、出租许可证及无证经营等违规违法行为的监督管理，确保许可证监管到位，持证经营率达到98%以上。突出"五位一体"内部监管，加强制度学习，做实做细监管过程，确保了卷烟经营规范有序开展。坚持重点，严厉打击违法经营行为。定期对阶段性搜集的信息进行分析整理，汇总假私非烟的线索和市场动态，先后组织开展了"双节"卷烟市场专项整治、"串码烟"大户治理专项行动、"利剑2018—护航中原"专项行动，组织开展快递物流行业整治、防范卷烟非法流动、打击无证经营等联合行动，确保了卷烟市场健康稳定；持续深化"APCD"工作法，落实"双随机、一公开"考核制度，全面推行网格化监管，切实提升市场监管效率和精准度，全年共查处违法案件372起，查获违法卷烟434.19万支，立案查处3起网络案件，已破获2起非法经营假烟网络案件，1起非法生产烟草专卖品案件，有力地维护了全县卷烟市场经营秩序的稳定。

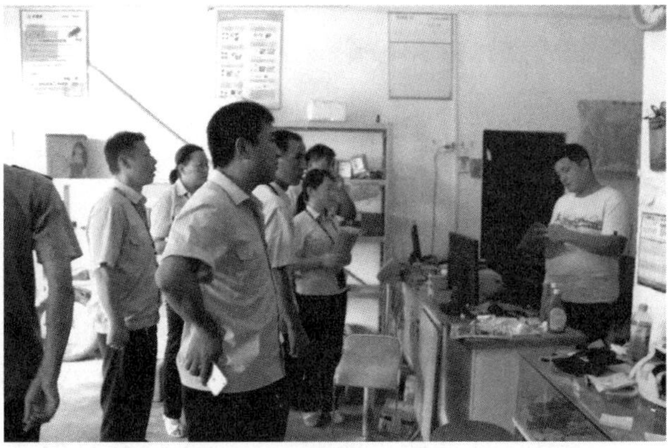

专卖稽查人员进行稽查工作　　张　宁　摄

【**精准扶贫**】贯彻落实县委县政府关于精准扶贫工作部署安排，完善了《精准扶贫结亲结对帮扶活动实施方案》，对帮扶措施进行了细化。2018年，选派第一书记3名，建立对口帮扶点4个，安排帮扶资金12万余元。积极开展了入户宣传、结对帮扶、户容清洁、环境整治和发展集体经济工作，切实履行了帮扶工作责任。

（张　宁）

盐业专卖

【概　况】上蔡县盐业管理局（上蔡县盐业公司）在2018年县综合考核中，被县委、县政府评为“2018年度综合工作先进单位”，并获得20万元奖励。

【购销业务】2018年，完成食盐购进1792吨，食盐销售1465吨。受“盐改”的影响，与2017年相比，食盐销售下滑539吨。2018年，公司坚持为人民服务的根本宗旨，努力做好食盐销售工作，及时解决好用户提出的问题。

【依法治盐】2018年，盐业局以集贸市场、城乡接合部、繁华街道等主要区域，以及学校食堂、餐饮业为重点开展集中整治活动，防止假冒伪劣食盐流入市场，流入百姓餐桌，危害群众健康。在整治中，一看商户是否有经营许可证件，二问采购食盐渠道是否正规，三看销售的食盐是否合格。大力开展“5·15”防治碘缺乏病宣传活动。2018年，在“5·15”防治碘缺乏病宣传活动中，共印发宣传材料3000余份，出动宣传车辆3辆，悬挂宣传条幅2条，制作展板8块，发送短信20000条，出动宣传人员30人次，让群众懂得碘缺乏病的危害性和食用碘盐的必要性。为保证全县群众的身体健康，对全县26个乡镇街道的所有销售网点，定期不定期进行宣传排查。2018年全局共办理各类盐业违法案件124起，其中一般程序4起，简易程序120起，没收盐产品4.1吨。

（刘京攀）

中国石油天然气股份有限公司河南上蔡分公司

【概　况】中国石油天然气集团公司是根据国务院机构改革方案，于1998年7月组建的特大型石油石化企业集团，系国家授权投资的机构和国家控股公司，是实行上下游、内外贸、产销一体化、按照现代企业制度运作，跨地区、跨行业、跨国经营的综合性石油公司。中国石油天然气股份有限公司是中国石油集团的控股子公司，主要经营石油、天然气勘探、开发、生产、炼制、储运、销售等业务。

【主营业务】2018年，分公司在上蔡县境内正常经营加油站3座，成品油实现销售总量1.9万吨（其中批发1.1万吨，零售0.8万吨），非油收入278万元，安全、环境等级责任事故为零，内控重大例外事项为零，上缴各项税费319.85万元，有力地支持了上蔡县社会经济的稳定发展。

【公益活动】中石油上蔡分公司结合上蔡县扶贫工作要求，先后在百尺乡纸张村进行帮扶，累计出资20万余元，为该村修建一所村级养老院。“三

中国石油“三夏”送油到田间地头

助力高考为梦“旭航”志愿服务

夏”“三秋”组织志愿者服务突击队出资出力为纸张村贫困户收割小麦，累计收割140余亩，连续被人民网、新华网等多家媒体报道；在上蔡一高开展了“一升油一生情”旭航助学公益活动，每年为150名贫困生捐助助学金30万元。

（陈向河）

中国石化销售股份有限公司河南上蔡石油分公司

【概　况】 中国石化销售股份有限公司河南驻马店上蔡石油分公司（简称中石化上蔡石油分公司）在全县范围内设加油站五座，其中县城三座（分别是位于蔡都大道中段路南的黑龙潭加油站、蔡都大道与秦相大道交叉口东北角的第一加油站、白云大道路东武庄对面的第三加油站），省道加油站两座，分别是省道331线大路李集西1000米路南的大路李加油站、省道206线黄埠集东的黄埠加油站。

【经营情况】 2018年全公司共调入成品油15880吨，销售15724吨，其中汽油9321吨，柴油6403吨。经营业绩在市公司排名第四，较好地完成了年度经营任务。为支援农业生产，在“三夏”期间，柴油在国家定价基础上优惠0.2元/升—0.3元/升。公司组织机关人员协助一线员工，组成两个志愿者送油小分队，义务送油到田间地头，共送柴油40余车次、60余吨。上蔡第一加油站被市公司评为“先进加油站”。

【精准扶贫】 按照市组织部部署，中石化帮扶对象是上蔡县洙湖镇曹寨村。公司为改善村里人居环境，出资对污染环境的坑塘进行了治理。2018年冬季来临之际为48户贫困户更换了铝合金窗户，为了能让贫困户过一个幸福祥和的春节，为全村62户贫困户送去了米、面、油。

（马建伟）

河南省豫南燃气有限公司上蔡燃气分公司

【概　况】 河南省豫南燃气有限公司上蔡燃气分公司（简称上蔡燃气公司），是依托西气东输豫南支线气源建设的“河南省大气环保项目驻马店七县子项目”之一。

【市场发展】 截至2018年年底，全年天然气销售量1116万立方米，城区市政管网敷设102千米，乡镇管网35千米，开发民用户2.6万余户，工商业用户140余户，完成了齐海乡、五龙镇的通气点火，预计2019年实现16个具有特许经营权乡镇的主管网建设、点火通气。

【安全管理】 公司始终把安全生产放在第一位，定期开展应急消防演练、冬夏季安全大普查、安全生产专题教育培训，以“安全生产月”为契机，通过微信公众号、悬挂宣传标语、发放宣传页等多种方式进行广泛的宣传。确保企业、燃气用户安全运营、使用，实现2018年全年安全零事故。

【客户服务】 公司现有营业网点1处，自助终端机2部，推广使用蓝牙充值宝、微信公众号，微信、支付宝多种缴费方式，更加快捷地服务用户。抢险维修中心提供24小时维修服务，服务热线400-0678-099。

（关宏亮）

市场发展服务

【概　况】 2018年，上蔡县市场发展服务中心紧紧围绕县委、县政府决策部署，深入学习贯彻中共十九大精神，全力推进脱贫攻坚工作，以巡视整改为契机，加强基层党组织建设，抓好安全生产工作。被县委、县政府表彰为“脱贫攻坚工作先进单位”，被县政府授予“安全生产工作先进单位”。

【市场改造】 积极配合白云观市场改造项目，与相关成员单位做好法律应诉，维护政府形象，为市场改造奠定基础。认真做好市场改造中的安全工作。抽调人员，加强值班，清除积水，预防各种事故的发生。认真做好市场改造中的信访工作。组织协调成员单位多次召开信访人座谈会，耐心地与业主代表沟通，争得业主的理解与支持。

【脱贫攻坚】 以全县“脱贫攻坚推进年”为抓手，全力做好帮扶村朱里镇朱里村、大黄村基础设施、环境整治等重点工作。及时对中心脱贫攻坚领导小组进行调整，严格贯彻落实全县“脱贫攻坚集中下基层”“夏季攻势”“冬季行动”和驻村工作要求，加强对第一书记、驻村工作队、帮扶责任人的管理。压缩“三公”经费，对两个帮扶村筹集资金17万元，为第一书记、帮扶人员发放补助，为工作队增添厨具、改善生活条件。帮助村“两委”干部做好新村室、文化广场、卫生室选址，协调督促施工进度。为帮扶村提供环境整治、新村室建设经费等，推动帮扶村标准化规范化建设。组织群众打扫道路，清理路边垃圾和堆放物，打捞坑塘垃圾和杂草，安装铁丝防护栏1000米，督促协调村主干道路路面硬化3.48千米、督促协调安装太阳能路灯415盏。为帮扶村制作宣传板26块，发放宣传单3000余份，张贴帮扶卡、公示牌99个。积极开展“送温暖、献爱心”活动。2018年元旦、春节、扶贫日期间，为群众捐款、捐物，问寒问暖，帮扶人员积极走访，为两个帮扶村建档立卡贫困户每户发放新棉被1条、大米1袋、食用油1桶等生活用品。

【信访工作】 2018年年底，县市场发展服务中心225名退休职工往年从机关事业养老保险中心正常领取的取暖费，2018年无法领取问题。县市场发展服务中心领导班子高度重视，及时向县政府报告，积极解决退休职工合理诉求。对个别爱冲动、难管控的退休职工，领导班子成员经常与信访人谈心交流，为其讲解《信访条例》和有关法律知识，尽力帮助其解决生活困难。

（王中锋）

科学技术

科技研究

【科技创新】 2018年，新认定高新技术企业4家（河南三公利华实业有限公司、河南旷华食品有限公司、驻马店晨钟生物科技有限公司、上蔡县宏伟种猪有限公司），取得历史性突破。重新复核高新技术企业1家（河南圣美阳光装饰材料有限公司）。认定省级工程技术研究中心1家（河南大程面粉实业有限公司）；认定市级工程技术研究中心6家（河南省秀菲尔服饰有限公司、河南省傲步鞋业有限公司、河南省浩诺电器有限公司、上蔡县三联农业科技有限公司、上蔡县三彩土植物根病研究所、上蔡县豫创科技服务有限公司）；认定市级重点实验室1家（河南三超环保科技有限公司）；认定省级在建科技孵化器1家（驻马店市旭升牧业有限公司），认定市级科技孵化器2家（上蔡县豫创科技服务有限公司、驻马店市旭升牧业有限公司）；认定市级农业示范园区1家（河南金葵花农业科技有限公司）。利用国家和省科技特派员支持政策，与省内外高等院校和科研院所沟通协调，积极引进人才技术。2018年，签订科技合作协议27份，引进省级科技特派员13人、市级科技特派员3人，选拔县级科技特派员10人。引进省级农产品加工产业科技特派员服务团1个（10人）。开展技术指导394次，举办技术培训152期，培训企业工人和农民6000多人次。

【科普宣传】 组织5月科技宣传周活动。在蔡都大道举办科技宣传一条街活动，设立咨询台，接受咨询1500人次，解答问题37个，发放科普资料15000余份，悬挂横幅35条。建立省级科普示范基地4个，开展种植、养殖、食用菌、果蔬等科普培训4次327人次。

2018年新建科技创新平台一览表

表7

获奖（荣誉）	发文单位（文件号）	企业名称	备注
新认定高新技术企业	省科技厅、省财政厅、省税务局（豫科〔2019〕33号）	驻马店市晨钟生物科技有限公司	证书编号 GR201841001090
新认定高新技术企业	省科技厅、省财政厅、省税务局（豫科〔2019〕34号）	上蔡县宏伟种猪有限公司	证书编号 GR201841001290
新认定高新技术企业	省科技厅、省财政厅、省税务局（豫科〔2019〕34号）	河南省旷华食品有限公司	证书编号 GR201841001438
新认定高新技术企业	省科技厅、省财政厅、省税务局（豫科〔2019〕34号）	河南省三公利华体育科技有限公司	证书编号 GR201841001447
重新认定高新技术企业	省科技厅、省财政厅、省税务局（豫科〔2018〕184号）	河南圣美阳光装饰材料有限公司	证书编号 GR201841000536

续表 7

获奖（荣誉）	发文单位（文件号）	企业名称	备注
省优质小麦加工与贮藏工程技术研究中心	省科技厅（豫科〔2018〕203 号）	河南省大程面粉实业有限公司	
市新源环卫车辆重点实验室	市科技局（驻科〔2018〕90 号）	河南三超环保科技有限公司	
市高分子功能性服饰工程技术研究中心	市科技局（驻科〔2018〕91 号）	河南省秀菲尔服饰有限公司	
市马铃薯病虫害防治工程技术研究中心	市科技局（驻科〔2018〕91 号）	上蔡县三彩土植物根病研究所	
市高分子布面运动鞋工程技术研究中心	市科技局（驻科〔2018〕91 号）	河南省傲步鞋业有限公司	
市多功能储粮剂工程技术研究中心	市科技局（驻科〔2018〕91 号）	上蔡三联农业科技有限公司	
市企业科技创新服务与安全监测工程技术研究中心	市科技局（驻科〔2018〕91 号）	上蔡县豫创科技服务有限公司	
市电动隔离开关技术工程技术研究中心	市科技局（驻科〔2018〕91 号）	河南省浩诺电器有限公司	
市科技企业孵化器	市科技局、市人社局（驻科〔2019〕15 号）	上蔡县豫创科技服务有限公司	
市科技企业孵化器	市科技局（驻科〔2018〕3 号）	驻马店市旭升牧业有限公司	
市农业科技示范园区	市科技局（驻科〔2018〕109 号）	上蔡县金葵花农业科技有限公司	

【防震减灾】 切实抓好“5·12”“7·28”防震减灾日知识宣传，认真组织上蔡县第十一小学开展地震应急演练；申报市级防震减灾科普示范学校 1 所（上蔡县第二高级中学），申报省级防震减灾科普示范学校 2 所（上蔡县思源中学、上蔡县第二小学）。

上蔡县科学技术协会

【概　况】 2018 年，上蔡县科协高举中国特色社会主义伟大旗帜，以中共十九大精神和习近平新时代中国特色社会主义思想为指导，聚焦追赶超越定位和“五个扎实”要求，围绕中心工作，团结带领广大科技工作者，全面实施《全民科学素质行动计划纲要》，提高全民科学素质，切实履行“四服务一加强”的职责，创新科协工作思路，推动科协工作再上新台阶。2018 年被评为河南省科协科普大篷车走进大别山走进贫困县活动优秀组织单位、河南省全国科普日活动优秀单位，驻马店市科协工作先进单位。

【科普宣传活动】 2018 年 5 月 20 日，县科协在凤凰公园举行了以“科技强国，科普惠民”为主题的第十八届科技活动周启动仪式，开展了大型科普宣传活动并举办科技创新创业成果展。本次活动当天近 20 个全民科学素质成员单位参加，共展出展板 120 余块，科普挂图 100 余幅，悬挂条幅 40 余条，发放各类科普宣传手册、彩页等 1 万余份。活动周期间，科协举办上蔡县“强化创新驱动加快产业转型升级”研讨会，资助协会、基地开展市、县等重点活动 2 项，自主开展社会化服务项目 5 项，公益活动 2 项。9 月 20 日，县科协及各协会、研究会在县政府门前隆重启动“全国科普日”活动。县政府副县长陈剑主持会议。活动启动后，县科协专家进行了大棚反季节蔬菜种植、花卉苗木栽培、食用菌生产的专业技术知识讲座，现场发放各种技术资料 50000 份。县直单位主管科普和学会工作的负责人，22 个乡镇的部分村支部书记参加了会议，取得了良好宣传教育和培训效果。结合工作实际，开展“科普进社区”“科普进校园”等活动。县科协多次组织人员在上蔡一小、二小、三小、上蔡一中、思源学校等地开展科普宣传活动，通过展示科普宣传板、图片、挂图和发放科普资料等形式，向未成年人和社区居民宣传科普知识和进行思想道德教育。其间共发放科普图书6000多本，宣传彩页10000多份。12月29日，中国流动科技馆河南第二轮巡展进校园活动在上蔡县青少年活动中心启动。活动以“公平、普惠、创新、提升”为主题，展出面积400余平方米，共展出展品60余件。开展了“体验科学”中国流动科技馆第二轮（上蔡站）巡展观后感征文比赛。征文比赛评审组共收到中小学生参赛作文38篇，经过评审组评审，评选出一等奖5篇、二等奖10篇、三等奖21篇；推荐驻马店市优秀征文2篇。县科协组织食用菌协会、海之涛特色种植示范基地等技术人员向大路李乡湾李村的群众进行了食用菌种植技术、花生种植培训，切实解决农民在种植养殖和生活方面的问题，引导农民积极改善种植结构，提高农民的技术水平，促进农业的增产增收。助力脱贫攻坚，举办科普讲座8次，举办科普宣传12次，向扶贫村开展适用技术培训6000人次，开展农村党员干部技术培训1000人次。4月26日，上蔡县科协在大路李乡湾李村文化广场开展“创森”宣传下乡活动。上蔡县科协全体干部职工及当地村民共300余人参加了此次活动。此次活动共悬挂“创森”宣传条幅5条，设立创森固定宣传栏16个、发放《创建国家森林城市知识读本》等各类宣传资料3000多份，接受咨询40余人次。发放了林业实用技术手册、林业法律法规、病虫害防治等林业知识及各种种植技术和科普宣传资料2000余份，创森环保手提袋、创森环保小围裙、创森宣传手册等创森宣传资料1000余份。

全国科普日活动　张新开　摄

【服务创新驱动发展战略】 县科协充分凝聚学会力量，积极服务地方经济。助力河南省装饰材料学会和上蔡县圣美阳光装饰材料有限公司合作，取得装饰材料技术专利1项，使企业获得效益600余万元。同时，引导市、县4名农业、水利、种养殖专家与4名企业代表进行了面对面项目咨询、对接交流，从总体规划、新技术应用、新品种引进等多方面为企业发展献计献策，推动了上蔡县供给侧结构性改革进程。科协充分发挥自身优势。积极聚集农业科技专家王建华、刘世杨等投身上蔡县脱贫攻坚，开展志智双扶，通过志智双扶对贫困村群众进行技术培训。同时在全县围绕主导产业开展科技培训、新型职业农民培育，大力推广“一镇一业一园”、“一村一品一园”、休闲农业等发展模式，引导农业企业、农民专业合作社、家庭农场、现代农业园区等发展多种形式订单生产，全方位加快产业转型升级，拓宽增收渠道。实施“互联网+科普”电商培训工程。深入推进“科普文化进万家”活动，推动科普上蔡e站和科技旅游基地建设。上蔡县农业科学技术协会、上蔡县金葵花种植技术推广协会和上蔡县重阳菊种植示范基地、宇顺科普示范基地等积极开展电商培训，聘请电商技术专家进行授课和现场指导。积极开展科普宣传工作，在“上蔡发布”“上蔡之窗”“上蔡百科”等媒体定期宣传科技知识，推广科技新产品，开展科技产品推介等活动。组织开展了电子商务知识进农村进社区培训班。2018年培训电商人员300名，通过电子商务使上蔡县农产品走向全国，获得了3000万元以上的经济效益。同时、“科普e站”落地应用工作得到推广。全县建成“科普e站”25个，积极搭建“上蔡县科普”公共科普信息平台，建设“科普中国社区e站”，向农民群众推广和普及农村实用技术，向公众普及科学知识。

“创建国家森林城市”宣传　　张新开　摄

【提升全民科学素质】 召开上蔡县全民科学素质工作会议，以县政府名义印发《2018年上蔡县全民科学素质行动计划实施方案》。开展了针对未成年人、农民、城镇劳动者、领导干部和公务员、社区居民等重点人群的科学素质培训及提升活动。组织开展公民科学素质培训和技能培训1万余人次，发放科普宣传、培训资料6万余份。面向城镇新居民开展适应城市生活的科普活动，举办科普报告会10场，科普咨询18次，发放科普宣传册、资料3.2万余份。科协认真制作主题方案，精心组织活动实施，先后开展了主题突出、内容丰富、形式多样、特色鲜明的科普进机关、科普进企业、科普进农村、科普进学校、科普进社区等活动。开展“科技活动周”“科普之春”“全民科学知识竞赛”“网络知识竞赛”等重点科普活动，积极参与知识产权保护周、防灾减灾日、安全生产活动月等系列社会主题活动。组织参加青少年科技创新大赛、青少年机器人竞赛、青少年航空模型大赛。在驻马店市“创森”演讲比赛中，上蔡县两名学生获得三等奖。在社区和农村开展反邪教宣传8次，开展教育、研讨活动2次，展出科普展板32块，参加了反邪教万人签名活动。“科普大篷车”分别在大路李、西洪、齐海、党店、和店、五龙、杨屯7个乡镇组织宣传活动，累计免费接待群众3万多人次；组织“科普大篷车”进校园等活动13场，接待群众420人次；举办科普专题展览35场次，接待群众6.5万人次。培育科普示范社区5个、农村科普示范基地5个、农村专业技术协会5个，优秀农村科普带头人4名。配合脱贫攻坚工作，主办食用菌生产技术培训班6期，艾草种植技术培训班4期。邀请驻马店市职业技术学院艾草种植专家教授为400名种植户授课。

【服务科技工作者】 推选全省科协系统先进工作者1名。通过“上蔡发布”“上蔡之窗”“上蔡百科”等媒体宣传报道刘世杨等4名科技人才和团队先进事迹。

【驻马店市第十二届青年科技奖推选】 根据驻马店市委组织部、驻马店市人力资源和社会保障局、驻马店市科学技术协会《关于开展第十二届驻马店市青年科技奖推荐和评选工作的通知》文件精神。决定推荐刘卫平、陈战士、陈艳丽3人为驻马店市第十二届青年科技奖候选人，陈战士获奖。

【获驻马店市第四届自然科学学术奖】 上蔡县择优推荐的白文科等人撰写的4篇自然科学学术论

12月29日，中国流动科技馆河南省第二轮（上蔡）站巡展活动在上蔡县青少年活动中心启动　张新开　摄

文，荣获驻马店市第四届自然科学学术奖，其中一等奖1篇，三等奖3篇。

【上蔡县科学技术协会第三届代表会议召开】 12月20日，上蔡县科学技术协会第三届代表会议召开。选举产生委员60人，常务委员13人，选举赵宁为上蔡县科协主席，田华、党华琴、王海龙（兼职）、康景兰（兼职）、周华迪（兼职）为副主席。

【青少年科技活动】 县科协、教体局等部门齐抓共管，坚持面向全体学生，以学校为主阵地，以课堂为主渠道，开齐开足科学课程，做到“课程、教师、教材”三落实，注重学科渗透，全面推进科技教育进校园活动。以中小学校为基础，以科技辅导员、科技活动小组、科普教育特色学校为依托，定期举办青少年科技创新大赛、乐博机器人大赛、“科幻绘画”、“大手拉小手”、书法竞赛、制作大赛、小发明、小设计、小论文评比等科普活动，强化对在校中小学生的科技知识教育，引导青少年爱科学、学科学、用科学，培养青少年的创新思维、创新精神、创新能力和实践能力。立足第二课堂，开展丰富多彩的科普活动。各学校成立了各种形式的科技兴趣小组，组织开展了主题为“科技在校园、创新在明天”的“七个一”（看一本科技书、写一篇科普日记、出一期科普板报、制作一件小作品、开一次科普主题队会、开展一次“科技之星”科普知识竞赛、聆听一场科普讲座）科普活动，极大地丰富了学生的科技生活。在各中小学校开展了学生“科技论文征文”活动，增设了学生科技电脑绘画、学生科技摄影等活动，鼓励青少年通过科学体验活动，激发他们探索科学奥秘的热情。利用“科技活动周”“全国科普日”“科普进校园”等大型科普活动和科技创新大赛活动，2018年，积极引导青少年参加科技机器人比赛等科技活动，进一步增强青少年学生的创新意识和创新能力。

（张新开）

气　象

【概　况】 2018年，上蔡县气象局深入学习贯彻中共十九大精神，聚焦社会需求，服务民生，坚持以气象服务为导向，全面深化气象改革，基础业务工作扎实，做到了预报准、预警早、覆盖广、传递快，取得了良好的社会效益，保持了“省级文明单位”称号。

【气象服务】 2018年，全县22个乡镇全部建成了多要素自动气象站，其中大路李、塔桥、华陂、百尺四个乡镇建成了土壤水分监测站。广泛利用各种媒体和手段将气象灾害预警信息、农业气象服务信息和气象科普知识传播到服务对象手中，全年发布气象信息5000余份，气象灾害预警信号148条。2018年共进行人工增雨作业4次，发射人工增雨炮弹520发、新型增雨火箭弹20枚，有效缓解了旱情，净化了空气。2018年购置新型自动火箭发射系统两部，为人工影响天气作业提供了新型技术装备保障。在“三夏”、汛期及关键农事季节向县委、县政府等四大班子、县防汛办、涉农部门、广大农户及时准确报送汛情、雨情、墒情等专题预报材料，为政府部门正确决策、广大农户合理安排农业生产提供依据。

【基础设施建设】 在县委、县政府的正确领导和大力支持下，经过多方努力，上蔡县气象防灾减灾预警中心主体工程已经完工，已建成现代化的

农业气象工作人员对玉米长势进行调查

押海龙　摄

业务平面、国家突出事件预警信息发布平台，人工影响天气业务平面正在施工，业务楼内部装修和配套设施工程已完成90%。

【脱贫攻坚】 为做好脱贫攻坚工作，气象局在人员少、任务重的条件下克服一切困难，把脱贫攻坚工作作为压倒一切的政治任务抓好抓实。成立了以一把手任队长的驻村帮扶工作队，入户走访，整理档卡，宣传政策，为所驻村购置保洁车辆、捐款捐物达60000余元，做到了档卡规范、帮扶措施落实到位、帮扶成效明显。

【应急与减灾】 3—5月组织专业技术人员对全县的易燃易爆场所、高层建筑、人员密集场所进行安全大检查，对不符合规定的依法督促其进行整改，确保防雷装置安全、有效。切实做好突发事件预警信息发布系统的应用，汛期前组织业务人员开展预报预警发布培训，进一步提高业务人员应对突发应急应对的能力。全年共发布大雾、暴雪、道路结冰、暴雨、雷电、高温等气象灾害预警信号148条。汛期前，对气象信息员进行了重新考评，再聘任，实现乡镇信息服务站覆盖率100%。汛期过后召开气象防灾减灾工作会议，全面总结全年气象防灾减灾工作和气象为农服务工作进展情况，并结合当时面临的形势和任务，安排部署了下一步全县气象防灾减灾等各方面工作。

【安全生产】 履行安全监管职能，对相关单位的防雷装置进行安全检测。每周进行一次安全检查，及时清除可能存在的安全隐患。积极组织人员对全县重点化工、易燃易爆场所进行防雷安全检查。

【文明创建】 2018年，上蔡县气象局深入学习贯彻中共十九大精神，并把学习贯彻中共十九大精神落实到文明单位的创建工作中，总结创建工作经验，加强与文明办沟通，不断提升创建水平。2018年10月，顺利通过复验，保持了“省级文明单位”称号。

【气候评价】 2018年上蔡县年平均气温16℃，较常年偏高1.2℃，气温异常度为2.5，较历年平均异常偏高；降水量874.9毫米，距平百分率为1%，较历年同期正常；日照时数为2052.5小时，距平百分率为10%，日照异常度为1.2，较历年均值偏多。年内全县有两次较大的气象灾害：1月上蔡县出现暴雪天气，过程降雪量为37.1毫米，最大雪深为22厘米。此时正是小麦处于越冬期，气温偏低，降水异常偏多，光照不足。同时，降雪较好地补充了土壤水分，积雪覆盖起到保温作用，使小麦免受冻害威胁，有利于小麦安全越冬。降雪造成温室大棚棚膜破裂，棚架倒塌损毁，蔬菜遭受冻害。持续低温也造成果蔬产量和品质的下降。8月受18号台风“温比亚”影响，17—19日上蔡县出现暴雨、大风天气过程，玉米等大秋作物正处于灌浆后期，果穗较重，受17—19日强降水和大风天气的影响，玉米、芝麻等秋作物出现不同程度的倒伏现象。全年综合气候评价为：气温异常偏高、日照偏多、降水正常，各类气象要素呈现出季内、年内分布不均，对农业生产、工业和第三产业生产均造成不同程度的影响。

（押海龙）

教　育

教育管理

【概　况】2018年，全县共有各级各类学校（含幼儿园）650所，教职工16708人，在校学生261270人。发放义务教育阶段“两免一补”资金1.886亿元；投入资金1.16亿元，对184所义务教育阶段学校进行改造提升；投资1638万元新建上蔡七小，投资1512万元新建上蔡县第十五小学；资助全县各学段家庭经济困难学生75465人次，资助4639.61万元；公开招聘教师265名，接收义务教育特岗教师220名。高考全县进入一本线1402人，进入二本线以上5326人，有11名考生被北大、清华录取。高招绝对进线人数、优秀生人数位居全市第一。县教体局分别荣获“全省教育宣传特优县”“河南省生源地信用助学贷款先进单位”“全市普通高中教育先进县区”“全市第一书记选派工作先进单位”等称号。

【学前教育】2018年，全县共有幼儿园202所（不含小学附设幼儿园），在园幼儿52698人。其中，公办幼儿园12所，民办幼儿园190所。全县幼儿教育保持了稳定的发展势头。对全县幼儿园进行了信息采集，认真落实第三期《学前教育三年行动计划》。切实加强对民办幼儿园的管理，对无办学许可证的非法举办的民办学校进行了拉网式排查，对无证幼儿园依法进行了取缔。对全县申报的普惠性幼儿园进行验收，并对验收合格的195所民办普惠性幼儿园（含小学附设幼儿园）进行了公示。

【义务教育】全县共有义务教育阶段学校444所，其中，小学387所，初中41所，九年一贯制学校11所，十二年一贯制学校（小学部、初中部）3所，完全中学（初中部）1所，特殊教育学校1所。共有义务教育阶段学生180703人，其中，小学学生118767人，初中学生61765人，聋哑及弱智学生171人。认真落实“两免一补”各项政策，实现了教育经费随学生流动可携带。全年上级共下达“两免一补”专项经费1.886亿元，其中，拨付公用经费1.43亿元，免除学生杂费352697人次；教科书补助资金1900万元，免费提供学生教科书、作业本352697人次；补助贫困寄宿生生活费2662万元，补助47045人次。在小学阶段继续推广“四环节”教学法，在初中阶段倡导“先学后教，当堂训练”教学模式，打造高效课堂，提高课堂教学效率，并严格控制学生的作业量，切实减轻学生课业负担。狠抓教学常规过程管理，落实备、教、辅、改、考、研等教学环节，努力构建高效课堂。进一步健全了中小学生学籍信息管理制度，全县基础教育各类中小学和幼儿园学籍均实现网络化管理。认真做好“三残”儿童随班就读工作，全县“三残”儿童入学率有了较大提高。

上蔡县 2018 年庆祝教师节暨高中招工作总结表彰会议　　宋永亮　摄

【普通高中教育】 全县有普通高中 6 所（含高中部），包括上蔡一高、上蔡二高 2 所公办普通高中，苏豫中学高中部、上蔡中学高中部、万象中学高中部、北大公学高中部 4 个民办学校的高中部，在校学生 26886 人。各高中认真贯彻落实《河南省普通高中新课程学科教学实施指导意见》，深入推进高中课程改革，全面落实课程方案。坚持教育公益性原则，在支持公办高中发展的同时，大力扶持民办高中，为民办高中公开招聘了教师，上蔡中学、苏豫中学等得到了进一步发展。鼓励普通高中办出特色、办出水平，县一高作为省级示范性高中的示范带动效应逐步增强，县二高作为市级示范性高中其质量和效益也在不断提高。

【职业教育】 全县现有职业中专 1 所，学生 983 人，教师 177 人。2018 年 5 月，县职业中专与江苏智汇集团签订合作办学协议，成立“中原智汇职业技术学校”，利用企业资源优势、市场优势、管理优势，发挥上蔡人口优势，激发内生动力，提升上蔡职业教育办学水平。县委办、政府办先后下发了《上蔡县职教培训资源整合工作实施方案》和《上蔡县关于鼓励和支持全县初中毕业生完成中等教育的实施意见》，将全县所有培训资源都整合到中原智汇职业技术学校，同时，大力支持和鼓励初中毕业生接受职业技术培训。县职业中专不断总结精准扶贫技能培训经验，创新培训方式，积极开展贫困群众技能培训工作。2018 年，举办电子商务、种植、养殖等脱贫致富技能培训班 4 期，培训 176 人。

【民办教育】 全县有民办中小学 62 所，在校生 3.7 万人。加强民办学校管理，规范民办学校办学行为，下发了《上蔡县教育体育局关于进一步加强民办学校管理工作的通知》，对无办学许可证而非法创办的民办学校进行了拉网式排查。积极组织民办学校校长、园长参加各级各类培训。为规范学科类校外培训机构的管理，根据河南省校外培训机构设置标准（试行），联合县民政、工商质监、人社等部门对校外培训机构进行了排查摸底和专项整治，下发了《上蔡县人民政府办公室关于校外培训机构专项治理实施方案的通知》。成立了校外培训机构专项治理工作领导小组，对符合设置标准的 20 所校外培训机构按照有关要求和规定程序及时进行了验收审批；对不符合条件的，限期整改；对限期整改不到位或存在重大安全隐患的，依法予以取缔。

【教师队伍建设】 2018 年，在全县教育系统开展了“不忘初心，立德树人”师德主题教育活动，开展了“寻找李芳式的好老师”大型宣传推介及征文活动，通过举行师德演讲比赛、征文活动，引导广大教师全面提高师德修养，树立教师良好形象，增强教书育人的使命感、责任感和光荣感。上蔡一高教师聂风被评为全市“天中最美教师”。华陂镇华南小学退休教师张春花荣获省委宣传部、省文明办评选出的 2018 年度“河南好人榜”孝老爱亲类“河南好人”称号。持续开展了“吃空饷”专项治理工作，全县共有 48 名教师辞职，辞退教师 11 人，开除 3 人，认定丧失教师资格 4 人。教师招聘采取先设岗后招考、岗位明确到学校的方式，公开招聘高中、初中、小学和幼儿园教师 265 名，接收义务教育特岗教师 220 名，及时充实了全县教师队伍。共完成教师培训 6246

人。有6名教师获得省级名师称号，45名教师获得省级骨干教师称号。组织申报晋升中小学高级职称126人，通过112人；申报中级职称302人，通过297人；为506名符合初级职称申报条件的教师办理相关手续。对全县教职员工进行了学年度考核，共有1700多人被评为优秀等次。五是做好优秀教师评选表彰工作。全县评选出省级优秀教师8名、省级先进工作者1名、省学术技术带头4人；市级优秀教师70名、优秀教育工作者7名、先进集体6个；县级优秀教师583名。

【德育教育】 坚持把德育工作放在学校工作的首位，引导全县广大师生积极学习贯彻落实中共十九大精神，认真学习习近平新时代中国特色社会主义思想，积极践行社会主义核心价值观。深入开展了教育体育系统精神文明创建活动，评选出驻马店市文明班级25个、文明教师30人、文明学生35人，上蔡县文明班级80个、文明教师82人、文明学生64人。评选表彰市级优秀班主任65名，县级优秀班主任470名；市级三好学生82人、优秀学生干部32人；评选表彰未成年人思想道德建设工作县级先进集体21个、先进个人27人。

【营养改善计划】 按照国家、省、县2∶1∶1的分担比例，对全县义务教育阶段学校126476名学生提供营养膳食补助，标准为每生每天4元。下发了《上蔡县农村义务教育学生营养改善计划日常管理等制度的通知》《上蔡县农村中小学课间营养餐项目突发事件应急方案》《上蔡县农村义务教育学生营养改善计划乡（镇）中心校等工作职责的通知》等文件，进一步加强管理，落实责任。

【学校安全】 2018年，开展了全县校园安全及周边整治专项行动，定期开展安全应急演练和安全教育，积极开展学校及周边安全隐患排查治理，重点加强了学校消防、食品、交通、寝室和校舍等安全管理，严防拥挤踩踏、校园欺凌和暴力伤害的发生。县综治、公安、交通、教育等十部门联合开展了预防未成年人溺亡专项治理，公安、交通、安监、教育部门开展了秋季、冬季校车安全管理专项整治。开展“平安校园”创建工作，全县累计投入10余万元添置了各类消防、安保器材，“平安校园”创建率达99%。结合反冒充军人诈骗和防校园欺凌工作，在全县教育系统深入开展了扫黑除恶专项斗争，制定了《上蔡县教育体育系统扫黑除恶专项斗争工作方案》，成立了领导小组，通过宣传标语、校园广播、宣传板报、校信通、征文比赛、演讲比赛等途径，深入开展宣传。2018年，全县教育系统在校园内外悬挂扫黑除恶、防冒充军人诈骗、防校园欺凌条幅1800余条，出黑板报600余期；参与扫黑除恶及反冒充军人诈骗签名活动15万余人次；印制《打击防范电信网络诈骗犯罪教材》10万

清明节爱国主义教育——学生瞻仰烈士陵园

吴奎昌　摄

学生防震减灾安全演练　　王东振　摄

余册，印制《致家长的一封信》20余万份；参加扫黑除恶及打击冒充军人犯罪和反校园欺凌活动征文比赛的学生有17万余人，参加演讲比赛1000余人。

【教育扶贫】 认真落实“两免一补”各项政策，实现了教育经费随学生流动可携带。2018年，在义务教育阶段，免除了352697人次学生杂费、教科书费、作业本费；补助贫困寄宿生生活费2662万元，接受补助47045人次。县教体局共结对帮扶洙湖镇、华陂镇、杨集镇贫困村8个，派出驻村第一书记8人。局机关及部分直属单位135名干部职工结对帮扶贫困户293户。县教体局投入资金233万余元，用于贫困村帮扶工作。其中，在帮扶村杨集镇中街村投入资金40万元，帮助该村建蛋鸡养殖场；投入资金9万元，帮扶华陂镇坡董村发展产业；投入资金31万元，在洙湖镇均张、小董村建塑料大棚；向洙湖镇6个帮扶村投入资金30万，帮助其发展产业；在8个帮扶村开展了“文明家庭”评选活动，共评出文明家庭48户，颁发奖金24000元，并颁发奖牌。在每个帮扶村投入资金5600元，开展了人居环境整治和卫生标兵评选活动，按照村庄“三无一规范”和农户家庭“扫干净、摆整齐、有条理”的工作要求，做好入村公路清障、美化绿化等工作，做到村容村貌远看有形象，近看有亮点。

【学生资助】 全年共资助家庭经济困难学生75465人次，发放资助金4639.61万元，其中，建档立卡贫困家庭学生35150人次，发放资助金2174.4万元。办理大学生生源地助学贷款9275人，贷款6207万元。其中，建档立卡贫困家庭学生889人，贷款569.93万元。

【卫生健康工作】 深入宣传贯彻《中华人民共和国食品安全法》，认真抓好学校食品安全宣传活动。发放《食品安全知识宣传手册》1000本、《校园食品安全直通车》宣传册2000份、《青少年饮食安全》宣传折页4000份、《中小学生食品安全知识》海报400份，让食品安全科普知识进校园、进学生家庭，进一步增强了师生及家长的食品安全意识。11月，县教体局与县食药监局组成联合督查组，对部分中小学校、幼儿园食品卫生安全和日常监督管理进行了督导检查。督查组采取实地检查、查阅资料等方式，重点围绕组织制度建设、许可证照审查、从业人员管理、场所环境卫生、食堂分区和布局流程、索证索票和台账管理、食品加工操作、食品添加剂使用、清洗消毒保洁、食品留样、“明厨亮灶”等11个方面进行了全方位检查。认真开展学生体质健康检查工作，对全县学生进行了体质测试。

【教研教改】 县基础教研室教研员深入到各乡镇进行听课视导，3—5月和9—11月，对全县26个乡镇街道的小学和40多所初中的课堂教学、教研以及小学四环节教学法的推进工作，进行了推门听课和过程性检查。开展了教师学科知识竞赛，全县五年级和八年级各科教师2200余人参加了竞赛。举办了全县教师市级优质课选拔赛和县级优质课竞赛，296人参加市级评选并获奖，520人获得县优质课奖。2018年，全县获省级课题立项18项，结题17项；市级立项课题112项，结题129项；获市级优秀教研成果奖10项。县级课题立项20项，结项27项；获市级社会综合实践活动、优秀社团、校本课程成果奖50项，县级评选120项。9月积极参加了2018年中科院、中央音乐学院送教下乡活动数字化音乐教学师资培训暨驻马店市数字化音乐教学观摩会。

【招生考试】 全县普通高招考试共10541人报考，进入一本线1401人，进入二本线以上5326人，11名考生被北大、清华录取。高招绝对进线人数、高分率位居全市第一。中等学校招生报名14483人，实行网上阅卷、网上录取；普通高中网上录取工作坚持公开透明原则，严格按照“三限政策”继续实行分配生制度，上蔡一高招收分配生1350人，上蔡二高招收分配生1300人，适时组织第一、第二批未被录取的考生调整志愿，并使其被其他普通高中录取。2018 年中职学校完成招生 643 人，对口升学 192 名考生参加高考，22 人被本科院校录取，170 人被专科院校录取。全县义务教育学校招生工作坚持“划片、就近、免试”的原则，小学一年级招收 22000 人，七年级招收 20000 人。城区一年级和七年级共招收进城务工人员随迁子女 3300 人，特殊学生入学 20 人。

【项目建设】 认真实施《上蔡县全面改善义务教育薄弱学校基本办学条件的项目规划（2014—2018）》。截至 2018 年年底，投入资金 6545 万元，完成校舍建设类项目学校 161 所，建设面积 73066 平方米，构筑围墙 10169 平方米，室外运动场面积 114690 平方米。设备购置类项目学校 110 所，购置学生用床 1478 张、饮水设备 148 台、课桌凳 24372 套、计算机 2876 台、多媒体远程教学设备 115 件、体音美仪器等器材 1139 件、其他配套设备 48.5 件。实施《上蔡县扩充城镇义务教育资源五年规划（2014—2018）》。截至 2018 年年底，投资 1638 万元的上蔡七小、投资 1512 万元的上蔡十五小已竣工，投资 4000 万元的上蔡十六小主体在建。实施第三期学前教育三年行动计划。投入资金 1415 万元，实施项目学校 41 所，建设面积 7296 平方米。推进校舍维修改造建设项目。投入农村中小学校舍维修改造专项资金 5055.5 万元，规划项目学校 23 所，计划完成建设及改造面积 47929 平方米，10 所主体在建，13 所已竣工。

新建上蔡县第七小学　　景中原　摄

新建上蔡县第十五小学　　景中原　摄

【关心下一代工作】 6 月 1 日，县关工委、团县委、财政局、教体局关工委联合在县青少年活动中心表彰了 35 名“上蔡好少年”，颁发了证书奖品，并号召全县宣传好少年的事迹，开展学习活动。根据教育部读书活动组委会安排，以“红旗飘飘引我成长”为主题，开展了“五好小公民”系列读书活动。5 月 29 日，在青少年活动中心举行了“五好小公民”读书活动演讲比赛及红色经典诵读比赛，比赛分初中组和小学组，28 名学生参赛，评出特等奖 8 名、一等奖 10 名、二等奖 10 名。其中特等奖获得者上蔡一中学生李子露，代表上蔡县参加全市比赛，10 月 20 日代表驻马店市参加了全省决赛，以 95.71 分的成绩获得特等奖。开展 3 次少年传承中华美德之寻访红色足迹——确山行活动，齐海乡魏桥小学、黄埠一中、黄埠镇尚庄小学等学校师生 200 人赴确山杨靖宇纪念馆、竹沟革命纪念馆、竹沟烈士陵园开展红色足迹寻访活动。10 月 18 日，组织上蔡县第十小学百名师生到郑州市，开展了“乡村孩子看世界——走进郑州科技馆”研学实践主题公益活动。

【教育宣传】 2018 年，县教体局共编发上报信息 50 期，下发信息 20 期。其中，被省教育厅网站采用 11 篇，被县委、县政府和市教体局网站，以及省、市级报刊采用 77 篇。上蔡县教体局荣获“河南省教育宣传特优县”称号，柳书波被评为全省教育宣传先进工作者。

【语言文字工作】 全县共734名教师参加了普通话培训，687人通过测试，通过率93%。举办了上蔡县第三届中小学生汉字听写大赛，评选出特等奖2名、一等奖10名、二等奖20名、三等奖30名，优秀辅导教师奖35名。

【学校体育】 全县中小学广泛开展阳光体育运动，积极落实大课间活动，切实保证学生每天一小时校园体育活动。4月，举行了全县中招体育考试，14514名考生参加考试。5月组织参加了全市第四届"市长杯"青少年足球比赛。11月举行了全县第二届"县长杯"足球比赛。举行了全县中小学生体育技能展示活动、啦啦操比赛、冬季长跑比赛等校园体育活动。

【社会体育】 积极开展8月8日全民健身日系列活动、广场操舞比赛、门球比赛等群众体育活动。4—11月，进行了全县国民体质监测，上传1322人监测数据。9月，组织开展了全县三级社会体育指导员培训，共培训286人。11月举办了全县"万村千乡农民篮球赛"。12月，组队参加全市"万村千乡篮球赛"，荣获第二名。

【义务教育基本均衡县迎验准备工作】 成立了上蔡县均衡创建领导小组和办公室，制定上蔡县均衡创建实施方案和达标计划，明确了责任主体和部门职责，确立了创建时间表和达标路线图。对全县各中小学校长、统计人员进行培训，组织开展摸底自查统计工作，对全县中小学逐一对照标准自查，算好义务教育均衡发展账；建立了工作台账，采取有效措施，查漏补缺。与兄弟县区保持沟通交流，分赴汝南、遂平、西平、驿城区等兄弟县区考察学习。11月，邀请教育专家到上蔡县指导创建工作并进行专项业务培训。先后召开了均衡创建部门协调动员会和教育系统均衡创建动员、培训会，明确了目标任务、夯实了工作职责。全县义务教育阶段各学校严格按照时间节点和达标路线图全力实施项目建设，科学规划学校布局，整理环境卫生，推进校园文化建设，安排教学功能室、规划体育运动场地。

（柳书波　赵　炯　李　毅）

上蔡县第一高级中学

【概　况】 2018年上蔡一高以习近平新时代中国特色社会主义思想为指导，全面贯彻党的教育方针和国家及省市县教育工作会议精神，紧紧围绕市县教育局的工作部署，以"高质量发展"为主旋律，以稳中求进为主基调，落实立德树人根本任务，优化队伍建设，优化教育管理，优化作风建设，全面推进素质教育，全面提高办学水平。2018年高考上蔡一高共有1291人进入一本线（不含体育艺术），有11名学生升入清华大学、北京大学，且全部为应届生，升清华大学、北京大学总人数位居全省高中第八名；其中升入清华大学7人，位居全省高中第五名。先后有驻马店市、平顶山、信阳、焦作、山东、安徽等省市高中到校参观学习和交流经验。学校获得河南省教育系统先进单位、河南省文明学校等荣誉称号。

上蔡一高校园

【教师队伍】 有专任教师546人，其中，研究生学历36人；高级职称教师163人，占28%；中级职称教师173人，占30%；初级职称教师340人，占42%；（其中省级骨干教师56人，市骨干教师48人，县级骨干教师36人；河南省特级教师 10 人，省教育厅学术技术带头人 12 人，省级名师 6 人，市级名师 10 人，县级名师 20 人）。从教龄结构上看，三年以下的教师共有 108 人，占总量的 18.7%，五年以下教师 188 人，占总量的 32.63%。

【设施规模】 学校占地 305 亩，在校学生 11188 人，116 个教学班，有四个校区，即本部、西区、东区、北区，拥有 5 栋教学楼，2 栋办公楼，2 栋实验楼，6 栋学生寝楼，14 栋教工宿舍楼，4 栋餐厅楼，16 个实验室；图书馆、教工阅览室、学生阅览室、档案室、资料室、微机室、多媒体教室、荣誉展厅、大小会议室窗明几净；心理咨询室、卫生室、党建办公室、文明创建办公室、校园网、家长学校、教工健身活动室、门球场一应俱全；操场铺设有 400 米标准环行跑道，设有 10 个标准篮球场，4 个排球场，4 个羽毛球场，1 个足球场，50 个乒乓球台，运动器材、健身器材设施齐全。

上蔡一高学校一角

【德育工作】 学校坚持把立德树人作为根本任务，坚持思想政治工作贯穿教育教学全过程，全面贯彻党的教育方针，建立健全“三全育人”的思政工作机制。将以文化育人、教书育人贯穿教育教学全过程，积极践行“四有”“三者”“四个相统一”“六个下功夫”；坚守“爱与责任”，坚持“四个回归”，坚定“四个自信”。做好习近平新时代中国特色社会主义思想进课堂、进教材、进头脑“三进”工作。在学生中开展了道德讲堂、红色教育等道德教育活动，在教师中注重坚守专业精神、职业精神、工匠精神、劳模精神，以德立身、以德立学、以德立教、以德立培师德教育。学校教育教学团队成员无违反师德师风情况，学校被河南省教育厅授予师德师风建设先进集体。

【教育教学】 2018 年上蔡一高始终坚持“以人为本，以德为先，依章治校、民主理校、科研兴校”的办学理念，全校师生发扬“与时俱进、永不言败”的上高精神，务实重干，勇于担当，不断深化课堂改革，进行精准教育教学和管理，教育教学质量持续提升，高考成绩自 2001 年来连续十八年以绝对优势在驻马店市位居第一名，在全省名列前茅。

【教育科研】 学校做好教师培训工作，制定切实可行的《校本培训计划》，做到目标明确，任务明确，要求明确。认真研究和实践校本培训行之有效的方法，做到有计划、有组织地对教师进行校本培训。树立“问题即课题”的科研理念，认真开展科研课题研究工作。激励教师学习课题研究，了解课题研究，善于课题研究，主动参与到课题研究中；激励广大教师基于教育教学中遇到的问题，开展实践性研究。对已经成立的课题组，定期安排课题组活动，组织召开课题组会议；激励青年教师依托课题研究，成长为智慧型和研究型的教师。组织教师参加驻马店市共同体研训活动，为教师搭建专业成长平台，走出去向兄弟学校教师学习，汲取兄弟学校教师成功经验，不断提高教师专业水平，培养各学科优秀教师队伍，为不断提升学校的教育教学质量增加动力。2018 年学校获得驻马店市科研先进单位称号。

【课堂教学】 学校贯彻素质教育要求。探索课程与教学改革，严格执行国家课程，深入挖掘地方课程，积极开发校本课程。严格执行教育部门规定的课程计划，开齐开好规定课程，上足规定课时。细化教学常规管理。严格落实“五认真”要求，通过定期检查、不定期抽查和行政随堂听课抽查相结合的方式引导教师做好教学常规工作，切实提高课堂教学质量。坚持抓好备课组活动，推进集体备课的落实与管理，提高备课的有效性。加强教研组活动管理，落实台账制度，规范教研组长考核制度，提高教研组活动实效。坚持公开课听课、评课制度，每位教师按教务处下发的公开课安排，要求保质保量地完成各项任务。走科学高效的训练之路，作业布置必须精挑细选，作业批改必须精确及时，作业讲评必须精心归纳。加强美育教学和青少年科学普及教育，努力提高青少年学生的科学素养和创新能力。

【心理教育】 学校扎实开展教育活动，促进学生心理健康发展。把学校心理教育与家庭教育、社区教育结合起来，提高心理教育的重视程度，落实心理教育的具体举措，凸显心理教育的实际成效。充分发挥校咨询室的功能，人人争当学生心理咨询师，推进心理健康教育，促进学生心理健康发展。引导学生做一个心灵纯洁、人格健全、品德高尚的人，做一个有文化修养、有人文关怀、有责任担当的人。2018年坚持每周六晚进行团体心理辅导，该项活动的开展受到家长和社会的好评。

（孔铃铼）

其他学校选介

【上蔡二高】 上蔡县第二高级中学（简称上蔡二高）创办于1989年，是驻马店市级示范性普通高中。学校师资力量雄厚，校园环境优美，现代化教学设施齐全。教室均安装有多媒体教学设备，建设有物理、化学、生物实验室各一个，图书室一个。现有两个校区，新校区占地135亩，老校区占地50余亩，在校学生10426人。学校有教职工426人，全部具有本科及以上学历，其中，具有研究生学历20余人，高级教师101人，一级教师131人。省学术技术带头人16人，省骨干教师18人，市级名师26人；2人荣获国家优秀教师称号，12人荣获省级优秀教师称号，290人荣获市级以上优秀教师和优秀班主任称号。上蔡二高按照“微创、微新、微创新”的发展理念，遵循“勤、严、实、真”的校训，全面实施素质教育，积极推进课程改革，实施一课一研，一考一研，作业考试化，自习学科化；全体教职员工爱岗敬业、关爱学生；全体学生乐学善思、尊敬师长，教育教学硕果累累。近年来，学校办学条件进一步改善，办学规模进一步扩大，全封闭管理进一步规范，教学质量稳步提升。学校学风浓、教风正，社会知名度和美誉度明显提升。学校积极推进特色办学进程，开办了俄语、美术特色班。高考成绩连续19年位居全市同类高中之首。

（李红岩）

【上蔡县思源实验学校】 上蔡县思源实验学校是由香港言爱基金会捐资、上蔡县人民政府投资兴建的一所标准化全日制寄宿式公办义务教育学校，位于县城东五龙源路北段西500米。2012年开始建设，2014年8月竣工投入使用。学校占地112亩，建筑面积10443.51平方米。建筑采用围合式布局，体现随时、随地、随心的学习模式。学校有两栋教学兼办公楼，以及艺术楼、信息化多功厅、图书馆、学生食堂、学生公寓、教师公寓、标准化体育场。每个教室均配有多媒体教学平台，舞蹈教室、音乐教室、美术教室、计算机教室、劳技教室、电化教室、实验室、心理咨询室、心理宣泄室、职工之家等功能室设施齐全，标准化录播教室是上蔡仅有的六个录播教室之一，可即时录课、播放。学生食堂被评为“省一级食堂”，已接入舌尖网加入明厨亮灶工程，接受家长和社会的监督。学生公寓配有“睡前故事系统”，让学生在文化的熏陶中休息。有43个教学班、2800余名学生，163名教师，全部为大学本科及以上学历。其中，省级名师2人，省骨干教师6人，市骨干教师10多人，市优秀教师、市优秀班主任16人。学校秉承“让每个孩子都精彩”的教育理念，坚持“诚信、感恩、厚德、博学、善思、健体”的育人目标，依托古蔡尊亲敬老和思源言爱感恩的文化底蕴，丰富办学内涵、狠抓教学质量、创新素质教育、打造校园文化，培养全面发展的学生，打造高素质的教师队伍，让每位教师在思源幸福工作，让每名学生在思源快乐成长。2016年、2018年与世界联合学院进行校园文化交流，成立一系列学生社团，均开上蔡基础教育之先河。

（侯剑锋）

上蔡县思源实验学校　　王东振　摄

【上蔡二小】 上蔡县第二小学（简称上蔡二小），始建于1951年，位于县城东大街115号。原名上蔡县城关镇第二小学，1988年易名为上蔡县蔡都镇第二小学，2014年更名为上蔡县第二小学。学校属政府出资、财政全供单位。占地面积5178平方米，建筑面积4553平方米，校园内有教学楼3幢，办公楼1栋，服务于7个街道居民区，涵盖人口80000余人。在校学生3900人，分为38个教学班。教职工98名，其中，中学高级教师6人，国家级优秀教师1人，省特级教师1人，省级名师3人，省级骨干教师38人，本科以上学历占总人数的98%。学校装配了计算机室、音乐室、科学室、美术室、体育器材室、图书室、卫生保健室等各种功能室。上蔡二小坚持“助推生命成长，奠基精彩人生”的办学宗旨，在“追求和谐，享受快乐”的办学理念指引下，在“健康、活泼、求真、创新”校训的引领下，营造了“自主、和谐、活泼、进取”的育人氛围，形成了“经典诵读、古蔡教育、道德讲堂、高效课堂”四大办学亮点，彰显出了上蔡第二小学独特的办学特色。

（冀　箭）

【上蔡县第二幼儿园】 上蔡县第二幼儿园（简称县二幼）创建于2014年，是县教体局直属的一所全日制公办市级示范性幼儿园。幼儿园占地面积11400平方米，建筑面积7330平方米，有19个教学班，在园幼儿968人。有在编教职工44人，其中，中小学高级教师2人，中小学一级教师5人，省级名师2人，省级骨干教师4人，市级骨干教师5人。50%的教师拥有本科学历，98%的教师拥有大专学历，教师学历达标率100%。上蔡县第二幼儿园于2017年顺利通过了市级示范性幼儿园的验收。该园始终以“一切为了孩子，为了一切孩子，为了孩子的一切”为办园宗旨，以《幼儿园工作规程》和《幼儿园教育指导纲要》为依据，以“让孩子在快乐中学习，发展中成长”为教育理念，遵循幼儿身心发展规律，寓教育于幼儿一日生活各个环节，实施素质教育。建园以来，该园对教师的业务培训制定了详细的计划，加大了队伍建设力度，先后选派教师赴全国各大城市参观、学习，不断了解幼教新动态，强化幼儿教育新理念，提高教师专业知识和技能，努力打造一支敬业奉献、富于创新的研究型专家

上蔡县第二幼儿园　　刘婷婷　摄

型教师队伍。已有20余人次在各种教学活动与教研活动中获省、市级奖励。教师撰写的论文在各级杂志上发表十余篇。

（刘婷婷）

【上蔡县职业中等专业学校】 上蔡县职业中等专业学校（简称上蔡职业中专）始建于1989年，在原上蔡二高的基础上，成立了上蔡县第一职业高级中学。始招收初中生，开始走上“三位一体办学模式”。随着职业教育发展形势的变化，2009年6月，经县委、县政府批准，上蔡职业中专取消实验中学校名。2010年12月，县教体局根据全县职业教育的实际，经校党组研究决定，上蔡县职业中专与上蔡县二职专合并，成立新的上蔡县职业中等专业学校。2018年5月23日，县政府与苏州智汇集团签订协议，对上蔡职业中专进行托管，并在此基础上成立了上蔡中原智汇职业技术学校，为学校的发展带来新的契机。学校占地85亩，总建筑面积4.5万平方米，开设专业有汽车运用与维修、建筑、电子电器、计算机应用、机电、旅游、文秘、市场营销、工艺美术、种植、养殖、学前教育等12个传统专业。为满足市场需求新增了工业机器人、影视动漫、电子商

与中原智慧职业技术学校合作办学的上蔡县职业中专
黎洪涛　摄

务、高级护理与康复训练、食品加工、新能源汽车等专业。学校现有25个教学班，学生983人；在校教职工177人，其中，具有高级职称49人，专任教师155人，“双师型”教师45人，占专业专任教师的25.7%。上蔡职业中专作为上蔡县职业教育的窗口，秉承“德育为先，素质为主，教学为重，育人为本”的办学宗旨，坚持“多形式，多层次，多渠道”的办学方针，厚德、强能并举，努力办成人民满意的职业学校。建校以来，上蔡县职业中专为工厂、企业、高校输送了大批优秀人才

（冯丙才）（柳书波　赵　炯　李　毅）

文化　旅游

文化综述

【概　况】 2018年，全县文化广电新闻出版系统深入学习贯彻习近平总书记系列重要讲话精神，全面贯彻落实县委、县政府的决策部署。荣获全市扫黄打非先进县区等荣誉称号。

【文化设施建设】 2018年，加大对县图书馆、文化馆基层综合文化服务中心等重要文化场馆的建设和管理力度，充分发挥文化场馆的作用。县图书馆利用流动图书车深入城乡开展“送书下乡”“全民阅读”“书香上蔡”等活动，一年来图书馆免费开放共接待读者2万人次，新增图书1000多种、4000余册，借阅图书2.6万余册次，图书上架3600册，办理借阅卡520张，期刊流通1.6万册次；积极开展共享工程培训工作，举办各类培训班12期，培训受益人员2.5万人次。县文化馆完善功能室设置，开展免费开放活动。设有多功能厅、展览厅、非物质遗产培训和展示厅、美术室、书法室、音乐舞蹈室、老年活动室、排练厅等9个活动场所。做到了环境整洁有序，公示明显清晰，各项制度健全，资料查阅便利。常设免费服务项目12项，年开放天数330天。配备流动文化车一辆。2018年2月，宋满昌书法作品入展河南省书法家协会主办的“中原风——河南省篆书作品展”，4月，宋满昌书法作品获北京市书协主办的“中国梦·翰墨朝阳”第三届全国书法大赛优秀奖。获得“美丽乡村”全市农村广场舞展演活动组织奖、多彩非遗全市唢呐大赛和曲艺大赛组织奖、全市民间文艺展演组织奖。加强农村文化建设是加快构建现代公共文化服务体系和脱贫攻坚的重要任务。以群众需求为导向，按照“七个一”的标准，通过整合资源、完善功能，加强管理、改善服务，完善基层文化室配套建设，按照建设要求，全年完成了全县187个基层综合文化服务中心建设任务，上蔡县基层综合文化服务中心建设领导协调小组给各乡镇（街道）下发了《上蔡县村级综合文化服务中心建设项目竣工验收和资金拨付程序》《2018年度财政扶贫资金项目工程验收表》《2018年度财政扶贫资金项目工程质量验收报告》《2018年度财政扶贫项目竣工工程移交表》《2018年度财政扶贫项目竣工工程管护责任书》《财政扶贫资金报账提款申请单》《财政扶贫资金工程预算表》《财政扶贫资金工程竣工决算表》《村级综合文化服务中心建设项目档案材料目录》等资料，多次督促已竣工的村委所在乡镇（街道）申请住建部门组织验收，验收合格后及时上报拨款手续，拨付建设资金。

【社会群众文化活动】 年初举办非物质文化遗产展示展演活动，展出“重阳节”民俗、东岸核桃雕花工艺、重阳茱萸绛囊、担经挑等精彩项目。大力开展“舞台艺术送农民”和“送戏下乡”活动，共演出134场（其中省市县三级共同出资购买22场、县政府独资购买112场），“送戏下乡”惠民演出56场，县常春藤戏曲艺术传媒有限公司复排了《三娘教子》《打金枝》《三哭殿》等优秀传统剧目，新编以尊老敬老为题材的现代剧《欢聚一堂》。并紧紧围绕县委、县政府中心工作，排练演出《一封感谢信》和《乡下九品官》等小品小戏，生动感人，寓教于乐。

【文化惠民工作】 结合县情，制定《上蔡县农村公益性电影放映计划》《送戏下乡工作计划》及演出流程图，对电影放映和戏剧下乡演出的每个环节、步骤都作出了明确的规定，操作中严格按照规定执行，加强监管，力戒图形式、走过场，真正让群众得到实惠。县图书馆、文化馆、乡镇综合文化站全部实现免费开放，共免费接待群众32万多人次。

【文化市场管理和“扫黄打非”工作】 2018年，局文化市场执法人员先后开展了“双节”“两会”期间文化市场专项整治等14次集中专项行动。全年共查收非法出版物2500本（册），其中盗版图书160本，教辅资料2020本（册），盗版音像制品320盘（张）；清除不良文化摊点30余家（次）；取缔清除无证经营的摊点10个。

【文物保护工作】 对蔡国故城北城垣遗址中段维修加固本体修复，按照北京建工建筑设计研究院负责的抢救设计方案，全程严格监督，工程现已保质保量完成，待验收组进行验收。完善《上蔡县蔡国故城保护设施建设项目》的实施手续，同时通过招标等程序严格按要求进行施工，争取在2019年度竣工。做好重点文物保护修缮项目的编制，积极向上级文物行政部门争取文物保护经费。广泛宣传《中华人民共和国文物保护法》，提高全社会文化遗产的保护意识。

【非物质文化遗产保护工作】 重点保护开发了“重阳节”民俗、东岸核桃雕花工艺、重阳茱萸绛囊、担经挑、杨集毛笔、东岸木板年画、今楷“竹叶体”书法、上蔡县王氏家族麦草画、尼氏“一把泥”等一批具有代表性的“非遗”文化项目。制作重阳节非遗展示展出32块板，条幅10条。

【文化艺术创作】 指导创作大剧本五部，重新修改和完善了电影文学剧本《师生情》，对刘万里的《刘万里民间故事集》进行了整理、打印和校对，整理、打印、校对由刘万里编剧的68集电视文学剧本《国魂》，指导、组织创作《骨肉情深》《包公案》《卞和献宝》《东吴二乔》《寡妇争夫》及新编《高陵侯》6部剧本；组织人员创作相声《香港游》《狗年狗事》，话剧小品《老宝贝》；协助张社完成《张社非遗作品集》的文字整理、校对、编辑和图片拍摄工作；协助上蔡蔡文化研究会完成《蔡韵春秋》2018年第一期、第二期、第三期的编辑、打印工作；协助上蔡李斯文化艺术研究会完成《蔡风楚韵》2018年第一期（总第六期）的编辑、校对工作。配合县委宣传部，以“扫黑除恶”专项斗争为主题，创作快板《“扫黑除恶”民称颂》；创作诗歌十余首，分别在《河南诗人》《大平原诗刊》《诗世界》等刊物发表。

2018年3月29日，江苏省蔡氏宗亲会在蔡叔度陵园举办清明节祭祖大典　　宋永亮　摄

【新闻宣传工作】 紧紧围绕县委、县政府制定的目标任务，扎实做好项目建设、产业提升、脱贫攻坚、平安建设等重点工作的报道，为各级各部门干事创业营造良好舆论氛围。在内宣工作上。

上蔡电视台学习宣传中共十九大精神，围绕县中心工作的开展。制作播出《上蔡新闻》365期、2400条，制作防范电信诈骗和交通安全公益短片40期。并圆满完成了2018年中国上蔡重阳文化节及全国农洽会的宣传报道活动。2018年采写制播的8篇作品获市新闻奖，3篇作品获省县级台新闻一、二等奖。在外宣工作上。在驻马店电视台播出《上蔡之窗》8期，在全市继续保持先进位次，提升了上蔡的知名度和影响力。《东西南北上蔡人》《百姓有话说》专题栏目组结合全县开展的中心工作积极跟进报道，共制作播出专题49期。

【旅游招商工作】 2018年，县旅游产业发展工作专业组按照年初制定的计划，召开相关部门工作推进会5次，协调解决了重阳文化旅游产业园项目建设中的问题；协调推进了根亲文化园项目建设，通过蔡氏书法展、蔡氏宗亲大会筹集资金建设蔡侯叔度公陵园二期工程；蟾虎寺大殿工程已经完工；九龙汇生态农业观光有限公司在地下粮仓周边种植500亩芍药，并成功举办了“灯光节”和“首届芍药节”活动。此外，在蔡明园公园景区建成一座AA级旅游厕所，在公园西门规划新建一座AAA级旅游厕所；凤凰公园和杜一沟生态公园项目已初具规模，状元红酒业文化园已启动国家AAA级旅游景区创建工作。为扩大对外宣传，促进全县旅游发展起到了积极作用。

【脱贫攻坚工作】 围绕脱贫攻坚重点工作，在《上蔡新闻》节目中常设“脱贫攻坚在行动专栏”，并多时段开设了脱贫攻坚、美丽乡村专题栏目，宣传脱贫攻坚工作中的先进经验和做法；与县脱贫攻坚办、驻村办结合，大力宣传省市县驻村工作队的做法和成效；开展了一系列的脱贫攻坚方针政策和决策部署的报道和解读，宣传县委、县政府脱贫攻坚推进会精神，为脱贫攻坚营造浓厚氛围；积极推进实施扶贫广播工程，共安装扶贫调频广播喇叭9893个，实现了全县448个建制村全覆盖，村民均能收听到县扶贫电台播出的节目，为全县群众了解、熟知脱贫攻坚政策提供了更便捷的渠道。按照国家广电发展要求，央广数字无线覆盖项目已经完工。按照县委、县政府脱贫攻坚工作要求，局共派出干部职工257名，帮扶贫困户602户，派出7名驻村第一书记和7个驻村工作队，各驻村工作队按照县委、县政府的要求，扎实驻村，认真走访，宣传政策，办好实事。捐赠棉被价值37800元，为8个贫困村各购买垃圾车9辆，计款14400元，为贫困村捐赠价值34500元的空调；投资14000元用于7个贫困村的秸秆禁烧工作。

【党风廉政建设】 2018年，局党组按照县委党建工作要求，坚持“围绕全局中心工作抓党建”的工作理念，以“两学一做”学习教育活动、“五查五促”和“以案促改”活动为载体，不断加强党的思想、组织和作风建设，落实“三会一课”制度，进一步增强党组织的凝聚力、创造力和战斗力。

（尚盼盼）

图书发行

【概　况】 上蔡县新华书店有限公司担负着全县589所中心学校202342名学生的教材教辅征订发行任务，始终把社会效益放在第一位，服务教育教学、送书到校、诚信经营、开拓创新、齐心协力、扎实苦干、克难攻坚，做到“课前到书，人手一册”。在开展脱贫攻坚工作中，包村包户、落实到人、定期走访、建档立卡、精准扶贫，提高贫困户的满意度。2018年各项工作取得新的突破，圆满完成了年度目标任务。全年一般图书完成销售48.7万册、624.37万元，教材销售272万册、2721.02万元，教辅销售341万册、3414.34万元，电子商务销售335.45万元，向贫困村捐赠棉被、环境卫生整治现金3.29万元。被省集团评为先进店。

【开拓销售渠道】 随着互联网快速发展，人们能够多渠道地阅读到很多图书资料，对书店图书销售带来压力和冲击，书店领导员工开了多次座谈会，顶层设计打造电子商务进农村服务。规范服务，各负其责，满足读者的合理需求，积极开展新书预订、缺书登记、主动导购等服务项目，并做好相应台账等工作。同时每位员工每月要建立至少一个有效的顾客式读者群。店长注意分管图书品种的动销和库存缺货情况，做到快进快销。对店内图书做到分类陈列，摆放整齐美观。加强与广大读者沟通，注意收集读者需求信息和意见并及时反馈，诚信服务，维护门店形象，团结协作对上级下达的各项任务都能保质保量地完成。

【教材发行】 在全省内小学1—6年级，初中7—9年级的教材由政府拨款免费发给学生。书店按学生人数每生一套做好了征订发行。全店实行分片包干，每个乡镇学校都有新华书店的联络员，送书到校、到班、到人，完成“课前到书、人手一册”这项政治任务，全年销售教材272万册、2721.02万元。

【教辅销售】 严格按照河南省教育厅关于全省中小学教辅资料目录、版本、定价有关文件执行，全县实行每个学生只能配发一套评议内教辅资料，3—9年级可由学校代购代收，1—2年级视学生需求自愿购买的原则，由新华书店发行联络员在学校外摆摊销售。通过全店员工的共同努力，全年教辅销售341万册，码洋3414.34万元。

【图书销售】 以国家法律法规为指南，增强职工的“六种意识”即机遇意识、创新意识、发展意识、大局意识、责任意识、忧患意识。切实担负起新华人的文化使命，做好中共十九大文件和学习辅导读物宣传征订工作。截至2018年年底，经过全体员工齐心协力包片包干、进单位、进工厂、进乡镇、进社区、进学校，共征订发行政治理论读物487000册，624.37万元。其中《习近平谈治国理政》第二卷发行2475册198000元，《理论热点面对面》2463册51723元，一般图书482062册599.40万元。圆满完成年度目标。

新华书店送书到校　　赵伟摄

【电子商务】 上蔡新华书店电子商务部特色馆依托省集团云书网平台建立的特色产品购物平台，秉承“推出去，引进来”的服务宗旨和理念，经过收集筛选已将名人书法字画、杨集铁锅、久久面粉、金利源面粉、状元红酒、白云翁毛笔等600余种上蔡县地方特色产品上线。其他类上线产品1200种，其中最有影响力的就是上蔡的特产小麦面粉，依托本县的小麦面粉优势资源努力开拓团购大客户，在2018年1月至2018年12月30日云书网网上面粉订单371单成交金额162.9万元。在上蔡县特色馆商品的广度、深度方面做文章，突出了商品的地方特点。电子商务进农村服务站建设已经走在全县最前面，上蔡县新华书店云书网乡镇服务站已经建设完成22个，村级服务站已经完成建设311个，签约合伙人310人，县级乡村电子商务服务站示范店以及电子商务便利店已建成19个，具备持续有效激活服务站61个，实现服务站销售97.5万元。电子商务工作起步早、动作快、措施得力、效果明显。2018年全年电商部各项销售完成335.45万元。

【脱贫攻坚】 根据县委县政府关于脱贫攻坚的战略部署，为如期实现全县脱贫攻坚目标，新华书店结对帮扶东岸乡大苏村、光武村、程尧村，为此成立驻村工作队，对建档立卡贫困户实行结对帮扶。1—5月，免去了大苏村贫困户学生教辅资料费款共计1.2万元，并向每名学生捐赠了助学资金160元。驻村工作人员填写了各项扶贫手册，进户宣讲扶贫政策，一件一件落实，坚决打赢脱贫摘帽攻坚战。

【“创卫”工作】 新华书店以创建文明、卫生、优美的城市居住环境为目标，在辖区大力开展净化、绿化、亮化、美化工作，加大卫生保洁力度。合理设置垃圾箱，垃圾无外溢，辖区道路，广场、绿地等公共场所无纸屑、烟头等丢弃物，无生活垃圾、建筑和装修垃圾等，大门、信报箱、配电箱、电信箱、消防箱等公共设施，每季度擦拭一次，基本达到无垃圾、杂物、无明显污迹；房屋公共部位和公共场所无乱贴乱画、乱牵乱挂、乱堆乱放、乱搭乱建现象，无私种蔬菜等现象；除“四害”措施落实，鼠、蚊、蝇、蟑螂等病媒生物得到了有效控制。努力创建良好的人居环境，促进全县卫生城市创建工作。

（赵 伟）

新华书店积极参与创建国家卫生县城 赵 伟 摄

档案工作

【概 况】 2018年，县档案局认真贯彻落实中共十九大精神，紧紧围绕县委、县政府工作大局谋划档案工作，不断创新服务机制，不断扩展服务领域，不断更新服务手段，不断提高服务水平，档案基础业务工作更加扎实，资源结构更加优化，社会功能更加完善服务成效更加明显。

【脱贫攻坚】 2018年，县档案局下派一名第一书记，3个帮扶工作队，分别驻朱里镇古刘村、朱里镇后关村（万名干部帮万户村）、齐海乡柴冀村。县档案局严格落实帮扶责任，以抓基层党建促脱贫攻坚，定期组织所包村两委研究脱贫工作，落实四议两公开程序，对3个村的贫困户精准识别，精准退出严格把关。每个月的25号开展主题党日活动，利用组织生活会、党员大会、上党课等形式向各帮扶村党员群众宣传党的扶贫惠民政策。经常性组织全局人员下乡入村进行走访，宣传扶贫政策，了解生产生活情况，解决实际困难，帮助规范档卡。全年在单位经费紧张的情况下，为古刘村、柴冀村帮助清运秸秆、坑塘治理、人居环境整治、标准化村室建设、慰问贫困户等捐助资金6万余元。派驻齐海乡柴冀村第一书记张爱华被县委县政府连续两年表彰为“优秀第一书记”。

2018年春节前夕，档案局工作人员为贫困户送过冬棉被

【党建工作】2018 年，县委派出巡察组巡察县档案局，针对巡察反馈的 5 个方面 13 项问题，县档案局高度重视，多次召开党组会，制定了 22 项整改措施。用习近平新时代中国特色社会主义思想武装头脑、凝聚共识。把学习贯彻习近平新时代中国特色社会主义思想和中共十九大精神作为重要政治任务，组织广大党员开展多种形式的学习培训、座谈研讨等，抓住重点，深刻领会新理念新思想新战略，把握新时代新要求，务必做到学懂弄通、入心入脑，学深学透、融会贯通，结合实际、联系工作。坚守档案工作的政治属性，坚持“为党管档、为国守史、为民服务”的职责，强化党在档案工作中的政治统领作用。应用新思想的指导作用，破解新时代档案工作面临的新挑战，全方位落实新要求。引导党员领导干部树立新理念，始终以人民为中心筹划工作，始终以服务群众为出发点开展工作。

【档案业务】进一步简化档案利用手续，全面落实查阅和复印档案零收费，确保上班随时可查，下班随喊随到，为查阅档案人员提供优质服务。2018 年，共为群众办理涉及婚姻、房产、地籍、工龄、工资等与生活息息相关的查档服务 4000 余人次，受到查档群众的一致好评，也进一步扩大了档案工作的社会影响。针对馆藏档案布局不合理、管理不规范的现状，档案局组织开展库房问题大排查活动，班子成员和业务骨干多次进库房查问题，查漏洞，查不足，该清扫的清扫，该挪移的挪移，该规范的规范，该添置的添置。经过两个月的努力，档案馆建设进一步规范。4 月 9 日至 5 月 28 日，档案局在全县开展了档案管理工作大检查，副局长魏中耀带领局业务骨干对全县 26 个乡镇、街道和交通局、审计局等 23 个县直单位档案管理情况进行了摸底调查。调查组针对在检查中发现的问题对相关单位及时下发了整改通知书，并对各单位如何做好档案管理工作进行了现场指导。通过调查基本摸清了全县档案管理工作状况，对全县档案管理工作存在的问题有了一定的认识，有效促进了全县档案管理工作。扎实开展“6·9”国际档案日宣传活动。6 月 9 日是第 11 个国际档案日。档案局在县委、县政府和社会各界的支持下，通过摆放宣传板、悬挂宣传条幅、发放宣传资料、开展业务咨询等形式向过往群众讲解档案和人们的生活相关等问题，引导群众多关注档案文化，关注档案工作。11 月，县退役军人事务管理局筹备期间，档案局派出两名业务骨干分别进驻县民政局和县人社局，对相关档案进行全程监督和指导，确保这部分档案顺利移交到退役军人事务管理局。

（吴　明）

党史编研

【概　况】2018 年，中共上蔡县委党史研究室深入学习贯彻中共十九大精神和习近平新时代中国特色社会主义思想，以习近平新时代中国特色社会主义思想为指导，以资政育人为目的，紧紧围绕全县改革发展大局和中心工作，扎实推进党史研究、党史资料征编、脱贫攻坚等工作的开展，为促进上蔡经济社会发展作出了积极的贡献。全年编印党史大事当月记 12 期，整理党史回忆文章 3 篇，撰写论文 1 篇，收集整理党史资料 12 万字。

【党史征编出版】积极开展党史三卷征编工作，认真制定征编计划，广泛收集材料，为编写地方中共党史第三卷积累翔实资料。完成《中共驻马店历史年编（2017）》上蔡部分编写工作，为市委党史研究室提供近 5 万字的文字材料。编印发行 12 期上蔡县党史大事当月记，近 7 万字。

【积极参与党史重要纪念活动】为学习贯彻习近平新时代中国特色社会主义思想和中共十九大精神，学习贯彻习近平总书记关于改革开放的重要论述和习近平全面深化改革重要思想，回顾总结在党的领导下驻马店改革开放以来的光辉历程、取得的重大成就和宝贵经验，凝聚全市社会各界的智慧和力量，奋力拼搏，砥砺前行，市委党史研究室决定在全市党史部门开展“纪念改革开放40周年”论文征集工作。县委党史研究室精心组织各方力量，为市委党史研究室提供纪念改革开放40周年论文3篇。

【上蔡抗战老兵调查】 按照市委党史研究室的要求，2018年，上蔡县委党史研究室调访抗战老兵4人，撰写“口述史”2篇。

【《大美上蔡　红色记忆》编写】 2018年，在《大美天中　红色经典》一书编写工作的基础上，上蔡县委党史研究室精心组织人员，认真开展《大美上蔡　红色记忆》一书编写工作，11月完成初编任务，该书45000余字，图片80余幅，正在修改中。

【脱贫攻坚】 在人居环境整治和坑塘治理中，先后出资5000元，帮助朱里镇郑庄寨村和贫困群众解决一些实际问题，并和村两委干部一起，积极与相关单位沟通协调，解决了困扰郑庄寨村多年的自来水“户户通”工程、小喇叭项目、路灯“村村亮”工程，村卫生室建设项目也在抓紧施工中。道路建设申请施工项目800米，初步改善了村内道路设施。组织人员先后刷写墙体标语6条，悬挂过街横幅8条，制作板面6块，先后召开村“两委”干部会、党员代表会、群众代表会、贫困户培训会16场次，反复学习党的脱贫攻坚政策，让他们在潜移默化中达成共识，形成脱贫攻坚的合力，引导他们走向脱贫攻坚的主战场。

（申彦红）

地方志工作

【概　况】 2018年，上蔡县地方史志办公室以习近平总书记新时代中国特色社会主义思想和中共十九大精神为指导，全面贯彻落实《地方志工作条例》和《全国地方志事业发展规划纲要（2015—2020）》，组织编纂地方综合年鉴，出版发行了《上蔡年鉴（2018）》，填补了上蔡县没有地方性综合年鉴的空白，被中共上蔡县委、上蔡县人民政府命名为2018年度县级文明单位，被上蔡县人民政府表彰为2018年度上蔡年鉴编纂工作先进单位。

【年鉴编纂】 2018年，为完成年鉴编纂任务，县史志办分别聘用了3名退休老干部和招录了2名公益性岗位人员。组织编辑人员学习《地方志工作条例》《河南省年鉴协会文集》和《河南史志》有关年鉴编辑知识，到兄弟县市学习请教，邀请市史志办专家作辅导，帮助编辑们掌握年鉴的编辑本领。为各乡镇和县直单位拟定出年鉴撰稿规范和撰稿提示。抓好督导，解决进度缓慢问题。每周编辑部组织召开例会，研究工作进展情况，发现问题及时发出督导通报，加快了编辑进度。编纂出初稿后，编辑部又多次进行修改、审核、校对，联系排版印刷，最终确保年鉴的顺利出版发行。在编辑年鉴工作中，培养锻炼出一支编辑队伍，全县共计123家供稿单位，撰稿人146人。

上蔡年鉴编辑研讨年鉴　　刘俊梅　摄

【方志室建设】 根据中国地方志指导小组和省市史志办关于建设方志馆（室）工作要求，因陋就简，创建了县级方志室，面积50平方米，内放18组书柜，对3600余册的方志、年鉴、史志期刊、工具书、家谱等进行分类排列，并造册登记、编号入柜，以便读者查阅。

【供稿工作】 向《出彩中原故事系列丛书——豫见改革开放40年》供稿两篇，全被采用，宣传第六届全国道德模范张全收事迹和脱贫攻坚重度残疾人脱贫上蔡模式。为纪念改革开放40年，向《驻马店日报》提供1978—2018年大事记专版75条。

【蔡文化研究】 创办《蔡韵春秋》季刊。《蔡韵春秋》每期15个栏目，全年共出4期，每期刊登文章30—40篇，6.5万—8.3万字不等。编纂出版《历代蔡姓百名文学家传略》，全书32万字，2018年10月由中州古籍出版社出版，印制5000册，主编杨周靖，执行主编柳书波。编纂出版《历代蔡姓名人传略》，全书34万字，2018年10月由中州古籍出版社出版，印制5000册，主编杨周靖，执行主编张重阳。编纂出版《新编国学启蒙读本》一套两册，分别是《新编千家诗》《新编龙文鞭影》。这套书被教育部全国教育科学规划课题“中小学传统文化教育实验研究”列为课题组成果。此书的前言为教育部教育科学规划总课题组的推荐文章。编绘《中华蔡氏播迁示意图》。

上蔡县方志室　　张紫薇　摄

【脱贫攻坚】 分别向洙湖镇大刘寨村和洙湖镇大吴村派驻2名第一书记，对县史志办人员所帮扶的14户贫困户实行“一对一”精准帮扶，为贫困户送去米、面、油等生活用品，为村委捐赠了电脑、打印机、垃圾桶等，设置了26块宣传栏，向贫困户宣传国家各项扶贫政策。驻村工作队队员与贫困户结成帮扶对子，分赴大刘寨村和大吴村完成建档立卡贫困户收入算账和表册填写、预脱贫户收入算账和脱贫成效调查，协助第一书记规范村级档案资料，做到因户施策，精准帮扶。截至2018年12月底，大刘村建档立卡贫困户42户117人，大吴村建档立卡贫困户36户95人，县史志办共为两个村捐款捐物5万多元。

【《上蔡年鉴》编纂工作启动暨培训会】 为落实地方志工作“两全目标”，启动《上蔡年鉴》编纂工作，2018年3月26日，上蔡县召开《上蔡年鉴》编纂工作启动暨培训会。会议传达了《县委办公室、县政府办公室关于成立〈上蔡年鉴〉编纂委员会的通知》《县委办公室、县政府办公室关于做好〈上蔡年鉴〉2018年卷工作的通知》和《县委办公室、县政府办公室关于印发〈上蔡年鉴〉2018年卷编纂工作实施方案的通知》。

（刘俊梅）

《上蔡年鉴》编撰工作启动暨培训会　黄　澳　摄

旅　游

【名胜古迹】 蔡国故城遗址。位于蔡都街道辖区西南部、芦岗街道辖区西北部、重阳街道辖区东

蔡侯望河楼（重阳登高处）。位于蔡国故城西垣高台之上，东依蔡国宫殿区，西临汝河故道。《上蔡县志》记载：西周时期，每当汝河泛滥，县城西即成一片汪洋，蔡侯常到这里望河观景，故名望河楼。东汉末年桓景于九月九日在此登高避灾，又成为重阳节的发源地。望河楼山门朝东，上书“芦岗雅地”。

蔡国人工烽火台。位于蔡国故城墙北垣上偏西处，呈棱台形，底大顶小，高出地面25米。底部东西长17米，南北长59.6米，顶部东西长10米，南北长10.5米，面积105平方米。烽火台东西两面与蔡国故城墙混为一体。南面与城墙平齐，北面凸出城墙外23米，成马面形，便于瞭望和从左中右三面御敌。该烽火台为我国现存最早的人工烽火台。

蔡国故城墙

蔡侯望河楼　　张爱武　摄

郭庄楚墓。位于县城西3千米大路李乡郭庄村东约500米处的岗岭西坡上。2006年5月，上蔡楚国贵族墓地被国务院公布为全国重点文物保护单位。

蔡氏始祖叔度公陵园。位于县城西西上公路2.5千米处北侧，2000年被省政府公布为重点文物保护单位。每年清明节都有上千名国内外蔡氏宗亲在此追根祭祖。

蔡叔度陵园　　宋永亮　摄

蔡仲陵园。位于县城东北隅庞庄村前，周上公路西侧0.5千米处。背西面东，东西长164米，南北宽76米，占地18.6亩。蔡仲墓于2000年9月被公布为省级重点文物保护单位。每年清明节海内外蔡氏后人来凭吊者络绎不绝。

蔡仲陵园　　宋永亮　摄

李斯墓。位于县城西南重阳街道李斯楼村东南300米处，2000年9月被省政府公布为重点文物保护单位。李斯墓高12米，底部直径40米，占地1256平方米，坐东朝西。墓冢下部有用砖和水泥砌成的高 1.5 米左右的围墙，围墙外有宽约两米的环绕道。墓前有石碑数通，其主碑刻有金色大字“秦丞相李斯之墓”，碑额上刻着“千古一相”四字。碑的西边是一个水泥砌成的约 500 平方米的平台，两边立有 6 通石碑。墓西有李斯跑马岗、饮马涧等遗址。

顺阳王墓。位于县城南 5 千米的邵店镇丁楼村金井吴自然村西北。发掘前冢高约 8 米，底部直径约 20 米。2008 年 6 月被河南省人民政府公布为第四批省级文物保护单位。

苏氏节孝坊。位于县城东北 30 千米的东岸乡牌坊刘村，建于清嘉庆十二年（1807）冬，2008 年被公布为省级重点文物保护单位。牌坊位于村中央，坐北朝南，东西长 5.12 米，南北宽 1.7 米，高 3.59 米，为四柱三厅楼式建筑。

苏氏节孝坊　　宋永亮　摄

光武台遗址。位于县城东北 35 千米的东岸乡杨庄村东。遗址为长方形高土台，南北长 70.3 米，东西宽 52.2 米，面积 3710 平方米。是河南省 1963 年公布的重点文物保护单位。

伏羲庙（白龟庙）。伏羲庙（俗称白龟庙）位于县城东 15 千米处蔡河北岸，是市级重点文物保护单位。每年农历三月十五日的白龟庙会是上蔡县规模最大、会期最长的庙会。

蔡明园。蔡明园位于县城南部重阳大道中段北侧秦相大道南段东侧，占地 1000 多亩，主要由牌楼、文化广场、人工湖、御园寺、游乐中心等景区组成，现为国家 AA 级旅游景区。

伏羲画卦亭　　石小生　摄

蔡明园牌楼　　宋永亮　摄

蟾虎寺。位于县城西北 2.5 千米处高台上。高台被冈陵沟渠环绕，有九条沟从台旁蜿蜒流过，故有“九龙汇”“九龙戏珠”之美称。

魁星楼。魁星楼位于蔡国故城东垣中部与明清上蔡古城南垣东端的交界处。青砖砌成，为六棱形。明于城墙上筑石台，石台八角形，高约 1.5 米，每边长约 3 米，周边约 24 米。面积约 50 平方米，台基上建三层魁星楼，高约 25 米。一层石基内敛一米，整楼为木瓦结构没砖墙，石基木桩，梁衡扣榫。楼八角二十四脊，覆绿琉璃鸳鸯

魁星楼　　陈洪轩　摄

筒瓦，角檐飞挑，楼顶八脊汇合处立一两米高的园塔，上有铁链连着各角，似雄鹰展翅。各檐角悬铁铃，微风轻拂，叮当作响。楼雕梁画栋，彩饰藻井。楼共三层。一层供游人小憩，二层供奉着魁星神，三层供香客游人游玩观景。现存魁星楼为近年所修建。

李斯故居。秦丞相李斯故居有两处。一在县故城东门里东大街路北，今上蔡一中一带，李斯为郡小吏时在此居住。故居南北长约200米，东西宽约150米，面积约3万平方米，存有李斯井、李斯坑等遗迹。另一处在县城西南5千米处的李斯楼村，是李斯出生之地和少年生活的地方。村南有李斯饮马涧、李斯跑马岗，村东南角有李斯墓。

晋王城遗址。位于县城东40千米杨集镇后常营村北。遗址东西长300米，南北宽250米，面积2.5万平方米。出土有西周陶豆残部、泥质灰陶和东汉陶器圈足底部及绳纹片，并有唐代碗的残部出土。因位于晋王李存勖所筑得胜城之南城上，故名。

（聂 臣）

卫 生

卫生和计划生育

【概　况】 2018年，全县卫生计生工作以中共十九大精神和习近平新时代中国特色社会主义思想为统领，围绕中心，服务大局，努力在增进人民群众健康福祉上下功夫，圆满地完成了各项目标任务。传染病发病率十万分之389.06，比2017年下降2.107%；婴幼儿死亡率6.26‰，孕产妇死亡率十万分之14.98，人口自然增长率4.52‰，人均期望寿命74岁。连续三年被县委、县政府评为综合工作先进单位。

【创建国家级卫生县城动员大会】 2018年12月26日，上蔡县创建国家级卫生县城动员大会在西街影剧院召开，县委、县人大、县政府、县政协等有关领导出席会议，各乡镇（街道）党（工）委书记、乡镇长（主任）、分管副职，县直各单位主要负责同志，主创单位全体班子和股室负责人参加会议。会议由县委副书记、县长李卫明主持，卫计、城管、交通等部门负责人作表态发言，县委书记胡建辉作重要讲话，对创建工作进行安排和部署。

【健康扶贫工作】 认真落实县委、县政府健康扶贫救治政策，完善精准施治基础，实行先诊疗、后付费，建档立卡贫困人口住院治疗出院时凭相关手续在医院"一站式"办结，实现医疗费用合理部分零支付，2018年政府兜底补贴贫困人口医疗费用达8000余万元。全面推进全县居民家庭医生签约服务，实现了18463户贫困户家庭医生签约服务全覆盖。投入1000余万元，实施"互联网＋分级诊疗"健康扶贫项目，实现了县医院，黄埠、邵店、五龙、大路李、西洪5个乡镇卫生院，6个重度残疾人集中托养中心，69个建制村信息互联互通。大力开展农村贫困人口大病救治工作，210名大病人员在政策范围内全部得到救治。积极争创全国健康扶贫工程示范县，明确分工，强化督导，查漏补缺，完善资料，创建工作有条不紊推进。

【医改工作】 规范医务人员诊疗行为，落实处方点评制度，促进合理用药；强化医院机构内控制度，加强预算约束，强化成本核算，提高医院药品、耗材等方面的精细化管理水平；加强医疗费用监测，建立医疗费用监测体系，完善监测指标，合理确定医疗机构费用控制的年度工作目标，把全年医疗费用增长率控制在9%以内，对控制不力的单位予以通报和约谈。优化医疗资源结构和布局，合理确定各级各类医疗机构功能定位，制定县级首诊病种目录100种、乡级50种，明确转诊标准和相关程序，使"基层首诊、双向转诊、急慢分治、上下联动"的分级诊疗制度得到落实。县级公立医疗机构与5家乡镇卫生院签订对口支援协议，县乡各选派10名人员进行等额对调，一年为一个周期，县级医生帮助基层医疗机构提高诊疗水平和服务能力，基层人员到县级医院参与临床活动，丰富实践技能。县政府出台了《上蔡县建立现代医院管理制度的实施方案》，将县医院、民营仁爱医院作为试点单位进行推进。县政府为全县3家公立医院落实医改以奖代补，其中，为县人民医院补偿140万元，为县中医院补偿100万元，为县妇幼保健院补偿60万元。为县人民医院拨付重点学科发展资金480万元，为县中医院拨付重点学科发展资金360万元，为县妇幼保健院拨付重点学科发展资金24万元。

2018年10月28—29日，省卫计委、省文明办、省扶贫办举办的"健康中医行，大医献爱心"活动

高二喜 摄

【基层卫生工作】2018年实行全县标准化村卫生室建设清零行动，投入资金2988万元，建设166所，全县累计建设428所。积极开展家庭医生签约服务，以六类人群为重点，完善服务模式，丰富签约内容，做好医疗卫生服务，乡村两级签约率达到90%以上，贫困人口签约率100%。进一步完善"两改变、三结合、四加强"基本公共卫生服务工作机制，与微医集团合作投入5000万元，为每个乡镇卫生院配备云巡诊车一辆，灵活机动进村入户，为群众提供健康服务。全县累计建立电子档案97.62万余份，电子档案建档率98%，举办健康教育讲座130余次，参加人数达7500余人次，管理0—6岁儿童70122人、孕产妇7789人、65岁以上老年人68301人、高血压患者98223人、Ⅱ型糖尿病患者28052人、严重精神障碍患者3564人、免费婚检对象5700余对。2018年12月13日，市政府在上蔡县召开全市基本公共卫生服务现场会，推广上蔡县管理经验。

【疾病预防控制工作】按照"预防是根本、救治是关键、救助是保障"的工作思路，积极抓好艾滋病防治工作，规范管理艾滋病感染者5905人，感染得到有效控制，死亡率趋于正常水平。认真开展麻疹疫苗查漏补种，各类免疫规划疫苗接种率均达95%以上。县卫计委联合县食药监局按照疫苗药品隐患排查要求，在全系统各个接种单位和接种点从采购、流通、存储、记录、使用等各个环节开展彻查，对查出的问题快速予以整改，召回狂犬疫苗19405支，消除接种隐患。对结核病人规范转诊程序，科学合理治疗，治疗管理肺结核病人490例，其中涂阳肺结核病人169例，涂阴病人257例，胸膜炎62例，肺外结核1例。启动心脑血管、肿瘤登记和死因监测报告工作，完成碘缺乏症监测任务。健全全民健康教育体系，普及健康知识，全面提高健康素养，按照全省健康促进示范县工作要求，按步骤、分节点，全面争创全省健康促进示范县，以健康促进示范县的创建，带动全县健康教育工作健康发展。

【卫生监督执法工作】严格行政审批，受理、审批服务许可156家，办理从业人员健康体检8074人，公共场所现场卫生监测265家。积极整治医疗市场，严厉打击非法行医，全县各级各类医疗机构监督检查覆盖率100%。规范职业（放射）卫生工作，对全县45家医疗机构136名放射人员进行了个人计量件周期更换。强化学校及托幼机构卫生管理，联合县教育部门对学校及托幼机构的食堂和生活饮用水开展了执法检查，有效防止了学校食物中毒及传染病等突发公共卫生事件的发生。

【妇幼保健工作】全县共救助农村孕产妇10532人，管理妇女孕前和孕早期补服叶酸11125人。

对全县 11400 余人进行了免费婚检，检出各类传染性疾病、遗传性疾病 700 余人，全部给予医学指导或矫正。

【“两筛”“两癌”工作】“两筛”是指免费产前筛查和新生儿疾病筛查，“两癌”是指宫颈癌筛查、乳腺癌筛查，为 2018 年省政府实施的一项民生实事。由乡镇政府负责人员接送，县医院和县妇幼保健院负责检查，免费产前超声筛查完成 9204 人，完成率 64.84%；免费产前血清学筛查完成 9349 人，完成率 65.86%；新生儿听力筛查完成 14293 人，完成率 100.68%，新生儿先天性甲状腺功能减低症和苯丙酮尿症筛查 14318 人，完成率 100.86%。宫颈癌筛查完成 26019 人，完成率 100.81%，确定宫颈癌 54 例；乳腺癌筛查完成 25994 人，完成率 100.71%，确诊乳腺癌 14 例。

上蔡县免费产前筛查和新生儿疾病筛查工作推进会
高二喜　摄

【医疗质量工作】 深入开展平安医院创建活动，进一步规范医疗操作流程，强化医疗质量管理，完善医患纠纷调节机制，加强工作督导和检查，促进医疗质量提升。狠抓医德医风建设，实行服务承诺制，开展人人服务承诺活动，自觉践行承诺，指导和规范工作人员的服务行为。严把审批程序，严格审批行为，凡申报开设医疗机构的，必须具备资格，经验收合格后按程序准予发证。

【中医管理工作】 继续深化县中医院和河南省中医药大学第一附属医院合作，实施了冠状动脉造影术、冠状动脉支架植入术、心脏起搏器植入术、心房纤颤三维标测射频消融术等数十项业务，填补了上蔡县空白，也使县中医院顺利通过二级甲等中医院命名。开展《中华人民共和国中医药法》实施一周年宣传活动，制作板面 60 余块，悬挂条幅 800 余条、印制宣传单 3 万余份，举办讲座 30 余场次。3. 开展中医义诊活动，组织中医义诊服务 20 余次，出动医务人员 240 余人次，服务患者 3200 余人。

【人才工程】 大力实施人才发展战略，积极引进专业技术人员，利用“369 人才工程”，引进医学院校本科毕业生 85 人，研究生 1 人，订单定向生 4 人，全部分到县人民医院、县中医院和县疾控中心。

【计划生育家庭发展工作】 县财政为全县 18 周岁以下的 3393 户农村独生子女户拨付奖励费 159 万元；为 4634 名农村奖扶对象拨付奖扶金 611.68 万元；为 1312 名城镇独生子女父母拨付奖励扶助金 125.95 万元；为全县已审批通过的农村奖扶、计生特扶对象缴纳了城乡居民社会基本医疗保险费；为 45—59 周岁的 6510 名独生子女父母和农村计划生育双女户父母进行了社会养老保险参保补贴；为生活自理型的城镇计生双女户家庭老人，每人每年发放居家养老生活补贴 360 元，为生活不能自理型的对象每人每年发放生活补贴 480 元。全县 136 名特扶对象除享受国家规定的特扶金外，县财政对独生子女伤残家庭父母每人每年加发生活补助 600 元，对独生子女死亡家庭父母每人每年加发生活补助 1200 元。市、县财政出资对 49 周岁以上失独计划生育家庭一次性发放慰问金 10000 元。各乡镇卫生院和本辖区内所有计生特扶对象开展家庭医生签约服务，并进行免费体检，实现计生特殊家庭签约服务全覆盖。县政府出台了《关于推进医疗卫生与养老服务相结合实施意见》，调动市场、政府、医疗机构等各方力量，创新运作模式，完善配套政策，加大资金投入力度，加快护理型养老机构及护理院建设，促进医疗卫生资源与护理资源的有效衔接，让更多人享受到“医养”服务带来的实惠。

【计生服务改革管理工作】 认真落实二孩生育政策，将一孩、二孩生育服务证登记办理权限下放到乡镇计生服务中心，为群众提供便捷服务。严格三孩生育审批，全年共审批发放三孩生育证9个。

【孕前优生健康检查工作】 开通优生咨询电话和孕前优生检查项目微信，为群众答难解疑，对查出的出生缺陷高风险对象，卫计委派出业务能力强的技术人员，进村入户进行面对面优生指导。全年参与孕前优生健康检查对象达4600余人。

（许高中　程国华　许佳俊）

艾滋病防治

【概　况】 至年底，全县现有艾滋病感染者8948人，其中现症病人5301人，主要分布在8个乡镇的50个建制村。全县共管理规范接受抗病毒药物治疗者5217人（其中成人5004人、儿童213人）。接受一线治疗2529人、二线治疗2876人。中医药治疗1710人（含中医药治疗艾滋病项目病人），患者接受抗病毒治疗率和中医药治疗率达到100%。被市卫计委、艾防办授予先进单位称号。

【世界艾滋病日宣传活动】 在2018年12月1日第30个“世界艾滋病日”举办艾防知识宣传一条街活动，民政、计生、卫生、妇联、共青团、广电、教育等防治艾滋病工作委员会成员单位积极参与，集中在蔡都大道两旁放置艾滋病宣传展板，设立了咨询台，一对一或一对多进行艾滋病防治知识的宣传，向过往群众发放防治艾滋病知识的宣传材料，释疑解惑。共摆放宣传板80张，发放宣传单5000余份、宣传围裙3000个、安全套2000只、宣传扑克牌1200付。在县城主要街道张贴标语50多条、悬挂过街横幅20多条，县、乡共出动宣传彩车30辆。

【艾滋病防治宣传】 县电视台于2018年11月26

世界艾滋病日宣传　　李昭文　摄

日—12月3日每天早中晚黄金时段播放艾滋病防治知识．利用流动字幕等形式开展艾滋病防治知识宣传和感染风险警示教育。县艾防办配合县委宣传部扩展网络微博、微信及短信等新兴媒体宣传渠道，12月1—7日活动期间，发送艾滋病防治知识短信20万条。教育部门组织学校广泛开展了预防艾滋病宣传教育活动，通过主题班会、座谈会、读书活动、知识竞赛、专家讲座、图片、展板展览等多种形式，全面普及艾滋病综合防治知识，帮助指导学生树立正确的人生观、价值观，养成健康的生活方式，提高自我防范能力。充分调动学生参与艾滋病防治工作的积极性，鼓励他们作为青年志愿者，参与社区预防艾滋病宣传教育活动。

【艾滋病防治措施】 建立了以县疾病预防控制中心为主导的共有18个VCT自愿咨询检测点，开展自愿咨询检测工作，并在全县医疗机构中开展了PICT服务。对HIV感染者、病人、阳性育龄妇女、单阳配偶等目标人群定期进行随访检测，开展依从性教育和发放安全套。对所有孕产妇进行梅毒、乙肝和HIV筛查，对阳性育龄妇女实行一对一跟踪随访。对有20个艾滋病人以上的50个村全部建立了标准化定点救治卫生所，配备了专职医务人员和医疗设备。14个乡镇卫生院设立了艾防门诊，负责周边散在艾滋病人的救治、母婴阻断。县人民医院和县中医院设立了爱心病房，医疗救治重症艾滋病患者。县艾防办成立了艾滋病救治专家技术小组，定期到乡、村两级定点救治机构进行巡诊。艾滋病人抗机会性感染治疗实行“属地治疗，就地治疗，逐级转诊”，需要转到县级定点救治机构时，由县救治专家组进行会诊。确保小病不出村，重病能够得到及时有效的治疗。县疾控中心承担全县成人和儿童抗病毒治疗工作，推行了三级督导模式（即疾控中心→村卫生所→志愿者→病人）。个人账户、重病统筹管理模式。每个艾滋病人都设立一个个人账户，乡（镇）艾防门诊负责艾滋病人个人账户的注入，每人每月300元。重病统筹资金由县艾防办统一审批；对个人账户结余的艾滋病人每年年底按比例给予现金奖励。全县66个县乡村定点救治单位实行微机管理，量化考核，建立了一套完整的、涵盖所有工作指标的量化考核标准。在县级医院住院治疗的艾滋病人和在乡镇卫生院艾防门诊就诊的艾滋病人纳入城乡医保治疗。县中医院被国家中医药管理局确定为中医药治疗艾滋病临床基地。每年两次为艾滋病人进行健康体检，建立电子档案。

【抗病毒治疗三级督导模式】 由“郭屯经验”（即：送药到手、看服到口、吐了再补、不服不走）逐步完善形成的抗病毒治疗三级督导管理模式，在全国得到了推广。

（李昭文）

县人民医院

【概　况】 2018年，上蔡县人民医院基础设施进一步改善，医疗设备和信息化建设进一步完善，人才队伍建设进一步加强，平安医院建设工作成效明显。全年门急诊量627160人次，收治住院病人59633人次，成功抢救危重病人1136例，共做手术7718例，全年收入总额3.7941亿元。收治农合住院病人4.9万余人次，报销金额为1.3亿余元；收治职工医保住院病人2765人次，报销金额为967.7万余元；收治精准扶贫医疗病人1.2万余人次，报销金额为4351.9万余元。

【医疗服务质量】 根据医院服务行业特点，认真开展优质护理服务工作。提高护理人员的服务意识和服务水平，全年完成满意度调查12次，发放满意度调查表3240份，患者满意度97%。认真开展“三基三严”（基本理论、基本知识、基本技能，严格要求、严密组织、严谨态度）培训，邀请上级专家来院讲学授课23次，开展院内医疗、护理、感控等知识培训68次，培训人员6628人次，积极选派骨干医师15人、骨干护士9人赴上级医院进修学习，努力提高医疗质量和水平。先后开展了护理急诊急救大练兵和技能比武竞赛、病历质量评比、医院感控知识竞赛等活动。通过开展学习、培训和竞赛活动，培养和规范了医务人员的业务素质和诊疗行为，医护质量不断提高，在参加上级组织的有关竞赛活动中，上蔡县人民医院均取得了较好的成绩。全年开展新技术、新项目13项、493例，增加收入700万元。

2018年5月30日，上蔡县人民医院举行全院医疗人员心肺复苏竞赛　　许素娜　摄

【基本卫生服务】 积极开展新生儿听力筛查和“两病”筛查（苯丙酮尿症和先天性甲状腺功能低下）及孕产妇产前检查等工作。2018年完成新生儿听力筛查8838人，“两病”筛查8827人，孕产妇产前检查2207人，“两癌”筛查27207人，办理出生医学证明9047人份，完成新生儿乙肝疫

苗接种8437例，卡介苗8419例。

【“十大指标”管理工作】 投资260万元建立的视频监控系统已经投入运行，实现了监控覆盖率100%，通过建机制保安全，切实维护医院的安全和稳定，在省市县开展的平安建设工作检查中，均获好评。充分调动人力资源，加强人才队伍建设，引进“369人才工程”等专业技术人员51人，积极调配人员，尽力满足临床的工作需要。努力控制不合理用药，全年共印发药学通报12期，点评处方97530张，处方合格率99.21%，基药比率达到62.4%，努力使各项指标符合“十大指标”管理规定的要求。制订和完善了各项管理制度，每月定期抽查病历，全年共抽查运行病历28000份，归档病历1608份，并将检查结果通报全院，同时纳入绩效考核，与科室和个人经济收入挂钩，促进和提高医疗质量。认真贯彻落实《河南省医疗系统“以病人为中心”优质服务60条》。优化服务流程，提高医疗服务效率，努力使平均住院日、择期手术患者术前平均住院日控制在7.4天和2.56天，均在规定标准之内。投入资金20多万元提供候诊椅360个，方便患者看病候诊。全年共开展远程会诊70次，争取政府投资300万元建设上蔡县“互联网+分级诊疗”健康扶贫服务中心，使患者足不出县就能享受到三甲医院专家的诊疗服务。与农商行合作引进银医通自助系统等待安装调试，系统运营后可以为患者提供智能导诊、预约挂号、微信支付、住院费用和检验结果信息查询等服务。2018年精神科、骨二科积极申报了“省级重点专科”，院内重点专科建设得到进一步加强。认真执行医疗服务价格政策和管理规定，规范医疗收费行为，维护患者的合法权益。开展服务“两会”、国家扶贫检查服务等21次。认真贯彻《中华人民共和国传染病防治法》，全面实行传染病网络直报工作，上报率达100%。全面贯彻落实中央八项规定和《加强医疗卫生行风建设“九不准”》等规定，加强党风廉政建设和行风建设工作。

【脱贫攻坚】 根据县委、县政府相关要求，上蔡县人民医院成立了5个驻村工作队，派驻村第一书记5人、工作队队长5人、队员5人、帮扶责任人14人，共29人。共召开脱贫攻坚会议12次，学习贯彻县委脱贫攻坚推进会精神，安排部署五个村的帮扶工作。投资29万元帮助5个帮扶村完善各项基础设施，对新村室、村卫生室、村文化广场、环境卫生整治等项目跟踪监督，及时推进；投资10万元为帮扶村安装党建宣传板和宣传栏；投入3万多元为建档立卡贫困户发放过冬棉被和生活用品，帮助贫困群众安全过冬；定期组织帮扶责任人入户走访，帮助贫困户打扫庭院环境，做好政策宣传，使户容户貌得到有效改善。根据精准扶贫、精准脱贫的工作要求，加

2018年5月10日，上蔡县人民医院召开庆祝“5·12”国际护士节暨表彰大会　　许素娜　摄

2018年7月18日，天使志愿者联盟成立仪式在上蔡县人民医院举行　　许素娜　摄

大对贫困人口住院病人的医疗救助工作力度，努力实施“先诊疗、后付费”等服务新模式，按照制度化、规范化、标准化的建设要求成立领导小组，制定实施方案，设立健康扶贫办公室，增设专用窗口、专用药房、专用病房，开辟绿色通道，实行合理费用“零支付”和一站式办结服务，解决了贫困人口就医困难问题。共收治精准扶贫医疗病人 1.2 万余人次，占总住院患者的 1/5，减轻贫困群众经济负担 4351.9 万余元。三是积极开展医疗服务进村。充分利用现有医疗专业优势，定期组织抽调内、外、妇、儿等专业科室的业务骨干组成医疗队，自带药品奔赴帮扶村免费开展扶贫义诊活动 8 次，共计接诊 4000 余人次，发放药品价值 8 万多元，受到村民的一致好评。

（谢松柏　许素娜）

社会生活

人力资源与社会保障

【概　况】 2018年，全县人社系统广大干部职工团结拼搏、务实重干、改革创新、攻坚克难，全面完成各项目标任务。在全县目标考核中，荣获县直单位第一名；就业创业工作获得全市先进单位称号；就业和社会保障平台建设工作获得全市先进单位称号。

【就业创业工作】 全年城镇新增就业9938人、失业人员再就业1952人、就业困难人员实现就业714人，城镇登记失业率控制在3.3%以内，低于省控目标。坚持把高校毕业生就业摆在就业工作首位。认真落实市“三支一扶”计划安排，大力实施“政府购岗”等高校毕业生就业创业促进计划，强化政策落实和服务保障，千方百计拓宽高校毕业生就业渠道。扎实开展“春风行动”，以就业困难对象和“零就业家庭”人员为重点，组织“春风行动”暨助力脱贫攻坚就业扶贫大型招聘会和全县乡镇就业扶贫“四送”（送政策、送服务、送技能、送岗位）巡回招聘会等招聘活动，共提供就业岗位15000个，达成就业意向5000人。全年农村劳动力新增转移就业9400人。大力推动返乡下乡创业，新增返乡下乡创业人员2438人，开展返乡农民工创业培训837人、创业辅导2244人次。加大创业担保贷款发放力度，新增发放创业担保贷款4107万元，新增发放返乡农民工创业担保贷款3438万元，创业带动就业的倍增效应得到进一步发挥。

【社会保障工作】 全县城镇企业职工养老、医疗、失业、工伤和生育保险参保总人数分别达到20200人、42958人、44010人、33200人和25890人。城乡居民基本养老、医疗保险参保人数分别达到74.9万人、126万人。上述七项社会保险费征缴分别达到1.39亿元、1.43亿元、761.4万元、754万元、493万元、9698万元、2.27亿元，全部完成年度目标任务。深入实施全民参保计划，五项社会保险扩面任务全部超额完成，社会保险覆盖面进一步扩大。完善城乡居民基本养老保险制度，建立健全了多缴多得、长缴多得激励机制。持续提高社会保障待遇。提高了基本养老金水平。同步调整了企业和机关事业单位退休人员基本养老金。城乡居民基本养老保险基础养老金由每人每月82元提高到100元。社会保障服务能力持续提升。累计发行社会保障卡95.5万张，超额完成全年目标任务。开展养老保险和工伤保险金重点稽核和专项核查等，保证了基金安全平稳运行。

【人事人才工作】 按照公开招聘政府购岗政策的要求，为县监察委、县政府办等单位公开招聘政府购岗人员73人。按照事业单位公开招聘政策，为教育系统公开招聘中小学幼儿教师266名；为2016年接收的服务期满考核合格的8名“三支一扶”毕业生安置了工作岗位；为2018年接收的

11 名“三支一扶”毕业生及时落实了服务岗位；完成了 24 名公务员日常登记工作，对考取上蔡县的 57 名公务员进行了考察政审工作。为 19000 余名机关事业单位干部职工办理了正常晋升薪级手续；完成了 1000 余名岗位晋升人员工资变动工作、2018 年度机关事业单位工资调标的准备工作和工人技术等级晋升人员的聘任工作；为 390 名符合条件的干部、433 名工人办理了退休手续。共为 1248 名（含卫生 390 人）专业技术人员办理各级各类资格（执业）证书，为 960 名专业技术人员办理了各级各类聘任手续。

【维权服务工作】 围绕落实“治欠保支”计划，不断完善劳动信访案件快受理、投诉案件快查处、仲裁案件快调解工作机制，努力形成信访、监察、仲裁三位一体的维权合力，劳动关系总体和谐稳定。劳动监察大队主动检查用人单位 287 家，涉及劳动者 560 人，补签劳动合同 2927 份。接待群众咨询 1634 人次。接受群众举报投诉 38 件，立案 16 件，结案 16 件，共追讨被拖欠农民工工资 625.5 万元，涉及农民工 585 人。劳动人事争议仲裁院共受理仲裁案件 76 起，包括立案受理案件 40 起、不予受理 3 起，依法裁决 31 起，调解结案 42 起。全县案件共涉及劳动者 208 人，其中农民工案件 46 起，涉及农民工 127 人。

劳动仲裁调解　　　　杨国芳　摄

【脱贫攻坚】 投入建档立卡贫困人口医疗救助补贴资金 9000 万元，有效缓解了基层群众因病致贫、因病返贫现象发生。免费为 3520 名农村贫困家庭劳动力进行了技能培训，在全县建档立卡贫困人口中选聘了 1398 名“4050”公益性岗位保洁人员，积极帮助贫困户实现脱贫。按照县委要求，加大人员选派力度，积极开展驻村帮扶和百家单位驻百村工作。2018 年共投入经费 60 余万元，改善了贫困村产业发展，村室建设，医疗卫生，人居环境等等，增强了群众获得感、幸福感和安全感。

【社会保障体系建设】 围绕实施惠民工程，有效加强基层基础建设。市委市政府将推进市县乡村就业和社会保障服务体系建设列入 2018 年驻马店市惠民工程。根据县政府《上蔡县推进县乡村就业和社会保障服务体系建设方案》，按照“规范建设、全面提升，健全机制、信息保障、资源共享、服务均等”的思路，全面推进县、乡、村三级就业和社会保障服务平台标准化、规范化、信息化建设。全年全县各乡镇（街道）、村（社区）就业和社会保障服务平台全部建成投入使用，相关设备和协管员配备到位。

村级劳动就业和社会保障服务平台　　　　杨国芳　摄

【深化改革工作】 围绕深化“放管服”改革，强力推进审批服务便民化，成立深化“放管服”改革领导小组，全力推进“放管服”改革工作。按照“分级负责、集中录入、同步发布”的原则，梳理县级审批服务“三级十同”事项 29 项。积极推行网上受理和审查，实行网上阳光审批，实现了审批服务事项（三级十同）网上可办率100%、一网通办率100%。

（杨国芳）

民政事务

【概　况】2018年，上蔡县民政局深入学习中共十九大精神和习近平总书记系列重要讲话精神，全面贯彻落实“四个全面”战略布局，树牢“四个意识”，紧紧围绕县委、县政府中心工作，贯彻落实民政爱民、民政为民的工作宗旨，着力保障基本民生，开展兜底扶贫，完善社会治理，规范管理社会事务，加强双拥共建，落实优抚安置政策，圆满完成了年度各项目标任务，获得了省级文明单位、全省先进党校等荣誉称号。

【低保与医疗救助】2018年，上蔡县享受城市低保待遇的有4315户、7845人，共发放保障资金2756.7万元；农村低保共30392户、60475人（其中包括涉艾家庭4499户，21014人），共发放低保金12411.4万元。城乡医疗救助共救助14394人次，发放救助金1544.79万元。根据驻民文〔2018〕39号文件规定，从2018年1月1日起城市居民最低生活保障标准由每人每月430元提高到每人每月470元，月人均补助水平由每人每月250元提高到每人每月262元。全县建档立卡贫困户中已纳入农村低保对象15878户34498人，其中民政政策性兜底1387户、3444人。从2018年3月26日至2018年6月28日，低保中心利用近三个月的时间对全县城乡低保对象全面进行了复核认定和长期公示。通过复核认定，全县取消城镇低保对象490户、1043人，农村低保对象6012户、7593人；新增城镇低保408户、853人，农村低保5436户、7416人，基本实现“应保尽保、应退尽退、动态管理”的目标。

【特困人员保障】从2018年1月起，集中供养由4700元/月提高到5300元/月，分散供养由3500元/月提高到4320元/月，全年共计发放特困金3198万元，有力保障了7027名特困对象的基本生活。在总结2017年朱里镇敬老院、百尺乡敬老院提升改造施工经验和方法的基础上，2018年先后投资1340万元对县中心敬老院、杨集镇第二敬老院、邵店镇敬老院、黄埠镇长有敬老院、东洪镇敬老院、党店镇敬老院、齐海乡敬老院、塔桥镇敬老院8所敬老院，进行升级改造。同时，县民政局积极争取上级项目资金131.8万元，完成了对24所敬老院厨房电气化改造，煤炭炉灶全部淘汰，共购买电磁灶41台，电蒸箱24台，不锈钢组合橱柜44个，安装应急呼叫系统25套，智能用电监控系统25套，对敬老院餐厅设施设备进行配备。

县民政局工作人员走访慰问困难群众

于小龙　摄

【临时救助】2018年，民政局共对277户申请临时救助的对象实施了救助，救助资金51.06万元，预拨乡镇（街道）临时救助资金162万元。同时，为了切实加强对临时救助资金的管理，民政局建立临时救助资金管理台账，实行微机管理，自觉接受相关部门及社会的监督。在临时救助工作实践中，民政局严格按照国务院、省、市、县各级政府制定的临时救助政策，认真审查各乡镇（街道）上报的临时救助材料，发现问题或有不清楚的地方及时与乡镇（街道）民政所联系沟通和调查核实，对其家庭生活困难的程度做到心中有数，根据困难程度和需求实施救助，做到公平、公正、公开。

【救灾减灾工作】 根据上级民政部门的要求，民政局切实加强对救灾款物使用情况的管理，建立冬春困难群众救助台账，完善相关手续，积极组织人员对上年度和本年度已发的救灾款物使用情况进行了抽查。通过检查，大部分乡镇（街道）救灾款物发放及时，对象精准，救灾款物都如数发到对象手中，无贪污、挪用、截留等违规违纪现象。同时，民政局为了进一步加强灾情信息管理，选派骨干参加省民政厅举办的灾害信息员培训，掌握了核灾报灾的基本知识，提高了防灾减灾的专业技能，加强了乡级灾害信息员队伍的建设，为提升防灾减灾工作水平奠定了坚实的基础。民政局还按照上级的要求在全国“减灾防灾日”，以县减灾委办公室的名义组织了宣传活动，减灾委成员单位积极行动，大力宣传，制作宣传板 60 块，在县城主要街道两旁悬挂宣传条幅 70 条，设立咨询台 39 个，发放宣传手册 1800 本，宣传单 5000 余份等，并出动宣传车沿大街小巷宣传防灾减灾知识及相关法律法规，组织中小学生 6500 人次，开展救灾避灾演练。充分利用广播等多种形式和手段，向社会公众普及防灾减灾知识和自救互救基本技能，达到了防灾减灾效果。

【重症残疾人托养中心工作】 2018 年，托养中心全县运营费用为 1210.52 万元，其中 600 名入驻托养人员按照每天 30 元的生活标准补助，安排资金 532.15 万元，318 名托养中心护理员每人每月工资 1000—2000 元，48 名厨师每人每月工资 2000 元，7 名村医每人每月补贴 500 元，安排资金 678.37 万元，基本可以满足日常运转的费用。明确乡镇政府为日常管理主体，县民政局对各乡镇托养中心日常管理进行业务指导，规定集中托养对象必须是本地建档立卡贫困家庭二级以上残疾、日常饮食起居不能自理的人员。健全“户申请、村申报、乡审批、县备案”程序，完善个人申请、监护人委托等内容，同时明确监护人义务，规定节假日或外出务工返乡日必须参与照护，每年不得少于 30 天。县民政局设立管理办公室，指导乡村做好日常管理。乡镇托养中心明确由乡镇（街道）民政所负责管理，村级托养中心明确专人管理，各级直线联系，上下互动。及时完善入住人员入住协议书、审查表、托养委托书及相关证明材料等档案，确保每位护工和厨师体检和审批手续完整，按照“一人一档”的原则规范建立档案，所有人员档案报县民政局备案，明确了责任义务。健全完善了安全保卫工作制度、工作人员工作职责、退出制度等，每个托养中心建立安全监控系统，进一步防范化解了风险。

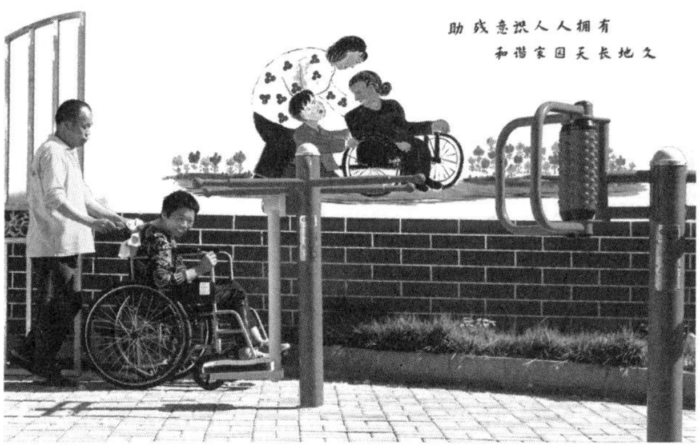

托养中心护工带入住人员散步　　宋永亮　摄

【退役士兵安置】 2018 年，共接收退役士兵 645 人，其中自主就业的 621 人，发放一次性补助金 804.75 万元；应在城镇安排工作的 24 人，已全部安置在全供事业单位，发放待岗生活费 6.62 万元；加大退役士兵培训力度，共发放培训费 121.49 万元。在报名参加汽车驾驶、计算机应用、电子技术、广告营销、烹饪等培训的 254 名退役士兵中，已有 253 名退役士兵培训合格领到了职业证书，掌握了一技之长。

【拥军优抚工作】 2018 年，共计发放包括抚恤定补款在内的各项优抚事业费 7056.97 万元，其中在乡抚恤定补款 4498.8 万元，在职残疾军人抚恤金 718.84 万元，中华人民共和国成立前老党员 2018 年全年生活补助费 1.96 万元，1—6 级残疾军人用于门诊医疗的本人一个月残疾抚恤金 57.71

万元,70 岁以上优抚对象门诊医疗补助 9.88 万元，优抚对象在县外住院新农合报销后医疗补助款 36.22 万元。按照农村义务兵家庭 10583 元、城镇义务兵家庭 15600 元的标准向享受优待的 882 名现役军人家庭发放优待金 1120.18 万元。立功受奖现役军人 76 人，发放奖优金 4.66 万元，发放重点优抚对象八一优待金 108.72 万元。全额资助无工作单位的重点优抚对象参加新型农村合作医疗、城镇职工医疗保险。共计为优抚对象缴纳医疗保险金 67.84 万元，新型农村合作医疗基金 56 万元。一站式结算方式有序运作，在新型农村合作医疗、城镇职工医疗保险报销的基础上共为优抚对象发放医疗救助金 23.4 万元。同时配合医保中心对全县 60 余名 1—6 级残疾军人进行了重症慢性病鉴定，使符合条件人员享受了相应待遇，维护了他们的合法权益。为缅怀革命先烈，教育激励后人，国家法定烈士纪念日在上蔡县烈士陵园举行了庄严、隆重的烈士公祭活动，县四大班子全体人员、人武部全体同志、县直各单位主要负责人、烈士遗属和退伍老战士代表、驻蔡消防大队、二高、二小等学校师生代表、社会各界干部群众代表共 1000 余人参加了此次活动。为贯彻落实党中央、国务院和省委、省政府决策部署，进一步做好全县退役军人服务管理工作，根据上级文件精神，制定《上蔡县退役军人和其他优抚对象信息采集工作方案》，出资 13 万余元购置信息采集仪器 30 台，设立退役军人信息集中采集点 26 个，并成立工作专班，在设备到货两周内完成 30000 余条的信息采集任务。2018 年对优抚对象联络员进行两次岗前培训，召开六次联络员座谈会，把“三级服务网络”纳入财政预算，全年共计购买慰问物品 78 万元，走访慰问优抚对象 1 万余人，按每人每月 500 元按时发放了优抚对象联络员补助待遇，全年共计 267.6 元。通过开展“三送三访”活动，共为优抚对象当场解决问题百余件，为 113 名生活困难优抚对象解决了临时困难，将 136 名特困优抚对象纳入城乡低保，有效解决了全县优抚对象中突出存在的生活难、治病难、住房难等实际问题。

【民间组织管理】 2018 年，民政局下发了《关于开展 2018 年社会组织年度检查的通知》，对应列入年检的 449 家（民办非企业 392 家，社会团体 57 家）社会组织实施年度检查，重点检查社会组织的遵纪守法、财务管理、机构设置、人员变动、业务活动开展等情况。年检通知率达 100%，参检率达 67%。通过年检，找到了社会组织存在的问题及管理中的薄弱环节，提高了社会组织负责人的法制意识，为下一步社会组织规范化管理创造了条件。在县委组织部的安排部署下，上蔡县民政局帮助 6 家社会团体新建了 6 个基层党支部，加强了党对社会团体的领导，对全县民办非企业单位党员及党组织情况进行了摸底登记，全面掌握了全县民办非企业单位党组织及党员的基本情况，对进一步加强党对全县民办非企业单位的领导及基层党组织建设起到积极的促进作用。

【婚姻登记管理】 县民政局积极宣传《中华人民共和国婚姻法》，不断提高婚姻登记服务质量。2018 年共办理婚姻登记 18196 对。结婚登记 11735 对，离婚登记 3209 对，补发结婚登记 3013 对，补发离婚登记 239 本，查找婚姻登记档案资料 2533 件。

【区划地名工作】 完成拍摄制作地名文化专题片《上蔡三千年》等影视音像作品，并联合旅游、文化、宣传部门开展多媒体形式的文化宣传。积极开展千年古村落地名文化遗产的调查、认定工作，为社会提供形式多样、内容丰富、适合群众需要的地名文化产品。根据国家、省、市地名普查办对全县地名普查成果反馈的问题和意见，积极进行问题整改，顺利通过省普查办三轮地名普查成果数据复验上报工作。完成县级地名普查成果数据库建设，并积极配合完成市级地名普查成果数据库建设的工作。成立地名图、录、典、志、故事等各类地名图书编纂委员会和编辑部，完成了标准地名词典第二部分至第八部分词条目录60条的编写。2018年年初对城北新区新建道路地名标牌进行了设置安装，共设置标牌30余块，基本实现上蔡县城区路标牌的全覆盖。同时对县、乡、村和集镇道路地名标志进行设置，共设置标牌985块，确保地名标志设置规范全覆盖。积极推进上蔡县地名普查立卷归档档案整理工作。2018年在上蔡县牵头的上蔡平舆边界线工作中，民政局积极协调对方签订了县、乡、村三级睦邻友好公约，并拍摄了界桩照片，配合汝南县、遂平县、西平完成县、乡、村三级睦邻友好公约签订工作。

【基层村（居）委建设】 2018年，驻马店村（社区）“两委”换届选举工作会议召开后，上蔡县委高度重视，扎实推进，换届选举各项工作依法有序开展。选举产生村党支部书记415人，产生村支部委员1261人，其中女干部289人，“一肩挑”212人，占比51%，其他成员交叉任职600人，占比71%，党员参选率达80%，选举产生社区党支部书记45人，产生社区支部委员143人，党员参选率达86%；其中女干部15人，“一肩挑”22人，占比48%，其他成员交叉任职66人，占比67%；选举产生村委主任415人，村委委员2022人，群众参选率达85%，其中女干部490人；选举产生居委主任45人，居委委员315人，群众参选率达91%，其中女干部78人。从选举结果看，村（社区）“两委”干部45岁以下1992人占比70%，年龄结构较为年轻；高中学历1967人，占比69%，大专以上学历975人，占比34%，学历结构优化；“一肩挑”和交叉任职的比例分别达到51%、37%，较往届都有明显提升。

【老龄工作】 根据上级民政部门的要求，2018年县民政局切实对高龄补贴资金加强了管理，经过调查核实新增九十岁老人743名，“三无老人”2名，百岁老人26名，合计共新增771人。全年共办理老年优待证443人，其中60岁以上的274人，70岁以上的169人，为90岁以上老年人发放敬老补助费196.692万元。5月18日民政局会同消防队人员对设施的安装进行实地验收，有效地提高了养老机构预防安全隐患的能力。根据《关于做好政府购买养老服务工作的指导意见的通知》（驻财社〔2016〕5号）和《驻马店市民政局关于印发驻马店市2018年城市社区日间照料中心建设实施方案的通知》（驻民文〔2018〕62号）文件精神，民政局老龄办在芦岗街道朱庄社区、董寨社区、程老社区建立日间照料中心试点，积极创新养老服务模式，推进了全县养老服务体系建设。

（于小龙　张挺毓）

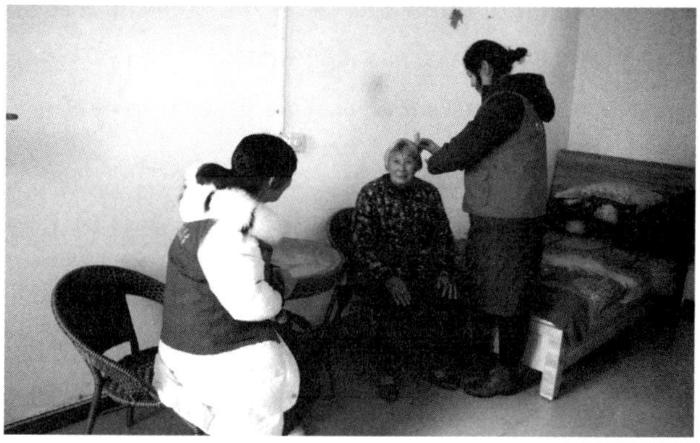

民政局志愿者为敬老院老人梳头　　于小龙　摄

住房公积金管理

【概　况】 2018年，驻马店市住房公积金管理中心上蔡管理部紧紧围绕全年工作目标和工作重点，解放思想、更新观念、开拓创新、扎实工作，累计归集住房公积金13.68亿元，归集余额9.45亿元。累计发放个人住房公积金贷款3057笔，5.54亿元，个贷余额3.46亿元。被驻马店市住房公积金管理中心授予“归集工作先进单位”称号。

【归集业务】 按照住建部发布的《住房公积金归集业务标准》要求，以9月系统升级为契机，将全县正常缴存单位基本信息全部进行了采集和完善，为实现公积金信息化缴存打下了基础。2018年共新增归集25562.27万元，完成全年任务的

103.91%；新增缴交人数 1947 人，净扩面人数 922 人，累计归集住房公积金 13.68 亿元，归集余额 9.45 亿元。

【贷款业务】 2018 年新增发放贷款 452 笔，金额 11437.9 万元，完成全年任务的 156.26%，累计发放贷款 3057 笔，金额 55404.20 万元，个贷余额 34578.50 万元。

【提取业务】 严格审查提取材料，防止违规套取公积金情况发生，确保资金安全。广泛宣传“手机公积金”APP 和“驻马店市住房公积金管理中心网上营业厅”业务。2018 年新增提取 7359 人次，提取金额 1.24 亿元，累计提取住房公积金 4.27 亿元。

【优质服务】 一是全面落实“放管服”改革，不断深化“一网通办”前提下“最多跑一次”改革，推进审批服务便民化，简化业务办理环节和要件；配合市中心将住房公积金业务系统版本升级至与互联网全面融合的云平台版本，2018 年 9 月系统升级完成后，网上营业厅与手机 APP 相继开通办理业务。二是加强窗口服务管理，强化职工服务理念，培养职工良好的服务行为规范，树立为住房公积金缴存单位、缴存人服务的宗旨意识。

（陈亚楠）

扶贫开发

【概　况】 2018 年，县扶贫办聚焦“精准扶贫、精准脱贫”这一主线，深入贯彻落实中央和省市县脱贫攻坚决策部署，始终把脱贫攻坚工作作为“一号民生工程”，强力推进脱贫攻坚责任落实、政策落实、工作落实，特别是把 2018 年确定为“攻坚推进年”，深入开展“靶向攻坚”“夏季攻势”“集中下基层”等专项攻坚行动，着重加大对全县 166 个“靶向攻坚”村的倾斜支持力度，努力在产业带动能力、基础保障能力、集体经济发展、农村人居环境政策、驻村帮扶成效、党建引领水平等六方面实现大幅度提升，各项工作取得了明显成效。被县委、县政府命名为“县级文明单位”。

【脱贫目标任务完成情况】 县扶贫办作为全县脱贫攻坚业务的主要承担部门，2018 年，按照省市要求，经过全县各单位、乡镇（街道）的共同努力，截至 11 月底，全县已经完成脱贫人口标注 6214 户 22228 人，圆满完成年度脱贫目标任务。与此同时，年初规划的 52 个村脱贫出列的目标任务也顺利实现。

【扶贫对象动态管理及信息数据维护工作】 根据省市关于贫困人口动态调整工作安排部署，全年全县共进行了三次扶贫对象动态管理工作，分别为 2018 年 6 月开展的“关于做好 2017 年度考核整改建档立卡数据信息调整和补录工作”、始于 8 月 9 日开展的全省精准识别“回头看”工作、始于 10 月开展的“2018 年度扶贫对象动态管理工作”，全年共新识别贫困户 402 户 1278 人（6 月新识别贫困户 193 户 588 人，9 月新识别贫困户 91 户 307 人，11 月新识别贫困户 118 户 383 人），在历次动态管理工作中，对各乡镇（街道）上报的因人口嫁娶、新生儿、死亡等家庭人口自然变更原因引起的人员变动情况进行了系统操作处理，涉及人员增加 1322 人、减少 3152 人。通过动态管理，截至 11 月底，全县剩余未脱贫出列贫困村数量 23 个，剩余贫困人口 12195 户 29752 人，贫困发生率为 2.03%。

根据 2018 年扶贫对象动态管理工作内容和时间节点要求，截至 11 月底，全县已完成动态管理信息采集、录入工作，贫困人口脱贫退出工作、贫困村脱贫出列工作。在国家扶贫系统中标注 2018 年度贫困户脱贫数为 6214 户 22228 人，同时完成了年初计划的 52 个村脱贫出列的标注。全年共集中维护数据系统 16 次，纠正问题数据 39473 条，进一步提高了全县建档立卡扶贫对象数据质量，系统数据正确率基本达到 100%。6—

7月，在开发指导组的统筹下，组织县信息中心包乡人员开展了对扶贫对象的档案资料及信息精准度的核查工作，每个乡镇（街道）抽取一个村（社区）进行核查，逐户走访，以点带线，以线带面，让各乡镇（街道）按此模式开展工作。同时设立贫困户信息查询窗口，扶贫办信息中心工作人员轮流值班，对前来查询信息的贫困户认真接待，做好贫困户信息数据查询、核实和纠正工作，解决了因乡村信息录入错误导致的同教育、医疗、人社等部门信息不一致现象，解决了贫困户不能及时享受政策的问题。

【项目建设完成情况】 2017年度共规划道路46条，由于招标时间晚，项目在2018年实施，截至11月底，已经建设完成34条，拨付资金2425.834353万元。

截至11月底，全县“雨露计划”项目已培训2150人，共拨付资金187.35万元。其中职业教育助学补助共资助1428人（2017年秋季学期573人，每人1000元，资金57.3万元；2018年春季学期855人每人1500元，资金128.25万元），已拨付资金185.55万元；2018年职业教育助学补助秋季学期按照省里统一未安排。贫困家庭劳动力短期技能培训项目共培训驾驶员98人（其中2018年上半年补助9人，每人2000元，资金1.8万元，资金已拨付；2018年下半年培训89人，按照省安排的时间节点县级正在审核）。

截至11月底，2018年全县金融扶贫小额信贷共完成贷款15840.4万元，带动贫困户3840户。到期金融扶贫贷款均在按照贴息流程，完善贴息材料，办理贴息手续。

2018年10月，在县发改委、县供电公司的配合下，县扶贫办组织26个乡镇（街道）有关人员将全县347座光伏扶贫电站信息录入到全国扶贫开发系统内，为全县光伏扶贫电站项目下一步享受国家补贴奠定了基础。

【驻村帮扶】 县扶贫办共帮扶3个村，分别是黄埠镇小王营村、无量寺乡王连湖村和陈寨庙村。2018年共在3个村投入帮扶资金10万余元，用于改善村内人居环境、添置办公用品、改善办公条件等方面，同时帮助村内协调引进食用菌种植、构树种植等项目，2018年，3个村全年共完成脱贫任务47户175人，其中黄埠镇小王营村脱贫12户40人、无量寺乡王连湖村21户67人、陈寨庙村14户68人。

【提案办理】 2018年，扶贫办共收到县人大、政协提案议案3件，本着对人大代表、政协委员高度负责的精神，努力提高办理工作质量，不断探索办理工作的新思路、新方法，认真办理、落实代表建议和委员提案，提前完成办理工作。其中已解决或基本解决2件，已列入规划逐步解决1件。

【信访工作】 截至2018年11月，扶贫办共接待来电来访群众680余人次，重点办理国务院大督查信访交办件39件、省交办件11件、市转办件20件、县信访件205件，已经基本处理完结。扶贫信访问题受理和办理程序更加规范，信访秩序明显好转。

【脱贫攻坚教育培训】 2018年，共培训10096人，完成率为382.5%。县共举办15期培训班，培训3846人次，其中培训县级党政领导4人次、乡级党政领导95人次、县级扶贫系统干部217人次、乡级扶贫系统干部145人次、行业部门干部75人次、帮扶干部467人次、第一书记及工作队长729人次、村“两委”人员1131人次、集体经济组织负责人、致富带头人790人次、其他帮扶干部137人。县直各单位、各乡镇（街道）举办培训6250人，其中扶贫系统干部120人、行业部门干部718人、帮扶干部4646人、贫困村干部765人次。县扶贫办全年累计培训乡村分管领导和扶贫业务专干13期654人次，通过开展经常性、多层次政策业务培训，不断提升了乡村工作人员思想认识，持续提高了基层一线工作人员的业务知识水平和系统操作能力。

【信息宣传录入及上报工作】 2018年前三季度上蔡县在河南省精准扶贫信息管理平台的扶贫宣传报道信息采集录入工作均居全市前列，共录入宣传报道上蔡县脱贫攻坚工作的媒体信息986条。在信息上报方面，共向市级报送脱贫攻坚信息45条。

【综合治理和平安建设】 认真落实综合治理平安创建领导"一岗双责"，把综合治理和平安单位建设工作列入单位重要议事日程，与办公室工作同安排、同部署，定期研究、及时解决工作中发现的问题。坚持矛盾纠纷月排查、零报告、重大问题及时报告等工作制度，切实做到了年度有计划、有布置、有检查、有总结，真正做到人员、工作、责任到位。积极参与综合治理宣传日活动，利用宣传栏、宣传板、发放宣传资料和接受群众现场咨询等形式，宣传相关法律、法规和政策知识，提高了群众的满意度。开展多种形式法制宣传教育活动，加强对综合治理、平安创建、普法工作文件精神的学习和领会。严格按照上级要求开展"扫黑除恶"专项活动。印发了《上蔡县扶贫办扫黑除恶专项斗争宣传工作方案》和《扫黑除恶专项斗争基础知识应知应会60问》，做到工作人员对扫黑除恶政策人人皆知。在扶贫办显要位置，张贴省公、检、法、司联合下发的《关于在全省开展扫黑除恶专项斗争的通告》。广泛宣传扫黑除恶常识，设立举报邮箱，公布举报电话和实行有奖举报制度，并在四个微信群里广泛发动群众，以多种方式提供涉黑涉恶线索。社会宣传整体推进，制作两处固定宣传标牌、两处户外宣传板、2个玻璃宣传橱窗，横幅6幅。把扫黑除恶与脱贫攻坚结合起来。明确驻村第一书记、帮扶队员在派驻村开展扫黑除恶工作，及时在扶贫微信群里发送、曝光有影响的典型案件，做到扫黑除恶工作与脱贫攻坚无缝对接。组织召开案件线索搜集推进会。召开全县各乡镇（街道）分管扶贫工作的副职、扶贫专干和扶贫办股级以上干部参加的会议，就案件线索搜集工作提出明确要求，要求各乡镇（街道）扶贫办、县扶贫办相关股室立即行动，从来访、来电群众口中搜集"黑恶势力"案件线索。

【"中国社会扶贫网"上线工作】 上蔡县全面启动"中国社会扶贫网"上线工作动员会，传达了《上蔡县全面启动"中国社会扶贫网"上线工作实施方案》，提出了工作要求，并下发到民营企业。县乡都成立了社会扶贫网推广领导小组，按照市里要求组建了526人的县、乡、村三级管理员队伍，成立了由县直单位相关人员组成的14人"扶贫专家、扶贫监督员、扶贫形象大使、联络员"社会扶贫网队伍，县乡村挂牌设立社会扶贫网信息中心（站、点），并组建了社会扶贫工作微信群便于日常的工作交流。组织各乡镇社会扶贫负责人到驻马店参加"互联网+"社会扶贫工作推进、培训会。向各县直单位、乡镇、企业发送《注册爱心人士通知》（2018〔56〕号），进一步明确社会扶贫网"爱心人士"的注册要求和范围，形成了月通报制度，对工作落后的乡镇进行通报批评。全县累计注册爱心人士4865人，累计注册贫困户5000户，注册管理员526人，发布物品需求数量40件，发布资金需求数量46万元，资金对接成功累计数量17次，已捐赠金额6792元。

【扶贫捐赠】 通过广播电视、扶贫大喇叭、《上蔡发布》微信平台等媒体，向社会发布《社会扶贫捐款捐物倡议书》；协调相关部门向规模以上企业、工商联会员企业、工商联会员个人、社会组织和社会各界爱心人士发放《社会扶贫捐款捐物倡议书》和《致工商联会员的一封信》，动员引导社会各界为贫困户慷慨解囊、奉献爱心。协调召开了全县促进非公有制经济健康发展大会，表彰了积极参与社会扶贫工作的民营企业和企业负责人；统战部、工商联、扶贫办组织召开了由各乡镇（街道）分管领导和工商联班子成员参加的上蔡县工商联参与社会扶贫推进会议，宣传引导工商联会员企业、会员个人及爱心人士积极参与社会扶贫，推进“爱心超市”建设运营。

【扶贫日系列活动】 开展扶贫日“宣传一条街”宣传活动。10月17日，组织县直各帮扶单位在蔡都大道展出脱贫攻坚宣传板160多块，悬挂宣传横幅200余幅。各乡镇（街道）在本辖区开展集中宣传活动。组织主会场集中募捐。现场共募集善款300250元，款项将主要用于全县贫困户的基本生活保障和医疗救助、资助贫困大学生就学等。组织开展形式多样的扶贫活动。省新闻出版广电局派驻邵店镇高李村第一书记李佩阳，组织了驻马店市骨科医院的近10名医务工作者为100多名中老年人义诊；省国土资源厅联合省直第三人民医院，组织15个医疗科目50余人的专家队伍，赴重阳街道南大吴社区，为300多名社区群众义诊，举办“健康大讲堂”；县政协为全县各乡镇（街道）敬老院1100多名五保老人集中开展了“庆重阳 送健康”微心愿义诊活动；县人事劳动和社会保障局启动就业扶贫巡回招聘月活动，为全县26个乡镇（街道）提供30多家企业的6000多个工作岗位，为贫困户开辟了“就业扶贫绿色通道”；上蔡县金梨园艺术团庆重阳大型现代豫剧《扶贫天使》广场公演活动在蔡明园广场举行，为广大群众送上了一道精美的文化大餐；共青团上蔡县委、上蔡县志愿者联盟携手组织开展“九九重阳节·浓浓敬老情”主题慰问活动；上蔡星火志愿者对上蔡县境内的部分抗战老兵、贫困家庭，开展了“中秋”慰问关爱活动。

【爱心超市建设运行】 参与起草印发了《上蔡县爱心超市建设管理实施方案（试行）》和《上蔡县爱心超市运行管理实施细则（试行）》。一些爱心超市投入运营后，贫困户家庭窗明几净，环境卫生良好。

【社会各界募捐活动】 张全收捐助50万元帮100名贫困学子上大学；劲牌有限公司出资60万元，捐助上蔡一高举办2018级劲牌慈善阳光班；上蔡县自来水有限公司捐助和店镇30万元，华录集团捐助上蔡县文广新局150万元文化扶贫资金，鹏宇集团向上蔡县小王营村捐赠50万元扶贫物资，上蔡农商银行向韩寨镇张市店村捐赠了价值10万元的爱心物品，好大公司计划捐助太阳能灯448盏和净水机448台；驰康公司计划为26乡镇（街道）捐助156盏太阳能照明灯和26台净水机，为448个建制村捐助1792盏太阳能照明灯和448台净水机等。据不完全统计，贫困户及村委已接收社会捐款捐物合计763.73万元。

（张占坤）

居民生活

【概　述】 2018年，全县居民可支配收入稳定增长，全县居民人均可支配收入达到16493元，增长9.4%。其中，城镇居民人均可支配收入26752元，增长8.5%；农村居民人均可支配收入11542元，增长9.1%。全县居民人均生活消费性支出12454元，增长9.6%。其中，城镇居民人均消费性支出20412元，增长8.2%；农村居民人均消费性支出8613元，增长9.9%。

【城乡居民收入持续增长】 2018年，城镇居民人均可支配收入增幅比全市高0.6个百分点。增幅居全市第3位；农村居民人均可支配收入增幅与全市平均水平持平，居全市第3位。

【城乡居民消费水平明显提高】 八大类生活消

晨练　　宋永亮　摄

费支出呈现出“七升一降”格局。因各类商品及服务所占比重不同，带动食品烟酒类价格上升 2.6%，衣着类上升 1.5%，居住类上涨 1.9%，生活用品及服务类上涨 0.2%，交通和通信上涨 0.5%，教育文化用品及服务类上涨 2.7%，医疗保健和个人用品类上涨 12.0%，其他用品及服务下降 0.8%。这与消费水平、消费心理、居民关注的热点是相吻合的。

【影响城乡居民消费支出】 2018 年全县城镇居民人均消费性支出 20412 元，增长 8.2%；农村居民人均消费支出 8613 元，增长 9.9%。

（张贺祥）

乡镇街道

蔡都街道

【概　况】 蔡都街道位于北纬 33°16′05″—33°19′21″，东经 114° 15′ 41″—114° 19′ 31″，地处上蔡县城东北部。东邻东洪镇、齐海乡，南接芦岗街道，西连卧龙街道，北靠西洪乡。2018 年，蔡都街道围绕“抓党建、促脱贫攻坚，保增长、重民生维稳定”的总体思路，求真务实，积极作为，经济稳步发展，社会各项事业全面进步。生产总值 10.26 亿元，一、二、三产业结构为 6∶8∶86，荣获 2018 年度全县征地拆迁工作先进单位、2018 年度全县消防工作先进单位、2018 年度全县禁毒工作先进单位、2018 年度安全生产工作优秀单位等荣誉。

2018 年蔡都街道主要经济指标情况表

表 8

项目	单位	完成数	比上年增减 %
国内生产总值	万元	102677	6.7
农业总产值	万元	5014	2.3
粮食总产量	吨	17591	1.2
畜牧业总产值	万元	567	–5.6
工业总产值	万元	6604	–14
全社会固定资产投资	万元	10500	25
财政收入	万元	4012	28
财政支出	万元	1198.8	–7
农民人均纯收入	元	10932	10

【农　业】 大力培育新型农业经营主体，全街道农民专业合作社大大小小有 30 家。发展特色农业，有塑料大棚将近 600 个。井庄社区井彦方花木种植面积达 20 公顷，花木种类繁多，主要有桂花、月季、石榴、冬青、石楠等。二里庄梁飞种植专业合作社主要种植西瓜、甜瓜、辣椒。申赵的单玉香、天禾、姜丰种植专业合作社主要种植西瓜、甜瓜、土豆、辣椒及西蓝花。吴小潮专业合作社主要种植葱等蔬菜。他们的塑料大棚都在 100 个以上。孙振江是花生种植加工大户。发展生态林业，实施“创森”工程。省道两侧植树 2.7 万株，廊道绿化 760 亩，营造经济林 680 亩，义务植树 15000 株。农田林网控制率 90%，森林覆盖绿 20%。支农惠农政策得到落实。严格执行国家各种支农惠农政策，利用“一卡通”方式把各种补贴及时足额发放到农民手中。农业支持保护补贴 5485 户，补贴面积 17000 亩。水利方面，加大治理力度，北护城河多次清淤，升级茅河、蔡河改造。2018 年政府投资 30 亿元对杜一沟进行改造，建立东湖风景区，全长 10 余千米，途经王庄和申赵，河岸两侧有景观树，风景秀丽，正在实施阶段。

【脱贫攻坚】 2018 年新识别贫困户 11 户 30 人。以建档立卡信息平台为载体，全面掌握贫困户家庭现状、致贫原因等基本情况，按照“五个一批”分类建档立卡，做到户有卡、社区有册、街道有薄，确保扶贫对象精准。立足本街道贫困状况和经济社会发展现状，研究制定了切实可行的扶贫开发工作规划。积极参加全县“万名干部帮万户”活动，共有 252 名党员干部与贫困户结成帮扶对子。产业扶持贫困户 146 户 202 人，为贫困户提供公益性就业岗位 167 个，转移就业 242 人，低保扶持 213 户 488 人，“五保”扶持 66 户 78 人，医疗救助 1022 人，教育补助 224 人。全年共投入扶贫资金 228.86 万元，3 个贫困村脱贫出列，已不存在贫困村。

【征地拆迁】 2018 年县城规划向东北延伸，大部分项目都在蔡都街道辖区，征地拆迁工作时间紧、任务重。蔡都街道主要领导成立三个征地拆迁领导小组：办事处主任综合协调，人大工委主任、党工委副书记、纪工委书记带领各自小组共 30 余人采用“5+2”“白 + 黑”工作法，开展护城河、茅河拆迁、贾竹园棚户区改造、冀楼、滨湖新区水系等项目征地拆迁工作。2018 年共征地 815.37 亩，发放征地补偿款 3226.29 万元、附属物补偿款 286 万元；共拆迁 70 户，拆迁土地面积 12661 平方米、房屋 2507.12 平方米，发放拆迁补偿款 4152.1 万元。

【招商引资和项目建设】 2018 年共引进项目 2 个。一个是河南维佳家具有限公司，计划用地 2.6 亩，总投资 1.3 亿元，6 月已全部投产，年产值不低于 8000 万元，年创利税 1000 万元，提供就业岗位 30 个，安排创业人员 120 人。另一个是安恒御府房地产开发项目，占地 130 多亩，总投资 7.5 亿元，年创利税 3000 万元。

【改善农村人居环境工作】 把农村垃圾、污水治理和村容村貌提升为主攻方向，大力实施“五化”（硬化、净化、绿化、美化、亮化）工程，深入开展“六清”（清道路、清河沟、清坑塘、清庭院、清垃圾、清秸秆）活动。为改善农村人居环境，蔡都街道成立领导小组，制订实施方案，建立长效机制。把井庄社区作为旱厕改革试点，派专人入户摸底排查。县人居环境硬仗指挥部对各社区环境整治检查验收，合格后由百川公司接管。2018 年添置洒水车 1 辆，购置垃圾转运车 2 辆，重点路段放置垃圾桶 160 个，专人定时、定点收集转运垃圾。整修坑塘 56 个，整修安装太阳能路灯 1128 盏。开展大气污染防治。整改污染企业 2 家，关闭沙场 8 家，清理垃圾处理点 13 个，取消废品收购站 10 余个，背街小巷墙体小广告全部清除，墙体粉饰面积达 7 万平方米，所有背街小巷道路全部硬化。实行秸秆还田，禁止焚烧秸秆、焚烧垃圾，秸秆还田率达到 95% 以上，实现夏秋两季零焚烧，荣获县秸秆禁烧工作奖励。实施绿化工程。8 个涉农社区共有公共绿地 300 平方米。2018 年，建成改善人居环境示范村 2 个，社区已达标，并且在全县观摩考评中获得前 3 名的好成绩。

【社会事业】 2018 年建 4 个村级文化服务中心，共藏有图书 3000 册。8 个社区建立了农家书屋，8 个涉农社区建立了文化大院、健身广场。县文广新局不定时举办送文化下乡活动。发放“两免一补”资金 556 万元。全街道有小学 11 所，教师 237 人，在校学生 6000 余人；有幼儿园 11 所（民办 11 所），教师 95 人，在园幼儿 3000 人，全街道小学、初中升学率均为 100%。医疗卫生条件进一步改善，有卫生院 1 所，医生 82 人，床位 62 张；有社区卫生室 12 所，医生 60 人。参加城乡居民基本医疗保险 8.2 万人，参保率 96%。全年出生 380 人，出生率 8.43‰，鼓励生育二孩，坚持开展免费生殖健康检查服务，实行孕前优生优育检测，“两癌”共筛查 761 例，“双筛”329 例，落实计划生育补助政策。

【社会保障】 2018 年年末，全街道有“五保”供养对象 110 人，全年兑现“五保”供养金 47.5 万元。有农村低保 312 人，兑现低保金 621504 元，有城市低保 1399 人，兑现城市低保金 4364880 元，有优抚对象 180 人，发放优抚金 120 万元。2018 年完成养老保险征缴人数 11490 人，收缴养老保险金 3514100 元，申请到龄待遇 162 人，对 60 岁以上享受待遇人员 3982 人进行年审认证，恢复待遇42人，申报死亡终止待遇214人，积极配合税务部门做了相关缴税登记工作。年发放养老金398万元，4120户。参加医疗保险27362人，收缴医疗保险金6019600元，争取做到应保尽保。有办证残疾人2013人，有生活困难残疾人317人，发放困难残疾人生活补贴228240元；有重度残疾人593人，发放重度残疾人护理补贴655200元。

【社会治理】 高度重视社会治安综合治理工作。成立街道综治服务中心，建立了服务平台，多次联合派出所严格排查涉黑涉恶案件。利用无人机排查辖区罂粟种植情况，大力宣传罂粟种植的社会危害性，蔡都派出所3—6月不间断巡查菜园、麦地，一经发现立即铲除，2018年共铲除3000余棵。经常开展综治安全教育进校园活动，时时刻刻提醒学校教育学生在放假期间防溺水事件发生。对全街道范围内危险化学品经营企业专项检查，扎实开展“防风险、保平安”消防安全执法检查。成立群众信访室，由专职人员负责此项工作，并从社会上聘请两名调解师，专门调处尖锐、纷杂矛盾纠纷，着力化解影响社会和谐的信访问题。2018年共接待群众来访38批42人次，完成上级交办的信访案件20起，办结率100%。严格落实安全生产管理责任制，及时排查和消除安全隐患，全年无一例重特大事故发生。

【党建工作】 积极开展农村基层党建“三集中”活动。注重提高农村基层党建工作水平，提高政治站位，从严治党，充分认识基层党组织对整体工作起到的基础支撑作用，聚焦“五个基本”：在建强基本组织上下功夫，着力整顿后进村、着力扩大覆盖面、着力提升执行力；在落实基本制度上下功夫，确保每名党员都纳入党组织的管理之中；进一步增强全街道党员干部的政治意识、大局意识、核心意识、看齐意识，抓党建促脱贫攻坚工作成效明显。加强党建阵地建设。在2017年新建申赵、石桥村室的基础上，2018年又新扩建吴桥、贾竹园及二里庄村室，每个新建成的村室全部配备办公用品，改善办公条件，优化环境设施，特别是申赵帮扶单位林业局投资5万元在院内种植了名贵花木，不仅环境得到改善，也提高了档次。开展基层组织建设提升年活动。白云观社区党支部被定为2018年软弱涣散支部，街道党工委非常重视，委派抓党建副书记到白云观包片，帮助开展工作，扭转软弱涣散局面，增强班子向心力、凝聚力，积极稳妥地开展工作。做好党员发展、党费收缴工作。严把党员入口关，培训入党积极分子18人，发展预备党员8人，党员转正7人。完善党费核定、缴纳登记、党费证、专项账户等机制。强化“两个责任”，加强干部作风建设。制定多项廉政制度，严明纪律、提升

蔡都街道直属部门及驻街道机构主要负责人一览表

表9

单　位	负责人	单　位	负责人
党政办	王彦峰	计生服务中心	谷桂华
农业中心	曹耀文	村镇中心	王治法
文化中心	邱文华	社保所	李献梅
国土所	张红中	司法所	魏　强
财政所	徐劲松	卫生院	张拧劲
中心学校	张中阳	工商所	卓峰涛
农商银行	周　宁	民政所	陈恒
派出所	李海云	地税所	刘胜利
食药监所	刘超霞		

蔡都街道所辖社区基本情况表

表10

社　区	总面积（平方千米）	耕地面积（公顷）	总人口（人）	支部书记	居委主任
老　城	0.1785	—	3060	周新国	开松山
龙　泉	0.1874	—	2230	高国锋	申斌峰
白云观	0.4264	—	4760	郑春花	刘二国
升仙桥	0.5981	6.12	2267	高　军	高　军
石　桥	2.6206	198.8	2868	吴连峰	王富民
王　庄	3.6012	252.41	3526	王合群	王保银
申　赵	4.1501	248.01	4717	杨俊涛	王建立
贾竹园	2.2183	147.04	2996	刘彦峰	贾付全
吴　桥	2.7748	183.66	3900	王治法	王昌盛
井　庄	2.3297	126.01	3650	周军定	井　合
武　庄	3.6181	142.22	3876	周战争	王效峰
二里庄	2.2786	52.22	2980	刘国治	尚志红

站位，全年无人违反有关规定。

（王彦峰）

芦岗街道

【概　况】芦岗街道位于北纬33°14′27″—33°15′51″，东经114°15′47″—114°20′13″。街道办事处位于上蔡县城东南部（重阳大道东段），西距县政府驻地5千米。东与齐海乡、五龙镇连接，南与邵店镇相邻，西与重阳街道接壤，北与蔡都街道毗邻。下辖10个社区（刘楼、卧龙岗、太平桥、奎星、蔡河、贾桥、双李、程老、董寨、朱庄）和2个建制村（文楼、丁赵），共有35个自然村，85个村民组。总户数11056户，总人口5.1万人，有党员669人。总面积25.81平方千米，耕地面积1410.32公顷。芦岗街道交通便利，实现村村通公路，蔡都大道、重阳大道、白云观大道、五龙源大道等街道纵横交织，构成通畅的交通网络。有上蔡汽车站和1—8路8条公交线路。自然条件优越，平原地貌，暖温带大陆性季风气候，主要干沟有杜一沟、杜二沟、凤凰沟。全街道土壤可分两类：一类属于黄褐土，分布于古城墙一带；一类属于砂姜黑土，分布于杜一沟附近。2018年，芦岗街道围绕“强经济、促发展、重民生、维稳定”的总体思路，求真务实，积极作为，经济稳步发展，社会各项事业全面进步。税收总额3965.2万元，其中国税2751.5万元。三次产业结构为21.9∶39.5∶38.6。

2018年芦岗街道主要经济指标情况表

表11

项　目	单　位	完成数	比上年增减（%）
国内生产总值	万元	2751.5	8.5
农业总产值	万元	4258	1.5
粮食总产量	吨	16904	1.8
工业总产值	万元	16955	1.2
全社会固定资产投资	万元	39695	1.1
财政收入	万元	4063	8.5
财政支出	万元	1196	1.9
农民人均纯收入	元	10012	1.0

芦岗街道办事处　　李雯雯　摄

【农　业】抗旱应急引水工程在程老社区、文楼村、丁赵村实施，完成疏浚护砌渠道长16.79千米，新建泵站3座，装机总容量217千瓦，铺设管道7.77千米，新建拦河闸1座、节制闸4座，建生产桥1座，新建盖板涵7座，新建调蓄池3座，完成总投资1986万元。工程实施后，解决干旱情形下3个村共1.01万亩农田的基本灌溉用水。粮食作物播种面积2246公顷，总产量达到16904吨，小麦种植面积1180公顷，产量8516吨；玉米种植面积1053公顷，产量8294吨；大豆种植面积8公顷，产量19吨；红薯种植面积5公顷，产量75吨。油料作物播种面积135公顷，产量426吨，花生种植面积102公顷，产量366吨；芝麻种植面积22公顷，产量29吨；油菜种植面积11公顷，产量31吨。调整种植业结构，大力发展特色农业。全街道共有蔬菜大棚142个，面积9.2公顷，年产蔬菜117.6吨，草莓种植面积3.3公顷，年产草莓126吨。实施“创森”工程。完成文楼、丁赵、程老、朱庄4个村（社区）围村林建设，种植杏李、柿子、玉兰等树种，共601.3亩，林下经济作物有春花生和红薯。营造农田林网折算面积9公顷。农田林网控制率96%，森林覆盖率20%。在上和路和南环路两侧各50米宽建设生态廊道，全长5.5千米，面积约30公顷，种植了大叶女贞、金叶复叶槭、美国红枫、桂花等。严格执行国家各种支农惠农政策，利用“一卡通”方式把各种补贴及时足额发放到农民手中。共发放农业支持保护补贴资金223.82万元，涉及补贴农户5794户，补贴面积19923.4亩。

【工　业】 芦岗街道加大招商引资力度，实施回归工程，规模以上工业企业总数1家。初步形成以粮油加工、建材、机械制造为主的工业体系。全年限额工业增加值1222万元，比上年增长0.4%；实现利润701.3万元，比上年增长0.9%，上缴税金145.5万元，比上年增长0.4%。

【商贸服务业】 全街道有商业283家（限上7家），供销社、餐饮服务业93家（限上9家），交通运输业3家，建筑业26家，物流业5家，房地产业21家（限上2家）。

【脱贫攻坚】 2018年顺利完成了69户286人脱贫任务。积极抓好各类扶贫项目落实。鼓励贫困户调整种植结构，173户贫困户自主调整种植结构面积410亩，享受补贴17万元。加强特色产业培育。朱庄社区新建富硒平菇大棚40座。开展光伏扶贫。在文楼、丁赵、程老、朱庄4个村（社区）建成光伏发电站并网发电，实现芦岗街道光伏扶贫全覆盖。建设扶贫车间。丁赵村、程老社区博诚服饰、双李爱心玩具厂正常运作，并带动周边贫困人员转移就业。

【农村人居环境工作整治】 争取危房改造资金36.9余万元，完成全街道45户危房改造任务。治理“空心房”52所，共花费资金10.4万元。芦岗街道12个村（社区）实现了村村通自来水，解决了全部群众的安全饮水问题。各村（社区）配备保洁队伍，定期清扫道路。建垃圾中转站8个，重点路段放置垃圾桶680个，专人定时收集转运垃圾。整修坑塘18个，安装太阳能路灯260盏。在董寨、刘楼、程老、朱庄4个社区和文楼、丁赵2个村建公共厕所6座。投资175万元重点对董寨、刘楼两个社区进行环境整治。其中粉刷墙体1.01余万平方米，铺设下水道管网3.6千米，绿化2000余平方米，种植景观树木500余棵。完成文楼、丁赵、程老、朱庄4个村（社区）围村林建设，种植杏李、柿子、玉兰等树种，共601.3亩，林下种植春花生和红薯。

朱庄社区小游园　　杨　伟　摄

【社会事业】 2018年，利用“全面改薄”项目资金862.5万元，改善程老、刘楼、董寨等3所学校办学条件，并新建了上蔡七小和县直第三幼儿园。发放“两免一补”资金184万元。有46名学生被县重点高中录取。辖区内有初中思源中学1所，教师159人，在校学生2568人；有小学8所，教师162人，在校学生2975人；有幼儿园19所（其中民办12所），幼儿教师134人，在园幼儿2048人。小学、初中入学率分别为99.98%、100%，巩固率分别为100%、98.7%。积极组织开展丰富多彩的文化活动。全年共开展送戏下乡、文艺会演、歌舞比赛等各类大型活动10余次。市场管理机制更加完善、群众文化活动进一步提高。有民间艺术团体8个，现代远程教育中心13个，农家书屋6个，文化大院6个，有线电视用户1156户。新建刘楼社区办公楼1座，有刘楼、董寨两个综合文化服务中心。新建董寨社区、刘楼社区、丁赵村3个村级卫生室。有卫生院1所，医生23人，床位60张，村卫生室12所，医生49人。参加城乡居民基本医疗保险31032人，参保率99%。全年出生323人，出生率7.2‰，稳定低生育水平，人口性别比平衡。坚持开展免费生殖健康检查服务，孕前优生检测118对。落实计划生育扶助政策，发放救助金60.008万元。完成血清学筛查412人次，产前免费B超387人次，“两癌”筛查784人次，排在全县一、二、四位次。

【社会保障】城乡居民养老保险全年完成8893人，征缴保费198万元，社保一卡通已发放11463张。医保征缴646.815万元，参保人数29401人，社会保障体系进一步健全。城乡低保3190人，特困人员87人，艾滋病致孤儿童16人，孤老13人，单亲儿童66人全部给予救助和帮扶，弱势群体利益全面维护。

【社会治理】加大平安建设软硬件投入，不断完善综治基层基础建设；深入开展扫黑除恶专项斗争，共收集涉恶线索32条，已办结28条，刑事拘留10人，起诉7人，法院判决7人，打掉涉恶团伙1个，涉案7人，抓获县督捕涉恶逃犯4人。被市委、市政府表彰为全市平安建设优秀乡镇（街道）。2018年芦岗街道完成上级交办的大部分信访件，着力化解了一批影响社会和谐稳定的信访问题和突出矛盾，促进了安定团结，维护了社会稳定，减轻了芦岗街道的信访压力。

【党建工作】以提升组织力为抓手，坚持强班子、带队伍，抓基层、打基础，切实提升了党建工作水平。圆满完成了12个村（社区）“两委”换届工作；结合“三会一课”“主题党日”“两学一做”学习教育等活动，强化理论武装，把学习习近平新时代中国特色社会主义思想作为加强党的政治建设的根本任务，深入学习宣传贯彻中共十九大精神；结合“软弱涣散党组织整顿”活动，以各类巡视整改及基层党建“三集中”活动为导向，整顿了1个软弱涣散党组织和1个后进村党组织，并对党建工作排查出的问题全部进行了整改，补齐了党建工作短板；严格按照“双推双评三全程”党员发展程序，发展了14名新党员；每季度开展了“逐村观摩、整乡推进”活动及“六面红旗村（社区）”争创活动，建强了村“两委”班子，强化了基层基础保障，提高了党组织凝聚力、战斗力，为全街道各项事业发展提供了强有力的组织保障。

【征地拆迁工作】2018年，芦岗街道认真履行单位工作职责，积极推进房屋拆迁及土地征收工作。顺利完成杜一沟、湿地公园及各道路改建拆迁补偿工作。全年共拆迁61户，征地1335余亩，其中修筑杜一沟征地430亩，发放拆迁补偿款2020.7余万元，拆迁28户；湿地公园征地605亩，发放征地款2919.1余万元；湿地公园、停车场、东明路、重阳大道、五龙源路边角地块征地300余亩，发放附属物款1430.7余万元。

芦岗街道直属部门主要负责人一览表

表12

单　位	负责人	单　位	负责人
党政办	王锦程	计生中心	霍　敏
农业中心	刘宏建	社保所	赵金辉
国土资源所	魏国宾	民政所	
财政所	史贺举	司法所	苑莉莉
中心学校	陈占军	卫生院	李付军
信用社	苏铁明	电管所	张耀华
派出所	贾景波	食药监所	周靖壹
地税所	盖红军	工商所	韩振业
		法　庭	朱全民

芦岗街道所辖建制村（社区）基本情况表

表13

村（社区）别	总面积（平方千米）	耕地面积（公顷）	总人口（人）	支部书记	村（居）委主任
奎　星	0.2927	—	3090	张治安	梁新民
太平桥	0.4725	—	3289	苑新安	武金中
贾　桥	0.3015	—	2208	娄自力	申武民
卧龙岗	0.6916	13.34	2132	—	虎　强
双　李	0.9212	35.18	1883	刘洪波	李彦中
蔡　河	0.3436	—	3462	董保同	常大华
董　寨	2.3739	82.57	3475	—	肖　磊
程　老	3.7316	251.13	3582	张保良	程彦华
文　楼	4.0413	300.96	3698	刘根柱	刘根柱
刘　楼	3.1275	92.57	3396	曹文明	刘鹏贺
朱　庄	4.7053	312.12	4335	杨　伟	赵栓柱
丁　赵	4.8063	322.45	4032	郭铁山	吴力争

（刘昊祥）

重阳街道

【概　况】 重阳街道是中共上蔡县委、上蔡县人民政府驻地，位于北纬33° 14′ 33″，东经114° 14′ 25″。地处上蔡县城西南部，街道办事处驻老谢庄社区，距县政府驻地3.5千米，东接芦岗街道，西邻大路李乡，南连邵店和黄埠两镇，北靠卧龙街道。总面积18.7956平方千米，耕地面积1101.16公顷。总人口4.34万人，其中农业人口1.768万人，人口自然增长率4.5‰。有汉族、回族2个民族，回民人口279人。辖李斯楼、南大吴、建设路、豫苑、黑龙潭、看花楼、尚堂、老谢庄、王营9个社区，21自然村，83个居民小组。交通便利，西环路、永定路、秦相大道、重阳大道、南环路构成了辖区畅通的交通网络体系，商桐路（S206）纵贯全境。境内有5条公交线路。李斯楼、南大吴、看花楼、尚堂、老谢庄、王营6个社区地处45里卧龙岗地带，土壤类型属岗岭黄褐土，保水保肥性差，抗御自然灾害能力低，主要种植小麦、玉米和花生等作物。主要农产品有小麦、玉米、花生、生猪、禽蛋。主要工业产品有状元红酒、豫花面粉、商砼构件。名胜古迹有“千古一相”李斯墓、重阳登高玩河楼、蔡国故城遗址、蔡明园公园，非物质文化遗产有尼氏泥人和葫芦烙画。辖区内的蔡明园占地1100多亩，是上蔡县举办重大群众活动的主要场所和县内公众休闲娱乐主要场所。2018年，重阳街道以习近平新时代中国特色社会主义思想为指导，认真践行以人民为中心的发展理念，围绕“高站位看齐，守纪律担当，盯目标发力，求实效重干，创一流业绩，树重阳形象”工作要求，倡导发扬“三股劲”，聚智聚力，克坚攻难，开创了经济社会高质量发展的新局面。荣获2018年度驻马店市脱贫攻坚先进乡镇、全县综合工作第一名、扫黑除恶专项斗争先进街道荣誉称号。

上蔡县重阳街道办事处

【农业农村】 以“一卡通”方式发放农业支持保护补贴资金158.7万元，涉及补贴农户4074户，补贴面积942.5公顷。投入114万元修建村内道路7千米，投入61.2万元修排水管道2千米，投入76万元打深井9眼。投入50万元绿化村内主干道6条5.5千米。开展村容村貌提升行动。以人居环境改善为抓手，大力实施美化亮化工程。“靶向攻坚”社区看花楼社区投入100万元，实施环境治理整体推进。倡导移风易俗，弘扬社会正能量。修订完善《居民公约》，依托社区文化广场，开展歌舞戏曲表演活动。评选表彰“好媳妇”“好婆婆”“ 好妯娌”“脱贫标兵”“六大员”等先进典型。藏粮于地、藏粮于技战略深入实施，全年粮食播种面积保持1200公顷，总产量达10395吨，增幅为5%。新型农民合作社发展到14家。四是动物防疫制度化，按标准防疫到位。严格按照要求防控非洲猪瘟，落实日报告，各环节防控到位，免疫覆盖率达到95%以上。组织护林员对辖区省道206线、省道219线、县乡道路、社区主干道树木及村庄集中片林全覆盖普查防治，重点区域加大防治力度。采取租赁承包形式发展围村经济林196.2亩，种植桃树、核桃、梨树、柿树等果树21000棵。9个居委会74个居民小组集体“三资”清产核资工作，按照资产清理、资产登记、资产核实、资产公示、资产确认、系统数据录入和资产审核上报等程序扎实开展，取得阶段性成效。

2018 年重阳街道主要经济指标情况表

表 14

项　目	单　位	完成数	比上年增减（%）
国内生产总值	万元	90974	8.3
农业生产总值	万元	3022	4.2
粮食总产量	吨	10395	5
畜牧业总产值	万元	1104	–8
工业总产值	万元	73818	1.12
全社会国定资产投资	万元	44300	9.1
财政收入	万元	3360	36.1
财政支出	万元	6335.3	83.04
农民人均纯收入	元	10620	2.8

【工　业】 始终坚持“工业兴街”发展理念，跟踪服务帮扶企业发展，着力推进骨干企业优质运行。规模以上工业企业 3 家，形成了以粮油加工、建材为主的工业体系。全年限额工业增加值 23000 万元，比上年增长 1.35%；实现利润 4650 万元，比上年增长 1.4%，上缴税金 2065 万元。

【商贸服务业】 推进供给侧结构性改革，加大市场基础设施改善力度，多措并举激活市场主体，完善规范市场管理，强化服务，精准施策，有力促进辖区商贸服务繁荣稳步发展。有集贸市场 1 个，大型购物场所 2 个，商品购销网点 12 个，金融机构 5 个，通信营业网点 12 个，餐饮服务业 26 家，交通运输企业 2 个，农机销售服务企业 1 个。商贸服务业从业人员 1600 人，社会消费品零售总额 154766 万元。

【脱贫攻坚】 年度召开 11 次推进会，层层传导学习，坚持学深悟透，确保了工作对标不走样。扶贫办人员责任到村，对接沟通，时时掌握村情户情，据实备案，按序更新，动态管理。全省扶贫开发建档立卡数据信息评估数据质量准确率 99.99%，排名第一，省网更新数据质量反馈正确率 100%。日常工作与走访帮扶相结合，经常走访与集中走访相结合，在走访中发现问题解决问题，因村因户精准施策，打好主动仗。兴建光伏电站 5 个，电站收益分配实现贫困户全覆盖。跟进协调解决 8 个扶贫车间和 7 个扶贫基地生产中的困难，夯实持续帮扶带动作用。大力推进基础设施项目开工，完成了 3 个文化广场建设，新修道路 12.11 千米。“靶向攻坚”社区看花楼，瞄准靶向，合力攻坚，道路硬化绿化、雨水管网、围墙改造及小游园建设项目如期完成。针对国家省市县明察暗访中反馈的问题照单全收，举一反三，对照查摆。积极回应所涉问题，列清单，明责任，建台账，对标对表逐项销号。做到“四清一满意”（诉求听清、缘由问清、政策讲清、案件办清，信访人满意）。以“夏季攻势”专项行动为载体，6 个社区一般农户走访全覆盖，主动回应解决群众反映的热点问题。年度脱贫 25 户 70 人，街道贫困发生率为 0.66%。

王营社区光伏发电基地　　乔盘松　摄

【城市管理和服务】 按照宜工、宜商、宜游、宜居“四宜”城市的发展要求，服从服务上蔡县城市建设发展大局。以爱国卫生运动为抓手，重点打好“美化治乱”“净化治脏”“绿化治荒”战役。集中开展背街小巷环境卫生整治活动 4 次，清理卫生死角 23 处，疏通阴阳沟 3 千米，整改 23 个公共厕所。积极开展健康教育进社区活动，提升居民群众健康卫生意识。制作健康教育板面 36 块，举办讲座 18 次，消杀“四害”孳生场所面积 2500 平方米。主动作为做好征地拆迁，确保城市项目建设顺利实施。在省道 223 线建设和张洪叶庄整村拆迁中，实施“三个一”工作法，即把精力倾注在一线、问题解决在一线、成效体现在一线，全力推进。此次拆迁共涉及 328 户，签订协议 208 户，年度拆迁 112 户，发放拆迁补偿款 1.3 亿元。

尚堂社区围村林　　乔盘松　摄

【改善农村人居环境工作】 实现 9 个社区安全饮水全覆盖。争取危房改造资金 36.95 万元，完成全街道 27 户危房改造任务。治理空心房 42 户，坑塘 15 个。安装太阳能路灯 463 盏。整修道路 7.8 千米，修建下水道 5 千米，新建小游园广场 5 个。选聘保洁员 80 名，配备环卫保洁车辆 130 辆，重点路段放置大型垃圾箱 38 个，主次干道放置果皮箱 420 个，有垃圾转运车 1 辆，基本实现生活垃圾日产日清。严控污染源头，对事对标严管。组织人员对畜牧业污染源进行排查，10 家养殖业排污得到有效治理。加强对施工现场监督，下达整改通知 16 份，督促落实防护措施。加大整治力度，杜绝反弹反复。对"散乱污"小加工点从严治理，实施整改或关停措施。针对整改反弹的 5 家砂石料场主动出击，组织人员，出动机械，清除清理，实施复耕。实行秸秆还田，禁止焚烧秸秆。秸秆还田率达到 90% 以上，实现夏秋两季零焚烧，有效遏制了重点时段大气污染。围绕实现"六化"，即山区森林化、平原林网化、城市园林化、乡村林果化、廊道林荫化和庭院花园化目标。实施科学规划谋"绿"、高标准实施增"绿"、完善制度机制保"绿"三项措施。投入 135 万多元，完成省道 206 线和 219 线廊道绿化 5000 多米，租赁土地 450 余亩。新植补植绿化社区村庄道路 8 条。共新植苗木 53500 多株，森林覆盖率达到 30% 以上。

王营社区小游园　　乔盘松　摄

【社会事业】 发放"两免一补"及扶贫资金 494.7 万元。全街道有小学 9 所，教师 282 人，在校学生 7853 人；有民办幼儿园 12 所，教师 208 人，在园幼儿 2886 人。全街道小学入学率 100 %，巩固率 100 %。县管初中 2 所，分别是上蔡二中和上蔡四中，教师 266 人，在校学生 4788 人。重阳街道中心学校荣获市综合治理先进单位、市教科研先进单位、市体育卫生先进单位及县教育教学先进单位。加强文化市场管理。选聘文化市场义务监督员 9 名，定期配合派出所、工商所等部门开展"扫黄打非"及辖区网吧、游戏机房等娱乐场所定期检查，确保文化市场繁荣健康发展。按照"七个一"标准，为看花楼、老谢庄 2 个社区综合文化服务中心配齐体育健身器材。有民间艺术团体 9 个，现代远程教育中心 10 个，农家书屋 6 个，新建文化大广场 3 个，有线电视用户 9600 余户。群众文化生活活跃，广场舞在社区推广普及，开展"电影下乡"活动 48 场次。在驻马店市"美丽乡村"农村广场舞推广活动中荣获"集体组织奖"，荣获县 2018 年元宵节民间文艺调演活动特等奖。医疗卫生条件明显改善，有卫生室9所，医生32人。健康立卡贫困户签约医生全覆盖。城乡居民医保收缴完成4228700元，参合率100%。全年出生186人，出生率5.75‰，二胎出生82人。人口性别比平衡。完成宫颈癌筛查和乳腺癌筛查720例，孕前优生检测259例。发放奖扶资金52.3万元。

【**社会保障**】2018年社会养老保险持续推进续保和扩面工作，缴费参保6557人，收缴金额1310400元，足额完成征缴任务。为返乡农民工、种养殖专业户申请办理小额贷款62万元。严格落实城乡低保复核工作，新审批城镇低保47户91人，农村低保49户104人。救灾救助及时到位，打卡发放救灾资金12万元，75条棉被、142袋面粉发放到户。发放临时救助资金29400元，医疗救助资金20多万元。特困人员供养对象28人，全年兑现供养金12.04万元。豫苑社区荣获河南综合减灾示范社区。

【**社会治理**】信访工作做好排查、化解、稳控三篇文章，努力将矛盾纠纷解决在基层、化解在萌芽状态。着力打赢信访问题“百日会战”，实施排查、建账、定责、化解、稳控、打击六项措施，75起信访案件化解63起，化解率84%，满意率100%。年度完成上三级要结果案件56件，及时告知率和及时结案率100%，满意率96%。安全工作整改并重查改并施。《安全生产目标责任书》签订到位，定期督查落实。汲取南大吴儿童溺亡事件教训，开展为期一个月的安全生产集中排查整治活动。食品药品监督管理积极回应群众反映强烈问题，监管到位，伪劣产品打击有力有效。荣获县2018年度安全生产工作先进单位、消防工作先进单位荣誉称号。“平安重阳”创建扎实有效。定期分析研判常态化，及时全面掌握辖区社会治安形势，确保了工作针对性和实效性。投入290万余元，实施了基础规范化建设。完善健全网格管理规范化体系，9个二级网格，23个三级网格职能有效发挥。铲毒禁毒宣传深入，排查细致，清除彻底，夯实了无毒街道建设基础。社区矫正强化法制教育，12名人员无重新犯罪。扫黑除恶专项斗争向纵深推进，舆论宣传赢得群众支持，真排实查，协调严打，排查上报问题线索5条。依托网格化开展“公众安全感和政法机关工作满意度”宣传活动，居民群众对综治工作的认可度提高。

【**党建工作**】强化学习教育，倡导良好学风。用活县委、县政府实施的各类学教活动载体，“学”带着问题学，“做”要针对问题改。集中学习制度完善落实，个人学习积极性激发，党员干部“四种意识”切实牢固，“四个自信”切实强化，“两个维护”切实增强，适应新时代发展需要的素质能力有效提升。打造团结协作务实担当的干部队伍。严格落实民主集中制，制定《重阳街道办事处“三重一大”事项集体决策制度实施细则》。抓好班子成员这个“关键少数”，形成“领头雁”效应。健全干部包社区责任制，制定干部绩效考评办法，高树重干看效“风向标”。牢固树立“抓好党建是最大政绩”的理念，推进从严治党向基层延伸深化。投入30万元对9个社区村室进行了规范化建设。抓实“逐村观摩，整乡推进”和党建“三集中”活动，查建结合补齐党建短板，深入开展争创“六面红旗村（社区）”活动，评奖激励激发干事热情。以“主题党日”活动为抓手，推进“两学一做”学习教育常态化制度化，把争做合格党员要求内化于心，外化于行。圆满完成了9个社区“两委”换届工作，社区“两委”干部队伍整体素质明显提升。党风廉政建设和监督执纪持续深化，纪律规矩明示严挺。工作中做到警示教育到位，制度措施到位，责任落实到位，行动体现到位。“以案促改”制度化常态化有效推进，选取典型案例，开展3次“以案促改”工作，完善建立5个制度。用好监督执纪“四种形态”，坚持抓早、抓小、抓常，约谈41人次，提醒谈话6人，通报批评15人，重处分1人。真正让每位党员干部看齐道德高线，严守纪律底线，切实把规定规矩落到实处。党委中心组学习和党员干部理论学习制度化、常态化。采取广播、固定标语、典型宣传等方式倡导社会主义核心价值观。依托工商联合会打好统战工作“共建牌”，积极引导非公经济人士参与当地经济建设。

重阳街道直属部门及驻街道机关主要负责人一览表

表15

单 位	负责人	单 位	负责人
党政办	石劭勋	人社所	张世民
农业中心	熊志杰	司法所	张丽娜
文化中心	陈伟霞	工商所	陈 晶
国土所	王臣山	中心学校	赵群才
财政所	张红喜	食药监所	董新军
城建中心	刘 浩	派出所	张光宇
民政所	刘耀华	卫生院	霍根柱
计生服务中心	张馨茹		

重阳街道所辖社区基本情况表

表16

社 区	总面积（平方千米）	耕地面积（公顷）	总人口（人）	支部书记	居委主任
建设路	0.2746	—	7282	杨铁旦	金亚萍
黑龙潭	0.6477	—	9181	邓文昌	康红伟
豫 苑	1.2155	15.87	10396	赵 富	曹素琴
看花楼	3.5976	190.13	3877	栗结合	栗结合
老谢庄	2.1729	146.54	1915	吴建华	王陆军
尚 堂	3.2912	201.66	3179	胡建国	尚 奎
王 营	2.113	133.81	2161	欧翠梅	王春华
南大吴	2.4102	166.75	2365	雷大举	雷大举
李斯楼	3.0729	246.4	3037	李志军	李志军

（乔盘松　石劭勋）

卧龙街道

【概　况】卧龙街道位于北纬33°15′40″—33°19′20″，东经114°13′14″—114°16′34″。地处上蔡县城西北角。东邻蔡都街道，南接重阳街道，西连大路李乡，北依百尺乡、西洪乡。总面积20.81平方千米，其中耕地面积897.61公顷。总人口5.27万人，其中常住人口3.32万人，人口自然增长率6.8‰。有汉、回、蒙古、壮、苗、黎、彝7个民族；其中回族人口896人，是全县回族人口主要集居地。辖文化路、福兴寺、苗沟、北大吴、后聂、绳李、大路张、黄尼庄、麦仁9个社区，31个自然村，93个村民小组。交通便利，省道高兰线（S331）横穿全境，省道永定线（S219）纵贯而过。有客运站1个。1路、2路、5路、7路公交车全日往返，每日有班车开往驻马店、郑州等地。自然条件优越，平原地貌，地势全县最高，暖温带大陆性季风气候，全境无大河流，主要干沟有北护城河。土壤类型为黄褐土。2018年，卧龙街道深入贯彻中共十九大精神，认真落实中央和省市县一系列重大决策部署，着力打好“精准脱贫、防范化解重大风险、污染防治”三大攻坚战，锐意进取，克难攻坚，经济持续快速发展，社会各项事业明显进步。国内生产总值16.9亿元，一、二、三产业结构为15.6∶39.2∶45.2。荣获省级生态文明乡镇、市级文明单位荣誉称号。

2018年卧龙街道主要经济指标情况表

表17

项 目	单 位	完成数	比上年增减（%）
国内生产总值	万元	169348	15
农业总产值	万元	2544.6	0.5
粮食总产量	吨	4100	34
畜牧业总产值	万元	528	2.4
工业总产值	万元	18549	21
全社会固定资产投资	万元	67267	28.9
财政收入	万元	4346	59
财政支出	万元	1206.82	60
农民人均纯收入	元	13611	10

【农　业】全街道粮食作物播种面积540公顷，总产量达到4100吨。油料作物播种面积400公顷，总产量1500吨。小麦种植面积480公顷，产量3600吨。玉米种植面积60公顷，产量500吨。花生种植面积366公顷，产量1370吨。大豆种植面积13公顷，产量40吨。芝麻种植面积33公顷，

产量37吨。在秸秆禁烧工作中，夏秋两季全街道无冒一股烟、无点一把火，完成了秸秆禁烧任务；进一步加强动物疫病预防工作，重大动物疫病集中免疫密度达到100%，畜禽免疫抗体达到70%以上。在"创森"工作中，积极按照目标要求，稳步推进，村庄"四旁"植树2.2万株，通道绿化3千米，营造农田林网折算面积250公顷。严格执行国家各种支农惠农政策，利用"一卡通"方式把各种补贴及时足额发放到农民手中。共发放耕地地力保护补贴95.11万元，涉及补贴农户3365户，补贴面积563.43公顷。

【工　业】 加大招商引资力度，实施回归工程，新增工业企业3家，其中规模以上工业企业1家。初步形成以农产品加工、建材、机械制造为主的工业体系。规模以上工业增加值达到6926.6万元，增长25%；实现利润3808.2万元，比上年增长10%。

【商贸服务业】 有大型综合性商贸城1个，集贸市场2个，大型购物超市5个，商品购销网点238个，金融机构2个，通信营业网点25个，餐饮服务业282家，交通运输企业3个，星级酒店1个，宾馆旅社26家，洗浴中心5家，健身会所2家，休闲娱乐场所14家。商贸服务业从业人员7160人，社会消费品零售总额94238万元。

【征地拆迁工作】 2018年，卧龙街道办事处完成征地任务959.17亩，涉及隆祺鞋业项目409.27亩、十六小学建设项目59.57亩、综合客运站项目45.58亩、"一场三馆"项目144.08亩、骏化集团项目165.64亩等10个项目。先后对肖庄、小王庄、半截楼、郭庄、光国楼、福兴寺6个片区完成征收，总户数709户。同时通过棚改打通了腾飞路、洪河路、蔡河路等8条断头路。

【脱贫攻坚】 积极开展脱贫攻坚"夏季攻势"专项行动。通过大培训、大整改、大推进、大走访、大帮扶、大调解、大宣传七大专项行动，全面落实中央省市县脱贫攻坚决策部署，以"重精准、抓整改、补短板、促攻坚"为主题，推进各项重点任务，实现了"三个百分之百""三个零差错""三个明显提高"的整改目标。经过全年3次再识别工作，全街道新识别贫困户18户67人。2018年实现脱贫69户226人。2018年全街道建档立卡贫困户425户1257人。完成了绳李、麦仁两个靶向村的道路修建及环境整治工作。两村共修建道路3.2千米，修建下水管道6000米，绳李新建文化广场、村卫生室一个。两村还完成了围墙粉刷、坑塘整治、小广场建设等环境整治工作。7个村全部制定了产业规划和年度发展计划，集体经济实现了全覆盖，完成加工点建设4个，投产4个，金融扶贫贷款率明显提高。2018年改造贫困家庭危房两批40户，已全部完成。在教育资助、医疗救助、临时救助、社会扶贫方面，针对贫困户实际情况进行不同情况的帮扶与救助。

【招商引资和项目建设】 全年共引进规模以上工业项目1个，上蔡县锦绣服装有限公司计划总投资1.1亿元，厂房面积3600平方米，拥有2个高标准制衣生产车间。项目扩大后，可增加就业120人，年产值可达1.5亿元，年可缴税3000万元。

【环境污染治理】 卧龙街道建立由党工委书记、办事处主任任网格长的一级网格，社区建立由支部书记任网格长的二级网格，居民组、重点企业、建筑工地建立三级网格，做到横到边，纵到底，网格管理全覆盖。除组织社区党员干部对辖区进行全面排查外，街道还组织国土、城建、环境执法等相关部门进行重点排查。排查情况每天17时汇总上报，街道分类整治。对限期整改置之不理的企业，街道办事处联合公安局、国土局、环保局、综合执法局等部门，进行强制拆除。2018年，取缔砂石料场3家、黑加油站1家、散煤堆放贮存场所1处，落实施工工地"六个百分百"。清理各类垃圾3000余立方米，拆除大杂院、小作坊及经营厂房等2300余平方米，铺设防尘网1500余卷。

【改善人居环境工作】开展大气污染防治行动、“生态文明，洁净家园”等系列活动，全面改善生态质量。实施农村人居环境改善项目，对绳李、麦仁两个靶向攻坚村分别投资100万元，实施人居环境改善工程；对剩余5个社区绿化采取花园式和菜园式相结合的方式，街道、社区、户三级共投资160万元，栽植绿化苗木近12000株，实现了最大程度增绿。整治生态环境，开展“治气、治水、治土、治脏”、城乡环卫一体化等活动，对农村环境进行了集中整治。开展水源地保护，加强坑塘河道综合治理，对县城规划区内6家养殖场进行了拆迁，切实打击污染水体的行为，确保了水源地水质的安全。整治焚烧秸秆现象，引导群众生态化、机械化处理秸秆，避免环境污染，街道秸秆还田率达到了95%；同时，投资近5万元，配备风力灭火机8台、灭火铁锨200个，及时充实街道灭火队伍，建立应急预案，对焚烧秸秆的现象进行严厉打击。

【社会事业】努力抓好科技文化工作。建设了黄尼庄、绳李两个社区文化中心，配齐相关设施，丰富了群众文化生活。大力发展教育事业。全街道中小学入学率均达到100%，在苗沟社区兴建了上蔡县第十六小学。积极发展卫生事业。2018年卧龙街道医疗保险参保率达到99.7%，位居全县前列。坚持开展免费生殖健康检查服务，孕前优生检测260对。落实计划生育各项奖扶政策，为85人发放独生子女费4.08万元，65人发放居家养老救助金2.34万元。

【社会保障】卧龙街道高度重视民生事业，始终坚持把维护好、保障好、发展好广大人民群众的利益作为工作的出发点和落脚点。特别是随着街道经济实力的不断增强，办事处采取多种措施，努力扩大就业，强化社会保障，维护社会治安，让人民群众得到实实在在的好处，有力维护了党工委、办事处的形象，有效化解了社会矛盾，减少了发展阻力，卧龙的发展有了越来越坚实的群众基础。在先富起来的“能人”带领和影响下，“跟着能人学致富”在卧龙已经蔚成风气，卧龙街道有北大吴的赵保枝、麦仁的聂玉才，黄尼庄的尼小勇以及杨建峰等创办的工艺品加工、制鞋、消防器材制作以及花生加工等企业，共吸纳50多人就业。卧龙街道建筑、物流、饮食三大产业直接从业人员达到1.2万人，带动相关就业1.1万人，三大产业的发展，带动人均年收入增长3000元。2018年，民政和社会保障工作成绩突出。2018年年底，有农村低保949人、有城镇低保1031人、有优抚对象198人。80岁以上高龄老人555人享受到了高龄补助金。全街道参加社会养老保险10220人，参保率98.2%。参加城镇居民医疗保险2.93万人，参保率99%。

2月13日，省医疗专家到卧龙街道大路张社区开展义诊活动　　王献会　摄

【社会治理】为了让群众在平安中享受幸福生活，卧龙街道办事处围绕“平安卧龙”创建，主动作为、大胆创新，率先实行了人民调解、司法调解、行政调解、区域联防为一体的“三调联防”工作新机制。办事处投入30多万元建立了覆盖全街道的现代化综治工作调度中心；投资50多万元建设“天网工程”，在全街道安装数字高清摄像头800多个，实现了主要路口、重点部位、社区出入口、重点区域的视频监控全覆盖，构建了人防、物防、技防一体化的社会治安综合防控体系。同时，卧龙街道全面实行了网格化管理，将辖区划分为10个网格，每一网格配备一名网格员。

【党建工作】2018年上半年全面完成了社区“两委”换届工作。卧龙街道党工委高度重视社区“两

2018年10月18日，卧龙街道开展第三季度党建观摩活动

委”换届工作，精心组织，周密部署，认真贯彻落实《党章》《中国共产党基层组织选举工作暂行条例》及《中华人民共和国城市居民委员会组织法》的规定，以及市、县有关换届选举工作的文件精神，制定工作方案，有计划按步骤地组织实施，2018年6月10日，社区“两委”换届选举工作全面完成，顺利选举产生了第六届社区“两委”班子成员。积极开展抓党建，促脱贫攻坚工作。打赢脱贫攻坚“靶向村”行动，进一步提升绳李、麦仁两村党组织凝聚力、影响力、战斗力和脱贫攻坚动力，带动全街道农村基层党组织建设全面提升，为决胜脱贫攻坚奠定坚实基础。认真推行党务公开。2018年9个社区全部实行党务公开，完善党务公开制度。积极开展争创“六面红旗村（社区）”活动，各社区制定了争创工作实施方案，争创工作稳步推进。2018年年，获得三面红旗社区6个，四面红旗社区3个。

卧龙街道机构主要负责人一览表

表18

单　位	负责人	单　位	负责人
党政办	王献会	计生服务中心	吴恒仙
农业中心	吴彦军	城建中心	马永胜
文化中心	冯辰光	社保所	李小伟
国土所	闫登奎	司法所	许党生
财政所	张国永	卫生院	霍根柱
中心学校	董付山	工商所	王超群
地税所	刘胜利	电管所	张耀华
派出所	邝建伟	食药监所	冯晨光
法　庭	余新年		

卧龙街道所辖社区基本情况表

表19

社　区	总面积（平方千米）	耕地面积（公顷）	总人口（人）	支部书记	居委主任
文化路	0.1511	—	2263	贺大科	马春叶
福兴寺	0.7916	1.2	3852	唐胜利	李艳秋
麦　仁	4.0696	78.89	5589	彭国长	聂有志
苗　沟	2.1203	102.58	4680	刘卫红	李亮山
北大吴	3.6337	206.58	3230	徐留根	徐海军
后　聂	1.3988	38.35	2102	聂治发	王权政
大路张	2.3952	65.41	3182	陈全国	杨万中
黄尼庄	3.9472	295.62	3870	尼永振	黄成林
绳　李	2.307	108.98	2350	李保明	李建党

（王献会）

杨集镇

【概　况】 杨集镇位于北纬33° 22′ 20″—33° 31′ 22″，东经114° 33′ 26″—114° 43′ 53″。地处上蔡县东部。镇政府驻杨集村，西距县政府驻地42千米。东邻项城市孙店镇，南接和店镇，西连蔡沟乡，北靠崇礼乡。总面积54.11平方千米，其中耕地面积3881.23公顷。总人口6.48万人，常住人口4.23万人，人口自然增长率6.5‰。辖中吕村、高岳村、前桥村、前李村、中街村、东北庄村、戚老村、小戚村、板张村、大郑营村、大傅营村、相湾村、马桥村、谢庄村、邓魏村、里湾村、赵寨村、杨集村、前常营村、后常营村共20个建制村，63个自然村，254个村民小组。交通便利，省道高兰线（S331）横穿全镇。有客运站2个。每日有班车开往驻马店、郑州等地。自然条件优越，平原地貌，暖温带大陆性季风气候，主要河流有杨河、黑河，主要干沟有桃花沟、红旗沟、东河沟、灭蝗沟。全镇土壤分砂姜黑土、潮土、黄褐土3个土类，有灰两合土、青黑土、黏覆砂姜黑土、洪冲积黄褐土、黏质薄覆砂姜黑土、壤覆砂姜黑土6个土种。2018年，杨集镇围绕“保增长、重民生、维稳定”的总体思路，求真务实，积极作为，经济稳步发展，社会各项事业全面进步。全镇生产总值6.1022亿元，三次产业结构为20.1∶33.4∶46.5。

2018年杨集镇主要经济指标情况表

表20

项　目	单　位	完成数	比上年增减（%）
国内生产总值	万元	61022	0.116
农业总产值	万元	12100	4.3
粮食总产量	吨	39817	0.001
畜牧业总产值	万元	434	16.7
工业总产值	万元	46201	–0.218
全社会固定资产投资	万元	27815	0.183
财政收入	万元	394	15.5
财政支出	万元	887.6	–2.4
农民人均纯收入	元	11084	15.1

【农　业】 2018年，清淤斗沟10千米，清淤农沟8千米；栽植各类树木16.8万株。全镇共有385眼机井，覆盖杨集镇全部可耕地。全镇粮食作物播种面积5867公顷，总产量达到49200吨。油料作物播种面积1876公顷，总产量5720吨。小麦种植面积3800公顷，产量34200吨，分别增长1.11%和4%。玉米种植面积1867公顷，产量15000吨，分别增长0.6%和2.4%。花生种植面积467公顷，产量2450吨，分别增长0.7%和3.6%。大豆种植面积718公顷，产量1730吨。芝麻种植面积667公顷，产量900吨。稳定小麦种植面积，着力发展强筋优质专用小麦，调减玉米种植面积，扩大油料、薯类、蔬菜、林果等种植面积。马桥村、戚老村建塑料大棚15个，面积1公顷，年产蔬菜45吨。大力培育新型农业经营主体，全镇新型农业经营主体共有86家，其中农民专业合作社86家。流转农户土地面积1133公顷。大力发展生猪、蛋鸡养殖，养殖方式向规模化、生态化发展。有规模以上养猪场5个，规模以上养鸡场2个，年出栏生猪5000头，年产鸡蛋89.5吨。发展生态林业，实施“创森”工程。共完成成片造林10公顷，村庄“四旁”植树2万株，绿化河道3千米，通道绿化15千米，营造农田林网折算面积76公顷，营造经济林76公顷，义务植树10000株。农田林网控制率32%，森林覆盖率19%。严格执行国家各种支农惠农政策，利用“一卡通”方式把各种补贴及时足额发放到农民手中。共发放地力保护资金623.2万元。涉及补贴农户13478户，补贴面积3743公顷。

【工　业】 2018年，全镇新增工业企业3家，其中规模以上工业企业1家，规模以上工业企业总数1家。初步形成以粮油加工、建材为主的工业体系。全年规模以上工增加值7659.9万元，比上年增长5.3%；实现利润4651万元，比上年增长2.1%。

【商贸服务业】 有集贸市场1个，大型购物场所4个，商品购销网点25个，金融机构3个，通信营业网点3个，餐饮服务业25家，交通运输企业2个，农机销售服务企业2个。商贸服务业从 业人员162人，社会消费品零售总额22808万元。

【脱贫攻坚】 2018年脱贫429户1802人。围绕全镇20个有贫困人口的建制村实现扶贫产业全覆盖、所有贫困户产业扶贫全覆盖，强化规划引领、组织带动、市场服务和技能培训，建立完善带贫机制，为贫困户稳定脱贫提供持久动力。加大农业种植结构调整，壮大产业发展促增收。鼓励带动贫困户发展特色种植，主要种植花生、大豆、芝麻、青贮玉米等经济作物。发展蔬菜大棚，小戚村建35亩蔬菜大棚，高岳村建20亩的蔬菜大棚。发展芦笋种植，与河南省晴耕雨读生态农业发展有限公司合作，以前李村、中吕村、后常村、大郑营村为示范带动。发展村集体经济。按照县林业扶贫政策精神，全镇辖区20个村均建成了100亩围村经济林。依托围村林这个集体经济项目，实现对贫困户的收益全覆盖，并带动贫困户发展林下经济，确保每户贫困户不少于1亩的林下经济收益。发展食用菌种植。2018年秋建立马桥村香菇种植基地，建香菇大棚57座，占地60余亩，种植香菇11.2万棒，有效带动贫困户114户，户每年增收2600元。2018年冬，镇政府与河南大口食品有限公司合作，分别在前李村、相湾村、戚老村采取集中种植、统一管理的模式，全镇平菇种植34万棒，有效带动贫困户482户，年增收2000元。积极鼓励支持在外发展成功人士回乡发展，带动贫困户务工，增加收入。积极扶持和引导企业在有条件的村庄建设扶贫车间，大力发展小型加工业。杨集镇已有上蔡县福明服饰有限公司、后常村的上蔡县红旭服装厂、板张村的上蔡县京轩休闲食品加工厂、杨集村的进宝日化服装加工厂等都正在生产运营中。扶贫产业的多样化，有效降低市场风险，带贫能力初显，每人务工月均可达1500元以上。2018年全镇新建村室13个、综合文化服务中心19个、标准化卫生室8个，新建重度残疾人托养中心一座，安装路灯2411盏，新修道路32.46千米，这些项目的实施，极大地改善了群众的生产生活条件，提升了群众的满意度。七个脱贫村均按照脱贫村达标标准落实了“七个一”（一个文化广场；一个简易戏台；一个文化活动室；一个宣传栏；一套广播器材；一套文体器材；一套体育设施器材）工程，达到了“十一”有（有特色产业，有住房保障，有基本医疗保障，有义务教育保障，有安全饮水，有路通村屯，有电用，有基本公共服务，有电视看，有村集体经济收入，有好的“两委”班子），贫困发生率均降到2%以下，安全饮水、危房改造实现了“清零”任务。2018年实施危房改造475户。

【改善农村人居环境】 杨集镇党委、政府把2018年作为人居环境整治年，早谋划、早行动，共争取各类资金200余万元，出动各类工程机械车36辆，人员2000余人次，整治坑渠235个，通过一年的整治，镇区内所有沟渠实现了景美、水净，群众生产生活环境得到进一步改善。争取危房改造资金274万元，完成全镇475户危房改造任务。投资160万元，整修、硬化小戚村、中街村、高岳村内道路2530千米。推进中心村电网改造升级，新建10千伏线路36千米，新建、改造中心村配电台区12个。在全镇范围内实施了饮水安全巩固提升工程，解决了杨集镇居民饮水安全问题，实现杨集镇贫困户安全饮水全覆盖。各村都配备保洁队伍，定期清扫村内道路。建垃圾池15个，添置洒水车1辆，购置垃圾转运车12辆，重点路段放置垃圾桶2650个，专人定时收集转运垃圾。建立300多人的农村环境保洁队伍。覆盖全镇，实现网络化管理，与省康盈公司对接，合理布局，建起了垃圾收集站。实现了20个建制村的垃圾收集、集中处理的清洁模式，村容村貌明显提升。整修坑塘98个，安装太阳能路灯150盏，覆盖全镇所有村庄。大力整治“小散乱污”企业，关闭沙场8家。实行秸秆还田，禁止焚烧秸秆。秸秆还田率达到96%以上，实现秋季零焚烧。新栽、补栽绿化树16.8万棵，实现98%耕地林网全覆盖。建设公路生态廊道15千米，建设小游园2个，森林覆盖率达到19%。2018年，建成改善人居环境示范村1个，达标村2个。

【社会事业】 2018年有64名学生被县重点高中录取。全镇有初中1所，教师88人，在校学生1623人；有小学20所，教师248人，在校学生4607人；有幼儿园28所（民办4所），教师60人，在园幼儿1560人。全镇小学、初中入学率均为100%，巩固率分别为99%、98%。全镇有艺术团体6个，丰富了全镇群众的精神文化生活。现代远程教育中心3个，农家书屋20个，文化大院20个，新建11个综合文化广场。有线电视用户5564户。群众文化生活活跃，演出戏剧44场，放映电影20场。杨集镇拥有卫生院1所，医生57人，有床位40张；卫生室20所，医生43人。参加城乡居民基本医疗保险农民5.89万人，参保率92%。全年出生896人，出生率14‰，稳定低生育水平，人口性别比达到110（女为100），人口结构进一步优化。坚持开展免费生殖健康检查服务，孕前优生检测485对。2018年镇卫生院共接诊门诊患者37815人次，住院患者1141人次，未发生一例差错事故。2018年进入镇卫生院制定的基本公共卫生服务五年计划的第五个年头，重点人群规范管理工作连年达到规范指标，圆满完成卫计委下达的基本公共卫生服务各项工作目标任务，年终考评镇卫生院依旧取得了全县第一名的好成绩。卫生院开设健康扶贫专用门诊、专用病房、专用窗口，为贫困人口就医开辟绿色通道，成立了4个健康扶贫家庭医生签约服务团队，为全镇1554户5763人贫困人口上门签订健康扶贫家庭医生签约服务协议书，并开展一年一次的免费体检。完成了年度健康扶贫工作任务。在县级举行的各个乡镇卫生院综合目标年终考评依旧取得了前三名的好名次。

【社会治理】 在全镇范围内安装的165套网络高清摄像头构建了立体化治安防控网络，镇监控平台达标。加强镇综治中心建设，设有达到市“三室一厅一中心”规范化要求的律师工作室，常年向群众提供律师咨询服务。在安全稳定集中整治活动中，共排查出14起安全隐患、113起矛盾纠纷，并对其进行有效分类治理，治理效果明显。信访渠道畅通，开展了“积案化解”攻坚活动，着力化解影响社会和谐稳定的老信访问题，全年共接待群众来访221批574人次，完成上级交办的信访案件8起，办结率100%，全镇无赴京、赴省、赴市非正常上访。重视安全生产工作，严格落实安全生产责任制，及时排查和消除安全隐患，全年无一例重特大事故发生。

【党建工作】 2018年杨集镇以村“两委”换届为契机，加强村级“两委”班子建设，如期顺利完成了20个村“两委”换届选举工作。持续深化基层党组织“划类升级”活动，严把村支书的入口关，选优配强村“两委”班子。认真开展“六面红旗村”创建和农村基层党建问题“三集中”活动。成立了软弱涣散和后进村集中整治工作组。补齐党建工作的短板，配强了软弱涣散村前李村的“两委”班子，整顿了后进村—赵寨村党支部，理顺了干群关系，理清了发展思路。认真开展“逐村观摩，整镇推进”观摩评比。落实“三会一课”制度，加强对村第一书记的管理，提升农村基层干部的素质，充分发挥了村级组织的战斗堡垒作用，建成了一支群众威信高、作风强，能担当的农村基层干部队伍。做好党员发展、党费收缴工作，严把党员入口关，培训入党积极分子23人，发展预备党员18人，党员转正12人。完善党费核定、缴纳登记、党费证专项账目等机制。强化“两个责任”，加强干部作风建设，制定多项廉政制度。

杨集镇镇直及驻镇机构主要负责人一览表

表21

单　位	负责人	单　位	负责人
党委政府办公室	梁金榜	计划生育服务中心	邱江伟
农业服务中心	赵　瑞	农村村镇建设与发展中心	朱树龙
文化服务中心	赵洪亚	人力资源社会保障服务所	李　建
国土资源管理所	王全旺	司法所	刘　东
财政所	刘东伟	卫生院	刘新华
中心学校	李惠强	工商所	尹红伟
农商银行	曹华兵	电管所	姬艳超
派出所	苏奎俊	民政所	申迎光
邮政支局	刘富强	电信所	葛玉香
粮管所	郑　川	供销社	陈慧民
国税支局	曹胜利	地税所	戚纯修
食药监所	张鹏飞	法　庭	李广涛

杨集镇所辖建制村基本情况表

表22

村　别	总面积（平方千米）	耕地面积（公顷）	总人口（人）	支部书记	居委主任
大傅营	1.7383	135.43	2201	付保良	付保良
板　张	2.8977	208.61	3667	张文明	张文明
大郑营	1.8421	140.64	2908	郑红旗	郑红旗
邓　魏	2.5109	172.82	3339	杨五成	戚现中
东北庄	3.8477	298.24	4466	赵新堂	邝彦生
高　岳	3.9608	284.67	6590	张学思	刘国民
后常营	3.2487	216.26	2558	常自松	李全民
里　湾	2.1122	156.53	2481	王国华	王连山

续表 22

村 别	总面积（平方千米）	耕地面积（公顷）	总人口（人）	支部书记	居委主任
马 桥	1.2558	80.14	2569	李松山	李松山
戚 老	2.3996	149.83	4557	戚建国	戚力争
前常营	2.7629	203.26	3322	常中喜	常现宾
前 李	2.5188	195.19	3977	李海平	葛志怀
前 桥	1.8439	138.91	2753	戚建伟	—
相 湾	2.39	187.56	4869	付合营	相来友
小 戚	1.898	139.11	2274	戚新亮	戚新亮
谢庄村	1.6997	125.41	2848	鲁朝阳	张红伟
杨集村	2.701	170.38	4033	戚金华	戚金华
赵寨村	2.5343	181.61	4086	邓新昌	邓新昌
中街村	4.2567	312.53	6577	邝长礼	李保周
中吕村	4.1294	288.85	4806	吕来周	吕学中

（戚宇峰　常旭峰）

黄埠镇

【概　况】 黄埠镇位于北纬 33° 07′ 51″—33° 13′ 50″，东经 114° 08′ 40″—114° 14′ 23″，地处上蔡县西南部；镇政府驻地在黄埠村，距县政府驻地 14 千米。东与邵店镇交界，西与遂平县常庄乡毗邻，南与汝南县张楼镇接壤，北与无量寺乡、大路李乡、重阳街道相连。总面积 45.74 平方千米，耕地面积 3326.12 公顷；总人口 4.6 万人，常住人口 3.2 万人，人口自然增长率 5‰。辖区内有汉、回两个民族，回族人口 400 余人。全镇辖 14 个建制村（黄埠村、新庄村、南王楼村、小王庄村、苑坡村、汝河村、小王营村、蔡埠口村、狮子口村、尚庄村、常庄村、周庄村、后张村、冯坡村），69 个自然村，164 村民小组。省道 206 线、县道 018 线穿境而过，有汽车站 1 个，有公交线路黄埠至东洪，有班车线路黄埠至遂平县汽车站。黄埠镇地处平原，暖温带大陆性季风气候，境内有南汝河、北汝河、柳堰河等 3 条主要河流，土壤绝大部分为潮土和少量砂姜黑土，有灰小两合土、灰两合土、灰淤土、灰沙壤土、黏质薄覆砂姜黑土 5 个土种。主要种植小麦、玉米、花生等，著名特产有“巨型一号”丝瓜，古迹有孔子问津处。2018 年，黄埠镇完善工作思路，统筹抓好经济建设，严格干部选拔任用，认真执行民主集中制，加强党风廉政建设，持续推进“两学一做”学习教育常态化制度化，全面从严治党，确保了黄埠镇经济社会快速发展。通过深入开展不作为不担当问题专项治理和政府系统作风纪律专项整治，行政服务效率和质量进一步提高，干事创业的氛围更加浓厚。荣获市级“先进基层妇联组织”“市级五星级平安乡镇”“脱贫攻坚先进单位”等荣誉称号，荣获县级“秸秆禁烧和综合利用工作先进乡镇”“2018 年度安全生产工作优秀单位”“2018 年度环境污染防治攻坚战先进集体”“2018 年度全县脱贫攻坚工作先进单位”“2018 年度综合工作先进单位”“2018 年乡镇人大主席团目标管理先进单位”“2018 年度中招工作先进单位”等荣誉称号。

2018 年黄埠镇主要经济指标情况表

表 23

项 目	单 位	完成数	比上年增减（%）
国内生产总值	万元	60722.1	6
农业总产值	万元	16000	6
粮食总产量	吨	24600	4.6
畜牧业总产值	万元	5400	8
工业总产值	万元	62705	0.3
全社会固定资产投资	万元	170000	1.3
财政收入	万元	452	–3.8
财政支出	万元	9766	1044
农民人均纯收入	元	10180	5

【农　业】 黄埠镇树立现代农业理念，推进传统农业向现代农业转变，按规模化发展、集约化经营、市场化运作思路，对土豆、大棚蔬菜种植进行规模化、标准化建设管理，统一销售。新建 410 亩的构树种植基地，发展杏李种植 800 亩，中药材 600 亩，新建食用菌大棚 47 座。在种植方面，主要农作物为小麦、玉米，粮食总产量 2.46 万吨，比去年增加 4.6%；在畜牧业方面，积极发展生猪、牛、羊、鸡等养殖，总产值 5400 万元，比去年增加 8%。

【工　业】在发展黄麻加工、农副产品加工、丝瓜水系列化妆品生产等为支柱产业的同时，加大招商引资力度，实施回归工程，2018年新增工业企业5家：上蔡县乐福箱包加工有限公司，投资80万元，已建成；信得利纸箱包装有限公司，投资150万元，已建成；小王营村扶贫车间，投资89万元，已建成；上蔡县国花麻制品有限公司，投资130万元，已建成；河南德益兴建筑有限公司二期工程，投资300万元，已建成。

【脱贫攻坚】黄埠镇党委、政府高度重视脱贫攻坚工作，至2018年12月底有建档立卡贫困户738户1936人，其中未脱贫户348户605人。2018年，新识别贫困户3户13人，脱贫114户383人，圆满完成了2018年度的减贫任务。全年黄埠镇354户贫困户调整种植结构面积887.258亩，得到补贴361262.2元；与上蔡县鑫海丰农产品有限公司合作在小王营村种植构树410亩，带动贫困户205户，每年每户可分红1000元；引导贫困户种植杏李447.9亩；新建香菇棚47座，占地20余亩，可带动贫困户94户；免费为缺技术的贫困户提供技能培训，并提供就业信息；对不能离家外出打工的，提供护林员、保洁员等服务性岗位297个；在新庄、南王楼等8个村建立了光伏发电站，占地104.14亩，带动全镇所有贫困户，2018年度每户平均收益1000元。

【社会保障】黄埠镇严格落实“低保”特困人员供养和残疾补助政策，累计发放“低保”金2042496元、特困人员供养金1137640元，做到了应保尽保，动态管理。发放临时救助金42140元，孤儿补贴63600元，高龄津贴88800元，冬春救灾款200000元。申领残疾证146人，126人领取重度残疾人护理补贴90720元；发放重度残疾人生活救助30人21600元。对持证的1085名残疾人进行入户需求走访调查，对建档立卡贫困户中重度肢体残疾的人员发放轮椅34辆，助行器1个，盲杖2个，助听器27个，盲表18个，对建档立卡重度残疾人家庭无障碍改造30户。深入开展危房排查工作，建立台账实行销号管理，危房改造291户。

组织人员到外乡调研产业发展情况

【文化工作】黄埠镇坚持不断为群众送戏到村，先后为尚庄村、南王楼村等6个村送戏14场。先后在黄埠村、小王营村、苑坡村实施村级综合文化服务中心建设，2018年年底前所有建设已经完工，同时为这3个村配送价值近5万元的文化活动器材；为尚庄村、蔡埠口村等五个村每村配备价值近2万元的空调及办公设备。

【卫生和计划生育】黄埠镇扎实开展优生和“两免”筛查工作，落实独生子女奖励费和奖扶、特扶对象扶助金的发放，开展奖扶、特扶对象的申报、资格认定工作，2018年年底全镇共有216名奖扶对象，4名特扶对象。开展好34岁至65岁妇女的宫颈癌和乳腺癌的“两癌”筛查，全镇共参加“两癌”筛查人员1560人。初步筛查出疑似病例3名，及时得到进一步的检查和治疗。

【教　育】2018年年底，黄埠镇有在编教职工278人，其中初中教师132人，小学教师146人。在校学生6952人，其中小学生4287人，初中生2665人，享受一补人数小学328人，初中516人。2018年全年财政拨付中小学经费4835594元，小学寄宿生补助费311600元，初中寄宿生补助费859600元。2018年度惠民工程“全面改薄”项目投入资金43.6万元对蔡埠口小学教学楼维修，围墙内粉，建设室外运动场；投入资金63.8万元为狮子口小学新建7间教辅用房，重建20蹲位单面半封闭厕所，建设室外运动场。同时利用“全面改薄”结余资金改善办学条件。黄埠一中跑道、涵管下水道、硬化路面等项目投入资金26.22万元；黄埠二中SBS防水、沥青路面、室外运动场等项目投入资金31.93万元；黄埠小学SBS防水投入资金3.88万元；新庄小学新建教辅用房等项目资金20.95万元；南王楼小学新建教辅用房、硬化路面等项目资金12.13万元。2018年，考入上蔡一高93人，上蔡二高286人。

【“创森”工作】 对14个村70225米长的主干路生产路沟进行高标准培护，圆满完成了58177棵树的栽植任务。黄埠镇完成省道S206线每侧30米，洙嵖路每侧10米，外环路每侧50米，共计708亩的廊道绿化任务，树种以法桐、栾树、复叶槭、大叶女贞等高大乔木为主。美丽乡村周庄村村内高标准绿化并建设村民娱乐活动场所绿地，栽植围庄片林75亩。全镇南柳堰河、北汝河、南汝河，折合面积756亩，都承包给了花木种植大户。

【社会治理】 2018年，通过与各村委、单位、企业签订责任状，推进各项具体工作落实到位。成立了“扫黑除恶”专项斗争工作领导小组，由镇党委书记任组长。全镇共书写张贴“扫黑除恶”内容的宣传标语90条，召开各级各类会议10余次，张贴宣传海报400余份，发放《扫黑除恶专项斗争致全镇人民群众的一封信》1500余件。根据本镇实情，对照扫黑除恶20种情形，摸排出20余条线索，向县扫黑办上报4条重要线索。黄埠镇全年共开展禁毒知识大型宣传教育活动3次，分发禁毒宣传资料累计1000多份，悬挂横幅8条，张贴标语30份。全面加强综治工作，高标准建设综治工作中心，构建立体化治安防控网络，提高技防水平，镇监控水平达标。黄埠镇党委、政府认真落实《信访条例》，扎实开展信访工作，切实解决群众关注和反映的热点、难点问题；领导班子成员带头值班，对重点群体、重点人员主动约访、登门下访，主动了解问题、解决问题；严格执行“矛盾纠纷周排查”制度，2018年共排查出矛盾纠纷23起，调解成功23起，调解率100%，有效地维护了全镇的社会和谐稳定。黄埠镇党委、政府高度重视安全生产工作，全年共组织人员进行3次全面排查，及时消除安全隐患，全年无一例重特大事故发生。

【党建工作】 深入学习中共十九大精神以及十九届二中、三中全会精神。紧紧围绕“十个深刻领会”“六个聚焦”要求，组织全体党员深刻学习领会习近平新时代中国特色社会主义思想，在学思践悟中融会贯通，切实做到学懂弄通做实。全年组织集体学习40余次，座谈讨论12次。2018年共培养积极分子20名，发展预备党员12名；严格落实“三会一课”及党员活动日制度，以党员活动日为契机，领导干部带头开展党课宣讲30场次，强化党员意识，增强党性观念。鼓励各村积极争创“六面红旗村”。有效激发了农村党组织和党员干部的干事创业热情，使乡村振兴的动力不断释放，基层党组织的根基不断夯实，小王营村被县委表彰为全县“六面红旗村”。完成村“两委”换届工作，严格按照规定完成了换届宣传动员、资格审查、组织实施、工作总结各个阶段任务，成功选出了新一届村“两委”班子78人。对全镇2个村的村级活动场所进行重建，提升村级场所功能。对镇级场所和14个建制村进行了活动场所标识规范化建设，统一村级活动场所主标识、门口标识、院内板面、室内板面等规格；健全完善各项规章制度，充分发挥综合服务功能，把基层党组织活动阵地逐步建成政治引领中心、教育培训中心、文化活动中心、议事协调中心、便民服务中心。扎实开展“逐村观摩，整乡推进”活动，查找不足，学习先进，推动各村落

县委常委、组织部部长桂兆权（右四）观摩党建工作
贾朋飞　摄

实工作。认真开展农村基层党建问题“三集中”活动，排查出问题663条，逐项整改销号。

（贾朋飞）

黄埠镇直属部门及驻镇机构主要负责人一览表

表24

单　位	负责人	单　位	负责人
党政办	彭卫丽	村镇中心（民政所）	刘贺群
农业中心	王　鹏	社保所	庞卫忠
文化中心	智念军	地税所	刘献文
国土资源所	宋　刚	司法所	尼治根
财政所	邓俊杰	卫生院	陈献埃
中心学校	陈二记	电管所	张　磊
信用社	鲁云洲	食药监所	王永泰
派出所	刘仪伟	工商所	马雪峰
邮政所	邱　蕾	电信所	刘天久
粮管所	李爱军	供销社	卓　伟
计生中心	李松涛		

黄埠镇所辖建制村基本情况表

表25

村　别	总面积（平方千米）	耕地面积（公顷）	总人口（人）	支部书记	村委主任
黄　埠	5.262	353.91	9387	殷彦春	张国平
南王楼	2.3484	172.03	2725	任心月	瞿钢锤
新　庄	3.1756	205.32	3795	张志富	曹有臣
小王庄	3.2827	246.66	3466	马付安	王　贺
小王营	3.9061	286.17	4073	王海军	杨铁谷
汝　河	1.8158	128.02	1727	张　勇	王广新
苑　坡	3.3681	245.59	2366	宋广志	宋广志
常　庄	3.1558	226.56	3221	吕志发	李合理

续表25

村　别	总面积（平方千米）	耕地面积（公顷）	总人口（人）	支部书记	村委主任
尚　庄	2.1607	159.9	2371	乔文礼	吕改枝
狮子口	4.0585	304.24	3318	李振江	李振江
蔡埠口	4.5679	323.34	4128	张　华	张　华
周　庄	2.2847	167.87	1841	周付林	周付林
后　张	2.645	206.84	2176	刘天顺	刘天顺
冯　坡	1.9473	159.63	1210	冯文杰	冯文杰

洙湖镇

【概　况】洙湖镇位于北纬33°09′6″—33°15′16″，东经114°24′52″—114°31′31″。地处上蔡县东部。镇政府驻洙湖村，西距县政府驻地18千米。东邻党店镇，南接平舆县阳城镇、汝南县留盆镇，西连杨屯乡、五龙镇，北靠塔桥镇。总面积68.94平方千米，其中耕地面积4979.08公顷。总人口6.54万人，其中常住人口5.6万人，人口自然增长率4.15‰。辖洙湖、前三里、苏庄、袁庄、大刘寨、樊庄、孔庄寨、贺店、大吴庄、刘店、桃花店、王彭、余庄、均张、岳洼、吴庄、小董、前铁张、西张寨、一六王庄、曹寨、程庄、王楼、大田庄24个建制村，82个自然村，262个村民小组。境内交通便利，县道大程—小马庄公路（X005）东西横穿全镇，县道洙湖—塔桥公路（X012）南北纵贯全境，县道洙湖—嵖岈山公路（X007）向西南穿过本镇，有乡镇客运站1个。通往县城的城乡公交车每十分钟经过一班，每日有经过班车开往驻马店、郑州、西安、太原、北京等地。洙湖镇自然条件优越，属平原地貌，暖温带大陆性季风气候，主要河流有小洪河和杨岗河，主要干沟有柳沟和蓍台沟。全镇土壤土类主要为砂姜黑土，还有少量潮土。有壤覆砂姜黑土、壤质薄覆砂姜黑土 、黏质薄覆砂姜黑土 、灰小两合土4个土种。2018年，洙湖镇党委、镇政府团结带领全镇广大干部群众，克难攻坚，务实苦干，较好地完成了年初制定的各项工作任务目标，实现了洙湖经济又好又快发展。国内生产总值7.31亿元，一、二、三产业结构为36.2∶27.6∶36.2。荣获驻马店市第三次全国农业普查突出贡献集体、2018年度全市信访工作先进单位等荣誉称号。

2018年洙湖镇主要经济指标情况表

表26

项　目	单　位	完成数	比上年增减（%）
国内生产总值	万元	73144	5.7
农业总产值	万元	4176	5.9
粮食总产量	吨	60368	0.7
畜牧业总产值	万元	248	-11.4
工业总产值	万元	66932	4.5
全社会固定资产投资	万元	85877	5.5
财政收入	万元	388	8.68
财政支出	万元	2652.1	152.1
农民人均纯收入	元	10689	10

【农　业】 全镇共发展村级集体经济果林2832.69亩，主要栽植品种为：黄金梨、板栗、水蜜桃、黄桃。发展林下经济，种植品种为花生、红薯。在上和路、洙嵖路、洙塔路两侧各建设50米宽林木生态廊道18768米，折合面积1225.82亩，植树90711株。发展林下经济1225.82亩，其中610亩种植北海道黄杨8万株、红叶石楠4万株、香椿3万株；615.82亩种植花生、辣椒。吴庄、岳洼、袁庄、苏庄、孔庄寨、樊庄、大刘寨、贺店、曹寨、程庄、王楼、大田庄村在小洪河两侧各30米宽发展水系生态林木建设，栽植长度16839米，折合面积761.8亩，植树66373株，主要栽植品种为红枫、复叶槭、丝棉木、大叶女桢。发展林下经济，栽植中药材252亩，种植丹参、白茱等；509.8亩种植花生、红薯。建设面积819亩，植树30691株，栽植品种为：金日楸树、复叶槭、红枫、银杏、大叶女桢、海棠。严格执行国家各种支农惠农政策，利用“一卡通”方式把各种补贴及时足额发放到农民手中。共发放农业支持保护补贴745.48万元。涉及补贴农户13525户，补贴面积4424公顷。

【工　业】 加大招商引资力度，实施回归工程，全镇新增工业企业4家。初步形成以粮油加工、建材、机械制造为主的工业体系。

【商贸服务业】 全镇有专业集贸市场2个，大型购物场所2个，商品购销网点200个，金融机构4个，通信营业网点3个，餐饮服务业22家，农机服务企业4个。商贸服务业从业人员500人，社会消费品零售总额34569万元。

【脱贫攻坚】 年初，镇党委、镇政府研究出台了《洙湖镇2018年脱贫攻坚工作意见》，明确了指导思想，提出了目标任务，制定了具体举措，层层建立责任制，坚持以上率下，强化责任落实，激励广大党员干部克难攻坚、真抓实干，确保圆满完成脱贫攻坚年度各项工作任务。2018年，洙湖镇先后组织召开全镇脱贫攻坚专题推进会11次。深入开展“靶向攻坚”“夏季攻势”“集中下基层”等专项攻坚行动，着重加大对全镇11个“靶向攻坚”村的支持力度。2018年，洙湖镇先后迎接了省、市扶贫领域问题专项巡视巡察、全省2019年14个计划退出贫困县评估调研、省脱贫攻坚半年考核、省脱贫攻坚专项督查巡查、市级交叉检查等，对上级所有检查反馈的问题进行逐条梳理，压实整改责任，规范整改程序，建立整改台账，实行销号整改，确保问题清零。结合上级反馈问题，举一反三，深化整改，组织开展了自检自查。利用节假日、双休日的时间对全镇24个村尤其是11个“靶向攻坚”村年度脱贫攻坚工作开展情况进行“解剖麻雀”式调研核查，其间共走访1218户，访谈干部86人，共排查出问题26类223条，全部下发督办通知，跟踪限期整改，解决问题223个。开展动态管理工作，确保全镇标准统一、步调一致。截至11月底，围绕年度减贫目标，洙湖镇已在国网扶贫信息系统标注脱贫370户1096人，标注出列贫困村2个，贫困发生率降至1.95%，全镇剩余未脱贫人口563户1202人。统筹调整种植结构，大力实施“一乡一业、一村一品”战略，协调推进特色农业快速发展。2018年，全镇共计奖补实施结构调整的贫困户485户，补贴种植面积1226.55亩，总补贴金额37.5412万元；167户建档立卡贫困户自主发展种植平菇138020袋，补贴资金68.36万元。全镇已建成7个，帮助了122名贫困群众实现就近就业。全镇12座村级光伏扶贫电站全部并网发电，整体发电规模26.39兆瓦，实现全镇所有建档立卡贫困户光伏扶贫全覆盖。2018年9月首批户均1000元的光伏收益已经分红到位，发放资金1208万元。建成镇、村两级金融服务阵地25个，评级授信贫困户1218户。2018年1—11月，全镇共发放扶贫贷款14.5万元，带动贫困户98户。统筹就业、农业、教育、妇联，残联等七部门培训资源，举办10期致富技能培训班，共培训人员850人次。实施就业扶贫“八大员工程”，由政府购买岗位，安排贫困家庭劳动力从事卫生保洁、道路养护、林网护林、交通劝导、光伏电站管护、托养中心护理、优抚对象联络、巡河等工作，每人每月工资500—2000元不等，带动452名贫困群众增收。2018年，深入开展基础设施攻坚行动，着力加大对贫困村、脱贫任务较重非贫困村的基础设施建设力度。2018年，精准聚焦基础设施“七个一”项目建设，投资252万元完成38.2千米村组道路建设任务，投资144万元完成12个村级标准化卫生室建设任务，投资367万元完成9个村级综合性文化服务中心建设任务，全镇已提前实现贫困村通硬化路率100%，通邮政率达到100%，通客车率达到100%，实现通宽带率达到100%，生产生活用电能够满足基本需求。2018年春季学期资助建档立卡贫困学生742人，发放资金36.315万元；2018年秋季学期已资助建档立卡学生745人，发放金额36.325万元。2018年全县共鉴定建档立卡贫困户、低保户、分散供养特困人员和贫困残疾人家庭四类重点对象危房户466户，已全部完成改造任务。排查治理“空心房”217处，及时消除危房隐患。对建档立卡贫困人口，参保费用实行政府补贴，确保医疗合理费用“零支付”。2018年，贫困群众看病累计报销医疗费用82.87万元，补贴人2102人次。2018年全镇共发放低保救助金26.4万元、临时救助金10.5万元。建立和完善长效机制。根据全镇脱贫攻坚规划，科学完善了镇脱贫攻坚项目库，整合各类资金8100万元。至2018年11月底全镇共实施入库项目19个，已拨付6800万元，资金拨付率83.9%。开展立体式、全覆盖的宣传教育工作，充分利用电视、扶贫广播、微信、条幅、宣传栏、墙体标语等载体，广泛宣传扶贫政策，生动展示脱贫攻坚成果。深入开展了“党建带团建、团建促攻坚”“百企帮百村”“爱心手拉手”等活动。由镇党委牵头，整合社会扶贫资源，建立了一批“爱心超市”，引导贫困群众通过劳动等方式挣得爱心积分，再到“爱心超市”兑换生产生活用品，助推贫困群众自力更生增收脱贫。

【市委脱贫攻坚领域专项巡察反馈问题整改工作】 针对市委脱贫攻坚领域专项巡察反馈的问题，洙湖镇第一时间成立了专项巡察整改工作领导小组，镇党委书记丁华伟任组长，其他班子成员任副组长，确保各项整改工作部署到位、责任到位、落实到位。共召开专题党委会议8次，专题研究、部署和推进整改落实工作，明确提出问题不解决不松手、整改不到位不罢休、不获取全胜不收兵。巡察整改期间洙湖镇共计制定下发12个方案、意见、办法，制定完善3项制度，配合巡察整改认真开展8项辅导、培训和专题活动。巡察整改的16个问题，已完成16个，收缴违法违纪所得共计66341元，对11名党员干部按程序进行党纪处理。

【招商引资和项目建设】 通过完善招商引资优惠政策，落实考核激励机制，创新招商办法等措施，全年新建企业10家，其中引进亿元以上的项目2个，到位资金1.7亿元。驻马店市灯具有限公司投资1.2亿元，落户上蔡县产业集聚区，已于11月建成投产，开通两条生产线，增加就业100人，年产值0.71亿元，年缴利税130万元。上蔡县宏坤建材有限公司，投资1.2亿元，落户前三里村，主要生产销售建材散装水泥，已完成厂房建设和设备的安装调试。苏庄村五金加工厂、樊庄村床垫加工厂、上蔡县赵绿峰木器加工厂、张寨线圈厂、大刘木板加工厂等投资均在100万元以上。

【改善农村人居环境工作】 对洙湖、苏庄、大刘寨、樊庄、余庄、均张、岳洼、小董、一六王庄、曹寨、程庄共11个靶向攻坚村，每村投资一百万元，进行村内道路整建、下水道整建、坑塘整治、文化墙建设等。23个建制村安装独立杆路灯1493盏，抱杆路灯809盏，共计安装2302盏。各村共配备保洁队伍25个500人，定期清扫村内道路。建垃圾中转站1个，购置垃圾转运车40辆，重点路段放置垃圾桶2400个，专人定时收集转运垃圾。“蓝天卫士”监控平台不间断值班，通过信息化手段实现秸秆禁烧的实时监控、预警服务，较好地实现了人防与技防的有机结合。实行秸秆还田，禁止焚烧秸秆。秸秆还田率达到91%以上，实现夏、秋两季零焚烧，荣获上蔡县2018年秋季秸秆禁烧和综合利用工作先进单位一等奖。

【社会事业】 有2所初中，22所公办小学，其中成建制小学10所，教学点12个；民办学校2所，民办幼儿园9所。公办在编教师283名，其中女教师159名。特岗教师35名。在校学生5662人。2018年，中心学校和两所初中荣获“中招先进单位”称号。对建档立卡贫困户进行逐户逐人筛查，学生资助档案规范、有序。及时下发告知通知，通过入户走访、微信群等对建档立卡户进行政策解读，受到各级领导和社会的一致好评。洙湖镇中心学校2018年荣获“驻马店市教育科研先进单位”“驻马店市义务教育先进单位”“驻马店市教育宣传先进单位”“驻马店市勤工俭学先进单位”“驻马店市民办教育先进单位”“县综合目标考核先进单位”“县中招先进单位”.“县先进基层党组织”“县教育信息工作先进单位”“县安全工作先进单位”等荣誉称号。赵学亭被评为驻马店市优秀校长，张新政、冀贝贝、张俊灿荣获驻马店市优秀班主任称号，张新政、李才华荣获市级优秀教师称号，端木清华被评为驻马店市教育科研先进个人，苏利民、程文进在驻马店书法大赛中获教师组优秀奖。在县“最美大课间”评选活动中，荣获“优秀组织奖”；在“万村千乡”篮球比赛中，获全县第五名，荣获“优秀组织奖”；在县组织的抽测竞赛中，洙湖镇五年级数学获全县第八名，四年级古诗文抽测荣获第六名，四年级总评第九名，五年级总评第十一名。有民间艺术团体52个，现代远程教育中心25个，农家书屋24个，文化大院16个，有线电视用户7951户。群众文化生活活跃，2018年演出戏剧523场，放映电影434场，15件文艺作品获奖。医疗卫生条件持续改善，有卫生院1所，占地40余亩，在编人员69名，在职人员58名，其中高级职称1人，中级职称11人；治疗科室10个，仪器科室6个，病房床位85张。村级卫生室24所，66名村医，已建成并投入使用的标准化卫生室21个，另有2个标准化卫生室正在建设中。累计为58728人建立居民健康档案；定期开展公众健康咨询活动，举办健康知识讲座，发放各类健康宣传印刷品3万余份；为适龄儿童免费规范接种国家免疫规划疫苗，每季度开展一次儿童疫苗查漏补种；纳入0—6岁儿童健康管理4127人，为0—6岁儿童开展免费体检；规范管理孕产妇188人；慢性病管理方面：登记管理高血压患者4629人；登记管理糖尿病患者1098人；为辖区281人重性精神病患者建立档案并规范管理；每年为65岁以上老年人免费体检一次，累计为辖区2796位老年人进行了健康体检；认真开展传染病防治及突发公共卫生事件工作，及时上报各类传染病，坚持每2个月对辖区卫生室及学校巡查一次，积极协助卫生监督所监督检查。2018年门诊接诊患者68484人次，治疗费用505.04万元，补偿费用296.04万元；收治住院病人1339人次，住院费用265.84万元，医保补偿费用197.75万元；按照城乡居民基本医疗保险有关规定全年住院次均费用合理，药占比基本平衡，有效地解决了农民就医难的问题，城乡居民基本医疗保险费用即时现报，方便了群众，严格执行6条禁令，使国家民生工程得到了落实。2018年辖区建档立卡人员在洙湖镇卫生院门诊就诊18006人次，费用183.74万元，医保补偿33.47万元，政府救助150.27万元；住院501人次，总费用88.58万元，医保补偿67.68万元，政府救助20.21万元。残疾人托养中心入住30人，卫生院每季度对入住人员进行一次全面体检，每日一次巡视查房，对入住人员的康复进行指导与医疗救助。参加城乡居民基本医疗保险居民5.43万人，参保率94%。2018年出生488人，出生率7.47‰，其中男孩252人、女孩236人，人口性别比106（女为100）。免费发放一孩生育登记服务证154本，二孩生育登记服务证134本。坚持开展免费生殖健康检查服务，孕前优生检测244对；孕产妇免费产前筛查749人次；免费“两癌”筛查2451人次。落实计划生育各项奖励扶助政策：农村特扶对象5人，发放特扶金5.7万元；农村奖扶对象137人，发放奖扶金18.084万元；城镇独生子女父母奖励扶助对象5人，发放奖扶金0.48万元。

【社会保障】 2018年年末，全镇供养特困人员376人，兑现供养金165.558万元。集中供养50人，供养金26.56万元。农村低保1436人，兑现低保金359.5932万元。优抚对象433人，发放优抚金149.3275万元。孤儿20人，发放孤儿补助金13.65万元。艾滋病人22人，发放艾滋病人补贴14.9689万元。90岁以上高龄老人113人，发放高龄老人补贴8.28万元。全镇参加新型农村社会养老保险4.26万人，参保率65.2%，收缴养老保险基金430万元，领取养老金人数10182人，发放养老金1221.84万元。截至2018年12月，洙湖镇共有办证残疾人2072人。2018年享受困难残疾人补贴人数399人，发放困难残疾人补贴28.7万元；享受重度残疾人补贴人数700人，发放重度残疾人补贴5.04万元。洙湖镇重度残疾人托养中心总投资110万元，于2018年3月底建成，占地面积1024平方米，建筑面积692平方米，房屋共20间；15间住室，床位30个，一间办公室，一间康复室，一间厨房，两间男女公共厕所洗澡间。于同年4月1日开始入住，入住重度残疾人30人，护工15人，厨师2人，每个房间都配有灭火器和烟雾报警器、空调、电视机、独立卫生间，护工护理贴心仔细，每天的伙食都营养均衡，合理搭配，为重度残疾人营造一个温馨和谐的家园。

【社会治理】 洙湖镇加强治安防控体系建设，加大矛盾纠纷排查调处机制，狠抓干部下访，确保大局和谐稳定。新添置了四辆电动巡逻车，高标准建立了综治工作中心并建立领导带班值班制度，构建了维护稳定、调解纠纷的平台。充分发挥村警务室作用，建立村专（兼）职巡逻队伍，引导群众参与治安防范工作，强化了村庄义务治安联防活动。认真落实并严格执行学生校内大型活动和校外集体活动审批、值班巡逻、外来人员来访登记、安全工作月查等制度；与司法所结合普遍开设了法制课，开展警示教育活动，提高青少年法制意识。加强中小学校及周边地区治安综合治理工作，对学校门口乱摆设的摊点和不卫生食品、不健康玩具、读物、音像制品等进行清理；共同创建“平安校园”。利用宣传车、农村广播大喇叭、文艺宣传队等形式，向群众广泛宣传平安建设知识，提高了群众自我防范意识，形成了人人关心、支持、参与平安建设工作的良好局面。信访渠道畅通，创新信访机制，坚持依法治访，开展集中解决信访问题“百日会战”活动，着力化解老信访问题，全年共接待群众来访41批56人次，办结率100%，全镇无赴京、赴省、赴市非正常上访。严格落实安全生产责任制，及时排查和消除安全隐患，防止了重特大事故的发生，确保了人民群众的生命财产安全。

【党建工作】 2018年年末有党支部28个，党员1119人，其中农村党支部24个，党员1014人。2018年，洙湖镇党委以基层党建“三集中”活动为抓手，不断夯实党建责任，强化工作落实，筑强战斗堡垒。全面压实党建责任，主动履职尽责，把抓好党建作为第一职责，年初制定了18条抓党建工作台账，定期进行“回头看”，确保逐项推动落实。压实责任传递，落实班子成员和部门负责人党建联系点制度，建立村党支部书记党建工作清单，推动党建工作扎实推动。评比加压推进，积极组织开展“逐村观摩、整体推进”活动，通过观摩不断发现亮点、寻找差距，建立问题清单27条并逐条落实整改，推动了基层党建水平全面提升。扎实推进“两学一做”学习教育常态化制度化。将“两学一做”学习教育与日常学习、脱贫攻坚、农村人居环境综合整治等中心工作深度融合，在“学懂”“弄通”“做实”的基础上同步发力，组织开展中心组学习12次，全体干部集中学习28次，专题研讨4次，切实把思想和行动统一到中共十九大精神上来，不断推动全镇重点工作创新发展。强化村“两委”班子建设，加强村级“一把手”队伍的培养选拔，选出一批“有公心、闯劲足、敢担当”的基层组织带头人，增强了基层党组织的战斗力。通过加强村级后备干部储备工作，共培养村党支部书记后备人才24人，一般村干部后备人才48人，建成了结构合理、素质优良的村级后备干部队伍人才库。对2个软弱涣散村和1个后进村进行了全面整治，提升了各村级党组织建设水平。2018年新建村室4个，全部建成并投入使用，实现村级活动场所标准化建设全部达标。全年投入党建经费共30余万元，足额保障党建工作顺利开展。做好党员发展、党费收缴工作。严把党员“入口关”。完善党费核定、缴纳登记、党费证、专项账户等机制。强化“两个责任”，加强干部作风建设，制定完善廉政制度9项。加大案件查处力度，立案12起，查处党员干部14人。

【村“两委”换届选举】 2018年3—5月，按照县委、县政府的部署和要求，洙湖镇以稳定大局、优化结构、干事创业为出发点，切实把村“两委”换届工作作为全镇阶段工作的重中之重来抓，及时召开党委会议，结合洙湖镇实际情况分析了选举中的重点与难点，专题研究部署镇村“两委”换届工作。研究制定下发了《洙湖镇村党组织换届选举工作实施方案》和《洙湖镇第九届村民委员会换届选举工作实施方案》，成立了以镇党委书记丁华伟为组长、班子成员为成员的村“两委”换届工作领导小组，切实加强了对换届工作的领导。充分发扬民主，严格依法办事，通过“两推一选”的方式，成功产生24个村级党支部委员会，新一届村党支部委员会产生委员70人，其中书记24人，村党支部委员46人。村第九届村委会通过依法选举，产生新一届村委会成员86人，其中村委主任21人，副主任8人，委员57人。村“两委”交叉任职数32人；村“两委”中妇女委员数20人，村党支部委员中妇女委员数7人，村委委员中妇女委员数16人；村党支部书记、村委主任一肩挑6人。

洙湖镇及驻镇机构主要负责人一览表

表27

单　位	负责人	单　位	负责人
党政办	王重洋	计生服务中心	段盘根
农业服务中心	楚继承	村镇建设中心	薛永存
文化服务中心	曹清洲	社会保障所	朱党恩
国土资源所	张　恒	司法所	程慧玲
财政所	陈树谨	卫生院	庄旭
中心学校	赵学亭	工商所	张国干
农商银行	白联合	农行营业所	关恒飞
派出所	张　力	电管所	田超峰

续表 27

单 位	负责人	单 位	负责人
邮政所	翟继红	民政所	薛永存
法 庭	朱 琳	联通公司	彭乾坤
粮管所	史长幸	供销社	胡启田
食药监所	梁超平	税务分局	马 宇

洙湖镇所辖建制村基本情况表

表 28

村 别	总面积（平方千米）	耕地面积（公顷）	总人口（人）	支部书记	村委主任
洙湖	4.3984	273.04	4055	王国芳	申国彬
前三里	3.9491	288.48	3266	曹 磊	张朝流
苏 庄	3.5003	249.24	3038	苏连华	张守中
袁 庄	2.6389	197.65	2442	袁志元	袁大军
贺 店	2.8247	189.59	2921	张保锋	张保锋
大刘寨	3.4347	227.15	3781	刘国立	
樊 庄	3.0411	219.44	3112	翟进伍	翟国贞
孔庄寨	3.2001	242.04	2648	翟俊飞	翟俊飞
大吴庄	2.4523	187.93	2622	王长看	吴金炯
刘 店	1.7591	139.47	1733	刘亚子	
桃花店	2.3678	178.68	1825	曹国付	曹国付
王 彭	2.0459	156.67	1471	彭国成	李新华
余 庄	4.2466	320.19	3812	赵新哲	
均 张	3.0144	225.36	3206	闫建华	闫建华
岳 洼	2.1747	156.44	2405	岳少勇	岳国治
吴 庄	1.3267	90.33	1442	吴小耀	吴银领
小 董	2.8236	212.98	2803	冀纲要	冀纲要
前铁张	1.9162	136.63	1817	王长德	张永真
西张寨	2.8673	214.78	2884	曹自立	曹建国
一六王庄	4.2252	312.5	4406	曹军士	张占国
曹 寨	4.4509	312.09	3978	曹更新	曹更新
程 庄	2.3952	165.83	2530	程 伟	曹笑言
王 楼	2.5221	182.55	2051	田勋直	
大田庄	1.3674	100.02	1192	田德学	田德学

朱里镇

【概 况】 朱里镇位于北纬 33°21′15″—33°27′53″，东经 114°23′03″— 114° 29′13″，地处上蔡县东北部。镇政府驻朱里村，距县城 23.2 千米。东邻东岸乡，南接东洪镇、韩寨镇，西连小岳寺乡，北靠商水县白寺镇。朱里镇总面积 83.7805 平方千米，其中耕地面积 6330.37 公顷。总人口 7.5 万人，常住人口 7 万人，人口自然增长率 6.4‰，有汉、回 2 个民族，少数民族人口 358 人。辖朱里村、古刘村、后关村、大黄村、河南贾村、河北贾村、郑庄寨村、拐子杨村、罗庄村、乔李村、老黄庄村、东梁村、坡杨村、柏庄村、扶台村、周赵村、周桥村、高庄村、大董村、田庄村、东伍张村、双庙村、霍庄村、贾庄村、段寨村 25 个建制村，64 个自然村，289 个村民小组。交通便利，省道 206 线穿境而过，在建中的周驻南高速公路在朱里镇区留有出口。有客运站 1 个。自然条件优越，平原地貌，暖温带大陆性季风气候，主要河流有黑河，主要干沟有青龙沟。土壤主要为潮土和砂姜黑土，并有少量黄褐土，有灰两合土、黏覆砂姜黑土、砂姜黑土、黏质薄覆砂姜黑土、青黑土、底沙灰两合土、壤覆砂姜黑土、洪冲积黄褐土 8 个土种。主要农产品有小麦、玉米、大豆、芝麻。主要工业品有胶合板。朱里镇为南宋宰相朱胜非故里。古迹有航寨遗址、扶苏台、武津寨（岗郭）和燕王台等。其中，航寨遗址为省级文物保护单位。2018 年，朱里镇围绕“重发展，保民生”的总体思路，主动作为，经济稳步发展，社会各项事业全面进步。国内生产总值 3.9 亿元，荣获上蔡县信访工作先进单位、上蔡县安全生产工作先进单位等荣誉称号。

2018 年朱里镇主要经济指标情况表

表 29

项 目	单 位	完成数	比上年增减（%）
国内生产总值	万元	39384	5.3
农业总产值	万元	23680	2.3
粮食总产量	吨	101874	1.6
畜牧业总产值	万元	7560	2.5
工业总产值	万元	30382	1.1
全社会固定资产投资	万元	6100	1.4
财政收入	万元	659	8.6
财政支出	万元	2373.9	10.6
农民人均纯收入	元	9467	4.4

【农 业】 朱里镇紧扣现代生态农业发展目标，农业结构进一步优化。把粮食生产作为农业发展的重中之重，持续推进高标准粮田建设，粮食产

量持续提升。全镇粮食作物播种面积11062公顷，总产量达到101874吨。油料作物播种面积830公顷，总产量2450吨。小麦种植面积5308公顷，产量50840吨。玉米种植面积4960.3公顷，产量44643吨。花生种植面积100公顷，产量445吨。大豆种植面积794公顷，产量2865吨。芝麻种植面积329公顷，产量666吨。朱里镇以家庭经营为基础，依靠各类龙头企业和组织带动，积极探索农民与市场的有效联结形式，将农产品的生产、加工、销售等各环节连成一体，积极稳妥地推进土地适度规模经营和集约经营。运用市场机制和经济手段大力推进农业产业化经营。把农业产业化经营与推进农村城市化、节能减排生态环境整治结合起来，实现企业效益与农民效益，经济、社会、生态效益的有机统一。大力流转各村土地，规模化经营，推广优质小麦、玉米集约化种植。全镇有3个家庭农场，主要种植葡萄、提子、桃子、红薯等。有三十余家大型种植合作社，十余家种粮大户，流转土地4520亩。朱里镇有金鑫粮油、杨家食品，牛硕牧业三个产业化集群，其中，牛硕牧业产业化集群于2018年12月被认定为驻马店市农业产业化集群，并努力建设、优化组合全镇农产品仓储、购销、加工企业，提高农产品附加值。大力发展猪、牛、羊、蛋鸡养殖，养殖方式向规模化、集约化、生态化发展。有规模以上养猪场5个，规模以上养牛场5个，规模以上养鸡场4个，年出栏生猪5万头，年产鸡蛋1782吨。以牛硕牧业奶牛养殖基地为中心，对园区农作物秸秆进行青储、氨化、菌化作为生物饲料，牛粪等有机肥料适时还田，活化土质、改良土壤，实现农业产业发展的生态循环。大黄村新建新技农养羊场年存栏5000只，成为朱里镇新兴养殖大户。拐子杨村百亩绿色大棚蔬菜，东梁村陆地蔬菜，柏庄村、贾庄村中草药种植，柏庄村大球盖菇种植，双庙村百亩荠菜种植等极具市场前景的特色农业，规模效益初显。村庄路肩植树6.5万株，绿化河道3千米，通道绿化6.5千米。林网廊道建设新植树苗12万余株；美丽乡村绿化率达80%，森林覆盖率15.8%。

【工　业】 朱里镇利用当地优势，初步形成以粮油加工、胶合板加工为主的工业体系，代表性企业有上蔡县金鑫粮油有限公司、上蔡县神威木业有限公司。

【商贸服务业】 有集贸市场3个，大型购物超市4个，金融机构5个，通信营业网点8个，火车票飞机票代购点1个，综合性汽车站1个，镇区内每日有发往广州、武汉、郑州等城市的客车方便镇区居民生活与出行。朱里镇是中州名镇与人口大镇，镇区街道与集市四通八达，年商品成交额3.5亿元，推动了镇区经济良性发展，年社会消费品零售总额达37288万元。

【脱贫攻坚】 朱里镇按照省、市、县“回头看”工作要求，各村驻村工作队、责任组对所包村进行大走访、大排查，严格按照“四议两公开”（“四议”指党支部提议，“两委”会商议，党员大会审议，村民代表会议。“两公开”指决议公开，实施结果公开）“一比对、两公示、一公告”（“一比对”指从申请评议的贫困户中比对是否存在“四有人员”。“两公示”指村、镇两级公示。“一公告”指县级公告）程序把新识别的18户45人纳入到国家扶贫开发系统中，对达到脱贫条件的及时在系统中标识脱贫。围绕国家、省、市、县反馈问题清单，照单全收，一一对照，扎实开展问题整改，对存在的政策落实不到位、帮扶工作不踏实、产业扶贫进度慢、村容村貌、户容户貌差等问题，制定整改方案、建立台账，立行立改并建立有效机制长期坚持。朱里镇25个建制村配齐了第一书记和驻村帮扶工作队，实现1074户贫困户帮扶责任人全覆盖。以牛硕牧业辐射周边村（朱里村、古刘村、老黄庄村、大黄村），5000亩苜蓿草和青贮玉米种植基地效益显著，有效带动企业增收，为周边村产业分红奠定了经济基础。全镇9个靶向村建有产业。乔李村鹏昊渔网厂现有固定生产线100余条，固定工人700余人，日生产地笼网1500条，64户贫困户常年在厂就业，实现年增收5000元以上。周赵村周立献农业种植专业合作社，共有社员40人，流转土地350亩，为周边贫困户提供了工作岗位。周桥村神威木业和富华木业主要经营木材深加工，年纯利润50万元，成为该村强有力的带贫企业，壮大了村集体经济。扶台村奥宇玩具厂，现有设备38台，工厂职工42人，为贫困户增加了就业机会，产生带贫效益。大黄村新技农养羊场，占地5亩，年存栏5000只，为周边贫困人口增加了收入。后关村河南华伦玩具加工点，现有设备40余台，工厂职工63人，贫困户20人长期在厂务工。朱里镇注入村集体经济发展资金1600万元，为全镇13个村贫困户增加了收入。其中注入牛硕有限公司650万元，分别是老黄庄村150万元、古刘村150万元、大董村150万元、后关村100万元、大黄村100万元；注入上继电器400万元，分别是坡杨村100万元、高庄村100万元、河南贾村100万元、霍庄村100万元；拐子杨村注入深圳全顺人力资源有限公司150万元；注入上蔡县城市开发建设投资有限公司400万元，分别是扶台村100万元、周赵村100万元、罗庄村100万元、柏庄村100万元。教育资助、医疗救助、危房改造、民政扶持、残疾人扶持、产业扶持，各项补助金已发放到位。全镇产业就业扶贫62户、受益174人；教育扶贫223户，受益240人；医疗扶贫916户、受益2363人；政策兜底户673户、受益1501人；2018年危房改造共367户；实施就业扶贫“八大员工程”，由政府购买岗位，安排465名贫困家庭劳动力担任卫生保洁员（309人）、道路养护员（14人）、林网护林员（49人）、交通劝导员（27人）、光伏电站管护员（15人）、托养中心护理员（15人）、优抚对象联络员（25人）、巡河员（11人），每人每月工资500—2000元不等，有效带动贫困户增收脱贫。有2个贫困村整村退出，281户980人稳定脱贫。

【招商引资和项目建设】 通过完善招商引资优惠政策，落实考核激励机制，创新招商办法等措施，投资2.5亿元的牛硕牧业生态发展产业园项目进展顺利。

【农村人居环境整治】 2018年完成25个建制村安全饮水巩固提升工程建设任务，实现全镇安全饮水全覆盖。平整路肩11万余米，整理土地4.6万亩，新栽树苗12万余株，廊道建设已全部完成，农田林网完成100%，美丽乡村绿化率达80%。大力实施“净化”工程，严厉整治“六乱”（柴草乱垛、粪土乱堆、垃圾乱倒、污水乱流、物品乱放、畜禽乱跑）现象；在村中设立若干垃圾池，实现垃圾定点存放、定时清运、集中处理，全年清理垃圾杂物1100余车，1000余吨。开展集镇主街道的硬化工作和排水设施建设，搞好路面养护，确保路面平整无坑洼，全年共完成通村公路50.76千米。“亮化”点亮村镇美丽夜景。在集镇（村庄）主街道和十字路口安装路灯，做到道路转弯和村庄入口处优先设置，全年共安装路灯3300盏，方便了群众夜晚出行。“美化”提升村庄文化气息。拆除村镇道路两侧各类违章建筑物及地面乱搭乱建的附属物，确保村镇内无乱搭乱建现象。全年共投入经费近820万元，出动机械50台（套），投入人力1200人次，取缔店外经营、占道经营25家，拆除违章和破旧建筑26间，顶棚36个；在各村镇统一标准粉刷文化墙，集中宣传“社会主义核心价值观”“清洁家园行动”“传统美德”，文化墙不但提升了街区的美观效果，更丰富了群众的文化。以农村环境集中整治为契机，对全镇危旧“空心房”进行集中拆除，全镇共拆除“空心房”439处。全面开展了农村坑塘整治工程，进一步美化了群众的生产生活环境。

【社会事业】 教学工作坚持以课堂为中心，以新课改理念为导向，以教师的专业发展和提高教学质量为宗旨，认真开展调研，积极参与联片教研活动，加强校际交流。加大对新教师培养力度，针对新上岗教师进行了两轮换课评估指导。利用“全面改薄”项目资金139万元，改善初中和小学办学条件。全镇有初中2所，教师99人，在校学生1524人；有小学24所，教师336人，在校学生5592人；有幼儿园9所（民办6所），教师88人，在园幼儿1946人。着力推进村级文化设施建设，打造标准化村文化广场，努力提升村内文化氛围。全镇有农家书屋25个，文化大院13个，新建文化服务中心9个，增加了群众活动场所，喜闻乐见的广场舞、腰鼓队、扇子队等让群众生活丰富多彩，定期组织的文艺会演更加活跃了群众生活。此外，大力宣扬孝善文化，2018年11月6日，拐子杨村举办首届孝善文化节，打造“上蔡县孝心第一村”启动仪式同时举行。发放孝善基金，坚持志智双扶，以拐子杨村为试点开展“好农户”“好媳妇”等评选活动，已在全镇范围内铺开。医疗卫生条件进一步改善，有卫生院1所，医生16人，床位40张，卫生室25所，医生126人，新建标准化卫生室16个。参加城乡居民基本医疗保险农民6.8万人，参保率95%。

2018年11月10日，省脱贫攻坚交叉检查组成员到朱里镇河南鹏昊渔具厂考察企业带贫情况

杨 辉 摄

全年出生966人，出生率12‰。坚持开展免费生殖健康检查服务，孕前优生检测591对。落实计划生育扶助政策，发放救助金30万元。

【社会保障】 年末，全镇供养特困人员370人，集中供养36人，全年兑现供养金195万元。有农村低保1891人，兑现低保金357万元。有优抚对象528人，发放优抚金206万元。全镇参加新型农村社会养老保险27223人，参保率86%，收缴养老保险基金285万元，发放养老金885万元。重度残疾人托养中心入住30人，聘请护工全天候照顾。

【民生实事】 截至2018年年底，朱里镇共完成“两癌”筛查426人次，“双筛”295人次。千村示范村——拐子杨村经过高质量打造，村容村貌得到提升。朱里镇共有2个大气污染监控点，对大气质量24小时实时监控，制定了镇污染防治实施方案，深挖污染根源，严厉整治“小散乱污”企业，狠抓各项措施的落实，全镇空气优良天数256天，比例达到70.1%。完成全镇100户重度残疾人家庭无障碍改造。

扶台村小游园　　段淑敏　摄

【社会治理】 高度重视社会治安综合治理工作，加强镇村综治中心建设，对朱里镇综合治理办公室进行升级改造，改善了办公条件；信访工作认真摸排、深入研判，在不断细化分工、落实信访“四包一”的同时，准确把握新时期群众的思想和行为特点，解决好群众合法合理的利益诉

求，积极引导广大村民通过法律途径解决争议和分歧，从根源上解决群众上访问题，呈现了信访次数、信访人员“双降”的良好局面；重视安全生产工作，严格落实安全生产责任制，及时排查和消除安全隐患，全年无一例重特大事故发生；认真开展扫黑除恶专项斗争工作。朱里镇强化领导，全面摸排，全年共发放各类宣传资料1200多份，书写墙体标语60多条，悬挂横幅50多条，张贴宣传标语600多条，每个建制村设置1个举报箱，公开举报电话，确保扫黑除恶专项行动取得实实在在的成效，2018年共摸排上报6条涉黑涉恶问题线索。

2018年10月10日，朱里镇拐子杨村举行孝善基金发放暨“好媳妇”表彰活动　　段淑敏　摄

【党建工作】 带好头，强抓主体责任。强化“一把手”责任担当，制定年度党建工作方案和计划，牵头抓好书记“承诺清单”和基层党建“三个清单”的任务落实。层层签订党建工作责任状，班子成员每月到联系点走访调研，累计帮助解决实际问题32个。强教育，突出以知促行。抓牢做实了每月不少于2次的党委中心组学习制度，全年共组织中心组集中学习26次，凡重大事项都充分征求镇班子成员及其他干部的意见，有效避免了决策的盲目性，减少了工作中的失误。深入推进“两学一做”学习教育常态化制度化，扎实开展专题研讨，及时学习传达中共十九大会议精神，精心组织实施“每月主题党日”等活动，镇村干部深入一线讲党课125场、受众1600余人次，加强外流党员的教育和管理，真正把党的声音传达全覆盖、无死角。强队伍，抓稳换届选举工作。顺利完成了“两委”换届，选优配强“两委”班子，共选举出支部书记25名，支部委员75名，23名村委主任，79名村委委员，新老班子顺利交接，每个村建立了后备干部和优秀人才库。建立健全了组织生活会制度，25个建制村党支部认真落实了“三会一课”制度，健全完善了党员考核评议机制，优化结构，增强了班子整体功能。2018年共培养入党积极分子20名，发展党员15名。夯基础，筑牢村级党组织战斗堡垒。新建村室5个、文化服务中心9个；25个村级支部电教设施远程教育设备进行了升级改造，重新配备了液晶电视；坚持问题导向，倒排查确定了1个后进村党支部——周赵村，结合其实际量身订制整顿方案、对症下药，配齐配强了村级干部队伍，后进村整治工作已经到位，整顿初验报告已经上报；为“两新”党组织派驻党建工作指导员2名，新吸纳党员3名。创特色，固本强基保发展。全面开启党建引领一切的工作模式，把抓好党建作为最大的政绩，并将其贯彻落实到工作实践中。实施党建+产业发展，按照“一镇一业、一村一品、一户一策”的总体要求，注重发挥党委的引导作用和支部的决策作用。

（节莹莹）

朱里镇直及驻镇机构主要负责人一览表

表30

单　位	负责人	单　位	负责人
党政办	徐洪周	计生服务中心	李浩亮
农业中心	贾乔华	村镇中心	朱志华
文化中心	吴雪玲	社保所	黄万醒
国土所	张伟华	司法所	杨得恒
财政所	张三松	卫生院	侯抗洪
中心学校	常国联	工商所	王大中
农商银行	张洪涛	电管所	董峰
派出所	张永朝	民政所	朱志华
邮政所	马亚楠	电信所	贾中义
粮管所	林军士	供销社	邵新安
国税所	李德营	地税所	邓广先
食药监所	张东丽		

朱里镇所辖建制村基本情况表

表 31

村 别	总面积（平方千米）	耕地面积（公顷）	总人口（人）	支部书记	村委主任
朱 里	4.6101	261.07	5360	陈秋明	陈秋明
古 刘	4.0727	303.14	2197	周启发	王建勋
后 关	2.7893	193.05	3439	张战胜	关海平
大 黄	5.0806	386.51	4410	黄振晓	黄振晓
河南贾	4.5079	342.85	2995	贾建华	贾登云
河北贾	1.4897	115.21	2746	贾国龙	朱永星
郑庄寨	2.7074	208.94	2789	郑连强	郑连强
拐子杨	2.4586	186.93	2232	张全收	张全收
罗 庄	3.0585	243.36	2741	罗志元	白国合
乔 李	2.4435	187.77	2691	李文秀	李文秀
老黄庄	2.1279	163.86	2330	张三华	张红仁
东 梁	3.6322	283.38	3201	王金红	王金红
坡 杨	2.955	227.18	2722	杨深山	杨深山
柏 庄	5.3218	437.5	3312	吴洪臣	陈建设
扶 台	2.513	184.7	2250	吴志国	郭海涛
周 赵	3.4242	273.21	2710	赵怀永	赵怀永
周 桥	3.9797	311.06	3244	景俊威	景俊威
高 庄	3.2061	247.35	2169	张振河	张振河
大 董	3.7205	297.31	2608	陈 奎	陈初见
田 庄	3.1961	255.68	2035	田立新	田廷栋
东伍张	3.3259	267.2	2638	张存良	张铁圈
双 庙	4.1346	313.78	3435	朱志喜	朱志喜
霍 庄	2.6227	188.16	2071	霍 傲	霍 傲
贾 庄	3.3964	263.84	3219	贾基伟	贾保真
段 寨	3.0063	187.33	3137	段黑有	段电奎

党店镇

【概　况】 党店镇位于北纬 33°09′05″—33°15′48″，东经 114°29′55″—114°35′08″。地处上蔡县东南部。镇政府驻党店村，西距县政府驻地 27 千米。东邻和店镇，南接平舆县阳城镇、射桥镇，西连洙湖镇，北靠塔桥镇、蔡沟乡。镇域面积 64.5027 平方千米，其中耕地面积4758.8公顷。总人口6.9万人，其中农业人口 6.1 万人，人口自然增长率 5.05‰。有汉、回 2 个民族，少数民族人口 30 人。辖党店、湾刘、曹楼、杨法、大代、大闫、新田、马庄、李楼、东张寨、郁王、玉皇庙、贺楼、闫刘、大翟、小翟、忙忙、格大张、张越 19 个建制村，79 个自然村，284 个村民小组。党店镇交通便利，省道吴黄公路贯穿全境，通往县城公交车 15 分钟一班，每日有班车开往驻马店、郑州等地。自然条件优越，平原地貌，暖温带大陆性季风气候，主要河流有茅河、洪河，主要干沟有青龙沟、黑沟、五里沟、上蔡沟 4 条。土壤主要为砂姜黑土，并有少量潮土，有壤质薄覆砂姜黑土、黏质薄覆砂姜黑土、壤覆砂姜黑土、黏覆砂姜黑土、灰小两合土 5 个土种。主要农产品有小麦、玉米、大豆、芝麻、红薯。著名土特产有纯红薯粉条、芝麻香油。2018 年，坚持稳中求进工作总基调，自觉践行新发展理念，主动适应经济发展新常态，凝心聚力，克难攻坚，较好地完成了各项目标任务，保持了经济社会持续健康发展的良好态势。荣获市级“信访工作先进单位”“2018 年创森工作先进单位”“三八红旗集体”荣誉称号，荣获县级“信访工作优秀乡镇”荣誉称号。

2018 年党店镇主要经济指标情况表

表 32

项 目	单 位	完成数	比上年增减（%）
国内生产总值	万元	80033	11
农业总产值	万元	14500	4.1
粮食总产量	吨	62710	10.7
畜牧业总产值	万元	7450	2
工业总产值	万元	5600	7.6
全社会固定资产投资	万元	47400	12
财政收入	万元	348	11.5
财政支出	万元	1619.9	66
农民人均纯收入	元	9156	8

【农　业】 2018 年，新打机电井 298 眼，新建桥 18 座，开挖整修沟渠 5.1 千米，埋设低压电缆 20.7 千米，建变压器 25 个。小麦面积稳定在 6.7 万亩，平均单产 532 千克，总产 3564 万千克；玉米种植面积 4 万亩，平均单产 550 千克，总产 2200 万千克；油料作物种植面积 2.7 万亩，总产 510 万千克。2018 年特色经济作物种植达到 450 亩，其中杨法村建成占地 200 亩的果蔬种植基地，

湾刘村建成占地100余亩的果蔬种植大棚，李楼村建成占地50亩的大棚蔬菜种植基地，大翟、贺楼、郁王建成各占地100亩的中草药种植基地。2018年投入资金120余万元，高标准培护路肩65千米，新植楸树、栾树、银杏、红枫等苗木7万多株，绿色廊道、农田林网、美丽乡村三大绿化工程全部完成。曹楼村投资100万元新建肉牛养殖场一座。大翟村投资100万元建成特种水产养殖基地。同时大力发展生猪、蛋鸡养殖，养殖方式向规模化、生态化发展。有规模以上养猪场10个，规模以上养鸡场6个，年出栏生猪3.7万头，年产鸡蛋340吨。严格执行国家各种支农惠农政策，利用“一卡通”方式把各种补贴及时足额发放到农民手中。共发放农业支持保护补贴730万元。涉及补贴农户1.32万户，补贴面积6.5万亩。

【秸秆禁烧】 在夏秋两季秸秆禁烧工作中，通过出动宣传车辆、粉刷墙体标语、悬挂过街横幅、发放《致学生家长的一封信》和明白纸等方式进一步加大宣传和投入力度。实行班子成员包片、乡干部包村、村干部包组包地块，压实责任，严防死守包地块责任制等措施，党店镇2018年夏秋秸秆禁烧保持零火点，秸秆还田率稳步上升。

【商贸服务业】 有集贸市场2个，大型购物场所2个，金融机构4个，通信营业网点3个，餐饮住宿服务业58家，农机销售服务企业5个。商贸服务业从业人员320人。

【脱贫攻坚】 2018年年底，全镇实现186户577人稳定脱贫。深入开展“夏季攻势”，落实集中下基层工作安排，帮扶责任人入户走访，精准核实采集贫困户信息，及时更新完善档卡，并对系统信息进行修改，实现人机表三对照。对历次省、市、县督导检查反馈问题清单，认真逐条整改销号，并高质量建立问题整改台账。2018年着力加大基础设施建设力度，补齐发展短板。建设通村道路32千米，彻底打通全镇的通村道路；新建成村级综合文化服务中心6个，新建成标准化村卫生室4座，新建村室6座。落实公益性岗位政策，确保贫困家庭有意愿就业的劳动力全部实现转移就业，最大限度地实现增收脱贫。在2017年“五大员”的基础上，2018年又新增村级光伏电站管护员、农村交通安全劝导员、就业协管员岗位48个，政府购买社会服务性岗位共计318个。党店镇大力实施“一乡一业、一村一品”战略，充分发挥专业种植合作社、扶贫车间的带动作用，协调推进种养加同步发展，2018年共有13个村建成了扶贫产业，实现全镇所有建制村扶贫产业全覆盖、贫困户产业扶贫全覆盖，为贫困户稳定脱贫提供持久动力。全年新增特色经济作物种植450亩，可带动350余户贫困户持续增收；曹楼村投资100万元新建肉牛养殖场一座，带动10余户贫困户增收；大翟村投资100万元的特种水产养殖基地，可带动14户贫困户持续增收；闫刘村的食品厂项目即将投产运营，带动本村23户贫困户增收；东张寨村建成的婚庆用品加工项目，可带动20户贫困户增收；大闫村建成的箱包厂项目，可带动10余户贫困户增收；忙忙村建成的家具厂，可带动10余户贫困户增收；张越村建成的纸制品半成品加工企业，可带动40户贫困户增收；大翟村建成的门业加工，可带动12户贫困户增收；湾刘村的食品厂扩建项目，建成后可带动20余名贫困户增收。加大对11座村级光伏扶贫电站的维护管理，强化对光伏扶贫收益的分配，全年共获得分红928000元，覆盖全部贫困户，稳定有效增加贫困群众收入。

【改善农村人居环境工作】 争取危房改造资金366.31万元，完成全镇333户危房改造任务。各村都配备保洁队伍，定期清扫村内道路。建垃圾填埋点19个，添置洒水车1辆，购置垃圾转运车2辆，重点路段放置垃圾桶300个，专人定时收集转运垃圾。整修5个靶向攻坚村坑塘28个，安装路灯2637盏，给农民群众营造3个坑塘整洁、街道绿化、环境美化的生态宜居的生活环境。一年来，党店镇共开展环保专题宣传动员5次，悬挂过街横幅180余条，制作墙体宣传画500余平方米，发放彩页资料5000多份。共开展环保集中整顿6次，下达整改意见书34份，关停非法砂石料场3处。新栽、补栽绿化树12.8万棵，实现92%耕地林网全覆盖。建设公路生态廊道5.6千米，建设小游园5个。2018年，建成改善人居环境达标村5个（曹楼村、贺楼村、东张寨村、张越村、忙忙村）。

【社会事业】 加强校园基础设施建设，利用“全面改薄”项目资金36万元，改善玉皇庙、党店、张寨、贺楼小学4所学校办学条件，建立公立幼儿园1所。完善教师队伍建设，培养一批业务过硬、素质较高的教师。创新教学理念，利用多媒体等现代教学，让学生的思维和眼界得到拓展。严格按照政策规定，发放“两免一补”资金380万元。教育教学质量稳步提升，有44名学生被县重点高中录取。全镇有初中2所，教师106人，在校学生1231人；有小学21所，教师210人，在校学生3600人；有幼儿园6所（民办），教师45人，在园幼儿850人。全镇小学、初中入学率均为100%，巩固率均为100%。加强村级文化设施，2018年新建的6个文化大院，增加活动器材配备，加强对村级文化设施使用情况的监督，防止基层文化设施被挤占、挪用，努力实现资源共享。加强文化市场管理，定期不定期深入校园周边及各村临街商铺，对图书、影像制品进行检查，杜绝不健康文化产品在市场上流通；深入网吧检查未成年人上网情况，对网吧加强管理。积极引导群众开展各项文化活动，村级文化活动的开展以镇指导、村开展为原则，每个建制村的广场舞、党店村戏曲文艺队、大代村腰鼓队，利用农闲时段进行演出，丰富群众的文化生活。医疗卫生条件进一步改善，有卫生院1所、医生14人、床位40张，村卫生室19所，医生70人。参加新型农村合作医疗农民4.9万人，参合率85%。全年出生310人，稳定低生育水平，人口性别比平衡。坚持开展免费生殖健康检查服务，孕前优生检测510对。落实计划生育扶助政策，认真开展“双筛”民生工程，足额完成分配指标；孕前优生筛选率达70%以上；出生统计准确率达到95%以上；各项计生奖励扶持优惠政策得到充分落实。

坑塘改造全貌　　李智勇　摄

【社会保障】 年末，全镇供养特困人员281人，集中供养41人，全年兑现供养金106万元。有农村低保2080人，兑现低保金364.8万元。有优抚对象411人，发放优抚金115万元。全镇参加新型农村社会养老保险25000人，参保率95.5%，收缴养老保险基金500万元，发放养老金960万元。

【社会治理】 党店镇牢固树立大局意识，积极畅通信访渠道，全面开展社会稳定风险和公共安全隐患大排查大化解大整治，保证全镇社会大局的平安稳定。构建立体化治安防控网络，安装网络高清摄像头161套，镇监控平台达标。加强镇综治中心建设，19个建制村全部建立村级综治中心，形成上下联动、一级带一级、一级抓一级、一级对一级负责的良好工作格局。全年深入开展反邪教宣传教育24场次，受众1800余人次；对重点信访案件开展了集中化解专项整治，化解可能引发“民转刑”的矛盾纠纷2起；排查极端倾向行为人员12人。排查危爆物品3次；排查事故隐患单位13家；排查化解消防安全隐患47处，全年没有发生影响群众生命财产安全的生产事故。

2018年11月，党店镇召开矛盾纠纷排查化解平安守护暨校园安全建设工作会　　赵文霞　摄

【党建工作】 2018年，党店镇党委坚持以习近平新时代中国特色社会主义思想为指导，深入学习贯彻中共十九大精神，以基层党建“三集中”活动为抓手，不断夯实党建责任，强化工作落实，筑强战斗堡垒。年初制定18个抓党建工作台账，定期进行回头看，确保逐项推动落实。压实责任传递，落实班子成员和部门负责人党建联系点制度，建立村党支部书记党建工作清单，推动党建工作扎实开展。评比加压推进，积极组织开展“逐村观摩、整乡推进”活动，通过观摩不断发现亮点、寻找差距，建立问题清单27条并全面整改，推动基层党建水平全面提升。党店镇将“两学一做”学习教育与日常学习、脱贫攻坚等中心工作深度融合，在“学懂”“弄通”“做实”上同步发力，组织开展中心组学习12次，全体干部集中学习8次，专题研讨2次，切实把思想和行动统一到中共十九大精神上来，不断推动全镇重点工作创新发展，“两学一做”取得实效。通过加强村级后备干部储备工作，共培养支部书记后备人才23人，一般村干部后备人才25人，建成了结构合理、素质优良的村级后备干部队伍人才库。认真实施软弱涣散基层党组织整顿，按照兰考“六步工作法”对1个软弱涣散村和1个后进村进行了整治，全面提升了村级党组织建设水平。2018年，新建6个村室已全部建成，已实现村级活动场所标准化建设全部达标。全年投入党建经费共20余万元，足额保障党建工作顺利开展。

党店镇镇直及驻镇机构主要负责人一览表

表33

单　位	负责人	单　位	负责人
党政办	张化祥	计生服务中心	田德臣
农业中心	党来玉	村镇中心	刘俊富
文化中心	霍军启	社保所	吴秋征
国土所	胡新中	司法所	刘　伟
财政所	王海锋	卫生院	魏春敏
中心学校	杨五松	工商所	李广廷
农商银行	侯超齐	电管站	赵建伟
派出所	赵　龙	民政所	刘俊富
邮政所	陈文明	电信所	马银兵
粮管所	陈玉华	供销社	翟双齐
食药监所	李智勇	地税所	尼永平

党店镇所辖建制村基本情况表

表34

村　别	总面积（平方千米）	耕地面积（公顷）	总人口（人）	支部书记	村委主任
湾　刘	2.2542	154.77	2427	张志成	张志成
曹　楼	3.858	269.17	4446	孙学峰	曹长印
杨　法	2.3266	161.06	2600	郑金川	杨新文
大　代	3.2764	252.95	3470	戴国旗	戴国旗
党　店	4.5926	291.97	7600	党高举	无
闫　刘	3.3351	264.98	2650	刘俊富	刘永亮
小　翟	2.5466	192.77	2670	庄国旗	庄国旗
大　翟	4.0605	306.31	4650	翟永超	翟冬至
忙　忙	3.3284	258.71	3657	刘伟民	刘伟民
格大张	3.6497	276.72	4270	张来军	姚汝贤
玉皇庙	3.0045	236.84	2730	张新式	张新式
郁　王	4.7298	375.52	4500	郁新芳	李应才
大　阎	2.6852	197.37	3040	赵国先	赵国先
东张寨	4.8188	353.61	4560	无	王春华
李　楼	3.3355	254.12	3670	张自松	张自松
新　田	3.3442	243.78	2900	胡刘剑	无
马　庄	1.8625	144.72	1950	赵世良	赵世良
贺　楼	3.1787	264.86	2620	索占营	索占营
张　越	4.0574	301.25	4500	曹中选	曹中选

（赵文霞）

华陂镇

【概　况】华陂镇地处三市（周口市、驻马店市、漯河市）四县（区）（上蔡县、西平县、召陵区、商水县）结合部，位于上蔡县境西北部，跨北纬 33°23′36″—33°28′55″，东经 114°11′7″—114°20′14″。华陂镇政府驻华南村，南距县政府驻地 23 千米。华陂镇东邻小岳寺乡，南邻西洪乡、百尺乡，西邻西平县五沟营镇、漯河市召陵区万金镇，北接商水县大武乡。交通便利，省道永定线（S219）南北方向过境，县道杨集—坡董公路（X003）东西方向通过。平原地貌，暖温带大陆性季风气候，黑河、洪河从西向东南穿境而过。全镇面积 75.7 平方千米，耕地 6054.34 公顷。土壤土类有潮土、砂姜黑土，土种有灰两合土、壤覆砂姜黑土、黏覆砂姜黑土、灰小两合土、砂姜黑土、底沙灰两合土、青黑土。下辖华南、华北、大岳、君陈、寺后赵、明哲赵、大程庄、坡董、双庙赵、冯庄、西陈、唐桥、王桥、刘连寨、史彭、刘连张、柿园彭、方营、录马陈、韩庄、李许 21 个建制村、62 个自然村、271 个村民小组，总人口 68237 人，16872 户。名胜古迹有漆雕开墓、孔子晒书台、兴福寺、龙泉寺、郾上西边区抗日民主政府旧址、中共洪河县委和洪河县民主政府旧址等。历史人物有孔门四贤漆雕开、漆雕凭、漆雕从、漆雕侈，

2018 年华陂镇主要经济指标情况表

表 35

项　目	单　位	完成数	比上年增减（%）
国内生产总值	万元	69000	6.7
农业总产值	万元	19000	7.2
粮食总产量	吨	89600	10.3
畜牧业总产值	万元	51600	11.8
工业总产值	万元	65050	12.8
全社会固定资产投资	万元	18000	6.2
财政收入	万元	442	0.45
财政支出	万元	2400	141.7
农民人均纯收入	元	8200	15.5

其中漆雕开是孔子七十二贤之一，八儒之一——漆雕氏之儒的创立者。华陂镇是上蔡县产粮大镇，盛产小麦、玉米、大豆、棉花、芝麻、油菜等。2018 年，华陂镇围绕“保增长、重民生、维稳定”的总体思路，求真务实，积极作为，各项主要经济指标完成情况良好。

【农　业】2018 年，新打深 40 米机电井 42 眼，新建桥梁 3 座，开挖整修沟渠 12 千米，硬化路面 41 千米。农业机械化程度达 95% 以上，居全县前列。全镇粮食作物播种面积 10470 公顷，总产量达到 89600 吨。2018 年小麦产量 46295 吨，玉米产量 40531 吨，分别增长 1.7% 和 0.5%；花生产量 785 吨，大豆产量 523 吨，分别增长 5.2% 和 6.3%。完成造林面积 3000 余亩，植树 18 万株，绿化面积 200 公顷。农田林网控制率 93% 以上，森林覆盖率 32%。全镇新型农业经营主体达到 62 家，其中农民专业合作社 58 家、家庭农场 4 家。有各类养殖大户 120 户，标准化畜牧养殖小区 10 个。严格执行国家各种支农惠农政策，利用“一卡通”方式把各种补贴及时足额发放到农民手中。涉及补贴农户 15400 户，补贴面积 5005 公顷。

【商贸服务业】华陂镇高度重视对商贸服务业的监督管理，对街道两旁绿化、路面、路灯以及广告牌进行提升改造，综合治理私搭乱盖、乱摆乱卖等现象。协调组织食品药品监督、工商、派出所等部门，进行节日食品安全检查。有专业集贸市场 1 个，大型购物场所 3 个，商品购销网点 31 个，金融机构 2 个，通信营业网点 2 个，餐饮服务业 38 家，交通运输企业 2 个，农机销售服务企业 4 个。商贸服务业从业人员 200 余人，社会消费品零售总额 30773 余万元。

【脱贫攻坚】2018 年，脱贫 230 户、849 人，贫困发生率为 0.98%。年度召开 12 次推进会，层层传导学习，坚持学深悟透，确保了工作对标不走样。扶贫办人员责任到村，时时掌握村情户情，据实备案，按序更新，动态管理。全省扶贫开发

建档立卡数据信息评估数据质量指数100%，省网更新数据质量反馈正确率100%。坚持日常工作与走访帮扶相结合，经常走访与集中走访相结合，在走访中发现问题、解决问题，因村因户精准施策，打好主动仗。把产业扶贫作为脱贫的重要抓手，跟进关注扶贫车间和扶贫基地持续帮扶带动作用，协调解决生产中困难。大力推进基础设施建设，完成了8个文化广场建设，硬化道路86千米；9个"靶向攻坚"村，瞄准靶向，合力攻坚，道路硬化绿化、雨水管网、围墙改造及小游园建设项目如期完成；"空心房"治理工作有效开展，共拆迁整改"空心房"410处。针对国家、省、市、县明察暗访中反馈的问题照单全收，举一反三，对照查摆。积极回应所涉问题，列清单，明责任，建台账，对标逐项销号。做到"四清一满意"（诉求听清、缘由问清、政策讲清、案件办清，信访人满意）。以"夏季攻势"专项行动为载体，21建制村一般农户走访全覆盖，主动回应群众反映的热点问题。2018年，华陂镇累计发放各类教育补贴862人次，合计补贴704785元；实现全镇1192户贫困户3418人签约医生全覆盖，并对所有的建档立卡贫困户慢性病进行了普查，达到慢性病鉴定全覆盖，共有慢性病卡（本）220个；完成危房改造332座，发放危房改造资金4777950元；实现了全镇1192户贫困户安全饮水均有保障；全镇225户贫困户享受到了鑫地置业公司金融扶贫，每户每年享受金融带贫2000元，同时与河南省牧原食品股份有限公司采用牧原"5+扶贫"模式（地方政府+龙头企业+金融机构+合作社+贫困户），共计实现贫困户小额信贷123户，年底实现了全镇累计703户贫困户金融扶贫覆盖的目标，全镇贫困户获贷率达到58.97%；大力实施"百亩围村林"项目，21个建制村每村均流转100亩土地，种植香椿树、梨树、葡萄等经济型林木果树，实现了全镇1192户贫困户产业全覆盖的目标。

2018年7月，县委书记胡建辉（左二）在君陈村调研脱贫攻坚工作　　杨　磊　摄

【农村人居环境整治】 2018年，全镇新修道路41千米，新建垃圾中转站1座，投放垃圾车16辆，垃圾箱1562个，新建公共厕所13个。同时以9个靶向攻坚村为示范，着力推进人居环境整治工作。全镇共整治坑塘114个，撤除乱搭乱建棚21个，拆除违规户外广告牌48个，拆迁整改空心房410处。充分发挥"八大员"（巡河员、交通劝导员、护林员、道路养护员、保洁员、托养中心护理员、优抚联络员、光伏管护员）的作用，村容村貌、户容户貌明显改观。同时按照"净、通、绿、亮、文"五项重点工程建设要求，重点清理了集镇公路两旁和村庄内外垃圾杂物、生活污水，达到了"三无一规范一眼净"的标准，实现了全镇人居环境美化、亮化。

【社会保障】 2018年年末，华陂镇已建成标准化敬老院一个，农村低保户共有703户，933人；农村特困人员集中和分散供养303人（其中集中供养33人，分散供养270人）；国家抚恤、补助各类优抚对象207人。全镇参加新型农村社会养老保险29786人，参保率87%，收缴养老保险基金469.74万元，发放养老金1260万元。

【教育、文化】 教育工作持续巩固，全面推进素质教育，加强教师队伍建设，提高办学质量和效益，小学入学率100%，中学入学率100%，中招升学率位居全县前列。2018年，为上蔡县重点高中输送了128名优秀学子。深入贯彻习近平新时代中国特色社会主义思想和中共十九大精神，镇党委政府高度重视意识形态和志智双扶工作，把统一思想、凝聚力量作为宣传思想工作的中心环节，以高度的政治责任感逐步在农村建设具有强大凝聚力和引领力的社会主义意识形态。选优配强宣传和意识形态工作干部队伍，在全镇21个建制村都组建起新时代文明实践宣传志愿服务队，以“快乐星期天·一起奔小康”活动为载体，结合农村实际，用新时代中国特色社会主义思想教育人民，广泛宣传中国梦时代主题、脱贫攻坚好政策和家乡新变化等，广泛传递红色基因，在农村唱响“共产党好、社会主义好、伟大祖国好”的主旋律，激发广大群众爱党爱国爱社会主义的高度热情，坚定广大群众永远跟党走的信心和决心。2018年，华陂镇党委、政府高度重视文化市场的监督和管理，新建8个村级综合文化服务中心，通过政府支持、社会捐助和群众志愿等多种方式，为各村文艺团体配备了音响50个、服装1000余套，同时积极组织开展丰富多彩的文化活动，全年共开展送戏下乡、文艺会演、歌舞比赛等各类大型活动300余次。

华陂镇史彭村开展“快乐星期天·一起奔小康”活动
宁登飞　摄

【社会治理】 华陂镇党委、政府高度重视社会治安综合治理工作，努力构建安定有序的社会环境。安全工作整改并重查改并施，《安全生产目标责任书》签订到位，定期督查落实，全年无一例重大安全事故发生。食品药品监督管理积极回应群众反映强烈问题，监管到位，全年共开展食品药品专项整治8次，打击伪劣产品生产42起。扫黑除恶专项斗争向纵深推进，舆论宣传赢得群众支持，真排实查，协调严打，排查上报问题线索4条，移交司法机关2人。依托网格化开展“公众安全感和政法机关工作满意度”宣传活动，群众对综治工作的认可度提高。“平安华陂”创建扎实有效，定期分析研判常态化，及时全面掌握辖区社会治安形势，确保了工作针对性和实效性。信访工作做好排查、化解、稳控三篇文章，努力将矛盾纠纷解决在基层、化解在萌芽状态。着力打赢信访“百日会战”，打好“组合拳”，实施排查、建账、定责、化解、稳控、打击六项措施，45起信访案件化解43起，化解率95%，满意率100%。

【环境保护】 生态和环境保护成效明显。严控污染源头，对事对标严管，组织人员对畜牧业污染源进行排查，加强对施工现场监督，强制关停3家塑料制品污染企业，规范整改3家砂石料厂，督促落实防护措施。2018年华陂镇秸秆禁烧基本实现了“不点一把火，不冒一股烟”的“零焚烧”目标。2018年，华陂镇按照县委、县政府有关会议精神，把国土绿化提升行动和美丽乡村建设相结合，举全镇之力，用非常之功，共植树18万余棵，全镇21个村成立了林业专业合作社，围村林面积2100余亩，6个村种植特色经济林果，以杏、冬桃、梨、软籽石榴为主。10个村种植苗木花卉，以香椿、银杏、红枫、女贞、桂花为主。史彭、柿园彭、寺后赵、君陈、刘连张五个村实施林苗一体化，以种植法桐、楸树、白蜡、黑槐为主。年末，全镇2100余亩围村林土地流转和整地已经结束，12个村已完成围村林种植任务，初步实现了“田成方、林成网、路相通、沟相连”的现代农业格局。

【党建工作】 推进从严治党向基层延伸深化。圆满完成了21个村“两委”换届工作，村两委干部队伍整体素质明显提升。抓严抓实“逐村观摩、整乡推进”和党建问题“三集中”活动，通过活动的开展找出了农村基层党建中存在的薄弱环节，解决了个别村党支部党建弱化的问题，完成了3个软弱涣散党组织整顿。以“主题党日”活动为抓手，推进“两学一做”学习教育制度化、常态化，把争做合格党员要求内化于心，外化于行。以“党建+”为载体，大力实施党建引领工程，深入学习宣传中共十九大精神，每月25日开展主题党日活动，各党支部严格落实“三会一课”制度，发挥党员模范带头作用。严格按照“五个好”村党组织标准，开展支部“划类升级”，全镇21个村支部划出一类支部12个，二类支部7个，三类支部2个。对4个软弱涣散村进行了整治，抓严抓实了“双记实、双考核、双评议、双述职”制度。建立“8+2”基础台账，实施分类积分管理，提升党员队伍整体素质。年初，经镇党委、政府充分酝酿，研究制定《华陂镇建制村量化考核细则》，对各村进行综合考评，村级经费与得分值挂钩，激发了干部干事创业内生动力，有力推动各项工作任务的落实。

华陂镇直及驻镇机构主要负责人一览表

表36

单 位	负责人	单 位	负责人
党政办	李鹏飞	计生服务中心	李和平
农业中心	许中强	村镇中心	张振宇
文化中心	李 祥	社保所	陈新春
国土所	朱耀中	司法所	王卫东
财政所	段爱民	卫生院	段新河
中心学校	邓卫华	食药监所	张亚飞
农商银行	曲勇	电信所	彭华伟
派出所	杨继江	电管所	陈彦华
邮政所	朱永浩	民政所	张振宇
粮管所	赵建中	供销社	张永健

华陂镇所辖建制村基本情况表

表37

村 别	总面积（平方千米）	耕地面积（公顷）	总人口（人）	支部书记	村委主任
华 南	2.4433	161.37	2155	张富山	张富山
华 北	4.0829	319.84	2554	张 明	侯海军
大程庄	2.7148	221.19	2096	程周锋	豆树怀
坡 董	3.5636	283.49	2670	董开洞	张秀荣
双庙赵	2.6235	211.63	2515	田群山	罗老虎
冯 庄	3.0556	258.28	2074	冯笑飞	冯振宇
西 陈	2.5478	213.05	2145	马会荣	马中院
唐 桥	3.0832	261.25	1920	唐中田	唐中田
王 桥	3.1421	3.1421	2118	王平安	王连合
刘连寨	4.125	4.125	3370	刘守德	刘洪亮
史 彭	6.4799	6.4799	4378	王香花	王香花
刘连张	3.4639	3.4639	2436	于麦来	王云彪
柿园彭	3.0584	3.0584	2265	彭建勋	彭军亮
明哲赵	2.9308	2.9308	2612	赵俊昌	赵付喜
寺后赵	2.8068	2.8068	2425	赵连营	赵连营
大 岳	3.6386	3.6386	2774	赵双全	苏治河
君 陈	3.145	3.145	2858	陈松磊	谷向伟
方 营	4.0714	4.0714	2851	李和平	宁占军
韩 庄	5.8261	5.8261	4239	胡海振	侯占超
东 陈	4.8828	4.8828	3756	录铁斗	陈苟捞
李 许	3.6212	3.6212	2841	侯永定	李怀玉

（宁登飞）

塔桥镇

【概　况】 塔桥镇位于北纬33° 16′ 45″，东经114° 26′ 46″。地处上蔡县中东部。塔桥镇政府所在地塔桥村，西距县政府所在地18千米。东邻蔡沟乡，南接党店、洙湖二镇，西与齐海乡隔杨岗河相望，北靠东洪镇、韩寨镇。总面积82.52平方千米，其中耕地面积6295.20公顷。辖24个建制村（黑翟村、长王村、葛楼村、北大李村、彭庄村、南张庄村、西何村、小李村、白圭庙村、楼李村、董何村、张李村、黄泥桥村、胡庄寨村、大赵村、申寨村、塔桥村、盆王村、三李村、黄庄村、孟赵村、大邱村、关楼村、侯张村），82个自然村，289个村民小组。辖区总人口88873人，其中农业人口7.7万人，人口自然增长率4.07‰。有汉、苗、回、壮、藏、满等16个民族，少数民族人口98人。地势平坦，交通便利，国道345线横贯全境。自

2018 年塔桥镇主要经济指标情况表

表 38

项　目	单　位	完成数	比上年增减（%）
国内生产总值	万元	15172	6.1
农业总产值	万元	8908	4.8
粮食总产量	吨	33713	4.7
畜牧业总产值	万元	3762	2.5
工业总产值	万元	1246	3.8
全社会固定资产投资	万元	8430	6.7
财政收入	万元	348	29
财政支出	万元	2557.7	67.52
农民人均纯收入	元	9141	10

然条件优越，平原地貌，暖温带大陆性季风气候，主要河流有黑河、小洪河、杨岗河，主要干沟有蓍台沟、青龙沟、团结沟。全镇土壤土类有砂姜黑土、潮土，土种有黏覆砂姜黑土、青黑土、黏质薄覆砂姜黑土、灰小两合土、壤覆砂姜黑土、浅位沙灰两合土。境内的白圭庙是伏羲文化发源地，是驻马店市重点文物保护单位。主要农产品有小麦、玉米、大豆、芝麻，主要畜产品有生猪、牛。著名土特产有纯红薯粉条、小磨香油。著名小吃有塔桥猪蹄、塔桥水煎包、胡辣汤。2018 年，塔桥镇党委、政府不忘初心、牢记使命，高举中国特色社会主义伟大旗帜，牢固树立全心全意为人民服务宗旨，深入推进“两学一做”学习教育“以案促改”常态化制度化，认真学习贯彻落实中共十九大会议及习近平总书记重要讲话精神，聚精会神抓发展、惠民生、保稳定，严抓脱贫攻坚、农业结构调整、招商引资等重点工作，促进塔桥经济事业全面、健康、有序、稳步发展。

【农　业】 2018 年通过增加农业科技投入、推广优良品种，实现粮食增产增收，小麦优良品种有郑麦 136、丰德存 5 号，亩产达 596 千克，玉米优良品种有登海 605、华农 979，亩产 590 千克，芝麻亩产 110 千克。实施政策引导、资金扶持、项目支撑、示范带动等多项措施推进新型农业经营主体快速发展。2018 年全镇在工商部门注册的农民专业合作社和家庭农场共 328 家，比上年底增加 5.1%。形成李店村、南张庄村特色蔬菜种植，塔桥、孟赵冬桃种植，徐王、彭庄、马楼葡萄种植，马楼、三李、东何瓜果种植，孟赵金丰园种植合作社桃树、红梨种植，西何、西黑河生猪养殖，西何、马楼红薯种植和粉条加工等特色种植养殖加工基地。其中塔桥镇硕果专业合作社主要种植冬桃，并已初见规模，带动周围张李、楼李等近 7 个建制村的村民主动种植冬桃，孟赵近三百亩种植园种植冬桃、柿树、梨树、葡萄等多种瓜果，有效推动塔桥特色经济的发展。林果产业初具规模，以葡萄、冬桃、丰水梨为主的果木种植面积达 850 亩，年产值近 900 万元。全年流转土地面积 4000 亩。畜牧养殖有序进展，年出栏牛 120 头，年出栏羊 2500 只，年出栏生猪 6500 头，年养殖肉鸡 2 万只。

【农田水利】 整修生产道路 25 千米，整修沟渠 22 千米，2018 年全镇 24 个建制村发展围村经济林共计 2786 亩，主要种植花木、果树。2018 年春季农田水利建设暨林业建设新植树苗 8.5 万株，围村林、洪河水系、省道 331 线、塔洙路廊道新增绿化面积 3500 亩，新植幼树 28 万株，整治沟 42 条 36 千米，新建完善精品区较上年大幅提高，达 12000 亩。

【秸秆禁烧】 在夏秋两季秸秆禁烧工作中，引进蓝天卫士监控设备，楼李、长王、董何、孟赵、西何、南张庄、大郎、白圭庙、盆王、胡庄寨、黑翟、黄泥桥 12 个建制村统一安装 360 度高清旋转监控摄像头，实现全天候零死角实时监控。进一步加大宣传和投入力度，采取押金制度、包地块责任制、不定时督导检查等措施，保持秸秆禁烧零火点、秸秆还田率 100%。

【商贸服务业】 塔桥镇共有批发零售业 112 家。餐饮服务业增长明显，年底超 70 家。住宿业 6 家，金融机构网点 5 个。

【脱贫攻坚】 2018 年年初制定《塔桥镇 2018 年

度脱贫攻坚工作计划》，成立以镇党委书记为组长，镇长、副书记等班子成员为成员的脱贫攻坚领导小组，24个建制村成立以镇包片领导为组长，村党支部书记、村主任、驻村第一书记、驻村工作队员等组成的村脱贫攻坚责任组，综合协调，严抓贫困人口的精准识别和精准退出，新识别7户25人。2018年度先后组织召开全镇脱贫攻坚专题推进会11次，举办脱贫攻坚专题培训班13期，培训干部800人次。从10月开始，按照县委、县政府工作要求，对全镇11个“靶向攻坚”村（黑翟村、长王村、侯张村、董何村、彭庄村、白圭庙村、孟赵村、胡庄寨村、张李村、大赵村、大邱村）年度脱贫攻坚工作开展情况进行“解剖麻雀”式调研核查，共走访贫困户350余户，访谈干部60多人。镇村干部继续按照“六步工作法”（一进、二看、三算、四比、五议、六定）和“四议两公开”程序，逐村逐户调研走访，严格审核落实精准扶贫；按照“五个一批”分类完善建档立卡镇、村、户档案材料。镇脱贫攻坚领导小组依据《上蔡县关于做好2018年度扶贫对象动态管理工作的通知》文件，制定《塔桥镇关于做好2018年度扶贫对象动态管理工作的通知》，印制《2018年年底动态管理工作流程图》《2018年扶贫对象动态管理算账明白纸》《2018年动态管理问题答疑》等资料，指导全镇24个建制村开展动态管理。截至11月底，塔桥镇在国网扶贫信息系统标注脱贫244户788人，标注出列贫困村4个，贫困发生率降至1.98%，全镇未脱贫人口696户1688人。因户施策，研究制定符合贫困户状况和经济社会发展现状的切实可行的扶贫开发工作规划，规划脱贫道路，激发脱贫动力，基本保障生产生活、安全住房、住院医疗、适龄就学。统筹就业、农业、教育、妇联等七部门培训资源，举办4期致富技能培训班，共培训人员150人次。实施就业扶贫“八大员工程”，增加政府购买岗位，安排贫困家庭劳动力从事卫生保洁、道路养护、林网护林、交通劝导、光伏电站管护、托养中心护理、优抚对象联络、巡河等工作，每人每月工资500元，带动428名贫困群众增收。2018年大力发展小型加工业、“巧媳妇”工程等培育扶贫车间。全镇建成投产扶贫车间5个（侯张村上蔡佳美生物科技有限公司、侯张村上蔡县永照白酒销售部、大邱村上蔡县康扬日用品有限公司、盆王村上蔡县庆瑞林机械有限公司、孟赵村河南鹏源食品有限公司），在建扶贫车间1个（长王村上蔡县澳德龙洁具有限公司）。项目全部建成投产预计可帮助100名贫困群众实现就近就业，月均工资1500元以上。2018年全镇实施“一乡一业、一村一品”战略，协调推进特色农业发展。全镇共计奖补实施种植结构调整的贫困户963户，种植项目有花生、芝麻、红薯、西瓜、蔬菜等，补贴种植面积2621.11亩，总补贴金额84.8774万元。2018年，长王村、张李村、彭庄村、孟赵村、楼李村、胡庄寨村、黑翟村、大赵村8个建制村建设食用菌种植扶贫基地，157户贫困户种植食用菌15.7万棒，得到补贴78.5万元。22个建制村的288户贫困户种植艾草913亩，得到补贴75.34万元。贫困户自主养羊15户（每户养殖羊10只以上），存栏羊250只，发放养殖补贴2.5万元。

【招商引资和项目建设】 通过完善招商引资优惠政策，落实考核激励机制，创新招商办法等措施，2018年引进上蔡县国汉鞋业有限公司项目，该项目坐落于上蔡县西工业园区，占地7000平方米，专业生产军警靴、皮鞋等鞋品，2月投入生产，投资1.5亿元，增加就业120人，年产量达400万双，年产值1亿元。

【改善农村人居环境工作】 整治马路市场、流动饮食摊点和水果摊点21处，彻底清理马路市场，规范经营行为；拆除不规范广告牌12处，严格落实沿街店面的门前“三包”责任制；拆除店外伸缩棚、雨搭、违建房屋36处，规范街道环境秩序。聘用17名专职街道管理人员，对经营秩序、环境卫生进行承包。与康盈环保公司签订环境整治合同，新添置垃圾桶2000多个，配置垃圾车6辆。24个建制村均配备保洁队伍，定期清扫村内道路；全年共养护农村公路36.8千米。2018年9月在镇政府院内建设乡级环境监测站一座，同年11月投入使用，实现24小时不间断监测。四是全镇共整治“空心房”417户。经县级部门鉴定并完成危房改造247户。实施农村安全饮水工程，不断优化供水网络，申报整修南张庄、楼李、葛楼、孟赵、申寨、黄泥桥6个供水站，塔桥水厂供水范围新增黄庄、长王、黄泥桥、胡庄4个建制村，全年为镇域319户贫困户、310户一般农户免费安装自来水，困难群众安全饮水问题得到解决。

【社会事业】 2018年发放“两免一补”资金643.17万元。教育教学质量稳步提升，有183名学生被县重点高中录取。全乡有2所初中，教师162人，在校学生2180人；有33所小学，教师410人，在校学生6820人；有9所幼儿园，教师80人，在园幼儿2000人。小学、初中入学率分别为100%、99%。有民间艺术团体21个，现代远程教育中心25个，农家书屋24个，文化大院14个，有线电视用户10000多户。群众文化生活活跃，演出戏剧7场，放映电影30场。医疗卫生条件进一步改善，有建制村卫生所24个、集镇卫生院1所和私立医院2所，医生75人，床位120张。参加城乡居民基本医疗保险7.865万人，参保率95.9%。全年出生920人，出生率10.95‰，稳定低生育水平，人口性别比平衡。坚持开展免费生殖健康检查服务，孕前优生检测532对。落实计划生育扶助政策，发放救助金45.04万元。

【社会保障】 2018年年末，全镇共供养特困人员430人，集中供养60人，全年兑现供养金176.8万元。有农村低保2600人，兑现低保金671.8万元。全镇参加新型农村社会养老保险37150人，参保率67.8%，收缴养老保险基金480万元，发放养老金1200.7万元。2018年1月动工建设塔桥镇重症残疾人托养中心1座，位于塔桥卫生院南侧，同年5月投入使用。塔桥镇重症残疾人托养中心有管理人员1名，重症残疾人30名，护工15名，厨师2名。

【基础设施建设】 2018年5月在黑翟村、长王村、葛楼村、彭庄村、南张庄村、西何庄村、小李村、白圭庙村、楼李村、董何村、张李村、黄泥桥村、胡庄寨村、大赵村、申寨村、盆王村、三李村、黄庄村、孟赵村、大邱村、关楼村、侯张村22个村实施，共投入资金1222.36万元，安装3335个立杆路灯，276个抱杆路灯，受益群众75013人。在黑翟村、长王村、董何村、彭庄村、白圭庙村、胡庄寨村、侯张村、大赵村、张李村、大邱村、孟赵村11个村新建文化大院，丰富居民文化生活。在黑翟村、葛楼村、董何村、黄庄村、侯张村、塔桥村、盆王村、三李村、大赵村、小李村10个村新建卫生室，改善村民医疗卫生条件。

【社会治理】 构建立体化治安防控网络，安装网络高清摄像头176套，镇监控平台达标，实现24个建制村监控全覆盖。开展“平安建设”工作，评选出10户“平安家庭”，5个“六面红旗村”，24个建制村配备294名基层网格员。强化社会治安综合管理，完善社会治安防控体系，开展安全稳定集中整治活动，对排查出的1起安全隐患、18起矛盾纠纷和10名“五类重点”（易肇事肇祸精神病人、信访不稳定人员、刑满释放人员、涉毒人员、邪教人员）人员进行有效分类治理。开展侵害群众利益集中整治和扶贫领域专项治理工作，共查处侵害群众利益案件15起，处分6人，约谈7人。畅通信访工作渠道，开展“积案化解”攻坚活动，着力化解影响社会和谐稳定的老信访问题，全年共接待群众来访90批208人次，完成上级交办的信访案件54起，办结率 100%。重视安全生产工作，严格落实安全生产责任制，及时排查和消除安全隐患，全年无一例重特大事故发生。2018 年度全镇开展扫黑除恶专项治理工作，组织开展扫黑除恶知识培训共计 24 次，排查涉黑涉恶线索共计 3 条，张贴扫黑除恶宣传板共计 208 幅，发放扫黑除恶宣传彩页共计 20000 张。

【党建工作】 2018 年年底塔桥镇中共党员信息系统中入库党员 1440 名，其中女党员 162 名，培训入党积极分子 26 名，发展预备党员 22 人，党员转正 18 人，接收党员 68 名。完善党费核定、缴纳登记、党费证、专项账户等机制。发动党员群众参与基层党建工作，严格落实党员一对一帮扶。扎实推进“两学一做”学习教育常态化制度化，坚持以各支部为主体，严格落实“三会一课”、主题党日、民主评议党员、组织生活会等党的组织生活制度。在全镇农村基层组织中深入开展争创“六面红旗村”活动，持续深化基层党组织划类升级活动，按季度组织开展“逐村观摩、整乡推进”活动，现场打分、建立台账、逐项销号。完成村“两委”换届工作。镇党委依照法定程序选优配强各建制村“两委”班子成员，选举产生 158 名村级干部。新修建胡庄寨村、西何庄村、长王村、塔桥村、张李村、彭庄村、侯张村 7 个村室。整顿申寨村后进村委、长王村软弱涣散党支部。2018 年，楼李村、北大李村、南张庄村、侯张村、张李村、胡庄寨村、彭庄村七个村被评为“县级文明村”。北大李村、卫生院 2 个党支部被评为“县级先进基层党组织”。

塔桥镇直属部门及驻镇机构主要负责人一览表

表 39

单 位	负责人	单 位	负责人
党政办	白金佩	计生中心	梁建民
农业中心	李德运	村镇中心	李建华
文化中心	朱安民	社保所	陈 恒
国土资源所	肖进轩	民政所	李建华
财政所	刘华峰	司法所	赵四营

续表 39

单 位	负责人	单 位	负责人
中心学校	张金良	卫生院	曹全河
农商银行	涂永喜	电管所	梁华勇
派出所	刘保民	食药监所	开孝武
邮政所	黄 桥	工商所	陈建设
粮管所	王四海	供销社	张 新

塔桥镇所辖建制村基本情况表

表 40

村 别	总面积（平方千米）	耕地面积（公顷）	总人口（人）	支部书记	村委主任
黑 翟	4.7968	378.8	4787	翟成礼	翟中凯
长 王	4.2298	329.34	4366	张 成	翟社会
葛 楼	2.4089	181.75	2805	冀大毛	冀大毛
北大李	2.5806	189.37	3015	李新宽	李新宽
彭 庄	1.9438	144.93	3681	丁二军	丁二军
南张庄	3.3028	251.63	4915	李新彬	张振伟
西何庄	2.3445	181.26	2598	刘高福	刘俊礼
小 李	2.5434	190.82	3095	石小顶	石小顶
白圭庙	4.821	363.51	4582	李国六	王战军
楼 李	3.717	260.13	3800	李海亮	李东贵
董 何	4.7084	359.12	4740	李先进	马五云
张 李	3.0012	223	3838	张付德	张付德
黄泥桥	3.2421	236.33	3331	—	李鹏飞
胡 庄	2.5864	203.59	2906	胡继伟	胡继伟
大 赵	3.4256	280.27	3693	赵永杰	—
申 寨	3.9899	303.9	4006	程小国	王奎花
塔 桥	3.2065	189.13	4699	张俊飞	张俊飞
岳 王	2.5375	194.12	2799	王克剑	王克剑
三 李	2.934	233.47	3327	张稳当	张稳当
黄 庄	2.7964	222.3	3146	李奇北	李奇北
孟 赵	4.7784	372.57	4630	邱彦民	张国华
大 邱	4.5231	358.97	4010	邱忠亮	姬书义
关 楼	3.0311	248.28	3047	关平心	关平心
侯 张	3.1874	257.64	3057	张永照	张永照

（陈 静）

东洪镇

【概 况】 东洪镇位于北纬 33° 17′ 29″— 33° 24′ 6″，东经 114°17′13″— 114° 27′ 15″ ，地处上蔡县中北部。镇政府驻河南村，距县政府驻地 13 千米。镇境东接韩寨乡，东南搭界塔桥镇，南和齐海乡接壤，西南与蔡都街道相连，西邻西洪乡，北邻小岳寺乡、朱里镇。总面积 91.78 平方千米，其中耕地面积 6927.43 顷。总人口 8.9 万人，其中常住人口 5.1 万人，人口自然增长率 5 ‰。居民均为汉族。辖河南、河北、赵楼、南徐、赵庄、苏桥、毛庄、刘寨、庄头、孟庄、蔡窑、程楼、桃台、大路陈、杨沈庄、党湖张、侯庄、北徐、陈庄、张康、张榆、堡上、穆庄、别楼、后楼、龚庄、万庄、白庄 28 个建制村，103 个自然村，326 个村民小组。交通便利，省道商桐线（S206）穿镇境而过，与洪河交会于东洪集。4 路公交车通往县城，交通便利。自然条件优越，平原地貌，暖温带大陆性季风气候，主要河流有小洪河、杨岗河、黑河，主要干沟有蓍台沟。土壤土类主要为砂姜黑土、潮土，还有少量黄褐土，土种有壤覆砂姜黑土、黏覆砂姜黑土、青黑土、黏质薄覆砂姜黑土、浅位少量砂姜石灰性砂姜黑土、砂姜黑土、灰两合土、石灰性青黑土、底沙灰两合土、浅位黏化洪冲击黄褐土。主要农产品有小麦、玉米、花生、土豆、芝麻。2018 年，东洪镇围绕“保增长、重民生、维稳定”的总体思路，重点抓好脱贫攻坚、人居环境整治、安全生产、信访稳定、平安建设、党的基层组织建设等重点工作，求真务实，积极作为，经济稳步发展，社会各项事业全面进步。国内生产总值 24363 万元，一、二、三产业结构为 21.9∶39.5∶38.6。

2018 年东洪镇主要经济指标情况表

表 41

项　目	单　位	完成数	比上年增减（%）
国内生产总值	万元	24363	7.8
农业总产值	万元	17288	3.4
粮食总产量	吨	84401	3.8
畜牧业总产值	万元	9500	3.6
工业总产值	万元	49967	3.4
全社会固定资产投资	万元	9833	1.8
财政收入	万元	366	26.07
财政支出	万元	1673.9	3.67
农民人均纯收入	元	9896	5.8

【农　业】 2018 年，更换安装变压器 104 个，硬化、拓宽路面 55 千米。全镇种植小麦面积 9.7 万亩，平均亩产 600 千克，总产量 5820 万千克；油菜种植 0.5 万亩，平均单产 100 千克，总产量 50 万千克；种植花生 6.8 万亩，平均单产 350 千克，总产量 2380 万千克；夏玉米 3.7 万亩，平均单产 460 千克，总产量 1702 万千克；夏芝麻 0.9 万亩，平均单产 100 千克，总产量 90 万千克。稳定小麦种植面积，着力发展强筋优质专用小麦，调减玉米种植面积，扩大油料、薯类、蔬菜、林果、中药材等种植面积，重点打造了葡萄、草莓、优质桃、绿色蔬菜等五个高效种植基地。大力培育新型农业经营主体，全镇农民专业合作社 238 家，带动土地流转面积 3.5 万亩。大力发展生猪、蛋鸡养殖，养殖方式向规模化、生态化发展。有规模以上养猪场 3 个，规模以上养鸡场 1 个，年出栏生猪 1882 头，年产鸡蛋 1.8 吨。S206 生态廊道植树 3.6 万棵，长 12.5 千米；农田林网建设方面，共整修主干路 9 条 19000 米，生产路 12 条 68000 米，疏通沟渠 14 条 5900 米，共计建设 92.6 千米，植树近 10 万棵，林网建设全部完成；对镇域内小洪河两岸各扩建 20 米，绿化面积近 400 亩。利用“一卡通”方式把各种补贴及时足额发放到农民手中。共发放农业支持保护补贴 1086.66 万元，涉及补贴农户 17744 户，补贴面积 6448.66 公顷。

【商贸服务业】 有集贸市场 4 个，大型购物场所 4 个，商品购销网点 28 个，金融机构 3 个，通信营业网点 5 个，餐饮服务业 36 家，农机销售服务企业 3 个。商贸服务业从业人员 320 人，社会消费品零售总额 13293 万元。

【脱贫攻坚】 2018 年新识别贫困户 13 户 29 人。立足东洪镇贫困状况和经济社会发展现状，研究制定了切实可行的扶贫开发工作规划。2018 年全镇贫困户种植业补贴面积 2983.9 亩，补贴金额 1160094 元。并通过多次考察论证，全面实施芦笋种植项目，采取“政府补助一点，集体经济分红资金倾斜一点，帮扶单位资助一点、贫困户出资一点、合作社负担一点”的模式，乡村负责租地、整地、栽苗、浇水，贫困户得到收益，24个建制村发展芦笋种植900余亩，链接有劳动能力的贫困户700余户。利用县财政拨付的村级集体经济资金，在穆庄、毛庄、侯庄三个村的扶贫车间厂房已经建成的基础上，又在龚庄村新建了厂房。蔡窑村等17个村级光伏电站已经全部并网发电，并通过县级光伏扶贫收益政策，实现全镇所有贫困户光伏扶贫全覆盖，2018年9月首批每户光伏扶贫收益分红1000元。建立镇级金融扶贫服务站以及28个村级金融扶贫服务部，评级授信贫困户1194户，与邮储银行多次进行对接，在镇政府院内集中开展办理贫困户个人贷款业务，全镇贫困户获贷337户，获贷率占比28%。利用县级就业扶贫“八大员工程”，由政府购买岗位，安排贫困家庭劳动力从事卫生保洁、道路养护、林网护林、交通劝导、光伏电站管护、托养中心护理、优抚对象联络、巡河等工作，每人每月工资500—2000元不等，带动1000多名贫困群众增收。严格按照基础设施“七个一”项目建设任务，大力推进基础设施建设。耗资2970万元完成55千米的道路建设任务，投资96万元完成6个村级标准化卫生室建设任务，投资480万元完成12个村级综合性文化服务中心建设任务，投资336万元完成8个建制村新建村室任务。根据“村村亮”工程任务安排，完成28个建制村3227盏太阳能路灯安装任务。同时围绕美丽宜居乡村建设，按照“农村人居环境改善攻坚年”活动要求，以“六清”活动为抓手，大力实施净化、硬化、绿化、美化、亮化工程，着力提升村容村貌和户容户貌。2018年共资助建档立卡学生996人，发放教育补助金额137.63万元。对往年危房改造质量不高的进行质量提升，共排查并完成改造提升工程200余户。对建档立卡贫困户城乡居民基本医疗保险参保220元实行政府全额补贴，惠及1195户3471人，补贴金额62.5万元，贫困户医疗合理费用“零支付”。2018年年底，后楼村、穆庄村、毛庄村脱贫出列，全镇409户、1202人脱贫，未脱贫户508户、1272人，全镇贫困发生率1.4%。

【改善农村人居环境工作】 28个建制村每村抽调一名人员，专职负责垃圾清运工作，并配备7—15人的保洁队伍，定期清扫村内道路。对集镇商户招牌按照统一标准、统一规格进行更换。新建垃圾中转站3个，其中河北村垃圾中转站已投入使用，各自然村放置垃圾桶2240个，专人定时收集转运垃圾。整修坑塘34个。通过“村村亮”工程，安装太阳能路灯4000余盏，实现了全镇全部103个自然村太阳能路灯全覆盖。重点在后楼村、毛庄村、龚庄村、蔡窑村、党湖张村、张榆村6个村实施了人居环境改造项目。争取危房改造资金404万元，完成全镇338户危房改造任务，高标准整治了432处“空心房”。争取上级道路建设项目45个，整修、硬化拓宽了25个建制村主干道及通村道路。新建了堡上村、赵庄村、万庄村、孟庄村、杨沈庄村、白庄村的标准化卫生室。改造了全镇889户农户的自来水管道，并在桃台村、毛庄村、侯庄村、张康村、穆庄村、大路陈村6个村实施了生产生活用电改造项目。在别楼村、堡上村、杨沈庄村、毛庄村、后楼村、河南村、孟庄村、程楼村、龚庄村、蔡窑村、党湖张村、张榆村12个村建成了综合性文化服务中心。整治关停了21户“小散乱污”企业，并继续推行秸秆还田，禁止焚烧秸秆。秸秆还田率达到90%以上，实现夏秋两季零焚烧。新栽、补栽绿化树10万棵，实现94%耕地林网全覆盖。建设小游园6个、公共绿地63000平方米。

【社会事业】 东洪镇中心学校始终以常规落实为重点，以提高教学质量为中心，以培养合格学生为目标，通过培养骨干教师，特别是中青年教师，抓好学科带头人，发挥有丰富教学经验的老教师的潜能，搞好传、帮、带等方式，全镇各所学校的教学质量有了很大提高。利用“2018年农村中小学校舍维修改造专项资金等项目规划”和“全面改薄”项目资金共计989.615万元，改善东洪初中、天良中学、孟庄小学、南徐小学、党湖张小学、河北小学、穆庄小学、榆社小学、别楼小学、苏桥小学、张龙舞小学、桃台小学、中心小学、大董小学等14所学校办学条件。发放“两免一补”资金672万元。教育教学质量稳步提升，有68名学生被上蔡一高录取。全镇有初中2所，初中教师115人，初中在校学生1547人；有小学34所（民办2所），公办小学教师279人，民办小学教师52人，在校小学生共计4882人；有幼儿园17所（民办16所），有公办小学办学前班的13所，学前班共有学生210人，公办幼儿园学生155人；民办幼儿园教师155人，学生人数2369人。全镇小学、初中入学率均为100%，巩固率均为99%。有民间艺术团体32个，现代远程教育中心29个，农家书屋28个，文化大院18个。群众文化生活活跃，演出戏剧9场，放映电影336场。医疗卫生条件进一步改善，有卫生院2所，

拓宽后的赵庄村主干道及自然村全覆盖的太阳能路灯
杨 光 摄

医生13人，床位80张，标准化卫生室27所，医生75人。全年出生838人，出生率10.17‰，二胎出生357人。年出生人口性别比108（女为100）。坚持开展免费生殖健康检查服务，孕前优生检测625对。落实计划生育扶助政策301人，发放救助金60.38万元。

【社会保障】 截至2018年年末，全镇供养特困人员437人，其中分散供养368人，集中供养69人，全年兑现供养金488865元；享受农村低保2329人，兑现低保金4303992元。有优抚对象684人，发放优抚金1954016元。进一步加快社会保障体系建设，依托东洪社保所建立东洪镇便民服务中心，并在28个建制村建立了村级便民服务站，并设立了公益性岗位村级社保协管员，社保工作成效显著提高。全镇参加城乡居民基本医疗保险农民9.6万人，参保率95.8%。参加新型农村社会养老保险21600人，参保率68%，收缴养老保险基金476万元，发放养老金1500万元。

【社会治理】 对排查出的3起安全隐患、8起矛盾纠纷和12人五类重点人员进行有效分类治理。畅通信访渠道，扎实开展信访问题“百日会战”攻坚活动。着力化解影响社会和谐稳定的老信访问题22个，全年共接待群众来访98批126人次，完成上级交办的信访案件60起，办结率100%。各种矛盾纠纷被有效化解在基层，基本实现了“小事不出村、大事不出镇、矛盾不上交”的工作目标。更因工作出色，东洪镇人民调解委员会于2018年5月被司法部评为全国人民调解工作先进集体。严格落实安全生产责任制，及时排查和消除安全隐患，东洪镇全年无一例重特大事故发生。东洪镇政府成立了以党委书记王银朋为组长，镇长邢建设、镇人大主席王联华为副组长，镇党委全体班子成员及派出所、司法所、财政所等相关部门负责人为成员的领导小组，坚持“有黑打黑、无黑除恶、无恶治乱”的思路，以对“涉黑涉恶”零容忍的态度，对群众反映的

涉黑涉恶线索坚决予以查处。并通过召开群众专题会、入户走访、悬挂横幅、粘贴标语、发放宣传单、LED 电子显示屏滚动播放开展扫黑除恶专项斗争宣传标语 、QQ 群及微信工作群发送开展扫黑除恶专项斗争告知书等多种宣传方式，大力宣传“扫黑除恶”专项斗争的重大意义、目标任务、方法步骤、12 类打击重点。排查出大王庄教会、大李庄教会、杨沈庄教会、集北教会、孟庄教会、榆社教会、小董教会、李庄教会 8 处宗教场所，压减榆社教会、小董教会、李庄教会等 3 处宗教场所，圆满完成了宗教问题综合治理工作目标。

【党建工作】 结合“两学一做”学习教育常态化制度化，推进习近平新时代中国特色社会主义思想学习常态化制度化，并结合驻马店市委第一巡视组专项巡视，教育引导全镇党员干部旗帜鲜明讲政治，着力增强“四个意识”，坚定“四个自信”，做到“两个维护”。标准化建设了河南、陈庄、白庄、后楼、毛庄、程楼 6 个建制村村室。通过“两推一选”，选齐配强 28 个村支部书记，基层党组织战斗力进一步得到加强。整顿 2 个软弱涣散支部（蔡窑支部、别楼支部），1 个后进村支部（白庄支部），创建河北、穆庄、侯庄、毛庄、后楼 5 个“五好”支部；积极开展“六面红旗村”争创活动，并开展基层党建问题“三集中”活动，排查整改基层党建问题 1975 个，切实提升了基层组织战斗力。严把党员入口关，培训入党积极分子 34 人，发展预备党员 27 人，党员转正 17 人。完善党费核定、缴纳登记、党费证、专项账户等机制。制定多项廉政制度，查处违反有关规定案件 12 起。组织镇村两级干部专题学习中共十九大精神 12 次，认真领会习近平新时代中国特色社会主义思想。

东洪镇人民调解委员会荣获全国人民调解工作先进集体 杨光 摄

东洪镇直及驻镇机构主要负责人一览表

表 42

单　位	负责人	单　位	负责人
党政办	夏怀庆	计生服务中心	徐登宇
农业中心	寇政威	村镇中心	曹治河
文化中心	彭　浩	社保所	康彦厅
国土所	苗海勇	司法所	刘长兴
财政所	李新春	卫生院	潘　耀
中心学校	王慧君	工商所	方新红
农商银行	陈高伟	电管所	刘占奎
派出所	刘红勋	民政所	任　浩
邮政所	张丽娜	电信所	徐大亮
粮管所	田双成	供销社	徐华伟
国税所	李德营	地税所	韩春梅
食药监所	单　斌	法　庭	周占军

东洪镇所辖建制村基本情况表

表 43

村　别	总面积（平方千米）	耕地面积（公顷）	总人口（人）	支部书记	村委主任
陈　庄	3.4869	260.29	4013	李　贯	张华先
苏　桥	3.6693	275.49	3209	李中华	孔海彦
赵　庄	2.4007	182.72	2570	李发水	凡胜利
杨沈庄	3.4947	271.9	3022	邓合民	邓俊齐
党湖张	3.7589	287.8	3198	焦四房	赵高中
张　榆	5.3329	407.19	5131	徐德常	徐喜林
堡　上	2.4327	172.38	2527	徐进堂	宋广元
万　庄	2.3912	188.99	2507	卢大炼	万建华
白　庄	2.2445	168.5	2590	白心舒	白运堂
龚　庄	3.5065	263.04	3173	王　超	郭金健
赵　楼	3.1393	235.99	3277	蒋　想	赵　祥
河　南	2.2914	140.9	2299	赵卫星	王海宾
南　徐	2.6013	186.96	2601	徐保富	徐建党
孟　庄	2.9149	229.03	3136	孟德安	范保运
张　康	3.5531	294.76	3851	张天一	张连生
毛　庄	4.758	352.11	4797	刘四新	李卫同

续表 43

村　别	总面积（平方千米）	耕地面积（公顷）	总人口（人）	支部书记	村委主任
蔡　尧	2.8489	233.79	2759	徐咏梅	孟德政
刘　寨	4.0781	321.01	5689	张　超	李江伟
程　楼	2.852	230.58	2631	程俊发	程德长
庄　头	2.7309	208.85	2807	郭保臣	任天相
穆　庄	3.5976	259.35	3912	王贺东	焦　启
别　楼	3.5409	279.54	3139	卢天成	赵明宇
后　楼	2.304	172.39	1933	刘国喜	刘国喜
河　北	3.1519	169.05	3081	王　峰	王　峰
北　徐	2.976	229.45	2555	王俊亭	徐　威
侯　庄	2.3144	169.22	2293	侯金伟	无
大路陈	4.1381	321.79	3586	陈国庆	杨国付
桃　台	5.2625	414.36	3637	梁赖孩	王麦圈

（杨　光）

邵店镇

【概　况】邵店镇位于北纬 33° 8′37″— 33°14′37″，东经 114° 13′ 19″—114° 19′ 52″，地处上蔡县南部，素有上蔡县“南大门”之称。镇政府驻集北村，距县政府驻地 10 千米。东邻五龙镇、杨屯乡，南接汝南县金铺镇，西连黄埠镇，北靠重阳街道、芦岗街道。总面积 79.99 平方千米，其中耕地面积 6025.79 公顷。总人口 7.8 万人，其中农业人口 7.6 万人，人口自然增长率 6.5‰．有汉、回 2 个民族，少数民族人口 89 人。辖高李、刘药、籽粒、前杨、刘庄、上岗、尹赵、丁楼、庙王、卜庄、小楼庄、后杨、王棚楼、西岗、邵店、十里铺、袁寨、集北、石佛、郭屯 20 个建制村，101 个自然村，266 个村民小组。交通便利，省道 219 线、县道洙嵖路穿境而过，乡乡路、乡村路、村村路纵横交错。自然条件优越，属平原地貌中的岗岭地区，岗岭面积 3.8 万亩。气候为暖温带大陆性季风气候，主要河流有杜一沟。土壤土类主要为黄褐土，还有砂姜黑土和潮土，土种有浅位黏化洪冲积黄褐土、壤覆砂姜黑土、洪冲积黄褐土、灰小两合土、灰两合土、黏质薄覆砂姜黑土、黏覆砂姜黑土。境内有十里铺村龙山文化遗址、金井吴村明代顺阳王墓两处省级文物保护单位，有保存完好的市级文物保护单位清代孟庄张氏老宅、上蔡县引水上岗工程旧址，还有小宋庄古桥、铁佛寺、石佛寺、玉皇庙等名胜古迹多处。是开国将军汉一夫、抗日民族英雄高培显的故里。邵店也是河南古老民间曲艺汝河大鼓的发源地。2016 年被省文化厅命名为河南省民间文化艺术之乡，被农业部命名为“第六批全国一村一品示范乡镇”。邵店镇主要农产品有黄姜、小麦、玉米、花生、葡萄、马铃薯、食用菌，黄姜种植就发源于邵店镇，因此邵店也被称为“黄姜之乡”。2018 年，邵店镇党委、政府顽强拼搏，真抓实干，积极作为，社会各项事业全面进步。全国重度残疾人集中托养上蔡模式现场会、全省交通扶贫现场会、全市半年人居环境观摩评比，全县产业扶贫现场会先后在邵店镇观摩。2018 年邵店镇被省农机局、省安监局评为省级“平安农机”建设示范乡镇。

2018 年邵店镇主要经济指标情况表

表 44

项　目	单　位	完成数	比上年增减（%）
国内生产总值	万元	89906	7.5
农业总产值	万元	89865	6
粮食总产量	吨	101640	5
畜牧业总产值	万元	11682	7
工业总产值	万元	46370	16
全社会固定资产投资	万元	39726	17
财政收入	万元	658.5	3
财政支出	万元	3636.3	171
农民人均纯收入	元	9268	7

【农　业】全镇粮食作物播种面积 6352 公顷，总产量达到 101640 吨；油料作物播种面积 2920 公顷，总产量 10452 吨。小麦种植面积 4288 公顷，产量 25257 吨。玉米种植面积 1637 公顷，产量 12088 吨，花生种植面积 2550 公顷，产量 9949 吨。邵店镇致力于培育新型农业经营主体发展特色高效农业，在镇域东部地势平缓区域建设高效农业示范园，新型农业经营主体 215 家，形成生

姜、马铃薯、葡萄、食用菌、果蔬多个规模化农业板块。黄姜种植是邵店的传统产业，2008年获得国家农业部无公害农产品证书，邵店也是豫南最大的黄姜种植基地，以小楼、卜庄、庙王等村为中心，2018年种植面积达1万亩；马铃薯种植是邵店镇近几年新兴农业，以和谐马铃薯种植合作社为依托，带动全镇2018年种植面积突破6500亩；优质葡萄种植面积突破3500亩，食用菌棚达600余座。养殖业方面，邵店镇大力发展肉牛、肉羊、生猪、蛋鸡养殖，呈规模化、生态化发展趋势，年出栏生猪23702头，年产鸡蛋8912吨，引进了祥盛万头肉牛、正兴肉羊养殖、云鳌肉羊养殖、商都蛋鸡养殖等大型养殖企业。生态林业方面，大力实施国土绿化工程，生态廊道建设任务圆满完成，绿化成效显著，2018年完成廊道绿化长度24千米，绿化面积1650亩，栽植各类绿化树种90万株。惠农政策落实方面，邵店镇严格执行国家各种支农惠农政策，利用"一卡通"方式把各种补贴及时足额发放到农民手中，共发放农业支持保护补贴911万元，涉及补贴农户15826户，补贴面积5404公顷。

【工　业】 邵店镇着力谋发展、推发展、促发展，依托绿色建材产业、高效农业和光伏产业建成了绿色建材产业园、光伏产业园等专业园区，建立了中小型加工业就业基地50个。其中，绿色建材产业园入驻大型新型墙体材料生产企业5家，鑫光新能源光伏发电项目投资14亿元，占地4600亩，年销售收入1.7亿元，每年利税1500万元，安排就业120人。

【脱贫攻坚】 2018年，邵店镇通过落实各项政策，全镇实现209户、917人脱贫。对自主进行结构调整的贫困户发放种植补贴232万元，养殖补贴6.7万元。引进了规模30万只的商都集团蛋鸡养殖、占地1000亩的西瓜种植等一批规模种养殖企业，力争最大限度带贫。20个建制村全部实现集体经济覆盖，建成了18个村级光伏电站，2018年贫困户获村集体经济分红461.9万元。利用"政银企户保"政策，帮助邵店镇18家企业贷款2495万元，带动499户贫困户年均收益3476元。建成了9个扶贫车间，最大限度带贫。2018年，全镇医疗救助贫困户3786人次，补贴金额108万元；教育资助538人，发放补贴27.8万元；危房改造413户，低保政策兜底139户。邵店镇重度残疾人托养中心和刘药村重度残疾人托养中心，共安排入住重度残疾贫困人员40人。通过政府购买服务的形式提供"八大员"公益性岗位341个，年工资均为6000元。2018年建设农村道路31余千米，建成村室3个，新建综合文化服务中心4个，新安装路灯1500盏，在建或已纳入建设规划的公厕21座，完成安全饮水项目1个。

2018年8月1日，省人大执法检查组到邵店镇盛唐家庭农场调研　　李　乾　摄

【招商引资和项目建设】 邵店镇通过落实招商引资优惠政策，落实考核激励机制，创新招商办法等措施，引进上蔡县荣邦鑫机械有限公司投资1.2亿元，建设运行总体态势良好，各项指标均全面完成年初既定目标。农业企业方面，引进了规模1万头的正兴肉羊养殖、规模30万只的商都集团蛋鸡养殖、占地1000亩的西瓜种植项目，项目均建设顺利。

【改善农村人居环境工作】 2018年，邵店镇政府整合各类资金520余万元用于改善农村人居环

2018年6月20日，驻马店市政府市长朱是西（中）到邵店镇巧媳妇工程基地调研指导　　李 乾 摄

境工作，以“三无一规范一眼净”为目标，在全镇大力开展各类环境卫生综合整治活动。2018年，全镇硬化农村道路31千米，开挖下水道12千米，各村主干道路基本实现无垃圾杂物，清理整治坑塘90余个，疏通沟渠26千米，排查、整治“空心房”405处。各村生活垃圾基本实现定点倾倒、定时清运。同时，邵店镇注重把集中整治和建立长效机制相结合，树立“先整后管、以整促管、边整边管”的人居环境改善工作理念，多次组织开展集中整治行动，扎实开展主干公路综合整治，拆除违章建筑48处、3100平方米，汝上路、永定路、洙嵖路、驻上路两侧进行全面提升，4条主干道两侧脏乱的面貌有了彻底改变。建立了改善人居环境工作季度观摩、年终考核的系统化考评体系，两次组织开展人居环境逐村观摩活动。

【社会事业】 2018年，邵店镇社会事业持续稳步健康发展。教育方面，以开展教育均衡县创建为载体，以全面改善教学条件、提高教育水平为目的，利用“全面改薄”项目资金180.9万元对全镇所有学校硬件教学设施均进行改善提升。全年发放“一补”资金20.48万元。教育教学方面，有正取生1名、分配生3名学生被县重点高中录取。邵店镇有初中2所，教师110人，在校学生823人；有小学21所，教师255人，在校学生3600人；民办小学4所，教师82人，学生973人；有幼儿园16所（民办12所），教师112人，在园幼儿2752人。全镇小学、初中入学率分别为100%、100%，巩固率分别为100%、100%。文化事业方面，邵店镇坚持“以科学的理论武装人、以正确的方向引导人”的原则，扎实做好公共文化服务体系建设，持续开展丰富多彩的文体活动。2018年年底，邵店镇有民间艺术团体47个，现代远程教育中心20个，农家书屋20个，综合文化服务中心20个。充分发挥基层宣传阵地的作用，将志智双扶工作和文化宣传充分结合，相继开展“好媳妇、好邻里”等评选表彰活动50余场次，开展老年人广场舞大赛、踢毽子比赛等群众喜闻乐见的娱乐活动20余场，丰富了群众文体生活。医疗卫生方面，医疗卫生条件进一步改善，医疗水平进一步提高。加强村医管理，定期召开业务学习和培训，全面落实贫困户签约医生工作，签约总户数1192户，贫困户覆盖率100%。全面落实建档立卡贫困户镇内就医免费政策，全年医疗救助贫困户3786人次，补贴108万元。2018年年底，有卫生院1所，医生12人，床位35张，标准化卫生室20所，医生52人。参加城乡居民基本医疗保险农民7.4万人，参保率95%。全年出生797人，出生率11.1‰，稳定低生育水平，保持人口性别比平衡。坚持开展免费生殖健康检查服务，孕前优生检测630对。落实计划生育扶助政策，发放救助金47.93万元，完成河南

设施完备的村文化广场　　李 乾 摄

省民生实事“两筛”562人。

【社会保障】年末，全镇有农村低保10218人，兑现低保金2399万元，特困人员供养对象343人，集中供养71人，发放供养金155.1万元。有优抚对象563人，发放优抚金23万元。全面落实社会保险费征缴制度，大力提高农民工参保率，努力实现应保尽保，全镇参加新型农村社会养老保险18620人，收缴养老保险基金356万元。积极推进机关事业单位养老保险制度改革，推进“4050人员”助保工程，妥善解决下岗、失业困难人员断保问题。高度重视就业扶贫工作，认真排查建档立卡贫困户外出务工情况，及时落实务工奖补政策，共排查出外出务工贫困户193户213人，兑现务工奖补资金31.6万元，进一步促进贫困户增收。

【社会治理】张贴图解600多套，发放宣传单20000多张，悬挂条幅100多条，刷写墙体标语180多条，共摸排上报黑恶线索13条，经县认定的有效线索为11条，治安拘留3人，刑事拘留11人，其中批准逮捕11人，判刑10人。镇、村综治中心全部投入使用，社会心理服务工作站已建成，“雪亮工程”建设成效初显，安装村级平安大喇叭21个，划分基础网格101个，配备网格员128名。建立了526名重点留守儿童、310名重点留守妇女、465名重点留守老人服务管理台账。刑满释放人员104人均已落实安置帮教；社区矫正人员18人均已落实社区矫正；257名精神障碍患者全部实现“四包一”管控。配齐71名专兼职调解员，共调处矛盾23起，矛盾化解率达到100%。开展矛盾纠纷大排查，共排查出12起矛盾，2起已化解，10起已稳控。开展“十星级平安和睦家庭”“平安学校”“平安村”“平安单位”“平安企业”等系列平安创建活动，实行季度考评通告、半年排名、年终表彰。开展“信访积案化解”攻坚活动，2018年共接待群众来访32批42人次，完成上级交办的信访案件61起，办结率100%。严格落实安全生产责任制，及时排查和消除安全隐患，全年无一例重特大事故发生。

【党建工作】邵店镇党委始终毫不动摇坚持和完善党的领导，落实党建主体责任，推进全面从严治党向纵深发展。始终把学习贯彻中共十九大和习近平系列重要讲话精神作为首要政治任务，各党支部开展学习讨论200余次，专题党课等120余场。整顿提升软弱涣散村级党组织3个，高标准新建村室3个，配齐了办公设施，改造农村远程教育系统站点20个。圆满完成村“两委”换届工作，每村均选举产生至少一名37周岁以下、高中以上学历的青年干部，37周岁以下干部27人，55周岁以上干部每村最多保留一名，换届后，村“两委”干部年龄和层次结构得到进一步优化。换届结束后，及时建立63人的村级后备人才队伍。培养入党积极分子53人，发展预备党员11人，转正党员22人。实行基层党建日常记实和党员先锋指数管理，开展“一编三定”工作，对农村无职党员进行编组，720余名在家党员和贫困户进行结对帮扶，成效明显。开展“亮身份，挂牌子”活动，在全镇党员家庭门前显眼处悬挂“共产党员户”标志牌，激励党员争先创优，带富帮贫。加强党风廉政建设。始终把党风廉政建设纳入党委工作重要议程，在全县率先对镇村小微权力清单进行了梳理，共梳理出镇村小微权力28项，列出了权力清单，制定了流程图。相继开展了扶贫领域项目资金、扶贫领域信访案件、产业补贴等专项检查，对违规违纪行为快查

开展党建工作“逐村观摩、整镇推进”活动
李 乾 摄

快办。2018年查办案件19起，其中立案13起，党政纪处分13人，开展督查检查3次，对9名乡村干部进行了提醒谈话。先后5次召开警示教育大会，对12起发生在身边的违法违纪案件逐个进行剖析，达到了以案促改的目的。

邵店镇直属部门及驻镇机构主要负责人一览表

表45

单 位	负责人	单 位	负责人
党政办	李 乾	计生中心	董长松
农业中心	郭 生	村镇中心	聂 旭
文化中心	周尽忠	社保所	李俊伟
国土资源所	周国强	民政所	任长影
财政所	刘凤银	司法所	张 民
中心学校	任东升	卫生院	黎耀华
农商银行	粟高峰	电管所	林 浩
派出所	李国顺	食药监所	张钧益
邮政所	张兰山	工商所	王宏伟
粮管所	张 峰	电信所	梁军营
国税所	刘胜利	供销社	王运成
地税所	刘现文	法 庭	

邵店镇所辖建制村基本情况表

表46

村 别	总面积（平方千米）	耕地面积（公顷）	总人口（人）	支部书记	村委主任
袁 寨	5.2154	400.2	5187	徐彦华	王天义
上 岗	4.1404	329.39	3793	刘金颖	刘金颖
集 北	5.5379	392.79	5224	刘西安	刘永正
后 杨	5.0342	391.98	4572	陈 猛	雷银志
前 杨	3.16	242.41	3612	周二福	张付良
王棚楼	3.9581	304.14	4258	张 发	代红旗
刘 药	2.39	168.71	2668	王 欢	王 欢
邵 店	3.3194	229.55	3728	李 六	程卫东
卜 庄	3.8169	300.41	3244	赵生安	潘得安
丁 楼	3.5668	260.92	3879	张永峰	张永峰
尹 赵	1.9766	154.05	2427	胡少灵	赵定威
十里铺	3.1999	230.01	3943	尼桂荣	陈文志
高 李	4.1137	296.56	4760	和小民	和小民
小楼庄	4.2295	310.6	4317	班金锁	孟凡峰
石 佛	3.929	290.38	3019	张金花	张金花
籽 粒	3.8881	282.59	3381	李 伟	刘云成
庙 王	4.3956	336.6	4989	刘永政	刘永政
郭 屯	1.8093	141.7	1968	王宏亮	王宏亮
西 岗	7.9814	615.16	6511	李胜利	李胜利
刘 庄	4.3291	347.64	3936	郝松广	郝松广

（李 乾）

和店镇

【概 况】和店镇位于北纬33°10′7″—33°15′48″，东经114°34′35″—114°41′39″。地处上蔡东部，镇政府位于和店村，西距县政府驻地32千米。东邻项城市李寨镇，南接平舆县十字路乡、射桥镇，西连党店镇，北靠蔡沟乡，东北与杨集镇接壤。全镇总面积79.6369平方千米，其中耕地面积5599.22公顷。总人口8.8万人，其中农业人口为7.9万人，人口自然增长率5.8‰。和店镇辖陈庄、王连寨、卓庄、李集、方庄、刘李、杨寨、程阁、大程、三肖、孟营、五肖、曹庄、坡张、高庙、许集、前葛老、和店、八里湾、范王、后王、东朱、后刘、芦村、六肖、侉子营、小张、柳庄、大王、大许共30个建制村，78个自然村，316个村民小组。和店镇交通便利，省道吴黄公路南北贯穿全境。芦村设有客运站。往返县城的公交车15分钟发车一次。每日都有长途客车发往郑州、深圳、驻马店等地。和店镇属平原地貌，暖温带大陆性季风气候，主要河流有黑河。全镇土壤大半为砂姜黑土，主要分部在坡张、孟营、侉子营等村；小半为黄褐土，主要分部在和店中西部和南部地区。有黏覆砂姜黑土、浅位黏化洪冲积黄褐土、青黑土、洪冲积黄褐土、黏质薄覆砂姜黑土5个土种。主要农产品有小麦、棉花、土豆、芝麻、玉米。著名特产为芝麻。还有特色

2018年和店镇主要经济指标情况表

表47

项 目	单 位	完成数	比上年增减（%）
国内生产总值	万元	12688.8	8.6
农业总产值	万元	1078.548	
粮食总产量	吨	86725	
畜牧业总产值	万元	6500	
工业总产值	万元	10665	9.3
全社会固定资产投资	万元	20500	12.1
财政收入	万元	471	
财政支出	万元	2579.6	
农民人均总收入	元	10456	10.1

小吃芦村猪蹄、玉顺炒面远近闻名。本地面食疙瘩汤，做法独特。名胜古迹有三肖怡磊园林生态园、三肖东大寺。

【农　业】 2018年，农业综合开发存量资金高标准农田建设项目在20个村实施，总投资120万元，开发面积1850公顷，新打井29眼，埋设低压电缆2.8千米，建井堡258套，建桥12座，硬化路面12千米，新增低压管道节水灌溉215公顷。稳定小麦种植面积，着力发展强筋优质专用小麦。调减玉米种植面积，扩大油料、薯类、蔬菜、中药材等种植面积。全镇已形成无公害蔬菜、瓜果等特色农产品种植基地18个，建塑料大棚248个，面积达36公顷，年产蔬菜700吨。大力发展花木种植，和店镇以六肖村为龙头，辐射周边王连寨、三肖、大王、李集等十多个村，2018年种植面积已达1470亩，花卉品种几百个。以河南省花卉龙头企业三肖怡磊园林绿化有限公司为主导，引领和店花木走出河南，面向全国。在外承包园林绿化、道路绿化工程，不仅销售和店镇的花木，还安排从业人员数千人。2018年销售花木120万株，盆景0.8万盆，收入达到2158万元。2018年，发放农业支持保护补贴9484.44万元，涉及补贴农户5120户，补贴面积5600公顷。

金禅子造型盆景园

玉兰园　　谢卫勋　摄

【商贸服务业】 和店镇有集贸市场3个，大型购物场所5个，商品购销网点12个，金融机构2个。通信营业网点1个，餐饮服务业28家。农机服务业2家，商贸服务从业人员821人。社会消费品零售总额51593万元。

【项目建设】 和店镇党委、政府2018年引进上蔡博雅服饰公司入驻县产业集聚区，投资6000万元，2018年建成并投产，有标准化厂房面积1200平方米，安排用工100余名，为“啄木鸟”等厂家每年生产皮草服装服饰10万余件，当年投资见效，经济社会效益良好。

【脱贫攻坚】 2018年年底精准实现400户1428人如期脱贫。2018年建扶贫基地4个，就近安排贫困户200余人就业。充分发挥“万家喜”等合作社的带贫作用。重点扶持发展花木花卉、红薯、中药材、食用菌等产业，建成联系大多数贫困户的产业，形成了“一村一品”的扶贫产业格局。完成12个靶向村基础设施建设。实施农村明亮工程，安装路灯3663盏，新建乡村道路44千米，新建综合文化中心13个、村室5个、村卫生室15个。落实5个贫困村的集体经济项目，贫困户实现了集体经济分红。爱心超市启动运营，惠及全镇15个村820户贫困户。每月开展一次政策知晓、环境卫生、孝善敬老等内容的评比，激发贫困户内生动力，增强脱贫致富的信心和活力。资助贫困家庭学前教育幼儿251人，资助资金125500元；资助贫困家庭中小学学生983人，资助资金525500元。和店镇卫生院对建档立卡贫困人口门诊补偿19107人，住院补偿1795人。

东大寺正殿　　张守信　摄

【改善农村人居环境】 2018年争取危房改造资

金952.26万元，完成全镇469户危房改造任务。投资650万元，在大许、大程2个村建设农村饮水安全巩固提升工程5处，网管延申工程12处，实现和店镇贫困户安全饮水全覆盖。投资450万元整修硬化、绿化、美化道路16千米。推进中心村农网改造升级，新建10千伏线路28千米，新建、改造中心村配电区28个。全镇每个村都配有保洁队伍，总人数560人，覆盖全镇，实现网络化管理，定期打扫村内道路。购置垃圾运送车250辆，重点路段放置垃圾桶586个。专人定时收集转运垃圾，共整治坑塘28个。与省康盈公司对接，合理布局，建起了垃圾收集站。实现了30个村的垃圾收集、集中处理的清洁模式。三是开展污染防治。实行秸秆还田，禁止焚烧秸秆，秸秆还田率达95%以上，实现了夏、秋二季零焚烧秸秆。

【社会事业】 2018年，利用“全面改薄”项目资金856.48万元，改善和店中学、和店小学等办学条件，发放“三免一补”资金87.45万元。教学质量稳步提高，2018年132名学生被县一高录取。全镇有初中2所，教师146人，在校学生2548人。有小学28所，教师281人，在校学生5680人，有幼儿园29所（民办11所）教师146人，在园幼儿2870人。全镇小学、初中入学率均为100%，巩固率分别为100%、99%。和店镇中心学校2018年被市教育局评为安全工作先进单位、卫生先进单位。

全镇有艺术团体7个，现代远程教育中心5个，农家书屋30个，文化大院30个，有线电视用户12580户，群众文化生活活跃，演出戏剧26场，放映电影36场，在市县举行的书画大赛中有9份作品获奖，和店镇有中国书法家协会会员1人，河南省书法家协会会员7人。全镇参加城乡居民基本医疗保险61541人，镇卫生院门诊补偿6.491万人，住院补偿0.181万人。大力开展基本公共卫生服务，0—6周岁儿童健康管理0.5462万人，孕产妇健康管理0.0633万人，65周岁以上老年人健康管理0.5124万人，高血压患者健康管理0.4198万人，糖尿病患者健康管理0.2310万人，严重精神障碍患者健康管理0.0313万人，肺结核患者健康管理0.003万人。开展健康扶贫工作，推进医疗救助等社会保障制度向农村贫困人口倾斜，2018年镇卫生院对建档立卡贫困人口门诊补偿1.9107万人，住院补偿0.1795万人。开展基本公共卫生暨健康扶贫集中服务活动，建立贫困人口健康扶贫档案，每两个月为贫困人口进行一次免费健康体检。

【社会保障工作】 2018年全镇共供养特困人员424户，全年兑现供养金183.168万元；农村低保1079人，兑现低保金495.4664万元；有优抚对象548人，发放优抚金196.44万元；全镇参加新型农村养老保险21655人，收缴养老保险基金478.82万元，发放养老金1410.7万元。重度残疾人1189人，发放重度残疾人护理补贴85.608万元；困难残疾人441人，发放困难残疾人生活补贴31.752万元，两项合计发放117.36万元。政府出资150万元新建一所贫困家庭重度残疾人托养中心，可以容纳28人入住，真正实现“托养一人，造福一家”。

【社会治理】 加强社会治安综合治理，维护社会安全稳定，坚持以人民为中心的发展理念，健全完善矛盾纠纷排查及多元化解决机制，夯实信访工作责任，推进信访问题解决。对排查出的68起安全隐患进行化解。着力化解影响社会和谐稳定的老信访问题。和店镇2018年共接待群众来访26批148人次。完成上级交办的信访案件26起，办结率达100%。重视安全生产工作，严格落实安全生产责任制，及时排查和消除安全隐患，全年无一例重特大事故发生。

【党建工作】 2018年和店镇以村“两委”换届为契机，加强村“两委”班子建设，如期顺利完成了30个村换届选举工作。持续深化基层党组织“划类升级”活动，严把村支书的标准，选优配强村“两委”班子。认真开展“六面红旗村”创建和农村基层党建问题“三集中”活动。补齐党建工作的短板，成立了软弱涣散和后进村集中整治工作组，配强了软弱涣散村方庄村的“两委”班子，整顿了后进村八里湾村党支部，理顺了干群关系，理清了发展思路。认真开展“逐村观摩，整镇推进”观摩评比。落实“三会一课”制度，加强对村第一书记的管理。严把党员入口关，培训入党积极分子126人，发展预备党员36人，党员转正16人。完善党费核定、缴纳登记、党费证专项账目等机制。强化“两个责任”，加强干部作风建设，制定多项廉政制度。

和店镇直属部门及驻镇机构主要负责人一览表

表48

单　位	负责人	单　位	负责人
派出所	戚志伟	农业中心	赵东升
司法所	赵新盘	文化中心	夏政伟
邮政所	葛纯祥	计生中心	王向丽
农商银行	乔新星	中心学校	夏军政
电管站	冯继承	和店一中	葛耀霞
卫生院	陈高松	粮食储备库	卓响玲
民政所	许政策	食品药品监督管理所	聂宏博
社保所	何学峰	残联	朱计划
财政所	申永华		

和店镇所辖建制村基本情况表

表49

村　别	总面积（平方千米）	耕地面积（公顷）	总人口（人）	支部书记	村委主任
陈　庄	2.741	204.58	2605	袁超众	袁超众
卓　庄	2.7106	203.62	2689	赵广学	赵广学
李　集	3.4803	240.95	3806	张孝中	王爱英
方　庄	2.8849	214.48	3126	夏政伟	李　伟
王连寨	1.8509	117.64	2510	王建辉	王建辉
和　店	0.8333	40.55	1479	夏红军	夏红军
刘　李	1.7136	121.5	2455	李国长	李国长
后　王	1.4004	100.39	1637	许汉东	许汉东
前葛老	1.9389	134.13	2204	葛颂扬	葛颂扬
后　刘	3.0411	217.57	3410	刘文化	刘文化
范　王	2.0255	158.74	2162	王光辉	王现峰
八里湾	2.4254	183.08	2611	魏现争	魏现争
柳　庄	4.5785	355.94	4279	王小广	宋留付
大　许	27237	199.21	3430	许国林	许二华
大　王	34918	238.03	4023	葛高齐	葛高齐

续表49

村　别	总面积（平方千米）	耕地面积（公顷）	总人口（人）	支部书记	村委主任
芦　村	3.151	210.32	4862	胡光永	肖占旗
杨　寨	4.1172	313.21	4528	李明生	杨奎仁
大　程	2.6579	197.07	3496	程建民	程建民
程　阁	2.4469	193.84	2602	程新选	程永伟
三　肖	2.5214	189.3	2685	孙建营	肖明伟
五　肖	2.0858	162.81	2127	肖狮子	肖狮子
孟　营	2.8309	206.51	2732	胡小飞	卓丰产
曹　庄	2.9693	214.06	3280	张建举	张建举
坡　张	2.5329	172.2	2701	张高俊	张高俊
六　肖	2.7737	46.08	3442	张国仁	张国仁
高　庙	3.0578	207.47	3513	聂宏博	赵孔生
许　集	2.9692	213.15	2911	闫保中	许金标
侉子营	2.7356	194.89	2573	杜耀宗	杜耀宗
小　张	2.3214	170.33	2516	白国干（12月免）	张高社
东　朱	2.2003	172.45	1900	许红卫	朱纪伟

（张守信）

五龙镇

【概　况】 五龙镇位于北纬33°12′29″—33°15′34″，东经114°18′55″—114°25′55″，地处上蔡县城东部，镇政府所在地五龙集，西距县政府驻地9千米。东与塔桥镇、洙湖镇接壤，南邻杨屯乡，西靠邵店镇、芦岗街道，北与齐海乡相连。全镇总面积40.63平方千米，耕地面积2961.65公顷。辖区总人口33964人，其中农业人口2.98万人，人口自然增长率22‰。有汉、苗、壮、哈尼4个民族，少数民族人口256人。辖五龙集、班闫庄、孟楼、高白玉、展庄寨、薄李、老李庄、西李庄、曾楼9个建制村，55个自然村，88个村民小组。交通便利，境内大程—小马庄公路（X005）穿境而过。九个村的“村村通”公路遍布乡域，四通八达。五龙镇自然条件优越，属黄淮海冲积平原的一部，受城西黄土岗岭地势高的影响，地势呈西高东低之势，但落差不大，地势平坦。属温带大陆性季风气候，冷热适宜，四季分明。杜一沟、杜二沟、杜三沟、杜四沟、杜五沟、杨岗河流经乡境，水资源丰富。主要农作物有小麦、玉米、花生、红薯、西瓜等，其中五龙惠龙西瓜、五龙薄李红薯、五龙西李杭椒等是享誉天中的名牌果蔬。2018年，五龙镇以撸起袖子加油干，扑下身子抓落实的工作作风，始终坚持以党建工作为引领，以实现贫困人口脱贫致富为目标，积极适应新常态，抢抓新机遇，立足镇情，狠抓落实，有力地推动了全镇经济和社会各项事业持续快速协调健康发展。全镇国内生产总值4.34亿元，三产结构比为11∶42∶47。先后荣获省级卫生单位、驻马店市文明单等荣誉称号。

2018年五龙镇主要经济指标情况表

表50

项　目	单　位	完成数	比上年增减（%）
国内生产总值	万元	43448	15.6
农业总产值	万元	11280	9.3
粮食总产量	吨	38000	26.7
畜牧业总产值	万元	1200	16.7
工业总产值	万元	38500	6.9
全社会固定资产投资	万元	8500	6.2
财政收入	万元	517.7	25.9
财政支出	万元	942.5	6.3
农民人均纯收入	元	9056	11.6

【农　业】 2018年，全镇粮食作物播种面积5165公顷，总产量达到38000吨；油料作物播种面积478公顷，总产量2170.8吨。小麦种植面积2765公顷，产量15800吨，分别增长1.2%和1.7%。玉米种植面积2400公顷，产量22200吨，分别增长9.2%和53.4%。花生种植面积380公顷，产量1710吨，分别增长3.0%和3.0%。大豆种植面积153公顷，产量345吨。芝麻种植面积72.4公顷，产量98.5吨。全镇共拥有粮食产业联合体1家，各类农业合作社108家，家庭农场26家，规模以上养猪场5个，规模以上养羊厂2个，规模以上养鸡场6个，油用牡丹园500亩，芍药园300亩，果树采摘园300亩。县道005线两侧开发边沟6800米，两侧植雪松4万棵、广玉兰1.5万棵、大叶女贞1.8万棵、国槐5700棵、樱花3000棵。

五龙镇夏粮收割现场　　齐文杨　摄

农田林网完成整修路肩38650米，挖穴36983个，农田林网植树36180棵，其中主干道上栽植栾树、大叶女贞11000棵。生产路、支沟、农沟共栽植杨树24000棵。五龙镇有班闫、老李庄两个建制村被评为美丽乡村，2018年年底，围村林面积达到75亩以上，村庄绿化率达到42.2%。

【工　业】 随着农村经济管理体制改革的深入和农村产业结构的调整，五龙镇工业经济呈现良好势头。五龙镇工业以板材加工、建筑、农副产品加工、服装和玩具加工业为主，拥有板材加工企业9家，建筑企业4家，农副产品加工企业6家，服装和玩具加工企业7家，工业总产值达到3.9亿元，同比增长6.9%。

【商贸服务业】 五龙镇商业门面林立，市场经济繁荣，共建设了3个专业市场：农贸果蔬市场、服装家电百货市场、建筑建材市场。集镇共有商业门面880间，个体工商户476家，流动摊点260个，从商人员2000多人，所有商户和摊点均已分类划市，店内经营。集贸交易吸引周边的齐海乡、杨屯乡、塔桥镇、洙湖镇、芦岗街道等乡镇群众，日贸易金额120万元，年产值5.86亿元，同比增长13.3%。

【脱贫攻坚】 2018年，五龙镇党委、政府努力在产业带动能力、基础保障能力、集体经济发展、农村人居环境、驻村帮扶成效、党建引领水平等方面实现大幅度提升，实现91户328人脱贫，为决战决胜脱贫攻坚任务奠定坚实基础。五龙镇积极落实帮扶政策，对385户贫困户1086

人进行低保或特困人员供养政策救助（低保贫困户 310 户 995 人，75 户贫困户 91 人为特困人员），并且对贫困户中的 18 名重度残疾人，集中到镇残疾人托养中心进行护理照顾，减轻其家庭负担；通过政府购买服务就近转移就业，在贫困户中招募“八大员”共 160 人；实施危房改造攻坚行动，对没有能力进行改造的贫困户，由镇政府统一组织工程队予以建设或修缮，2018 年，完成危房改造 153 户；按照《五龙镇建档立卡贫困人口医疗救助实施方案》，对建档立卡贫困人口参保费用实行政府补贴，患者治疗合理费用全报销，截至年底，全镇为 1604 人补贴 35.288 万元城乡居民基本医疗保险费，为贫困户 3460 人次补贴门诊费用 16.84 万元。为贫困户 661 人次补贴 299.4747 万元公立医院住院费用和 16.81 万元的大病保险补偿，减轻了贫困户的医疗支出；加大教育资助力度，2018 年秋季，全镇发放教育补贴 366 人总计 40.056 万元，其中为 43 人学前教育贫困学生发放 11.25 万元秋季教育资助金，为 230 人义务教育阶段贫困学生发放秋季教育资助 12.32 万元，为 58 人高中贫困学生发放秋季教育资助 6.786 万元，为中职及大学生 35 人发放秋季教育资助 9.7 万元。根据县出台的产业扶持政策，对自主发展产业的贫困户给予经济补贴，种植花生的每亩补助 400 元，种植土豆每亩补助 700 元，种植露天蔬菜每亩补助 200 元，大棚补贴造价的 50%，改变了以前单纯发钱发物的现象，提高了贫困户发展产业的积极性。2018 年全镇已对自主发展产业的 384 户贫困户种植的果树 11.6 亩、红薯 78.49 亩、花生 1149.77 亩、瓜果 9 亩、芝麻 50.89 亩，共计发放补贴 51.8091 万元。创新开展贫困户星级评定工作，积极开展“脱贫标兵”“十佳五大员”评比活动，对巾帼标兵进行家政技能培训，对好媳妇、好婆婆和户居环境模范进行表彰。根据镇“靶向攻坚”实施方案，全镇将西李庄村、曾楼村作为五龙镇靶向攻坚村，聚焦“七个一”基础设施项目，积极为曾楼村和西李庄村争取村级集体经济发展专项资金 100 万元，经过村委商议将集体经济资金入股到驻马店久久农业科技股份有限公司，每年按照出资额 10% 进行分红。2018 年年底，已实现“村村通”“村村亮”，正在朝着实现“村村净”的目标迈进。抓党建促乡村振兴，全镇以村“两委”换届为契机，真正把有能力、有威望、有文化的人员选出来，发挥战斗堡垒和先锋模范作用，切实把村级组织打造成“前线指挥部”和“攻坚硬堡垒”。坚持因村选人组队，把熟悉党群工作的干部派到基层组织软弱涣散、战斗力不强的村，把熟悉经济工作的干部派到产业基础薄弱、集体经济发展滞后的村，把熟悉社会工作的干部派到矛盾纠纷突出、人居环境不优的村，镇党委书记和镇长带头开展“五天四夜”蹲村调研，“解剖麻雀”，引导广大党员干部争做抢抓机遇、推动落实的先锋，争做敢于担当、服务群众的先锋，争做引领发展、帮带致富的先锋，努力在落实脱贫攻坚急、难、险、重任务上真正发挥作用，确保脱贫攻坚路径更科学、方法更有效、群众有更多获得感。

【招商引资和项目建设】 引进浙江中继集团机电设备项目，该项目共计投资 5 亿元，建成 8 条继电器生产线、15 条漆包线生产线，年产值可达 8 亿元。

【改善农村人居环境工作】 成立五龙镇人居环境管理专业队，每村抽调一名专职人员，负责协调各村保洁员，集中开展环境整治。所有示范村和达标村的通村公路和村内主要道路都已硬化完毕，并在两侧安装了太阳能路灯，栽植了绿化树，同时完成了下水道铺设和坑塘整治，实现了村庄“四化”。建立保洁员管理制度，对全镇保洁员进行统一管理，并同康盈环保公司合作清运垃圾，做到村内垃圾日产日清。

【新时代文明实践工作】 开展新时代文明实践

五龙镇老李村小游园　　齐文杨　摄

所（站）创建工作，建立乡级新时代文明实践所1个，村级新时代文明实践站9个；围绕营造良好的社会风尚，广泛开展移风易俗活动，成立农村乡规民约评议会、红白理事会、禁赌协会等村民自治协会，每个建制村结合实际制定《村规民约》，对水、电、钱、粮、地，婚、丧、寿、生、迁等10项内容进行评议和劝导，充分调动乡村干群脱贫攻坚、振兴乡村、拥抱新时代的积极性和主动性。

【教育事业】 2018年，全镇有14名学生被县重点高中录取。全镇有初中1所，教师54人，在校学生817人；有小学9所，教师118人，在校学生2037人；有幼儿园9所（民办3所），教师82人，在园幼儿1560人。全镇小学、初中入学率均为100%，巩固率分别为99%、97%。中心学校积极与相关部门协调，多渠道争取资金扶持、项目建设，全镇初中、小学的工作和学习环境明显提升，办学条件大为改观；结合读书写字活动，认真开展"读好书、写好文"活动，营造校园浓郁温馨的书香氛围；多形式、多渠道开展家校联系活动，构建德育教育网络，配合学校做好学生的思想教育工作；认真开展安全教育，不断提高学生的安全意识和防范能力；认真开展读书写字活动，全镇小学59个教学班，背诵率为100%的班级达到了46个；进一步实施素质教育，举行了第五届体育达标运动会，在县局举行的中小学生体育技能展示运动会上，五龙镇取得了田径小学组第一名的成绩。2018年，在县教体局进行的督导检查中，综合排名位居第八名，在县督导室开展的作业展评活动中，成绩名列前茅。中心学校被市教体局评为教科研工作先进单位、市安全工作先进单位，被县教体局评为县语言文字工作先进单位、县信息工作先进单位。在全县教育工作会上，五龙镇被评为教育工作先进单位。

【卫生计划生育】 2018年，办理生育登记266例，其中一孩登记142例，二孩登记124例；办理奖励扶助对象14人次；办理中招加分11人；完成"两筛"任务426例，其中NT完成210例，血清完成216例，圆满完成上级下达任务；完成"两癌"筛查540例，是全年任务数的105%；省民生实事项目孕产妇免费产前筛查完成240例，完成任务数的120%；完成15—49岁独生子女、双女户养老保险补贴调查37例。医疗卫生条件进一步改善，有卫生院1所，医生7人，床位35张，卫生室9所，医生32人。参加城乡居民基本医疗保险农民2.9万人，参保率95%。

【社会保障】 2018年，五龙镇民政所在脱贫攻坚工作中，积极配合各部门，精准将贫困人口纳入最低生活保障；将无劳力、弱劳力贫困家庭共计53户123人全部纳入A类低保，B类C类低保共计283户，通过低保政策的落实，这些贫困家庭基本实现了吃不愁、穿不愁。通过入户调查、走访，批复集中供养特困人员60人，分散供养特困人员101人，做到了应保尽保。为全镇残疾人办理"双补"73848人次、584640元，残疾人生活得到一定的改善。全镇贫困家庭重度残疾人托养28人次，其家庭劳动力得到解放，通过劳动增加家庭收入，为脱贫助力。全镇参加新型农村社会养老保险13000人，参保率95%。

【社会治理】 规范镇村网格三级综治中心建设，达到市"三室一厅一中心"规范化要求；开展平安创建工作，组织义务巡逻队开展巡逻打更，积极开展矛盾调处工作，全年调处化解矛盾纠纷36起，切实开展矛盾大排查大化解，预防民转刑；按照中央部署坚定不移开展扫黑除恶斗争，接收举报涉黑涉恶3起，办理3起，做到有黑扫黑，无黑除恶，无恶治乱；严格开展禁毒工作，在春季全面开展踏查工作，确保全镇辖区内不出现罂粟种植现象，并按照要求建成社区戒毒康复中心；积极开展未成年人防溺亡工作，对全镇所有坑塘竖立716块防溺水警示牌，做到无死角全覆盖；重视安全生产工作，严格落实安全生产责任制，及时排查和消除安全隐患，全年无一例重特大事故发生。重拳出击惩治黑恶，排查黑恶线索5起，全部上报到县扫黑办，已依法处理2起。

【党建工作】 五龙镇坚持党建统领全局，扎实推进“逐村观摩、整乡推进”和村室标准化建设，严格按照市县组织部要求，着力开展“三集中”活动，查问题、补短板、强弱项，五龙镇基层党建工作持续提升，党建促进各项工作再上新台阶。全年组织各类学习活动12次，宣讲中共十九大精神和习近平新时代中国特色社会主义思想两次，举行应知应会知识测试4次，督促班子成员带头讲党课，每季度至少到所联系村、支部上党课一次，真正使习近平新时代中国特色社会主义思想入脑入心、见言见行。开展贫困户自主发展产业观摩2次，产业发展标兵、脱贫标兵评比两次，持续激发贫困户内生动力，继续培育和发展集体经济，实现了村有扶贫基地和集体经济、户有脱贫产业的两个全覆盖，实现高质量脱贫91户328人。牢固树立“四个意识”，践行“两个维护”，扎实做好中央、省委巡视反馈问题整改。坚决贯彻落实习近平总书记关于意识形态工作的重要论述和中央决策部署，举行专题会议2次，研究部署加强意识形态工作，对照中央、省委巡视检查反馈意见，制定《五龙镇落实中央意识形态工作责任制巡视检查反馈意见整改工作方案》，针对存在的2类5项问题进行了彻底整改。坚持严实标准，通过“两推一选”选举产生新一届支部委会成员29人，其中新进9人，优化了班子结构，增强了班子活力。扎实开展“两委”换届“回头看”“后评估”工作，将换届中未能从本村选举产生出支部书记的薄李村党支部确定为软弱涣散党组织，成立整顿工作队，制定整顿方案，建立整顿台账，通过多次召开党员会，与党员座谈交流，推选出薄李村党员刘洪海为支部书记，软弱涣散党组织整顿任务圆满完成。狠抓入党积极分子培育和新党员发展，确定入党积极分子22名，新发展党员8名，消除了党员发展空白村。整合资金120万元新建五龙集村村室和西李庄村、曾楼村文化广场，严格按照县委组织部要求和规范，与各村驻村工作队紧密配合，在全镇9个建制村开展标准化村室建设，统一规划，统一布局，统一标识，至2018年年底已全部完成，建强了党建活动阵地。每季度组织一次党建观摩，对观摩中发现的问题及时建立问题台账并进行认真整改，总结各村支部先进经验，引导其他支部结合实际学习跟进。开展农村基层党建“三集中”活动，深挖彻查整改农村基层党建问题，全镇共排查出各类问题513条，针对排查出的问题，逐条逐项分析研判，高标准建立整改台账，明确任务整改时限和责任人，确保各项问题整改到位。积极开展“六面红旗村”创建，老李庄村成功创建上蔡县首批“六面红旗村”。认真对照2017年度述职评议整改台账，制订方案，逐项进行销号整改，27项问题全部整改完毕。按计划、分批次开展2018年各党支部述职评议工作，至2018年年底，已完成镇政府机关支部和9个村党支部述职评议工作。主持召开党风党纪专题研究会12次，与全镇19个支部签订党风廉政建设承诺书，进行通报批评6人，党政纪处分3人，约谈29人次，起到了较好的教育震慑作用，促进了干部作风明显好转。

五龙镇直属部门及驻镇机构主要负责人一览表

表 51

单　位	负责人	单　位	负责人
党政办	刘晨岩	计生中心	刘子云
农业中心	李运良	村镇中心	张　磊
文化中心	刘胜利	社保所	吴泉华
国土资源所	王贺峰	民政所	甘华亭
财政所	魏留春	司法所	李文运
中心学校	翟永红	卫生院	董忠周
农商银行	张留勋	电管所	张　勇
派出所	李　涛	食药监所	赵永猛
粮管所	雷联合	工商所	王长江
地税所	刘思宇	供销社	李德俊

五龙镇所辖建制村基本情况表

表 52

村　别	总面积（平方千米）	耕地面积（公顷）	总人口（人）	支部书记	村委主任
五龙集	3.8253	263.94	3158	庞文涛	庞文涛
班闫庄	4.6991	337.19	4122	熊国喜	熊国喜
孟　楼	4.3737	327.25	4200	熊建五	张春华
高白玉	4.3118	324.34	3081	刘本清	刘本清
展庄寨	3.779	268.16	3026	张永青	张永青
老李庄	5.4906	401.78	3938	邱建新	邱建新
薄　李	5.2074	407.54	4320	刘洪海	刘军民
西李庄	4.6037	323.43	4413	冀建华	冀建华
曾　楼	4.3412	308.02	3706	曾国民	曾国民

（刘晨岩）

韩寨镇

【概　况】 韩寨镇位于北纬 33°18′3″— 33°21′7″，东经 114°27′9″— 114°35′41″，地处上蔡县东北部。韩寨镇政府驻地位于张市店村，西距县政府驻地 27 千米，东邻崇礼乡，南接蔡沟镇、塔桥镇，西连东洪镇、朱里镇，北靠东岸乡。总面积 57.10 平方千米，其中耕地面积 4491.24 公顷。总人口 5.7 万人，其中常住人口 3.7 万人，人口自然增长率 4.1‰。居民均为汉族。辖新石桥、何庄、康湖、前陈、耿陈、徐楼、邱路口、义公、郭庄、贾寨、任集、张集、庄湖、大骆、张市店 15 个建制村，53 个自然村，173 个村民小组。县道界沟河—老王岗公路南北向过境，乡道崇礼至—苏口公路东西向从镇境中部通过，乡级公路村村相通，交通便利，通信便捷。韩寨镇地处黄淮平原，土壤肥沃，气候温和，农副产品丰富，盛产小麦、玉米、大豆、芝麻等，是著名的商品粮基地。该镇以市场为导向，以科技为动力，以质量和效益为中心，以增加农民收入为目标，积极调整农业结构，取得了明显成效，全镇粮经比例为 6∶4。已形成“东饲养，南瓜菜，西林果，中加工”的板块经济结构。主要河流有黑河和杨河，全乡土壤大部分为砂姜黑土，小部分为潮土，土种有青黑土 、黏质薄覆砂姜黑土 、深位少量砂姜黑土 、灰两合土、深位少量砂姜石灰性砂姜黑土、壤质薄覆砂姜黑土、壤覆砂姜黑土。名胜古迹有杨坵庙、张相府。主要农产品有小麦、玉米、大豆，著名土特产有红薯粉。2018 年，韩寨镇坚持以习近平新时代中国特色社会主义思想为指导，坚持稳中求进总基调，按照高质量发展要求，统筹推进稳增长、促改革、调结构、惠民生、防风险、保稳定各项工作，保持经济持续健康发展和社会大局稳定。2018 年，韩寨镇先后荣获 2018 年度全国老区宣传工作优秀奖、全县金融工作先进单位、2017—2018 学年度中招工作先进乡镇等荣誉称号。

2018 年韩寨镇主要经济指标情况表

表 53

项　目	单　位	完成数	比上年增减（%）
国内生产总值	万元	71450	8.1
农业总产值	万元	16212	12
粮食总产量	吨	59109	9
畜牧业总产值	万元	7517	9.8
工业总产值	万元	8011	11
全社会固定资产投资	万元	21000	13
财政收入	万元	244	31.4
财政支出	万元	1466.9	85.1
农民人均纯收入	元	13010	20

【农　业】 2018 年，韩寨镇共流转土地 22600 余亩，涌现出一批以耕夫种植专业合作社和平收家庭农场为代表的新型农业经营主体共计 15 家；按

照“不冒一股烟、不着一把火”的要求，通过加大宣传力度、营造禁烧氛围，明确包地块职责、编织禁烧防控网，加强督查巡查、落实工作责任，实现了“零焚烧”的目标，圆满完成了秸秆禁烧工作任务；全力推进农村集体资产清产核资工作，通过前期摸底调研，确定了采取“财务账目清理、盘点实物资产、核实资源性资产”三种工作方式，实现“摸清资产存量、明晰集体产权、健全管理机制、建立定期清查制度”四项目标任务。引入资质优良的会计师事务所全程参与清产核资工作，提供技术支撑，确保工作质量。在清查过程中，要求各村全程保留会议记录、函询证明等文字资料和照片、录像等影像资料，实行痕迹化管理，确保清产核资经得起历史检验。

【工　业】 全年引进投资亿元以上的产业项目3个，坐落于西工业园区的金利源农产品加工项目，一期已经建成投产，2018年再次扩大规模，投资1.6亿元进行二期工程建设；坐落于韩寨镇庄湖村的正兴生态牧业有限公司一期工程项目已全部建成，规划投资1亿元的二期工程项目正在紧张施工中；投资1.2亿元的河南普兰宁有限公司产业扶贫基地项目，已完善有关手续，正在开工建设。

【商贸服务业】 全镇有专业集贸市场2个，大型购物场所2个，商品购销网点77个，金融机构2个，通信营业网点2个，餐饮服务业37家，农机销售服务企业2个，小型加工企业25家。商贸服务业从业人员207人，社会消费品零售总额21848万元。

【脱贫攻坚】 2018年韩寨镇扶贫工作成效显著，脱贫305户1266人，圆满完成了年度工作任务。教育方面，全年累计发放各类教育补贴833250元，合计补贴1426人次；发放“雨露计划”资金136笔，共计补贴202500元。排查出县外就读未享受政策学生37名，共计发放补贴25125元。医疗保障方面，实现全镇贫困户医生签约服务及慢性病鉴定全覆盖，共计免去贫困户城乡居民基本医疗保险费838600元。住房保障方面，完成危房改造工程258户，发放危房改造资金4260800元。全镇贫困户饮水安全有保障。民政救助方面，享受困难残疾人生活补贴254人，重度残疾护理补贴773人，为76户发放临时救助资金70000元；截至2018年年底共有各类低保人员580户1122人，特困人员156户156人。社会保障方面，县政府为每位16—59岁贫困人口代缴养老保险金100元，为2211人发放了居民养老金；贫困人口在外就业952人，411名在村内安排了“八大员”岗位。产业扶贫方面，实现9个村集体经济全覆盖，年收益95万元；光伏发电分红全覆盖，发放分红资金1215000元；所有建档立卡贫困户实现马铃薯分红全覆盖，共发放分红资金1040400元；733户贫困户进行种植结构调整，种植经济农作物共2667.08亩，补贴780123元；12户贫困户种植食用菌26488袋，发放补贴132440元；4户贫困户种植土豆14亩，发放补贴9800元；实现全镇15个建制村百亩围村林经济项目全覆盖。

2018年4月25日，省纪委驻村帮扶工作队为耿陈小学捐赠图书　　熊　伟　摄

【社会事业】 镇文化服务中心对辖区内的各文艺演出团体进行全面摸排、登记备案，全面掌握各团体的基本情况，对演出证照不全的表演团体加大管理力度，要求所有经营性演出活动必须履行事前申报制度，对演出证照不全或节目内容违反

国家规定的，坚决不予批准。积极组织开展丰富多彩的文化活动，全年共开展送戏下乡、文艺汇演、歌舞比赛等各类大型活动16次。教育工作持续巩固，全面推进素质教育，加强教师队伍建设，提高办学质量和效益，小学入学率100%，中学入学率100%，中招升学率位居全县前列。全年新出生516人，符合政策生育516人，男孩263人，女孩253人，出生性别比104（女为100），符合生育率100%，出生率9.8‰。开展“两筛”“两癌”筛查工作，产前超声筛查完成315例，产前血清筛查完成348例，宫颈癌筛查完成921例，乳腺癌筛查完成1053例。2018年新建综合文化服务中心6个，标准化卫生室3个，标准化村室3个。

2018年7月3日，县委政法委书记陈佳（右二）在韩寨镇调研指导扫黑除恶工作　　　　熊　伟　摄

【社会治理】 自2018年2月9日全县动员会召开后，韩寨镇认真贯彻落实中央、省、市、县委关于开展扫黑除恶专项斗争的决策部署，将扫黑除恶专项斗争摆在工作全局突出位置，成立领导小组，制定工作方案，签订目标责任书，共排查线索14条，移交2条，查处打击4人，抓获冒充军人诈骗犯罪分子10人，有效地震慑了涉黑涉恶势力，有力地推进了社会和谐稳定，进一步巩固了党的执政基础。同时镇党委政府牢固树立稳定压倒一切的理念，完善社会治安综合治理体制机制，全面推进基层网格化管理，严格防范、严厉打击各类违法犯罪行为；紧紧抓住责任落实这一核心，坚持和落实领导接访、下访和包案等制度，认真解决群众反映的困难和问题。信访问题“百日会战”行动共转交11件，办结11件，全年共收到信访线索38件，化解35件。

【党建工作】 坚持做到党委书记亲自抓、亲自查，15名支部书记认真做、认真带，15名县镇两级选派的“第一书记”协助抓、协助管，全面落实“三级书记抓党建、抓好党建促脱贫”的主体责任。把党建工作与中心工作同谋划、同部署、同考核，给每名班子成员和支部定目标任务。全年研究党建工作22次，开展“逐村观摩、整乡推进”活动3次，下发督办通报4次，形成了党委统一领导，班子成员密切配合，党支部各司其职，一级抓一级、层层抓落实的工作局面。结合脱贫攻坚、人居环境整治等重点工作，3个先进党组织和15名优秀共产党员受到表彰。全年累计查处扶贫领域腐败和作风问题类问题线索13件，其中立案审查6起，停职处理2起，谈话了结1起，案件了结4起。深入推进“两学一做”学习教育常态化制度化，充分利用“支部主题党日”和对无职党员实施“一编三定”创建承诺活动载体，增强党员干部学习党章党规和做合格党员的意识。坚持班子成员深入党建联系点送党课，重点围绕中共十九大精神和《习近平新时代中国特色社会主义思想三十讲》授课，全年各支部共讲党课92次，教育培训党员2300余人次，从而持续拧紧全镇党员干部的“思想总开关”，建好“思想主阵地”。从严整治软弱涣散和后进村基层党组织。突出“一村一策”，加强分类指导，进行集中整顿，有效地促进了村级党组织的建设和发展，整顿软弱涣散基层党组织1个、后进村基层党组织1个。开展村“两委＂换届选举工作，按照法定程序选优配强了带头人，优化了“两委”班子结构，那些想干事、能干事、敢担当、善作为的人选配到了基层干部岗位上。共选举出支部书记15名，支部委员30名，村委主任11名，村委副主任13名，村委委员56名，其中交叉任职24人，新老班子顺利交接。2018年新建村室3个，已全面达标投入使用。全年组织基层支部书记专题培训两次，新发展预备党员、入党积极分子10名。坚持把抓好巡视问题整改作为始终对党忠诚、强化“四个意识”、落实“两个维护”的实际行动，紧紧聚焦省委第十巡视组提出的问题和意见建议，把整改落实工作作为重大政治任务和重点工作，坚持问题导向、细化整改方案、强化责任担当、严肃整改纪律，通过专项治理、专项督查、专项整改和建章立制等措施，推动中央和省委、市委、县委重大决策部署在韩寨落地落实。在全镇15个村级党组织开展农村基层党建问题“三集中”活动，为切实做好此项工作，镇党委还组织专人赴外地参观学习。2018年共召开“三集中”活动专题推进会议9次，15个村党支部共排查问题1212条，制定整改措施1212条。

【人居环境整治】 韩寨镇党委、政府围绕“三无一规范一眼净”的目标狠抓人居环境整治工作，以完善农村基础设施为基础，以抓好“三清”（清理粪堆、清理垃圾堆、清理柴草堆）整治为重点，大力推进村庄绿化和卫生净化。组织群众清理房前屋后杂草、柴垛、白色垃圾、建筑材料；拆除违章建筑及临时搭建围墙、窝棚、旱厕、禽舍等。同时积极争取上级相关部门项目资金，整修道路36条、3.3万米，疏通沟渠32条、2.7万米，新建小游园7处，整治坑塘72个。组织“党建+人居环境”观摩两次，并拿出20万元激励先进，大大地提高了各村工作的积极性。改造生产用电6个村，新修建道路29.3千米，为385户困难群众进行危房改造，解决康湖村整村安全饮水问题，实施明亮工程为15个建制村安装路灯2079盏，解决了群众晚上出行无照明的问题。在做好人居环境整治工作的同时，大力开展“空心房”整治工作，2018年全镇共拆除“空心房”304处，全部改造为小果园，既消除了安全隐患又美化了村内环境，获得了群众的一致好评。

【“双违”整治工作】 韩寨镇党委、政府成立工作专班，按照占地性质，分门别类，逐问题进行分析研判。对符合用地规划的“农宅图斑”，由专人负责，与上级相关职能部门对接协调，积极完善相关手续；对于政府投资类项目和扶贫产业项目，也由专人负责，按照程序完善用地手续；对于其他违法占地图斑，镇党委、政府采取坚决果断的措施，积极与县国土执法监察部门对接，进行强制拆除。截至2018年年底，共拆除练车场3处、违法占地住宅4处，共复垦土地7亩多。

【国土绿化工作】 韩寨镇党委政府深刻总结多年来的经验教训，为确保树木成活率，坚持挖深沟、修宽路。坚持提高标准，县乡道由每侧10米加宽至20米，农田林网由6米全部加宽至8米以上，美丽乡村新增绿化面积超百亩，村庄绿化率提高十个百分点。2018年，全镇共出动挖掘机、推土机等机械28台，劳动力3500余人次，补植树木30000多棵，新栽植大叶女贞、白蜡等树木31000棵，绿化面积270余亩。

【人大和政协工作】 2018年，韩寨镇人大主席团紧紧围绕全镇经济发展和社会稳定大局，充分发挥人大自身职能作用，加强宪法、法律和有关法规的贯彻执行检查，监督镇政府及其部门依法行政。2018年3月28—29日，韩寨镇召开十一届人民代表大会第三次会议，9月21日召开十一届人民代表大会第四次会议，大会听取了 镇政府工作报告，积极收集人大代表的议案，人大代表的议案、意见建议办结率、满意率达100%。2018年组织人大代表开展专项学习培训4次，专项活动5次，开展调研工作3次。组织驻韩寨镇政协委员现场调研脱贫攻坚两次，召开座谈会四次。

韩寨镇直属部门及驻镇机构主要负责人一览表

表 54

单　位	负责人	单　位	负责人
党政办	熊　伟	计生中心	韩建伟
农业中心	翟耀中	村镇中心	王长星
文化中心	白汉生	社保所	邱玲莉
国土资源所	申永军	民政所	张桂萍
财政所	李贺民	司法所	陈四华
中心学校	赵平华	卫生院	邝长伟
农商银行	王盘生	电管所	杨文俊
派出所	朱双建	食药监所	白海军
邮政所	葛威威	工商所	冯献民
粮管所	张继红	供销社	刘东升
税务分局	尼永平		

韩寨镇所辖建制村基本情况表

表 55

村　别	总面积（平方千米）	耕地面积（公顷）	总人口（人）	支部书记	村委主任
庄　湖	3.968	305.73	3437	刘纪周	刘纪周
张市店	3.23	229.42	3927	邱　龙	邱　龙
新石桥	3.8451	310.85	3188	邱海珠	邱海珠
义　公	3.3259	256.85	4409	李新军	李新军
何　庄	3.8463	289.06	3993	韩改清	宋　春
徐　楼	2.6242	207.31	2621	段淘气	段淘气
大　骆	4.078	368.15	4602	骆伍德	骆伍德
前　陈	3.3435	256.47	3533	陈海民	陈海民
贾　寨	3.6525	290.13	3493	孙建珠	贾运志
耿　陈	4.5197	350.6	4801	陈凤鸣	陈丙坤
邱路口	3.9138	305.7	3594	邱顺晴	邱国军
任　集	3.6449	299	2599	任平心	任平心
张　集	3.8976	296.88	4468	张振江	张振江
郭　庄	2.4269	177.32	2805	邱清元	邱清元
康　湖	6.6803	539.02	5711	康建松	康建松

【武装工作】 积极召开民兵预备役工作会议，加强国防后备力量建设，圆满完成年初民兵组织建设，对韩寨镇应急分队进行了重新调整，配齐了优秀民兵干部；积极组织民兵应急分队参与到治安巡逻、“三夏”“三秋”生产、禁烧秸秆、乡村环境卫生整治等工作中。悬挂征兵宣传标语 15 条，发放宣传资料 1000 余份，走访入户 500 余户。

（熊　伟）

蔡沟乡

【概　况】 蔡沟乡位于北纬 33° 13′ 22″— 33° 18′ 36″，东经 11° 29′ 48″—114° 43′ 52″，地处上蔡县东部。乡政府驻东头村，西距县政府驻地 30 千米。东邻杨集镇，南接和店镇、党店镇，西邻塔桥镇，北靠韩寨镇、崇礼乡。总面积 75.12 平方千米，其中耕地面积 5600 公顷。总人口 7.48 万人，人口自然增长率 6.5‰。辖南头、北头、东头、方刘、中陈、赵张、张青、开陈、大杨、任寨、冯黎、庙杨、火神、朱楼、大任、林堂、孔庄、大张、干坑、大孟、西马、后时、大朱 23 个建制村 69 个自然村，253 个村民小组。交通便利，省道高兰公路（S331）和省道吴黄公路（S213）在乡政府驻地交叉而过。每日有班车过蔡沟集开往上蔡县城、驻马店、郑州等地。自然条件优越，平原地貌，暖温带大陆性季风气候，主要河流有黑河。2018 年 10 月撤乡建镇，称蔡沟镇。主要农产品有小麦、玉米、芝麻、花木、生猪等。土特产有蔡沟牛肉、罗锅粉条。2018 年蔡沟乡以“打赢脱贫攻坚战”为主线，以基层党建为抓手，全力推进脱贫攻坚、环境污染防治、基层社会风险防范、基础设施建设、民生保障、社会稳定等各项工作，实现了蔡沟乡经济持续健康发展、社会和谐稳定。获“2018 年乡镇人大主席团目标管理先进单位”“2018 年度社会医疗保险工作先进乡镇（街道）”“2018 年度农田林网建设先进单位”等荣誉称号。

2018 年蔡沟乡主要经济指标情况表

表 56

项　目	单　位	完成数	比上年增减（%）
国内生产总值	万元	86000	12.86
农业总产值	万元	37660	7.6
粮食总产量	吨	65100	8.5
畜牧业总产值	万元	14854	6.1
工业总产值	万元	52791	28.13
全社会固定资产投资	万元	15792	41
财政收入	万元	604	197.54
财政支出	万元	850	−13.73
农民人均纯收入	元	9454	2.56

【农　业】 蔡沟乡粮食作物播种面积6900公顷，总产量达到65100吨。油料作物播种面积4100公顷，总产量10490吨。小麦种植面积4750公顷，产量43200吨，分别下降1.04%和增长3.45%。玉米种植面积2150公顷，产量21900吨，分别下降2.27%和增长3.11%。花生种植面积510公顷，产量1580吨，分别增长2%和5.33%。大豆种植面积1540公顷，产量5180吨。芝麻种植面积2050公顷，产量3750吨。2018年新入库的9个种植业产业扶贫基地，均以种植经济作物，包括中药材、花生、芝麻、红薯、葡萄等为主。截至2018年年底，蔡沟乡新型农业经营主体达到57家，其中农民专业合作社55家、家庭农场2家。带动土地流转面积1400公顷。有规模以上养猪场16个，规模以上养鸡场12个，年出栏生猪155000头，年产鸡蛋3300吨。四是“创森”工作圆满完成。2018年蔡沟乡在“创森”工作中取得了优异的成绩，被评为2018年度农田林网建设先进单位，受到县委县政府5万元奖励。严格执行国家各种支农惠农政策，利用“一卡通”方式把各种补贴及时足额发放到农民手中，共发放粮食直接补贴832.5万元，涉及补贴农户15000户，补贴面积5000公顷。2018年夏收和秋收时节，蔡沟乡未出现焚烧秸秆现象。

【工　业】 加大招商引资力度，实施回归工程，蔡沟乡新增工业企业4家，其中规模以上工业企业1家，规模以上工业企业总数2家。

【商贸服务业】 蔡沟集镇是乡政府所在地，西距上蔡县城30千米，是蔡沟乡政治、经济、文化、教育、商务、科技和信息中心。集镇建成区面积4.5平方千米，常住人口10838人，暂住人口5715人（务工经商2115人，在校学生3600人），合计16553人。借力撤乡建镇工作，蔡沟乡党委政府持续加强了对集镇的管理。全年4次集中专项治理中，共出动人员100余人次，机械30余辆，拆除私搭乱建的棚屋300余处，高效地规范了集镇秩序。协调组织食品药品监督、工商、派出所等部门，进行节日食品安全检查。共有大型购物场所3个，商品购销网点6个，金融机构4个，通信营业网点5个，餐饮服务业76家，农机销售服务企业12个。商贸服务业从业人员326人。

【脱贫攻坚】 2018年新识别16户、59人，年底实现脱贫401户、1410人，4个贫困村实现退出，2018年年底有未脱贫854户、2213人。蔡沟乡19建制村建有产业扶贫基地，带动100多户贫困户实现人均年增收1万—2万元。在12个建制村建设16个光伏发电基地，带动贫困户1476户，户均收入约1000元。蔡沟乡已有11个建制村拥有集体经济，3个村集体经济资金是150万元，7个村集体经济资金是100万元，1个村集体经济收入10万元以上。蔡沟乡成立1个金融服务站和23金融服务部。蔡沟乡全年有344户贫困户获得金融贷款。

【招商引资和项目建设】 通过完善招商引资优惠政策，落实考核激励机制，创新招商办法等措施，全年共引进项目1个，成功引进青海—河南±800千伏特高压直流工程项目，建成后占地600亩，总投资80亿元，预计带动就业2000余人。

【农村人居环境整治】 组织村组干部、“六大员”等对村内的陈年垃圾、生活垃圾进行全面清理，共清理垃圾200多吨，清理柴草、秸秆、建筑材料600多处，同时动员广大农户开展家庭环境卫生整治，改善户容户貌。2018年年底已建立乡级垃圾中转站1个，村级垃圾收运点23个，配备垃圾转运车1辆，垃圾收集机动车8辆、非机动车161辆，垃圾桶1600个，建立垃圾池6个，配备保洁员347人。11个靶向攻坚村道路绿化植树共23000余棵，墙体粉刷、文化墙体彩绘共36000余平方米，道路硬化、加宽共24000余平方米，建立小游园、小广场共3个，坑塘改造共28个。

【社会事业】 2018年，蔡沟乡党委、乡政府始终把涉及群众切身利益的各项社会事业摆在重要的位置，大力发展科教、文化、卫生事业。在教育方面，义务教育阶段强化控辍保学措施，确保小学入学率和中学入学率达到100%，消除了因家庭贫困出现辍学的现象。中招升学取得了优异的成绩。2018中招考试中，蔡沟初中有74名学生被上蔡一高正式录取，被录取人数居全县第9位。加强了对学前教育的重视程度和监管力度，确保了学前教育的成效。在文化发面，全年组织了10余次文化下乡活动，包括送戏下乡、孔子书画展、文艺会演等等。建成了13个村综合性文化服务中心，为蔡沟群众创作和创新喜闻乐见的大众文化提供了平台和阵地。蔡沟乡党委、乡政府积极协调邀请市里和县里的医学专家开展送医下乡活动8次，协助县卫计委下乡开展“两筛”和孕前优生筛查活动2次，全年完成四维彩超424例，血清检查405例，孕前优生筛查260例。乡卫生院更新了部分医疗设备，多次邀请省、市、县专家坐诊，医院的软硬件都得到了显著提升。

【社会保障】 2018年年末，蔡沟乡供养特困人员361人，全年兑现供养金159.4万元。有农村低保1739人，兑现低保金额426.7万元。参加居民基本医疗保险70363人，参保率95%，参加新型农村社会养老保险22361人，参保率96%，收缴养老保险基金420余万元，发放养老金1280余万元。

【社会治理】 全年共排查出黑恶势力线索5条，报送县扫黑办5起，办理落实5起。实现了信访稳定。2018年完成了县委、县政府下达的信访案件化解的目标任务。2018年蔡沟乡加强了对各项生产的安全管理，实现了安全生产零事故。

【党建工作】 2018年，开展了12次党委中心组专题学习，6次乡、村两级党组织主要负责人基层党建业务知识培训会，4次蔡沟乡党委书记讲党课，4次“党建+”逐村观摩活动。23个建制村均有一批政治坚定、德才兼备、群众拥护的优秀人才走上了新一届村“两委”班子岗位。开展村“两委”换届“后评估”工作，组织开展新任村党支部书记示范培训1次。集中力量整顿软弱涣散村党支部。蔡沟乡党委通过配村“两委”带头人、加强学习发挥党支部的战斗堡垒作用、完善和健全制度建设等多种方式对5个软弱涣散村进行了整顿。强化基层党组织阵地。对孟庄村等6个建制村的党员活动室进行改造升级。完成乡政府和23个村室规范化建设。研究部署开展“三集中”活动。4次专题党委会、三个阶段3次动员会和3次推进会，研究和部署活动开展工作。23个村党支部共排查出问题1878个，建立23个问题清单台账和23个问题整改台账。

【撤乡建镇】 2018年蔡沟乡成功实现撤乡建镇。2018年10月13日印发《河南省民政厅关于上蔡县蔡沟乡撤乡建镇的批复》(豫民行批〔2018〕4号)，正式批复同意上蔡县撤销蔡沟乡建立蔡沟镇。

蔡沟乡直及驻乡机构主要负责人一览表

表57

单　位	负责人	单　位	负责人
党政办	朱亚楠	计生服务中心	李　仙
农业中心	朱凤梧	村镇中心	郑　伟
文化中心	曹龙申	社保所	张双喜
国土所	张文献	司法所	魏长伟
财政所	刘红	卫生院	李东风
中心学校	杨学敏	工商所	王　嘉
农商银行	张宏伟	电管所	李建峰
派出所	张　辉	民政所	邱如义
邮政所	刘大喜	电信所	邱　会
粮管所	杨发亮	供销社	任红亮
食药监所	张颖峰	地税所	邓广先

蔡沟乡所辖建制村基本情况表

表58

村　别	总面积（平方千米）	耕地面积（公顷）	总人口（人）	支部书记	村委主任
东头	3.1768	238.6	2688	刘军花	刘深义
林堂	4.1706	264.75	4154	任建华	任建华
任寨	3.2084	249.69	3147	张四成	贺　巧
方刘	4.025	307.03	3846	邱　炯	刘虎成
西马	3.4626	284.38	2906	刘翠花	申建设

续表 58

村 别	总面积（平方千米）	耕地面积（公顷）	总人口（人）	支部书记	村委主任
北头	3.8206	279.75	3552	杨振华	杨振华
南头	2.77	172.01	3792	李四民	刘高磊
赵张	2.5218	162.2	2765	赵国干	赵国干
大孟	3.9868	323.74	3667	孙春建	孙春建
大张	3.1625	238.61	3590	刘俊亭	刘赖孩
干坑	2.7406	224.71	2362	张亚明	朱军民
大杨	3.0329	237.94	2961	杨卫星	杨中会
大朱	3.6085	274.35	3930	朱从喜	张永华
中陈	4.1495	306.25	3603	黎同文	黎同文
庙杨	2.8499	208.01	3120	冯铁力	冯铁力
孔庄	3.9006	307.97	4133	黄志强	刘高华
张青	2.2113	168.98	2473	黎高旗	—
开陈	2.7325	216.67	2298	陈万顺	开小峰
火神	3.4374	271.8	3143	李保民	朱志彬
大任	3.1791	258.67	3064	任孝喜	任书霞
后时	3.5782	269.41	3443	张连峰	张连峰
朱楼	1.5008	108.75	1620	王付松	朱存粮
冯黎	3.2468	252.85	3279	黎合明	黎合明

【青海—河南 ±800 千伏特高压直流工程开工动员大会（河南分会场）在蔡沟乡举行】 2018 年 11 月 7 日，青海—河南 ±800 千伏特高压直流工程开工动员大会召开。会议主会场设在青海海南，分会场设在河南省驻马店市上蔡县蔡沟乡大朱村。

（关飞洲）

大路李乡

【概 况】 大路李乡位于北纬 33° 13′ 22″—33° 18′ 3″，东经 114° 29′ 48″ — 114° 43′ 52″。地处上蔡县西部，被称为上蔡县的“西大门”。乡政府驻大路李村，东距县政府驻地 4 千米。东邻卧龙街道、重阳街道，南部紧邻黄埠镇，西邻无量寺乡、西平县重渠乡，北部与百尺乡相连。全乡总面积约 57.87 平方千米，耕地面积 4263.38 公顷。总人口 43964 人，均为汉族。辖郝坡、马堂、唐楼、孟窑、湾李、涧沟王、大路李、朱里桥、陈桥、姜庄、栗庄、南聂、北聂 13 个建制村，谢堂、大胡、肖里王、肖里侯 4 个社区，37 个自然村，179 个村民小组。陆路交通四通八达，省道 331 线、高速引线穿境而过。自然条件优越，土壤土类为潮土、黄褐土、砂姜黑土，土种有灰小两合土、浅位黏化洪冲积黄褐土、灰两合土；地下水丰富，水硬度适中，无重金属离子、氧化物、酚等有害成分，年平均降水量达到 800—1000 毫米，无霜期年平均 220 天，适宜多种农作物生长。全乡有青龙沟、柳堰河、昆鹏河等主要河流，北汝河境内长 3.6 千米，流域面积 26 平方千米。主要农产品有小麦、玉米、花木、生猪。名胜古迹有郭庄楚国贵族墓葬群。2018 年，大路李乡党委、政府以中共十九大精神为指导，以习近平新时代中国特色社会主义思想统领经济社会工作全局，以提升基层组织建设水平为依托，以脱贫攻坚为主线，紧紧围绕年初提出的工作目标，带领全乡人民团结拼搏、务实苦干，顺利完成了县委、县政府下达的全年工作目标任务。

2018 年大路李乡主要经济指标情况表

表 59

项 目	单 位	完成数	比上年增减（%）
国内生产总值	万元	64800	6
农业总产值	万元	20440	6
粮食总产量	吨	39741	4.6
畜牧业总产值	万元	33000	8
工业总产值	万元	2120	0.3
全社会固定资产投资	万元	3360	1.3
财政收入	万元	797	3.8
财政支出	万元	2033.7	1044
农民人均纯收入	元	10540	5

【农 业】 2018 年，大路李乡党委、政府通过实施种植补贴的方式，鼓励群众种植花生、果树等经济作物，改善种植结构，增加农民收入。为发挥带动效应，大路李乡党委、政府在全乡 17 个村建立芦笋种植示范基地，进一步改善种植结构。大路李乡夏秋两季秸秆禁烧工作，实现了不冒一股烟的目标，秸秆综合利用率达到 95%。顺利完成 249.957 亩的拆旧复垦工作。高标准打造 3.3 万

亩“创森”精品区，开挖廊道两侧边沟14千米，栽植各类树木5.6万棵。在湾李村打造占地75亩的围村林1处，栽植白蜡等树木1.7万余棵。在13.67千米长的北汝河大路李段两岸各20米，栽植法桐等树木6万余棵。农田林网方面，整修沟渠82条、道路65条，栽植楸树等高大乔木4.2万棵。对养殖大户实施养殖补贴，发展大路李乡牛、羊等畜牧产品。引进牧原生猪养殖项目，发展规模化生猪养殖。

【工　业】 2018年，全年规模以上工业增加值1200万元，比上年增长9%；实现利润360万元，比上年增长7.5%，上缴税金150万元，比上年增长7.7%。

【商贸服务业】 有集贸市场1个，大型购物场所2个，商品购销网点17个，金融机构2个，通信营业网点3个，餐饮服务业53家，交通运输企业2个。商贸服务业从业人员1300人，社会消费品零售总额22000万元。

【脱贫攻坚】 为262名贫困群众落实公益性岗位；为410户贫困户落实种植结构调整补贴44.3万元；644户、1881人落实医疗救助政策；为148户、432人落实教育补贴；为350户贫困户落实危房改造。按照“乡有主导产业、村有扶贫基地、户有脱贫项目、人有增收技能”的工作思路，结合群众意愿，将发展香菇种植作为全乡脱贫攻坚主导产业，多方筹集资金918万元，建成312座香菇大棚，84座平菇菇房。通过食用菌产业扶贫基地的建设，实现了全乡647户、1884名贫困人员食用菌种植全覆盖。通过一系列措施的推进，大路李乡2018年如期实现185户、598人顺利脱贫，湾李村脱贫出列。

【改善农村人居环境】 2018年，大路李乡以改善农村人居环境工作为抓手，以“生态宜居、环境优美、设施完善”为目标，改善了全乡农村环境卫生状况，人民群众的满意度和幸福感显著增强，美丽宜居乡村全面呈现。2018年全乡共建设人行道1.1千米，新修道路800米，铺设污水管道9000米，安装大型污水处理设施1套，垃圾中转站2个；安装太阳能路灯117盏；栽植景观树1800棵；建设小游园2座、公厕2个，更换沿街商户匾牌362个，美化墙体3.6万平方米。投入资金30万元，对乡域河道、村庄周边沟渠进行了集中整治，全年共制作安全警示牌380个，印发宣传单6万余份，清理支流5.4千米，清理沟渠200余条。聘请保洁员152名，购置垃圾清运车152辆，为全乡17个建制村分别组建了保洁队伍。积极争取上级明亮工程项目，对村内线杆、路灯进行合理改造，为全乡17个建制村安装太阳能路灯1703盏，实现了村内街道和公共活动场所夜晚照明。以环境治理攻坚战为抓手，依法取缔“小散乱污”企业5家，整治养殖场2家；以河长制建设工作为抓手，关闭禁养区养殖场2家，清理河岸秸秆堆放点2处，垃圾堆放点4处。通过改善农村人居环境，大路李乡打造出了“村在林中、路在绿中、房在园中、人在景中”的田园风光。

【社会事业】 教育事业稳步向前发展。完成“薄弱学校改造计划”项目5个、校舍维修改造项目3个，29名考生被县一高录取，开展教师教学技能培训6次，培训教师200人次。卫生计生工作扎实开展，育龄妇女“两癌”筛查完成1677例，圆满完成任务；完成257例孕前优生筛查，产前“两筛”工作完成532例，其中血清学269例，胎儿颈后皮下脂肪厚度检查263例。文化工作方面，争取上级项目资金，为马堂、孟窑、涧沟王、姜庄、陈桥5个村，分别建立了村级综合文化服务中心；为各建制村配备了音响等文化设备；争取1000册图书充实农家书屋，为广大群众送去急需的科普知识，收到了优良的社会效益；为涧沟王、谢堂争取篮球架4套，为全乡建制村争取乒乓球桌等体育设施，进一步丰富了群众文化娱乐生活。加大对业余文艺团体活动开展的支持力度，推动全乡文艺团体的繁荣发展。定期举办农村业余演出队、文化中心户培训班，举办舞台化妆技术培训班2期和舞台歌曲演唱培训班1期，培训学员30人次。开展送戏下乡活动，春节、元宵节等传统节日活动，为群众提供丰富文化生活。

【社会保障工作】 开展低保复核3次，为48户困难群众，申请临时救助金3.76万元，为4户优抚“三难”家庭，发放“三难”资金8000元。发放城乡居民养老金480万元；发放城乡低保、特困供养等各种救助资金180万元。参加城乡居民基本医疗保险42727人，参保率91%，为421名到龄群众，落实养老待遇。不断完善社会保障。乡村二级就业服务平台建成投用，新增就业188人；深入实施全民技能振兴工程，完成各类劳动力技能培训370人次，带动社会就业367人。

【社会治理】 通过“天网”工程，破获刑事案件13起，治安案件3起，排查上报黑恶线索5条，群众安全感显著提高。2018年信访结案率达到100%，敏感事件节点无信访事件。扎实开展安全生产监管排查，实现安全生产全年无事故。开展食品药品专项整治8次，食品药品监管工作成效显著。

【党建工作】 根据县委统一部署，大路李乡顺利完成村（社区）“两委”换届工作，产生支委成员59人，村（居）委成员69人，其中“一肩挑”3人，通过换届选举“两委”干部年龄结构进一步优化，文化程度进一步提升。基层组织建设方面。在全乡23个党支部全面落实了“一编三定”等各项党建制度。2018年，共开展党建逐村观摩活动4次，组织各党支部召开组织生活会46次，民主评议党员92次，“中共十九大”精神等党课学习98次。基层阵地建设方面。争取组织部专项资金，对肖里侯社区、涧沟王村村室进行了重建。争取上级资金，在乡机关、湾李、栗庄等建设新时代文明实践所（站）3处。党风廉政建设方面。开展以案促改等作风建设整治活动7次；在机关党员中开展廉政党课学习6次，集体约谈班子成员2次，个别约谈支部书记、部门负责人6人；开展工作纪律作风检查12次。统战工作方面。压减宗教活动场所2处，开展宗教活动场所安全稳定集中排查28次，“三级网络、两级责任制”建设工作有效落实。

【获得荣誉】 2018年3月，大路李乡被县委、县政府评为“综合工作先进单位”“脱贫攻坚工作先进单位”“全县服务招商工作先进单位”；2018年4月，被县委、县政府评为“综治中心规范化建设先进乡镇”；2018年2月，被县政府评为“安全生产工作先进单位”。

大路李乡直属部门及驻乡单位主要负责人一览表

表60

单　位	负责人	单　位	负责人
党政办	曹立贺	计生服务中心	谢小卫
农业服务中心	杨海龙	村镇中心	付中宇
文化服务中心	徐献中	社保所	田卫峰
国土所	翟秀忍	司法所	赵高房
财政所	陈永怀	卫生院	谢华伟
中心学校	聂四发	工商所	吴志锋
农商银行	陈浩怀	电管所	孙卫国
派出所	胡连仲	民政所	王　浩
邮政所	杨慧萍	电信所	王金博
粮管所	任景林	供销社	陈效增
税务所	刘胜利	食药监所	胡高飞

大路李乡建制村（社区）基本情况表

表61

村　别	总面积（平方千米）	耕地面积（公顷）	总人口（人）	支部书记	村委主任
郝　坡	5.3259	418.12	3068	王双林	郝自力
马　堂	4.3288	357.49	3191	王连彬	马　华
唐　楼	3.7475	299.01	2025	唐华民	胡建军
孟　窑	3.9923	318.8	3067	李付臣	李付臣
湾　李	3.6252	293.58	1941	李海涛	李秀坤
涧沟王	1.038	34.01	1582	王树申	王树申
大路李	1.8331	136.07	1508	刘彦军	—
陈　桥	5.9676	437.52	4763	陈晓民	陈晓民
朱里桥	3.3636	247.17	2326	李文献	李文献
姜　庄	2.1765	162.88	2044	彭安民	姜　所
栗　庄	3.5804	234.19	3149	毛秋方	牛有成
南　聂	4.0233	292.52	2652	聂广国	聂　安
北　聂	2.874	225.05	2179	聂卫星	聂永峰

续表 61

村 别	总面积（平方千米）	耕地面积（公顷）	总人口（人）	支部书记	村委主任
肖里王	1.2806	86.99	1727	侯清林	—
肖里侯	1.9471	147.13	2103	侯高民	侯国民
大 胡	3.2361	221.16	3490	胡广亚	胡三锤
谢 堂	2.7994	157.39	3149	谢四留	谢和平

（曹立贺）

无量寺乡

【概 况】无量寺乡位于北纬 33°15′29″—33°17′50″，东经 114°05′18″—114°06′58″。位于上蔡县西南部，地处上蔡、西平、遂平三县交界处。东与大路李乡隔北汝河相望，南与黄埠镇、遂平县常庄乡为邻，西面及北面与西平县重渠乡接壤。乡政府驻无量寺村，东距县政府驻地 13 千米。全乡总面积 62.14 平方千米，其中耕地面积 4807.54 公顷。总人口 4.2 万人，常住人口 3.9 万人，人口自然增长率 6.5‰。辖无量寺、吴宋、后陈、王连湖、陈寨庙、堰南、竹园、五道庙、寺西、坡王、七块店、傅刘、苗庄、郝庄、张赵 15 个建制村，51 个自然村，179 个村民小组。交通便利，有客运站 1 个。公交车通往上蔡县城、大路李、黄埠、重渠等地。京港澳高速公路在西部南北向过境，县道寺后张—黄埠公路（x018）东南西北向出境，百尺—无量寺公路（Y010）西南东北向出境与省道高兰公路（S331）连通，实现村村通公路。自然条件优越，平原地貌，暖温带大陆性季风气候，主要河流有北汝河、南柳堰河，主要干沟有九龙沟。全乡土壤主要为黄褐土、砂姜黑土，还有少量潮土，有洪冲积黄褐土、青黑土、黏质薄覆砂姜黑土、浅位黏化洪冲积黄褐土、灰两合土、壤质薄覆砂姜黑土 、灰小两合土 7 个土种。黄褐土主要分布在无量寺乡东部和北部地区，砂姜黑土主要分布于堰南、陈寨庙、竹园、坡王、王连湖、吴宋一带。主要农产品有小麦、棉花、大豆、芝麻、玉米。著名特产有高青萝卜、黑大豆、绿小麦等，著名小吃有剁椒鱼头、西平兔肉。名胜古迹有吴宋湖，非物质文化遗产有张赵村狮子高翘队表演艺术，无量寺、五道庙秧歌、腰鼓队表演艺术，王连湖鼓乐班表演艺术。2018 年无量寺乡围绕“保增长、重民生、维稳定”的总体思路，求真务实，积极作为，经济稳步发展，社会各项事业全面进步，国民生产总值为 3 亿元。一、二、三产业结构为：21.9∶39.5∶38.6。2018 年，无量寺乡综合排序位居全县第四名，其中党建工作居全县第三名，脱贫攻坚工作居全县第五名，安全生产居全县第七名、纪检监察工作居全县第四名，获得了河南省“平安农机”示范乡、市级“信访工作先进乡镇”“精神文明建设先进单位”“防范和处理邪教工作先进乡镇”“秸秆禁烧和综合利用先进乡镇”等荣誉称号。2018 年，全市“三秋”农机化工作会议暨“三秋”机收现场演示会在无量寺乡成功召开，现场观摩玉米花生机械化收获、秸秆还田演示作业。

2018 年无量寺乡主要经济指标完成情况表

表 62

项 目	单 位	完成数	比上年增减（%）
国民生产总值	万元	32563	12
农业总产值	万元	18800	3
粮食总产量	吨	44825	2.5
畜牧业总产值	万元	6825	5
工业总产值	万元	6395	6.3
全社会固定资产投资	万元	35040	12
财政收入	万元	225.8	23
财政支出	万元	2631.2	36
农民人均总收入	元	7562	6.5

【农 业】2018 年，完善农田林网 51000 米，培护路肩 38 千米，新植幼树 6 万余株，实现了路、沟、渠全面绿化。新打机井 180 眼，配套井堡 180 座，清淤农沟 15 千米，新建生产桥 10 座。新建整修水泥路面 11 千米。全乡粮食作物播种面积 6524 公顷，总产量达 44825 吨，油料作物面积

66公顷，总产量148吨。小麦种植面积3200公顷，产量22297吨。玉米种植面积3258公顷，产量22380吨。稳定小麦种植面积，着力发展强筋优质专用绿小麦，调减玉米种植面积，大力发展绿色产业，建立连接广大贫困户的绿色产业扶贫模式。在靶向攻坚村苗庄、五道庙、堰南、无量寺四个村建立香椿种植基地（苗庄320亩，五道庙300亩，堰南120亩，无量寺110亩）；在全乡建档立卡贫困户中，发展杏李种植，由乡政府免费统一提供果苗。通过充分征求贫困户意见，有341户种植490亩，已全部种植完毕。无量寺乡九龙沟范围内套种了220亩香椿和杏李，打造了九龙沟上一道亮丽的风景线。张赵村蘑菇种植基地带动贫困户23户，坡王村和傅刘村蘑菇种植实现贫困户全覆盖。利用“一卡通”方式把各种补贴及时足额发放到农民手中，共发放农业支持保护补贴432万元，涉及补贴农户11918户，补贴面积3200公顷。

【工　业】 以“项目建设提升年”为契机，认真贯彻落实县委、县政府关于招商引资的工作部署，全方位开展招商引资。引进的河南省儒生食品有限公司项目总投资2.3亿元，主要从事枣片、蒜片、香蕉片及各类果蔬脱水烘干，年产值5亿元，利税4000万元，安排就业人员120人左右。

【贸服商务业】 有集贸市场2个，大型购物场所5个，商品购销网点12个，金融机构3个，通信营业网点2个，餐饮服务业28家，农机服务业3家，商贸服务业从业人员6000人。社会消费品零售总额16003万元。

【脱贫攻坚】 无量寺乡6个靶向攻坚村每村投入资金100万元，全面推进道路建设、美丽乡村、环境整治等基础设施建设。全乡安全饮水实现全覆盖，各村明亮工程安装太阳能路灯共计1380盏，生产生活条件进一步改善。2018年，有175户贫困户享受危房改造政策，有518户贫困户享受种植补贴，15户贫困户享受养殖补贴。购买社会服务保洁岗位159个，对贫困家庭肢体2级残疾以上贫困户，且生活不能自理的残疾人进行集中供养，有940户贫困户享受光伏分红，37人享受雨露计划，义务教育阶段有426人享受教育资助。在2017年产业扶贫基地的基础上。五道庙新建刘秀服装加工厂、郝庄村新建中伟服装加工厂、七块店新建宏泰来发艺有限公司加工厂，无量寺村2000平方米扶贫车间已建成，吴宋村扶贫车间扩建项后面积达800平方米，张赵村扶贫车间已建成，苗庄村、堰南村选址已完成，全乡实现了扶贫车间大范围覆盖。量寺乡贫困户共计944户，已金融带贫（小额户贷）143户，经过宣传金融扶贫政策，2018年又有192户享受到金融扶贫政策。2018年，通过动态调整和各项帮扶措施，无量寺乡新识别贫困户5户21人，脱贫206户785人，各项帮扶成效显著。

县委副书记李超（左二）深入威昂合作社调研指导脱贫攻坚工作　　张俊峰　摄

【改善农村人居环境工作】 2018年，争取危房改造资金360万元，优先为204户贫困户完成危房改造。按要求高标准完成了281处“空心房”拆除整治任务；卫片执法工作成效显著，依法拆除违章建筑13处。前期投入资金30余万元，整治坑塘50余个，新购置垃圾桶580个，聘用保洁员161名。后期与上蔡康盈环保公司合作，签订了垃圾转运合同，配备了4辆小型垃圾运输车辆，并在无量寺乡境内设计了两条垃圾进城路线，各村对“八大员”实行绩效管理，形成了村打扫、乡收集、公司运转的收集、清运、保洁机制。全方位开展了大气污染防治工作，依法取缔了3处扬尘点和“小散乱污”企业，且全面落实了“河长制”，巡河实现了规范化、日常化。实行秸秆返田、禁烧秸秆。秸秆返田率达90%以上，实现夏、秋两季零焚烧。农田林网长度119千米，植树8.5万株；廊道绿化长度10千米，植树3.6万株；防护林长度13千米，植树2.8万株。全乡每村100亩的围村林建设已完成，全面发展林下经济，村庄绿化率达到46%以上。

【社会事业】 2018年36名学生被县一高录取。全乡有初中1所，教师69人，在校学生820人，有小学8所，教师151人，在校学生2936人，有幼儿园7所（民办6所），教师32人，在园幼儿831人，全乡小学、初中入学率分别为100%、100%，巩固率为100%、99%。有艺术团体15个，现代远程教育中心16个，农家书屋15个，文化大院12个。有线电视用户9300户。群众文化生活活跃，演出戏剧12场，放映电影15场。在县市举行的书画大赛中有6份作品获奖。有乡卫生院1所，医生26人，床位80张，共有村卫生室15所，其中新建标准化卫生室7所，医生112人。参加城乡居民医疗保险农民5.1万人，参保率98%。全年出生人口645人，出生率9.3‰，二胎出生249人，出生人口性别比平衡，坚持开展免费生殖健康检查服务，孕前优生检测480对，落实计划生育奖励扶助政策，发放奖励资金12.596万元。

【社会保障】 2018年，全乡共供养特困人员220人，集中供养48人，全年兑现养老金113万元。有农村低保1700人，兑现低保金426万元。有优扶对象126人，发放优扶金268.2万元。全乡参加新型农村养老保险22500人，参保率48%。收缴养老保险基金232.56万元，发放养老金452万元。针对贫困家庭肢体2级残疾以上贫困户，且生活不能自理的残疾人进行集中供养，让家里有务工能力的人员外出打工。托养中心第一批入住10人，第二批入住14人。

【社会治理】 通过“天网”工程，破获刑事案件2起，治安案件15起。新增2间扫黑除恶办公室，在全乡范围内开展扫黑除恶和打击冒充军人诈骗活动，营造浓厚氛围，共调查核实9起涉黑涉恶线索，全部报县扫黑办，且全乡无冒充军人诈骗案件发生。在信访问题“百日会战”期间，乡信访结案率达100%，位居全县前列，且全年敏感时间节点无信访事件，县信访联席办授予无量寺乡信访“三无”乡镇称号，奖金30万元；4.2018年全年无安全生产事故发生，开展食品药品专项整治12次，监管成效显著。

【党建工作】 乡党委按照上级安排的时间节点，严纪律、按程序顺利完成了全乡15个村村“两委”换届工作。2018年，组织各支部召开织生活会15次，民主评议党员15次，党建观摩3次，开展党课学习75次。为后陈、傅刘、苗庄、王连湖4个村落实了村级活动场所重建项目。乡政府和15个村全部按时按标准完成了标准化活动场所建设，且新时代文明实践站全部挂牌成立。有序开展了党建问题“三集中”活动，乡党委制定了方案，成立了领导小组，专题研判，集中排查阶段全乡共排查出问题1088条，各村相继建立了问题整改台账，边查边改，排查贯穿整个活动始终。组织开展了每季度党建“逐村观摩、整乡推进”活动，建立了问题台账，提升了基层党建工作水平。以全面从严治党为统领，着力解决群众身边不正之风和腐败问题，严明党的纪律，持之以恒落实中央八项规定精神，强化党内监督，忠诚履行党章赋予的神圣职责。按照部署，2018年，开展以案促改等作风建设整治活动6次；在机关党员中开展廉政党课学习4次，集体廉政谈话2次。

（张俊峰）

无量寺乡直及驻乡机构主要负责人一览表

表 63

单　位	负责人	单　位	负责人
党政办	张俊峰	计生服务中心	彭纪伟
农业中心	赵国华	村镇中心	杜水广
文化中心	尚志华	社保所	尼永武
国土所	刘凤仪	司法所	王明松
财政所	邱景顺	卫生院	李　强
中心学校	张国华	工商所	王卫平
农商银行	张庆辉	电管所	刘建设
派出所	党志博	民政所	杜水广
邮政所	杨宝辉	电信所	李　喜
粮管所	李忠义	供销社	康　华
国税所	郭中信	地税所	刘献文
食药监所	朱光彬		

无量寺乡所辖建制村基本情况表

表 64

村　别	总面积（平方千米）	耕地面积（公顷）	总人口（人）	支部书记	村委主任
无量寺村	2.1851	145.39	2720	栗孝孔	张狗卯
吴宋村	4.8986	406.45	3199	宋新华	吴　月
后陈村	5.2026	407.27	3344	李臭奋	陈双成
王连湖村	5.3728	426.37	3640	杨继国	陈奎荣
陈寨庙村	4.0707	322.71	2576	栗孝峰	雷三毛
堰南村	4.9916	397.85	2096	秦保长	李革伟
竹园村	4.9223	368.53	3436	郑红恩	吴新亮
五道庙村	3.8603	303.74	2891	刘俊峰	刘保山
寺西村	4.8092	368.14	3243	柳剑锋	柳　威
坡王村	2.5509	206.47	2110	王九星	王银彦
七块店村	2.8534	217.02	3153	张学彦	张长松
傅刘村	3.4217	276.94	2342	孙新宇	张二坤
苗庄村	4.2047	288.49	3511	李耀华	何建国
郝庄村	3.6075	262.01	3408	刘红显	刘红显
张赵村	3.7062	277.76	3809	刘俊峰	张　平

杨屯乡

【概　况】 杨屯乡位于北纬 33° 10′ 19″—33° 11′ 7″，东经 114°21′17″—114° 26′ 51″。地处上蔡东南部。乡政府驻杨屯村，西北距县政府驻地 14 千米。东邻洙湖镇，南与汝南县留盆镇接壤，西连邵店镇，北靠五龙镇。总面积 39.15 平方千米，其中耕地面积 2955 公顷。总人口 3.44 万人，其中农业人口 3.35 万人，人口自然增长率 3.83‰，有汉、蒙古、回、壮、布依、瑶、白、哈尼、佤、土 10 个民族，少数民族人口 32 人。辖杨屯、李宣、杨仕位、张宇、田乔、张俭、魏楼、陈法寨、前张、韩王、邱庄 11 个建制村，62 个自然村，116 个村民小组。交通便利，洙嵖路（X007）横穿全境，2 路公交终点站就在杨屯乡政府所在地。自然条件优越，平原地貌，土地肥沃，暖温带大陆性季风气候。杜一沟、杜二沟、杜三沟、杜四沟纵穿杨屯西部，青龙沟横穿杨屯全境。全乡土壤均为砂姜黑土，有黏覆砂姜黑土、深位少量砂姜黑土、灰质深位少量砂姜黑土、黏质薄覆砂姜黑土、壤覆砂姜黑土 5 个土种。主要农作物有小麦、红薯、油菜、玉米、花生、芝麻、大豆、瓜果、蔬菜。著名土特产有红薯粉条。2018 年，杨屯乡紧紧围绕“以脱贫攻坚为中心，以发展乡村经济、改善民生为目标，以瓜果、蔬菜种植为抓手，两年建成瓜果、蔬菜之乡”的全年工作计划，多措并举，求真务实，乡村经济稳定发展，群众安康幸福，社会各项事业稳步推进。荣获驻马店市信访工作先进单位荣誉称号、市平安建设工作先进单位荣誉称号，杨屯初中获市教育教学管理工作先进单位荣誉称号，在 2018 年度老区宣传工作中获优秀奖。

2018 年杨屯乡主要经济指标情况表

表 65

项　目	单　位	完成数	比上年增减（%）
国内生产总值	万元	40074	4.1
农业生产总值	万元	21001	15.2
粮食总产量	吨	24782	9.1
畜牧业总产值	万元	627	17.3
工业总产值	万元	790	1.2
全社会固定资产投资	万元	1897	1.8
财政收入	万元	143	5.1
财政支出	万元	804	6.1
农民人均纯收入	元	8594	4.2

【农　业】 2018 年比 2017 年减少粮食作物种植面积 550 公顷。为实现两年建成蔬菜之乡的目标，新建日光大棚 6470 个。全乡粮食作物播种

面积3736公顷，总产量24782吨。油菜播种面积45公顷，产量130吨。小麦播种面积1700公顷，产量12750吨。玉米播种面积1230公顷，产量9225吨。花生播种面积400公顷，产量1500吨。大豆播种面积260公顷，产量975吨。芝麻播种面积101公顷，产量202吨。杨屯西部田乔、张俭、李宣3个建制村是葡萄、红提种植基地，已形成连片种植400亩示范园，其中葡萄种植300亩，产量160吨，价值160万元。红提种植100亩，产量50吨，价值70万元。张宇村、杨仕位村332户农户以家庭作坊模式种植食用菌，年产食用菌（干货）97吨。红薯种植面积60公顷，产量1600吨。土豆种植面积20公顷，产量500吨。利用红薯粉、土豆粉加工粉条240吨。红薯粉条已成为杨屯品牌农产品。桃园面积6公顷，梨园面积4公顷，生姜种植面积8公顷，山药2公顷。高效农业分布于东部 魏楼、陈法寨、前张、韩王、邱庄5个建制村，是瓜果、蔬菜种植基地。沿县道007线两侧5000多个日光大棚连片建成，年产效益9000万元。利用魏楼村150万元集体经济项目，建成现代化育苗基地。年产种苗300万株，可满足周边乡镇日光大棚所需种苗，年产效益300万元。杨屯乡瓜果蔬菜之乡已形成。田乔村采用种养结合模式通过土地流转成立了上蔡县有恒养殖有限公司和上蔡县永阳牧业有限公司两个大型养殖场，年出栏生猪3400头。杨屯乡境内沿县道007线两侧各50米宽13千米长已建成绿色廊道。治理绿化杜一沟、杜二沟、杜三沟、杜四沟。种植香樟树1.1万株，法桐3.4万株，红白玉兰1.4万株。实现了洙嵖路两侧，三条主要乡道两侧，杜一沟、杜二沟、杜三沟、杜四沟及青龙沟两岸“一横三纵五沟”绿化格局。严格执行国家各项支农惠农政策，利用“一卡通”把全乡2955公顷耕地、共489万元的农业支持保护补贴及时足额发放到农民手中。

杨屯乡瓜果基地　　王怀明　摄

【商贸服务业】 有集贸市场1个，洗浴中心2个，大型超市6个，商品购销网点130个，金融机构1个，通信营销点4个，餐饮服务业76家，理发店5个，农机销售服务点6个。商贸服务业从业人员939人。

【脱贫攻坚】 西区依托村集体经济资金建立葡萄、红提种植园。中部依托扶贫专项基金建立食用菌培育、种植示范基地，通过入股分红、参与管理、务工等形式带动贫困户脱贫。东区以成立种植合作社的模式，在魏楼、陈法寨、前张、韩王、邱庄5个建制村建造日光大棚，有效推进经济发展，带动脱贫致富。沿县道007线流转土地300公顷，每个贫困户一个棚，带动全乡567户脱贫。根据县政府出台的产业扶持政策，对自主发展产业的贫困户给予种植、养殖补贴。通过花生每亩补贴400元，日光大棚每亩补贴200元等政策鼓励贫困户积极调整种植结构。有347户贫困户调整种植结构80公顷，发放补贴48万元。6户贫困户种植食用菌7546袋，发放补贴1.3万元。建光伏发电站9座，有600户贫困户年分红1000元。实现光伏发电带贫全覆盖。县财政为杨屯乡11个建制村投资1250万元建设村集体经济。陈法寨村、张宇村各150万元入股到河南诚鑫医药胶囊有限公司，每年为贫困户分红10%。李宣、杨仕位、田乔、韩王、邱庄5个建制村采取资金注入企业分红的形式，每年为贫困户分红10%，杨屯、魏楼、前张3个建制村由村委会牵头承包土地，租赁给大户承包种植，每年为贫困户分红10%。2018年，杨屯乡有356户1214人脱贫。

【建设美丽乡村】 利用县财政发放的环境卫生治理专项资金，对全乡所有坑塘进行了集中治理，清淤泥，植草绿化并在四周安装木制护栏。2018年共整治坑塘203个。对路边厕所、街边厕所，路边柴禾垛和街边柴禾垛进行集中治理。对陈年垃圾堆集中清运。对房屋四周小菜园统一规划。与康盈公司签订卫生合同后，全乡环境卫生由康盈公司全权负责，按照每组2名保洁员，10户配置1个垃圾箱，每组一辆垃圾车，每个自然村建1个垃圾集收站的标准由康盈公司统一安排。通过在各建制村巡回放电影、环境污染专题片等形式让每个村民知道环境污染带来的危害，进而教育村民珍爱生命必须从保护环境做起。乡文化中心利用各村文化广场开展丰富多样的宣传活动。各建制村以村民小组为基本单位建立了村规民约，每月由村委会组织对全村每户开展一次卫生检查评比活动。对先进户奖励扫帚1把、脸盆1个，并在家门口悬挂红旗，对环境卫生脏、乱、差的户在家门口悬挂黑旗以示警戒。实行秸秆还田，禁止焚烧秸秆，秸秆还田率100%，实现夏秋两季零焚烧。

乡村街道　　王怀明　摄

【社会事业】 教育优先，是杨屯历届党委、政府的共识。全乡中小学都建有标准的教学楼、办公室。杨屯初中的图书馆、实验室是按教育部要求建造配套的。近几年，在乡中心学校的统一要求下对校园环境美化、绿化，文化氛围更加浓厚。2018年在全面提升教育教学质量的同时，加强了安全教育和自我保护常识教育，《三字经》《弟子规》等国学教育已走进课堂。杨屯乡中、小、幼教育，教学质量稳步提升。2018年，杨屯初中参加278名考生有103人被上蔡县第一高级中学录取。连续16年受到上蔡县人民政府表彰，2018年10月受到驻马店市教育局授予市教育、教学管理工作先进单位荣誉称号。杨屯乡有初中一所，教师88人，在校生1188人；有小学11所，教师108人，在校生1986人；民办幼儿园4所，教师51人，在园幼儿925人。全乡小学、初中入学率分别为100%、99.7%。有线电视用户3347户，有民间艺术团8个，村级综合文化服务中心11个。建有娱乐室、图书室、文化广场。娱乐室有大型投影设备，图书室有桌椅，广场有健身器材。每天晚饭后，劳动一天的农民走出家门聚集在明亮的广场上休闲娱乐。有的载歌载舞，有的观看新闻，有的席地而坐观看民间艺术团演唱地方戏曲。医疗卫生条件逐步改善。有卫生院1所，医务人员9人，床位37张；先进设备有生化仪1套、彩超1台。村卫生室11所，医务人员35人。参加城乡居民基本医疗保险农民3.2万人，参保率95%。全年出生357人，出生率10.6‰，二胎出生78人，人口性别比平衡。坚持开展免费产前筛查、新生儿筛查、适龄妇女宫颈癌筛查、乳腺癌筛查等服务。

【社会保障】 2018年年末，全乡供养特困人员122人，其中集中供养40人，全年兑现供养金46万元。有重度残疾人托养中心1所，集中托养27人。有农村低保881人，兑现低保金164万元。有优抚对象217人，发放优抚金61万元。全乡参加新型农村社会养老保险1.61万人，参保率

90%，收缴养老保险基金 187 万元。

【社会治理】 2018 年，乡政府设有综合治理办公室，各村设有治安室、巡逻队，每个建制村有一名包村民警。各街道主要路口安装有高清摄像头。安全防范网在发挥重要作用。对不稳定人员实行“二帮一”管理。对老上访户、参与宗教迷信活动的骨干成员实行两个政府工作人员帮一人的办法。在帮助教育的同时进行动态管理，及时掌握他们的动向。各村治安室解决不了的问题，乡司法所调解员和包村民警及时下乡入户调解。开展“积案化解”攻坚活动，着力化解影响社会和谐稳定的老信访问题。接待上访群众 837 人，处理县信访局转交信访件 6 个。2019 年 3 月驻马店市委、市政府授予杨屯乡 2018 年度信访工作先进单位荣誉称号。乡综合治理办公室牵头，由公安、司法、村委具体实施和商店、家庭农场、作坊签订安全生产责任书并定期组织安全检查，及时消除安全隐患，全年无一例事故发生。按照中央部署，在全乡范围内拉网排查，逐户调查走访。

【党建工作】 通过“两推一选”配强支部书记 11 人，支部委员 37 人，村委委员 59 人。先后投入 40 余万元对李宣村的活动阵地进行新建，对 3 个村活动场所进行修缮。在 3 个村建设新时代文明实践站，同时在 11 个建制村开展标准化办公室建设，统一规划、统一布局、统一标识。每季度对各村六项工作情况进行逐村观摩评比打分。通过各季度观摩，初步评选六面红旗村 3 个，五面红旗村 4 个，四面红旗村 4 个。切实提高认识和政治站位，扎实开展农村基层党建问题“三集中”活动排查整改工作。先后两次组织班子成员、党建人员、村支部书记、驻村干部、驻村第一书记前往信阳市新县和濮阳市西辛庄开展基层党建交流学习。严把入党关，培训入党积极分子 12 人，发展预备党员 9 人，转正 6 人。完善党费核定、缴纳登记、党费证专项账户制度。

杨屯乡直及驻乡机构主要负责人一览表

表 66

单　位	负责人	单　位	负责人
党政办	陈启威	食药监所	潘永刚
农业中心	陈国华	计生服务中心	韩英民
文化中心	刘　娜	村镇中心	董红军
国土所	李国品	社保所	余全义
财政所	史贺林	司法所	肖燕舞
中心学校	单志山	卫生院	曾高峰
农商银行	程四丽	工商所	毛　峰
派出所	赵高伟	电管所	董　峰
邮政所	陈万邦	民政所	董红军
粮管所	王学中	供销社	余军民

杨屯乡所辖建制村基本情况表

表 67

村　别	总面积（平方千米）	耕地面积（公顷）	总人口（人）	支部书记	村委主任
田　乔	4.3839	335.78	2701	卞德堂	张文生
张　俭	3.6556	288.53	2308	赵金良	—
张　宇	3.1205	237.61	2556	李鹏辉	王　力
杨仕位	2.3134	179.83	1643	张建华	—
李　宣	4.011	313.71	2119	孙红轩	—
杨　屯	5.2284	385.18	4081	杨万金	卓芳启
魏　楼	4.4343	320.81	4159	魏银武	—
陈　法	2.5758	190.04	2065	杨小亮	—
前　张	2.8937	223.87	2408	余洪涛	—
韩　王	3.3105	259.03	2578	董四喜	—
邱　庄	3.2209	249.04	2684	丁运海	—

（王怀明）

崇礼乡

【概　况】 崇礼乡位于北纬 33°16′20″—33°21′50″，东经 114°34′53″—114°39′49″。地处上蔡县东部。乡政府驻崇礼村，西距县政府驻地 35 千米。东邻商水县胡吉镇，南接杨集镇、蔡沟乡，西连韩寨镇、东岸乡，北靠商水县固墙镇。总面积 53.23 平方千米，其中耕地面积 4053.20 公顷。总人口 6.32 万人，其中农业人口 5.95 万人，人口自然增长率 6.4‰。有汉、回 2 个民族，少数民族人口 26 人。辖崇礼、东党、西党、大傅、杨堂、孙庄、格了朱、任庄、岳徐、枯河、东大朱、后店、大袁、张庄、方堂、坡朱

16个建制村，47个自然村，217个村民小组。交通便利，省道吴黄线（S213）纵贯全境，县道杨集—坡董公路（X003）西北东南向过境，乡道崇礼至蔡沟公路东北西南向出境，崇礼至苏口公路东西向贯境。自然条件优越，平原地貌，暖温带大陆性季风气候，主要河流有杨河，主要干沟有桃花沟、孙季沟。全乡土壤有砂姜黑土、潮土、黄褐土3个土类，有 灰两合土、青黑土、洪冲积黄褐土、壤覆砂姜黑土、黏覆砂姜黑土5个土种。主要农产品有小麦、玉米、大豆、芝麻、红薯。著名土特产有纯红薯粉条，芝麻香油。2018年，崇礼乡党委、政府深入推进“两学一做”学习教育常态化制度化，认真组织学习、宣传贯彻落实中共十九大精神，克难攻坚，扎实苦干，全面推进重点工程、脱贫攻坚、党建及民生工程等工作，全力以赴抓项目、促发展、惠民生，促和谐，经济建设和各项社会事业均取得较好发展。崇礼乡人民政府被上蔡县政府授予全县金融扶贫工作先进单位和全县打击和处置非法集资工作先进单位荣誉称号。

2018年崇礼乡主要经济指标情况表

表68

项　目	单　位	完成数	比上年增减（%）
国内生产总值	万元	64976	5.1
农业总产值	万元	10120	4
粮食总产量	吨	28500	2.6
畜牧业总产值	万元	6200	2.5
工业总产值	万元	5500	1.8
全社会固定资产投资	万元	9000	1.2
财政收入	万元	319	8.8
财政支出	万元	1773.5	13.6
农民人均纯收入	元	8865	7.6

【农　业】 坚持“农业富民”的发展战略，调整优化农业种植结构，引进中草药种植新模式，大力发展金银花、北京菊等特色农业示范基地，以规模化标准化种植为途径，推广中药材、艾草、芦笋等试验示范，培训新型农业经营主体8个，开展培训20余次；建成高标准基本农田5500亩。认真落实减轻农民负担的各项政策。落实农业耕地地力保护补贴661.45万元，惠及全乡14000余户农民。

【商贸服务业】 有集贸市场1个，大型购物场所3个，商品购销网点12个，金融机构3个，通信营业网点2个，餐饮服务业28家．农机服务业2家。商贸服务从业人员5000人。

【脱贫攻坚】 崇礼乡2018年年底有建档立卡贫困户1354户、5085人，其中2018年脱贫249户、1040人，新识别20户、85人，剩余未脱贫658户、2123人。崇礼乡党委先后召开28次党委会，组织12次扶贫现场推进会，组织举办扶贫业务知识考试4次，强力推进扶贫工作开展。对扶贫项目实施过程中的每个环节进行登记、留取影像资料，真正达到了全程留痕、有据可查。2018年崇礼乡贫困户医保补贴4262人、93.764万元，贫困户享受医疗救助资金152.52万元，向745户贫困家庭发放教育资助金72.6475万元。政府购买服务岗位，安排424名贫困家庭劳动力担任“八大员”，其中保洁员306名，护林员20名，护路员8名，优抚联络员16名，重度残疾人托养中心护工10名，交通安全劝导员32名，社保信息员16名，巡河员4名，光伏电站管护员12名。2018年崇礼乡发放种养殖业补贴42.2175万元，带动552户贫困户有效增收。3月，崇礼乡重度残疾人托养中心实现入住，20名重度残疾人因此受益。2018年崇礼乡危房改造238户，竣工完成238户，竣工率100%。完成16个村自来水通村项目。在11个村实施产业扶持项目，发放资金18.72万元，156户贫困户实现有效增收。集体经济已覆盖14个村，935户可每年享受分红124万元。12个村级光伏电站均建设完成，并已并网发电。2018年运用金融扶贫政策以企业带贫方式带贫220户，实现每户每年分红2200元，贫困户户贷申报338户，获贷56.4万元。

【招商引资和项目建设】 通过完善招商引资优惠

政策，落实考核激励机制，创新招商办法等措施，招引的河南双元实业有限公司纺织项目一期投产，年生产棉纱5万锭、棉布2万吨，年产值4亿元，创利税3000万元，安排就业人员400人。四川博能燃气股份有限公司投资1.2亿元在崇礼乡实施村村通管道天然气工程项目设立营业站点，年产值约800万元，实现就业20余人。

【改善农村人居环境工作】 崇礼乡以“靶向攻坚”村建设为重点，推进公路沿线重点区域村的人居环境改善工作为示范，以点带面，点面相融，全面完成16个建制村的人居环境改善工作。将专项整治与常态化管理结合起来，累计投资1000余万元，出动机械2000台次、人工18000人次全面清理村内街道、房前屋后、村庄周边、公共场所、田间地头的各类垃圾，整修道路116条，清理沟渠近65千米，修建下水道119000余米，新植绿化树7000余株。完善保洁机制，基本实现生活垃圾组收集、乡清运、县处理。全面改善生产生活条件，初步实现“村村通、村村亮、村村美、村村净”。全力推进“创森”工作：重点完善通道绿化和农田防护林建设，规划出生产路共计107条，总长约200千米，构建农田林网防护体系。2018年年底，境内吴黄路、华阳路已全面完成廊道绿化近12千米，折合面积600余亩。新植树木9万余株，整修生产道路96条，培护路肩12.7万米。建成的生态廊道及农田林网全部对外承包，将管护交由有资质、有实力、有专业技术的人员实行专业化管理，有效地保护和巩固“创森”成果。2018年崇礼乡全年无焚烧秸秆现象发生，受到县委、县政府的表彰。严格落实大气污染防治工作要求，做到排查监管并重，整改关停沙场3家，石材加工作坊6家。按照“宜气则气、宜电则电”的原则，扎实落实“双替代”工作。高标准推进“空心房”整治工作：崇礼乡通过政府领导、村组引导，逐步逐级推进“空心房”整治工作，前期共排查出327处空心房，2018年年底，

人居环境整治后的崇礼乡后店村　　高利杰　摄

已全部整治到位，整治面积达3万余平方米。

【社会事业】 崇礼乡小学生入学率为100%，中学生入学率为99.6%，2018年全面落实营养餐计划、大学生资助政策，使每1名适龄儿童都享受到免费教育。建好校务公开栏。崇礼乡党委、政府组织富余劳动力开展培训4次。医疗卫生条件进一步改善，有卫生院1所，医生30人，床位46张，卫生室16所，医生35人。参加城乡居民基本医疗保险农民5.1万人，参保率96.9%。全年出生472人，出生率8‰，稳定低生育水平，人口性别比平衡。坚持开展免费生殖健康检查服务，孕前优生检测175对。落实计划生育扶助政策，发放救助金21.3万元。

【社会保障】 2018年年末，崇礼乡供养特困人员264人，集中供养41人，全年兑现供养金111.26万元；农村低保1432人，兑现低保金264.6336万元；优抚对象396人，发放优抚金41.5万元。发放高龄老人补贴7.9万元。发放困难群体临时救助金8万元。发放残疾人两项补贴95.5万元。开展贫困劳动力劳动技能培训工作，吸纳80人贫困劳动力就业。认真做好养老保险待遇年审等工作。崇礼乡参加新型农村社会养老保险16500人，参保率27.97%，收缴养老保险基金335.6万元，发放养老金841万元。

【社会治理】 2018年共接待群众来信来访25件

次，已办结25件，办结率100%。排查矛盾纠纷42起，成功调处42起，化解突出矛盾纠纷6起，无重大群体性事件。坚持扫黑除恶和打击冒充军人诈骗犯罪同部署、同落实，不断探索实践新手段、新方法，打防并举，完善长效机制，形成了打击防范工作体系。归案网上逃犯170人，归案率81%。列管重点人员423人、取保候审人员184人。开展集中排查20次，确保了人民群众生命财产安全。食药监所会同有关职能部门，重点对小食品作坊、餐馆、商场、学校周边、敬老院餐厅等场所，定期进行安全检查，发现问题及时解决。

【党建工作】 崇礼乡树牢“抓好党建是最大的政绩”理念，把党建工作与经济工作目标同订、任务同下、责任同查、工作同奖惩。与23个党支部签订基层党建工作目标责任书，以“划类升级”为基础，将22个支部整合为4个“红色联盟”，形成“一级抓一级、一级带一级、一级促一级、层层抓落实”的责任体系。推进组织生活规范化，严格落实“三会一课”制度，完成了软弱涣散村格了朱村和方堂村的整改和提升工作；严把党员“入口”关，严格党员发展程序，2018年发展党员6名；开展基层党建“逐村观摩，整乡推进”活动，发现问题建立整改台账，及时整改；高标准推进乡村级活动场所标准化规范化建设，全县观摩现场会在崇礼乡召开；以基层党建“三集中”活动为契机，编印崇礼乡党支部标准体系（试行），涵盖42条工作标准、23条组织生活规范、51个标准化文本。推行主题党日“4+X”制度，在落实佩戴党徽、缴纳党费、重温入党誓词、一刻钟党性教育4项规定动作上开展主题活动。选优配强村“两委”干部，坚持把换届风气监督与换届工作一同谋划、一同部署，反复严明换届纪律，做到了抓早抓小抓源头。在严控编制的前提下，对村干部的去留做到了综合考虑、妥善安排。换届共消化9人，主动退出12人，“两委”交叉任职22人，换届圆满顺利，没有任何异议和杂音，改写了换届难的历史。换届后“两委”班子平均年龄较原来下降3.5岁，储备了32名德才兼备的村级后备干部，配备小组长127名；格了朱村、大傅村、后店村3个村级活动阵地得到根本改善。

崇礼乡直属部门及驻乡机构主要负责人一览表

表69

单　位	负责人	单　位	负责人
党政办	岳　强	村镇中心	田海云
农业中心	高利杰	社保所	范建新
文化中心	康建华	民政所	田海云
国土资源所	朱继文	司法所	贾新华
财政所	罗　杰	卫生院	党天池
中心学校	任东洲	电管所	陈彦华
农商银行	王　涛	食药监所	张学研
派出所	吕万里	工商所	张进义
邮政所	化金兰	电信所	王高举
粮管所	王　豪	供销社	戚联合
计生中心	范红伟		

崇礼乡所辖建制村基本情况表

表70

村　别	总面积（平方千米）	耕地面积（公顷）	总人口（人）	支部书记	村委主任
崇礼村	2.9656	190.69	4851	杜明善	范彦臣
东党村	4.3374	342.84	5099	毛留中	党从文
西党村	3.3231	257.15	4599	党新民	刘　勤
孙庄村	2.8045	228.2	3334	孙彦群	党国庆
大傅村	2.4241	185.53	2808	付联合	付长更
杨堂村	3.7829	289.19	5019	孟留帮	秦亚山
大袁村	3.7118	284.33	3510	袁立场	常铁中
方堂村	4.7388	350.88	5600	孟凡博	孟高磊
坡朱村	4.1505	321.75	3521	朱铁生	朱铁生
格了朱村	4.0562	311.37	5050	杨荣杰	化文松
东大朱村	2.5332	201.17	2536	朱全德	朱文在
岳徐村	2.1908	160.39	3171	马山东	马文革
任庄村	2.3308	28.25	4046	岳改性	邱新德
枯河村	3.7093	285.89	3191	刘玉山	刘素申
张庄村	1.9022	141.88	2896	张战士	石登峰
后店村	3.8262	290.02	3645	康建华	石建立

（岳　强）

齐海乡

【概　况】齐海乡位于北纬33°14′12″—33°18′58″，东经114°17′50″—114°24′14″，地处上蔡县境中部，乡政府驻齐海村，距县政府驻地4千米。东邻塔桥镇，南接五龙镇，西连蔡都街道，北靠东洪乡。总面积45.03平方千米，其中耕地面积3307.86公顷。总人口4.42万人，常住人口3.21万人，人口自然增长率6.7‰.主要民族是汉族，少数民族人口94人。辖牛庄、汪庄、李丙、翟庄、朱庙、齐海、魏桥、马庵、集南、杨庄、阳岗、柴冀、班刘13个建制村，67个自然村，162个村民小组。交通便利，省道高兰线（S331）横穿全乡，有客运站1个，1路公交车通往县城。自然条件优越，平原地貌，暖温带大陆性季风气候，主要河流有蔡河、杨岗河、丰收河，主要干沟有蓍台沟、南杜二沟、杜三沟、杜五沟、团结沟。全乡土壤全为砂姜黑土，有深位少量石灰性砂姜黑土、石灰性青黑土、黏盖石灰性砂姜黑土、青黑土、壤覆砂姜黑土5个土种。主要农产品有小麦、玉米、花木、生猪。著名土特产有草莓、红薯。著名小吃有丸子汤。名胜古迹有汪庄石佛庙，非物质文化遗产有唢呐演奏、竹编工艺、扎猫头鞋工艺。2018年，生产总值3.8亿元，三次产业结构为45.5∶27.5∶27，获得2018年全县目标考核先进单位、全县信访工作先进单位、全县金融扶贫工作先进单位等荣誉称号。

2018年齐海乡主要经济指标情况表

表71

项　目	单　位	完成数	比上年增减（%）
国内生产总值	万元	82900	7.2
农业总产值	万元	60500	7.9
粮食总产量	吨	33669	6.3
畜牧业总产值	万元	1700	1.4
工业总产值	万元	17400	7
全社会固定资产投资	万元	5000	6.1
财政收入	万元	478.1	33
财政支出	万元	1666.8	115
农民人均纯收入	元	12931	6.3

【“三农”工作】加大农业结构调整步伐。依靠农业种植合作社示范带动，加快土地连片流转和种植结构调整，挖掘中药材种植潜力，在全乡13个村扶持种植大户和农业合作社发展中药材种植，形成了企业带大户、大户带散户的生产模式，建立4个中药材为主的农业产业化示范基地，科学规划种植防风、白芷、芍药、玄参中药材1500亩。国土住建工作成效明显。完成拆旧复垦面积160亩，有效缓解全乡新增建设用地指标紧张的困境。加大耕地保护力度，建立了违法占地和违法建设网格化管理体系。扎实开展好土地确权登记办证“回头看”。通过“包组负责、登记到位”，分村收集汇总，共处理解决土地办证遗留问题36起，农村土地承包地确权登记颁证“回头看”工作登记完成率为100%，权证到户率为98%以上。确权档案资料完整、准确。落实河长制，设立22个公示牌进行公示，乡级河长河道巡查每月不少于2次，村级河长每月不少于4次，取缔河道垃圾堆放点9处，出动80人次集中整治蔡河。成立清产核资领导组和工作指导组、督查组，摸清了家底，为产权制度改革打下坚实基础。高度重视秸秆禁烧，24小时不放松对禁烧工作的监管，2018年无发现一处火点。

【社会事业】2018年，全乡共有13所小学，1所中学，共有教师242名，在校生3233人，共发放“两免一补”资金224.4万元。共有9所幼儿园，幼儿园老师60名，幼儿园学生1240人。投资285.2万元在7个村建成综合文化服务中心。乡卫生院共有医生职工39人，床位29张，投资72万元共新建4个标准化卫生室，群众就医环境条件明显改善。2018年，全乡门诊就诊43285人次，统筹补偿金额95.47万元。乡级住院331人次，补偿金额24.96万元。

【社会保障】2018年，291户危房改造任务已全部落实到户，投入资金520万元。2018年村道建设项目全乡建成57千米，总投资2077.65万元。实施农村安全饮水查漏补缺工程，巩固农村饮水安全。乡重度残疾人托养中心已全面投入使用，入住贫困重度残疾人19名。全年新增低保52户、67人，核减低保241户、287人，2018年年底低保总户数1246户，共1649人，共发放低保救助资金270余万元。供养特困人员280人。共为420人办理困难残疾人生活补贴，为668人办理重度残疾人护理补贴。2018年，共有30381人参加城乡居民基本医疗保险，参保率95%以上，参加新型农村养老保险10082人次。在乡政府院内新建空气监测站点一个，着力开展大气污染防治。实施大气污染防治工程，共关闭、拆除“散乱污”企业15家。

【脱贫攻坚】 2018年年底，有建档立卡贫困户790户、2649人，通过全省精准识别“回头看”和“2018年扶贫对象动态调整”，充分运用“四议两公开”工作法，严格对照贫困户识别标准，狠下“绣花功夫”，共新识别贫困户11户、37人。全乡建档立卡贫困户实现家庭医生签约服务全覆盖，住院报销率达90%以上，建档立卡贫困家庭在校生实现资助全覆盖，全乡共完成291户危房改造贫困户，投资520万元。政府购买服务岗位，安置贫困家庭人员就业，其中保洁员145名，公路养护员9名，生态护林员33名，优抚对象联络员13名，交通协管员14名，光伏电站管护员7名，巡河员12名。引导602户贫困户种植2112.03亩花生，补贴金额844812元，审批9户个贷贫困户贷款金额21.1万元，发放光伏发电收益资金80.1万元。发挥牛庄村创鑫玩具厂示范带动效应，共建立起5个玩具加工扶贫车间，依托上蔡县绿土地农业科技有限公司在全乡发展中药材种植，鼓励带动全乡431户贫困户自主发展中药材种植1316亩，实现中药材种植产业全覆盖。2018年全乡如期实现249户871人脱贫任务目标，2个贫困村牛庄村、翟庄村脱贫出列，所有贫困村贫困发生率降到2%以下。

【社会治理】 全面实施“七五”普法，全乡群众法制意识进一步提升。积极开展矛盾排查和积案化解工作。推动“扫黑除恶”专项行动进行。扫黑除恶共排查出线索5条，公安机关立案2起，处理3人。积极回应群众合理诉求，共调解纠纷28起，成功办理信访12件信访案件办结率、满意度达100%。建立13个新时代文明实践所（站），开展宣讲42次，宣扬践行社会主义核心价值观，持续掀起“好媳妇、好公婆”评选表彰及孝善基金筹集发放热潮，形成了社会安定有序、群众心态积极向上的和谐社会氛围。共排查隐患生产经营单位18家，排查隐患38项，已整改38项，整改率为100%，全乡未出现1例安全生产事故。

【党建工作】 深入学习贯彻习近平新时代中国特色社会主义思想和中共十九大精神，扎实推进“两学一做”学习教育常态化制度化，全乡组织中共十九大会议精神学习讨论50余次，举办专题党课32场，撰写学习心得体会216篇，举办全乡中共十九大精神专题培训班，70余名干部职工参加培训。召开党委会、党委中心组理论学习会、党员大会等会议开展专题学习研讨6次，邀请专家宣讲中共十九大精神5次。开展党建季度观摩4次，组织村党务工作者参加党建业务知识培训会6次，进一步压实党建工作责任。完成魏桥村和齐海村软弱涣散基层党组织整顿，充分利用“三会一课”制度，积极打造党员活动平台，各党组织开展观看影片、慰问困难党员活动日活动300余次。制定《齐海乡关于农村基层党建问题“集中排查、集中建账、集中整改”活动的实施方案》，共排查出问题670余项、1000余条。各村对排查出的问题清单建立整改台账并全部整改完成。圆满完成村“两委”换届。齐海乡13个村党支部换届全部完成，选举产生村党支部书记13人、委员26人，平均年龄为51岁，高中及以上文化24人，占比62%，其中女干部1人，一肩挑4人，占比31%，交叉任职14人，占比58%；13个村委完成换届，选举产生村主任11

人、村委委员42人，平均年龄为52岁，高中及以上文化22人，占比42%，其中村女干部11人。13个村完成监委会选举。在选举的全过程中，未出现任何扰乱选举秩序的现象，新老班子交接顺利，实现平稳过渡。强化纪律审查，依纪依法履职尽责，持续深化“三转”，正确运用“四种形态”，把纪律和规矩挺在前面，开展线索处置31件，立案8件，办结7件。其中给予严重警告1人，开除党籍2人。

【乡村绿化】 全乡农田林网整修路肩24920米，挖穴13260个，植树13260株。省道331线两侧各打造长7千米，宽10米以上的生态廊道，种植白蜡、栾树、法桐、复叶槭共420亩。内侧栽植樱花、石楠等树种。完成13个村1800亩围村林建设。种植梨树、女贞、金丝柳、美国樱桃、红李等多种类型树木。采取“村委+新型农业经营主体”（种植合作社）的模式，村委以集体土地入股与合作社共同建设围村林，村集体享受围村林建设10%收益分红，在围村林下种植中药材发展林下经济，围村林下种植花生、红薯、西瓜等经济作物，林下经济收益给贫困户每户分红1000元，覆盖全乡所有贫困户。全乡每个贫困户认领一亩中药材进行栽后管护，有劳动能力的贫困人口就地转成生态护林员，加快贫困户脱贫步伐。

【人居环境整治】 积极争取上级项目资金1100万元，高标准重修省道331线5千米道路，修建下水道1800米，有效改善了集镇环境面貌。争取资金700万元，为7个靶向攻坚村实施人居环境项目，加宽道路12千米，铺设地砖1.8万平方米，安装路灯2212盏，栽植景观树2.1万棵；建标准化水冲式公厕13座；和康盈保洁公司签订卫生保洁协议，全乡范围内招聘保洁员120名，建立“户收集、村集中、公司转运、县处理”的垃圾处理模式，确保垃圾不落地，形成农村卫生保洁长效制度。组织群众打扫房前屋后卫生，清理村内杂物和垃圾，整理户容户貌、村容村貌。组织铲车、挖掘机等机械对坑塘、垃圾乱倒、柴草乱堆等人居环境整治难点进行集中治理。全乡各村共开展环境集中整治125余次，出动挖掘机75辆次，拆除违建33处，清理垃圾堆放点158处。认真组织帮扶责任人集中走访，帮助全乡贫困户打扫卫生，参加走访打扫380人次，清洁打扫房屋300户。把“空心房”整治作为人居环境整治的突破口，投入资金45.6万元，在整治好的“空心房”内种植秋月梨、凯特杏等果树，把“一宅”变“四园”，共完成“空心房”整治228处。定期开展星级文明户、文明家庭、最美庭院等评选表彰活动，评选星级文明户60个、文明家庭49个、最美庭院40个，对获奖家庭进行挂牌，流动管理，不进则退，引导、示范群众养成自觉爱护环境卫生的良好习惯。

齐海乡直及驻乡机构主要负责人一览表

表72

单　位	负责人	单　位	负责人
党政办	秦彭伟	计生服务中心	胡江涛
农业中心	马云飞	村镇中心	梁建臣
文化中心	梁兴华	社保所	梁耀勇
国土所	李江华	司法所	肖　然
财政所	魏国华	卫生院	王中亚
中心学校	许爱贤	工商所	李洪威
农商银行	李党恩	电管所	李耀辉
派出所	蒋立群	民政所	秦卫东
邮政所	付亚伟	电信所	常保红
粮管所	杨文龙	地税所	孙鹏浩
国税所	曹胜利	食药监所	张景丽

齐海乡所辖建制村基本情况表

表73

村　别	总面积（平方千米）	耕地面积（公顷）	总人口（人）	支部书记	村委主任
牛　庄	3.556	259.42	3412	梁建臣	牛　旺
汪　庄	4.6099	345.99	3529	班　建	张结实
李　丙	3.2258	238.18	4094	李新节	梁留栓
翟　庄	2.4608	185.51	2823	徐长生	徐长生
朱　庙	3.4864	268.82	3414	赵洪健	赵洪健
齐　海	3.7017	268.66	4098	胡江涛	张大超
魏　桥	2.8425	196.21	3543	秦卫东	魏玉杰
马　庵	3.1484	222.29	3186	潘群山	刘　勇

续表 73

村 别	总面积（平方千米）	耕地面积（公顷）	总人口（人）	支部书记	村委主任
集 南	4.6462	326.36	4899	梁占国	
杨 庄	3.8042	279.85	3772	赵新河	
阳 岗	3.5446	266.82	3096	王亚峰	王亚峰
柴 冀	3.3438	249.24	2415	刘本固	刘本固
班 刘	2.4726	185.51	2328	班建修	班建修

（秦彭伟）

东岸乡

【概 况】 东岸乡位于北纬 33° 13′ 10″—33° 18′ 30″，东经 114° 30′ 48″— 114° 36′ 52″。地处上蔡县东北部。乡政府驻东岸村，西距县政府驻地 36 千米。东邻商水县固墙镇，南接韩寨镇，西连朱里镇，北靠商水县姚集乡。总面积 68.06 平方千米，其中耕地面积 5239.50 公顷。总人口 62480 人，常住人口 4.6 万人，人口自然增长率 6.5‰。有汉、回 2 个民族，少数民族 15 人。辖东岸、孙王、张尧、程尧、关庄、拐湾、光武、王堂、张茂英、刘小庄、路口、中兴、陆马白、张杨郑、白堂、大苏、西袁庄、胡庄、牌坊刘、套楼 20 个建制村，66 个自然村，287 个村民小组。交通便利，县道杨集至坡董公路（X003）横贯全境，县道界沟河至老王岗公路（X012）纵贯全境，有客运站 1 个，每隔 15 分钟有一班公交车通往县城，每天有 2 班客车开往驻马店、郑州等地。自然条件优越，平原地貌，暖温带大陆性季风气候，主要河流为界沟河支流。全乡土壤大部分为砂姜黑土，小部分为潮土，并有少量黄褐土，有灰两合土、黏覆砂姜黑土、壤覆砂姜黑土、浅位少量砂姜黑土、砂姜黑土、深位少量砂姜石灰性砂姜黑土、洪冲积黄褐土 7 个土种。名胜古迹有省级文物保护单位光武村光武台遗址和牌坊刘村苏氏节孝坊；非物质文化遗产有 2006 年被列入河南省省级非物质文化遗产名录的东岸桃核雕花工艺和东岸木板年画雕版工艺。2018 年，东岸乡求真务实，积极作为，经济稳步发展，社会各项事业全面进步，生产总值 6.1 亿元。

2018 年东岸乡主要经济指标情况表

表 74

项 目	单 位	完成数	比上年增减（%）
国内生产总值	万元	61040	9
农业总产值	万元	50639	6
粮食总产量	吨	80575	6
畜牧业总产值	万元	5350	7
工业总产值	万元	3517	9
全社会固定资产投资	万元	3300	10
财政收入	万元	359	35.6
财政支出	万元	1467.9	58.9
农民人均纯收入	元	10230	7

【农 业】 2018 年全乡小麦种植面积 73140 亩，产量 45377 吨，分别增长 0.11% 和 0.3%；玉米种植面积 2.8 万亩、产量 14800 吨，分别增长 0.2% 和 7.2%。着力发展强筋优质专用小麦，调减玉米种植面积，扩大油料、薯类、蔬菜、林果、中药材、饲草等种植面积。刘小庄村新建蔬菜大棚 200 亩，西袁村、牌坊刘村、白堂村、孙王村新建艾草种植基地 4 个，拐湾村新建金银花种植基地 1 个。全乡新型农业经营主体达到 160 家，其中农民专业合作社 157 家、家庭农场 3 家。带动土地流转面积 1.5 万亩。大力发展生猪、蛋鸡养殖，养殖方式向规模化、生态化发展。有养猪场 17 个，养鸡场 7 个，年出栏生猪 500 头，年产鸡蛋 30 吨。2018 年东岸乡共完成成片造林 1.4 公顷，村庄“四旁”植树 3.2 万株，绿化河道 2 千米，营造农田林网折算面积 0.8 公顷，营造经济林 0.6 公顷，义务植树 8 万多株。利用“一卡通”方式把各种补贴及时足额发放到农民手中。共发放农业支持保护补贴 850 万元。涉及补贴农户 14058 户，补贴面积 73745 亩。

【工 业】 加大招商引资力度，实施回归工程，全乡新增工业企业 1 家，规模以上工业企业总数 1 家。初步形成以粮油加工、建材为主的工业体系。

全年规模以上工业增加值1100万元，比上年增长10%；实现利润220万元，比上年增长10%。

【商贸服务业】 东岸乡共有集贸市场3个（东岸集、王堂集、张杨郑集），大型购物场所7个，商品购销网点1个，金融机构2个，通信营业网点3个，餐饮服务业53家，交通运输企业1个，农机销售服务企业1个。商贸服务业从业人员360人。2018年社会消费品零售总额23758万元。

【脱贫攻坚】 2018年东岸乡共有建档立卡贫困户2823户、10099人，其中2018年5月新识别贫困户15户、56人，2018年脱贫296户、1118人，有未脱贫户774户、2023人。乡党委、政府坚持以扶贫开发总揽农村工作全局，落实主体责任，调整20个脱贫攻坚责任小组，对教育资助、医疗救助、危房改造、产业政策的落实情况进行多次核实、宣传，着力提升贫困人口识别准确率，退出准确率、群众满意度，多措并举使东岸乡脱贫攻坚工作开创了新局面。2018年整推村西袁村“七个一”项目全面实施，乡托养中心已正式投入使用，已有30名特困残疾人入住。2018年年初全乡规划的4个标准化村室，12个村卫生室、7个村综合文化服务中心已全部竣工。全乡共流转土地14356亩，其中贫困户流转面积达3260亩。种植结构调整面积达40000亩，花生种植面积17500亩，芝麻种植面积22000亩，其中贫困户种植花生1842亩、芝麻1590亩，全乡初步形成了“一村一品”的格局。2018年东岸乡集体经济实现全覆盖。王堂、张杨郑、白堂、套楼、西袁、牌坊刘、大苏、东岸、拐湾、光武10个村小型光伏电站都已建成，均已并网发电，分红收益户均1000元。全乡已初步形成四大产业板块，以大苏村为依托，形成了香菇种植产业链，已建香菇大棚186座，带动贫困户66户。以牌坊刘村为依托，形成了桃核雕花加工产业链，带动贫困户就业近200人。以张茂英村、关庄村为依托，形成了草莓种植产业链，带动贫困户20户。以白堂村、拐湾村为依托，形成了中草药艾草、金银花种植产业链，带动贫困户近200户。马铃薯产业全覆盖，收益资金112万元。以小额扶贫信贷为重点，通过多种形式大张旗鼓地宣传小额信贷的条件、办理流程，动员符合条件的贫困户积极参与小额信贷。立晟公司带贫321户，纳美合作公司带贫60户，威昂公司带贫16户，艳鸽、刘永草莓基地带贫20户，牧原公司带贫78户，荣光鞋业带贫200户。贫困户申请小额贷款453户。2018年全乡共鉴定危房改造户336户，已全部完成验收拨款。2018年教育资助资金全部发放到位，其中幼儿园179人，小学生463人，初中生194人，高中及中职生83人，大学生85人。医疗资助1100人次，其中门诊补偿800人次，政府补助费用42万元；住院补助300人次，政府补助费用130万元。安全用电、安全饮水已全部覆盖。

【改善农村人居环境】 2018年按照县人居环境改善“三保三化”“三无一规范一眼净”的总体要求，健全农村人居环境改善工作长效机制，组织专人对乡镇主要街道、集贸市场分段承包，责任到人。对沿街单位、住户、商铺、门店落实门前“三包”责任制。各村制定了保洁制度、村规民约等制度，负责本辖区内环境卫生保洁监督工作。努力做到环境集中整治“全面覆盖、长效管理、不留死角、永久保洁”。全乡累计投资295万元，新建大型垃圾中转站1个，新建公共厕所8个，添置果皮箱1200个。新购买自卸式垃圾环卫车4部、环卫服装600多套，新安装太阳能路灯2740盏，新修村村通水泥路31.23千米，新建村室4个、村卫生室12个。西袁村、东岸村、牌坊刘村、拐湾村、白堂村、张杨郑村6个靶向攻坚村统一粉刷墙面5万多平方米，新整修下水道9000米，路面加宽8700平方米，新增路沿石8670米，新拉围墙2000多平方米，整治坑塘25个，整治空心房403户，农村人居环境基础设施得到进一步完善。

【社会事业】 2018年，142名学生被县重点高中录取。全乡小学、初中入学率均为100%，巩固率分别为100%、99%。积极组织开展丰富多彩的文化活动。新建文化大院7个，农家书屋2个，全年共开展送戏下乡、文艺会演等各类大型活动12次。医疗卫生条件进一步改善，新建村卫生室12所，购置了大量医疗设备，对60名执证医师进行了多次培训。参加新型城乡居民基本医疗保险农民5.2万人，参保率85%。坚持开展免费生殖健康检查服务，孕前优生检测535对。

【社会保障】 2018年年末，全乡供养特困人员301人，集中供养48人，全年兑现供养金249万元。残疾人托养中心入住特困残疾人30人。有农村低保2794人，兑现低保金541万元。有优抚对象650人，优抚对象联络员20人。全乡参加新型农村社会养老保险19548人，参保率86%，收缴养老保险基金216万元，发放养老金939万元。

【社会治理】 2018年东岸乡高度重视社会治安综合治理工作。开展安全稳定集中整治活动，以“严打整治、安全生产、矛盾化解、维护稳定”集中整治活动为抓手，促进社会和谐稳定。高度重视信访稳定工作，畅通和规范群众诉求表达、利益协调、权益保障渠道，严格落实信访工作“一岗双责”和“四包一”责任制，认真开展矛盾纠纷排查调处化解，及时受理群众的来信、来访，处理各类信访案件60起，上级批转信访案件结案率100%，满意率95%以上。2018年全年东岸乡没有赴京上访人员。全面开展扫黑除恶工作，全年共排查涉黑线索16条，核实报送公安机关1人。在全乡范围内开展清除罂粟活动，共清理掉罂粟1450棵。强化群防群治工作，着力提高群众安全感指数，营造和谐稳定的社会环境。全面落实安全生产责任制，加大对烟花爆竹、食品药品、道路交通、中小学校园安全、消防等重点领域安全隐患的排查整治，在全乡范围内开展了4次安全生产宣传活动和2次消防演练，2018年全年东岸乡没有安全事故发生。

【党建工作】 2018年东岸乡党委以加强基层党组织标准化规范化建设为主线，突出党建问题“三集中”活动等重点工作，围绕“基本组织、基本队伍、基本制度、基本活动、基本保障”等五个方面全力推进，全面提升基层党建工作水平。先后召开12次专题会议研究部署党建工作，及时研究解决党建工作中发现的问题，确保基层党建工作健康开展。以村“两委”换届为契机，选优配齐配强村“两委”班子。在村“两委”换届中选优配强了20个支部书记，配备支部委员60人，村委委员74人。完成了对刘小庄村党支部开展的软弱涣散组织整顿和对西袁庄村党支部开展的后进村组织整顿。东岸乡持续推进坚持标本兼治推进以案促改活动常态化制度化建设，制定完善纪律制度6个，党员干部作风进一步好转。加强党员教育，开展班子成员和支部书记讲党课活动，全年培训党员干部12期1200多人次。严把党员“入口关”，2018年共培训入党积极分子18名，发展预备党员10人，党员转正9人。在全乡各村深入开展争创“六面红旗村”活动、基层党组织划类升级活动、“逐村观摩、整乡推进”活动及其他组织活动，充分发挥基层党组织在推动脱贫攻坚、产业兴旺、美丽乡村、乡风文明、平安稳定方面的领导核心作用，带动全村各项工作整体上水平、上台阶。

东岸乡2018年第三季度党建观摩活动

张继博　摄

东岸乡直及驻乡机构主要负责人一览表

表75

单　位	负责人	单　位	负责人
党政办	张继博	计生服务中心	袁胜利
农业中心	胡兰亭	村镇中心	孙建光
文化中心	贾文化	社保所	刘进荣
国土所	张校中	司法所	刘二成
财政所	侯金榜	卫生院	孙国印
中心学校	许五奎	工商所	彭东升
农商银行	李红旗	电管所	张春红
派出所	黄金成	民政所	孙东山
邮政所	赵　喆	电信所	陈文奇
粮管所	李运动	供销社	张建国
食药监所	张雪连		

东岸乡所辖建制村基本情况表

表76

村　别	总面积（平方千米）	耕地面积（公顷）	总人口（人）	支部书记	村委主任
孙　王	2.0955	156.02	2125	袁　迁	袁　迁
张　尧	2.0088	157.17	1909	吉红岩	吉红岩
拐　湾	4.6998	361.84	5753	刘五灵	刘功勋
路　口	3.8989	303.92	3226	白海彬	白海彬
光　武	3.0936	235.14	3715	杨永华	张　等
刘小庄	3.3331	254.69	3201	刘　华	刘　华
中　兴	2.8755	227.66	3021	张自宝	张自宝
东　岸	4.9376	339.06	6836	刘旺松	时连成
程　尧	2.3513	190.25	2451	张长远	—
王　堂	2.3862	177.11	2939	刘　永	刘　永
大　苏	3.8539	301.33	3316	苏伍星	张战军
白　堂	4.3392	332.77	4372	孟长林	孟　所
套　楼	3.0377	232.34	3246	张广拥	刘新奎
关　庄	4.0249	319.45	3540	关永生	—
张杨郑	2.9206	234.96	2775	杨　耀	郑要中
陆马白	3.1168	246.93	3114	—	白军显
张茂英	2.6073	197.66	2782	张立事	张立事
西袁庄	2.4255	187.81	2190	刘付红	—
胡　庄	3.8584	305.03	2875	胡付山	胡浩田
牌坊刘	5.7212	446.57	4992	代国辉	刘红线

（张继博）

小岳寺乡

【概　况】小岳寺乡位于北纬33°25′38″—33°43′12″，东经114°20′23″—114°34′15″。地处上蔡县北部，乡政府驻小岳寺村，南距县政府驻地22.5千米。东邻朱里镇，南接东洪镇、西洪乡，西连华陂镇，北靠商水县大武乡。全乡总面积48.1017平方千米，耕地面积3768.67公顷，总人口4.2837万人，常住人口3.8万人，人口自然增长率6.1‰。全乡下辖大岳寺、小岳寺、陈集、杨炉、边张、西伍张、望东湖、双河、时庄、大明、业王、赵集、朱寨、坡吴、郭七、大屯16个建制村，30个自然村，163个村民小组。小岳寺乡交通便利，县道杨集至坡董公路（X003）东西贯境，乡道小岳寺—杨屯公路（Y006）南北向出境，实现村村通公路，有小岳寺至上蔡客运汽车站1座、小岳寺至漯河客运汽车站1座。通信设备完善，水利设施齐全，村村实现通电、通电话、通有线电视。自然条件优越，平原地貌，暖温带大陆性季风气候，主要河流有黑河，主要干沟有青龙沟。小岳寺乡土壤大部分为潮土，小部分为砂姜黑土，有灰两合土、黏覆砂姜黑土、砂姜黑土 、壤覆砂姜黑土、黏质薄覆砂姜黑土、底沙灰两合土、灰小两合土7个土种。主要农产品有小麦、玉米、大豆、芝麻、红薯。著名土特产有纯红薯粉条，芝麻香油。2018年，小岳寺乡围绕“抓基层党建、促脱贫攻坚、保信访稳定”的总体思路，以建设繁荣、富裕、文明、和谐、安康的新小岳寺为目标，紧密团结带领全乡广大党员干部群众，开拓创新、务实重干，基层党组织不断加强，脱贫攻坚取得良好成绩，信访稳定有了很大改观，经济稳步发展，社会各项事业全面进步，全县综合排名中取得第八名的先进位次。

2018年小岳寺乡主要经济指标情况表

表77

项　目	单　位	完成数	比上年增减（%）
国内生产总值	万元	55300	8.9
农业总产值	万元	26928	9.2
粮食总产量	吨	61200	10.6
畜牧业总产值	万元	5512	11
工业总产值+	万元	12400	6
全社会固定资产投资	万元	10460	4.4

续表 77

项　目	单　位	完成数	比上年增减（%）
财政收入	万元	337	122.5
财政支出	万元	1953.7	43.7
农民人均纯收入	元	10550	6

【农　业】 2018年产粮食6120万千克。围绕“稳定鸡产业、提升猪产业、大力发展牛羊产业”的工作格局，强力推动畜牧产业发展，2018年出栏生猪1.6万头、鸡14万只、肉牛约500头、羊3600余只。林果产业初具规模，以葡萄、核桃、猕猴桃、石榴为主的果木种植面积达1000亩，年产值2000多万元。蔬菜产业不断壮大，以芦笋、红辣椒为主的蔬菜种植面积达3000多亩。高标准规划围村林2000亩，已建成4个村500亩，其他12个村已完成土地流转工作正在建设。土地流转面积扩大，2018年全年流转土地面积2.6万亩。农村安全饮水工程全部竣工，供水网络不断优化，困难群众安全饮水问题得到全面解决。建设基本农田精品区2.6万亩，整修生产路沟120多条，全年植树12.3万棵，开挖沟渠30条2.6万米，整修路段20条2.66万米。形成了田成方、林成网、树相连、沟相通的林网格局。

【脱贫攻坚】 2018年年底，建档立卡贫困户916户、2859人，其中2016年脱贫62户、199人，2017年脱贫135户、514人，2018年脱贫337户、1254人，新识别4户、18人，有未脱贫贫困户382户、892人，全乡贫困发生率2.04%。在未脱贫户中一般贫困户83户、296人，低保贫困户121户、395人，特困人员178户、201人。主要致贫因素是因病因残261户，占未脱贫户的68%。积极推动贫困户土地流转和种植结构调整，523户贫困户种植花生等经济作物1900.48亩，得到上级补贴746277元，经济作物种植面积比2017年增长37.4%；建成的16个带贫种植业合作社流转贫困户土地1340亩，流转面积比2017年增长11%。积极推动扶贫车间建设，共引进扶贫车间15个，已建成竣工投产11个，通过第三方评估公司审核10个，县奖补验收4个，主要生产服装、布艺玩具等产品，带动就业400多人，其中贫困户115人。光伏扶贫呈现良好效益，已给贫困户分红92.4万元，光伏扶贫实现全乡贫困户全覆盖。建成产业扶贫基地18个，初步形成集镇周边服装加工，集镇西部葡萄、猕猴桃、芦笋种植，集镇南部大棚蔬菜、核桃种植，集镇东部光伏发电等产业扶贫基地共同发展的格局。小岳寺乡杨炉村、望东湖村、赵集村、西伍张村、边张村、业王村、大明村注入集体经济资金750万元，给贫困户发放分红75万元。双河自主发展村集体经济项目，建成构树种植基地300亩和爱心超市1栋。2018年投资1750万元硬化水泥道路43.6千米，建设长度相当于前五年的总和；向9个靶向村投资900万元开展人居环境整治，美丽宜居环境初步呈现；投资165万元建设标准化卫生室11个，投资240万元建设村室6个，投资315万元建设文化服务中心9个，投资570万元安装太阳能路灯1728盏，投资120万元建设公共卫生厕所12个；投资100万元新建三层办公楼1栋；投资60万元，硬化集镇街道柏油路面600米，铺设彩砖1.2千米。贫困户享受最低生活保障和特困人员供养等政策1135人，贫困户残疾人两项补贴382人，教育救助781人，医疗救助1837人，危房改造462户，政府购买服务吸纳贫困户就业299人。

【改善农村人居环境工作】 按照县改善人居环境“三保三化”“三无一规范一眼净”的总体要求，健全农村人居环境改善工作长效机制，组织专人对乡集镇主要街道、集贸市场分段承包，责任到人。对沿街单位、住户、商铺、门店落实门前“三包”责任制。各村制定了保洁制度、村规民约等制度，负责本辖区内环境卫生保洁监督工作。努力做到环境集中整治“全面覆盖、长效管理、不留死角、永久保洁”。全乡累计投资350

万元，新建公共厕所12个，添置垃圾箱700个。购买自卸式垃圾环卫车4部、环卫服装230套，安装太阳能路灯1728盏，新修村村通水泥路43.6千米。双河村等9个靶向攻坚村统一粉刷墙面8万多平方米，新整修下水道14千米，路面加宽8700平方米，新增小花园300多个，新拉围墙1000多米，整治坑塘42个，农村人居环境基础设施得到进一步完善。全面完成了241所空心房整治任务和“四园”绿化任务，全面消除了“空心房”安全隐患。家庭环境得到提升，院落地面物料堆放整齐有序，院落地面平整、无杂草、无杂物、无垃圾，因户施策、因地制宜打造成果园，完成了整治目标。

2018年12月19日，县空心房整治领导小组带领全县各乡镇相关人员到小岳寺乡检查观摩空心房整治工作
张扶月 摄

【教育文化卫生】 教育工作连续保持进步态势，在2018年中招考试中乡初级中学学生入围县一高人数，按乡镇人口比算位于全县前列，获得2018年县中招工作先进乡镇表彰。小学、初中适龄人口入学率分别达到100%、99%，中学生辍学率1%以下，小学生辍学率0.2%以内。继续加强文化市场管理，积极开展“打黄扫非”工作，净化文化发展环境；依托小岳寺乡文化服务中心为平台，不断创新和丰富文化载体，新建标准化文化服务中心9个，配齐全套文化设施，极大地丰富了居民的文化生活；建强了大屯唢呐队、陈集腰鼓队等五支文艺队伍，获得全县民间文艺会演二等奖；全年下乡会演32场，发放图书3200本。全面落实计生惠民政策，做好孕前优生和“双筛”工作。医疗卫生条件进一步改善，有卫生院1所、医生16人、床位30张，有村卫生室16所、医生31人。参加城乡居民基本医疗保险农民28248人，参保率100%。

【社会保障】 小岳寺乡2018年纳入农村低保对象1019户1599人，城镇低保对象76户109人。农村特困人员330人，其中分散供养276人，集中供养54人。优抚对象329人，其中烈属1人，残疾军人9人，复员军人11人，退伍军人33人，烈士子女2人，参战参试61人，60岁以上老兵210人。全乡有高龄老人95人，其中百岁老人4人，九十岁老人91人，全部纳入保障范围。

【社会治理】 小岳寺乡把维护社会稳定和长治久安作为实现发展的着力点，努力构建和谐平安的社会环境。扫黑除恶方面，小岳寺乡按照上级党委政府决策部署，加强组织领导，夯实工作责任，围绕13类涉黑涉恶情形，加强宣传，发动群众，全力排查，共上报排查涉黑涉恶线索16条，抓捕的涉黑涉恶嫌疑人在全县处于前列，取得了显著成效。信访稳定方面，针对全乡信访积案实行网格化管理制度，通过建立信访热线、领导干部接访、矛盾调解、限期办结等联动机制，畅通群众表达诉求的渠道。对重点人员严格落实“四包一”责任制，同时成立班子成员任组长的11个专业工作组积极化解，乡党委书记牵头召开多部门与信访人对话会20余次，确保信访积案逐件化解。赴省赴京上访显著下降，同时在信访问题“百日会战”中小岳寺乡信访件30件已息诉罢访27件，信访工作取得较大进展。安全生产方面，小岳寺乡开展了安全生产月和食品安全宣传周宣传活动、消防安全大检查等活动。2018年，小岳寺乡开展了社会治安大整治、矛盾纠纷大排查、“三留守”人员大排查、安全生产大排查、食品安全检查、非法集资排查化解、禁毒预防宣传、打击冒充军人诈骗等专项行动。建立健全乡村两级调解体系，设立村级调委会16个，调解员48人，调处较大矛盾纠纷12起，成功化解12起。加大社区矫正和安置帮教工作力度，全乡范围内刑释解教人员9名均已得到妥善安置和矫正，无重新犯罪迹象。矛盾纠纷方面共排查矛盾纠纷151件，成功化解矛盾纠纷147件。

【党建工作】 小岳寺乡党委以加强基层党组织标准化规范化建设为主线，突出党建问题“三集中”活动等重点工作，围绕“基本组织、基本队伍、基本制度、基本活动、基本保障”等五个方面建设，全面提升小岳寺乡基层党建工作水平。建强基本组织，以村“两委”换届为契机，选优配齐配强村“两委”班子。在村“两委”换届中选优配强了16个支部书记，配备支部委员48人，村委委员58人。开展软弱涣散党组织整顿，撤换村“两委”干部7人，信访积案息诉罢访6件，党组织整顿初步完成。加强党员教育，开展乡班子成员和支部书记讲党课活动。小岳寺乡党委下辖27个党支部，其中农村党支部16个，共有党员718人，2018年培训党员干部11期1000多人次；严把党员“入口关”，培训入党积极分子21名，发展预备党员7人，党员转正5人。严格执行新形势下党内政治生活若干准则，认真落实“三会一课”“主题党日”和“双纪实、双述职、双评议、双考核”等制度，深入学习贯彻习近平新时代中国特色社会主义思想，积极推进“两学一做”学习教育常态化、制度化。在各村深入开展争创“六面红旗村”活动、基层党组织划类升级活动、“逐村观摩、整乡推进”活动等。其中，重点开展了“我是党员我光荣，我让党旗更鲜红”主题系列活动，首先以“五个一”活动为切入点，为每个党员提供一枚党徽、悬挂一个“共产党员户”家庭牌、送一份党章及学习资料、赠一份挂历、每个党员至少联系一名贫困户，春节期间还开展党员慰问活动。小岳寺乡和县委组织部联合筹集资金2万元对76名困难党员进行了暖冬慰问和“七一”慰问，每户发放100—300元。2018年12月，小岳寺乡对在脱贫攻坚工作中表现优秀的第一书记、支部书记和在脱贫攻坚中作出贡献的共产党员、发展产业脱贫的贫困户、家庭和睦的好公婆等进行了表彰，宣传他们先进事迹，发挥模范带头效应，在全乡范围内营造了“同心同力齐扶贫，同心同向奔小康”的浓厚氛围，让党员干部群众学习有标杆、做事有榜样，见贤思齐，蔚然成风。全力推进“窄小破旧”村室清零任务，小岳寺乡16个村已完成标准化村室建设13个，剩余3个窄小村室已列入县第二批村室建设任务。与此同时，做好新建村室配套设施建设和基层党组织标准化规范化建设。2018年，小岳寺乡新建村室6个，为6个村建设完善村室围墙、地坪等附属设施。投入资金10万元，为双河村等9个靶向攻坚村的新时代文明实践站、党员活动室、远程教育中心等统一标准配置宣传板。

【生态文明建设】 环保方面，取缔污染养殖场1家，推动养殖场进行粪水处理设施技术升级改造3家，整改大气、水体、土地污染企业2家，清理垃圾堆放点3处；关停整顿扬尘污染砂石料厂1个；严格落实河长制制度，定期开展巡河工作；投入资金8万元填埋清理全乡16个村沟渠、坑塘、河流垃圾漂浮物。村镇建设方面，加强规划监察，严格建房审批和处理，严格按照集镇村庄规划要求严格控制违章建房行为，全年拆除违法建筑12户72间。国土资源管理方面，全乡基本农田面积控制在4.3万亩，巡查发现违法占地6宗，拆除3宗20间1756平方米。

【征兵工作】 2018年，小岳寺乡积极启动征兵报名工作，加大征兵工作的宣传力度，按时完成年度转接任务和适龄青年兵役登记工作，高质量完成征兵任务。组织民兵训练60人次，对民兵应急排规范管理，提高了小岳寺乡应急力量。每半年举办一次普通民兵培训，加强学习教育，增强他们的国防意识。

【服务高速公路建设】2018年小岳寺乡全力服务周驻南高速公路建设工作，全面完成征地918亩、征用取土场3550亩、拆迁33户172间的任务，保障了周驻南高速建设顺利进行。

小岳寺乡直属部门及驻乡机构主要负责人一览表

表78

单　位	负责人	单　位	负责人
党政办	王东升	计生中心	杨小华
农业中心	施新长	社保所	张振兴
文化中心	董国和	民政所	申红心
国土资源所	程　刚	司法所	张保献
财政所	旦卫华	卫生院	王发勇
中心学校	张铁帮	供电所	崔　飞
农商银行	闫　寒	食药监所	宋　伟
派出所	刘华伟	工商所	黄彦平
邮政所	窦贺峰	税务局	李德营
粮管所	董长林		

小岳寺乡所辖建制村基本情况表

表79

村　别	总面积（平方千米）	耕地面积（公顷）	总人口（人）	支部书记	村委主任
小岳寺村	2.4492	171.75	2210	齐天所	齐发明
大岳寺村	2.9671	226.16	1589	张　涛	张　涛
时庄村	2.9375	240.91	3124	张开军	张开军
杨炉村	3.204	233.93	2601	徐卫强	张四军
陈集村	3.2248	244.4	2897	陈继谁	张保军
望东湖村	4.512	351.14	4916	张文平	张文平
双河村	3.3407	262.93	3509	齐团结	张　伟
边张村	2.8932	230.58	2567	张四民	张双进
西伍张村	2.4721	199.45	2238	张克永	张芝家
大明村	1.9704	154.49	1986	明永供	明永共
业王村	3.0394	244.87	2948	侯忠孝	侯忠孝
赵集村	3.7399	287.19	3027	韩迎春	褚海新
朱寨村	2.7625	222.1	3101	王国宝	朱卫亮
坡吴村	2.7032	214.91	2126	吴发元	吴四化
大屯村	0.7523	60.02	1358	张俊峰	陈长见
郭七村	3.5851	293.18	2640	陈建伟	郭连兵

（张扶月）

西洪乡

【概　况】西洪乡位于北纬33°18′41″—33°32′56″，东经114°14′36″—114°20′17″。地处上蔡县北部。乡政府驻西洪村，南距县政府驻地12千米。东邻东洪镇，南接蔡都街道和卧龙街道，西连百尺乡，北靠华陂镇和小岳寺乡。总面积70.3平方千米，其中耕地面积5238.55公顷 。总人口6.4374万人，其中农业人口6.3315万人，人口自然增长率5.81‰.有汉、回、壮、蒙古、苗、彝、布依、佤、傣、黎、拉祜、布朗、哈尼、土家、侗、满、瑶17个民族，少数民族人口73人。辖洼王、南武庄、坡常、嘴李、固村、南董、腰店、西洪、新陈庄、朱赵、宋庄、石堂、刘坡、寇庄、曹王、关王庄、小和、关帝、司马19个建制村，55个自然村，248个村民小组。交通便利，周驻南高速公路、省道永定线（S219）纵贯全境。自然条件优越，平原地貌，暖温带大陆性季风气候，主要河流有小洪河、黑河、杨岗河。全乡大部分土壤为砂浆黑土，小部分为黄褐土和潮土，有壤覆砂浆黑土、洪冲积黄褐土、灰两合土、浅位黏化洪冲积黄褐土、黏覆砂浆黑土、青黑土、灰小两合土7个土种。名胜古迹有嘴李村孔子晒书台、明代陈庄民居，主要农产品有小麦、玉米、花生、大豆。土特产有葡萄、银杏、蔡酥梨、黄花菜、大葱、辣椒、西瓜。著名小吃有酱猪蹄、香酥鸡、红烧鹅、煎鲫鱼、烩面、热干面、水饺等。2018年，西洪乡以脱贫攻坚工作为主线，围绕“调结构、促增收、惠民生、维稳定”的总体思路，求真务实，积极作为，经济稳步发展，社会各项事业全面进步。国内生产总值10.9亿元，西洪乡先后荣获上蔡县信访工作先进单位、上蔡县秸秆禁烧和综合利用工作先进单位等荣誉称号。

2018年西洪乡主要经济指标情况表

表80

项　目	单　位	完成数	比上年增减（%）
国内生产总值	万元	109000	9
农业总产值	万元	35000	9
粮食总产量	吨	58000	9
畜牧业总产值	万元	5680	8

续表 80

项　目	单　位	完成数	比上年增减（%）
工业总产值	万元	74000	10.5
全社会固定资产投资	万元	49000	9
财政收入	万元	627	227.7
财政支出	万元	2255.9	14.3
农民人均纯收入	元	7402	8

【农　业】 全乡新打深井 30 眼，新增变压器 10 台，埋设节水地埋管 9460 千米，新建桥 10 座，硬化路面 60 千米，新增低压管道节水灌溉 8600 亩。全乡粮食作物播种面积 8.2 万亩，总产量达到 5.8 万吨；小麦种植面积 5 万亩，产量 3.2 万吨，增长 2.3%，玉米种植面积 2.1 万亩，产量 1.5 万吨，增长 1.2%，红薯、土豆、高粱等种植面积 1.1 万亩，产量 1.1 万吨；花生种植面积 2.3 万亩，产量 0.6 万吨，增长 15%。扩大花生、蔬菜、林果、中药材等种植面积，全乡已形成无公害蔬菜、瓜果、中药材等特色农产品种植基地。大力培育新型农业经营主体，全乡新型农业经营主体达到 16 家，其中农民专业合作社 14 家、家庭农场 2 家。带动土地流转面积 2.6 万亩。大力发展生猪、蛋鸡养殖，养殖方式向规模化，生态化发展，大型养猪场 8 个，大型养鸡场 7 个，年出栏生猪 1.5 万头，年产鸡蛋 500 吨。六是发展生态林业，实施“创森”工程。共完成成片造林 800 亩，村庄“四旁”、林网和廊道共计植树 22.02 万株，河道水系绿化 16.9 万棵，廊道绿化 2.38 万棵，营造农田林网植树 1.82 万棵，美丽乡村植树 0.9 万棵。农田林网控制率 71%，森林覆盖率 12.2%。严格执行国家各种支农惠农政策，利用“一卡通”方式把各种补贴及时足额发放到农民手中。共发放耕地地力保护补贴 726 万元、涉及补贴农户 13077 户，补贴面积 64636 亩。

【招商引资和项目建设】 加大招商引资力度，完善招商引资优惠政策，落实考核激励措施。全年新增工业企业 3 家，成功引进河南华艺古典家具厂，投资 1.1 亿元，新建两个生产厂区，吸纳 300 多名农民工在家具厂工作。西洪村新建华豫顺服装厂，小和村新建康联制鞋厂，全乡初步形成了以家具、服装、制鞋为主的工业体系。

【商贸服务业】 加大商贸企业的政策扶持，组织物流、电商、生鲜超市、农贸市场申报相关奖励资金，壮大商贸服务业。推进“放心早点”工程建设，整治早餐店和早餐摊点 16 个。加强生猪定点屠宰管理和成品油市场管理，确保让群众吃上“放心肉”、使用“放心油”。全乡有商业、供销社、餐饮服务业、交通运输业、农机修理业等行业企业 48 家，全年各企业共转移农村富余劳动力 620 人，年收入 1.3 亿元，缴纳税金 40 万元，同比增长 9%。

【脱贫攻坚】 2018 年，实现精准脱贫贫困户 279 户、975 人。积极开展档卡整改工作，规范乡、村、户三级档案，规范“一户一档”、“一村一档”，做到户有卡、村有册、乡有档。鼓励贫困户围绕市场需求，积极调整种植业结构。全乡贫困户种植花生 2500 亩、种植蔬菜瓜果 150 亩，累计发放产业扶贫补贴资金 89 万元，惠及贫困户 776 户。西洪乡与山东元瑞农业科技有限公司开展土地流转项目合作，建立万亩高产田基地，涉及西洪乡 11 个建制村，与农户签订土地流转协议书 2200 份，面积 8600 亩，劳务用工、管理员用工 260 人，增加农民务工收入 31 万元，受益贫困户 216 户，增加收入 18.6 万元。与发扬大药房洽谈合作，建立中药材种植基地。该项目位于西洪乡嘴李村、腰店村，流转土地 500 亩，种植白术、丹参、黑豆、芍药等中药材，吸纳嘴李及周边各村 40 余户贫困户就业。腰店村、西洪村黄花菜种植基地面积 200 多亩，吸纳腰店村、西洪村及周边各村 20 户贫困户就业。全乡共有 13 个建制村的光伏发电项目并网发电，为全乡每户贫困户发放光伏帮扶资金 1000 元。投入大量专项项目扶贫资金，在全乡实施了安全饮水工程、住房安全工程、道路村村通工程、村村亮工程、村级综合文化服务中心建设工程、村级卫生室建设工程、村级活动室建设工程等，贫困村和贫困户的生产生活环境有了极大的改善，人民群众的幸福感和满意度有了很大的提升。全乡为146户贫困户实施了危房改造，为547名贫困家庭学生提供教育资助，共有贫困户713人享受免费医疗救助政策。

【社会治理】 2018年，西洪乡把信访工作作为一项重点工作抓实、抓牢，通过加大宣传，积极调处，严厉打击，取得了显著成效。制作信访流程、相关信访制度宣传板，引导群众正确信访。对于重点人员，在积极处理问题、化解矛盾的同时，关心其生活，帮助解决生活及家庭实际困难，努力改变信访与稳控工作相对立的尴尬局面。做到“一案一策”，根据实际情况，实行乡科级班子成员包案制度，成立专项工作组，集中力量、集中人员、集中时间，逐项研判，逐个化解。西洪乡与公安部门积极对接，开展“扫黑除恶”专项活动，发动群众提供证据线索，强力震慑和打击了农村黑恶势力，有效遏制了农村黑恶势力嚣张气焰，稳定了社会形势。加强阵地建设，投资30多万元，新建了西洪乡综治工作中心，提升了阵地水平，增强了服务能力。扎实开展矛盾纠纷排查化解调处工作，2018年，全乡共排查各类矛盾纠纷36起，化解36起。认真开展安全生产工作。西洪乡组织派出所、工商所、食品药品监督管理所等执法部门对商场、网吧、学校、小型加工点等有关场所开展了8次全面排查，并就重点隐患要求及时整改，确保全乡安全生产无事故。全年没有发生一起非访和越级上访事件发生，被县委县政府表彰为“信访稳定工作先进单位”。

【美丽乡村建设】 西洪乡以乡村振兴建设为抓手，积极推动乡村环境整治，把西洪建设成文明、和谐、富饶的美丽乡村。争取危房改造资金300多万元，完成全乡146户危房改造任务。积极与县交通部门协调，修建西洪—寇庄—石堂，西洪—新陈—朱赵—宋庄，腰店—徐庄等村村通公路60千米，彻底改变西洪乡村道路损坏严重的局面。在全乡安装太阳能路灯2400盏。投资800万元，对南武、寇庄、嘴李、小和、新陈庄、南董、坡常、西洪8个靶向村开展人居环境整治项目，包括下水管道、坑塘、街道绿化、道路硬化进行了集中整治。投资45万元，全乡新铺设排污管道1000米。加大农村公共厕所建设，投资300多万元，在西洪集和15个建制村新建公共厕所16所。全乡整治坑塘286个，栽植景观树3万多棵，刷白墙体2600平方米，购置环保电动垃圾清运车12辆、垃圾桶250个，各村配备保洁员336人全天候清扫村内道路，购置保洁车200多辆，专人定时收集转运垃圾。确保乡村环境绿化、美化、亮化、规范、干净。

西洪乡植树造林现场　　聂宏儒　摄

【社会事业】 加大村级综合文化服务中心建设，投资600多万元，新建15个村级综合文化服务中心，基本实现村级综合文化服务中心全覆盖，利用村级文化中心阵地，积极开展丰富多彩的文化活动，全年共开展送戏下乡、文艺会演、歌舞比赛、书法比赛20多场次，3件文艺作品获奖。加强对文化市场的管理，组织公安、工商、卫生、消防等有关部门对全乡歌舞厅、游戏厅和网吧进行拉网式排查，强制关停了无照经营和安全隐患的歌舞厅、游戏厅和网吧。大力抓好教育工作，加强教师队伍建设，提高教学质量和效益。全乡小学、初中入学率均为100%。医疗卫生条件进一步改善，有卫生院1所，医生8人，病床达到80张。投资150万元，新建标准化卫生室8个，全乡19个建制村都建成了标准化卫生室，为每个卫生室配备了高标准的医疗设备，有村医62人。参加农村居民医疗保险4.5万人，参保率98%。四是坚持开展免费生殖健康服务，完成免费“超声”筛查93例，免费“血清学”筛查119例。

【社会保障】 开展低保复核工作。组织专项复核组，深入每一户困难群众家中，通过认真复核，全乡复核认定低保户1260户共计1757人，清退不合格低保户639户843人。年末，全乡共供养特困人员358人，集中供养54人，全年兑现供养金140多万元。全乡参加新型农村社会养老保险2.5万人，参保率96%，收缴养老保险基金280万元，发放养老金80多万元。

【生态文明建设】 落实河长制，加大河长巡河力度，沿洪河、黑河和杨岗河各村配备了12名河道管理员，常年清理河道杂草和秸秆垃圾。整改不规范的养殖场52个，关停整改不到位的养殖场2户。集中开展环境污染治理活动，发放宣传单10000多份，走访农户8000多户，下发整顿通知书300多次，治理砂石料场7处、污染加工企业2处，整顿预制厂3个。确保把西洪乡打造成天蓝、水绿、草美、花香的新西洪。

【党建工作】 乡党委不断增强党要管党、从严治党重要性和紧迫性认识，建立了“党建办直接抓、党支部书记具体抓、第一书记、包村干部配合抓”的工作机制，乡党委与19个建制村及乡直单位签订了《2018年全面从严治党工作目标管理责任书》，建立了党员领导干部党建联系点制度，每个党员领导联系指导1—2个村的党建工作，全程参与指导各村的组织生活会，对梳理出的意见建议逐条建立问题台账，明确责任人、整改时限，班子凝聚力和战斗力得到了明显增强。机关党员坚持每周星期一和星期四学习制度，农村党员落实“三会一课”制度。全年共开展主题党日活动22场次，为78名党员过了政治生日。强化流动党员教育管理，建立了19个网络党支部，定期不定期推送学习内容。进一步规范党费收缴管理，建立党费收缴专户，以党支部为单位，党员每月主动缴纳党费，党支部按季度向乡党委上解党费。全面落实党组织书记抓党建“第一责任人”工作职责，乡党委会研究党建16次，召开党组织书记抓党建工作述职评议会议6次，开展农村党员学习中共十九大精神和实用技术培训12场次，集中约谈4场次。通过责任书考核和民主评议，确定排名靠后的两个村党支部为软弱涣散党组织，并进行整顿提升。结合第九届村“两委”班子换届选举，2018年共新选出村党支部书记19名，村主任19名，监委会主任19名。按村干部职数1∶1比例、村党组织书记1∶2比例分别建立后备队伍库并实行动态管理，共建立后备支部书记38人、后备村主任19人的后备队伍库。培养确定入党积极分子13人，发展党员14人。本着选强配强驻村帮扶队伍的原则，为全乡19个建制村配齐了村党支部第一书记，选配驻村帮扶工作队长19名（市直单位下派1名，县直单位下派15名，乡派干部3名）。严格落实“四个一”管理制度，乡党建办每周对驻村帮扶工作队成员驻村天数汇总一次，乡党委每月对驻村帮扶工作队考勤签到情况通报一次；乡党建办每周对驻村帮扶工作队日志抽验一次，乡党委书记每月对帮扶队长工作日志调阅一次。强化督导检查，在督查前按照重点工作列出督查清单、明确督查任务，对19个建制村随机督查，并通报督查情况。全年共印发督查通报32期。投资120多万元，新建小和、嘴李和司马3个村级活动室，全乡19个建制村实现党员群众服务工作站全覆盖，达到了“六有”标准。

乡党委组织党建规范化建设观摩现场

聂宏儒 摄

西洪乡直属部门及驻乡机构主要负责人一览表

表 81

单 位	负责人	单 位	负责人
党政办	韩 旭	计生中心	刘长恩
农业中心	张华伟	村镇中心	刘海威
文化中心	聂宏儒	社保所	李雪丽
国土资源所	庞锦波	民政所	尚耀东
财政所	王军伟	司法所	朱勤堂
中心学校	许和平	卫生院	李志民
农商银行	朱亚辉	电管所	陈付营
派出所	李 猛	食药监所	樊献丽
邮政所	张兰山	工商所	刘学义
粮管所	刘志强	电信所	沈东峰
法 庭	文纪平	供销社	赵建民

西洪乡所辖建制村基本情况表

表 82

村 别	总面积（平方千米）	耕地面积（公顷）	总人口（人）	支部书记	村委主任
西 洪	6.7049	421.6	3274	王四中	王盘龙
刘 坡	2.958	232.38	2741	胡五法	王建设
寇 庄	2.8345	199.82	2602	寇中超	寇彦臣
朱 赵	2.1433	154.46	2009	王海良	王铁芳
石 堂	4.6021	347.17	4127	陈玉林	石合国
曹 王	5.5031	402.84	4632	王二勋	王红星
小 和	3.1913	234.26	4161	刘 保	刘 保
新陈庄	4.2398	303.19	3191	刘新合	刘满良
关 帝	3.4862	268.89	3730	王武臣	谢革命
关王庄	3.4784	263.98	3787	李银国	王金辉
司 马	1.9565	152.51	2207	李万性	高本正
腰 店	2.919	217.73	2366	王孝宗	王孝宗
宋 庄	3.9533	306.61	3274	宋永立	郭抗洪

续表 82

村 别	总面积（平方千米）	耕地面积（公顷）	总人口（人）	支部书记	村委主任
南武庄	5.6855	452.61	4213	武盼盼	武巧英
坡 常	4.9638	379.4	3919	徐文彬	孙五九
嘴 李	2.3388	179.88	2263	李永强	张运星
洼 王	1.5005	119.84	2758	王孝忠	王中杰
南 董	2.1625	169.74	4086	董军才	王银宽
固 村	3.0356	234.87	2780	刘景春	毕电杰

（聂宏儒）

百尺乡

【概 况】 百尺乡位于北纬 33° 18′ 10″— 33°25′23″，东经 114°08′19″— 114°15′55″，地处上蔡县西北部，乡政府驻百尺集，距县政府驻地 12.5 千米。东与西洪乡相邻，南与卧龙街道、大路李乡接壤，西与西平县盆尧镇、五沟营镇接壤，北与华陂镇隔小洪河相望。总面积 79.88 平方千米，其中耕地面积 6245.71 公顷。总人口 7.5 万人，常住人口 5.8 万人，人口自然增长率 5.7‰。有汉族、壮族、苗族、彝族、布依族、回族、土家族、侗族、佤族、黎族、仡佬族、拉祜族、满族、瑶族、傣族、哈尼族、蒙古族、白族 18 个民族，少数民族人口 105 人（女 90 人）。辖鸳店 1 个社区，百尺集、百尺寺、下地关、下地韩、贾湾、葛湾、朱洼、河涯刘、纸张、苏口、竹园张、堤草王、窦庄、杨阁、大何庄、张王楼、前王、单庄 18 个建制村，61 个自然村，256 个村民小组。百尺乡交通便利，县道 005 线东南西北方向过境，乡道 001 线东西向贯境，乡道 010 线向南出境，在建的周驻南高速公路穿境而过。有客运站 1 个，2 路公交车通往县城，每日有班车开往漯河、郑州等地。杨岗河、小洪河穿境而过。百尺乡土壤有潮土、砂姜黑土、黄褐土 3 个土类，潮土、砂姜黑土各占全乡土地面积的 40%，黄褐土占全乡土地面积不到 20%，有黏覆砂姜黑土、灰小两合土、灰两合土、浅位黏化洪冲积黄褐土、

洪冲积黄褐土、灰淤土、黏质薄覆砂姜黑土、壤覆砂姜黑土、两合土、青黑土、底沙灰两合土11个土种。百尺乡地处黄淮平原，土壤肥沃，气候温和，主要盛产小麦、玉米、花生、大豆、芝麻等农作物，是一个典型的农业大乡。名胜古迹有市文物保护单位夏庄民宅、县文物保护单位前王村玄武寺遗址。2018年，百尺乡以加速崛起、富民强乡为目标，立足实际，主动谋划，积极作为，扎实推进，较好地完成了各项工作阶段性任务，保持了经济社会各项事业的稳定、健康、全面发展。国内生产总值7.68亿元，三次产业结构为30.4∶16.4∶53.2。

2018年百尺乡主要经济指标情况表

表83

项　目	单　位	完成数	比上年增减（%）
国内生产总值	万元	76800	8.1
农业总产值	万元	19798	4.2
粮食总产量	吨	67925	4.5
畜牧业总产值	万元	11960	−8
工业总产值	万元	36623	7.5
全社会固定资产投资	万元	32120	33.8
财政收入	万元	383	70.2
财政支出	万元	2470.7	242.9
农民人均纯收入	元	9227	8.5

【农　业】 2018年，全乡小麦种植面积达到7.2万亩，平均产量突破475.9千克；玉米种植面积2.2万亩，平均产量496.8千克。百尺乡土地流转面积持续扩大，农业产业结构不断调整优化。依托新型农业经营主体流转（托管）土地2.1万亩左右，涌现出上蔡县银恒种植专业合作社、上蔡县豫中肥王养殖有限公司等先进带贫企业。在大力发展瓜果、蔬菜等作物的大棚种植与绿色种植的同时，大力扶持生猪、肉牛、鸡、鸭、鹅等畜禽养殖，形成以窦庄、杨阁、下地韩、下地关、百尺寺、贾湾为主的畜禽养殖村，尤其是窦庄村的生猪养殖全县闻名。全乡共有养殖场90家，有标准化养殖小区15个。百尺乡经过组织准备、宣传培训、分策实施、清查核实、审核批复、结果公示等阶段，按时保质完成全乡19个村的农村集体资产清产核资工作。进一步规范与完善了农村财务管理制度，明晰了农村集体产权归属，保障与维护了农村集体合法权益。2018年，共发放应急涵管600余根，水利设施基本得到完善。新增廊道绿化8.8千米，新植树木1万多棵；新增水系造林9.7千米，植树1.5万棵；林网植树12万棵，林网网格基本形成。水系绿化受到县委县政府的表彰。与生态护林员签订用工协议，加强林木的管护，确保植树造林成果。

【商贸服务业】 百尺乡根据推进集镇建设、繁荣活跃商贸经济的发展思路，加强监管，规范市场，抓住重点，择优扶强。入住商户200余家的供销社集贸市场运行良好，百尺集北兴建的万豪商业街、中玉商业街规模日益壮大，满足了百尺乡日益繁荣的商业发展，提升了商贸综合实力，使百尺乡商贸经济保持稳定健康发展的良好势头。

【脱贫攻坚】 2018年，百尺乡共有建档立卡贫困户1107户，3267人。其中未脱贫618户1519人，2018年脱贫298户1018人。积极推动扶贫基地建设，百尺乡初步形成以上蔡县银恒种植专业合作社、上蔡县豫中肥王养殖有限公司、上蔡县陈会丽皮具加工厂等为主的种植、养殖和皮具加工产业扶贫格局，为贫困户提供就业岗位600个。百尺乡依托新型农业经营主体已流转（托管）贫困户土地3000亩左右，贫困户种植瓜果、花生等经济作物1761.6亩，百尺乡2018年共计发放种植补贴704473.6元，全乡初步形成了“一村一品”的格局。2018年新建村室5个、卫生室6个、文化中心9个，安全饮水改造4个村，实现了安全饮水全覆盖。新修通村道路43.618千米，安装路灯3038盏，新建水冲式厕所11座，危房改造297户。共安置护林员、保洁员、公路养护员、优抚对象联络员、巡河员、托养中心护理员、交通安全劝导员和光伏电站管护员464人，人均年增加收入6000元以上，均已足额发放到位。百尺乡涉及9

个村的光伏电站均已建成并投入使用，1108户贫困户的光伏扶贫收益资金均已发放到位。2018年度集体经济自建、入股企业11个村，其中自建5个，建设集体围村林2400亩，实现了19个村集体经济全覆盖。百尺乡依托南阳牧原集团、上蔡县银恒种植专业合作社、上蔡县欣然养殖专业合作社、秀菲尔、金山村寨等企业和贫困户小额信贷，共带动575户贫困户稳定增收。

2018年7月25日，县委书记胡建辉（右一）、常务副县长闫峰（右二）到百尺乡朱洼村调研脱贫攻坚工作
于 洋 摄

【招商引资和项目建设】 百尺乡强力推进项目建设。位于百尺寺村的万头标准化肉牛养殖场项目集区占地共956.85亩，总投资约7亿元。其中一期牛场建设占地454亩，投资约3亿元。各项工程在紧张的施工过程中。

【改善农村人居环境工作】 成立人居环境治理领导小组，制定方案，明确目标任务和工作重点。共投资2600余万元，硬化村内道路138.66千米，种植树木62340棵。新建公厕11座，新建垃圾池9个，农村生活垃圾得到一定治理，村容村貌得到很大提升。百尺集投入50余万元铺设人行道地砖750米、柏油路面700米，栽种绿化树300余棵，新配置垃圾箱100个、垃圾清运车3辆、三轮车15辆及其他必备的环卫设备。成立街道管理办公室，配备专职管理人员和保洁人员26人，负责集镇环境卫生工作。实行班子成员路长制和机关干部职工路段制，乡直各单位各部门分包路段，与沿街农户、商户签订门前“五包”责任书，完善群建群管的长效机制。与康盈公司合作，实行市场化运作，确保垃圾不积存、卫生常打扫、路面常清洁。

【生态环境建设】 建立健全河长制，以河流清洁百日行动为契机，对百尺乡境内的三条河流进行拉网式排查，对排查出的排污口立即进行封堵并责令排污单位限时整改。巡河员定期清理河道内及两侧的垃圾，发现问题及时整改。从源头上治理农村污染，2018年拆除5家非法加油站，“双替代”补贴327户。在夏秋两季秸秆禁烧工作中，实行网格化管理模式，加大宣传力度和财政投入，层层签订责任书，责任落实到人，实现工作责任全覆盖，“蓝天卫士”24小时值守，群众秸秆还田的意识有了很大的提高，秸秆禁烧实现了零火点的新突破。为切实做好安全生产和大气污染防治工作奠定基础。

【教育文化卫生】 2018年持续加强教师队伍建设，提高教学质量，圆满完成了2018年的教育教学任务。中招考试中乡初级中学入围县一高分数线118人，被县委县政府表彰为中招先进单位，整体工作居全县同类中学前列。2018年共建成9座村级综合文化服务中心，新建了6个村卫生室，配备了基本服务设备，改善了村级医疗卫生条件。群众自发组织腰鼓队、舞蹈队，开展丰富多彩的文化活动，丰富了群众的文化生活。全年出生635人，出生率9.64‰，二胎出生284人，出生人口性别比平衡。孕前优生检测232对，“双筛”筛查412例。落实计划生育奖励扶助资金431820元。

【社会保障】 百尺乡共有低保1561户2183人，共发放低保金377.77万元。供养特困人员354户384人，发放供养金154.39万元。发放优抚款237万元、残疾人两项补贴82.66万元、临时救助9万元。医疗救助97户，危房改造297户，整治

“空心房”328处。2018年新型农村社会养老保险参保率达到90%，集中征缴19820人428.71万元。领取养老金11183人，共发放养老金1253万元。

【社会治理】 加大资金投入，技防监控设施进一步完善，实现全乡技防监控设施全覆盖。做好矛盾纠纷排查调处和治安防控，加强治安巡逻。深入推进扫黑除恶专项斗争，多次召开党委及乡村干部会议，传达中央、省、市、县扫黑除恶会议精神，定期排查上报。百尺乡的平安建设取得显著成效，群众满意度和安全感明显提高。全面落实“四包一”责任制、领导带班值班制度和重要会议、节假日“零报告”制度。集中解决信访问题“百日会战”期间共累计办结信访案件17件，息诉率达到94%。2018年共化解矛盾33起，解决信访案件42起。进一步加大安全生产宣传、监管和巡查力度。制定乡领导干部安全生产联系村、联系企业包保责任制、一岗双责制，配专职安监干部3名，配有“扫黄打非”专职干部6人，定期开展安全生产综合检查和专项检查。消除安全隐患20处，全乡全年无重大安全事故发生。在加强食品药品安全知识宣传的同时，深入开展食品药品安全整治工作，共计出动执法车辆150余次、出动执法人数700多人次，下达责令整改通知书43份。2018年度共计查处药品案件22起，结案22起，罚款16547元；食品案件7起，结案7起，罚款21500元。

【党建工作】 持续开展作风整治。积极发挥民主生活会、廉政党课、警示教育等重要作用，在全乡形成“守底线、敢担当、有作为、见成效”的浓厚氛围。严格落实班子成员“一岗双责”制度。按照“谁分管、谁负责”和“一岗双责”的要求，班子成员既抓好分管的业务工作，又以同等的精力抓好分管站办所的党风廉政建设。以“巡视整改和以案促改”专题民主生活会为载体，进一步强化党的政治纪律、组织纪律。2018年，收到上级交办和群众举报以及执纪检查发现的问

2018年7月9日，百尺乡开展第二季度“逐村观摩、整乡推进”活动　　赵梦琦　摄

题线索共23起（上级交办13起，其中包括省巡视组交办2起，2起合并办理案件），立案9起，结案4起，查结待汇报5起，初核了结7起，1起正在初核中，2起信访件暂存待查。加大村级活动场所标准化规范化建设力度。利用上级补助资金和村自筹资金，鸳店、杨阁、前王、百尺集、竹园张5个村的新建村室项目已基本竣工。严格按照程序顺利选举产生124名村“两委”干部，年龄和知识结构得到了进一步优化。加强乡村两级班子建设。每月进行一次中心组学习，认真落实“三会一课”、民主评议党员等组织生活制度。通过深入开展软弱涣散和后进村党组织整顿工作，全面加强了村级班子建设。对村级后备人才和致富带头人开展培训。严格按照“双推双评三全程”规范要求严把党员“入口关”，2018年培训入党积极分子20人，上报发展党员13人，转正10人。定期开展班子成员和支部书记讲党课活动，培训党员干部12期1300多人次。共收缴党费20000余元。积极推动各项活动开展，持续深入开展“六面红旗村”争创、“逐村观摩、整乡推进”和基层党建问题“三集中”活动，提升党建工作成效。下地关村被县委县政府授予“六面红旗村”荣誉称号。深入推进“两学一做”学习教育常态化制度化，坚持每周一、周四学习，加强干部职工理论学习。认真学习中共十九大精

神和习近平新时代中国特色社会主义思想，邀请县党校专家为百尺乡党员干部做专题辅导，各党支部开展专题学习38次。设立新时代文明实践站，共投入10万元，为12个村建设新时代文明实践站，阵地作用得以充分发挥。建立党外领导干部和后备干部人才库。

百尺乡直属部门及驻乡机构主要负责人一览表

表84

单　位	负责人	单　位	负责人
党政办	李严威	计生中心	张域栋
农业中心	张春耀	村镇中心	李　威
文化中心	谢海威	社保所	刘立新
国土资源所	马丽花	电管所	姬红岩
财政所	朱　根	司法所	刘占华
中心学校	陈洪斌	卫生院	朱玉珍
农商银行	陈建房	电管所	姬红岩
派出所	张少华	食药监所	赵　磊
邮政所	张丽娜	工商所	朱广运
国税所	郭中信	电信所	刘永亮
地税所	聂志伟	供销社	王国峰

百尺乡所辖建制村（社区）基本情况表

表85

村（社区）别	总面积（平方千米）	耕地面积（公顷）	总人口（人）	支部书记	村委主任
朱　洼	5.9853	470.45	5943	郑登峰	关耀忠
葛　湾	4.3916	348.37	4046	葛云山	葛云山
河涯刘	3.3639	269.22	3464	刘志有	周天良
百尺寺	3.8896	285.02	4662	刘友良	刘水东
苏　口	3.7199	279.52	2987	苏现府	苏平均
纸　张	3.9797	334.99	2633	赵国民	赵洪涛
堤草王	5.0972	411.09	3213	王广宇	王更良
下地关	8.3282	684.92	6979	赵贺军	李本田
下地韩	5.3317	428.81	4725	周　奎	韩四发
百尺集	3.4321	268.93	2924	张新全	张双合
贾　湾	4.1887	334.11	4042	刘战洪	肖月娥
竹园张	1.3849	107.95	1529	王俊彦	王少康
窦　庄	4.3097	343.91	3726	肖光亚	肖志军
杨　阁	5.6984	444.66	4503	文海全	
大何庄	3.9743	315.35	3848	朱自合	
鸳　店	2.9101	147.59	4809	刘安民	李红卫
张王楼	2.5034	194.36	2337	张新阁	张东平
单　庄	3.1383	251.63	2830	董少华	
前　王	4.052	319.2	4457	王付营	谢保华

（赵梦琦）

人物　荣誉

英模人物

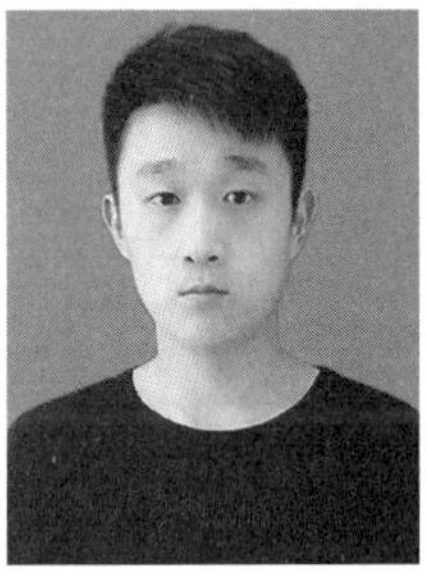

刘续攀　男，1996年3月出生，河南省上蔡县五龙镇孟楼村村民。2017年12月25日上午10时许，驻马店市铜山大道与纬十路交叉口发生一起车祸，司机受重伤被困车内。情况万分紧急关头，刘续攀驾车路过，他立即调转车头救援受伤司机，在周围群众协助下将司机从车内营救出后又将受伤司机送往驻马店市中心医院，中途路遇前去接伤员的急救车，刘续攀帮助急救车上的医护人员将受伤司机抬上急救车，随后又到市中心医院帮助安置病人。

其实，这已是刘续攀第三次抢救车祸中的伤员。2018年7月，刘续攀荣以危急时刻三次救人的动人事迹登中央文明办发布的2018年7月见义勇为类“中国好人榜”。

赵超锋　男，上蔡县农机安全监理站干部。赵超锋从事农机监理工作18年，热爱自己的本职工作，把真情奉献给农机监理事业，奉献给全县的农民机手。2009年3月16日下午，他和同事正在齐海乡进行田间路查时，忽然发现一辆农用三轮车翻在了约两米深的公路沟内，他立刻招呼周围群众救出驾驶员，伤者抬上监理车，及时送往医院，并垫付医疗费用900元，因抢救及时伤者免致残疾。赵超锋工作兢兢业业、勤勤恳恳。变以前坐等群众上门检审为送检上门，把检审点设在农机手的家门口，把培训班办到农村田间路边，主动热情接待农机手，并在办理业务中无偿为机手提供维修、保养机具等服务，做到工作上有了新的突破。他组织农机监理人员经常性开展农机安全生产大检查、隐患排查、变型拖拉机专项整治、“打非治违“等专项活动，使农机安全生产形势持续稳定好转，全县农机行业无牌行驶、无证驾驶、酒后驾驶、载人载客等违法违规现象明显下降，实现了全县农机事故万台死亡率控制在3.0以下。2019年1月，被农业农村部应急管理部授予2018年度全国农机安全管理示范岗位标兵。

张全收　男，1969年8月生，河南省上蔡县人，汉族，中共党员，本科学历，现任上蔡县朱里镇拐子杨村党支部书记、村委会主任，深圳全顺人力资源公司党委书记、董事长。第十一届、十二届、十三届全国人大代表。张全收首创的“全顺模式”，安排200多万人次农民工就业，为农民工创造了100多亿元的劳务收入，被誉为“农民工司令”。2008年，张

全收当选为拐子杨村支部书记。他先后筹集资金100万元，建起了10座扶贫蔬菜温棚，无偿让贫困户种植。2018年10月，张全收荣获2018年度河南省脱贫攻坚奖奋进奖。

先进名录

2018年上蔡县先进集体一览表

表86

获奖单位	荣誉称号	授奖单位	授奖时间
上蔡县	全国脱贫攻坚奖组织创新奖	国务院扶贫开发领导小组	2018年10月
上蔡县	全国助残先进集体	国务院残疾人工作委员会	2019年5月
上蔡县	全国平安农机示范县	农业农村部、应急管理部	2019年1月
上蔡县	河南省红旗渠精神杯竞赛先进县	省政府	2019年3月
上蔡县	河南省“四好”农村路示范县	河南省交通运输厅、省农业农村厅、省扶贫开发办公室	2019年5月
上蔡县	2018年全省信访事项复查复核工作成绩突出单位	省政府信访事项复查复核委员会	2019年4月
县政府	2018年安全生产先进单位	省政府安全生产委员会	2019年3月
上蔡县	驻马店市脱贫攻坚工作先进县	市委、市政府	2019年5月
上蔡县	2018年度对外开放和招商引资工作先进单位	市委、市政府	2019年4月
上蔡县	第二十一届中国农产品加工业投资贸易洽谈会筹办工作先进单位（展示贸易工作方面）	市委	2019年6月
上蔡县	全市改善农村人居环境先进县	市政府	2019年3月
上蔡县	2018年度安全生产工作先进单位	市政府	2019年7月
上蔡县	全市“扫黄打非”工作先进县	市扫黄打非领导小组	2019年3月
上蔡县	2018年度信访矛盾化解攻坚暨集中解决信访问题百日会战成绩突出县区	市信访工作联席会议	2019年3月
县产业集聚区	驻马店市服务项目建设和企业工作先进单位	市委、市政府	2018年4月
县电信公司	先进党组织	中共中国电信河南分公司委员会	2018年6月
县电信公司	天翼强县虎跃团队	中国电信股份有限公司河南分公司	2019年2月
县纪监委	2018年度全省纪检监察信息工作优秀单位	省纪委监委	2019年4月
县教体局	河南省教育宣传“特优”县	省教育厅	2018年3月
县教体局	河南省生源地信用助学贷款工作考核优秀单位	省教育厅、开发银行河南省分行	2018年12月
县交通局	全省普通干线公路建管养一体化改革试点县年度综合考评第一名	省交通运输厅公路局	2019年4月
县民政局	省级文明单位	省委、省政府	2018年2月
县民政局	省级卫生先进单位（2018—2020）	省爱卫会	2018年6月
县审计局	全市审计工作先进县区	市政府	2019年3月
县审计局	全市审计信息化工作先进单位	市政府	2019年3月
县国土资源局	省级卫生先进单位	省爱卫会	2018年6月
县国土资源局	市级文明单位	市委、市政府	2018年6月
县国土资源局	2017年度国土资源信访稳定工作先进单位	省国土资源厅	2018年4月
县国土资源局	2017年度维护中共十九大期间信访稳定工作先进单位	省国土资源厅	2018年4月
县公安局	涉法涉诉积案化解工作先进单位	省公安厅	2018年4月
县公安局110指挥中心	河南省巾帼建功标兵	省妇联	2018年9月
县公安局看守所、拘留所	全省公安监管系统安全文明管理成绩突出监所	省公安厅	2019年3月

续表 86

获奖单位	荣誉称号	授奖单位	授奖时间
县公安局警务保障室	全省公安机关警务保障工作先进集体	省公安厅	2019 年 3 月
县公安局控申股	2018 年度全省公安信访工作先进集体	省公安厅	2019 年 4 月
县国税局	五一劳动奖状	市委、市政府	2018 年 5 月
县总工会	市级文明单位	市委、市政府	2018 年 6 月
县检察院	2018 年检察宣传工作先进单位	省人民检察院、检察日报社驻河南记者站、《公民与法》杂志社	2018 年 10 月
县检察院	2018 年度全国检察宣传先进单位	最高检、检察日报社	2018 年 9 月
韩寨镇	全国 2018 年度老区宣传工作优秀奖	中国老区建设促进会	2018 年 6 月
黄埠镇党委	驻马店市先进党组织	市委	2019 年 6 月
黄埠镇政府	2018 年平安建设先进单位	市委、市政府	2019 年 7 月
黄埠镇政府	驻马店市脱贫攻坚工作先进单位	市委、市政府	2019 年 5 月
黄埠镇农普办	河南省第三次全国农业普查突出贡献集体	省第三次全国农业普查领导小组	2018 年 12 月
东洪镇人民调解委员会	全国人民调解工作先进集体	司法部	2018 年 5 月
邵店镇政府	河南省“平安农机”示范镇	省农业机械管理局、省安全生产监督管理局	2018 年 9 月
芦岗街道	2018 年度老区宣传工作优秀奖	中国老区建设促进会	2018 年 6 月
芦岗街道朱庄社区	全国综合减灾示范社区	民政部	2018 年 1 月
芦岗街道朱庄社区	河南省综合减灾示范社区	省减灾委员会、省民政厅	2018 年 8 月
杨集镇	河南省“平安农机”示范镇	省农业机械管理局、省安全生产监督管理局	2018 年 9 月
五龙镇机关	省级卫生单位	省爱国卫生运动委员会	2018 年 12 月
五龙镇机关	市级文明单位	市委、市政府	2018 年 6 月
五龙镇	河南省“平安农机”示范镇	省农业机械管理局、省安全生产监督管理局	2018 年 9 月
五龙镇	驻马店市脱贫攻坚工作先进乡镇	市委、市政府	2019 年 5 月
五龙镇	驻马店市创建国家森林城市工作先进集体	市委、市政府	2018 年 11 月
洙湖镇	驻马店市第三次全国农业普查突出贡献集体	市第三次全国农业普查领导小组	2019 年 1 月
洙湖镇	2018 年度全市信访工作先进单位	市信访工作联席会议	2019 年 3 月
东岸乡	河南省“平安农机”示范乡	省农业机械管理局、省安全生产监督管理局	2018 年 9 月
无量寺乡	河南省“平安农机”示范乡	省农业机械管理局、省安全生产监督管理局	2018 年 9 月
无量寺乡	驻马店市信访工作先进乡镇	市委、市政府	2018 年 4 月
无量寺乡	2018 年度平安建设工作优秀单位	市委、市政府	2018 年 12 月
杨屯乡	驻马店市信访工作先进单位	市信访工作联席会议	2019 年 3 月
杨屯乡	市平安建设工作先进单位	市委、市政府	2018 年 12 月
杨屯乡	2018 年度老区宣传工作优秀奖	中国老区建设促进会	2018 年 6 月
卧龙街道	河南省“平安农机”示范办事处	省农业机械管理局、省安全生产监督管理局	2018 年 9 月
重阳街道	驻马店市脱贫攻坚工作先进乡镇	市委、市政府	2019 年 5 月
重阳街道豫苑社区	河南省综合减灾示范社区	省减灾委员会、省民政厅	2018 年 8 月
重阳街道武装部	武装工作基层建设先进单位	市委、市政府、军分区	2019 年 5 月
党店镇	驻马店市创建国家森林城市工作先进集体	市政府	2018 年 12 月
党店镇	信访工作先进单位	市信访工作联席会议	2018 年 3 月

2018年上蔡县先进个人一览表

表87

姓 名	工作单位	荣誉称号	表彰单位	表彰时间
胡建辉	县委	2015—2017年度河南省红旗渠精神杯竞赛活动先进个人	省政府	2019年4月
段松涛	县人社局	河南省优秀工会积极分子	省总工会	2018年6月
尚盼盼	县文广新局	河南省“弘扬焦裕禄精神做出彩河南人”微型党课十佳宣讲员	省委组织部、宣传部	2018年5月
明富森	县政协	宣传工作先进个人	省政协办公厅	2018年11月
赵超锋	县农机局	2018年度全国农机安全监理示范岗位标兵	农业农村部、应急管理部	2019年1月
万 鹏	县电信公司	省级先进工作者	中国电信河南公司	2019年2月
陈晓卫	县纪监委	2018年度全省纪检监察信息工作先进个人	省纪委监委	2019年3月
柳书波	县教体局	全省教育宣传先进工作者	省教育厅	2018年3月
张琪洲	上蔡县第一高级中学	河南省名师	省教育厅	2018年8月
张长弓	上蔡县第一高级中学	河南省名师	省教育厅	2018年8月
刘武军	上蔡县思源中学	河南省名师	省教育厅	2018年8月
宋燕晖	上蔡县第三小学	河南省名师	省教育厅	2018年8月
李文英	上蔡县蔡沟乡火神小学	河南省名师	省教育厅	2018年8月
王 妹	上蔡县第二小学	河南省名师	省教育厅	2018年8月
娄慧娟	上蔡县第二高级中学	河南省骨干教师	省教育厅	2018年8月
何爱银	上蔡县第一高级中学	河南省骨干教师	省教育厅	2018年8月
乔永军	上蔡县第一高级中学	河南省骨干教师	省教育厅	2018年8月
宋鸿福	上蔡县第一高级中学	河南省骨干教师	省教育厅	2018年8月
李金磊	上蔡县第一高级中学	河南省骨干教师	省教育厅	2018年8月
梁艳玲	上蔡县第一初级中学	河南省骨干教师	省教育厅	2018年8月
李东波	上蔡县蔡沟乡初级中学	河南省骨干教师	省教育厅	2018年8月
赵红伟	上蔡县齐海乡齐海初级中学	河南省骨干教师	省教育厅	2018年8月
夏东升	上蔡县第二初级中学	河南省骨干教师	省教育厅	2018年8月
吴静涵	上蔡县第一初级中学	河南省骨干教师	省教育厅	2018年8月
顾志松	上蔡县东岸乡东岸中心小学	河南省骨干教师	省教育厅	2018年8月
王 美	上蔡县韩寨乡初级中学	河南省骨干教师	省教育厅	2018年8月
肖文献	上蔡县和店乡芦村初级中学	河南省骨干教师	省教育厅	2018年8月
苑盼盼	上蔡县黄埠镇第一初级中学	河南省骨干教师	省教育厅	2018年8月
苗 耿	上蔡县齐海乡齐海初级中学	河南省骨干教师	省教育厅	2018年8月
王艳玲	上蔡县思源中学	河南省骨干教师	省教育厅	2018年8月
王世豪	上蔡县东岸乡第一初级中学	河南省骨干教师	省教育厅	2018年8月
王玲格	上蔡县东洪乡中心学校	河南省骨干教师	省教育厅	2018年8月
王彦芹	上蔡县杨集镇初级中学	河南省骨干教师	省教育厅	2018年8月
刘江涛	上蔡四中	河南省骨干教师	省教育厅	2018年8月
刘四民	上蔡县洙湖镇第一初级中学	河南省骨干教师	省教育厅	2018年8月
张会影	上蔡县黄埠镇第一初级中学	河南省骨干教师	省教育厅	2018年8月
王 宇	上蔡县第二初级中学	河南省骨干教师	省教育厅	2018年8月
刘建设	上蔡县百尺乡第二初级中学	河南省骨干教师	省教育厅	2018年8月
王清华	上蔡县东洪乡初级中学	河南省骨干教师	省教育厅	2018年8月
甘新伟	上蔡县无量寺乡初级中学	河南省骨干教师	省教育厅	2018年8月
刘 娟	上蔡中学	河南省骨干教师	省教育厅	2018年8月
董焕君	上蔡县第十九小学	河南省骨干教师	省教育厅	2018年8月

续表 87

姓 名	工作单位	荣誉称号	表彰单位	表彰时间
闫雁群	上蔡县教师进修学校	河南省骨干教师	省教育厅	2018 年 8 月
刘 阳	上蔡县西洪乡第一初级中学	河南省骨干教师	省教育厅	2018 年 8 月
李 霞	上蔡县东洪镇中心小学	河南省骨干教师	省教育厅	2018 年 8 月
吕祺凤	上蔡县邵店镇集北小学	河南省骨干教师	省教育厅	2018 年 8 月
王庆亚	上蔡县百尺乡堤草王小学	河南省骨干教师	省教育厅	2018 年 8 月
朱永花	上蔡县崇礼乡孙庄小学	河南省骨干教师	省教育厅	2018 年 8 月
李鹏辉	上蔡县东岸乡王堂小学	河南省骨干教师	省教育厅	2018 年 8 月
付春丽	上蔡县杨集镇大付营小学	河南省骨干教师	省教育厅	2018 年 8 月
张俊伟	上蔡县塔桥乡盆王小学	河南省骨干教师	省教育厅	2018 年 8 月
苏灵旭	上蔡县大路李乡肖里王小学	河南省骨干教师	省教育厅	2018 年 8 月
朱彩红	上蔡县大路李乡孟窑小学	河南省骨干教师	省教育厅	2018 年 8 月
孔继东	上蔡县芦岗街道文楼小学	河南省骨干教师	省教育厅	2018 年 8 月
肖 阳	上蔡县华陂镇大赵小学	河南省骨干教师	省教育厅	2018 年 8 月
徐河山	上蔡县东岸乡东岸小学	河南省骨干教师	省教育厅	2018 年 8 月
何振怀	上蔡县党店镇中心学校	河南省骨干教师	省教育厅	2018 年 8 月
钟晓琴	上蔡县杨屯乡中心幼儿园	河南省骨干教师	省教育厅	2018 年 8 月
孙朝阳	上蔡县无量寺乡寺西小学	河南省骨干教师	省教育厅	2018 年 8 月
朱春蕾	上蔡县小岳寺乡初级中学	河南省优秀教师	省人社厅、省教育厅	2018 年 9 月
李东波	上蔡县蔡沟乡初级中学	河南省优秀教师	省人社厅、省教育厅	2018 年 9 月
赵平华	上蔡县韩寨乡初级中学	河南省优秀教师	省人社厅、省教育厅	2018 年 9 月
张全齐	上蔡县第三小学	河南省优秀教师	省人社厅、省教育厅	2018 年 9 月
王学芳	上蔡县职业中等专业学校	河南省优秀教师	省人社厅、省教育厅	2018 年 9 月
黄志刚	上蔡县第二高级中学	河南省优秀教师	省人社厅、省教育厅	2018 年 9 月
张琪洲	上蔡县第一高级中学	河南省优秀教师	省人社厅、省教育厅	2018 年 9 月
蔡志强	上蔡县第一高级中学	河南省优秀教师	省人社厅、省教育厅	2018 年 9 月
夏永奎	上蔡县第六初级中学	河南省教育厅学术技术带头人	省教育厅	2018 年 6 月
翟长海	上蔡县第一高级中学	河南省教育厅学术技术带头人	省教育厅	2018 年 6 月
王雪华	上蔡县第一高级中学	河南省教育厅学术技术带头人	省教育厅	2018 年 6 月
李奎武	上蔡县教师进修学校	河南省教育厅学术技术带头人	省教育厅	2018 年 6 月
张春花	上蔡县华陂镇华南小学	孝老爱亲类河南好人	省文明办	2018 年 1 月
何 扬	县邮政局	优秀企业管理者	省邮政分公司	2019 年 1 月
付红梅	县邮政局	优秀支局经理	省邮政分公司	2019 年 1 月
刘建勇	县艾防办	2018 年度艾滋病防治工作先进个人	省卫健委	2019 年 1 月
田 军	县政法委	2018 年度全市扫黑除恶专项斗争工作优秀个人	市委、市政府	2019 年 3 月
张炳辉	县国土资源局	2017 年度国土资源信访稳定工作先进个人	省国土资源厅	2018 年 4 月
李朝伟	县国土资源局	2017 年度维护中共十九大期间信访稳定工作先进个人	省国土资源厅	2018 年 4 月
陈春志	上蔡县拘留所	全国公安监管系统工作成绩突出个人	公安部	2018 年 2 月
龚冬至	县公安局治安大队	全市安全生产先进工作者	市政府	2018 年 4 月
张 昆	县公安局西洪派出所	全省公安机关优秀舆论引导员	省公安厅	2018 年 4 月
何京京	县人民检察院	2017 年度全国检察宣传工作先进个人	检察日报社	2018 年 3 月
郭永刚	县人民检察院	全省检察机关公文写作标兵	省检察院	2018 年 11 月
王 霆	邵店镇政府	2018 年度平安建设工作先进个人	市委、市政府	2019 年 7 月
席秋阳	黄埠镇政府	2018 年度平安建设工作先进个人	市委、市政府	2019 年 7 月
王丽丹	黄埠镇政府	全市残疾人脱贫攻坚工作先进个人	市委、市政府	2018 年 11 月

续表 87

姓 名	工作单位	荣誉称号	表彰单位	表彰时间
田朝阳	黄埠镇政府	2018 年度驻马店市脱贫攻坚工作先进个人	市委、市政府	2019 年 5 月
田朝阳	黄埠镇政府	驻马店市先进党务工作者	市委	2019 年 6 月
李松涛	黄埠镇政府	全省计划生育先进工作者	省卫生和计划生育委员会	2018 年 3 月
常正顺	黄埠镇政府	2018 年度驻马店市脱贫攻坚工作先进个人	市委、市政府	2019 年 5 月
岳 强	崇礼乡政府	驻马店市 2017 年度脱贫攻坚工作先进个人	市委、市政府	2018 年 5 月
朱广耀	重阳街道统计站	驻马店市第三次全国农业普查突出贡献个人	市第三次全国农业普查小组	2019 年 1 月
张 民	华陂镇政府	优秀党务工作者	中共驻马店市委	2019 年 6 月
张化祥	党店镇党政办	驻马店市信访工作先进个人	市信访工作联席会议	2018 年 3 月
贾学俭	蔡沟镇党委	优秀党务工作者	市委	2019 年 6 月
秦彭伟	齐海乡政府	2018 年度驻马店市脱贫攻坚工作先进个人	市委、市政府	2019 年 5 月
张艳菊	芦岗街道办事处	河南省第三次全国农业普查突出贡献个人	省第三次全国农业普查领导小组	2018 年 12 月
乔振华	县统计局	河南省第三次全国农业普查突出贡献个人	省第三次全国农业普查领导小组	2018 年 12 月
秦彭伟	齐海乡政府	河南省第三次全国农业普查突出贡献个人	省第三次全国农业普查领导小组	2018 年 12 月

2018 年新晋高级职称人员一览表

表 88

类 别	姓 名	性 别	工作单位
中小学高级教师（共 112 人）	孙瑞中	男	上蔡县齐海乡初级中学
	李 艳	女	上蔡县齐海乡小学
	李付怀	男	上蔡县塔桥镇初级中学
	邱丽娜	女	上蔡县塔桥镇初级中学
	张永庆	男	上蔡县塔桥镇初级中学
	王永才	男	上蔡县塔桥镇初级中学
	李学斌	男	上蔡县塔桥镇小学
	王保民	男	上蔡县塔桥镇小学
	张继红	男	上蔡县蔡沟乡初级中学
	任俊峰	男	上蔡县蔡沟乡初级中学
	朱四清	男	上蔡县蔡沟乡小学
	邓海红	女	上蔡县杨集镇初级中学
	宋春玲	女	上蔡县杨集镇初级中学
	常凤华	女	上蔡县杨集镇小学
	张书喜	男	上蔡县杨集镇小学
	党俊丽	女	上蔡县崇礼乡初级中学
	朱春霞	女	上蔡县崇礼乡初级中学
	范伟华	男	上蔡县崇礼乡小学
	化喜红	女	上蔡县崇礼乡小学
	李爱荣	女	上蔡县韩寨乡初级中学
	韩 俊	女	上蔡县韩寨乡初级中学
	张 傲	男	上蔡县韩寨乡小学
	孙世红	男	上蔡县韩寨乡小学
	张银鹏	女	上蔡县东岸乡初级中学
	袁雪锋	男	上蔡县东岸乡初级中学

续表 88

类　别	姓　名	性　别	工作单位
中小学高级教师（共 112 人）	景高强	男	上蔡县东岸乡初级中学
	秦爱军	男	上蔡县东岸乡小学
	张学东	男	上蔡县东岸乡小学
	关永毡	女	上蔡县朱里镇初级中学
	蒋向锋	女	上蔡县朱里镇小学
	杨铁炯	男	上蔡县朱里镇小学
	孙　整	女	上蔡县小岳寺乡初级中学
	张国文	男	上蔡县小岳寺乡小学
	李金籽	女	上蔡县东洪镇初级中学
	李新芳	男	上蔡县东洪镇小学
	付中海	男	上蔡县西洪乡初级中学
	徐　博	女	上蔡县西洪乡小学
	赵忠勤	女	上蔡县西洪乡小学
	侯爱梅	女	上蔡县华陂镇初级中学
	曹建军	男	上蔡县华陂镇初级中学
	彭雪梅	女	上蔡县华陂镇小学
	陈吨齐	男	上蔡县华陂镇小学
	葛春花	女	上蔡县百尺乡小学
	夏彩云	女	上蔡县百尺乡小学
	张　洁	女	上蔡县大路李乡初级中学
	王素兰	女	上蔡县大路李乡小学
	张维卿	女	上蔡县大路李乡小学
	张继红	女	上蔡县无量寺乡初级中学
	李碧莹	女	上蔡县无量寺乡小学
	周秋云	女	上蔡县无量寺乡小学
	苑卫东	男	上蔡县黄埠镇初级中学
	张治允	男	上蔡县黄埠镇初级中学
	耿利果	男	上蔡县黄埠镇初级中学
	常爱珍	女	上蔡县黄埠镇小学
	张天志	男	上蔡县黄埠镇小学
	孙　贤	女	上蔡县邵店镇小学
	杜秋霞	女	上蔡县邵店镇小学
	孔德丽	女	上蔡县邵店镇小学
	许学彬	男	上蔡县五龙乡初级中学
	杨会丽	女	上蔡县杨屯乡初级中学
	黄永杰	女	上蔡县杨屯乡小学
	赵学亭	男	上蔡县洙湖镇小学
	翟振永	男	上蔡县洙湖镇小学
	翟小芬	女	上蔡县党店镇初级中学
	张艳红	女	上蔡县党店镇初级中学
	张自升	男	上蔡县党店镇小学
	王纪元	男	上蔡县党店镇小学
	刘继存	女	上蔡县和店乡初级中学
	陈银段	女	上蔡县和店乡初级中学
	卓连枝	女	上蔡县和店乡小学
	肖凤勤	女	上蔡县和店乡小学
	张文涛	男	上蔡县和店乡小学

续表 88

类　别	姓　名	性　别	工作单位
中小学高级教师（共 112 人）	刘卫华	男	上蔡县芦岗街道中心学校
	范永仙	女	上蔡县蔡都街道小学
	白慧华	女	上蔡县蔡都街道小学
	陈　馨	女	上蔡县第一高级中学
	豆党锋	男	上蔡县第一高级中学
	王雪华	男	上蔡县第一高级中学
	丁志河	男	上蔡县第一高级中学
	王连杰	女	上蔡县第一高级中学
	张广阔	男	上蔡县第一高级中学
	张慧敏	女	上蔡县第一高级中学
	李高产	男	上蔡县第一高级中学
	胡志强	男	上蔡县第一高级中学
	刘继昂	女	上蔡县第二高级中学
	袁　樱	女	上蔡县第二高级中学
	丁兴华	男	上蔡县第二高级中学
	张丽娟	女	上蔡县第二高级中学
	周　云	女	上蔡县第二高级中学
	刘建兴	男	上蔡县第二高级中学
	和运才	男	上蔡县第二高级中学
	关益昌	男	上蔡县第二高级中学
	梁小彩	女	上蔡县第一初级中学
	杨红举	男	上蔡县第二初级中学
	葛振伟	男	上蔡县基础教育教研室
	范春节	男	上蔡县万象中学初中部
	张海林	男	上蔡县万象中学初中部
	齐玉霞	女	上蔡县万象中学小学部
	袁　要	男	上蔡县苏豫中学高中部
	曹东阁	女	上蔡县苏豫中学初中部
	赵卫清	男	上蔡县卧龙街道小学
	刘稳敬	女	上蔡县重阳街道小学
	刘江涛	男	上蔡县第四初级中学
	赵玉想	女	上蔡县第四初级中学
	刘鸿威	男	上蔡县思源实验小学
	王军建	男	上蔡县思源实验小学
	张亚飞	男	上蔡县思源实验小学
	张军伟	男	上蔡中学高中部
	李存霞	女	上蔡中学初中部
	范　磊	女	上蔡县第六初级中学
	王付允	女	上蔡县第六初级中学
	魏远程	男	上蔡县第六初级中学
高级工程设计师（共 6 人）	李建广	男	上蔡县水利局洪河西洪管理所
	李　焕	女	上蔡县公路管理局
	张云龙	男	上蔡县公路管理局
	彭慧云	女	上蔡县有线电视台
	闫金霞	女	上蔡县有线电视台
	肖俊民	男	河南东恒市政工程有限公司
高级农艺师（共 1 人）	葛凤梅	女	上蔡县农业行政综合执法大队

续表 88

类　别	姓　名	性　别	工作单位
高级畜牧师（共 1 人）	于东丽	女	上蔡县兽药饲料动物产品质检中心
高级经济师（共 1 人）	陈江辉	男	上蔡县国土资源局土地储备中心
高级会计师（共 1 人）	董海军	男	上蔡县财政局卧龙财政所
主任医师（共 4 人）	何墨林	男	上蔡县人民医院
	陈小美	女	上蔡县人民医院
	李俊杰	男	上蔡协和医院
	张付化	男	上蔡协和医院
副主任医师（共 16 人）	周贺伟	女	上蔡县人民医院
	李二民	男	上蔡县人民医院
	王停当	男	上蔡县人民医院
	张三丽	女	上蔡县人民医院
	黎永军	男	上蔡县人民医院
	石亚芳	女	上蔡县人民医院
	龚志高	男	上蔡县人民医院
	刘水云	女	上蔡县人民医院
	马慧清	女	上蔡县人民医院
	何瑞丽	女	上蔡县中医院
	葛俊卿	女	上蔡县蔡都街道卫生院（红十字医院）
	刘凤鸽	女	上蔡县杨集镇卫生院
	朱文义	男	上蔡县和店乡卫生院
	侯春丽	女	上蔡县小岳寺乡计划生育中心
	朱合宜	男	上蔡协和医院
	许国志	男	上蔡协和医院
副主任药师（共 1 人）	李秋芳	女	上蔡县卧龙街道卫生院
副主任护师（共 1 人）	冯　贺	女	上蔡县人民医院
副主任技师（共 1 人）	崔亚伟	男	上蔡县疾病控制中心
副主任中医师（共 6 人）	张雪然	女	上蔡县人民医院
副主任药师（共 1 人）	李秋芳	女	上蔡县卧龙街道卫生院
副主任护师（共 1 人）	冯　贺	女	上蔡县人民医院
副主任技师（共 1 人）	崔亚伟	男	上蔡县疾病控制中心
副主任中医师（共 6 人）	张雪然	女	上蔡县人民医院
	黄国恩	男	上蔡县人民医院
	程宝印	男	上蔡县中医院
	杨彩霞	女	上蔡县朱里镇卫生院
	石学平	男	上蔡县东洪镇卫生院
	段慧敏	女	上蔡县重阳街道计划生育技术服务中心
高级审计师（共 1 人）	徐　晶	女	上蔡县审计局中心所

附　录

主要机构和负责人名录

中共上蔡县委

县委书记：胡建辉

县委副书记：李卫明　李　超（11 月任）

县委常委：胡建辉　李卫明　李　超

闫　峰（11 月离）　桂兆权

张金涛　刘　楠　李　新

刘银业　陈　佳

拜玉宝（5 月离）

马高峰（8 月任）

中共上蔡县纪律检查委员会（县监察委员会）

中共上蔡县纪律检查委员会

书记：李　超

副书记：班泽宇　张　磊

常委：范永举　宋和平　徐卫民　赵春华

县监察委员会

主任：李　超

副主任：班泽宇　张　磊

委员：范永举　宋和平　马月华　王新成

县人民代表大会常务委员会

主任：肖开义

副主任：王保军　朱学礼　李　新　赵　宁

党组成员、享受副县级干部代遇：

李克臣　任铁头　唐宏伟

上蔡县人民政府

县长：李卫明

副县长：闫　峰（11 月离）　刘银业（11 月任）

拜玉宝（6 月离）　吕先坡　陈　剑

雷　鸣　胡艳红　程红玲（8 月任）

马高峰（8 月任）　彭其慧（8 月任）

副县级干部：周民立　李四强　张启福

乡镇街道

蔡都街道

党工委

书记：魏卫国

副书记：张高红　刘鹏飞

芦岗街道

党工委

书记：班泽宇（1 月离）

副书记：翟自力　曹梅仙

重阳街道

党工委

书记：邵亚伟

副书记：葛云亮　陈国华

卧龙街道

党工委
书记：刘卫华
副书记：刘东升　方学军

杨集镇
党委
书记：魏美荣
副书记：郭永华　陈怀中

黄埠镇
党委
书记：苏国忠
副书记：王勇臻　田朝阳

洙湖镇
党委
书记：丁华伟
副书记：单向阳　别　勇

朱里镇
党委
书记：赵建国
副书记：李运华

党店镇
党委
书记：张耀宇
副书记：李　凯　黄殿华

华陂镇
党委
书记：张春香
副书记：叶胜利　张　民

塔桥镇
党委
书记：李慧贤
副书记：何振波　张备战

东洪镇
党委
书记：王银朋
副书记：邢建设　张孔顺

邵店镇
党委
书记：王新伟
副书记：张轶豪　石玉洁

和店镇
党委
书记：张红岩
副书记：王　飞　康文涛

五龙镇
党委
书记：张永喜
副书记：侯红喜　周卫华

韩寨镇
党委
书记：田计划
副书记：邝二红　杨拥亚

蔡沟乡
党委
书记：赵树明
副书记：彭康晖　贾学俭

大路李乡
党委
书记：孙　伟

副书记：徐永辉　王建勋

无量寺乡
党委
书记：赵盘根
副书记：张国政　方望喜

杨屯乡
党委
书记：刘永红
副书记：张宏华　刘振华
纪委书记：王胜利

崇礼乡
党委
书记：杨玉柱
副书记：翟洪东　甘建卫

齐海乡
党委
书记：朱志发

副书记：刘亚峰　袁东红

东岸乡
党委
书记：赵建军
副书记：马建立　段伟刚

小岳寺乡
党委
书记：孙广周
副书记：郑志锋　潘云鹏

西洪乡
党委
书记：刘玉涛
副书记：王彦娥　杨　华　王孝忠

百尺乡
党委
书记：程建党
副书记：夏秋亮　夏军伟

统计资料

2018 年上蔡县国民经济和社会发展统计公报

2018 年，在县委、县政府的正确领导下，全县人民全面贯彻落实习近平新时代中国特色社会主义思想和中共十九大精神，深入贯彻新发展理念，全力打好“三大攻坚战”，统筹做好稳增长、促改革、调结构、惠民生、防风险、保稳定各项工作，全县经济运行保持总体平稳，经济效益和民生水平持续改善，经济社会发展取得新进步。

一、综合

初步核算，全年生产总值（GDP）240.7 亿元，按可比价格计算，比上年增长 7.9%。分产业看，第一产业增加值 41.8 亿元，增长 3.9%；第二产业增加值 94.7 亿元，增长 8.6%；第三产业增加值 104.2 亿元，增长 9.1%。三次产业结构由上年的 19.1∶39.9∶41.0 调整为 17.4∶39.3∶43.3，其中第二产业比重下降 0.6 个百分点，第三产业比重提高 2.3 个百分点。人均生产总值 24726 元。

全年城镇新增就业 9938 人，下岗失业人员再就业 1952 人，就业困难人员再就业 714 人，年末城镇登记失业率 4.5%。农村劳动力转移就业人数 9400 人。

全年居民消费价格总水平比上年增长2.6%。食品类价格增幅较大，比去年同期上涨3.2%。其中，粮食价格上升3.5%，畜肉类价格上涨12.3%，鲜菜上涨4.3%，农业生产资料价格总水平比上年增长1.7%，商品零售价格总水平比上年增长2.5%。

2018年全县生产总值及其增长速度

表89 单位：万元

指　标	绝对数	比上年增长/%
生产总值	2407290	7.9
第一产业	417956	3.9
第二产业	947210	8.6
工业	793784	8.1
建筑业	153426	11.6
第三产业	1042124	9.1
交通运输、仓储和邮政业	94636	6.9
批发和零售业	159217	5.1
住宿和餐饮业	113519	6.3
金融业	91776	4.8
房地产业	44342	8.9
营利性服务业	195675	23.4
非营利性服务业	322522	7.0

2018年全县居民消费价格指数（CPI）

表90

类　别	比上年增减/%
居民消费价格指数（CPI）	102.6
其中：食　品	103.2
烟　酒	100.1
衣　着	101.5
居　住	101.9
生活用品及服务	100.2
交通和通信	100.5
教育文化和娱乐	102.7
医疗保健	112
其他用品和服务	99.2

二、农业

2018年全县耕地面积111999.34公顷。全年农作物总播种面积达到211063公顷。其中，粮食作物播种面积169286公顷，小麦播种面积97770公顷。夏粮面积97770公顷，增长1.96%；秋粮面积71517公顷，增长2.29%。蔬菜面积12386公顷，增长3.86%；油料面积26504公顷，增长3.16%；棉花面积243公顷，增长4.29%。

全年粮食总产量1087959吨，增长2.89%。其中，夏粮产量695878吨，增长–0.73%，夏粮单产产量474.5公斤，增长–2.64%；秋粮产量392082吨，增长9.96%，秋粮单产产量365.5公斤，增长7.5%。

2018年全县主要农产品产量及增长速度

表91

产品名称	单位	产量	比上年增长/%
粮食	吨	1087959	2.89
夏粮	吨	695878	–0.73
秋粮	吨	392082	9.96
油料	吨	94207	1.94
花生	吨	82340	–1.4
油菜籽	吨	3576	–17.47
芝麻	吨	8291	81.3
棉花	吨	270	5.88
蔬菜	吨	431661	2.27

全年实现农林牧渔业总产值773636万元，比上年增长4.2%。其中：农业产值467327万元，增长2.7%；林业产值4485万元，增长6.1%；牧业产值238020万元，增长4.8%；渔业产值11973万元，增长6.9%。农林牧渔服务业产值51831万元，增长4.8%。农林牧渔业增加值429288万元，比上年增长9.5%。其中：农业增加值232818万元，增长2.7%；林业增加值1753万元，增长6.1%；牧业增加值170121万元，增长4.8%；渔业增加值4450万元，增长6.9%。农林牧渔服务业增加值20145万元，增长9.5%。

畜牧业生产稳步发展。全年肉类总产量80273吨；禽蛋总产量28663吨；年末生猪存栏67.04万头，生猪出栏89.2万头；年末牛存栏2.96万头，牛出栏2.2万头；年末羊存栏12.5万头，羊出栏12.9万头；家禽存栏464.5万只，家禽出栏655.8万只。

三、工业和建筑业

2018年年末有规模以上工业企业103家。全县完成全部工业增加值79.4亿元，比上年增长

8.1%。规模以上工业增加值增长8.0%。其中规模以上高新技术产业增加值9.6亿元，比上年增长30.0%。规模以下工业增加值增长8.8%。

在规模以上工业行业大类中农副食品加工业增加值49770万元，下降10.3%；纺织业增加值16954万元，增长9.1%；皮革、皮毛、羽毛及制品和制鞋业增加值78955万元，下降4.1%；化学原料和化学制品业增加值15321万元，增长4.5%；医药制造业增加值41148万元，增长22.8%；食品制造业增加值73309万元，增长9.9%；电力、热力的生产和供应业增加值8493万元，增长86.3%。

2018年完成规模以上工业总产值208亿元，增长12.7%。全部规模以上工业实现主营业务收入206亿元，增长11.4%。

全年产业集聚区规模以上工业增加值完成42.8亿元，增长12.3%，占全县规模以上工业增加值比重98.0%；产业集聚区主导产业增加值完成16.1亿元，增长10.2%，占产业集聚区工业增加值比重37.7%。

全年建筑业总产值30.6亿元，增长20.0%。房屋建筑施工面积82万平方米，比上年下降10.8%。

四、固定资产投资

全年完成固定资产投资80.8亿元，比上年增长11.5%。在固定资产投资中，第一产业投资5.7亿元，下降32.5%；第二产业投资32.3亿元，下降3.0%；第三产业投资42.8亿元，增长39.1%。

全年房地产开发投资完成24.1亿元，比上年增长20.4%。房屋施工面积111.2万平方米，增长4.6%；房屋竣工面积104.7万平方米，增长23.2%；商品房销售面积118.4万平方米，增长31.2%。

2018年产业集聚区固定资产投资完成38.3亿元，下降3.3%。商务中心区固定资产投资完成8.4亿元，下降19.4%。

五、国内贸易

全年社会消费品零售总额完成923725万元，比上年增长11.6%。按销售地域分，城镇零售额619271万元，增长12.9%；乡村304454万元，增长9.1%。分行业看：批发业零售额21534万元，增长2.4%；零售业零售额716928万元，增长12.2%；住宿业零售额2192万元，增长34.6%；餐饮业零售额183071万元，增长10.2%。

六、交通运输和邮电

据交通部门统计，全年公路运输货物周转量296862万吨千米，比上年增长8.0%；公路货物运输量1518万吨，同比增长10.3%。公路旅客周转量98870万人千米，下降4.3%；旅客运输量1265万人次，同比下降4.0%。

邮政业全年完成业务总量14129万元，增长15.2%。

七、财政和金融

据财政部门统计，全年财政一般公共预算收入完成8.03亿元，比上年同比增长20.5%。其中，税收收入4.98亿元，增长19.1%，占一般公共预算收入的62.0%。一般公共预算支出61.85亿元，增长14.4%。其中，教育支出119590万元，增长4.4%；社会保障与就业支出99364万元，增长20.2%；医疗卫生支出103152万元，增长4.3%；农林水事务支出141859万元，增长26.8%。

据金融部门统计，年末金融机构各项存款余额3523790万元，比年初增加348406万元，其中居民储蓄存款余额3043880万元，比年初增加325893万元。金融机构各项贷款余额1109445万元，比年初增加71812万元。

八、教育

据教育部门统计，全县共有普通高中2所，在校生26886人。普通初中41所，九年一贯制学校11所，十二年一贯制学校3所，完全中学1所，在校生61765人。小学387所，教学点151所，在校生118767人。职业中等专业学校1所，在校生983人。特殊教育学校1所，在校生171人。

九、文化、卫生

据文化、广电部门统计，年末全县共有艺术表演团体 1 个，文化馆 1 个，公共图书馆 1 个，广播电台 1 个，电视差转台 1 个，有线电视转播台 1 个。广播人口覆盖率和电视人口覆盖率均达到 100%，有线电视用户 9.9 万户。

据卫生部门统计，年末全县共有卫生机构 35 个，床位 3565 张，专业卫生技术人员 2965 人。其中医生 1579 人，护士 1386 人。医院 2 个，卫生防疫机构 2 个，妇幼卫生机构 1 个。卫生防疫防治机构人员 220 人，妇幼卫生机构人员 55 人，乡（镇）卫生院 26 个，床位 1492 张，卫生技术人员 1098 人。

十、人口

根据人口抽样调查快速汇总数据，2018 年年末全县总人口 154.06 万人。常住人口 97.51 万人，其中城镇人口 37.79 万人。出生率 11.25‰；死亡率 7.12‰；自然增长率 4.13‰。城镇化率为 38.76%。

十一、人民生活和社会保障

全县居民人均可支配收入 16493 元，增长 9.4%。其中城镇居民人均可支配收入 26752 元，比上年增长 8.5%；农村居民人均可支配收入 11542 元，增长 9.1%。

全县居民人均消费性支出 12454 元，增长 9.6%。其中城镇居民人均消费性支出 20412 元，增长 8.2%；农村居民人均消费支出 8613 元，增长 9.9%。

据民政部门统计，2018 年全县发放城镇居民最低生活保障资金 2758 万元，发放农村居民最低生活保障资金 12400 万元。享受城镇最低生活保障 4325 户，城镇最低生活保障人数为 7826 人，享受农村最低生活保障 30417 户，农村最低生活保障人数为 60553 人。全县敬老院发展到 24 个，收养院民 1154 人，农村特困供养 7027 名，全年共计发放特困金 3198 万元。

注：

1. 本公报为初步统计数。

2. 地区生产总值、各产业增加值绝对数按现行价格计算，增长速度按可比价格计算；人均生产总值按平均常住人口计算。

3. 部门数据由所列部门提供。

重要文件选录

上发〔2018〕3 号

中共上蔡县委　上蔡县人民政府
关于实施“靶向攻坚”提升脱贫成效的意见

（2018 年 3 月 17 日）

为全面贯彻落实中共十九大精神，精准解决脱贫攻坚面临的困难和问题，进一步提升脱贫攻坚成效，确保全县如期脱贫，根据中央省市关于脱贫攻坚的会议精神和《中共中央办公厅国务院办公厅关于加强贫困村工作队选派管理的指导意见》，结合我县实际，特制订本意见。

一、指导思想

以习近平新时代中国特色社会主义思想为指导，坚持问题导向，因村施策、分类指导，重点突破、综合治理，整合力量、靶向攻坚，切实推动村级问题有效解决，确保脱贫攻坚责任落实、政策落地、工作落细，为加快建设“富强、文明、活力、平安、美丽”新上蔡提供坚强组织保证。

二、总体目标

通过实施“靶向攻坚”，推动全县实现产业发展进一步加快、集体经济进一步壮大、社会大局进一步稳定、基层组织进一步加强、基础设施进一步完善、民生质量进一步改善、乡村文明进一步提高、发展合力进一步凝聚、帮扶责任进一步落实、群众满意度进一步提升、脱贫攻坚成效进一步巩固。

三、攻坚重点

把全县整体推进贫困村和贫困发生率较高的非贫困村作为“靶向攻坚”村，逐村查摆最为影响脱贫攻坚的突出问题，整合全县力量因村派人、靶向攻坚，分类指导、精准施策，提高乡村两级自我发展能力和社会治理能力，为实现如期脱贫摘帽夯实基础。

1. 经济发展滞后的村

主要表现：村级集体经济相对薄弱，产业带动能力不强，产融结合、促进增收脱贫的引领力不够。

具体目标：实现产业发展“一乡一品、一村一业”，推动村级集体经济从无到有、从小到大、从弱到优强，成为基层党组织提升服务能力和向心力、凝聚力、创造力的重要载体，成为助力贫困群众稳定脱贫的重要“阵地”。

整改措施：（1）加大政策扶持。在全面落实中央省市各项政策的同时，开创性地制定符合我县实际的扶持政策，各涉农项目审批部门对村集体经济建设项目或经营项目要建立审批绿色通道，简化行政手续，提高办事效率。（2）加大产业扶持。指导各村充分选准选好符合产业发展规划、符合主导产业投向和群众意愿的项目，在生产方式上、组织方式上做好与村集体、贫困农户的利益联结。（3）加大资金扶持。协调财政、发改、金融办等部门相互配合，拓宽村集体经济发展融资渠道，继续对整推村和深度村给予100–150万元专项资金扶持。

牵头领导：闫　峰

责任单位：财政局、发改委、工商质监局、农业局、畜牧局、科工信委、金融办等单位、各乡镇（街道）党（工）委

2. 矛盾问题突出的村

主要表现：存在非法宗教活动和黑恶势力及境外渗透活动，村务被宗族宗教势力或黑恶势力等把持操纵，“村霸”势力为非作歹、横行乡里，干群矛盾突出，信访问题较多。

具体目标：有效铲除黑恶势力滋生土壤，依法规范农村宗教事务，推动形成有效治理长效机制，不断增强人民获得感、幸福感、安全感。

整改措施：（1）深入开展政治攻势，大力宣传党委、政府对于对“村霸”和宗族、非法宗教、黑恶势力的整治的决心、举措和成效，及时报道社会各界广泛关注的大案要案和典型案例，宣传斗争中的先进事迹，壮大声势，营造氛围。（2）广泛宣传发动群众，深入开展法律依法治村，争取群众的信赖和支持。（3）全面开展摸底排查，对摸排出的线索，组织专门力量进行全面核查、精准打击。（4）坚持依法严惩、打早打小、除恶务尽，始终保持对“村霸”和宗族、非法宗教、黑恶势力的整治的严打高压态势。（5）发挥社会治安综合治理优势，推动各部门各司其职、齐抓共管，综合运用各种手段预防和解决“村霸”和宗族、非法宗教、黑恶势力的整治突出问题。（6）深入推进信访工作法治化建设，化解信访积案，加强风险研判，控制信访增量、减少信访存量，切实维护群众合法权益，有效促进社会和谐稳定。

牵头领导：张金涛、陈　佳

责任单位：统战部、政法委、公安局、法院、检察院、司法局、民政局、群工部、宗教局等单位，各乡镇（街道）党（工）委

3. 班子软弱涣散的村

主要表现：村级班子不健全或不能胜任现

职，班子不团结、内耗严重，组织制度落实不力，无村级活动场所或场所面积不达标，村级场所设施不完备、功能作用发挥不好、管理不规范、为群众服务不够。

具体目标：村级班子坚强有力，各项制度得到落实，党组织的战斗堡垒作用和党员的先锋模范作用得到充分发挥。

整改措施：（1）抓基础。深入调查摸底。对于“两委”关系不协调的，要进一步明晰工作职责，切实强化组织引导和制度规范，促其自觉摆正位置、协作共事。（2）抓组织。选优配强班子。以村“两委”班子换届为契机，充分发挥党组织的政治核心作用，坚持“三带三有”标准，拓宽选人用人视野，加大从农村致富带头人、返乡创业人员、退伍军人、大学毕业生等农村优秀党员中选配村党组织书记力度。（3）抓教育。提升整体素质，采取实践锻炼、考察学习、集中培训等方式开展教育培训，增强班子带领群众增收致富的本领。（4）抓阵地。科学规划，合理配套，确保阵地建设符合标准。

牵头领导：桂兆权

责任单位：县委组织部、县民政局、住建局、国土局、财政局等单位，各乡镇（街道）党委

4. 基础设施薄弱的村

主要表现：农田水利等基础设施薄弱，道路年久失修，水、电、路等基础条件差，建管养机制缺失。

具体目标：着力夯实基础设施，改善农村生产生活生态条件，紧紧围绕脱贫摘帽标准，整合各相关部门资金和涉农资金，加快补齐基础设施发展短板，着力推进水利、电网、道路硬化、网络通讯等基础设施建设，加快推进脱贫攻坚步伐。

整改措施：（1）整合交通、水利、电业等职能部门资源，改善道路、水、电等基础设施条件。（2）升级改造一批重要的乡村道路，加快推进断头路、瓶颈路、年久失修路和危桥“三路一危”改造，切实提升农村道路通行保障水平，从根本上解决交通短板问题。（3）充分利用驻村第一书记和帮扶单位的自身优势，争取资金项目用于改善基础设施。

牵头领导：刘银业

责任单位：交通局、水利局、电业局、文广新局、卫计委、联通公司、住建局等单位，各乡镇（街道）党（工）委

5. 地理位置偏僻的村

主要表现：位于县境或乡境边缘，地理位置偏僻，脱贫攻坚工作存在侥幸心理，工作举措不扎实，脱贫成效不明显。

具体目标：压紧压实县、乡镇（街道）、村三级责任，集中火力打赢偏远村脱贫攻坚战，把责任落早、落细、落实，加大对偏远村脱贫攻坚工作力度，扭转被动局面。

整改措施：（1）通过明察暗访、督察督办、座谈交流、定期通报等方式，对偏远村脱贫攻坚进行督导检查。（2）包乡县领导每周到偏远村开展 1 次督查，调度 1 次重点工作推进情况，梳理 1 次问题清单和整改清单，通报 1 次督查调度情况。（3）各乡镇（街道）对偏远村脱贫攻坚每个环节、每个步骤、每个阶段的整改情况，要及时掌握、严格把关。（4）加大资金、项目支持力度，提高偏远村脱贫攻坚质量。

牵头领导：联系各乡镇（街道）的县处级领导干部

责任单位：各乡镇（街道）党（工）委

6. 环境卫生不优的村

主要表现：村容村貌、户容户貌脏乱差，环境卫生治理机制不全、管理缺失、保障不力。

具体目标：以村庄环境整治为重点，以建设宜居村庄为导向，全面改善生产生活条件，实现“村村通、村村亮、村村美、村村净”。

整改措施：（1）整治通村道路沿线环境卫生。彻底清理村组道路路面和沿线垃圾、枯树、枯草

等；拆除通村道路沿线的残墙断壁，清理道路两侧水沟渠道的生活垃圾和建筑垃圾，净化道路沿线及周边环境。（2）以村为单位，按照“五无一规范”要求，改善村容村貌。（3）整治居民庭院内外的环境卫生。按照“五净三规范”要求，积极开展庭院美化亮化。（4）加大财政支持力度，在村委会、学校、村庄主干道位置安装路灯，整治坑塘、修建游园、绿化街道、修建公共厕所。（5）完善保洁员管理制度、健全环境卫生整治长效机制，建立垃圾收储系统。（6）引导农村居民、贫困户养成良好生活卫生习惯。

牵头领导：桂兆权

责任单位：农办、财政局、城管局、文广新局、卫计委、交通局、公路局、电业局等单位，各帮扶单位，各乡镇（街道）党（工）委

7. 精神文明落后的村

主要表现：群众封建迷信及宗教思想浓厚，孝道精神缺失，精神文化生活缺乏，思想观念落后，“等靠要”思想严重，脱贫攻坚内生动力不足。

具体目标：丰富群众精神文化生活，提高群众脱贫技能，引导群众积极参与脱贫攻坚，激发脱贫内生动力。

整改措施：（1）加强精神文明建设，让社会主义核心价值观进村入户，深入开展道德实践活动，充分发挥道德讲堂进农村的积极作用，广泛开展孝老敬老活动，开展“好媳妇”“好婆婆”“好妯娌”“脱贫标兵”“先进五大员”等评选表彰活动，提升广大农民对社会主义核心价值观和“中国梦”的认同感。（2）深入开展移风易俗活动，加大“一约四会”（修订完善村规民约，建立健全村民议事会、道德评议会、红白理事会、禁毒禁赌会）推进力度，把不良风气压下去，把新风正气树起来，破除“等、靠、要”的落后思想，树立勤劳致富的理念。（3）开展法律援助活动，维护老年人的合法权益，惩治不赡养老人等孝道缺失行为，用法律硬手段筑牢农村道德底线。

牵头领导：刘 楠、陈 佳

责任单位：宣传部、政法委、文明办、脱贫办、文广新局、教体局、卫计委、民政局、司法局、妇联、团县委等单位，各乡镇（街道）党（工）委

8. 脱贫任务艰巨的村

主要表现：行政村总人口在5000以上，贫困人口基数大、产业发展不充分、脱贫任务重难度大。

具体目标：找准贫困原因、脱贫路径、需要解决的困难和问题，紧紧围绕2019年如期完成脱贫攻坚目标任务，坚持实事求是、合理有序、稳步推进的原则，坚持新增脱贫攻坚资金优先满足、新增脱贫攻坚项目优先布局、新增脱贫攻坚举措优先用于“难”村。

整改措施：（1）发挥政府投入的主体和主导作用、金融资金的引导和协同作用，财政专项资金，惠民项目、扶持政策加大倾斜支持。（2）创新产业发展机制，引导贫困户依法自愿有偿流转土地经营权，以土地和农业设施、农用机械、扶贫到户资金项目等作价入股参与分红，推动“资源变资产、资金变股金、农民变股民”的变现形式和运行机制。（3）严格落实将最能“打”的队伍派到贫困人口较多的村，为脱贫任务较重的村提供人才力量支持。

牵头领导：雷 鸣

责任单位：脱贫办、民政局、发改委、农办、农业局、农机局、财政局、扶贫办等单位，各帮扶单位，各乡镇（街道）党（工）委

9. 帮扶责任不实的村

主要表现：帮扶责任不实、措施不力、成效不明显，各项帮扶政策没有得到有效落实，帮扶成效不明显。

具体目标：夯实帮扶责任，完善帮扶工作管理机制，确保驻村工作队全身心专职驻村帮扶，取得帮扶实效。

整改措施：（1）夯实责任。统筹全县帮扶力量，全力开展“靶向攻坚”，新选派的驻村工作队队长一般为科级干部和科级后备干部，安排优秀年轻干部和后备干部参加驻村帮扶。脱贫攻坚期内，贫困村退出的，驻村工作队不得撤离，帮扶力度不能削弱。（2）强化督查。加强对驻村第一书记和帮扶工作队驻村工作的督查、检查，进一步规范驻村帮扶工作，同时对帮扶责任人结对帮扶工作开展成效进行抽查和暗访，了解帮扶责任落实情况，夯实结对帮扶责任。（3）严格奖惩。认真组织开展带贫等级评定，全县各级帮扶干部均纳入评定范围，评定以实际帮扶成效为准，分优良中差4个等级，评定等级严格与考核奖惩、提拔任用挂钩。

牵头领导：桂兆权、李　超

责任单位：纪委监察委、组织部、督查局、脱贫办、帮扶办、扶贫办等单位，各乡镇（街道）党（工）委

四、时间安排

1. 自查摸底（2018年3月底前）。结合各村实际，分类建立台账，坚持有什么问题就解决什么问题、什么问题突出就突出解决什么问题的原则，集中时间、统筹力量，认真开展摸底自查。

2. 集中整治（2018年4—12月）。县委统筹，综合分析研判，坚持问题导向，分类制定靶向攻坚《实施方案》，脱贫办牵头，各乡镇、街道具体负责所辖村“靶向攻坚”工作的实施开展。按照分类施策制定的《实施方案》要求，有步骤、有计划地抓好各项攻坚任务的落实，确保“靶向攻坚”工作取得实效。

3. 验收总结（2019年1月底前）。按照“村级自查、乡级验收、县委审定”的原则，村级对照《实施方案》进行逐项自查，查缺补漏，形成自查报告，向乡级提出验收申请；乡级组织“靶向攻坚”验收组对照《实施方案》进行验收，并形成验收报告报县脱贫办，提出审定申请；县脱贫办对村级问题靶向攻坚情况进行抽查，村级问题全部落实到位的，审定为“合格”，验收通过；发现有一项问题没落实到位的，审定为“不合格”，督促继续整改。各乡镇、街道要认真总结“靶向攻坚”中积累的好经验、好办法，用制度的形式固定下来，形成长效机制。

五、工作要求

1. 加强领导。县委负责对“靶向攻坚”工作的统一领导，各牵头领导组织责任单位分类制定“靶向攻坚”《实施方案》，其他县处级领导干部要按照联系乡镇（街道）分工参与落实。各乡镇（街道）要对所辖“靶向攻坚”村逐一调查研究，查找存在的问题和薄弱环节，列出整改清单，积极与县脱贫办及有关部门对接，抓好各项工作落实。

2. 强化保障。县四大班子领导在继续分包整推村的基础上，要对各类攻坚重点村进行联系分包。各级党组织主要负责同志要高度重视“靶向攻坚”工作，切实履行职责，提供必要的人力、物力和财力保障，按照中央和省市关于加强贫困村驻村帮扶工作队管理的意见，所有贫困村的帮扶工作队与原单位工作脱离，党员组织关系转接到所驻贫困村，确保“靶向攻坚”工作顺利开展。

3. 严格奖惩。县委“靶向攻坚”工作领导小组抽调专人组成督导检查组，对全县“靶向攻坚”各项工作任务落实情况进行定期或不定期督查指导。对领导重视不够、措施不力、工作滞后的乡镇（街道），将对党委书记及相关责任人进行通报批评，情节严重的进行组织处理或纪律处分；对“靶向攻坚”中表现突出的乡镇（街道）负责同志、驻村帮扶工作队长、第一书记、工作队员，符合条件的及时提拔重用。

附件：

1. 上蔡县“靶向攻坚”领导干部分包乡村一览表（略）

2. 上蔡县“靶向攻坚”督查巡察组名单（略）

中共上蔡县委 上蔡县人民政府关于加快产业强县建设的政策扶持意见

上发〔2018〕20号

为深入贯彻落实中共十九大精神，实施市委、市政府“产业强市、创新驱动、绿色发展”战略，按照“市县联动、精准发力、瞄准重点、聚焦绩效”的原则，着力构建现代产业体系，加大对重点重大项目、龙头骨干企业、新引进优秀上市企业、高成长性企业、中小微企业的支持力度，鼓励项目加快落地建设，引导全县做大做强产业，做精做优产品，加速推进产业转型升级，加快实施产业强县。现提出如下政策意见（简称“产业强县”31条），实施期限为2018年至2023年。

一、支持企业做优做强

1. 支持龙头骨干企业提升经营业绩

对当年主营业务收入首次突破5亿元、10亿元、15亿元、20亿元及以上的企业集团（不含房地产开发企业），由县财政分别给予10万元、20万元、30万元、40万元的奖励，奖励资金用于企业科技创新、技术升级改造等，同时授予“产业强县示范企业”称号。

牵头责任单位：县科工信委

责任单位：县财政局、县发改委、县统计局、县税务局、县农业局、县商务局、县产业集聚区管委会

2. 实施企业扶优扶强计划

全县每年重点培育15家符合我县主导产业规划、管理理念先进、成长性好的企业，进行重点扶持，促使其做优做强。其中，工业企业10家、现代农业企业3家、现代服务业企业2家。完善县领导分包联系企业制度，一家企业一套方案、一个目标、一套班子、一抓到底，重点在政策、土地、资金、人才等要素方面予以支持。凡受到市委、市政府表彰的，由县财政分别给予5万元奖励，授予“年度产业强县先进企业”称号。

对获得年度产业强县先进企业，符合人大代表、政协委员、劳动模范条件的主要负责人优先推荐为市县级人大代表、政协委员及各级劳动模范候选人。

牵头责任单位：县科工信委

责任单位：县委组织部、县委统战部、县财政局、县发改委、县农业局、县商务局、县文广新局、县人社局、县总工会、县产业集聚区管委会

3. 支持企业境内外上市及挂牌

各相关部门要主动、快速帮助上市培育企业解决存在的问题，对在主板、中小板、创业板成功上市的企业，由县财政奖励500万元。对在全国中小企业股份转让系统成功挂牌的企业，由县财政奖励10万元，对在中原股权交易中心交易板成功挂牌的企业，由县财政奖励10万元，对在中原股权交易中心展示板挂牌的企业，由县财政奖励3万元。

牵头责任单位：县政府金融办

责任单位：县财政局，县产业集聚区管委会

4. 支持企业兼并重组

对企业成功兼并原没有产权隶属关系的县内外企业（机构），且效益明显的，由县财政采取一事一议的方式对企业进行奖励，用于企业科技创新、技术升级改造等。

牵头责任单位：县发改委

责任单位：县科工信委、县商务局、县农业局、县财政局、县税务局、县产业集聚区管委会

5. 支持企业增强国际竞争力

对企业境外注册商标、出口产品认证，由县财政给予不超过实际支出50%的补助，最高不超过10万元。对企业开展出口产品结构调整，以

自主品牌、高技术含量、高附加值产品中标国外政府、国际组织或国际知名企业（品牌）采购的示范性项目，由县财政给予不超过实际费用10%的补助，最高不超过100万元。对首次列入省级、国家级服务贸易示范企业名录的，或承担省级、国家级服务贸易先行先试重点项目、公共平台项目建设的单位，由县财政分别给予一次性最高不超过30万元、50万元补助。

牵头责任单位：县商务局

责任单位：县财政、县产业集聚区管委会

6. 支持发展企业总部

着力引进国内外500强以及行业龙头企业、优秀上市企业在我县设立企业总部或区域总部，对新迁入我县的总部企业，根据其对我县产业发展、促进就业等贡献大小，由县财政采取一事一议的方式给予奖励，用于企业科技创新、技术升级改造等。对贡献较大的总部企业购置一定商业地产作自用办公用房（不包括附属和配套用房），由县财政按每平方米最高500元的标准给予一次性补助；租用办公用房（不包括附属和配套用房）的，由县财政按租赁市场指导价的最高30%给予1—3年的补助。

牵头责任单位：县商务局、县科工信委

责任单位：县发改委、县财政局、县税务局、县产业集聚区管委会

7. 支持品牌质量标准化建设

对当年首次获得国家质量奖的企业，由县财政给予50万元匹配奖励。对获得中国品牌（驰名商标、地理标志、示范区创建）的企业和组织，由县财政给予30万元匹配奖励。对获得河南省长质量奖、河南省品牌（知名名牌、示范单位、示范区创建）和著名商标的企业及组织，由县财政给予20万元的匹配奖励。对获得市长质量奖的企业，由县财政给予10万元匹配奖励。对获得县长质量奖的企业，由县财政给予10万元奖励。支持企事业单位和社会组织参与标准化活动，对承担全国专业标准化技术委员会、分委员会和工作组秘书处工作的，由县财政分别给予15万元、10万元和5万元的匹配资金资助；主导起草国家、行业（或团体、地方）标准的，由县财政分别给予5万元和3万元的匹配资金资助。

牵头责任单位：县工商质监局

责任单位：县财政局、县科工信委

8. 支持企业引进高端人才

鼓励企业引进院士、省“中原学者”等高层次人才，对引进院士、“中原学者”人才的企业，由县财政分别给予30万元、20万元、10万元的匹配资助，对引进人才在住房、就医、子女入学等方面给予补贴和支持．引导企业加快推进高层次人才集聚计划，对建立产业技术研究院的企业，由县财政给予100万元、建立博士后科研工作站给予10万元、建立海外工程师工作室给予最高5万元的匹配支持。企业当年新引进的“双一流”高校本科以上毕业生，可视其贡献大小，由县财政给予住房和生活适当补贴。

牵头责任单位：县人才办

责任单位：县财政局、县人社局、县科工信委、县卫计委、县税务局）

二、支持企业科技创新

9. 支持企业升级改造

对符合我县产业发展规划，总投资在1000万元及以上的工业升级改造项目，除帮助企业争取省先进制造业发展基金外，项目达产验收后，按照设备、研发、软硬件实际投资额，由县财政予以分档奖励。其中，总投资在1000万元至5000万元（含1000万元）的项目，按照最高不超过设备、研发、软硬件实际投资额的2%予以奖励；总投资在5000万元（含5000万元）以上的项目，按照最高不超过设备、研发、软硬件实际投资额的3%予以奖励。对通过国家级、省级智能制造认定的企业由县财政分别一次性给予20万元、10

万元奖励。

牵头责任单位：县发改委、县科工信委

责任单位：县财政局、县产业集聚区管委会

10. 支持企业研发创新

支持企业引进研发团队，在本地或异地建立研发中心（研发研究院）。对当年新获批企业工程技术研究中心（企业创新中心）、企业技术中心、工程实验室的企业，由县财政一次性给予国家级20万元匹配奖励、省级10万元匹配奖励、市级5万元奖励；对当年新获批的院士工作站由县财政给予20万元匹配支持；对当年获批的省级重大新型研发机构，县财政进行匹配资助，最高不超过100万元。支持企业研发机构建设，对在北京、上海等发达地区设立企业创新研究院，引进世界领先、国内一流的研发团队或科学家，并对企业创新发展贡献明显的，由县财政给予100万元匹配支持。

全面落实国家科技创新政策，重点推动高新技术企业税收减免、研发费用税前加计扣除等优惠政策兑现。实施“小升高”计划，进一步壮大高企数量，优化高企结构。对当年首次获得认定为高新技术企业的科技型中小企业、技术创新示范企业，给予20万元匹配奖励。对重新认定为高新技术企业的科技型中小企业、技术创新示范企业，给予10万元奖励。

激发科技工作者的积极性和创造性，对获得国家、省科技进步奖、专利奖的单位（团队）、个人采取一事一议，予以重奖。

牵头责任单位：县科工信委

责任单位：县发改委、县财政局

11. 实施知识产权战略，加强知识产权创造

鼓励发展知识产权保险，对购买专利保险的，由县财政按当年度实际支出保费的10–20%给予匹配补贴，单笔不超过1万元。

促进知识产权运用，县财政对当年度企业开展专利权质押融资的，按专利质押总额利息的10%给予匹配贴息，单笔不超过10万。对获得国家知识产权优势企业、示范企业的，县财政分别一次性给予10万元、20万元的匹配奖励；鼓励知识产权贯标，对获得国家级、省级知识产权管理标准化体系认证的企业，县财政分别一次性给予5万元、3万元的奖励。对获得授权的发明、实用新型、外观设计，县财政分别一次性给予1500元、800元、500元奖励。

加强知识产权保护，对侵犯知识产权的，相关部门要依法依规从严惩处。

牵头责任单位：县科工信委

责任单位：县财政局，县工商质监局

12. 支持科技成果转化

县财政对显著提升相关产业技术水平和核心竞争力的高附加值的核心单元、产业发展的关键材料、重大整机等科技成果转化项目，单个匹配支持最高20万元。对社会发展领域先进技术成果转化应用示范和重大专利技术产业化项目，单个匹配支持最高10万元。对经省认定的首台（套）重大技术装备投保产品，争取省财政按综合投保费率3%的上限及实际投保年度保费的80%给予补贴，县财政根据省奖励资金的5%给予一次性匹配奖励。

鼓励企业购买国内外先进发明专利、研发成果在上蔡县转化，由县财政给予企业一定奖励。

牵头责任单位：县科工信委

责任单位：县产业集聚区管委会、县发改委、县财政局

13. 支持创新型中小微企业发展

设立县创新型中小企业发展基金，支持“专精特新”中小微企业培育、创新能力建设、服务体系建设、经营管理人才培训和集聚集约发展等。对创新型小微企业上档升级、成为规模以上企业，获得国家、省中小企业发展专项基金支持的，县财政按上级基金支持总额的50%给予配套支持

牵头责任单位：县财政局

责任单位：县科工信委、县产业集聚区管委会

三、支持产业投资项目

14. 设立现代产业发展引导基金

发挥好财政资金的杠杆作用，提高财政资金使用效益，设立现代产业发展引导基金，采用股权投资等市场化方式，引导社会各类资本投资战略新兴产业、先进制造业和现代服务业，支持创新创业、中小微企业发展、产业转型升级。到2023年，全县财政累计筹措资金2亿元用于现代产业发展引导基金，支持现代产业发展。

牵头责任单位：县财政局

责任单位：县发改委、县科工信委

15. 支持产业项目招大引强选优

对新引进的国内外500强、行业龙头、优秀上市企业，且符合我县产业发展方向、产业带动性强的先进制造业进行重点扶持，项目达产后给予补助。其中，固定资产总投资在5亿元至10亿元（含5亿元）的项目，最高奖励金额200万元；固定资产总投资在10亿元至20亿元（含10亿元）的项目，最高奖励金额300万元；固定资产总投资在20亿元至30亿元（含20亿元）的项目，最高奖励金额500万元；固定资产总投资在30亿元至50亿元（含30亿元）的项目，最高奖励金额800万元；固定资产总投资在50亿元（含50亿元）以上的项目，奖励金额1000万元。具体奖励金额，根据其贡献大小确定，达产之日起2至3年内由县财政奖励到位。对市场前景好、产业升级带动作用强、地方经济发展支撑力大的特别重大产业项目，“一事一议”确定补助金额。

牵头责任单位：县商务局、县发改委

责任单位：县科工信委、县财政局、县农业局、县文广新局、县产业集聚区管委会

四、支持现代服务业发展

16. 支持服务业重点项目建设

对信息服务、电子商务、节能环保、咨询管理（含中介传媒及品牌运营）、产品检测检验、设备检修、服务外包、产品及设备售后连锁服务等生产性服务企业，为提升服务能力新增投资项目或融资租赁企业新购设备，当年投资达到1000万元以上，县财政最高给予申报当年投资额5%的补助，最高补助金额不超过200万元。支持生活性服务业提升发展，对企业建设商贸服务、居民家庭服务、健康养老服务、体育产业等方面的项目，县财政最高给予当年投资额度5%的投资补助，最高补助金额不超过100万元。

牵头责任单位：县商务局

责任单位：县发改委、县财政局、县教体局、县环保局、县工商质监局、县民政局、县产业聚集区管委会

17. 支持旅游产业发展

对于荣获国家级、省级旅游标准化示范旅游企业的，县财政分别一次性给予10万元、5万元奖励；对于成功创建国家级、省级旅游度假区的单位，县财政分别一次性给予20万元、10万元的奖励；当年被评为国家AAAAA、AAAA、AAA级的景区，县财政分别给予创建景区50万元、30万元、10万元的奖励；对于成功创建五星级、四星级、三星级的旅游饭店，县财政分别一次性给予20万元、10万元、5万元的奖励（成功创建既可以是首次评星，也可以是在原有基础上晋升更高星级，下同）；对于成功创建AAAAA级、AAAA级的旅行社，县财政分别一次性给予10万元、5万元的奖励；对于成功创建五星级、四星级、三星级的乡村旅游经营单位，县财政分别一次性给予5万元、3万元、1万元的奖励。对当年参加由官方组织的旅游商品大赛的企业，荣获国家级金、银、铜奖，县财政分别给予5万元、3万元、2万元的奖励；荣获省级金、银、铜奖的，县财政分别给予3万元、2万元、1万元的奖励。对企业建设旅游集散中心、游客服务中心、景区内部公交车、停车场、旅游厕所等基础设施和文

化旅游体验性场馆、文化旅游演艺、夜游的项目，建成后县财政给予投资总额3%的补助，最高不超过30万元。对于举办国家级、省级、市级等大型旅游活动、节庆、赛事的旅游企业，对提升形象、扩大影响起到推动作用，且有同级媒体宣传报道的，经县文化旅游部门审核，县财政分别给予5万元、3万元、1万元的奖励。

牵头责任单位：县文广新局

责任单位：县财政局

18. 支持文化产业发展

对评为省级以上的文化产业示范园区（基地），项目建成后，县财政按实际投资额的2%给予补助，最高不超过50万元。对新设立的影视发行公司、文化产权交易机构、演艺经纪机构，注册资金在2000万元以上的，县财政按实际投资额的2%给予补助，最高不超过50万元。对高新技术在影视产业的应用、新闻出版数字化转型、文化创意和设计服务与相关产业融合、传统媒体与新兴媒体融合、特色文化产业发展等，获得省级以上表彰的，县财政按实际投资额的5%给予补助，最高不超过30万元。鼓励原创文化产品创作。对获得省级表彰的原创文化产品，县财政按项目投资总额的2%给予补助，最高不超过30万元。对获得国家级表彰的原创文化产品，县财政按项目投资总额的3%给予补助，最高不超过50万元。

牵头责任单位：县文广新局

责任单位：县财政局

五、支持绿色集约发展

19. 支持绿色化改造

对企业新增投资额1000万元以上的重大节能、节水、清洁生产和基础工艺绿色化改造的示范项目，积极帮助企业争取省先进制造业发展、节能减排等专项资金支持；对创建成为绿色示范工厂、绿色工业园区的由县财政一次性给予100万元奖励；对获得国家级、省级能效水效“领跑者”的企业，县财政当年一次性分别给予20万元、10万元奖励；对计入国家、省级工业节能技术装备及能效之星产品目录的企业，县财政当年一次性分别给予20万元、10万元奖励；获得国家级、省级节能减排示范企业认定的，县财政当年分别一次性给予20万元、10万元奖励；对获得省、市级农业科技示范园区认证的企业，县财政当年一次性分别给予15万元、10万元奖励。

牵头责任单位：县科工信委

责任单位：县发改委、县财政局、县环保局、县产业集聚区管委会

20. 支持高效利用存量土地

鼓励产业集聚区集约高效利用土地。对产业集聚区腾出200亩以上土地，引进高效产业项目的，经县相关部门认定，并报市相关部门审核后，根据项目投入产出强度和实施进度，县财政按照腾出低效用地2万元/亩给予奖励，最高不超过500万元。鼓励社会资本建设高标准厂房。对社会资本投资建设占地面积超过50亩且容积率超过2.0的标准厂房，县财政给予奖励，最高不超过100万元。

牵头责任单位：县产业集聚区管委会

责任单位：县国土局、县财政局、县科工信委

六、支持“互联网＋”发展

21. 支持制造业企业提升智能制造水平

鼓励企业应用新一代信息技术、数控技术和智能装备进行智能化改造，支持企业智能工厂、智能车间建设项目申报省级先进制造业发展专项资金，按其智能化改造项目软硬件投资额的3%给予补助。

对获得国家级服务型制造示范企业、制造业与互联网融合发展试点示范企业、国家两化融合管理体系贯标认定的企业，由县财政一次性给予20万元奖励；获得省级服务型制造示范企业、制造业与互联网融合发展试点示范企业、两化融合

管理体系贯标认定的企业，由县财政一次性给予10万元奖励。

鼓励企业实施“机器换人”，支持企业申报省财政百项“机器换人”示范项目，争取省财政资金支持，同时县财政对申报成功的企业按照省支持资金的20%给予奖励。

牵头责任单位：县科工信委

责任单位：县财政局、县产业集聚区管委会

22. 支持企业开展电子商务

鼓励自建电子商务平台，对应用电子商务开拓市场的企业，在线交易额首次突破3000万元、5000万元、1亿元的，由县财政分别给予不超过10万元、20万元、30万元的一次性奖励。

扶持电子商务企业做大做强，对年开票销售额达到1亿元、3亿元、5亿元、10亿元的电子商务企业，根据其对地方经济贡献度，由县财政分别给予最高10万元、20万元、30万元、80万元的奖励。

牵头责任单位：县商务局

责任单位：县财政局、县产业集聚区管委会

23. 支持物联网产业化发展

加快物联网企业规模化发展，择优对拥有自主知识产权和市场前景好的项目，由县财政按照技术和设备投入总额的10%予以支持，最高不超过200万元。

牵头责任单位：县科工信委

责任单位：县财政局、县产业集聚区管委会

24. 支持智能化示范应用

鼓励应用试点创新，择优对有较好实用价值、商业模式、实用成效的物联网应用示范项目，由县财政按照不超过其示范区内采购物联网产品和服务额的20%给予一次性资金支持，最高不超过200万元。重大物联网应用项目，按县政府“一事一议”相关政策予以支持。

牵头责任单位：县科工信委

责任单位：县发改委、县财政局、县产业集聚区管委会

七、优化企业发展环境

25. 扩大还贷应急周转金规模

充分发挥还贷应急周转资金作用，县设立的企业还贷应急周转资金规模扩大到5000万元以上，并根据财政收入逐年增加。对在规定期限内归还使用信贷周转基金的企业，实行月0.5%的优惠利率。

牵头责任单位：县财政局、县产业聚集区管委会

责任单位：县科工信委、县商务局、县农业局、县文广新局

26. 支持公共平台建设

支持科技创新平台建设，对当年新获批的国家级、省级、市级科技企业孵化器、科技公共服务平台等，县财政分别一次性给予最高30万元、20万元和10万元的资助；支持公共服务（技术）平台建设，对当年被认定为省级中小企业公共服务（技术）示范平台，县财政一次性给予10万元奖励；对当年认定的国家级、省级、市级众创空间的，县财政分别给予10万元、5万元、3万元奖励。对已认定为省级以上中小企业公共技术服务示范平台的，县财政最高按照新建项目技术和设备投资的5%给予奖励，最高20万元。

牵头责任单位：县科工信委

责任单位：县财政局

27. 支持信用体系建设

大力推进“诚信上蔡”建设，鼓励和支持广大企业积极参与社会信用体系构建，对获得省级信用管理示范企业，县财政给予10万元的奖励。支持开发和创新信用产品与服务，对信用产品、信用管理咨询、资信调查、信用管理培训等应用、服务项目，给予最高不超过5万元的补助。

牵头责任单位：县发改委、人民银行上蔡中心支行

责任单位：银监局上蔡办事处、县财政局、

县工商质监局、县商务局

八、强化保障服务

全县各级党委、政府及涉及企业工作的有关单位，要牢固树立保障企业发展、服务企业发展的理念，加强与企业的沟通联系，快捷高效解决企业提出的问题，破解企业发展难题，保障企业引得来、留得住、做得好，促进全县经济高质量跨越发展。

28. 完善落实领导分包企业（项目）制度

县党政主要领导每月至少到分包企业调研一次，帮助解决企业发展中遇到的问题。对投资 5 亿元以上的重点项目，成立项目建设推进组，由县党政主要领导担任组长，提供保姆式服务，及时协调解决项目推进中遇到的困难和问题。

牵头责任单位：县发改委、县科工信委、县产业聚集区管委会

责任单位：县服务企业成员单位

29. 快速高效办结企业反映的问题

对企业反映的问题，能马上办的，马上落实好；不能马上办的，按照行政审批许可规定期限，按时办理，一次办妥。需要多个部门协调解决的问题，由县服务企业办公室主持联合办公协调解决；联合办公解决不了的问题，由县服务企业办公室上报分管副县长协调解决；对重大问题，分管副县长上报县长协调研究，县委县政府督查局列入台账跟踪督办。

牵头责任单位：县服务企业办公室

责任单位：县委县政府督查局、县产业聚集区管委会、县服务企业成员单位

30. 切实提高行政服务效能

着力解决审批事项多、申请资料多、前置审批多等问题，持续推进简政放权，通过取消或减少前置审批、简化审批手续、优化审批流程，全面梳理规范政务服务事项，公布需要企业出具的各类证明和盖章环节，坚决取消各种不必要的证明和手续，让企业办事更方便、更快捷、更高效，打造一次办妥服务品牌。

牵头责任单位：县委编办、县政府法制办、县行政服务中心

责任单位：县服务企业成员单位

31. 强化监督，严肃追责

对企业反映的问题，未按时办结的、办理结果不达标的，要查清原因，强化督办，限时办结。对发现有懒政怠政不作为、推诿扯皮甚至吃拿卡要的违规违纪行为，县纪委监察委要及时启动问责程序，依法依纪严肃处理，确保政府为企业解决问题高效、快捷、彻底解决。

牵头责任单位：县委县政府督查局、县纪委监察委

责任单位：县产业集聚区管委会、县服务企业成员单位

本意见涉及到奖励或补助条款，必须要实事求是，严格认定，及时兑现；对弄虚作假套取财政资金的，要依法依规严肃追究相关人员责任，涉及企业的列入负面清单。具体细则和相关考评办法另行制定。

上蔡县创建全省“平安农机”示范县活动工作实施方案

上政〔2018〕13 号

为进一步完善我县农机安全生产保障机制，夯实农机安全基层基础工作，有效遏制农机事故，确保农机安全生产，根据农业部、国家安监总局印发的《“十三五”时期创建“平安农机”

活动工作方案》文件精神，结合我县实际，制定本实施方案。

一、指导思想

以中共十九大精神为指导，深入贯彻落实科学发展观、习近平新时代中国特色社会主义思想，牢固树立科学、安全、和谐发展理念，坚持“安全第一、预防为主、综合治理”的方针，以预防和减少农机事故为目标，以创建“平安农机”示范县、镇、村和户为载体，以提高农机安全监管能力和农民群众安全生产意识为着力点，落实农机安全生产责任制，完善农机安全监管网络，强化农机安全生产措施，构建农机安全生产长效机制，促进农业机械化事业又好又快发展，为促进我县经济社会又好又快发展作出新的更大贡献。

二、目标任务

通过开展创建全省“平安农机”示范县活动，实现农机事故得到有效遏制、农机安全生产形势明显好转的总体目标，坚决杜绝发生一次死亡3人以上的农机事故，减少一次死亡3人以下的一般农机事故。拖拉机、联合收割机注册登记率、检验率及驾驶人持证率不低于90%；力争不发生农机驾驶人伪造、变造或使用伪造、变造的登记证书、号牌、行驶证、检验合格标志、保险标志现象；不违规异地办理拖拉机牌证。在进一步巩固已达标的“平安农机”示范乡镇的同时，今年力争完成四个“平安农机示范”乡镇、四个“平安农机示范”合作社的建设达标任务，力争2018年使我县达到全省“平安农机”示范县的标准。

三、组织领导

为切实加强创建全省“平安农机”示范县活动工作的领导，推动我县创建全省“平安农机”示范县活动工作的顺利开展，实现农机安全管理的科学化、规范化、制度化，县政府成立上蔡县创建全省“平安农机”示范县活动工作领导小组，由县长李卫明任组长，县政府办公室、县农机局、县公安局、县安监局、县交通局、县教体局、县司法局、县工商质监局、县文广新局为成员单位，领导小组下设办公室，办公室设在县农机局，由县农机局局长张国跃同志兼任办公室主任，具体负责创建活动日常工作。

四、工作措施

（一）严格目标考核，完善农机安全生产责任制

各乡镇（街道）、各有关部门要按照通知精神要求，进一步完善农机安全生产防控监管网络体系建设。各乡镇（街道）要成立相应的领导小组，协调指导本乡镇（街道）开展工作。县政府与各乡镇（街道）签订农机安全生产责任书，建立健全农机安全生产责任制，并将农机安全生产纳入县政府年终安全工作考核的内容之一，实行目标管理。

（二）明确职责任务，强化农机安全工作

1. 县安全生产监督管理部门要积极发挥综合监管职能，周密安排，将农机安全列入综合性安全生产工作的内容之一，会同相关安全监管部门，督促各乡镇（街道）和有关责任人切实加强对农机安全生产工作的领导，督促、检查农机安全工作落实情况，切实建立“政府负责、农机主抓、部门协作、社会参与”的长效机制。

2. 县农机管理部门要强化拖拉机、联合收割机驾驶（操作）人员的管理。按照《拖拉机驾驶培训管理办法》（农业部令第42号）、《拖拉机登记规定》（农业部令第43号）、《联合收割机及驾驶人安全监理规定》（农业部令第72号）及《河南省农业机械安全管理规定》的规定，严把拖拉机、联合收割机入户、年检、驾驶证的申办及驾驶人培训关口。实现拖拉机、联合收割机入户率、年检率、驾驶人持证率均达到90%以上，学员培训、考试通过率达到90%以上，并按一人一档、一机一档的要求，规范驾驶（操作）人员、农业机械档案管理，时时更新和完善相关基础台

账；增添宣传形式、丰富宣传内容，扩大宣传阵地，营造浓厚的农机安全宣传氛围；加强日常安全检查和隐患排查力度，消除事故隐患，预防农机事故；指导、督促各乡镇人民政府（街道办事处）开展农机安全宣传和依法履行农机安全委托执法等农机安全管理工作；修订和完善《重特大农业机械安全事故应急救援处置预案》，并组织农机安全监理人员进行演练，以更好地应对可能发生的重、特大农机安全事故，最大限度地减少人员伤亡、财产损失和社会危害。

3. 公安、交通管理部门要积极支持、配合农机主管部门的工作，加强对拖拉机等农用运输机械的事故预防、事故处理等工作，妥善处理农机事故、避免社会矛盾激化、确保社会稳定。

4. 工商质监部门要会同县农机管理部门定期开展农机维修质量监督检查，严格按照《农业机械维修管理规定》（农业部、国家工商行政管理总局令第57号）的规定，做好全县农业机械维修和配件经营的监督管理工作。农机维修网点必须取得相应的资格证书，农业机械维修从业人员必须具有从业资格，持证上岗，严防因维修质量或配件质量引发农机事故。

5. 教体、司法、文广新等部门要积极配合农机部门对全县的中小学生及广大农机手进行农机安全及法律、法规知识的培训和普及工作。

6. 各乡镇（街道）要充分发挥农村道路交通安全防控网络的积极作用，将农机安全工作纳入政府工作的重要日程，建立和完善农机安全管理工作相关职责、制度；摸清辖区内农机安全生产的基本情况，做到农机安全生产工作底数清、情况明，并建立好相关基础台账，切实抓好拖拉机、联合收割机驾驶员的日常安全教育、检查，加强农机安全隐患排查和预防工作。

（三）开展事故评析，增添事故预防措施

县农机主管部门要会同安监、公安、交通等部门和乡镇（街道）定期举行道路交通事故预防联席会议，通报农机事故的次数、伤亡人数、直接经济损失，分析事故成因，查找农机安全工作漏洞，研究农机事故预防对策，增添事故预防措施。

（四）严格责任追究，落实安全生产措施

对发生重特大农机事故的情形，要按照“四不放过”（即事故原因不放过、责任人员没处理不放过、整改措施不落实不放过、有关人员没教育不放过）的原则，启动事故责任倒查制，调查事故责任，提请有关部门依法追究相关责任人的责任。

（五）设立专项资金，推动创建工作开展

为了更好地把创建工作做好，县财政将每年拨付专项资金，用于开展此项工作。资金主要用于农机安全生产的基础设施建设、重要路段警示牌的制作、农机安全生产法律法规宣传活动及宣传材料的印制、农机驾驶员安全法律法规的培训、“六个一”活动等。

五、工作要求

开展好创建全省“平安农机”示范县工作是全县安全稳定工作中的一件大事，创建工作时间紧、任务重、要求高，各乡镇（街道）及有关部门务必高度重视、加强领导、精心组织、相互支持、密切配合，采取有力措施，狠抓落实，认真开展好全省创建“平安农机”示范县工作的组织、宣传、引导和服务工作。县政府将定期不定期组织检查，并将检查情况通报全县。通过开展创建全省“平安农机”示范县活动，使广大人民群众安全意识进一步提高，农机事故得到有效控制，农机安全生产形势得到根本好转，确保创建活动取得圆满成功。

附件：

“平安农机”示范县、镇、村、户标准

“平安农机”示范县、乡、村、户标准

一、“平安农机”示范县标准

（一）县政府重视农机安全生产工作。将农机安全生产控制指标纳入政府安全考核内容，加强对创建“平安农机”活动的组织领导，制定活动工作实施方案，明确活动目标，规范活动内容，安排创建活动经费，建立“政府负责、农机主抓、部门协作、社会参与”的工作机制。

（二）农机管理部门将农机安全生产工作落到实处。将创建“平安农机”活动列入重要议事日程，做到农机安全监督体系健全、制度完善、工作规范，重特大农机事故应急处理预案完备。宣传教育和办公自动化等仪器设备配备齐全，规范使用农机监理行业标识。开展“平安农机”示范乡（镇）、村、户活动成效显著，“平安农机”示范乡（镇）达到30%以上。

（三）农机安全生产措施到位，“三大防线”扎实牢固。农机安全宣传教育活动形式多样、内容丰富，广大农机手、农民群众和农村学生的农机安全意识增强。农机牌证管理进一步规范化，农机维修管理、教育培训等管理服务措施得力。农机安全生产检查工作经常化，农业机械检测，驾驶员考试设施、设备齐全，农机事故报告统计及时全面。农机、公安、安全监管等部门加强协作，共同开展安全生产检查和事故隐患排查活动，农机安全专项整治活动成效显著，拖拉机、联合收割机登记入户率、检验率、驾驶人持证率均达到85%以上。

（四）农机事故得到有效控制。拖拉机、联合收割机事故万台死亡人数控制在2.5人以下，杜绝发生一次死亡3人以上的重特大农机事故。

二、“平安农机”示范乡（镇）标准

（一）乡镇人民政府（街道办事处）重视农机安全生产工作。成立农机安全生产工作领导小组，积极协助县农机管理部门做好农机安全监管管理工作，与村民委员会签订农机安全生产责任书。开展创建“平安农机”示范村、户活动成效显著，“平安农机”示范村达到30%以上。

（二）乡镇（街道）设有负责农机安全管理的工作机构和人员。各村均聘有专（兼）职农机安全管理员，职责明确，责任落实。

（三）农机安全生产措施到位。农业机械及其驾驶人台账、农机事故、安全宣传教育等记录完整。农机安全生产制度健全。能根据农业生产季节特点，在辖区内组织开展日常检查和专项整治活动。

（四）积极开展农机安全生产宣传教育活动。每年组织农机驾驶操作人员进行安全教育学习不少于2次。有农机安全宣传专栏、宣传材料、固定标语、警示牌等。

（五）乡镇（街道）内90%以上的农机维修点取得技术合格证，拖拉机、联合收割机入户率、年检率、驾驶人持证率均达到90%以上，不发生重大、特大农机事故。

三、“平安农机”示范村标准

（一）村党支部、村民委员会重视农机安全生产工作。积极协助乡镇政府、街道办事处和农机管理部门做好农机安全生产监督管理工作。设有村级农机安全员，与农机户签订农机安全责任书，开展创建“平安农机”示范户活动成绩显著，“平安农机”示范户达到40%以上。

（二）农机安全生产措施到位。农业机械及其驾驶人台账、农机事故记录、安全学习记录完整。安全生产制度健全。积极协助县、乡有关部门做好农机安全检查和整顿工作。

（三）积极开展农机安全生产宣传教育活动。村内设有农机驾驶操作人员学习活动室、农机安全宣传栏、农机安全宣传标语。每年组织农机驾驶操作人员进行安全教育学习不少于2次，经常开展农机安全生产经验交流和学刊用报活动。农机驾驶操作人员掌握安全生产法规知识和操作技能。

（四）拖拉机、联合收割机入户率、年检率、驾驶人持证率均达到95%以上，不发生农机死亡事故。

四、“平安农机”示范户（合作社、协会）标准

（一）模范遵守农业机械和道路交通安全法律法规，严格按照农机安全操作规程驾驶操作，不违法载人上路，不超速行驶，不酒后驾驶，无违章纪录，无农机责任事故。

（二）农业机械牌证齐全，机具技术状态良好，按时参加年度检验。

（三）积极带头参加乡镇（街道）、村（居委会）和农机管理部门组织的农机安全教育等活动，认真学习、宣传农机安全生产知识，家庭（合作社、协会）成员农机安全意识高。

（四）具有熟练驾驶操作和维护农业机械的技能，农机作业质量好，服务态度好，经济效益好，在群众中美誉度高。

上蔡县人民政府办公室

2018年3月21日印发

2018年中共上蔡县委文件目录

表92

2018年县委文件（上发）		
文号	文 件 标 题	印发日期
1	县委2018年工作意见	1月5日
2	中共上蔡县委上蔡县人民政府关于进一步加强督促检查工作的意见	3月9日
3	中共上蔡县委上蔡县人民政府关于实施“靶向攻坚”提升脱贫成效的意见	3月17日
4	县委理论学习中心组2018年度分专题集体学习安排意见	4月19日
5	县委议事决策规则	5月21日
6	中共上蔡县委关于支持检察机关提起公益诉讼工作的意见	5月23日
7	中共上蔡县委上蔡县人民政府关于推进乡村振兴战略的实施意见	5月17日
8	中共上蔡县委关于推进以案促改制度化常态化的实施意见	5月24日
9	中共上蔡县委上蔡县人民政府关于印发《贯彻落实中央八项规定实施细则精神的办法》的通知　机密001	7月9日
10	中共上蔡县委关于印发《中共上蔡县委履行全面从严治党主体责任清单》的通知	8月8日
11	中共上蔡县委关于在乡镇实行“五天四夜”工作法的意见	8月17日
12	中共上蔡县委关于在街道实行领导干部带班值班制度的意见	8月17日
13	中共上蔡县委关于印发《上蔡县贯彻落实中央第一巡视组反馈意见整改工作方案》的通知	8月24日
14	中共上蔡县委关于印发《上蔡县“新时代文明实践中心（所、站）”建设实施方案》的通知	8月24日
15	中共上蔡县委关于繁荣发展社会主义文艺的实施意见	8月30日
16	中共上蔡县委上蔡县人民政府关于印发《上蔡县引进高层次人才急需短缺人才及创新创业团队实施细则（试行）》的通知	9月12日
17	中共上蔡县委关于印发《上蔡县贯彻落实省委第十巡视组专项巡视扶贫领域整改工作方案》的通知	10月31日
18	中共上蔡县委关于印发《上蔡县委贯彻落实省委巡视办巡察工作专项检查反馈意见整改工作方案》的通知	10月31日
19	中共上蔡县委关于印发《上蔡县贯彻落实省委巡视组反馈意见整改工作方案》的通知	11月1日
20	中共上蔡县委上蔡县人民政府《关于加快产业强县建设的政策扶持意见》的通知	11月28日
21	中共上蔡县委上蔡县人民政府关于印发《上蔡县持续深入开展冒充军人诈骗犯罪专项治理工作方案》的通知	12月5日
22	中共上蔡县委贯彻落实市委脱贫攻坚领域专项巡察反馈意见整改落实情况的报告	12月19日
23	中共上蔡县委贯彻落实省委巡视办巡察工作专项检查反馈意见整改情况的报告	12月19日

表93

2018年县委文件（上文）		
文号	文 件 标 题	印发日期
1	中共上蔡县委关于上蔡第十四届人民代表大会第二次会议选举候选人致大会主席团的函	1月2日
2	中共上蔡县委关于成立中国共产党上蔡县第十四届人民代表大会第二次会议临时委员会的决定	1月7日

续表 93

2018 年县委文件（上文）		
文号	文 件 标 题	印发日期
3	中共上蔡县委 2017 年工作情况报告	1 月 15 日
4	中共上蔡县委学习宣传贯彻中共十九大精神报告	1 月 15 日
5	中共上蔡县委贯彻中央八项规定精神情况报告	1 月 15 日
6	中共上蔡县委加强党的建设工作情况报告	1 月 15 日
7	中共上蔡县委履行党风廉政建设主体责任情况报告	1 月 15 日
8	中共上蔡县委领导班子民主生活会情况报告	1 月 15 日
9	中共上蔡县委意识形态工作情况报告	1 月 15 日
10	中共上蔡县委扶贫脱贫情况报告	1 月 15 日
11	中共上蔡县委关于 2017 年全县经济运行情况报告	1 月 15 日
12	中共上蔡县委贯彻落实《中国共产党工作机关条例（试行）》情况报告	1 月 15 日
13	中共上蔡县委开展“两学一做”学习教育情况报告	1 月 15 日
14	中共上蔡县委全面推行河长制工作情况报告	1 月 15 日
16	中共上蔡县委《关于调整县委巡察工作领导小组组成人员的通知》	2 月 22 日
17	中共上蔡县委关于上蔡县网络意识形态工作自查报告	2 月 3 日
18	中共上蔡县委关于调整成立上蔡县反腐败协调小组的通知	2 月 3 日
19	中共上蔡县委关于成立上蔡县村（社区）“两委”换届选举工作协调小组的通知	3 月 7 日
20	中共上蔡县委、上蔡县人民政府关于表彰 2017 年度综合目标管理工作先进单位的决定	3 月 9 日
21	中共上蔡县委、上蔡县人民政府关于表彰和奖励 2017 年度开放招商工作先进单位和先进个人的决定	3 月 10 日
22	中共上蔡县委、上蔡县人民政府关于表彰 2017 年度城市建设管理和征地拆迁工作先进单位和先进个人的决定	3 月 11 日
23	中共上蔡县委、上蔡县人民政府关于表彰 2017 年度全县脱贫攻坚工作先进单位和先进工作者的决定	3 月 12 日
24	中共上蔡县委关于推荐省、市、县派优秀驻村第一书记及第一书记选派工作先进单位的报告	3 月 20 日
25	中共上蔡县委关于推荐县处级副职后备干部和中长期培养对象考察人选的报告	4 月 4 日
27	中共上蔡县委、上蔡县人民政府关于表彰和奖励 2017 年度信访工作先进集体和先进个人的决定	4 月 16 日
28	中共上蔡县委、上蔡县人民政府关于表彰 2017 年度政法暨平安建设工作先进单位和先进个人的决定	4 月 16 日
29	中共上蔡县委《关于程红玲同志到上蔡县挂职副县长的请示》	4 月 27 日
30	中共上蔡县委关于省纪委领导调研上蔡脱贫攻坚反馈问题整改落实情况报告	5 月 9 日
31	中共上蔡县委、上蔡县人民政府关于对 2017 年秋季秸秆禁烧及综合利用工作进行奖惩的决定	5 月 21 日
32	中共上蔡县委、上蔡县人民政府关于调整上蔡县防汛抗旱指挥部成员的通知	5 月 21 日
34	中共上蔡县委、上蔡县人民政府关于调整白云观市场搬迁改造指挥部成员的通知	6 月 5 日
35	中共上蔡县委关于推荐新时代新担当新作为先进典型的报告	6 月 5 日
36	中共上蔡县委、上蔡县人民政府关于调整上蔡县脱贫攻坚领导小组成员的通知	6 月 14 日
37	中共上蔡县委、上蔡县人民政府关于成立上蔡县农村集体产权制度改革工作领导小组的通知	6 月 28 日
38	中共上蔡县委关于马铃薯扶贫产业项目有关情况的说明	7 月 4 日
39	中共上蔡县委、上蔡县人民政府关于伊赛肉牛养殖项目有关情况的报告	7 月 9 日
40	中共上蔡县委关于成立配合省委第十巡视组开展扶贫领域专项巡视工作领导小组的通知	7 月 10 日
41	中共上蔡县委关于印发《关于配合省委第十巡视组开展扶贫领域专项巡视的工作方案》的通知	7 月 10 日
42	中共上蔡县委关于驻税党函〔2018〕6 号文的复函	7 月 11 日
43	中共上蔡县委关于贯彻落实省委十届六次全会暨省委工作会议精神的情况报告	7 月 20 日
44	中共上蔡县委 2018 年上半年意识形态工作情况报告	7 月 20 日
45	中共上蔡县委 上蔡县人民政府关于举行上蔡县人民政府与河南省农业综合开发有限公司战略合作协议情况的报告	7 月 31 日
46	中共上蔡县委 上蔡县人民政府关于命名表彰 2017 年县级文明单位的决定	8 月 3 日
47	中共上蔡县委履行意识形态工作责任制情况的报告	8 月 6 日
48	中共上蔡县委关于扶贫项目建设慢作为方面问题整改推进情况的报告	8 月 15 日
49	中共上蔡县委关于扶贫干部工作作风方面问题整改落实情况的报告	8 月 15 日
50	中共上蔡县委学习宣传贯彻中共十九大精神情况汇报	8 月 15 日

续表 93

2018 年县委文件（上文）		
文号	文 件 标 题	印发日期
51	中共上蔡县委关于乡镇（街道）党（工）委书记未遍访贫困户问题整改情况的报告	8 月 22 日
52	关于同意成立上蔡县气象局党组的函	8 月 23 日
53	上蔡县基督教领域问题分析和整改报告	8 月 25 日
54	中共上蔡县委关于同意成立中共国家税务局上蔡县税务局委员会的函	9 月 14 日
55	中共上蔡县委 上蔡县人民政府关于对 2018 年夏季秸秆禁烧和综合利用工作进行奖励的决定	9 月 14 日
56	上蔡县关于中央第一巡视组反馈意见整改落实情况的报告	9 月 14 日
57	中共上蔡县委 上蔡县人民政府关于成立省道 223（原省道 206）公路建设指挥部的通知	9 月 29 日
58	关于举办中国·上蔡第十六届重阳文化节系列群众文化活动的请示	10 月 8 日
59	中共上蔡县委 上蔡县人民政府关于表彰上蔡县第一届文明家庭全县孝道家庭、全县孝心模范的决定	10 月 8 日
60	中共上蔡县委 上蔡县人民政府关于上蔡县生态文明建设目标任务完成情况的自查报告	9 月 29 日
61	中共上蔡县委关于呈报《中共上蔡县委贯彻落实省委巡视办巡察工作专项检查反馈意见整改工作方案》的报告	10 月 31 日
63	中共上蔡县委 上蔡县人民政府关于成立上蔡县国家食品安全示范城市创建指挥部的通知	11 月 12 日
64	中共上蔡县委 上蔡县人民政府关于表扬上蔡县优秀非公有制企业和非公有制经济人士优秀中国特色社会主义事业建设者的通报	11 月 19 日
65	中共上蔡县委关于表彰 2018 年度“六面红旗村（社区）”的通报	12 月 4 日
66	中共上蔡县委关于省纪委马铃薯种植加工业产业项目核查发现问题及处理意见贯彻落实情况报告	12 月 6 日
67	中共上蔡县委 上蔡县人民政府关于对创建国家森林城市工作暨 2018 年全县植树造林工作进行奖惩的决定	12 月 7 日
68	中共上蔡县委关于推荐第十届市级专业技术拔尖人才的报告	12 月 17 日
69	上蔡县 2018 年推进实施乡村振兴战略进展情况报告	12 月 20 日
70	中共上蔡县委关于政治宗教场所情况的报告	12 月 20 日
71	中共上蔡县委上蔡县人民政府关于印发《上蔡县创建国家卫生县城实施方案》的通知	12 月 24 日
72	中共上蔡县委上蔡县人民政府关于印发《上蔡县创建全国健康县城实施方案》的通知	12 月 24 日
73	中共上蔡县委上蔡县人民政府关于成立上蔡县创建国家卫生县城指挥部的通知	12 月 24 日
74	中共上蔡县委上蔡县人民政府关于成立上蔡县创建全国健康县城指挥部的通知	12 月 24 日
75	关于省委第十巡视组专项巡视扶贫领域反馈意见整改落实情况的报告	12 月 24 日
76	中共上蔡县委关于《上蔡县机构改革方案》的请示	12 月 24 日
78	中共上蔡县委关于同意成立中共上蔡县退役军人事务局党组的批复	12 月 28 日
79	中共上蔡县委贯彻落实省委巡视组反馈选人用人意见整改情况的报告	12 月 7 日

2018 年上蔡县人民政府文件

表 94

2018 年上蔡县人民政府文件（上政）			
序号	文 号	文 件 标 题	印发日期
1	上政〔2018〕1 号	关于上蔡县兴工投资有限公司对河南弘居祥盛置业有限公司出资控股的决定	1 月 8 日
2	上政〔2018〕2 号	关于印发《上蔡县税收保障实施办法（试行）》的通知	1 月 8 日
3	上政〔2018〕3 号	关于成立上蔡县不动产登记工作领导小组的通知	1 月 5 日
4	上政〔2018〕4 号	关于上蔡县 2018 年第 1—7 批补充耕地储备项目评审论证意见的认可意见	1 月 22 日
5	上政〔2018〕5 号	关于印发《上蔡县农民工欠薪应急周转金使用管理暂行办法》的通知	1 月 30 日
6	上政〔2018〕6 号	关于撤销韩寨乡建立韩寨镇的通知	2 月 8 日
7	上政〔2018〕7 号	关于进一步加强疾病预防控制工作的意见	2 月 7 日
8	上政〔2018〕8 号	关于进一步做好征地管理工作的通知	3 月 9 日
9	上政〔2018〕9 号	关于对发改委等 4 个单位和张永喜等 11 名同志记功及对徐建中等 13 名同志嘉奖的决定	3 月 11 日
10	上政〔2018〕10 号	关于成立菜篮子工程建设领导小组的通知	3 月 19 日
11	上政〔2018〕11 号	关于成立国有企业改革攻坚领导小组的通知	3 月 15 日
12	上政〔2018〕12 号	关于成立创建全省平安农机示范县活动领导小组的通知	3 月 21 日
13	上政〔2018〕13 号	关于印发《上蔡县创建全省平安农机示范县活动工作实施方案》的通知	3 月 21 日

续表 94

2018 年上蔡县人民政府文件（上政）			
序号	文 号	文 件 标 题	印发日期
14	上政〔2018〕14 号	关于印发《上蔡县“十三五”时期民兵组织规模和年度训练任务调整方案》的通知	3 月 29 日
15	上政〔2018〕15 号	关于成立上蔡县民兵调整改革工作领导小组的通知	3 月 29 日
16	上政〔2018〕16 号	关于成立上蔡县兴农扶贫开发投资有限公司的通知	3 月 29 日
17	上政〔2018〕17 号	关于表彰 2017 年度安全生产工作优秀单位和先进单位、先进工作者的决定	3 月 29 日
18	上政〔2018〕18 号	关于调整上蔡县防火安全委员会成员的通知	3 月 30 日
19	上政〔2018〕19 号	关于对 2017 年度消防工作先进单位表彰的决定	3 月 30 日
20	上政〔2018〕20 号	关于对我县重地名进行标准化处理的通知	4 月 12 日
21	上政〔2018〕21 号	关于开展第三次全国土地调查的通知	4 月 13 日
22	上政〔2018〕22 号	关于表彰全县统计系统先进单位和先进工作者的决定	4 月 12 日
23	上政〔2018〕23 号	关于印发《上蔡县农产品质量安全县创建实施方案》的通知	4 月 18 日
24	上政〔2018〕24 号	关于成立上蔡县创建省级农产品质量安全县工作领导小组的通知	4 月 18 日
25	上政〔2018〕25 号	关于印发《上蔡县乡镇农产品质量安全监管公共服务体系建设意见》的通知	4 月 18 日
26	上政〔2018〕26 号	关于印发《上蔡县严格河长制湖长制加强河道湖泊管理工作的意见》的通知	4 月 19 日
27	上政〔2018〕27 号	关于印发《上蔡县 2018 年统筹整合财政涉农资金实施方案》的通知	4 月 19 日
28	上政〔2018〕28 号	关于调整上蔡县土地卫片执法检查工作领导小组组成人员的通知	4 月 23 日
29	上政〔2018〕29 号	关于调整上蔡县兴蔡中小企业信用担保有限公司董事会成员的通知	5 月 4 日
30	上政〔2018〕30 号	关于公布规范性文件清理结果的决定	5 月 2 日
31	上政〔2018〕31 号	关于开展耕地轮作休耕制度试点的通知	5 月 7 日
32	上政〔2018〕32 号	关于表彰 2017 年度金融工作先进单位和先进个人的决定	4 月 29 日
33	上政〔2018〕33 号	关于表彰 2017 年上蔡县免费开展预防出生缺陷产前筛查和新生儿疾病筛查工作先进单位和先进个人的决定	5 月 14 日
34	上政〔2018〕34 号	关于调整上蔡县兴工投资有限公司董事会成员和监事会成员的通知	5 月 3 日
35	上政〔2018〕35 号	关于切实做好 2018 年“三夏”工作的意见	5 月 21 日
36	上政〔2018〕36 号	关于成立上蔡县畜禽粪污染源化利用整县推进项目工作领导小组的通知	5 月 25 日
37	上政〔2018〕37 号	关于印发《上蔡县企业上市培育三年行动计划（2018—2020 年）》的通知	5 月 25 日
38	上政〔2018〕38 号	关于《上蔡县 2018 年农业机械购置补贴实施方案》的通知	6 月 1 日
39	上政〔2018〕39 号	关于成立上蔡县新庄农场有限公司的通知	6 月 1 日
40	上政〔2018〕40 号	关于成立上蔡县吴宋湖农场有限公司的通知	6 月 1 日
41	上政〔2018〕41 号	关于印发《上蔡县中心城区集体土地上房屋征收与补偿安置办法》的通知	6 月 7 日
42	上政〔2018〕42 号	关于进一步加强扶贫资金监管的意见	6 月 14 日
43	上政〔2018〕43 号	上蔡县人民政府工作规则	6 月 21 日
44	上政〔2018〕44 号	关于乡镇建设用地报批的若干意见	7 月 13 日
45	上政〔2018〕45 号	关于印发《上蔡县 2018 年农业保险工作方案》的通知	6 月 21 日
46	上政〔2018〕46 号	关于做好贫困重度残疾人家庭无障碍改造工作的通知	6 月 28 日
47	上政〔2018〕47 号	关于进一步做好残疾人证办理及残疾人两项补贴申报发放工作的通知	6 月 28 日
48	上政〔2018〕48 号	关于加快政务服务体系创新确保一次办妥的意见	7 月 5 日
49	上政〔2018〕49 号	关于表彰 2017 年度县长质量奖获奖单位的决定	7 月 9 日
50	上政〔2018〕50 号	关于印发《2018 年度上蔡县土地储备开发计划》的通知	7 月 12 日
51	上政〔2018〕51 号	关于成立上蔡县国税地税征管体制改革专题小组的通知	7 月 13 日
52	上政〔2018〕52 号	关于调整上蔡县征兵领导小组成员的通知	7 月 31 日
53	上政〔2018〕53 号	关于表彰 2017 年度征兵工作先进单位和先进个人的通知	7 月 31 日
54	上政〔2018〕54 号	2018 年征兵令	7 月 31 日
55	上政〔2018〕55 号	关于成立上蔡县土地及房屋征收与补偿工作领导小组的通知	7 月 30 日
56	上政〔2018〕56 号	关于调整上蔡县农产品质量安全工作领导小组的通知	8 月 8 日
57	上政〔2018〕57 号	关于认真做好第四次全国经济普查工作的通知	8 月 4 日
58	上政〔2018〕58 号	关于表彰 2017—2018 学年度高中招工作先进单位和优秀教师的决定	9 月 4 日

续表 94

2018 年上蔡县人民政府文件（上政）			
序号	文 号	文 件 标 题	印发日期
59	上政〔2018〕59 号	关于转发《驻马店市人民政府关于培育房屋租赁市场的意见》的通知	9 月 4 日
60	上政〔2018〕60 号	关于印发《上蔡县高标准农田建设统一上图入库工作方案》的通知	6 月 1 日
61	上政〔2018〕61 号	关于成立高标准农田建设统一上图入库工作领导小组的通知	6 月 1 日
62	上政〔2018〕62 号	关于给予上蔡县教育体育局、上蔡一高记集体三等功的决定	9 月 7 日
63	上政〔2018〕63 号	关于印发《上蔡县金融扶贫贷款工作办法（暂行）》的通知	9 月 10 日
64	上政〔2018〕64 号	关于鼓励上蔡县银行业金融机构参与金融扶贫的奖励办法（暂行）	9 月 10 日
65	上政〔2018〕65 号	关于印发《上蔡县进一步加快清收农商银行不良贷款工作推进方案》的通知	7 月 9 日
66	上政〔2018〕66 号	关于报备《上蔡县 2018 年统筹整合财政涉农资金实施方案（调整）》的报告	9 月 14 日
67	上政〔2018〕67 号	关于调整县重大动物疫情应急指挥部成员的通知	9 月 18 日
68	上政〔2018〕68 号	关于对县公安局和陈照峰等同志记功嘉奖的决定	9 月 14 日
69	上政〔2018〕69 号	关于成立上蔡县金融扶贫贷款联审联批领导小组的通知	9 月 21 日
70	上政〔2018〕70 号	关于印发《省道 223（原省道 206）上蔡段征地拆迁补偿安置实施方案》的通知	9 月 25 日
71	上政〔2018〕71 号	关于成立上蔡县节水型社会达标建设工作领导小组的通知	9 月 27 日
72	上政〔2018〕72 号	关于成立青海—河南 ±800 千伏特高压直流输变电工程上蔡段协调指挥部的通知	9 月 29 日
73	上政〔2018〕73 号	关于表彰 2018 年度社会医疗保险工作先进单位的决定	11 月 8 日
74	上政〔2018〕74 号	关于印发《县政府重大决策出台前向县人大及其常委会报告工作制度》的通知	11 月 9 日
75	上政〔2018〕75 号	关于进一步做好城镇困难职工脱困工作的实施意见	11 月 9 日
76	上政〔2018〕76 号	关于明确政府拨款、减免税费形成有关资产权属的通知	11 月 14 日
77	上政〔2018〕77 号	关于印发《上蔡县人民政府贯彻落实省委第十巡视组专项巡视扶贫领域反馈意见整改工作方案》的通知	11 月 27 日
78	上政〔2018〕78 号	关于印发《上蔡县洙嵖路沿线特色农业示范带建设实施方案》的通知	12 月 7 日
79	上政〔2018〕79 号	关于印发《国务院第五次大督查反馈意见整改落实工作方案》的通知	12 月 14 日
80	上政〔2018〕80 号	上蔡县 2019 年度人民防空工作实施方案	12 月 28 日

表 95

2018 年上蔡县人民政府文件（上政文）			
序号	文 号	文 件 标 题	印发日期
1	上政文〔2018〕1 号	关于蔡都街道办事处白云观居委会一里庄棚户区改造项目采取政府向社会力量购买服务有关事宜的批复	1 月 8 日
2	上政文〔2018〕2 号	关于对高尔夫球场清理整治自查的报告	1 月 10 日
3	上政文〔2018〕3 号	关于同意对上蔡县新燎原地下金街重大火灾隐患单位进行挂牌督办的批复	1 月 17 日
4	上政文〔2018〕4 号	关于落实 2017 年度粮食安全县长责任制考核工作的报告	1 月 20 日
5	上政文〔2018〕5 号	关于上蔡县 2018 年度补充耕地储备项目的批复	1 月 5 日
6	上政文〔2018〕6 号	关于产业集聚区新建水厂的批复	1 月 19 日
7	上政文〔2018〕7 号	关于重阳街道办事处看花楼居委会（张红叶庄村）六、七、八组留地安置的批复	1 月 25 日
8	上政文〔2018〕8 号	关于重阳办事处常庄、张红叶庄棚户区改造项目采取政府向社会力量购买服务有关事宜的批复	2 月 1 日
9	上政文〔2018〕9 号	关于将上蔡县重阳办事处常庄、张红叶庄棚户区改造项目政府购买服务资金列入县级财政预算的通知	2 月 1 日
10	上政文〔2018〕10 号	关于对全县城镇土地级别与基准地价更新调整的批复	1 月 31 日
11	上政文〔2018〕11 号	关于《上蔡县人民医院搬迁项目实施方案》的批复	2 月 10 日
12	上政文〔2018〕12 号	关于农村环境连片综合整治项目市级复验的申请	2 月 2 日
13	上政文〔2018〕13 号	关于《上蔡县龙胜大道等 7 条市政道路及北护城河改造项目实施方案》的批复	1 月 31 日
14	上政文〔2018〕14 号	关于《上蔡县五中等 7 所学校新建项目实施方案》的批复	1 月 25 日
15	上政文〔2018〕15 号	关于上报《上蔡县 2017 年产油大县奖励资金扶持油料种植类项目实施方案》的报告	3 月 2 日
16	上政文〔2018〕16 号	关于 2017 年度实行最严格水源管理制度考核工作的自查报告	3 月 2 日
17	上政文〔2018〕17 号	关于同意《上蔡县水土保持规划（2016–2030）》的批复	3 月 7 日

续表 95

2018 年上蔡县人民政府文件（上政文）			
序号	文 号	文 件 标 题	印发日期
18	上政文〔2018〕18 号	关于《上蔡县大路张村委、肖庄和小王庄棚户区改造联接设施建设项目申请中央补助资金的批复方案》的通知	3 月 7 日
19	上政文〔2018〕19 号	关于《上蔡县境内 G345、通明大道及商南高速出口至 S219 支线段、五龙源大道三条道路建设 PPP 项目实施方案》的批复	3 月 9 日
20	上政文〔2018〕20 号	关于《上蔡县第三高级中学（一高分校）建设项目实施方案》的批复	3 月 8 日
21	上政文〔2018〕21 号	关于上蔡县产业集聚区企业分类综合评价情况报告	3 月 15 日
22	上政文〔2018〕22 号	关于省环境污染防治攻坚战第十八强化督查组交办问题整改情况的报告	3 月 21 日
23	上政文〔2018〕23 号	上蔡县 2017 年度法治政府建设情况的报告	3 月 20 日
24	上政文〔2018〕24 号	关于确认占用市级国有投融资企业资金的报告	3 月 23 日
25	上政文〔2018〕25 号	关于成立上蔡县兴农扶贫开发投资有限公司的批复	3 月 28 日
26	上政文〔2018〕26 号	关于注销小岳寺乡杨炉村程庄部分集体土地使用权的批复	1 月 28 日
27	上政文〔2018〕27 号	关于县人民医院、县中医院、县妇女儿童医院招聘编外专业技术人员实行人事代理的批复	4 月 4 日
28	上政文〔2018〕28 号	关于同意国土局对河南省公路工程集团有限公司周南高速 TJ--3 项目经理部办理变更部分临时用地位置土地复垦方案评审意见的批复	4 月 8 日
29	上政文〔2018〕29 号	关于县国土局注销上蔡县农村信用合作联社房屋登记并收回上房权证字第 2015001660 号房屋所有权证的批复	4 月 8 日
30	上政文〔2018〕30 号	关于提高 2018 年最低生活保障标准和财政补助水平及特困人员供养标准的批复	4 月 11 日
31	上政文〔2018〕31 号	关于《2018 年度安全生产监督检查计划》的批复	4 月 13 日
32	上政文〔2018〕32 号	关于《上蔡县汽车队改制方案》的批复	4 月 19 日
33	上政文〔2018〕33 号	关于《上蔡县金属机电公司处置实施方案》的批复	4 月 19 日
34	上政文〔2018〕34 号	关于《上蔡县轻工业供销经理部改制方案》的批复	4 月 19 日
35	上政文〔2018〕35 号	关于《上蔡县轻化建材公司处置实施方案》的批复	4 月 19 日
36	上政文〔2018〕36 号	关于《上蔡县木材公司处置实施方案》的批复	4 月 19 日
37	上政文〔2018〕37 号	关于《上蔡县物资供应公司处置实施方案》的批复	4 月 19 日
38	上政文〔2018〕38 号	关于《上蔡县物资贸易公司处置实施方案》的批复	4 月 19 日
39	上政文〔2018〕39 号	关于《上蔡县鸿达五交化购销中心处置实施方案》的批复	4 月 19 日
40	上政文〔2018〕40 号	关于《上蔡县副食品公司处置实施方案》的批复	4 月 19 日
41	上政文〔2018〕41 号	关于《上蔡县建材工业公司改制方案》的批复通知	4 月 19 日
42	上政文〔2018〕42 号	关于《上蔡县印刷厂改制方案》的批复	4 月 19 日
43	上政文〔2018〕43 号	关于《上蔡县机械厂改制方案》的批复	4 月 19 日
44	上政文〔2018〕44 号	关于《上蔡县燃料公司改制方案》的批复	4 月 19 日
45	上政文〔2018〕45 号	关于《上蔡县物资煤炭公司改制方案》的批复	4 月 19 日
46	上政文〔2018〕46 号	关于《上蔡县祥梦丝绸集团公司改制方案》的批复	4 月 19 日
47	上政文〔2018〕47 号	关于《债务风险化解方案》的报告	4 月 23 日
48	上政文〔2018〕48 号	关于《蔡都办事处武庄棚户区改造项目房屋征收及安置补偿方案的批复	4 月 24 日
49	上政文〔2018〕49 号	关于《芦岗办事处薄庄、董寨棚户区改造项目房屋征收及安置补偿方案》的批复	4 月 24 日
50	上政文〔2018〕50 号	关于《卧龙办事处福兴寺、苗沟社区光国楼、郭庄棚户区改造项目房屋征收及安置补偿方案》的批复	4 月 24 日
51	上政文〔2018〕51 号	关于《上蔡县 2018 年度农村饮水安全巩固提升工程实施方案》的批复	4 月 23 日
52	上政文〔2018〕52 号	关于采用政府购买服务模式实施上蔡县安罗高速公路（上蔡段）征地拆迁补偿安置项目有关事宜的申请	4 月 26 日
53	上政文〔2018〕53 号	上蔡县人民政府关于《安罗高速公路（上蔡段）征地拆迁补偿安置实施方案》的批复	4 月 26 日
54	上政文〔2018〕54 号	关于芦岗办事处薄庄、董寨棚户区改造项目采取政府向社会力量购买服务有关事宜的批复	5 月 12 日
55	上政文〔2018〕55 号	关于蔡都办事处武庄棚户区改造项目采取政府向社会力量购买服务有关事宜的批复	5 月 12 日

续表 95

2018 年上蔡县人民政府文件（上政文）			
序号	文　号	文 件 标 题	印发日期
56	上政文〔2018〕56 号	关于卧龙办事处福兴寺、苗沟社区光国楼、郭庄棚户区改造项目采取政府向社会力量购买服务有关事宜的批复	5 月 12 日
57	上政文〔2018〕57 号	上蔡县 2016—2020 年政府耕地保护责任目标期中考核自查报告	5 月 7 日
58	上政文〔2018〕58 号	关于对同意 3 亿元扶贫过桥贷款及有关事项的批复	5 月 10 日
59	上政文〔2018〕59 号	关于《广源路通明大道和谐大道祥云路围合区域 GTHX–01 地块控制性详细规划》的批复	5 月 11 日
60	上政文〔2018〕60 号	关于《重阳大道规划支路蔡明园四路蔡明园路围合区域 CGCC–01 地块控制性详细规划》的批复	5 月 11 日
61	上政文〔2018〕60 号	关于《兴业路经二路杜诗二路东明路围合区域 XJDD–01 地块控制性详细规划》的批复	5 月 11 日
62	上政文〔2018〕62 号	关于《杜诗二路经二路杜诗三路东明路围合区域 DJDD–01 地块控制性详细规划》的批复	5 月 11 日
63	上政文〔2018〕63 号	关于《银杏路武津路梧桐路白云观大道围合区域 YWWB–01 地块控制性详细规划》的批复	5 月 11 日
64	上政文〔2018〕64 号	关于《玉兰路武津路银杏路白云观大道围合区域 YWYB–01 地块控制性详细规划》的批复	5 月 11 日
65	上政文〔2018〕65 号	关于《蔡都大道青松路杜诗四路五龙源大道围合区域 CQDW–01 地块控制性详细规划》的批复	5 月 11 日
66	上政文〔2018〕66 号	关于取缔东洪镇杨沈庄村邓红恩养殖场的批复	5 月 9 日
67	上政文〔2018〕67 号	关于核发上蔡县从事水产养殖业单位及个人持有《中华人民共和国水域滩涂养殖证》的批复	5 月 14 日
68	上政文〔2018〕68 号	关于《上蔡县一场三馆建设 PPP 项目实施方案》的批复	5 月 28 日
69	上政文〔2018〕69 号	关于《上蔡县 2017 年脱贫攻坚深度村饮水工程实施方案》的批复	5 月 25 日
71	上政文〔2018〕71 号	关于清理美丽乡村下地关村辖区沟内附属物的批复	5 月 26 日
72	上政文〔2018〕72 号上	关于撤销华陂镇西陈村二组村民朱付军农村土地承包经营权证书的批复	5 月 30 日
73	上政文〔2018〕73 号	对市第四届人大三次会议第 158 号建议的答复	6 月 9 日
74	上政文〔2018〕74 号	对市人大四届三次会议第 59 号建议的答复	6 月 9 日
75	上政文〔2018〕75 号	对市第四届人大三次会议第 157 号建议的答复	6 月 9 日
76	上政文〔2018〕76 号	关于邀请市政府领导出席百润环保等 21 家企业中原股权交易中心挂牌仪式的请示	6 月 29 日
77	上政文〔2018〕77 号	对市人大四届三次会议第 34 号建议的答复	6 月 9 日
78	上政文〔2018〕78 号	关于上蔡县马铃薯产业扶贫项目整改情况的报告	6 月 11 日
79	上政文〔2018〕79 号	关于驻马店市审计局审计反馈问题的整改报告	5 月 10 日
80	上政文〔2018〕80 号	关于市政府食安委 2017 年食品安全工作评议考核存在问题的整改报告	6 月 15 日
81	上政文〔2018〕81 号	关于上蔡县新庄农场和吴宋湖农场土地使用权确认为国有的批复	6 月 27 日
82	上政文〔2018〕82 号	关于企业自建公共租赁住房有关工作处置办法的请示	6 月 26 日
83	上政文〔2018〕83 号	关于核定 2018 年度优抚对象优待标准的批复	6 月 22 日
84	上政文〔2018〕84 号	关于河南省上蔡县“十三五”脱贫攻坚规划中期评估及调整的批复	6 月 29 日
85	上政文〔2018〕85 号	关于上蔡县齐海乡等四个乡土地整治项目东岸片区张杨郑增补道路工程验收的意见	6 月 13 日
86	上政文〔2018〕86 号	关于对《上蔡县供电区 2018 年有序用电方案》的批复	7 月 9 日
87	上政文〔2018〕87 号	关于 2018 年申请实施“特岗计划”的报告	7 月 11 日
88	上政文〔2018〕88 号	关于调整《上蔡县重阳街道办事处土地利用总体规划（2010—2020 年）调整完善》局部调整的请示	7 月 11 日
89	上政文〔2018〕89 号	关于蔡沟乡撤乡建镇有关数据材料补充的说明	7 月 18 日
90	上政文〔2018〕90 号	关于《上蔡县物资煤炭公司职工安置补偿方案》的批复	7 月 18 日
91	上政文〔2018〕91 号	关于《上蔡县机械厂职工安置补偿方案》的批复	7 月 18 日
92	上政文〔2018〕92 号	关于《上蔡县祥梦丝绸集团公司职工安置补偿方案》的批复	7 月 18 日
93	上政文〔2018〕93 号	关于同意建设上蔡森林公园的批复	7 月 30 日
94	上政文〔2018〕94 号	关于申请城乡建设用地增减挂钩项目审查审批权限下放的函	7 月 20 日
95	上政文〔2018〕95 号	关于《上蔡县“十三五”土地整治规划（2016—2020 年）》的批复	6 月 27 日

续表 95

2018 年上蔡县人民政府文件（上政文）			
序号	文　号	文 件 标 题	印发日期
96	上政文〔2018〕96 号	关于上报《上蔡县创建省级经济技术开发区工作方案》的报告	6 月 22 日
97	上政文〔2018〕97 号	关于《蔡都街道办事处房屋征收补偿安置工作实施方案》的批复	7 月 25 日
98	上政文〔2018〕98 号	关于《重阳街道办事处房屋征收补偿安置工作实施方案》的批复	7 月 25 日
99	上政文〔2018〕99 号	关于《蔡明园五路礼通路故城西路秦相大道围合区域 CLGQ 地块控制性详细性规划》的批复	8 月 2 日
100	上政文〔2018〕100 号	关于《重阳大道五龙源大道翠竹路宋相路围合区域 CWCS-01 地块控制性详细性规划》的批复	8 月 2 日
101	上政文〔2018〕101 号	关于《杨河路祥云路中原路拥翠路围合区域 YXZX-01 地块控制性详细性规划》的批复	8 月 2 日
102	上政文〔2018〕102 号	关于《四平路龙祥路腾飞路顺达路围合区域 SLTS-01 地块控制性详细性规划》的批复	8 月 2 日
103	上政文〔2018〕103 号	关于《五龙镇上和路与规划道路交叉口东南区域 SG-01 地块控制性详细性规划》的批复	8 月 2 日
104	上政文〔2018〕104 号	关于《广源路拥翠路和谐大道秦相大道围合区域 GYHQ 地块控制性详细性规划》的批复	8 月 2 日
105	上政文〔2018〕105 号	关于《蔡明园四路礼通路蔡明园五路秦相大道围合区域 CLCQ 地块控制性详细性规划》的批复	8 月 2 日
106	上政文〔2018〕106 号	关于政府隐性债务情况的报告	8 月 8 日
107	上政文〔2018〕107 号	关于《卧龙街道办事处 2018 年棚户区改造项目房屋征收与补偿安置工作实施方案》的批复	8 月 14 日
108	上政文〔2018〕108 号	关于提请马高峰等同志职务任职的议案	8 月 21 日
109	上政文〔2018〕109 号	关于拟定上蔡县内部治安保卫重点单位的批复	8 月 23 日
110	上政文〔2018〕110 号	关于上蔡县城镇垃圾填埋存在环境问题的复函	8 月 24 日
111	上政文〔2018〕111 号	关于《上蔡县印刷厂等两家职工安置补偿方案》的批复	8 月 28 日
112	上政文〔2018〕112 号	关于《上蔡县物资贸易中心等七家职工安置方案》的批复	8 月 28 日
113	上政文〔2018〕113 号	关于国有企业处置“僵尸企业”工作的自查报告	8 月 28 日
114	上政文〔2018〕114 号	关于《杨河路通明大道中原路文明路围合区域 YTZW 地块控制性详细性规划》的批复	8 月 28 日
115	上政文〔2018〕115 号	关于《富强路五龙源蔡州大道宋相路围合区域 FWCS 地块控制性详细性规划》的批复	8 月 24 日
116	上政文〔2018〕116 号	关于《中原路春雨路洪河路通明大道围合区域 ZCHT 地块控制性详细性规划》的批复	8 月 24 日
117	上政文〔2018〕117 号	关于《永兴大道通明大道蔡州大道祥云路围合区域 YTCX 地块控制性详细性规划》的批复	8 月 24 日
118	上政文〔2018〕118 号	关于《蔡都大道城墙西路龙岗四路龙胜大道围合区域 CCLL 地块控制性详细性规划》的批复	9 月 5 日
119	上政文〔2018〕119 号	关于《洪河路二号路天中山大道一号路围合区域 HETY 地块控制性详细规划》的批复	9 月 5 日
120	上政文〔2018〕120 号	关于《永昌路宋相路李斯东路朝阳大道围合区域 YSLC 地块控制性详细性规划》的批复	9 月 5 日
121	上政文〔2018〕121 号	关于《汝河路春雨路和谐大道明月路围合区域 RCHM 地块控制性详细性规划》的批复	9 月 5 日
122	上政文〔2018〕122 号	关于《龙岗七路龙胜大道南环城路卧龙大道围合区域 LLNW 地块控制性详细性规划》的批复	9 月 5 日
123	上政文〔2018〕123 号	关于《永兴大道银海大道蔡州大道西环城路围合区域 YYCX 地块控制性详细性规划》的批复	9 月 5 日
124	上政文〔2018〕124 号	关于《玉兰路宋相路银杏路朝阳大道围合区域 YSYC 地块控制性详细性规划》的批复	9 月 5 日
125	上政文〔2018〕125 号	关于《杜诗三路东环城路蔡都大道经二路围合区域 DDCJ 地块控制性详细性规划》的批复	9 月 5 日
126	上政文〔2018〕126 号	关于《杜诗五路青松路重阳大道五龙源大道围合区域 DQCW 地块控制性详细性规划》的批复	9 月 5 日
127	上政文〔2018〕127 号	关于一里庄棚改项目调整安置计划的批复	9 月 11 日
128	上政文〔2018〕128 号	关于武庄居委会十二个居民组留地安置的批复	9 月 11 日
129	上政文〔2018〕129 号	关于群众反映购买瑞天龙胜公租房相关问题的调查处理报告	
130	上政文〔2018〕130 号	关于将中共上蔡县委党校新区建设 PPP 项目资本金及还款资金列入县财政中长期预算的议案	9 月 17 日
131	上政文〔2018〕131 号	关于审批《上蔡县 2018 年农村中小学校舍维修改造专项资金项目规划工作实施方案》的请示	9 月 19 日

续表 95

2018 年上蔡县人民政府文件（上政文）			
序号	文 号	文 件 标 题	印发日期
132	上政文〔2018〕132 号	关于上蔡县森林公园等四个项目实施前送呈县人大及其常委会讨论决定的报告	9 月 19 日
133	上政文〔2018〕133 号	关于《白云观火道李斯东路市场路兴业路围合区域 BLSX-01 地块控制性详细性规划》的批复	9 月 28 日
134	上政文〔2018〕134 号	关于改革期间环保部门经费和人员工资保障情况的报告	9 月 30 日
135	上政文〔2018〕135 号	关于《上蔡县供水节水与水系治理工程（一期）PPP 项目实施方案》的批复	10 月 10 日
136	上政文〔2018〕136 号	实施上蔡县供水节水与水系治理工程（一期）PPP 项目的授权书	10 月 10 日
137	上政文〔2018〕137 号	关于申请农村生活垃圾省级达标治理验收的请示	10 月 11 日
141	上政文〔2018〕141 号	关于《省道 223（原省道 206）上蔡县城至驻马店市段（上蔡境）改建工程 PPP 项目实施方案》的批复	10 月 12 日
142	上政文〔2018〕142 号	关于《兴隆路春雨路腾飞路明月路围合区域 XCTM 地块控制性详细性规划》的批复	9 月 21 日
143	上政文〔2018〕143 号	关于《蔡明园二路看花楼路蔡明园三路故城西路围合区域 CKCG 地块控制性详细性规划》的批复	9 月 21 日
144	上政文〔2018〕144 号	关于撤销杨屯乡杨屯村十三组村民赵运福农村土地承包经营权证书的批复	10 月 12 日
145	上政文〔2018〕145 号	关于重阳街道办事处新型农村社区土地综合整治项目变更的请示	10 月 23 日
146	上政文〔2018〕146 号	关于蔡都街道办事处和谐新型农村社区土地综合整治试点项目变更的请示	10 月 23 日
147	上政文〔2018〕147 号	关于上蔡县齐海乡集南村土地综合整治试点项目（一期）变更的请示	10 月 23 日
148	上政文〔2018〕148 号	关于上蔡县东洪镇河北村等六个村土地综合整治试点项目二次变更的请示	10 月 23 日
149	上政文〔2018〕149 号	关于芦岗街道办事处刘楼等三个村土地综合整治试点项目变更的请示	10 月 23 日
150	上政文〔2018〕150 号	关于上蔡县五龙镇五龙集等四个村土地综合整治试点项目（一期）变更的请示	10 月 23 日
151	上政文〔2018〕151 号	关于韩寨乡耿陈郭庄两个村土地综合整治试点项目变更的请示	10 月 23 日
152	上政文〔2018〕152 号	关于上蔡县 2018 年第一批蔡都街道办事处农村建设用地复垦项目立项的批复	8 月 31 日
153	上政文〔2018〕153 号	关于上蔡县 2018 年第一批五龙镇农村建设用地复垦项目立项的批复	8 月 31 日
154	上政文〔2018〕154 号	关于上蔡县 2018 年第一批无量寺乡农村建设用地复垦项目立项的批复	8 月 31 日
155	上政文〔2018〕155 号	关于上蔡县 2018 年第一批卧龙街道办事处农村建设用地复垦项目立项的批复	8 月 31 日
156	上政文〔2018〕156 号	关于上蔡县 2018 年第一批韩寨镇农村建设用地复垦项目立项的批复	8 月 31 日
157	上政文〔2018〕157 号	关于上蔡县 2018 年第一批和店镇农村建设用地复垦项目立项的批复	8 月 31 日
158	上政文〔2018〕158 号	关于上蔡县 2018 年第一批华陂镇农村建设用地复垦项目立项的批复	8 月 31 日
159	上政文〔2018〕159 号	关于上蔡县 2018 年第一批黄埠镇农村建设用地复垦项目立项的批复	8 月 31 日
160	上政文〔2018〕160 号	关于上蔡县 2018 年第一批芦岗街道办事处农村建设用地复垦项目立项的批复	8 月 31 日
161	上政文〔2018〕161 号	关于上蔡县 2018 年第一批齐海乡农村建设用地复垦项目立项的批复	8 月 31 日
162	上政文〔2018〕162 号	关于上蔡县 2018 年第一批邵店镇农村建设用地复垦项目立项的批复	8 月 31 日
163	上政文〔2018〕163 号	关于上蔡县 2018 年第一批塔桥镇农村建设用地复垦项目立项的批复	8 月 31 日
164	上政文〔2018〕164 号	关于上蔡县 2018 年第一批朱里镇农村建设用地复垦项目立项的批复	8 月 31 日
165	上政文〔2018〕165 号	关于上蔡县 2018 年第一批洙湖镇农村建设用地复垦项目立项的批复	8 月 31 日
166	上政文〔2018〕166 号	关于上蔡县 2018 年第一批重阳街道办事处农村建设用地复垦项目立项的批复	8 月 31 日
167	上政文〔2018〕167 号	关于上蔡县 2018 年第一批杨屯乡农村建设用地复垦项目立项的批复	8 月 31 日
168	上政文〔2018〕168 号	关于上蔡县 2018 年第一批杨集镇农村建设用地复垦项目立项的批复	8 月 31 日
169	上政文〔2018〕169 号	关于上蔡县 2018 年第一批小岳寺乡农村建设用地复垦项目立项的批复	8 月 31 日
170	上政文〔2018〕170 号	关于上蔡县 2018 年第一批西洪乡农村建设用地复垦项目立项的批复	8 月 31 日
171	上政文〔2018〕171 号	关于上蔡县 2018 年第一批蔡沟乡农村建设用地复垦项目立项的批复	8 月 31 日
172	上政文〔2018〕172 号	关于上蔡县 2018 年第一批崇礼乡农村建设用地复垦项目立项的批复	8 月 31 日
173	上政文〔2018〕173 号	关于上蔡县 2018 年第一批大路李乡农村建设用地复垦项目立项的批复	8 月 31 日
174	上政文〔2018〕174 号	关于上蔡县 2018 年第一批大路李乡农村建设用地复垦项目立项的批复	8 月 31 日
175	上政文〔2018〕175 号	关于上蔡县 2018 年第一批党店镇农村建设用地复垦项目立项的批复	8 月 31 日
176	上政文〔2018〕176 号	关于上蔡县 2018 年第一批东岸乡农村建设用地复垦项目立项的批复	8 月 31 日
177	上政文〔2018〕177 号	关于上蔡县 2018 年第一批东洪镇农村建设用地复垦项目立项的批复	8 月 31 日

续表 95

2018 年上蔡县人民政府文件（上政文）			
序号	文　号	文　件　标　题	印发日期
178	上政文〔2018〕178 号	关于 2018 年生猪调出大县奖励资金使用计划的通知	10 月 31 日
179	上政文〔2018〕179 号	关于同意上蔡县杜一沟湿地公园（原杜一沟综合治理）PPP 项目合同下应收账款进行质押的批复	11 月 6 日
180	上政文〔2018〕180 号	关于同意上蔡县杜一沟湿地公园（原杜一沟综合治理）PPP 项目签订 PPP 项目合同的批复	11 月 6 日
181	上政文〔2018〕181 号	关于上报我县驻马店市产业投资控股有限公司出资主体和监事候选人的报告	11 月 12 日
184	上政文〔2018〕184 号	关于上蔡县 2018 年第一批农村建设用地复垦项目验收意见	10 月 24 日
185	上政文〔2018〕185 号	关于秦相路南段蔡国故城文物保护区违法施工及整改情况报告	11 月 26 日
186	上政文〔2018〕186 号	关于提请刘银业等同志职务任职的议案	11 月 26 日
187	上政文〔2018〕187 号	关于在农发行设立中间管理账户的批复	11 月 27 日
188	上政文〔2018〕188 号	关于开展大棚房问题专项清理整治行动的报告	11 月 28 日
189	上政文〔2018〕189 号	关于秦相路南段蔡国故城文物保护区违法施工及整改情况报告	12 月 4 日
190	上政文〔2018〕190 号	关于对 2016—2020 年政府耕地保护责任目标期中检查通报情况的整改报告	12 月 12 日
192	上政文〔2018〕192 号	关于《上蔡县水资源综合规划》的批复	12 月 14 日
193	上政文〔2018〕193 号	关于《黉学巷县巷蔡都大道南大街围合区 HXCN 部分地块控制性详细性规划》的批复	12 月 7 日
195	上政文〔2018〕195 号	关于对上蔡县供电区 2019 年重要用户认定的批复	12 月 19 日
196	上政文〔2018〕196 号	关于朱是西市长批示件落实情况的报告	12 月 20 日
197	上政文〔2018〕197 号	关于上蔡县民政服务机构安全生产隐患整改情况报告	12 月 20 日
198	上政文〔2018〕198 号	关于国务院第五次大督查反馈意见整改落实情况报告	12 月 20 日
199	上政文〔2018〕199 号	关于我县 2018 年土壤污染防治攻坚战工作任务完成情况自查报告	12 月 27 日